浦江年鉴

浦江县地方志编纂室 编

2022

方志出版社
Publishing House of Local Records

图书在版编目(CIP)数据

浦江年鉴.2022 / 浦江县地方志编纂室编.—北京:方志出版社,2022.12

ISBN 978-7-5144-5517-5

Ⅰ.①浦… Ⅱ.①浦… Ⅲ.①浦江县—2022—年鉴 Ⅳ.①Z525.54

中国国家版本馆CIP数据核字(2023)第089392号

责任编辑: 刘　芳
责任校对: 刘玉霞
责任印制: 梅中英
出 版 者: 方志出版社
地　　址: 北京市朝阳区潘家园东里9号(国家方志馆4层)
邮　　编: 100021
网　　址: http://www.zgfzcb.cn
发　　行: 方志出版社图书营销中心(010-67110500)
印　　刷: 金华市曙光印务有限公司
开　　本: 889毫米×1194毫米　1/16
印　　张: 28.75
字　　数: 670千字
版　　次: 2022年12月第1版
印　　次: 2022年12月第1次印刷
定　　价: 200.00元

浦江县地方志编纂委员会

主　　任　戴　翀
副 主 任　钱福安　徐利民　张昆仑
委　　员　方　渊　赵　峰　张明凯　严龙顺
魏　然　黄先柏　方向阳　徐江进
沈福平　朱希伟　石学纲　黄伟胜
陈建浦　孙明光　钟金伟　陈士范
陈志平　楼建超　张　杰　楼志静
石明胜　徐方镇　张晓鸣　张国樟
黄英俊　方守红　张伟文　贾国锋
金　涛
办公室主任　张伟文
办公室副主任　金月红

《浦江年鉴》编辑部

主　　编　张伟文
副 主 编　金月红
编　　辑　卢倩倩　张　抒　鲍昀青　叶云珍　周凌莉

编辑说明

一、《浦江年鉴》是由中国共产党浦江县委员会领导、浦江县人民政府主办、浦江县地方志编纂室承编的地方综合年鉴。

二、《浦江年鉴(2022)》坚持以马克思列宁主义、毛泽东思想、邓小平理论、“三个代表”重要思想、科学发展观、习近平新时代中国特色社会主义思想为指导,坚持辩证唯物主义和历史唯物主义的立场、观点和方法,全面、客观、真实、系统地记述浦江县2021年度自然、政治、经济、文化、社会等方面发展情况。

三、《浦江年鉴(2022)》记述时限为2021年1月1日至2021年12月31日,记述全县人民在县委、县政府的领导下所取得的新成就、新经验以及遇到的新情况和新问题,着重反映各行各业年度大事、要事、特事,着力体现年度特点和浦江特色。

四、本卷年鉴分类目、分目、条目三个层次,部分分目下设子分目。本卷设特载、大事记、县情概览、中国共产党浦江县委员会、浦江县人民代表大会、浦江县人民政府、中国人民政治协商会议浙江省浦江县委员会、中国共产党浦江县纪律检查委员会 浦江县监察委员会、群众团体、法治、军事、经济管理、金融、城乡建设、生态环境、工业、商贸、农业·农村·水利、文化·传媒、交通·通信、教育·科技·卫生、社会生活、乡镇·街道、附录、索引25个类目。

五、本卷年鉴正文中,“党”均指“中国共产党”,“县委”均指“中共浦江县委”,“党员”均指“中国共产党党员”,“党建”均指“中国共产党建设”。年鉴中的“省”“市”“县”分别指“浙江省”“金华市”“浦江县”,其他省、市、县则冠以地名。大事记中的“△”表示同日。作者署名在各分目之后。

六、本卷年鉴刊用的稿件均由各部门、各乡镇街道提供,并经各单位主要领导审定和档案、保密部门审核。所刊载的综合性数据均由县统计局提供,条目中酌用各单位提供的数据。由于统计数据的来源、口径、方式、时间的不同可能有差异,请读者以统计局提供的统计资料为准。

金狮湖晨景　　（何　敏 摄）

龙德寺塔秋景　　（何　敏 摄）

檀溪珍香茶山　　　　(何　敏 摄)

云上草甸　　　　(何　敏 摄)

东山公园梅花盛开　　（何　敏 摄）

仙华雪景　　（楼建镇 摄）

仙华秋景

（赵士成 摄）

雨后新城

浦江新貌

（高　攀摄）

（何　敏摄）

盘山公路 （何　敏 摄）

翠湖美景 （赵新尧 摄）

351国道夜景 （何 敏 摄）

外胡飞瀑 （何 敏 摄）

白石山房（新建）　　　　（吴拥军　摄）

黄岭古道　　　　（吴拥军　摄）

月泉春晓　　　　（何　敏　摄）

迎春城门　　　　（吴拥军　摄）

2021年3月12日，“红色记忆 红色征程”浦江县党史学习教育宣传宣讲活动启动仪式　（高　攀　摄）

2021年7月1日，县领导集中观看庆祝中国共产党成立100周年大会　（高　攀　摄）

2021年7月3日，浦江县万名党员“永远跟党走”主题活动郑宅分会场　　（高　攀　摄）

2021年6月30日，庆祝中国共产党成立100周年先进典型表彰会暨“歌声嘹亮 我心向党”歌咏比赛

（高　攀　摄）

2021 年 10 月 28 日，浦江·第十四届中国书画节开幕式　　（高　攀　摄）

2021 年 3 月 12 日，争创“国家森林城市 国家园林县城”浦江县 2021 年春季义务植树活动

（高　攀　摄）

2021年9月30日，县领导向革命烈士纪念碑献花　　（高　攀　摄）

2021年9月28日，中国摄影出版社一行到浦江采风　　（高　攀　摄）

2021 年 6 月 29 日，上海亥博光伏组件硅胶及胶带生产线项目签约仪式 （高 攀 摄）

2021 年 10 月 28 日，“礼赞百年 翰墨清风”清廉书画艺术活动暨全国清廉书法作品大展启动仪式 （高 攀 摄）

特 载

大事记

县情概览

中国共产党浦江县委员会

浦江县人民代表大会

浦江县人民政府

中国人民政治协商会议浙江省浦江县委员会

中国共产党浦江县纪律检查委员会 浦江县监察委员会

群众团体

法　治

军　事

经济管理

金　融

城乡建设

生态环境

工　业

商　贸

农业·农村·水利

文化·传媒

交通·通信

教育·科技·卫生

社会生活

乡镇·街道

附 录

索 引

坚定信心奋力赶超 锚定目标真抓实干 开启高水平全面建设社会主义现代化浦江新征程

——在县委十四届九次全体(扩大)会议暨县政府第五次全体会议上的报告

中共浦江县委书记 俞佩芬

(2021年1月13日)

一、凝心聚力、共克时艰,经济社会各项事业稳步推进

一年来,面对严峻复杂的国际国内形势特别是突如其来的新冠肺炎疫情,县委常委会认真落实中央和省委、市委各项决策部署,带领全县上下坚定信心、众志成城,迎难而上、拼搏实干,统筹推进疫情防控和经济社会发展工作,扎实做好"六保"工作,全面落实"六稳"任务,经济发展呈现稳中有进、稳中向好的态势。预计全年地区生产总值增长0.8%,规模以上工业增加值增长3%,一般公共预算增长3.9%,城乡居民收入分别增长1.5%和6.0%。

过去一年,我们万众一心、全民抗疫,疫情防控取得重大成果。新冠肺炎疫情发生后,第一时间成立县疫情防控指挥部,坚持早谋划、快行动,实现了"两手硬、两战赢"的目标任务。从严从紧落实疫情防控。充分运用"大数据+网格化""硬核隔离+精密智控""健康码+测温"等防控措施,全县党员干部身先士卒、冲锋在前,社区干部守住"小门"、打好"巷战",医务人员白衣擐甲、最美逆行,广大人民群众自觉自律、守望相助。自首例本地确诊病例出现以来,仅用8天实现本地每日新增确诊病例为零,29天实现本地确诊病例清零。有力有序推进复工复产。554支"4+2"联企服务团深入一线、驻企帮扶。5个"招工专班"分别到云南、四川等地,累计接回6588名员工返浦上岗。支持外贸企业应对疫情渡过难关、工贸企业月度升规奖励等8个扶持政策快速出台,累计新增减税降费5亿元,拨付企业扶持政策资金4.4亿元。

过去一年,我们负重前行、迎难而上,实体经济展现新作为。紧盯"12365"实体经济翻身战奋斗目标,大力开展营商环境、项目招引、创新发展"三大攻坚年"活动,经济发展态势逐月向好、逐季企稳。持续优化营商环境。深入实施营商环境"10+N"便利化2.0版行动,推行营商办、作风办、三服务办"三办合一”，创设服务企业“解难题直通车”制度，召开10场“亲清直通车·政企恳谈会”，为企业安心发展排忧解难。持续加大项目招引。成功招引项目52个，总投资102.2亿元，其中3亿元以上项目7个。苏州赛伍应用技术有限公司、三思光电技术有限公司等一大批优质项目落地浦江，2个省重点建设项目和8个省集中开工项目全部完成本年度投资计划，为浦江高质量发展积势蓄能。持续强化要素支撑。新供工业用地1009亩，43宗工业用地采用“标准地”出让。引进海内外领军人才13名、高层次人才110名，人才基本盘不断做大做强。新增工业企业贷款43亿元，不良贷款率降至0.69%。争取到各类财政奖补资金9.8亿元、地方政府专项债券额度19亿元，专项债争取额度位居全市第一。持续激发市场活力。全年认定省级小微企业园2个、在建7个，入驻企业182家，被评为省小微企业园建设提升重点县。完成月度升规工业企业13家，新增省“隐形冠军”培育企业3家，成功培育国家高新技术企业16家。持续拓展贸易渠道。完成义新欧班列货源103个柜，新增外贸出口主体82家，外贸出口同比增长35.2%，增速大幅高于省市平均水平。电子商务蓬勃发展，新增跨境电商222家，成功入选“2020年国家电子商务进农村示范县”。

过去一年，我们厚植底蕴、彰显特色，文化事业绽放新活力。不断提升“万年上山、千年郑义门、百年书画兴盛地”的文化软实力和影响力，努力形成具有浦江特色的文化体系。做大万年“上山文化”品牌。有序推进万年“上山文化”村项目，稳步推进国家级考古遗址公园规划，成功举办上山遗址发现20周年学术研讨会，共同发布《“上山文化”遗址联盟浦江宣言》，研究制定“上山文化”申遗工作方略和阶段性目标。袁隆平院士、严文明教授分别题词，“上山文化”品牌进一步打响。做深好家风文化传承。江南第一家传统文化培训中心建成并投入使用，“新时代·红色台门里”治理机制受到省委宣传部领导批示肯定。好家风信用贷惠及17800余户家庭，信贷余额超21亿元，好家风指数评比模式进一步拓展。做实文明城市创建任务。全面实施“文明创建十大行动”，推动基础设施、城市功能、市民素养同步提升，为取得第七届全国文明城市提名资格打下坚实基础。常态化开展社区共建，创新实施“交办单”“流动小黄旗”等制度机制，全民创建氛围进一步浓厚。

过去一年，我们敢闯敢试、敢为人先，深化改革实现新突破。始终坚持问题导向，把敢为人先的改革意识、锐意进取的改革担当、精准务实的改革举措贯穿工作各领域、全过程，不断释放改革红利。以改革促发展。扎实推进“亩均论英雄”改革，完成亩均效益综合评价784家，出清D类企业33家，盘活土地面积246.8亩。全面完成深化农业水价综合改革工作，获评全省首批农业水价综合改革示范县。以改革拓空间。大力实施“浦义同城”战略，持续深化两地在产业、交通、旅游等领域合作交流，浦义同城被列入2020年度金义都市区共建重大项目。加快融入长三角一体化发展步伐，浦江（杭州）科创中心投入运营，首批3家企业入驻并设立研发中心。杭温高铁二期项目正式开工，全力构建长三角“一小时”交通圈。以改革惠民生。完成省定41项“一件事”落地工作，下放乡镇（街道）456项民生事项，推行“代办点+自助服务终端+网格员”便民服务模式，政务服务办件线上受理率、掌上执法率、“最多跑一次”实现率分别达到81.3%、100%、100%。

过去一年，我们护美绿水青山，做大金山银山，“绿水青山就是金山银山”理念实践推向新高度。坚定不移走绿色发展之路，奋力打通绿水青山到金山银山的转化通道。巩固提升生态环境质量。浦阳江入选全国首批7个美丽河湖(港湾)优秀案例，全域51条支流水质均达到Ⅲ类以上，生态交接断面考核优秀。圆满完成第二轮中央生态环境保护督察迎检工作，成功捧获2019年度省五水共治“大禹鼎”银鼎，2020年生态环境公众满意度测评居全省第五、全市第一。深入推进美丽乡村建设。成功创建省级新时代美丽乡村93个，完成市级现代化和美乡村创建任务31个，“茜溪—上河”线路入选全省12条美丽乡村夜经济精品线，郑宅镇被评为首批新时代美丽城镇建设省级样板。举办第七届全县乡村旅游节，“走进浦江发现文旅”登上央视频道，获评全省文化和旅游产业融合发展十佳县。全力补齐乡村产业短板。葡萄种植面积首超7万亩，产值近12亿元，“浦江桃形李”通过国家农产品地理标志认证。“绿色崛起模式”入选浙江“乡村振兴十大模式”，在部省共建乡村振兴示范省推进会上获重点推介，获评2020全国县域数字农业农村发展先进县。

过去一年，我们整合资源、夯实基础，社会治理开创新局面。始终坚持把平安稳定作为一切工作的基础基石，严密防范化解各类风险，确保社会大局和谐稳定。基层治理基础不断稳固。持续深化领导干部下访接访制度，与省标准化研究院签订“下访接访”信访工作标准化战略合作协议，信访“浦江经验”向“浦江标准”迈出实质性步伐，信访呈现“两降两升”的良好态势，连续六年实现进京“零非访”。推进民情民访代办制，共代办民情民访事项7109件次，办结率99.7%。完成县、乡、村三级矛调中心(站)建设任务，实现矛调中心(工作站)全覆盖。扎实走好网上群众路线，推出“民情暖哨”工程，共收到民情诉求6800余件，办结率100%。平安浦江建设展现作为。持续巩固扫黑除恶专项斗争成果，累计打掉黑恶组织16个，查封扣押冻结黑恶资产5863万元。深入开展安全生产百日攻坚行动，各类交通事故、安全生产事故及死亡人数分别同比下降6.7%、33.3%、42.9%。各类案件警情数保持低位运行，反电信诈骗、食药环犯罪和黄赌打击工作走在全市前列，实现平安创建“十四连冠”。

过去一年，我们持续发力、久久为功，民生福祉达到新水平。始终坚持“以人民为中心”的发展思想，不断增进民生福祉。医疗方面，中医院迁建工程主体完成，启动县人民医院改扩建工程，“双下沉、两提升”工作成效位列全省第三；教育方面，高考成绩再创辉煌，成功通过全省首批“全国学前教育普及普惠县”省级评估；养老方面，示范型居家养老服务中心提前两年完成乡镇(街道)全覆盖的省定目标任务；社会救助方面，6685名特困、低保、低边及困境儿童全部动态纳入基本医疗保险、大病保险、医疗救助三道保障线。1万人口以上的乡镇(街道)实现“残疾人之家”全覆盖；基础设施方面，完成金狮湖—塔山区块、城西区块城市设计方案，新型智慧城市第一期项目建设基本完成，宣和、西街、塔山等13个社区改造项目完工。建成投用“两定四分”投放点112个，完成2个垃圾分类示范片区和10个省高标准生活垃圾分类示范小区创建。全面完成农村饮用水达标提标三年建设任务，获评省农村饮用水达标提标工作成绩突出县；结对帮扶方面，选派35名党政干部和专业技术人才到四川省金口河区，助力全面打赢脱贫攻坚战。

过去一年，我们正风肃纪、固本清源，党的建设迈上新征程。始终坚持以高质量党建统领高质量发展，切实把组织活力转化为发展活力，把党建优势转化为发展优势。抓好党员干部队伍建设。打好“两战”专项考察考核、“三重一线”揭榜挂帅等组合拳，深入推进党员整治立规创优行动。建立健全“两个担当”良性互动机制，累计公开反馈9件次，澄清正名10人次，全力激发和保护干部干事创业积极性。持续夯实党建工作根基。圆满完成村级组织换届工作，党员群众参选率、候选人得票率均创历史新高。立足“五星三强”基层党组织建设，分农村、社区、“两新”、机关四大领域开展专项行动，推动基层党建全领域建强、全区域提升。纵深推进清廉浦江建设。持续做好省委巡视反馈问题整改工作，累计整改问题41个，落实整改措施179条。持之以恒纠治“四风”，查处违反中央八项规定精神问题30起，处理42人。

同志们，在疫情持续蔓延和经济下行压力的双重挑战下，全县各级党组织和广大党员干部上下一心、逆势而上，充分展现出顾大局、守纪律的政治觉悟，唯实唯先、善作善成的行动自觉，越是艰难越向前的斗争精神，干成了一件件事关全局的大事要事，破解了一个个制约发展的难点堵点，办好了一批批惠及民生的实事好事。这些成绩的取得，是中央、省委市委正确领导的结果，是县委、县政府带领各级各部门主动作为、狠抓落实的结果，是县人大、县政协尽职履责、通力合作的结果。在此，我代表县委向为浦江发展倾注心血和汗水的全县干部群众、向一直以来关心关爱浦江的社会各界人士，表示衷心地感谢并致以崇高的敬意！

成绩来之不易，值得肯定。但我们也要清醒地认识到，当前的浦江，仍然处于负重前行、奋力赶超的关键期，处于逆水行舟、不进则退的攻坚期。生态保护不可能一劳永逸，反弹压力依然巨大，需要我们接续努力、久久为功；实体经济面临体量不大、质量不优、增速不快的现实困境，需要我们找准方向、精准破题；文旅资源整合不足、龙头景区带动不强，需要我们创新思路、拓宽路径；医疗、教育、住房等民生领域存在不少短板弱项，需要我们用心用情、全力以赴；党员干部思想不够解放，全面从严治党有待加强，需要我们聚焦聚力、常抓不懈。

二、认清形势、把握大势，进一步找准发展定位、明晰发展路径

2021年是“十四五”规划的开局之年，也是“12365”实体经济翻身战三年奋斗目标的收官之年。全县上下要深刻领会中央、省市会议精神和决策部署，综合考虑今后一个时期外部发展趋势和浦江发展条件，应势而动、顺势而为，以精准的定位、有力的举措推动“十四五”期间浦江高质量发展。

我们要深刻把握新发展阶段，正确认识“机遇”与“挑战”的辩证关系。习近平总书记指出：“进入新发展阶段，国内外环境的深刻变化既带来一系列新机遇，也带来一系列新挑战，是危机并存、危中有机、危可转机。”当今世界正经历百年未有之大变局，国际社会持续动荡、经济形势变革加剧，引发一系列新挑战。与此同时，疫情防控充分彰显出社会主义制度的优越性，中国成为全球主要经济体中唯一实现正增长的国家。稳定的社会环境、广阔的市场空间、完善的产业链体系，将为我们进一步优化产业布局带来新机遇。

我们要深刻把握新发展理念，正确认识“继承”与“发展”的辩证关系。习近平总书记指出：“发展理念是否对头，从根本上决定着发展成效乃至成败。”新发展理念，是精准破解发展瓶颈、彰显发展优势、积蓄发展动能的理论指导和实践指南。过去一个时期，浦江深入践行五大发展理念，生态环境明显改善、产业结构明显优化、发展后劲明显增强。站在新的历史起点上，我们必须坚持在继承中发展、在发展中创新，始终把新发展理念贯穿工作全过程和各领域，实现更高水平的创新发展、更深层次的协调发展、更可持续的绿色发展、更大格局的开放发展、更宽领域的共享发展。

我们要深刻把握新发展格局，正确认识“国内

大循环”与“双循环互促”的辩证关系。构建新发展格局，是我们党在科学分析当前经济发展大势的基础上，遵循客观发展规律作出的战略选择。国际国内两个市场不是有内无外，也不是有外无内，两者相互交融、相互促进、相得益彰。一方面，要把扩大内需作为重要战略支点，充分发挥国内超大规模市场优势，把浦江的产业体系深度融入国内生产、分配、流通、消费的各个环节，持续释放内需潜力。另一方面，要坚定不移走好改革开放道路，立足浦江产业结构外向型的实际，帮助企业进一步拓展国际市场、用好国际资源。

我们要深刻把握我县“十四五”期间发展新形势新定位，正确认识“变”与“不变”的辩证关系。“十四五”时期，是浦江实体经济从量的积累向质的突破显著提升，推动全面均衡高质量发展的跨越期；是治理体系从单一分布向系统关联层层递进，构建“整体智治”现代化政府的转变期；是民生领域从补齐短板向体制机制落地保障，各类红利深度释放的加速期。县委坚决贯彻落实中央、省委市委要求，坚持一张蓝图绘到底，科学拟定《中共浦江县委关于制定浦江县国民经济和社会发展第十四个五年规划和二〇三五年远景目标的建议》，系统回答了浦江“发展的优势和短板在哪、发展的方向和路径是什么、发展的根本目的是为了什么”等一系列基础性、战略性、全局性的重大问题，充分表明了县委、县政府一以贯之的态度和立场，那就是我们全力以赴护好绿水青山的恒心不会变，全神贯注推动高质量发展的决心不会变，全心全意为人民谋幸福的初心更不会变。但形势在变、任务在变、工作要求也在变，需要我们想方设法、千方百计把做大金山银山的方式变得更活，把优化营商环境的举措变得更实，把推动转型升级的路径变得更宽，把提升城市能级的力度变得更大，把惠及民生福祉的保障变得更优，把拓展对外发展的空间变得更广，以准确识变、科学应变、主动求变的能力更好服务浦江发展、服务浦江人民。

经济发展是目前浦江最大的差距和短板，也是最大的潜力和后劲。“十四五”期间，必须始终坚持把发展作为第一要务，一如既往抓好工业经济、城市建设、乡村振兴等事关浦江发展全局的方方面面。在保持相对稳定的同时，综合考虑浦江县域发展现状、外部环境、群众期盼等多重因素，县委对“五大战略”进行了适当的修改完善，保持“工业强县”战略和“乡村振兴”战略不变，将“小县大城”战略提升为“品质名城”战略，“全域旅游”战略提升为“文旅富县”战略，“浦义同城”战略提升为“融义接杭”战略。各级各部门、各乡镇(街道)要立足岗位，科学谋划、深入调研、狠抓落实，以“工作项目化、任务清单化、责任具体化”的姿态和作为推动“五大战略”结出更多丰硕成果。

同志们，“十四五”期间，不稳定性不确定性将进一步加剧。战胜各种风险挑战，最关键的是善于用系统观念、系统方法看问题、理思路，最根本的是心无旁骛、集中精力干好自己的事。不积跬步，无以至千里。当前，浦江发展定位已经明确、工作路径已经清晰，我们要以“咬定青山不放松”的战略定力，以“不到长城非好汉”的进取精神，一步一个脚印，坚定不移沿着正确的路子走下去，以小胜积大胜，把一张张宏伟蓝图书写在丰安大地上！

三、真抓实干、奋勇争先，为“十四五”时期浦江县域发展开好局、起好步

站在开局“十四五”和开启第二个百年奋斗目标的新征程上，唯有尽非常之力、担非常之责，才能建非常之功、立非常之业。全县上下要始终聚焦高质量发展，抢抓历史机遇期、提振创业精气神、干出发展加速度。

关于2021年的主要预期目标：地区生产总值增速7%左右，规模以上工业增加值增长11%，固定资产投资增长10%，社会消费品零售总额增长8%；城乡常住居民人均可支配收入增长与经济增长同步，一般公共预算收入增速6.5%，完成省市下达的能源和环境指标计划目标。这些目标对标了省市要求，结合了浦江实际，体现了争先创优的追求。具体要围绕创新、文化、生态、智慧、法治和民生，致力打造“六个样板地”。

（一）坚持创新驱动，强化科技支撑，致力打造传统产业转型升级样板地

科技创新是激发县域经济增长的强大动力，是提升县域经济发展水平的重要手段，是“工业强县”战略的实施内核。要深入学习“新昌经验”，强化科技创新举措，走出一条科创兴县的发展新路。

全力在科创上求突破。强化政府引领，加大科技成果应用和产业化的政策支持，今后五年财政投入保持在年均15%以上增长。深化与省智能制造专家委员会战略合作，新启动10家以上数字化提升改造试点企业，力争到2021年底研发经费占GDP比重达到1.4%以上。加快创新主体培育，促进创新主体从大企业为主向大中小企业共同推进转变，确保新增国家高新技术企业15家以上、省级高新技术企业研发中心2家。优化科创平台建设，提升浦江（杭州）科创中心功能，完成浦江科创园二期建设并启动招商，推进上郑科技产业园建设。打造智能挂锁产业工程师协同创新中心，实施“浦江英才”创业人才支持计划，深化“百名浦江籍专家进百企服务”和“揭榜挂帅·全球引才”活动。

全力在项目上求突破。以“融义接杭”为抓手，主动融入长三角一体化发展，强化对新兴产业项目的招引转移，突出产业链招商、以商招商和产业基金招商，谋划设立科技创新创业投资基金，力争签约亿元以上项目40个以上，其中3亿元以上项目15个。谋划一批重点技改项目，改造提升传统产业，实现中低端制造向中高端制造的升级。强化要素支撑，积极向上争取，深挖内部潜力，要素跟着项目走，确保全年继续新增工业用地1000亩以上，新增工业贷款28亿元以上。

全力在改革上求突破。坚持问题导向，统筹推进各项改革，力求在重点领域和关键环节上取得重大成果。以深化供给侧结构性改革为主线，下好数字化改革先手棋，提高经济发展的质效。持续深化“放管服”，着力优化营商环境，全面打造“三服务”2.0版。深化“亩均论英雄”改革，完善“标准地”制度，推进“标准地”指标确认“一件事”办理。实施投资项目“全周期管理”改革，搭建政府国企投资和重大民间投资项目的全周期监管服务平台，构建统一的投资项目管理体系。做好机关内部“一件事”集成改革，大力推进数字赋能和流程再造。

（二）坚持生态优先，践行绿色发展，致力打造“绿水青山就是金山银山”理念科学实践样板地

坚持生态立县，在环境保护上方向不变、力度不减、标准不降，依托现代农业和文旅融合双轮驱动，把美丽环境转化为美丽经济，着力提升生态资源的经济价值。

高标准提升生态管护。加强山水林田湖草系统治理，提升耕地、森林、河流、湿地等生态系统质量和稳定性，确保县域生态环境质量“十四五”时期全省领先。持续做好中央和省级环境保护督察整改工作，确保所有问题按时清零销号。打赢碧水提升战，稳妥有序推进双溪水库工程项目，保障国控断面水质稳定达标，誓夺“大禹鼎”金鼎。打好蓝天保卫战，综合治理工业废气、移动源污染和扬尘污染，创建清新空气示范区。推进清土净废战，开展土壤污染状况调查，建设污泥处置项目，完成“无废城市”建设。

高质量实施乡村振兴。实施新时代美丽乡村创建行动，推进部省共建乡村振兴示范省先行创建县、全国农产品质量安全县和国家“互联网+”农产品出村进城工程试点等创建。扩大早稻和越冬粮食作物种植面积，完成抛荒田整治，抓实生猪稳产保供措施。推行品牌化、标准化农业生产，启动县（葡萄）超级农场数字化项目和县现代农业科创园建设，提升葡萄、山地蔬菜、茶叶、桃形李、香榧5个超亿元农业产业发展质量。深化农村集成改革，加强“肥药两制”改革主体培育，推广“三资”智慧监管系统。推动科技进乡村、资金进乡村，青年回农村、乡贤回农村，激发乡村活力，加快乡村振兴。

高水平推进文旅富县。以国家全域旅游示范县创建为统领，持续推进江南第一家——仙华峰林AAAAA级景区、嵩溪古村AAAA级景区、罗家源AAAA级景区、水晶小镇AAA级景区创建。加快万年“上山文化”村、九母岛等文旅项目建设，实施仙华山—登高山项目推介，做好善庆“十亩”禅养项目后续跟踪服务工作。做精做美乡村旅游，积极探索市场化举办乡村旅游系列活动，培育一批特色鲜明、丰富多元的农家乐民宿精品，让旅游成为富民增收的重要引擎。大力推进“旅游+”，打造特色主题游，提升旅游服务品质，推动文旅融合发展。

（三）坚持文化引领，传承丰安古韵，致力打造“万年上山”文化标识样板地

坚持以社会主义核心价值观引领文化建设，进一步弘扬万年“上山文化”、千年孝义文化、百年书画文化，让文化成为诗画浦江的鲜明标识，让文化展现诗画浦江的人文风采。

扎实推进“上山文化”研究、宣传工作。深入贯彻习近平总书记“要加强对‘上山文化’的研究和宣传”的批示精神，积极申报“全球重要农业文化遗产”，在省市统筹下稳步推进“上山文化”申遗相关前期准备工作，做好“上山文化”保护和利用。办好“习近平总书记批示‘上山文化’15周年”系列活动，加大上山考古遗址公园建设力度，不断提升“上山文化”品牌影响力和美誉度。

持续提升“千年孝义”的时代内涵。进一步运用好“江南第一家”的人文资源，打造“孝义文化”的金字招牌。持续深化“好家风”评价体系，讲好“好家风”故事，做实“最美浦江”系列活动。完善“家风指数”的群众自治，推进“红色台门里”的邻里共治，提升“村规民约”的乡村善治，大力弘扬促进社会和谐、鼓励向上向善的思想文化内容。进一步提升农村文化礼堂和新时代文明实践中心、所、站软硬件设施，不断丰富和改善群众精神文化生活。

全力彰显“百年书画”的兴盛繁荣。加大文化产业项目招引力度，打造一批体量可观、特色鲜明、拥有核心竞争力的文化企业，形成一批文化产业标杆品牌。精选凸显书画文化的经典性元素和标志性符号，纳入城镇化建设、城市规划设计，避免千篇一律、千城一面。推进书画艺术进校园，融入校园教育各环节，贯穿启蒙教育、基础教育、职业教育各领域。办好中国书画节，搭建艺术交流与展示交易平台，依托十年国展，完善书画人才培育体系，夯实浦江书画基础。

（四）坚持整体智治，提升城市品质，致力打造共建共享宜业宜居样板地

坚定不移把“品质名城”战略向纵深推进，统筹谋划全国文明城市创建和美丽县城、智慧城市建设，着力推动城市生活从信息化、智能化向智慧化转变，不断提升城市品质。

增强城市管理能力。加快推进“城市大脑”建设，进一步完善数字基础设施，深化综合执法、交通出行、治安防控等场景应用，让企业和群众享受到更多数字便利。全面推行执法全过程记录制度，依托互联网、大数据等现代信息技术，探索快速处置、非现场执法等新型高效执法模式。加快未来社区建设，推广“智安社区”经验，打造有特色的智安社区、智安单位，提升城市智慧化管理水平。

完善城市服务功能。加快数字化政府建设，构建一体化网上政务服务2.0体系，推动信息设施与城市水网、路网、电网、管网等公共设施功能集成。持续深化公共服务场所“五化”提升行动，不断改善智慧医疗、智慧教育、智慧养老、智慧物流、智慧交通、智慧拥军等服务体验，扩展民生服务广度和深度。着力深化与华为的战略合作，持续加大华为配套产业招引，共同建设中小企业服务平台。

提升城市发展能级。坚持“为民创建、惠民创建、全民创建”，持续推进全国县级文明城市创建，力争在全省全国文明城市提名城市年度测评中处于前列水平。完成浦阳江城区段生态廊道综合治理工程，全力创建“国家园林县城”。扎实推进金狮湖—塔山区块开发，积极盘活原鼓风机厂区块资源，力争打造“科创+文创”基地。有序推进城西区块改造提升，做好业态孵化、培育和招商、运营等相关工作。全力保障杭温高铁二期浦江段顺利建设，启动实施351国道浦江联盟至兰溪界段建设，加快推进浦义快速路建设前期工作。

（五）坚持公平正义，维护社会和谐，致力打造领导干部下访接访样板地

深入学习贯彻习近平法治思想，围绕“平安浦江”建设，创新推进严格执法、公正司法、全民守法，提升基层治理法治化水平，确保夺取“一星级平安金鼎”。

着力深化下访接访。构建“下访接访”标准体系，把“下访接访”机制改革实践固化为制度成果，形成可复制、可推广、可学习的“浦江标准”。注重源头防范，深入开展“大家访、大代办、大接访、大化解”活动，走村入企精准服务。提升县乡村三级矛调中心（站）规范化水平，确保八成以上矛盾纠纷化解在基层。畅通群众诉求渠道，守住公平正义底线，推动群众合理合法诉求得到妥善解决。落实“三包”信访责任机制，坚持三个“雷打不动”，争创“无信访积案县”。

着力维护稳定大局。坚决守护政治安全，持续实施“铸墙工程”“净土工程”“攻心工程”，防范各类政治风险。构建全覆盖的整体政府监管体系、全闭环的行政执法监督体系，推广“综合查一次”。严格落实意识形态工作责任制，全面提升重大突发事件等热点舆论引导和处置能力。高度重视疫情带来的衍生风险，积极应对疫情对产业链、供应链带来的冲击。慎终如始抓好疫情防控工作，加强公共卫生应急管理体系建设，坚决堵住一切可能导致疫情反弹的漏洞，不断巩固疫情防控平稳有序形势。

着力守牢安全底线。常态化开展涉稳风险研判，及时消除潜在风险，做好中国共产党成立100周年等重大活动、敏感节点维稳安保工作。实行重点项目挂牌保护，严打严防强包强揽、阻挠施工等违法行动。推动扫黑除恶常态化，探索建立健全举报、惩处、防范等机制，铲除黑恶滋生土壤。严格落实安全生产责任制，持续开展危化物品、高层建筑、人员密集场所等重点行业领域专项整治，完善突发事件应急管理预案。深化重点行业专项整治，加大食品药品、交通、消防、建筑等领域监管力度，坚决防止重特大安全事故发生。

（六）坚持以人为本，办好民生实事，致力打造统筹协调全面发展样板地

集中精力办好群众关心关注的操心事烦心事揪心事，不断满足人民日益增长的美好生活需要，让全县百姓的获得感、幸福感、安全感更加充实、更有保障、更可持续。

提升百姓收入水平。把稳就业放在更加突出位置，推广“社银联通、直申直享”模式，加大创业担保贷款政策实施力度，支持劳动者自主创业和灵活就业。大力开展农村青年创业致富带头人“领头雁”培训，统筹推进大学生就业实习见习基地建设，引导浦江籍大学生回浦就业创业。切实发挥失业保险基金兜底作用，做好困难就业人员就业援助，全力扶持和促进低收入居民增收。

提升服务供给水平。大力实施医共体建设和综合医改工作，加快推进县中医院迁建、县人民医院改扩建工程，不断提高县域医疗水平。持续推进学前教育薄改工程和中小学现代化对标工程，深化集团办学、产教融合，唱响“学在浦江”美誉度。强化“党建+居家养老”服务品牌建设，逐步构建居家社区机构相协调、医养康养相结合的养老服务体系，稳步推进基本公共服务均等化。顺应人民群众消费升级需求，多渠道增加优质产品和服务的供给侧结构性改革，释放城乡消费潜力。

提升生活保障水平。建立健全“1+8+X”社会救助工作机制，加强社会服务机构建设，支持社会力量参与社会救助。优先保障低收入困难群众、孤寡老人、留守儿童等特殊群体基本生活，抓好生活困难老人家庭适老化改造，提高孤儿和困境儿童基本生活保障标准。消除贫困、改善民生，探索先富带动后富，逐步实现共同富裕。

同志们，征途漫漫，惟有奋斗！县委提出的上述工作任务和目标，既是对浦江未来发展的高度负责，更是对40万浦江人民的庄重承诺。各级各部门要牢固树立“没有赶超就是风险”的忧患意识，善于抓住机遇、应对挑战，真抓实干、埋头苦干，变潜力为实力、化优势为胜势，努力实现更高质量、更有效率、更可持续的发展。

四、不忘初心、勇担重任，为县域高质量发展提供坚强保障

全县上下要切实增强政治担当、历史担当、责任担当，围绕“奋力赶超”目标，保持赶考状态，发扬赶考作风，激发赶考斗志，为县域经济社会高质量发展保驾护航。

进一步强化政治引领，切实增强思想自觉、行动自觉。党员干部要自觉在思想上政治上行动上同以习近平同志为核心的党中央始终保持高度一致，增强“四个意识”、坚定“四个自信”、做到“两个维护”。对党的十九届五中全会及省市县委全会精神要系统学、深入学、全面学，学懂弄通做实，确保各级精神在浦江落到实处、见到实效，真正做到中央有决策、省市有部署、浦江有行动。

进一步深化党建统领，持续发挥党建力量、党建优势。党建有力量，发展才有质量。要始终坚持党要管党、全面从严治党，积极谋划开展中国共产党成立百年系列活动，扎实做好村社换届“后半篇文章”，建立健全党员教育管理监督机制，落实好“三会一课”制度，使每名党员都成为一面鲜红的旗帜，每个支部都成为党旗高高飘扬的战斗堡垒，真正做到发展到哪里、党建就推进到哪里；群众期盼在哪里，服务保障就跟进在哪里。

进一步凸显干事创业，让“能干事、会干事”成为浦江干部的鲜明标识。事业发展，关键在人。当下的浦江，短板与潜力并存、困境与希望同在，能否化危为机、开拓新局，关键在于全县每一名党员干部如何担当、怎样作为。县委、县政府的导向很明确，只要想干事，就给平台；只要敢干事，就给支撑；只要干成事，就给荣誉，真正让浦江成为干事创业的热土。

同志们！百舸争流千帆竞，乘风破浪正当时。

回首过往，我们无愧于党、无愧于组织、无愧于浦江人民的殷殷期盼；展望未来，我们信心满满、干劲十足，必定能在新的起点上书写新篇章、展现新作为。让我们更加紧密地团结在以习近平同志为核心的党中央周围，高举中国特色社会主义伟大旗帜，在“忠实践行‘八八战略’、奋力打造‘重要窗口’”中贡献浦江力量、彰显浦江担当、体现浦江作为，以优异成绩庆祝中国共产党成立100周年！

2021年1月13日，县委十四届九次全体（扩大）会议暨县政府第五次全体会议召开

担当实干 奋力赶超
高质量发展推动共同富裕浦江实践
——在县委十四届十次全体(扩大)会议暨县政府第六次全体会议上的报告

中共浦江县委书记 俞佩芬

(2021年7月30日)

一、拼搏进取、奋发有为，经济社会高质量发展蹄疾步稳

2021年以来，全县上下高举习近平新时代中国特色社会主义思想伟大旗帜，坚决贯彻落实省委、市委各项决策部署，大力实施“工业强县、文旅富县、乡村振兴、融义接杭、品质名城”五大战略，推动经济社会发展呈现稳中有进的良好态势。上半年，实现地区生产总值122.3亿元，可比增长11.9%。1—6月，规模以上工业增加值、工业用电量、制造业投资分别同比增长31.8%、46%、45.7%，增速均位居全市前列。

(一)全县党员干部深学党史、细悟思想，一批系列活动卓有成效，党员党性修养持续加强。全县党员干部自觉学党史、悟思想、办实事、开新局，举办学习习近平总书记在庆祝中国共产党成立100周年大会上重要讲话精神专题读书班，开展“红色记忆 红色征程”宣传宣讲、“百年风华 接续奋斗”党史知识竞赛等系列活动。县领导带头重温入党誓词，近百家部门单位重走“初心路线”，赓续红色血脉，践行初心使命。10个县委巡回指导组实现督导全覆盖，30余支宣讲队实现宣传全覆盖，推动党史学习教育走深走实。连续七年举办“永远跟党走”主题党日活动，万名党员齐上专题党课，万名党员共同庆祝中国共产党成立100周年，以实际行动诠释对党的忠诚。省级及以上主流媒体刊物共刊出信息报道127篇，其中人民网、新华社、“学习强国”平台刊出51篇，全面展示党史学习教育活动风采。

(二)全县党员干部聚焦发展、精准发力，一批政策举措落地落实，经济发展势头持续向好。深入实施“五大战略”课题调研，召开全县工业科技大会、产值超亿元工业企业家座谈会，开展“奋力赶超干在今朝”系列大讨论，凝聚“大抓经济、大抓发展”的广泛共识。产业转型步伐加速。聚焦水晶、挂锁、绗缝三大传统产业，创新实施“链长制”，严格落实“一个产业、一个方案、一套班子、一抓到底”。开展重点企业智能化改造，发布“浙江制造”标准3个，新增工业机器人97台(套)。深化“亩均论英雄”改革，完成2020年度工业企业初步评价，加快淘汰落后产能。项目招引成效明显。紧盯光电光伏、5G信息等新兴产业，出台“招商十条”政策，成立驻杭州、上海、深圳三大招商局。上半年，共签约亿元以上项目34个，其中3亿元以上项目14个，成功落地首个华为金牌合作商“极道科技”项目。营商环境不断优化。做细做实“三服务”2.0版，优化“解难题直通车”平台，创新推出纪检驻点工业主战场部门(乡镇)机制，持续营造“重商爱商亲商”氛围。营商环境第三方测评从2019年的全省第50名攀升至2020年全省第27名、全市第4名。召开“请你来协

商——科技创新助力产业发展”专题协商会，“协商民主向基层延伸的浦江实践”获省政协主席葛慧君、省政协副主席郑继伟批示肯定。资源要素保障有力。成功争取用地指标638.1亩，盘活存量建设用地592.5亩，完成城镇低效用地再开发630.4亩，均超额完成半年度任务。新增工业贷款29.1亿元，同比增长12.5%。首设“科创贷”，上半年发放贷款总额1.5亿元，畅通科技型企业融资渠道。

（三）全县党员干部勇于尝试、敢于突破，一批改革试点有序推进，制度创新红利持续释放。扎实构建数字化改革主体框架，开办数字化改革研修班，成立数字化改革专班。规定动作高标准。以重大需求、多跨场景应用、重大改革任务“三张清单”为抓手，向上争取省级试点9项、市安排先行先试的省级试点4项和市级试点4项，重点场所分级管理应用揭榜认领全省数字赋能社会治理现代化场景。“葡萄一件事”等3项改革举措获《金华改革》推广，“推进化解劳动纠纷数字化改革”等10余项改革获省市媒体报道，为数字化改革工作先行探路。自选动作有亮点。立足“小切口、大牵引”，打造一批具有浦江辨识度的数字化改革标志性成果。“五水共治先行实践重要窗口”项目初步列入省“绿箱清单”，“农户好家风评价体系”“农村三全三覆盖党建体系”项目初步列入省“蓝箱清单”。在全市率先推行以告知承诺为核心、数字技术为支撑的极简极速审批办事模式，承办全市全面实施告知承诺制工作推进现场会，此项工作获省委常委、常务副省长陈金彪、副省长高兴夫和市委书记陈龙批示肯定。

（四）全县党员干部扎根基层、融入农村，一批富民项目加速建设，“绿水青山就是金山银山”转化通道持续拓展。巩固提升生态优势，深度挖掘生态红利，让绿色成为发展最亮丽的底色。生态文明建设持续走在前列。全力打好“蓝天、碧水、净土”三大保卫战，获评2020年度美丽浙江建设工作优秀县，入选2021年度省级首批幸福河湖试点县。空气质量连续三年达到国家二级标准，成功创建省清新空气示范区。全县51条支流水质均达到Ⅲ类及以上，城市水质指数3.23，排名全市第一，连续7年荣获“五水共治”大禹鼎，成为全省两个捧获“大禹鼎”金鼎的县（市、区）之一。文旅富县、乡村振兴融合并进。成立县级旅游专班，启动旅游业“微改造、精提升”行动，推进“上山文化村”“九母岛”等重点文旅项目建设，培育新光、上河、薛家、嵩溪等一批网红精品村。1—6月，全县旅游接待人次、旅游总收入分别同比增长53.6%、56.3%。全力推动“上山文化”研究和宣传，省委书记袁家军、省长郑栅洁，省委常委、宣传部部长朱国贤等省领导对“上山文化”工作专门作出批示，副省长成岳冲专程到浦江开展调研。“上山文化”申遗工作写入省委全会报告和市委全会报告，“上山文化”遗址联盟第二次联席会议明确上山申遗五年工作步骤，县委常委会（扩大）会议专题研究“上山文化”研究和宣传工作，进一步明确资源保障、工作力量等具体事项。“上山遗址”成功入选省耀眼明珠培育对象清单和第十批省社科普及基地。深入开展部省共建乡村振兴示范省先行创建单位创建，27个行政村完成示范村创建项目，成功入选国家农产品质量安全县创建单位。试点推行党建联盟模式，打造浦江版“山海协作”，累计共建项目84个，预计实现年经营性收入超3352万元。上半年，浦江县乡村振兴工作考核排名全市第三。

（五）全县党员干部用心用情、全力以赴，一批民生实事顺利落地，百姓幸福指数持续提升。深入践行“以人民为中心”的发展思想，优先保障民生所需。1—6月，十项民生支出27.9亿元，占全县一般公共预算支出的83.5%，同比增长81.6%。社会保障全面加强。常态化做好疫情防控工作,有序组织新冠病毒疫苗接种,截至7月底,全县累计接种59万剂次,36.2万人完成一剂次接种,占全县18岁以上常住人口的95.4%。办好让人民满意的教育,扎实推进"明眸摘镜""空调进教室""教室视觉环境优化"三大行动,开展初中减负提质攻坚活动,高考"特殊类型招生控制线"上线人数连续两年超800人。深入推进综合医改工作,减轻群众就医负担,公立医院门急诊均次费用同比下降6.4%。打造"一站式"养老服务平台,提升改造乡镇(街道)示范型居家养老服务中心15个。保障残疾人合法权益,新建"残疾人之家"4家。社会事业全面进步。双溪水库和外湖水库双双列入省"十四五"重大建设项目,农村饮用水达标提标工作成效明显,受到省政府通报表扬。全力改善人居环境,白林、文溪、岩头等地安置区建设加速推进,向上争取老旧小区改造资金6433万元,额度居全省第4。全力保障杭温高铁二期建设,成为二期首个主线交地县。深入推进全国文明城市创建工作,开展微改治堵、开放式小区物业管理试点,实现垃圾分类撤桶并点、"两定四分"街道全覆盖,顺利通过上半年文明城市创建省级测评。

(六)全县党员干部守土有责、守土尽责,一批风险隐患有效化解,社会治理基础持续稳固。深化"领导干部下访接访"制度,"下访接访"标准化试点工作稳步推进,承办全市深化"浦江经验"推进会暨信访工作联席会议。县领导每月15日雷打不动下访接访,成功化解历史积案235件。扎实推进民情民访代办工作,大力推动初信初访清零,累计解决事项4730件次。1—6月,全县初次网上信访化解率达98.6%,位列全市第1。创新推出"民情暖哨"工程,主动回应百姓诉求,先后获省委常委、宣传部部长朱国贤,市委书记陈龙等领导批示肯定。"平安浦江"建设卓有成效,1—6月,全县各类事故、交通死亡数分别同比下降42.9%、23.8%,平安建设工作考核位居全市前列。

(七)全县党员干部锤炼本领、提升素质,一批平台载体陆续推出,干部作风建设持续好转。始终把干部队伍建设作为管根本、管长远的大事来抓,努力造就忠诚干净担当的高素质干部队伍。打造干部学习平台。搭建"丰安讲堂""主体班次培训课程""村社干部教育培训"三大干部队伍学习平台,全力打造"讲政治、懂经济、善治理"的干部队伍。拓宽干部成长途径。坚持在一线锻炼干部、考察干部,让想干事的干部有机会、有平台。公开发布3期"招贤令",择优选派30人参与驻点招商招才、外出挂职锻炼、5G专班、浙江大学专班运行等工作。优化人才招引机制,首次面向全国招聘国资公司职业经理人,公开招引事业单位高层次人才20人。强化干部约束机制。扎实开展政法队伍教育整顿,此项工作综合排名全市第一。推行作风建设每月通报、每季曝光制度,2021年以来累计开展正风肃纪检查193次,发现问题50个,查处违反中央八项规定精神问题12起15人。始终保持惩腐高压态势,违纪违法立案134件,处分98人。

在肯定成绩的同时,我们也要清醒地认识到,还存在不少困难和问题,主要表现在四个方面:一是科技创新驱动、产业转型与高质量发展之间的不匹配。县域创新主体偏小偏弱,科研投入不足,传统产业量大势弱、新兴产业势强量小等发展瓶颈依然突出,实现"主要经济指标赶超全省、全市平均水平"的奋斗目标依然压力重重。二是基本民生供给与人民群众对共同富裕美好社会期盼之间的不匹配。浦江城市基础设施建设相对滞后,教育、医疗等基本民生服务城乡配置不均衡,"农民住房审批难、建房难"等一批老问题仍未得到有效破解,实现

"幼有所育、学有所教、老有所养、住有所居、弱有所扶"的美好愿景仍需加倍努力。三是美丽环境与美丽经济转化之间的不匹配。城乡居民收入距离省市平均水平存在较大差距,文旅富县龙头景区带动不强、文旅深度融合不足等短板亟需破题,实现"护美绿水青山、做大金山银山"依然任重道远。四是队伍作风建设与全面从严治党要求之间的不匹配。有的干部面对经济新常态无所适从,存在本领恐慌;有的干部面对急难险重任务不敢担当,拈轻怕重;有的干部面对纪律要求依然我行我素、心存侥幸,实现"风清气正政治生态"依然在路上。这些都需要在今后的工作中持续聚焦、深入调研,精准发力、久久为功。

二、统一思想、深化认识,全面领会共同富裕示范区建设的精神实质和丰富内涵

共同富裕,是社会主义的本质要求,是广大人民群众的强烈期盼,更是中国共产党人的奋斗目标和不懈追求。习近平总书记深刻指出,"我们追求的发展是造福人民的发展,我们追求的富裕是全体人民共同富裕"。高质量发展建设共同富裕示范区,是习近平总书记亲自谋划、亲自定题、亲自部署、亲自推动的重大战略决策。党中央、国务院把高质量发展建设共同富裕示范区的重任赋予浙江,既是对浙江省过去几十年来发展成就的高度肯定,也是对今后发展前景的充分信任。要准确理解共同富裕示范区的内涵特征,主要是把握好四对关系。

(一)把握好挑战与机遇之间的辩证统一关系。省委书记袁家军指出,示范区是总书记、党中央交给我们浙江的沉甸甸的政治责任,也是浙江前所未有的重大发展机遇。一方面,意味着各项工作都会被全国关注,倒逼我们必须时刻保持"干在实处、走在前列、勇立潮头"的思想和行动自觉,全力以赴放大优势、拉长长板,分析弱项、补齐短板。另一方面,示范区建设必将得到国家各部委一系列激励政策和重大改革举措的有力支持,推动浙江省迎来新一轮跨越式发展。立足浦江,就是要在示范区建设中积极向上对接,争取更多的试点项目落户浦江,更多的资源要素支撑发展。

(二)把握好公平与效率之间的辩证统一关系。共同富裕本质上是推动效率与公平实现新的平衡,处理好"做大蛋糕"和"分好蛋糕"的关系。既要着眼于经济总量的增加和经济效率的提高,最大程度解放生产力、释放生产力、激发创造力,追求实现新的更大发展,不断夯实共同富裕的物质基础,又要着眼于发展成果人人共享,进一步建立健全社会保障体系、优化收入分配制度,消除两极分化。立足浦江,就是要在提升县域经济综合实力和增强人民群众幸福感上双向发力,不断扩大就业渠道、增加收入来源、改善人居环境,加快缩小县域发展差距、城乡发展差距以及收入差距,逐步实现共同富裕。

(三)把握好整体推进与重点突破之间的辩证统一关系。建设共同富裕示范区不是单一指标、单一领域的比拼,是经济发展、社会稳定、文化事业、民生保障等方方面面的集中展示。既要实现各项事业全面均衡发展,以浙江之治全景展现中国特色社会主义的制度优越性,展现"八八战略"在浙江大地上的生动实践,又要在局部工作有所突破、有所创新,为全国实现共同富裕提供浙江示范。立足浦江,就是要聚焦发展、久久为功,以经济发展实力的稳中有进推动整体工作处于省市平均水平以上。同时,进一步贯彻落实习近平总书记对浦江的系列重要指示批示精神,做精做实领导干部下访接访、"上山文化"研究宣传和孝义文化传承,努力在示范区建设中贡献更多浦江元素。

(四)把握好客观规律与主观能动性之间的辩证统一关系。示范区落户浙江,不仅得益于浙江过

去几十年发展历程积攒下的厚实基础和丰富经验，更得益于浙江人骨子里敢于“闯”、勇于“试”、善于“冒”的精神。正是在“浙江精神”的引领下，一代代浙江人抓住了改革机遇、赢得了发展先机，民营经济遍地开花，公平有效可持续的基本公共服务体系日趋完善，在全国范围内率先探索实施“先富带后富、逐步走向共同富裕”的模式。立足浦江，不管是过去抓生态环境，还是现在抓经济发展，都有其客观规律性，都不是一朝一夕、一蹴而就的。要在尊重客观规律的基础上，总结规律、运用规律，勇于尝试、敢于突破、善于创新，更好地推动“五大战略”在浦江取得实效，推动共同富裕浦江实践事半功倍。

三、积极探索、主动作为，找准走好实现共同富裕的浦江路径

共同富裕是社会主义现代化的一个重要目标，既是一项长期任务，也是一项现实任务。要按照“每年有新突破、5年有大进展、15年基本建成”的要求，持续迭代目标任务，滚动制定五年实施方案，为全省高质量发展建设共同富裕示范区贡献更多浦江力量。为此，我们全面对标对表中央、省委和市委部署要求，坚持问题导向、目标导向，聚力缩小区域、城乡和收入“三大差距”，在广泛征求意见基础上，拟定了提交本次会议审议的《浦江高质量发展推进共同富裕实施方案（2021—2025年）（草案）》，明确了“十四五”时期基本实现“七个更加”的发展目标。这个“实施方案”既是评价高质量发展和共同富裕推进的标准和依据，也是引领当前工作、谋划未来发展的教程和指南，请大家认真审议、提出建议，群策群力把“实施方案”制定好贯彻好落实好。

开启第一个五年，着眼完成上述指标，我们要畅通体制机制、补齐弱项短板，以新发展理念的县域实践推动共同富裕示范区建设在浦江打开新局面、实现新突破。具体来说，就是要全力推进八项工作，实现八大“显著提升”。

（一）全力做强实体经济，推动经济体量和经济质量显著提升。实体经济是共同富裕的根基，没有兴旺的产业集群，就支撑不起共同富裕的脊梁。必须始终坚持“工业强县”战略不动摇，牢固树立“抓项目就是抓发展、抓投资就是抓未来”的理念，不断做大产业规模，持续优化产业结构。以科技创新塑造发展新优势。深入学习“新昌经验”，加快科技创新步伐，坚定不移走好“科创兴县”之路。严格落实25条科技新政，加大对企业研发投入的扶持力度，确保财政科技投入年均增长15%以上。引进科技中介服务机构，筹建浙大金华研究院浦江分院，进一步完善“产学研”合作转化机制。探索科创型小微园区建设模式，着力推进百炼、上郑、高梅山等区块科技产业园项目的招引，支撑县域科创体系。实施工业科技特派员制度，优化本地科技型企业成长梯队，确保全年新增国家高新技术企业16家以上、省科技型中小企业100家以上，力争2025年全县国家高新技术企业达到120家以上、省科技型中小企业达到650家以上，研发强度达到2.2%。以招大引强培育发展新动能。县领导带头落实“全员招商”，充分发挥投资促进中心、驻外招商局、5G专班等主体作用，力争引进一批经济拉动强、投资效益大、发展潜力足的大项目好项目。围绕三大传统产业，全面实行“链长制”，招引上下游配套协作企业，努力向“微笑曲线”两端攀升。聚焦光伏光电、5G信息等领域，做优做强战略性新兴产业，培育光伏等先进制造业集群。稳步实施工业用地有机更新，优化产业资源配置，向“土地存量”要“发展增量”。办好第二届乡贤大会，推动更多浦商回归。以优质服务凝聚发展新合力。深入开展“我为企业解难题”专题实践活动，为企业成长排忧解难，为企业发展建言

献策，打造“三服务”2.0版。完善“涉企难题直通车”应用，用好“三服务”小管家平台，形成涉企问题闭环处置机制。优化重大项目保障制度，提供全过程、全方位、全周期项目建设服务，实现项目早达产早达效。健全惠企政策服务评价体系，推动惠企政策精准落地，确保政策兑现便捷高效。深化“两优两促”行动，打通影响政令畅通的梗阻问题，构建企业“办事不求人、无事不受扰”的营商环境。

（二）全力攻坚数字化改革，推动经济社会数字化转型显著提升。坚持以数字化改革为牵引，搭建共同富裕的“船”和“桥”，为共同富裕浦江实践提供根本动力。更高起点谋划改革。强化系统观念和系统思维，聚焦“1+5+2”工作体系，找准具有重大牵引作用的改革突破口和制度重塑点。做好增量梳理、存量迭代，谋深谋实重大需求、多跨场景应用、重大改革任务“三张清单”。建立常态化的需求征集分析机制，从重大需求出发谋划多跨场景，构建需求收集、归并、分析的工作闭环，形成良性滚动、阶段涌现的推进机制。更高质量推进改革。优化完善“数字浦江”门户，建设一体化智能化公共数据平台，全面打通数据壁垒。围绕群众关注的高频事项、企业普遍的共性需求、政府治理的绩效提升，打造一批拿得出手、有辨识度的多跨场景应用，力争纳入全省场景目录“一本账”和揭榜挂帅“一张榜”。坚持规定动作+特色场景，重点推进“坚持和深化新时代信访工作浦江经验”“智慧城市建设”“智慧治水”等一批可复制可推广的应用。更高水平统筹改革。发挥数字化改革“牵一发而动全身”的放大效应，以数字化改革撬动全方位各领域改革。持续深化“放管服”改革，落实公共服务数字化转型，推进“一件事”改革迭代新增。推广“告知承诺制”改革试点成果，形成承诺办理、核查推送、信用惩戒全链条闭环，打造“无证明城市”样板。攻坚经济开发区、国资国企等体制机制改革，鼓励探索创新、先行先试，释放发展活力。

（三）全力践行“绿水青山就是金山银山”理念，推动绿色发展成效显著提升。优良生态环境是浦江最大的发展优势和竞争优势，要以促进生态资产不断增值为导向，努力把生态资产存量转化为生态产品流量，让人民群众享受到生态环境和生态经济带来的双重红利。坚持生态立县，护美绿水青山。以钉钉子精神推进中央、省级环保督察整改，不断提升群众生态环境质量满意度。深化河（湖）长制，制定河湖健康评估评价体系，持续巩固“五水共治”成效。开展大气污染综合治理攻坚行动和危险废物治理专项行动，强化执法监督闭环管控。推进浦阳江城区段生态综合治理和城区公共绿地提档改造，确保浦阳江国家湿地公园试点和大花园典型示范建设通过验收，争创国家园林城市、国家森林城市。积极开展碳交易市场前期建设，整县推进光伏规模化开发试点，探索县域能源绿色低碳转型，有序落实碳达峰、碳中和。挖掘生态价值，做大金山银山。完善生态产品价值实现机制，深入推进文旅富县战略，进一步拓宽“绿水青山就是金山银山”转化通道。整合文化旅游资源，提升旅游服务品质，推出一批健康养老、户外运动、亲子研学等特色项目，让游客“玩在浦江”。挖掘麦饼、牛清汤等特色美食资源，筹建浦江美食城，打造“百县千碗·拾味浦江”美食品牌，让游客“吃在浦江”。加快建设万豪、海华等特色酒店集群及精品农家乐，培育文创园、浦门公社等地标性夜间消费集聚区，让游客“住在浦江”。加大“仙华山—登高村”等文旅项目招引力度，组织开展“葡萄采摘游”“非遗进景区”系列活动，提升浦江文旅的知名度和吸引力。

（四）全力深化乡村振兴战略，推动农业农村现代化水平显著提升。浦江共同富裕的短板在农村，重点在农村，潜力在农村，没有农村富裕，就没有浦江共同富裕。要坚持农业农村优先发展，始终把解决好“三农”问题作为重中之重，有效提高农民生活水平。推进农业高质高效。坚决扛起粮食安全责任，推进耕地“非农化”“非粮化”及“抛荒田”整治，实施高标准农田建设工程，夯实粮食稳产基础。深化农业“标准地”改革，开展农业“标准地”认定。擦亮“浦江葡萄”品牌，推广葡萄全产业链数字化管理应用，办好第二十六届全国葡萄学术研讨会，促进葡萄产业健康发展。做优黄桃、香榧、山地蔬菜等特色农业产业，做大农业龙头企业，加快补齐农产品深加工、冷链仓储、品牌建设等短板。抓实生猪增产保供，健全“非瘟”防控体系，积极开展二次育肥。推进农村宜居宜业。巩固小城镇环境综合整治成果，推进岩头、檀溪省级美丽城镇样板创建，打造一批和美乡村、田园综合体和农业特色强镇。加快全国农产品质量安全县创建和数字乡村试点示范县建设，推进“互联网+”农产品出村进城工程，全面建设“数字乡村”。推进农村集聚安置房建设，完成西部山区地质灾害安置房、岩头镇农居点二期主体工程和檀溪、白马集聚安置区工程，改善农民住房条件。完善“两进两回”机制，畅通城乡要素双向流动通道，推动人才上山下乡、科技汇聚乡村。深化“好家风”评价体系，制定县级“评价规范”标准，定期评选县级“好家风”户。推进农民富裕富足。加大农民创业补贴、贷款贴息、技能培训等政策支持，推动农村一、二、三产业融合发展，增加农民工资性收入。稳妥复制义乌农村土地制度改革试点经验，适度放活宅基地使用权，提高农村土地附加值，增加农民财产性收入。全域推广产业振兴党建联盟，推进“村村有项目、村村能造血”行动，力争年底所有行政村集体经济收入达到30万元以上、30%以上的行政村经营性收入达到50万元以上。强化村集体经济富民惠民功能，积极发挥支持带动低收入农户增收，推动养老、救助等公共服务普及普惠。

（五）全力抓好民生大事，推动群众获得感幸福感显著提升。习近平总书记指出，“江山就是人民，人民就是江山，打江山、守江山，守的是人民的心”。要迭代升级“为民办实事”长效机制，紧盯老百姓的“急难愁盼”问题，办好重大民生实事和微民生实事，不断提升人民群众幸福指数。促进就业创业。强化就业优先政策，实施高质量就业提升工程，健全覆盖城乡的就业公共服务体系。按照“培育—实践—提升”路径，定向培养县域紧缺人才，培养一批领军型、创新型、应用型、成长型技能人才。整合盘活各类就业创业补助资金，办好首届“浦江英才”创业大赛。重点解决好高校毕业生、农民工和退役军人等群体就业问题，加强就业困难人员培训、托底安置和帮扶，确保“零就业家庭”动态清零。持续推进“无欠薪”城市建设，完善最低工资标准与经济增长、社会平均工资增长联动机制。建设品质名城。抓住新一轮国土空间规划编制机遇，加强战略空间研究，做好县乡国土空间规划编制、永久基本农田和城镇开发边界划定。探索城市片区化开发、公司化运作模式，加快金狮湖—塔山区块、江南片区开发和历史街区保护利用，推进文溪安置区D区块建设。加快老旧小区改造步伐，完成城北小区、邮电局宿舍等改造项目，鼓励支持符合条件的小区加装电梯。完善交通路网布局，推进宏业大道与351国道匝道、环城西路拓宽改造工程等道路施工，全力配合杭温高铁二期浦江段建设，加快浦义快速路和351国道联盟至兰溪界段前期。扎实开展城乡风貌整治提升工作，持续推进全国文明城市创建，集中整治“背街小巷”“停车乱象”等城市顽疾，全面开展“三个十”行动和“百日百项”攻坚，以必胜决心迎接首年大考，坚决实现三年创成目标。保障基本民生。打响“学在浦江”品牌，高标准完成教育专项规划布局调整，有序完成岩头初中扩建、堂头初中扩建、平安幼儿园等工程，扎实推进培智学校、实验小学分校前期，开展实验中学分校及江南片区规划小学选址。规范校外培训机构，进一步减轻义务教育阶段学生作业负担。实施健康浦江行动，推进县域医共体建设，完善“一中心两员三联盟”的县域新型医防融合新体系。实施“三医联动、六医统筹”改革，有效缓解群众看病难、看病贵问题。构建以“一老一小”为重点的全龄友好型社会，实施生活困难家庭适老化改造，健全农村留守老年人关爱服务体系，发展普惠托育服务，落实“三孩”政策及配套措施。持续关注残疾人、低保户等弱势群体生活状况，强化政策兜底，创新帮扶举措。

（六）全力促进文化繁荣，推动浦江文化影响力显著提升。深厚的文化是浦江独有的韵味，是丰安大地的精神传承和宝贵财富。要坚持“物资富裕”和“精神富足”两手抓、两手硬，精心打造系列标识性“文化符号”，夯实支撑共同富裕的精神底座。弘扬红色文化，传承红色基因。巩固提升“不忘初心、牢记使命”主题教育成果，健全党员干部理论学习教育制度体系，深入学习习近平新时代中国特色社会主义思想，重点围绕习近平总书记对浦江的重要指示批示精神，开展系统研究阐述。持续深化党史学习教育，系统开展“四史”学习，统筹谋划好17项“永远跟党走”群众性主题宣传教育活动。围绕举旗帜、聚民心、育新人、兴文化、展形象的使命任务，牢牢把握意识形态工作主动权，充分挖掘中共首届浦江县委成立旧址、北乡革命纪念馆、原江东县政府旧址等红色资源，建好红色阵地，讲好红色故事，打响“丰安青年”等宣讲品牌。弘扬“上山文化”，推进上山申遗。持续加强“上山文化”研究和宣传，努力让“万年上山”成为“万年浙江”“万年中国”的重要文化标识。高举上山申遗旗帜，扛起申遗牵头重任，发挥遗址联盟作用，稳步推进申遗相关工作。开展好“上山文化”命名15周年系列活动，做好“上山文化”命名15周年座谈会和“上山文化”国博展筹备工作，进一步扩大“上山文化”影响力。推进“上山文化”遗址公园建设，丰富稻作展示内容，争创国家级遗址公园。弘扬书画文化，培育书画产业。办好第十四届中国（浦江）书画节，完善市场化、产业化的文化产品运营模式，重构书画节价值链。大力培育书画市场，招引优秀书画经营机构，推动本地书画产业步入良性运行轨道。充分发挥张书旂、吴茀之、张振铎、方增先、吴山明等书画名家的大师效应，打造书画名人文化展示品牌。推动美术基础教育事业发展，鼓励传统书画艺术走进校园，培养更多后备人才。持续加大公共文化投入力度，推进公共文化设施建设，构建契合共同富裕要求的基层公共文化服务体系。

（七）全力夯实“基层党建+社会治理”，推动整体智治能力水平显著提升。强化党对基层治理的统筹领导，在高效能治理中创造高品质生活，构建与共同富裕社会相适应的治理体系，为共同富裕营造安心社会环境。深化发展浦江经验。加快推进下访接访信访工作标准化试点，建成下访接访信访工作标准体系和下访接访数字化应用场景，筹划建设下访接访“浦江经验”场馆，以标准化、数字化推动信访工作“整体智治”。持续加强驻企服务员、基层网格员、民情民访代办员“三大员”建设，常态化开展“大家访、大代办、大接访、大化解”活动，发挥矛调中心（站）“兜底”调处化解功能，实现初信初访动态清零，争创全国信访工作示范县。加快“县乡一体、条抓块统”改革，升级“一中心四平台一网格”的县域社会治理体系，形成县乡村高效协同治理格局。坚决守护平安浦江。实施风险大防范行动、警情大压降行动和交通大整治行动，深化“一警情三推送”机制，保护人民群众生命财产安全。拓展“雪亮工程”应用场景，高水平建设一批智安小区、智安单位，全域推广智安村居建设。深化“基层党建+安全生产标准化”“基层党建+应急管理标准化”创新，建立基层三级红色网格制度，形成全链条精准化行业监管体系。完善突发事件应急管理预案，提升交通、消防等灾害应急处置能力，坚决遏制重特大安全事故发生，创建省级综合减灾示范社区。常态抓牢疫情防控。坚持“外防输入、内防反弹”，强化商超、影院、冷链物流等重点环节、重点场所管控，进一步织牢织密疫情防控网络。发挥发热门诊、药店等“哨点”作用，切实做好院感防控，坚决阻断感染渠道。继续推进新冠疫苗接种工作，提高人群接种意愿，科学安排接种进度。持续开展疫情风险动态提醒和防控知识普及，引导广大群众积极参与群防群控，携手构筑疫情防控的坚固防线。

（八）全力打造过硬队伍，推动干部能力素质显著提升。新时代赋予新使命，新使命需要好干部，共同富裕最终靠人去落实、人去攻坚、人去奋斗，需要广大人民的共同参与，更需要广大干部的辛勤付出。激发干部干事活力。强化干部培育选拔、管理使用工作，着力打造一支忠诚干净担当的干部队伍。建强干部学习平台，优化“丰安讲堂”等培训载体，提供具有前瞻性、实践性和岗位适配性的个性化专业能力培训，持续培育干部专业精神、提升干部专业能力。建强干部展示平台，秉持“谁能干就让谁干”，扎实开展“攻坚争先”大比拼、“揭榜挂帅”大比拼和“标兵争创”大比拼，以实干论实绩、以实绩看担当。建强干部激励平台，坚持正确选人用人导向，切实抓好县乡换届工作，真正让优秀的优先、能干的能上、有为的有位。优化容错免责机制，为敢想的人“开绿灯”，为敢干的人“兜住底”。筑牢基层战斗堡垒。加强党的组织建设，深入实施“百县争创、千乡晋位、万村过硬”工程，推动基层党组织全面进步、全面过硬。持续深化农村“三全三覆盖”党建体系，抓牢联村干部、农村带头人、农村党员三支基层骨干队伍，推进全科干部、全责书记、全心党员建设，完善联村干部包村指数、村党组织书记履职指数和党员先锋指数。深化“两新”党建“浦江二十条”，聚焦小微园区、商圈市场等重点领域，打造“两新”党建示范乡镇和示范带。持续开展机关党建工作品牌创建活动，发挥辐射带动作用，形成一批有影响力的机关党建品牌样板。深化清廉浦江建设，推动全面从严治党向纵深发展，一体推进“四责协同”机制，着力打造干部清正、政府清廉、政治清明、社会清朗的清廉浦江。强化正风肃纪反腐，一体推进不敢腐、不能腐、不想腐，健全完善“四不”整治、“三清理一规范”、“党员整治立规创优”等长效机制，大力整治群众身边腐败问题和不正之风。全力抓好中央巡视和省委巡视反馈问题整改，坚持分类施策、举一反三，健全长效机制，确保整改取得实效。充分发挥巡察利剑作用，深化政治巡察，实现常规巡察全覆盖。

四、凝聚共识、汇聚力量，为共同富裕示范区建设提供坚强有力保障

高质量发展建设共同富裕示范区，是全省上下必须扛起的历史使命、必须答好的时代考卷。全县各级各部门要迅速行动起来，对标对表目标任务，落实责任、主动作为，确保省市各项决策部署在丰安大地真到位、见实效。

（一）坚持和加强党的全面领导。示范区建设，必须要在党的领导下推动落实。各级党委（党组）要切实提高政治站位、强化政治担当，自觉把本地本单位的工作放到全省示范区建设的大局中去谋划、去思考。县人大要找准人大履职的切入点、发

力点，充分调动全县各级人大代表的履职热情，主动推进共同富裕相关领域工作。县政府要主动作为、善作善成，切实发挥抓落实的主体作用，强力推动共同富裕浦江实践。县政协要充分发挥人民政协特色优势和职能作用，运用好“请你来协商”“丰安微协商”等参政议政平台，持续深化对共同富裕有关问题的研究，提高事关“共同富裕”重要提案的办理质量。积极做好统战工作，充分发挥各民主党派、工商联和无党派人士作用，加强党外代表人士队伍建设。县纪委监委、县委组织部要加大对事关共同富裕重点部门、重点人员、重点事件的跟踪、考察力度，发挥正向激励和反向鞭策作用，最大程度凝聚起全县上下示范区建设的共识和力量。

（二）**宣传宣讲好共同富裕传递的正确价值取向和目标导向。**共同富裕是全面建成小康社会后又一新的目标追求，必须厚植广泛且坚实的群众基础。要解读好示范区建设的现实意义，让广大人民群众真明白、真理解。全力引导人民群众走出“共同富裕是均等富裕、是同步富裕”的误区，避免陷入“在共同富裕体制里幻想不劳而获”的陷阱。深刻认识到，正确的共同富裕观念是在普遍富裕上有差别的共同富裕，具有阶段性、层次性、持续性、共享性特征。要解读好示范区建设的优势长处，让广大人民群众有信心、有底气。立体化、多元化展现这些年省市县发展取得的巨大成就和显著变化，进一步激发全县党员干部群众建设示范区的自豪感和责任感，坚定“忠实践行‘八八战略’、奋力打造‘重要窗口’”的思想自觉、行动自觉。要解读好示范区建设的美好愿景，让广大人民群众乐于参与、主动参与。建设示范区，既是为了人民，更要依靠人民。要千方百计调动人民群众的积极性、主动性、创造性，充分尊重、鼓励在示范区建设进程中群众的“首创精神”，各尽其能、各尽其责，努力使人人成为示范区的建设者、发展成果的共享者。

（三）**建立健全常态长效机制。**示范区建设是一个从内在制度重塑到外在成果展示全方位的蝶变跃升，是一个波浪式前进、螺旋式上升的发展过程，需要强有力的体制机制加以保障、加以支撑。建立工作专班实体化运行机制。根据省委工作要求，成立社会建设委员会，负责全县社会建设和社会领域改革牵头抓总工作。认真分析示范区建设的一系列量化数据指标，结合本地实际情况，哪些能达标、哪些要努力等等，做到心中有数、心中有底。建立鼓励和支持改革试点机制。示范区建设，意味着很多工作没有先例可循、没有经验可借鉴。要在数字化改革的大框架、大背景下，大胆尝试、创新突破，积极开展试点申报工作，努力向上争取一批重大改革试点项目，为全省范围内的推广应用提供经验。建立推进全过程督查考评机制。发挥督考的指挥棒作用，县考评督查办对指标任务推进落实、试点工作争取等情况要定时梳理汇总、定时通报，相关结果直接与每季度“攻坚争先”大比拼典型发言、与年终考核成绩、与干部选拔任用相挂钩。就是要传递一个鲜明导向：示范区建设，没有一个单位、没有一名干部是旁观者。

同志们，高质量发展推动共同富裕浦江实践，“高质量”是前提和保障，体现着对发展的决心；“共同富裕”是追求和目标，体现着对人民的初心；“浦江实践”是责任和担当，体现着对事业的尽心。让我们更加紧密地团结在以习近平同志为核心的党中央周围，真抓实干、奋力赶超，接续传承属于我们这一代人的光荣使命、全力书写属于我们这一代人的时代篇章，在全省高质量发展建设共同富裕示范区的新征程上做出浦江新的更大贡献！

2021年7月30日，县委十四届十次全体（扩大）会议暨县政府第六次全体会议召开

浦江县人民代表大会常务委员会工作报告

——在浦江县第十四届人民代表大会第五次会议上的报告

浦江县人大常委会主任 虞振贤

（2021年2月2日）

各位代表：

我受浦江县十四届人大常委会的委托，向大会报告工作，请予审议。

一、过去一年工作回顾

2020年是全面建成小康社会和“十三五”规划的收官之年。一年来，在中共浦江县委的坚强领导和上级人大常委会的指导下，人大常委会深入学习贯彻习近平新时代中国特色社会主义思想，深入学习贯彻党的十九大和十九届二中、三中、四中、五中全会精神，忠实践行“八八战略”、奋力打造“重要窗口”，紧扣县委决策部署和人民对美好生活的需求，全面履行宪法法律赋予的职责，召开人大常委会会议9次、主任会议10次，听取和审议专项工作报告24个，作出决议决定11个，交办督办审议意见、视察意见、评议意见20个，圆满完成全年的工作任务，为我县经济社会发展和民主法治建设作出了新的贡献。

（一）正确把握人大工作政治方向

人大常委会始终把党的全面领导贯穿人大工作全过程，始终把思想政治建设摆在首位，始终与县委保持高度一致，努力让人大制度优势在浦江充分发挥。

*理论学习更加深入。*我们把学习贯彻习近平新时代中国特色社会主义思想作为重要政治任务，把习近平总书记关于坚持和完善人民代表大会制度的重要思想作为长期学习内容，把党委和上级人大的会议精神、领导讲话、文件资料作为必学内容。组织开展党的十九届五中全会精神学习培训活动，做到人大代表全覆盖。一年来，学习内容多、时间多、形式多，进一步提高了人大常委会组成人员、人大代表、人大干部的政治站位。

*制度创新更加有力。*我们把人大制度创新作为工作重点，对人民当家作主制度体系建设进行积极探索和实践，先后在人大代表联系选民、人大代表联络站提升、清单式审议意见交办、微民生实事办理、第三方专业人员参与监督等方面，进行大胆创新，得到了市人大的充分肯定。研制人大工作26张流程图，形成一套内容全面的人大工作体系，这一做法获得“浙江人大工作与时俱进”提名奖，得到了省人大的通报表彰。

*工作落实更加到位。*人大常委会自觉接受县委领导，严格执行定期向县委请示报告制度，认真领会县委的工作意图，保证人大工作方向不偏。积极参与县委中心工作，在“三服务”活动、疫情防控、复工复产、信访维稳、村社换届、深化改革、招商引资、文明县城创建等方面，人大常委会主动作为、勇于担当，扎实做好各项工作，得到了县委的充分肯定。一年来，依法任免国家机关工作人员116人次，确保县委人事安排意图圆满实现。

（二）努力助推中心工作高效完成

人大常委会坚持围绕中心、服务大局，紧扣改革发展中的重点难点，精选议题，强化监督，提出合理化建议，支持推动浦江经济社会的高质量发展。

推动经济高质量发展。人大常委会把优化营商环境作为重点监督内容，认真贯彻实施《浙江省民营企业发展促进条例》，有力保障民营企业合法权益。开展数字经济发展专项监督，推动传统产业和数字经济深度融合，促进数字产业化和产业数字化高质量发展。针对新冠肺炎疫情对我县经济的影响，开展口罩行业专题调研，全力助推企业复工复产。开展招商引资和重大产业项目专题视察，有力推进招商引资项目落地投产。

打赢疫情防控阻击战。人大常委会把做好疫情防控工作作为政治任务，按照县委部署，积极参与。一是统一思想认识。第一时间学习贯彻习近平总书记关于疫情防控工作的重要讲话精神，明确人大常委会的具体工作。二是落实工作任务。发动人大常委会组成人员和机关干部全力参与疫情防控，深入基层防疫第一线，开展宣传教育、值班值守和督查工作。三是发挥人大代表作用。动员926名各级人大代表积极参与疫情防控，有效保障人民群众的生命健康安全。

支持双重工作落地见效。人大常委会全力支持政府重大项目和重点工作建设。开展“十四五”规划和2035年远景目标纲要、国土空间总体规划编制工作专项监督，开展老旧小区改造和管理工作专项监督，开展历史街区保护利用和城西区块有机更新工作专项监督，多次开展政府“七个十”项目工作进展情况专项监督。听取专题汇报39次，组织专题视察6次，召开座谈会36次，提出建议意见72条，为双重工作的有效实施贡献人大力量。

保障公共财政规范运行。“管好钱”是人大的重要职责。一年来，多次听取和审议预算执行、预算调整、决算情况等工作报告，提出建议意见12条。听取和审议审计工作情况和问题整改落实情况报告，推动相关部门整改问题33个。开展国有资产管理工作专项监督，首次听取和审议政府关于自然资源国有资产管理情况的报告，提出建议意见16条。开展部门预算审查工作、工业政策兑现工作专项监督，提出建议意见22条。

(三)扎实推动民生事业不断发展

人大常委会始终把人民利益放在最高位置，以民生为根本，把关注民生、反映民意、维护人民利益作为人大工作的重要责任，在保障和改善民生事业中实现新作为。

促进公共服务提升。人大常委会持续四年推进学前教育工作，督促政府加快公办幼儿园建设，实现乡镇全覆盖，提升民办幼儿园办学质量，我县首批通过全国学前教育普及普惠县省级督导评估。开展新浦江人子女受教育权保障工作专项监督，提出建议意见9条。开展社会养老服务工作专题调研，调研报告在省委《政策瞭望》第九期上发表。开展食品安全工作专题视察，开展城区交通工作专题视察，提出建议意见15条。

促进生态环境改善。人大常委会听取和审议环境状况和环境保护目标完成情况的报告，听取和审议创建全域旅游示范县情况的报告，提出建议意见17条。开展河道、池塘等水体保洁工作专题调研，列出重点整改问题8个。开展水资源管护与开发利用工作、“污水零直排区”建设工作、田园综合体开发建设工作专项监督，召开座谈会5次，组织专题视察3次，提出建议意见40条。

促进农民增收致富。人大常委会把促进农民增收作为一项长期性工作。一是对浦江县农民增收情况进行全方位调研，形成调研报告7篇。二是开展农民增收、春耕备耕、葡萄产业发展等工作专项监督，督促政府不断拓展农民增收渠道。三是开展抛荒田整治监督活动，督促政府整治抛荒田4887亩。四是帮助种植户销售农产品。五是建立专业村联系制度，指导农民增收致富。

促进民生实事完成。人大常委会围绕十大民生实事项目，制定专门监督方案，开展监督活动20次，督促问题整改15个，促进民生实事项目加快完成。经评估，10项民生实事全面完成9项，基本完成1项。深化“微民生实事”做法，通过发动人大代表进联络站、走访群众等渠道，收集到老百姓迫切需要解决的微民生实事125件，让老百姓得到实实在在的获得感。

（四）持续提高依法治县工作效能

人大常委会认真学习贯彻习近平法治思想，以提高治理体系和治理能力现代化为目标，充分发挥职能优势，有力推进依法治县工作全面深入开展。

推进依法行政。多次听取和审议法治政府建设工作情况报告，督促政府严格依法决策。开展司法工作专题视察，推进人民调解、社区矫正、公共法律服务等工作。开展领导干部依法行政工作专题调研，提出建议意见15条。开展公安工作专题视察，对新时代公安工作提出建议意见12条。做好人大任命干部任前法律知识考试、任后法律知识培训、任职表态发言、宪法宣誓等工作。

维护公正司法。继续开展“两官”评议工作，随机选定10名员额法官、4名员额检察官作为被评议对象，走访被评议对象相关律师、案件当事人172人次，抽查案卷140份，听取自查报告、单位意见，提出建议意见48条，提升了法官、检察官依法办案和公正司法的能力，推动“两院”健全完善工作机制17项。开展“两院”工作专题视察，提出建议意见21条。

保障法律实施。听取和审议“七五”普法实施情况的报告，督促政府健全长效机制，营造良好法治环境。依法审查规范性文件19个，确保了文件的合法性。先后对《中华人民共和国安全生产法》等6部法律法规贯彻实施情况开展执法检查。配合省人大开展《浙江省乡村振兴促进条例（草案）》等5部地方性法规立法调研，配合市人大开展《金华市无偿施救规定（草案）》等2部地方性法规立法调研，提出建议意见23条。

创新县域治理。开展社会矛盾纠纷调处化解“最多跑一地”改革专项监督，推动建设县矛调中心1个、乡镇（街道）矛调中心15个、村社矛调站44个。开展安全生产检查和森林防火应急演练专题视察，提出建议意见9条。接待受理群众来信来访155人次，解决了一批合理诉求。发挥基层人大代表作用，助力村社换届选举工作。

（五）充分发挥人大代表主体作用

人大常委会尊重人大代表主体地位，发挥人大代表工作主动性，支持和保障人大代表依法履职，不断提升人大代表的工作成效。

拓展代表履职平台。我们把人大代表联络站作为加强人大代表工作的重要平台，新建县矛调中心人大代表联络站，提升人大代表联络站15个，新建人大代表联络点34个。制定《人大代表联络站接待工作流程图》，建立政府组成部门进人大代表联络站工作制度，推行100%收集民意、100%回应民意的做法，得到上级人大充分肯定。一年来，全县人大代表联络站（点）开展活动1247人次，收集到建议意见576条，解决问题94个。

保障代表履职活动。人大常委会努力为人大代表履职创造条件。深入开展“双联系”活动，人大常委会组成人员联系人大代表161人次，人大代表向选民述职35人次。开展人大代表履职培训，举办人大常委会组成人员和乡镇人大主席专题培训班。开展监督小组活动36次，开展专业监督小组活动

11次，邀请人大代表列席人大常委会会议、政府常务会议等活动153人次。

提高建议办理实效。我们把不断提高人大代表建议办理质量作为工作重点，持续深化人大常委会领导参与督办、相关工委分工督办的工作机制。选取6件重点建议开展满意度测评，推进建议办理工作高质量完成。2020年，150件建议，已经解决98件，部分解决50件，暂缓解决2件，办理质量明显提升。

（六）全面提升自身建设整体水平

人大常委会按照省委忠实践行"八八战略"、奋力打造"重要窗口"的新目标新定位，全面加强自身建设，努力塑造担当作为的人大常委会机关。

加强学习能力建设。健全完善人大常委会组成人员集体学习、人大代表集中学习、人大机关干部定期学习的机制，自编学习资料24期，新建图书室，营造学习氛围，经常开展理论知识、法律知识、专业知识的学习，为做好人大工作打下良好基础。

加强清廉作风建设。严格落实全面从严治党主体责任，认真执行中央八项规定和省市县委要求，开展家访、谈心谈话、警示宣传教育等活动，树立了风清气正的人大常委会机关、人大代表和人大干部良好形象。

加强基层组织建设。始终重视上下联动，发挥人大整体优势，健全人大常委会联系指导基层人大工作机制，定期开展工作交流，出台《关于贯彻〈浙江省街道人大工作条例〉的实施方案》，新增街道人大工委委员18名，不断提升人大工作整体水平。

各位代表，人大常委会一年来取得的工作成绩，是在中共浦江县委正确领导下、在全体人大代表和人大干部共同努力下，在"一府一委两院"、政府组成部门和全县人民大力支持下取得的。在此，我谨代表人大常委会表示衷心的感谢！

在肯定成绩的同时，我们也清醒地认识到工作中存在的差距和不足，比如：人大监督工作有短板，人大宣传工作有短板，人大指导基层工作有短板。对此，我们将在今后的工作中不断解决、不断完善、不断提高。

二、2021年的主要任务

2021年是中国共产党成立100周年，是"十四五"规划开局之年。新的一年，人大常委会在中共浦江县委的领导下，以习近平新时代中国特色社会主义思想为指导，全面贯彻党的十九大和十九届二中、三中、四中、五中全会精神，坚持党的全面领导，坚持新发展理念，坚持人大代表主体地位，紧紧围绕"工业强县、文旅富县、乡村振兴、融义接杭、品质名城"五大战略，紧紧围绕推进县域治理现代化，紧紧围绕"水晶之都、诗画浦江"建设，认真行使宪法法律赋予的各项职权，交出人大履职高分报表。

根据上述总体要求，今年人大常委会工作的主要任务是：

聚焦制度创新。用习近平总书记关于坚持和完善人民代表大会制度的重要思想统领制度创新工作，重点在人大代表联络站工作、"双联系"工作、人大数字化工作等方面进行深化，推动新时代人大制度和人大工作创新发展。

聚焦中心工作。按照县委全会精神，大力推进"五大战略"，重点在经济发展、招商引资、农民增收、民生保障、疫情防控、建设项目、文明县城创建等方面，全力助推，充分发挥人大职能，贡献人大力量。

聚焦代表履职。继续加强人大代表学习培训，完善人大代表联系制度，发挥人大代表作用，强化人大代表履职功能，提升人大代表履职成效，不断规范人大代表履职行为。

聚焦换届选举。在上级人大的指导下，按照县委统一部署，承担人大换届选举工作的相关责任，严格按照选举法、地方组织法和代表法的要求，做好人大换届选举相关工作，确保选举风清气正，依法进行。

聚焦宣传工作。不断改进人大新闻宣传工作，大力宣传人大制度、人大创新和人大成就，大力宣传人大会议、人大活动和人大工作，大力宣传积极作为的优秀人大代表，组织编写《人大代表风采》。

聚焦自身建设。新时代要以新要求推动自身建设，我们坚持持续加强能力建设，持续提高决策水平，持续增强整体合力，持续发挥党组织作用，持续保持人大常委会机关风清气正的良好氛围。

各位代表，美好生活是奋斗出来的，高分报表是实干出来的。让我们更加紧密地团结在以习近平同志为核心的党中央周围，在中共浦江县委的坚强领导下，集思广益谋发展，团结一致干实事，努力创造新时代人大工作的新成效，为推进浦江各项事业高质量发展贡献人大力量，以优异成绩向中国共产党成立100周年献礼。

2021年2月2日，浦江县第十四届人民代表大会第五次会议召开

浦江县人民政府工作报告

——在县第十四届人民代表大会第五次会议上的报告

浦江县人民政府代理县长　戴　翀

（2021年2月1日）

各位代表：

现在，我代表浦江县人民政府向大会作政府工作报告，请予审议，并请各位政协委员和其他列席会议的同志提出意见。

一、2020年主要工作和“十三五”发展成就

2020年，面对新冠肺炎疫情带来的严峻考验和国内外环境的复杂多变，县政府坚持以习近平新时代中国特色社会主义思想为指导，全面贯彻落实党的十九大和十九届二中、三中、四中、五中全会精神，以及习近平总书记考察浙江重要讲话精神，在上级党委政府和县委的坚强领导下，在县人大的法律监督、县政协的民主监督下，紧扣“两个高水平”建设和“重要窗口”打造，扎实做好“六稳”工作，全面落实“六保”任务，深入实施“五大战略”，大力开展“三大攻坚年”活动，实现了经济社会平稳有序发展。全县地区生产总值增长1.2%，一般公共预算收入增长3.9%，城乡居民人均可支配收入分别增长3.3%和7.0%，十项民生实事基本完成。

（一）抓精密智控，疫情防控扎实有效。在这场突如其来的大战大考中，我们坚决贯彻习近平总书记重要讲话精神和党中央、国务院、省委、省政府、市委、市政府以及县委的决策部署，科学防治、精准施策，全力以赴抓好疫情防控，打出了一场出色的抗击疫情的人民战争、总体战、阻击战。建立高效指挥系统。成立由县委书记、县长任双组长的疫情防控工作领导小组，下设指挥部和8个工作组，每晚召开指挥部会商研判会议，及时分析研究上级指令和新情况新问题，县纪委监委等部门组成督导检查组，每日对照工作指令和任务清单开展督查。落实最严防疫措施。全面发动群众力量，打好“巷战”、守住“小门”，织密织牢疫情防控网；充分运用大数据技术，准确掌握重点人员运动轨迹，确保应对及时；常态化落实“健康码”查验、体温检测等防控措施，加大进口冷链食品的检验检疫力度，做到人物同查、同检、同管。加强医疗救助保障。全县开展核酸检测10.6万余人次；全力确保防疫物资供应，累计发放各类口罩356.6万只、消毒液4万千克、防护服1.2万件；7名白衣天使驰援湖北，不负使命。

（二）抓稳企赋能，实体经济回暖向上。紧盯“12365”实体经济翻身战奋斗目标不动摇，积极应对疫情冲击影响和经济下行压力，扎实开展“争先创优”行动，优服务、强保障，全方位助力实体经济摆脱困境、平稳发展。聚焦复工复产。建立“1+11+N”争先创优攻坚体系，制定出台8个县级扶持政策，县财政累计拨付企业奖励扶持资金4.4亿元，减税减费减租减息减支11.3亿元，在全市率先实现“两直”资金确认率和兑付率“两个百分百”，企业复工率、产能恢复率均列全市第一，MEI指数得分全省排名逐月上升。聚焦项目攻坚。建立投资项目全周期管理平台，全年招引项目52个，其中亿元以上

项目32个，省集中开工项目和省重点建设项目全部超额完成年度投资计划，81个县集中开工重大项目完成投资45.6亿元，十大工业投资(技改)项目和132个投资500万元以上工业投资项目完成投资12.2亿元，制造业投资增长34.7%。聚焦主体培育。新增省“隐形冠军”培育企业2家、“专精特新”入库企业110家，新增股份制企业9家、股交中心挂牌企业12家，规模以上企业达到323家，规模以上工业总产值增长5.8%。聚焦平台建设。水晶小镇小微园建成投用，黄宅恒固创艺园等5个小微园完成主体工程，白马小微园开工建设，浦江做法在全省小微园区建设现场会上作介绍；浦江开发区在省级开发区综合排名上升9位，通过省级园区循环化改造示范试点验收。聚焦要素保障。新增工业贷款43.2亿元，出让工业用地1009亩，消化批而未供土地1193.1亩，盘活存量建设用地817.5亩，完成城镇低效用地再开发843亩，争取财政奖补资金9.8亿元、地方政府专项债券额度19亿元。

(三)抓农旅商建，多元业态齐头并进。现代农业蓬勃发展。完成农业“标准地”认定1.2万亩，建设高标准农田2.4万亩；引进葡萄新品种3000亩，新增蔬菜特色村2个，白马现代生态养殖场完成主体建设，葡萄产值达到11.4亿元，“浦江桃形李”通过国家农产品地理标志认证；培训高素质农民300人次、农村实用人才1000人次，完成消薄项目101个，低收入农户收入增长25.2%；获评全国县域数字农业农村发展先进县和省级农业主导产业“机器换人”示范县，绿色崛起模式入选浙江乡村振兴十大模式。全域旅游稳步发展。完成全域旅游总体规划和壶源江旅游规划编制，完成历史建筑修缮20幢，培育文旅融合示范村10个、农旅示范农庄10个、旅游特产销售中心10个，举办了“上山文化”遗址发现20周年学术研讨会，新光村获评全国乡村旅游重点村，虞宅乡获评省级风情小镇，“茜溪—上河”线路获评全省美丽乡村夜经济精品线，“走进浦江发现文旅”登上央视频道，获评全省文化和旅游产业融合发展十佳县、全国县域旅游综合实力百强县。电子商务快速发展。万家跨境电子商务产业园完成提升改造，45家企业开拓跨境电商业务，新增跨境电商店铺260家，培育淘宝镇5个、淘宝村12个，石埠头村获评首批全国最美淘宝村，获评省数字生活新服务标杆县、全国电子商务进农村综合示范县和全国“互联网+”农产品出村进城工程示范县。建筑业和房地产市场健康发展。新增建筑业企业6家，21家建筑业企业取得新资质，建筑业产值增长16.7%，房地产销售面积增长28.8%。

(四)抓三轮驱动，发展活力日益增强。重点领域改革不断深化。“代办点+自助服务终端+网格员”便民服务模式全面推行，省定41项“一件事”全部落地，政务服务办件线上受理率和掌上执法率分别达81.3%和100%；工业用地实现全生命周期管理，工业大数据平台建成投用，出清D类企业33家，规模以上工业亩均税收、亩均增加值分别增长24.1%和22.6%；“基金+股权+项目”招商取得突破，发行两期共18亿元公司债券；出台乡贤乡居若干意见和农村产权交易细则，农民建房审批实行“一张表”及“线下联审+线上审批”模式。科技创新能力不断提升。启动挂锁行业数字化改造，新增市两化融合重点项目7家、数字化车间示范项目5家和“物联网工厂”示范项目1家，新增市级以上研发机构21家、省科技型中小企业75家、高新技术企业16家，规模以上上数字经济核心产业增加值增长22.7%，梅花锁业获评省上云企业标杆，浦江热电获评省大数据应用示范企业，伯虎链条入选“浙江制造精品”，2个项目入选省“四个百项”重点技术改造示范项目计划，水晶产业园获评长三角G60科创走廊工业互联网标杆园区。对外开放合作不断拓展。开通浦江汽运中心至义乌商贸城交通快线，政务服务浦义通办做法在省委改革办《竞跑者》刊登；积极参与自贸试验区金华联动创新区建设，出台支持企业海外仓建设实施细则，新增外贸出口主体82家，完成义新欧班列货柜178个；积极谋划对接杭州，高铁小镇产业策划、高铁小镇综合交通以及高铁小镇概念性规划、核心区城市设计等基本完成编制。

（五）抓美丽建设，城乡品位不断提高。城市建设有序推进。完成老旧小区改造13个、美丽社区项目21个，新增绿地27.9万平方米，创建精品城市示范街4条；解放西路完成道路基础设施配套，完成房屋修缮总工程量的80%；白林集聚区基本完工，文溪集聚区D区块完成总工程量的75%，桃岭自然村和登高村签约腾空。美丽乡村展露新颜。在全省率先建立美丽乡村长效管理机制，创建93个省级新时代美丽乡村，完成2个地质灾害安置区建设和2个省级历史文化村落改造；上河村获评中国美丽休闲乡村，大畈乡获评省生态文化基地，郑宅镇获评新时代美丽城镇建设省级样板镇；西北部山区农村供水主体工程和塘下村水系连通工程完工，城乡一体化供水管网延伸10千米、单村提升和村内管网改造20个村，获评国家级节水型社会建设达标县和省农村饮用水达标提标工作成绩突出县。交通道路日臻完善。环城西路（文溪西路至江滨西路段）、新华路和锁具大道北延完成建设，智能化改造停车场10个，新增停车位1370个；完成农村公路大中修45千米、等级提升22千米，新建公交候车点30个，杭温高铁二期浦江段开工建设。生态环境持续改善。高标准完成第二轮中央环保督察迎检工作，城市和第四污水处理厂扩容改造、小黄坛垃圾焚烧发电厂、小微产废企业危险废物收集点、一般工业固体废物收集分拣处置中心等完成建设，“污水零直排区”通过验收；新建生活垃圾“两定四分”投放点112座，创建省高标准生活垃圾分类示范小区10个；持续推进大气污染治理，完成浦江开发区废气专项治理，大气环境质量达到国家二级标准；浦阳江入选全国首批美丽河湖（港湾）典型案例，壶源江获评省级美丽河湖。

（六）抓民生改善，幸福指数持续攀升。教育基础更加坚实。9所公办幼儿园建成投用，全国学前教育普及普惠县创建通过省级评估；浦阳一小月泉校区和园区小学投入使用，随迁子女公办学校招生覆盖面达60%，高考一段线上线人数再创辉煌，堂头中学爱国主义教育入选教育部德育工作案例，4所学校获评省级现代化学校。医疗服务更加优质。县慢性病管理中心挂牌成立，县人民医院改扩建工程开工建设，中医院迁建工程、郑宅镇卫生院迁建工程完成主体建设，杭坪镇卫生院完成扩建，“双下沉、两提升”工作成效评估列全省第三，公立医疗机构智慧医疗服务实现全覆盖，县域就诊率达到90.2%，基本医疗保险参保率和大病保险选缴率分别达到99.5%和80%以上，公立医院医疗总费用下降4.7%。社会保障更加有力。创新推出“1+N”行业技能人才自主评价培训体系，省级高技能人才公共实训基地——水晶基地投入使用，城镇登记失业率控制在1.8%以下；县残疾人托养服务中心完成建设，示范型居家养老服务中心、“残疾人之家”和退役军人服务站实现全覆盖，医疗救助政策落实率、困难群众资助参保率均为100%；新建安息堂4个、生态公墓3处；完成小康体育村提升工程15个，承办了全省青少年田径锦标赛等4场省级赛事。

（七）抓基层治理，社会环境安定和谐。综合治理能力不断提升。圆满完成村社组织换届工作，党员群众参选率、候选人得票率均创历史新高。有序推进“下访接访”信访工作国家级标准化试点项目建设，完成县级社会矛盾纠纷调处化解中心规范化建设和社会治理综合服务中心建设。建立“一中心、四平台、一网格”县域社会治理新模式，代办民情民访事项7109件次，办结率99.7%，郑宅镇获评全国乡村治理示范乡镇，创建省级引领型农村社区2个。治安防控能力不断增强。部门涉案财物管理中心建成投用，新建智慧安防小区25个、智安单位57家、智慧警务站2个，新增视频监控点位1000路，出县视频监控点位实现全覆盖，刑事警情、治安警情分别下降24.6%和25.7%，创建市级以上民主法治村(社区)42个。安全保障能力不断提高。扎实开展重点行业领域专项整治和重点时段安全生产大检查大整治，全力消除各类事故隐患；积极创建国家农产品质量安全县，开工建设农批市场二期，培育放心消费单位11247家；加快提升道路交通安全设施，完成县级事故多发隐患点整治7处、桥梁安全提升7座和路口改造9处；不断增强全民安全救助能力，开展救护员培训1200人次、现场救护普及培训12000人次。

各位代表，2020年全县经济社会发展各项目标任务的如期完成，为“十三五”规划画上了较为圆满的句号。纵观“十三五”的发展历程，我们可以充分感受到浦江经济社会发展所经历的诸多不平凡挑战，以及所取得的诸多不平凡成绩，谱写了“水晶之都、诗画浦江”新篇章。相比2015年，全县地区生产总值增长25%，人均生产总值增长35.1%，一般公共预算收入增长32.1%，三次产业比率由5.3∶50.1∶44.6优化调整为4.9∶41.4∶53.7，城乡居民人均可支配收入分别增长40.8%和50.8%，群众获得感、幸福感、安全感大幅提升。

五年来，我们的产业升级迈出新步伐。召开首届浦江乡贤大会，三思光电、杭机股份、江苏赛伍等131个招商项目落户浦江，累计完成投资69.5亿元。开工建设小微企业园16个，建成投用10个，获评省小微企业园建设提升重点县，水晶产业园获评国家小型微型企业创业创新示范基地、省数字化示范园区。“中国水晶玻璃之都”称号和浦江纺织产业集群试点地区通过复评，获评国家级出口绗缝制品质量安全示范区和中国家纺绗缝流通示范基地，绗缝产业获评中国领航创新产业集群奖。在全省率先启动“快递进村”，获评省级电子商务示范县和快递发展先进县，连续五年获评全国电商发展百佳县。累计创建AAAA级旅游景区3家、AAA级旅游景区6家、A级景区村庄148个，入选国家全域旅游示范区创建单位，获评全国休闲农业和乡村旅游示范县、全国十佳生态休闲旅游城市、中国最美乡村旅游目的地，仙华山景区入选国家级风景名胜区，前吴乡获评省慢生活休闲旅游示范村。创新设立浦江葡萄价格指数综合险，“浦江巨峰葡萄”成为G20杭州峰会专供水果和国家地理标志产品，获评省农业绿色发展先行示范县创建单位和全国农业农村信息化示范基地。

五年来，我们的改革创新取得新突破。“最多跑一次”改革持续深化，实现“最多跑一次”事项1916件，占民生和企业审批事项的100%，1868件事项实现“零上门”；在全省率先开通“商事登记钉钉移动审批平台”，工业投资项目实现“拿地即开工”。“亩均论英雄”改革力度加大，建立工业企业亩产效益综合评价机制，规模以上工业企业亩均税收比2015年增长21.8%。国企整合提升初显成效，组建6家国有企业集团公司，国资监管企业资产总额比2015年增长459.2%。农业农村改革有序推进，完成农村土地承包经营权确权登记颁证，获评全国农村集体产权制度改革试点县和省农业水价综合改革试点县。科技创新基础不断夯实，成立杭州电子科技大学浦江微电子与智能制造技术研究院、武汉纺织大学浦江家纺设计研发中心、浦江技工学校(工匠学院),县科创园、浦江(杭州)科创中心建成投用,新增院士专家工作站4家、高新技术企业55家、科技型中小企业320家,百川导体获评中国驰名商标。浦义同城融合取得突破,浦义供水工程全线通水,浦江与义乌境内高速实现一类客车免费通行,240项政务服务事项实现“浦义通办”。

五年来,我们的城乡面貌呈现新气象。金狮湖一塔山区块开发建设有序推进,实施“城中村”(棚户区)改造项目7个,新改扩建市政道路14条,打通断头路11条,新增停车位6087个,历史文化街区保护工程一期基本完工,通过国家卫生县城复审,获评“千年古县”、全省首批“无违建”县、省级园林城市、省级森林城市、AAA级景区城和全省首批美丽乡村示范县。连续两年获评全省小城镇环境综合整治优秀县,创建全国首批绿色村庄7个、省级小城镇环境综合整治样板乡镇7个、省级美丽乡村示范乡镇6个、省级美丽乡村特色精品村18个,新光村入选全国美丽乡村百佳范例,冷坞村获评国家级生态文化村,郑宅镇获评全国特色小镇。351国道浦江郑家坞至联盟段、浦横线塘岭金至塆山口段建成通车,“山上浦江·美丽交通环”总里程达119.5千米,在全省率先实现建制村500米半径公交站点全覆盖,打造全省首个全域绿色公交出行县,获评“四好农村路”全国示范县、省首批万里美丽经济交通走廊示范县,210省道桐义线浦江段获评浙江最美公路。

五年来,我们的生态环境实现新提升。全域推行生活垃圾分类,入选全国首批农村生活垃圾分类和资源化利用示范县,连续两年获评全省农村生活垃圾治理工作优胜县,省级生态乡镇和国家级卫生乡镇实现全覆盖。四座污水处理厂完成扩容和清洁排放技术改造,新增污水处理能力3万吨/日,新建、改造城乡污水管网197千米,连续三年获评全省农村生活污水治理设施运维管理工作先进县。新建廊道170千米,浦阳江生态廊道入选全国河流生态治理十大案例,并获评浙江最美绿道。县河长办被评为全国全面推行河长制先进单位,获评第十届中华环境优秀奖、全国生态文明建设示范县和省河湖标准化管理县,六捧全省治水最高奖“大禹鼎”,连续四年生态环境质量公众满意度居全市第一、全省前五,荣登联合国“地球卫士奖”颁奖舞台,被原联合国副秘书长索尔海姆盛赞是未来中国甚至世界的模样。

五年来,我们的民生事业达到新水平。新改扩建中小学及幼儿园28所,义务教育阶段集团化办学和公办幼儿园实现全覆盖,高考一段线上线人数屡创新高,获评国家级义务教育教师“县管校聘”管理体制改革示范区、省教育基本现代化县。“健康浦江”建设深入实施,“双下沉、两提升”连续四年获评省级优秀,2个医共体组建成立,五大共享中心投入使用,浙一互联网医院浦江分院挂牌运营,县域就诊率比2015年提高2个百分点。建成“快乐老家”医疗服务点45个,居家养老服务中心“一日三餐”覆盖率居全省第一。县体育中心建成投用,农村文化礼堂实现全覆盖。连续三年获评省“无信访积案县”,连续六年实现进京“零非访”。获评全国“七五普法”中期法治宣传教育先进县和全国法治县创建先进单位,“好家风信用贷”入选省公共管理创新案例,下薛宅村获评全国文明村。再创省级“双拥”模范城,精准帮扶金口河区成功脱贫。

五年来,我们的政府建设得到新加强。深入推进“两学一做”学习教育常态化、制度化,扎实开展“不忘初心、牢记使命”主题教育,大力实施政府“两强三提高”建设行动,进一步推动了政府职能转变和效能提升。坚持以民为本,每年新增财力100%

用于民生支出，每年承诺的十项民生实事都能兑现，168个省定集体经济薄弱村全部消除，解决无房户、缺房户10293户，改造危房户13663户，“三公”经费比2015年减少46.6%。聚焦服务发展，建立“三办合一”、涉企府院联动常态化以及“4+2”驻企联心服务团等机制，开通“解难题直通车”，构建形成“1+14”工业科技扶持政策体系。坚持依法行政，规范政府常务会议学法制度，严格落实行政规范性文件、重大行政决策、行政协议合法性审查制度，累计办理建议、提案1698件。加快数字化转型，与华为达成新型智慧城市建设战略合作，政务云、物联网、视频监控等基础设施基本实现县域融合。

各位代表，过去五年所取得的成绩来之不易，是“八八战略”在浦江持续生动实践的结果，是上级党委政府和县委正确领导的结果，是全县人民和衷共济、拼搏进取的结果。在此，我代表县人民政府，向辛勤工作在各条战线的广大干部群众，向给予政府工作大力支持的人大代表、政协委员、工商联和无党派人士、各人民团体，向广大政法干警、驻浦部队官兵，向所有关心、支持和参与浦江建设发展的县内外朋友，表示崇高的敬意和衷心的感谢！

但是，我们也清醒地看到，由于受中美贸易冲突、新冠肺炎疫情以及经济发展进入新常态等诸多因素的叠加影响，“十三五”期间浦江县经济发展增速呈现由高转低的态势，40项主要指标中有11项没有达到预期目标，其中主要是经济和科技类指标。这说明我县经济发展的基础仍然比较薄弱，产业结构不够合理、有待优化，新兴产业尚未形成有效集聚和支撑，龙头企业数量偏少；科技创新的氛围还不够浓厚，科创保障体系、服务体系还不够完善，企业的科研、技改投入严重不足，自主创新力、核心竞争力不强。与此同时，我们的改革力度还需进一步加大，一些制约发展的深层次体制机制问题有待加快破解；城乡统筹发展还不够，城市建设欠账较多，农村公共服务供给相对滞后，民生保障、民生事业与老百姓的需求还有一定差距；政府职能转变还不够到位，数字政府建设有待加快推进，少数政府工作人员的服务意识、法治意识、执行意识、廉政意识还需进一步提高。我们一定要高度重视这些问题和短板，采取更加积极有效的措施认真加以解决。

二、“十四五”时期的主要目标和任务

“十四五”时期，是我国全面建设社会主义现代化国家新征程的起始五年，是浦江县加快新旧动能转换、奋力实现后发赶超的关键五年。根据中共浦江县委《关于制定国民经济和社会发展第十四个五年规划和二〇三五远景目标的建议》，县政府编制了《浦江县国民经济和社会发展第十四个五年规划和二〇三五远景目标纲要（草案）》，提请大会审议。经本次大会批准后，县政府将认真组织实施。

“十四五”时期经济社会发展的总体要求是：高举习近平新时代中国特色社会主义思想伟大旗帜，全面贯彻落实党的十九大和十九届二中、三中、四中、五中全会精神，深入贯彻落实习近平总书记考察浙江重要讲话精神，立足新发展阶段，统筹推进“五位一体”总体布局，协调推进“四个全面”战略布局，坚持党的全面领导，坚持以人民为中心，坚持新发展理念，坚持深化改革开放，坚持系统观念，坚持稳中求进工作总基调，以“高质量跨越式发展”为主题，以深化供给侧结构性改革为主线，以改革创新为根本动力，以满足人民日益增长的美好生活需要为根本目的，忠实践行“八八战略”、奋力打造“重要窗口”，积极构建新发展格局，深入实施“工业强县、文旅富县、乡村振兴、融义接杭、品质名城”五大战略，致力打造“六个样板地”，全面增强“水晶之都、诗画浦江”区域影响力，全面提升人民群众获得感、

幸福感、安全感,努力以县域现代化先行为全国现代化建设探路。

“十四五”时期经济社会发展的战略定位是:坚定不移推进“工业强县”战略,建设实力浦江,致力打造新兴智造基地与传统产业转型升级样板地;坚定不移推进“文旅富县”战略,建设魅力浦江,致力打造文旅融合县域实践样板地;坚定不移推进“乡村振兴”战略,建设和美浦江,致力打造新时代乡村生活样板地;坚定不移推进“融义接杭”战略,建设开放浦江,致力打造区域融合协调发展样板地;坚定不移推进“品质名城”战略,建设幸福浦江,致力打造共建共享宜业宜居样板地;坚定不移完善中国特色社会主义法治体系,建设法治浦江,致力打造领导干部下访接访样板地。

“十四五”时期经济社会发展的主要目标是:到2025年,地区生产总值达到314亿元,高新技术产业增加值达到14.5亿元,研发经费支出占地区生产总值比重达到2.2%,城镇化率达到66.6%,城乡居民人均可支配收入增长高于经济增长,人均预期寿命超过80岁,经济发展基础、动能与结构更加科学,经济增长速度、质量与效益更加协调,具有高度特色竞争力的县域现代化经济体系初步构建,城市能级有效提升。

围绕以上目标和战略定位,“十四五”期间将抓好十方面工作:

(一)聚焦产业变革攻坚,推动新兴智造产业崛起与传统产业升级。一是聚力产业链升级,推动结构变革。推动水晶、挂锁、绗缝、服装等传统产业创新升级,驱动智能硬件、光电光伏、高端装备制造、“X”产业(非金属材料、纤维材料、生物制药等)等新兴产业快速崛起,促进电子商务、现代物流、旅游康养等服务业提档升级,全力构建“4+4+3”现代产业体系。二是强化数字赋能,推动智能变革。加快实施传统制造企业数字化改造攻坚工程、工业互联网和企业上云示范工程、数字经济新业态新模式培育工程。三是推进园区集聚迭代,推动平台变革。完善以浦江开发区为主平台,黄宅、白马—郑宅、郑家坞为子平台的“一区三片”托管模式,高水平建设水晶小镇、高铁小镇等特色小镇,打造小微园“升级版”。四是加速企业培优育强,推动主体变革。聚焦引育旗舰企业,培育“专精特新”企业,提档升级中小微企业。到2025年,形成具有规模性、引领性企业100家,其中龙头企业10家、骨干企业40家、重点企业50家。

(二)强化科技创新驱动,打造跨越发展新引擎。一是发挥企业创新主体作用。实施高新技术企业“倍增”计划,形成科技型中小企业培育梯队,打造一批行业创新领军企业标杆。至2025年,省级高新技术研发中心、企业研究院等省级企业研发机构达到20家以上,高新技术企业达到120家以上。二是打造协同科创平台。提升浦江开发区创新集聚效应,充分发挥浦江(杭州)科创中心的“科创飞地”作用;打造新型创新孵化应用平台,建设主导产业创新服务综合体,谋划推进华为科技园、金狮湖科创港等科创平台建设。三是促进人才优先发展。加大人才引进力度,完善人才培育体系,优化人才留用政策。至2025年,引入高层次人才50名,全县人才资源总量达到10.6万人。

(三)突出内需升级引领,构建双循环新发展格局。一是加强有效投资拉动。完善全周期投资服务机制,形成推动项目投产见效的全流程服务体系;统筹推进抽水蓄能电站、大数据中心等“两新一重”建设;突出产业链招商主线,绘制产业链地图,每年引进投资超亿元项目40个以上,其中超3亿元项目10个以上。二是加强消费升级带动。完善高品质消费布局,谋划一批服务周边的新型商业项目和特色专业化服务平台；激发新型消费潜力，新建并提升一批集购物、商务、旅游等功能于一体的商业综合体；强化消费品牌建设，争创省级放心消费城市建设试点。三是加强内外循环互动。充分借助自由贸易试验区等各类贸易自由化与投资便利化机制，积极拓展“一带一路”沿线市场，形成国际市场多元化新布局；扩大先进技术与设备进口，形成进出口循环互促发展新格局。至2025年末，力争全县进出口贸易增长高于全省平均水平。

（四）深化体制机制改革，建设充满活力的一流营商环境。一是加快推进政府数字化转型。完成政务信息系统统一上云，构建安全可靠的政府数据底座，加快形成县级统筹、部门协同、整体联动、一网通办的“互联网+政务服务”数字政务体系。到2025年，实现全流程“一网通办”，90%以上事项“掌上办”。二是全面深化要素市场化改革。持续推进“放管服”改革，推动“最多跑一次”向“一次不用跑”迭代升级；加强工业用地全生命周期管理，不断完善“腾笼换鸟”激励倒逼机制，健全以亩均效益为核心的综合评价机制和要素差别化配置机制。三是深入推进营商环境法治化建设。强化法律意识，提高法治素养，加大涉企行政执法监督力度，大力推动严格规范公正文明执法，积极营造公平竞争市场环境。

（五）强力推进融义接杭，打造两大都市圈交汇节点城市。一是深化浦义同城，全面嵌入浙江开放大通道。共建两地发展“一个框架”，提升浦义同城战略高度，务实推进战略要素同城化；梳理产业发展的重点领域和关键环节，加快推进产业发展同城化；加强文教体医卫等合作，深入推进公共服务同城化。二是打造接杭新城，加快融入长三角一体化。积极推动科创衔接，大力构建杭浦双向创新链；重点推动产业承接，紧密接入杭州“新制造”产业链；加快推动旅游嫁接，共建黄金旅游带；精心推动生活对接，建设大都市周边生态宜居地。三是强化基础支撑，构建快速互联互通网络。推进杭温高铁二期浦江段工程建设，加快合肥至温州高速（桐庐至义乌段）、浦义快速路等关键快速干线建设，形成浦江与义乌市区、金义新区20分钟通勤圈，建设融入长三角的现代立体大通道网络。

（六）优化提升城市能级，构筑浦江未来发展新空间。一是开拓“一核两极三区四带”城市发展新布局。强化“一核”，建成高质量发展中心区；聚焦“两极”，打造跨越式发展新引擎；优化“三区”，形成全域协调发展新布局；培育“四带”，构建产城联动发展新格局。二是推动中心城区迭代升级。强化中心城区核心引擎效应，优化城市发展格局，依托古城更新和金狮湖—塔山区块开发建设，打造古今辉映的城市核心区。三是推进县域新型城镇化发展。持续引导城乡人口集聚，加快农村人口市民化进程；推进美丽城镇建设，完成8个乡镇的美丽城镇创建。四是打造现代化基础设施体系。畅通城市内部路网，新建8条道路，完成12条道路延伸工程，着力打通“断头路”；加速布局以第五代移动通信、物联网、工业互联网、大数据中心为代表的通信网络基础设施。

（七）高水平推进乡村振兴，加快实现农业农村现代化。一是推动乡村产业高质量发展。提高农业品牌化、数字化、绿色化水平，加快现代农业与特色农业发展；推进传统农业与加工、流通、文化、旅游、教育、康养等产业融合，形成“农业+”多业态发展态势；加大农民创业创新政策支持力度，拓宽农民增收渠道。二是建设全域现代化美丽乡村。深化“千万工程”和美丽乡村建设，提档升级乡村基础设施，巩固提升农村居民饮用水标准，高水平推进“四好农村路”建设。三是推进新时代乡村集成改革。深化农村土地制度改革，完善农村承包地和宅基地“三权分置”办法；深化农村集体产权制度改革，加快构建归属清晰、权能完整、流转顺畅、保护严格的农村集体产权制度。

（八）厚植绿色生态优势，率先建成全域美丽大花园。一是更高水平守护“绿水青山”。强化国土空间规划和用途管控，严守生态保护红线、永久基本农田、城镇开发边界等空间管制控制线；统筹推进水、气、土、废等生态环境综合整治，持续深化“河（湖）长制”，坚决打赢蓝天保卫战，巩固提升生态环境质量。二是大力推进低碳减碳。推动能源利用绿色化集约化，落实国家能源“双控”政策；推动生产方式绿色转型，加强企业清洁生产，发展高效生态现代农业；树立绿色生活理念，推行绿色低碳生活方式，倡导绿色消费和低碳消费。三是深化绿色发展体制机制创新。加快建立生态产品价值实现机制，构建价值核算评估应用体系；完善现代环境治理体制，提升生态环境治理规范化、精准化、智能化水平。

（九）打响“万年浦江”文化品牌，打造文旅融合县域标杆。一是传承发扬“万年浦江”优秀历史文化。推动“上山文化”成为“万年中国”文化标识，发掘浦江诗画名人文化资源，打造全国廉政文化教育中心，进一步提高浦江文化品牌的知名度、美誉度。二是积极推进文旅融合发展。推进全域旅游，做强“仙华山——江南第一家”精品旅游品牌，做靓壶源江乡村旅游样板区和“上山文化”体验区等精品板块，丰富旅游新业态，打造长三角文化休闲旅游目的地。三是提升现代公共文化服务能力。提档升级公共文化设施，加强县、乡镇（街道）、村（社区）三级公共文化服务设施建设；探索政府购买文化服务模式，提高公共文化服务水平。四是奋力创建全国县级文明城市。大力实施社会主义核心价值观引领行动，弘扬“真善美”的文明新风，提升城市文明水平。

（十）大力提升民生福祉，构建共享共富美好社会。一是大力促进居民就业增收。强化就业优先政策，防范化解规模性失业风险，确保就业形势总体稳定；提升创业服务能力，构建完善创业保障体系，大力推进大众创业、万众创新。二是提升高质量教育供给能力。打造现代化教育浦江品牌，落实立德树人根本任务，完善现代化教育基础设施，逐步建立终身教育、终身学习的全周期教育体系。三是建设高水平健康浦江。健全优质医疗服务体系，健全“双下沉、两提升”长效机制，构建分级诊疗、合理诊治和有序就医新秩序；加快建设强大公共卫生体系，完善重大疫情防控体制机制，全面提升重大疾病、传染病防控能力；实施健康浦江专项行动，将以治病为中心转变为以人民健康为中心。四是构建多层次精准社会保障体系。健全社会保险制度，探索“大数据+社会保障”新模式，加快实现法定人员社保全覆盖；完善社会救助制度，建立健全“1+8+X”大社会救助体系；提升养老服务能力，逐步建成居家社区机构相协调、医养康养有机结合的多层次养老服务体系。五是推进社会治理体系和治理能力现代化。深化整体智治、高效协同理念，推动数字赋能县域社会治理现代化；加强经济安全风险预警、防控机制和能力建设，提升风险防范与应急管理能力；深入推进司法体制改革，提升社会治理法治化水平。

三、2021年的主要工作安排

各位代表：2021年是中国共产党成立100周年，是“十四五”开局之年，也是全面实现本届县政府任期目标的关键之年，责任重大、意义深远。我们必须精准研判形势、主动应对挑战、抢抓发展机遇，迎难而上、真抓实干，以开拓创新的勇气和持之以恒的韧劲，全力以赴抓好各项工作落实，加快推进县域经济社会高质量发展。

2021年工作的总体要求是：坚持以习近平新时代中国特色社会主义思想为指导，全面贯彻党的十九大和十九届二中、三中、四中、五中全会和中央经济工作会议精神，认真落实省委十四届八次全会、省委经济工作会议、市委七届八次全会和县委十四届九次全会的决策部署，忠实践行"八八战略"、奋力打造"重要窗口"，始终把谋发展、促发展作为第一要务，以新发展理念为引领，以稳中求进为总基调，以深化供给侧结构性改革为主线，以制度创新、科技创新为动力，积极应对新发展阶段、新发展格局带来的新变化、新要求，抓实抓好"五大战略"落地见效，担当实干、奋勇追赶，全力推动实现浦江更可持续、更高质量发展，以优异成绩向中国共产党成立100周年献礼。

综合分析国内外环境因素和县域发展基础，建议2021年浦江县经济社会发展主要预期目标为：地区生产总值增长7%以上，一般公共预算收入增长6.5%，固定资产投资增长10%，社会消费品零售总额增长8%，规模以上工业增加值增长11%以上，城乡居民人均可支配收入增长与经济增长同步，万元生产总值综合能耗和污染物排放量削减完成上级要求。

为此，我们将抓好六个方面重点工作：

（一）聚焦聚力提高经济质效

实施传统产业数字赋能工程。制定出台传统产业数字赋能工程实施方案，配套完善相关扶持奖励政策，持续推进与省智能制造专家委员会战略合作，力争新启动10家以上企业数字化智能提升改造试点，实施两化融合项目10个，新增工业机器人180台（套），加快推进信息技术、人工智能与传统产业的深度有机融合，不断提高传统产业企业的现代化、精细化、科学化经营管理水平，降低经营成本、提升生产效率、提高产品质量。

实施新兴产业集群培育工程。研究确定新兴产业集群培育重点，制定出台新兴产业集群培育行动方案，重点紧盯三思光电、杭机股份、苏州赛伍、百川导体等新兴产业领域的龙头骨干企业，在全力助推做大做强的同时，充分发挥其行业领域的引领和集聚效应，做实做好"固链、强链、补链、延链"文章，吸引更多优质配套企业、产业链延伸企业向浦江集聚，加快形成新的产业集群。全年新增细分行业"隐形冠军"培育企业2家、"专精特新"入库企业60家、股份制企业6家、股交中心挂牌企业10家、"浙江制造"标准5个、"品字标"企业5家、国家知识产权优势企业1家，新增"个转企"350家、净增"小升规"40家。

实施现代农业提质增收工程。大力推进乡村振兴产业发展示范县和部省共建乡村振兴示范县建设，统筹抓好粮猪保供、抛荒田整治、"非粮化"整治、高标准农田建设等工作，加快推动传统农业向现代农业迈进。积极推广新品种葡萄种植和蔬菜种植"三分六统"模式，探索发展林下经济，以乡村振兴基金运作理念，推进"悠然南山"田园综合体建设，培育农业龙头企业3家、示范性家庭农场15家、农创客20人，做好现代农业科创园前期工作。大力盘活农村闲置资源，推进实施"两进两回"行动，积极寻求多元化农业经济发展途径，扩大"一村一品"覆盖面。扎实推进全国农产品质量安全县创建，完成"互联网+"农产品出村进城工程试点县建设。

实施全域旅游提档升级工程。持续深化国家级全域旅游示范县建设，完成仙华山国家级风景名胜区总体规划编制并上报审批，加大"仙华山——江南第一家"龙头景区打造力度。抓好善庆"十畝"禅养项目、鑫广旅游配套项目以及壶源江流域旅游项目等建设服务，加快推进"百县千碗·拾味浦江"工作，打造2个"1+X+1"旅游特色村，创建省级民宿集聚村1个、省级休闲乡镇1个，新增民宿床位400张，推动实现旅游与历史文化、特色农业、研学团建、体育赛事的融合发展。加大旅游产品营销推广力度，线上线下多渠道联网互动，全方位、整体化精准营销，进一步提升“诗画浦江”旅游品牌影响力。

实施对内对外市场拓展工程。加快自贸区联动创新区浦江点建设，推进县通海外贸公司全市场化运作，确保贸易出口增长5%。大力引进市场机构承办葡萄节、水晶博览会、书画节等活动，探索推进晶博会向水晶、挂锁、绗缝、服装等轻工产品一体的综合性展会转化。加大出口转内销力度，支持企业发展“同线同标同质”产品，积极参与“浙货行天下”行动。构建完善电商公共服务体系，推进与和达高科跨境电商战略合作，确保网络零售额增长12%以上。着力激发消费市场活力，持续做大网红经济、直播经济、夜间经济等消费热点，大力发展定制消费、体验消费等新模式。

（二）千方百计增强发展动力

以改革的不断深化增动力。优化提升营商环境，继续实施优化营商环境“10+N”便利化行动2.0版，建立涉企政策全流程评估制度和企业难题现场办公制度，新增和迭代21件“一件事”，探索推广“承诺制”审批模式，健全完善营商环境评估和考核机制。大力实施数字化改革，以数字化手段推动“放管服”改革，不断深化与华为的战略合作，加快推进“智慧城市”建设和公共服务数字化转型，推行“互联网+监管”模式，机关内部“最多跑一次”事项全程电子化。持续推进“亩均论英雄”改革，加大D类企业出清力度，对历年招商项目履约情况进行综合评价，倒逼低效企业优化升级、“腾笼换鸟”。不断深化国企改革，加快优质资产整合、划转，整合升级现有国有公司，推动指挥部公司化运作，力争新增1家信用AA级国有企业。加大农村集成改革力度，全面推行农村“三资”公开唱票制度，完善农村宅基地审批流程，实现土地承包经营权动态化“一站式”管理，培育“肥药两制”改革试点主体39家。

以科技的创新提升增动力。突出企业创新主体地位，出台科技创新创业投资基金管理办法，实行工业科技特派员制度，新增高新技术企业15家、科技型中小企业60家，高新技术产业投资增长20%以上，财政科技投入增长15%以上。推动科创平台能级提升，科学设置考核指标体系，对各科创平台运行效益形成有效倒逼；完成科创园二期建设，同步开展运营团队和科技项目招引，完成科技成果产业化20项。拓展科技创新合作途径，大力引进科技中介服务机构，积极筹建浙江大学金华研究院浦江分院，并通过“政府+”“企业+”等模式，与高等院校、科研院所共建技术研发中心，力争规模以上企业研发机构设置率达到25%以上。强化人才队伍招引培育，建立更加灵活的人才引用机制，并依托县职业技术学校、县技工学校（工匠学院），培养一批紧贴县域产业特色的专业技术人才，全年新增专家工作站1家、柔性引进院士2名，培训企业家800人次以上，完成揭榜挂帅难题征集50项以上，办好首届“浦江英才”创业大赛。

以项目的招引落地增动力。牢固树立“项目为王”理念，突出招大引强。持续加大招商引资力度，积极尝试专业机构招商、产业基金招商等模式，并紧盯华为、三思光电、杭机股份、苏州赛伍等开展产业链招商，力争全年招引亿元以上项目40个，其中3亿元以上项目15个。加快推进项目落地建设，继续开展“晒拼创”活动和重点项目集中开工仪式，建立重大签约项目落地责任清单制和项目专班制，力争开工率达到70%以上。持续强化资源要素保障，完成5个小微园建设，启动2个小微园建设；开展工业用地有机更新试点，新供工业用地1000亩、消化

批而未供土地600亩、盘活存量建设用地400亩，完成低效用地再开发600亩、土地整治2000亩，新启动3个全域土地综合整治与生态修复项目；引导与鼓励金融机构加大信贷投放，确保新增工业贷款30亿元，不良率控制在1.5%以内。持续扩大对外开放合作，积极争取义乌先行试点及政策向浦江覆盖，加大义乌光电产业的链式招商；充分发挥浦江（杭州）科创中心桥头堡作用，主动承接杭州优质产业和人才溢出，积极融入长三角一体化发展。

（三）建管并重推动城乡统筹

持续增强城市综合功能。完善城乡规划体系，完成县乡两级国土空间总体规划、仙墨湖区块控制性详细规划和浦江开发区控制性详规等编制，深化高铁小镇概念性规划和核心区城市设计研究。实行城市有机更新公司化运作，持续推进金狮湖—塔山区块开发建设，加快民主路、解放西路历史文化街区延伸区块房屋修缮和市政配套设施建设，做好招商引资、业态布局和培育；有序实施老旧小区改造，完成白林安置区和文溪安置区D区块建设，完成县城以西区块双电源供电系统建设项目一期；持之以恒推进全国县级文明城市创建工作，完成浦阳江城区段生态综合治理，力争浦阳江国家湿地公园试点通过验收，争创国家园林城市和国家森林城市。畅通内外交通路网，完成环城西路（江滨西路至人民路段）建设、东山路拓宽改造、宏业大道至351国道匝道建设、园区小学南侧道路建设、白林安置区配套道路、人民东路至江滨路连接线等工程，全力配合杭温高铁二期浦江段建设和合肥至温州高速（桐庐至义乌段）前期工作，加快推进浦义快速路和351国道联盟至兰溪界段工程前期。

持续提升和美乡村品质。加快建设新时代美丽乡村，继续做好历史文化村落保护与利用，完成78个乡村振兴示范村创建并新启动22个村，建设新时代美丽乡村精品村19个、达标村38个，创建省级美丽宜居示范村2个、省级美丽城镇样板镇1个。稳步开展农村公路大中修、等级提升和危病桥梁改造等工程，完成刘铁至浦义公路、黄宅至吴大路村、朝阳村至上山村、冯村至岳塘村等道路建设。持续推进西北部山区农村供水工程，完成100千米支管道和24个村的村内管网建设，有序实施水库和山塘除险加固工程，积极引进社会资本参与双溪水库建设项目前期，力争浦江水利遗产列入世界灌溉工程遗产目录。完成农村房屋安全隐患排查整治工作，建立健全常态化长效治理改造机制，启动农村无房户、危房户和缺房户集聚安置区一期工程，完成西部山区地质灾害安置房建设主体工程，完成岩头镇农居点二期主体工程和檀溪镇、白马镇集聚安置区建设。

持续深化生态环境治理。扎实做好中央和省级环保督察整改工作，深入打好三大污染防治攻坚战。打好碧水提升攻坚战，巩固深化“污水零直排区”建设成果，建立排水管网设施运行维护管理机制，完成7座地表水水质自动监测站和浦阳江水质预警预测系统建设，加快推进金属表面科技产业园建设，实施浦阳江河湖缓冲带生态修复试点和“千吨万人”饮用水水源地“立、治”工作，全力夺取“大禹鼎”金鼎。打好蓝天保卫攻坚战，开展行业性突出废气污染问题整治提升行动，持续推动工业炉窑深度治理，确保大气环境质量达到国家二级标准。打好净土清废攻坚战，完成农用地和重点行业企业用地土壤污染状况调查，加快实施污泥处置项目、一般工业固体运收体系建设和小黄坛垃圾焚烧发电配套炉渣处置项目，全面推行生活垃圾“两定四分”模式，高标准创建“无废城市”。

（四）全力以赴增进民生福祉

进一步打响优质教育品牌。强化教师队伍建

设，实施领航教师“五维”培养工程和高学历教师“倍增”计划，不断深化党组织领导下的校长负责制试点工作。优化“学在浦江”规划布局，完成4所幼儿园、4所学校新改扩建工程，启动培智学校迁建工程，推进“明眸摘镜”护眼工程和“空调进教室”工程。稳步提升教育教学质量，深化义务教育集团化办学、幼教联盟建设，加大民办学校撤扩并力度，加快实现规模化、品质化发展。

进一步提高卫生服务能力。坚持外防输入、内防反弹，慎终如始做好疫情防控和医疗救治工作，进一步提升重大突发公共卫生事件应急处置能力。不断深化“三医联动”“六医统筹”改革，构建完善优质高效的整合型医疗服务体系，加快推动医养结合。深入推进县域医共体建设，大力提升医卫人员业务素质，健全完善五大共享中心，将部分民营医院纳入共享范围，完善分级诊疗制度，确保基层就诊率达到65%以上、县域就诊率达到90%以上。改善提升医疗基础设施，郑宅镇卫生院迁建工程完工，县中医院迁建工程完成总工程量的80%，县人民医院改扩建工程完成临床公卫中心建设。

进一步推动文化名县建设。实施文化基因解码工程，完成潘周家一根面、竹叶熏腿、浦江什锦等10项内容的文化基因解码工作。加强“上山文化”研究和宣传，举办“习近平总书记批示‘上山文化’15周年”系列活动，并积极争取上级支持，合力推进“上山文化”村等项目建设。深入挖掘“江南第一家”的廉政文化、孝义文化和家规家训文化，以省级廉政教育基地为依托，大力推动研学产业发展。加大浦江书画文化品牌的宣传、推介力度，完成山明美术院改扩建工程，组建浙江书画产业交易中心，积极探索书画文化产业化发展路径。同时，承办好省级青少年比赛等省级赛事，举办县第十七届运动会。

进一步完善社会保障体系。大力推动就业创业，建立“用工指数”模型，开展市级“双创”示范基地创建，完成人力资源市场迁建工程，新增大学生实习基地10家，新增城镇就业4200人以上，城镇登记失业率控制在2.5%以下。着力做好社会救助，统筹推进低保、特困、受灾等8项基本救助，鼓励与支持社会力量参与社会救助。关心关爱重点人群，完成160户生活困难老年人适老化改造，完成30家示范型“儿童之家”建设，健全完善医保精准扶贫长效机制，确保基本医保参保率和大病保险选缴率分别达到99.9%和85%以上。同时，扎实推进退役军人全生命周期服务管理，积极创建全国“双拥”模范城。

(五)以人为本创新社会治理

深化社会矛盾化解。持续深化领导干部下访接访制度，探索建立“下访接访”标准体系，形成可复制、可推广、可学习的“浦江标准”。全域开展“县乡一体、条抓块统”集成改革，迭代升级“基层治理四平台”，推动实现基层治理领域“全周期管理”。推进信访“最多跑一地”改革，按照一类标准提升县乡村三级矛调中心(站)规范化水平，充分发挥基层桥头堡功能，努力将80%以上矛盾纠纷化解在基层。充分发挥社会治理综合服务中心功能，引导“帮忙老哥”、“和姐”工作室、“心福家”心理指导服务中心等机构进驻中心，满足群众多层次矛盾纠纷化解需求。完善涉稳事件应急处置机制，加快形成资源共享、联动共管、全面覆盖的基层应急管理体系。

加强治安综合治理。提档升级“党建联盟”“警格入网格”“公安+社会救援力量合作联勤”等品牌，深入推进“枫桥式”派出所、交警中队和司法所创建。健全完善扫黑除恶六大机制，坚决铲除黑恶滋生土壤，严厉打击惩处各类违法犯罪，努力夺取“一星级平安金鼎”。开展“无骗社区(村)”“无骗企业”和“无骗校园”创建,加大电信网络诈骗打击力度,坚决遏制新型涉网犯罪高发态势。大力推行街区警长制,统筹做好街区黄赌整治、场所行业管控、诈骗防范宣传等工作,努力实现街区“矛盾不上交、平安不出事”。

完善公共安全体系。深入开展第二轮安全生产综合治理三年行动,开展自然灾害综合风险普查,完成防汛防台、应急物资综合管理等业务系统建设。持续推进公路安全防护提升工程和交通安全大会战,完善路口开口安全设施,开展危化品运输安全“铁拳整治”专项行动,加强“两客一危”重点车辆智能预警和管控。扎实做好食品安全工作,提高食品自主检测能力,开展网络订餐“净网”专项整治行动和农村集体聚餐食品安全提升行动,实现食品安全责任保险在学校食堂、养老机构食堂、农贸农批市场等重点领域全覆盖。加强群众应急救护能力,完成救护员培训1500人,普及培训15000人次。

(六)持之以恒加强政府建设

讲政治,对党绝对忠诚。加强理论学习,夯实思想根基,不断增强“四个意识”、坚定“四个自信”、做到“两个维护”,进一步提高政治判断力、政治领悟力、政治执行力,在政治上、思想上、行动上同以习近平同志为核心的党中央保持高度一致,自觉用习近平新时代中国特色社会主义思想指导实践、推动工作,自觉把浦江的工作放到全市、全省的发展大局中去衡量、谋划,忠实践行“八八战略”、奋力打造“重要窗口”,确保上级各项决策部署能够结合浦江实际落地见效。

守规矩,干事依法依规。持续强化法治政府建设,把法治精神、法治要求贯穿政府工作全过程、各领域,善于运用法治思维和法治方式开展各项工作。提升政府工作透明度,自觉接受人大法律监督和政协民主监督,不断强化审计监督、司法监督、监察监督、统计监督、群众监督和舆论监督。严格执行重大行政决策制度,扎实推进“大综合一体化”行政执法改革,做好行政复议、行政应诉工作,促进严格规范公正文明执法,进一步提高依法行政的能力和水平。

重执行,工作立说立干。强化系统观念,学会“十个指头弹钢琴”,努力做到全局与局部相配套、当前与未来相协调、整体推进与重点突破相统一,不断提升执行的统筹性。强化学习意识,自觉加强业务知识学习,努力增强应对新格局新变化新要求的能力素质,不断提升执行的专业性。强化数字赋能,积极推进互联网、大数据、人工智能等现代信息技术在政府服务管理领域的运用,不断提升执行的精准性。强化作风建设,倡导践行“一天都不耽搁、一点都不马虎”的作风,全面实行工作任务清单式管理和闭环式运作,不断提升执行的实效性。

倡廉洁,政务风清气正。落实全面从严治党主体责任,认真履行“一岗双责”,深入推进政府系统党风廉政建设和反腐败斗争。严格执行中央八项规定精神,坚决纠正“四风”,坚持用制度管权管事管人。牢固树立过紧日子思想,严格控制“三公”经费,大力压减一般性支出,加强对资源供给的效益评估,提高资源的节约、集约利用程度,确保有限的资源用在刀刃上。优化财政支出方式,探索建立正向激励机制,将市场能做的交给市场去做,推动有效市场和有为政府更好结合。

经过广泛征集意见,我们筛选出13项民生实事候选项目:

1.重点人群供疫苗。建立易感人群免疫屏障,完成70周岁以上老年人自愿免费接种流感疫苗1.2万人;实现重点人群新冠疫苗自愿免费接种应接尽接。

2.培智助残暖人心。推进县培智学校建设工程，确定选址并开工，努力让更多失智儿童得到优质教育的机会；建设和改造为智力残疾、精神残疾及其他重度残疾人提供日间照料和辅助性就业的“残疾人之家”4个。

3.护眼暖心育未来。扎实推进近视防控工作，为全县5.5周岁以上儿童青少年免费检查视力，继续做好学生屈光发育档案工作；开展教室视觉环境优化行动，持续改善儿童青少年视力状况，实现全县中小学教室灯光改造全覆盖；新增中小学空调教室200间，覆盖率达75%以上。

4.加装电梯重突破。积极开展既有住宅加装电梯试点工作，建立健全多部门联动机制，优化服务方式，简化审批程序；充分发挥浦江“帮忙老哥”等社会力量，邀请党员干部、“五老”人员、媒体记者、法律志愿者等共同参与，组建加装电梯“帮帮团”，帮助住户进一步统一思想，合力推进既有住宅加装电梯工作。

5.防诈“走心”保丰安。15个乡镇（街道）各建一支反诈宣讲团，开展面对面宣讲，创建10个“无骗社区（村）”；开展“无骗企业”“无骗校园”创建，实现企业财务被骗案下降50%；建设防范诈骗技术反制系统。

6.微改治堵抓试点。完成蒋义线与月泉西路交叉口、和平南路与毛亚线交叉口、中山北路与月泉东路交叉口的优化，完成和平北路（月泉路至广场路段）的机非隔离以及与月泉路交叉口的优化。

7.公厕改造便民众。结合全国县级文明城市创建，按照公厕“五化”标准，完成和平南路、西山公园、新华西路、儿童公园、凤荷路和四桥6座城市公共厕所提升改造，切实改善公厕软硬件环境。

8.交通安防强补丁。实施农村公路安防工程15千米，分类实施县道公路桥混凝土护栏与防撞钢护栏连接项目，实施自发光10千米以上；完成临水临崖及4米以上高落差路段安防设施全覆盖。

9.应急救援强基础。实现乡镇（街道）自然灾害数字化平台应用全覆盖，新增15个规范化避灾安置场所；在2个重点乡镇（街道）、园区建立综合性应急救援队伍，新增1个临时起降点。

10.法律服务促和谐。实现市场主体法律服务网格化全覆盖和基层调解组织全覆盖，新建青少年法治主题教育展馆1个、民法典主题公园1个、民法典学习所15个、法治文艺工作室1个，民主法治村（社区）创建覆盖率90%以上。

11.食安监测广覆盖。健全我县食品自主检测能力体系，新增超高压液相色谱串联质谱联用仪，加强食品中农药和兽药残留检测，加大处罚力度，实现对全县农贸市场和大型商超食用农产品27个类别检测全覆盖和闭环管理，年抽检量达到每千人4.5批次，结束浦江对农药残留物无法全项目检测的历史。

12.文明养犬提素养。完成22个文明养犬示范小区创建，完成县级养犬登记数据平台系统升级，实现智能管理，养犬登记应登尽登，加大不文明养犬教育、劝导和处罚力度，营造社会文明养犬氛围，引导市民养成文明养犬习惯。

13.居家养老优服务。提升15个乡镇（街道）示范型居家养老服务中心服务水平，提升生活、康复护理、托养、家庭支持、社会工作与心理疏导以及康复辅具租赁六大服务；扩面居家养老服务补贴对象，将90周岁及以上老人（企事业单位退休除外）纳入补贴对象，实行居家养老上门个性化服务。

请各位代表在会议期间投票选出10项，作为今年县政府民生实事项目。对民生实事项目，我们要确保办成；对未列入民生实事的其他候选项目，我们也要作为重点工作内容，努力办好，让群众满意。

各位代表！拥抱新时代，担当新使命。让我们更加紧密地团结在以习近平同志为核心的党中央周围，在上级党委、政府和中共浦江县委的坚强领导下，以舍我其谁的精神状态和一往无前的奋斗姿态，苦干实干、锐意进取，不断开拓浦江高质量发展新局面！

2021年2月1日，浦江县第十四届人民代表大会第五次会议召开

中国人民政治协商会议
浦江县第九届委员会常务委员会工作报告

——在政协浦江县第九届委员会第五次会议上的报告

浦江县政协主席 郑文红

（2021年1月31日）

各位委员：

我代表政协浦江县第九届委员会常务委员会，向大会报告工作，请予审议，并请会议列席人员提出意见。

一、2020年工作回顾

2020年，是全县上下面对复杂疫情形势，砥砺前行，攻坚克难的一年。一年来，县政协及其常委会在中共浦江县委的坚强领导下，以习近平新时代中国特色社会主义思想为指导，认真学习中共十九大和十九届二中、三中、四中、五中全会精神，全面贯彻落实中央、省委、市委、县委政协工作会议精神，坚持以政协工作提质增效为抓手，紧扣“五大战略”，聚力“三个攻坚年”活动，勇担使命，创新履职，全力助推县委、县政府决策部署有效落实和各项事业的全面发展，为推进浦江高质量发展贡献了智慧和力量。

（一）加强思想引领，把牢正确政治方向

坚持中国共产党的领导是人民政协必须恪守的根本政治原则。常委会始终坚持党对政协工作的全面领导，旗帜鲜明讲政治，切实增强“四个意识”、坚定“四个自信”、做到“两个维护”，确保政协事业方向正确、行稳致远。

始终把政治理论学习摆在首位。持续笃学深悟习近平新时代中国特色社会主义思想，认真学习中共十九届五中全会精神，深入学习习近平总书记关于加强和改进人民政协工作的重要思想、习近平总书记考察浙江重要讲话精神，切实做到学思用贯通、知信行合一。强化探索实践，并转化为理论成果，《在基层治理中展现政协作为》获2020年度浙江省政协理论研究征文三等奖。

认真抓好县委政协工作会议精神落实。认真贯彻中央、省委、市委政协工作会议精神，协助召开县委政协工作会议，就进一步加强和改进我县政协工作作出具体部署。通过召开县政协党组（扩大）会议、常委会集中学习、委组座谈交流等多种形式，推动会议精神学深悟透。召开政协工作务虚会，认真谋划思路举措，把会议精神转化为推进我县政协工作创新发展的具体行动。

扎实推进政协党建各项工作。县政协党组积极履行把方向、管大局、保落实的政治责任。全会期间召开了临时党支部组织生活会。建立委组活动学习制度，推动委员履职期间党组织活动常态化，发挥党员委员模范带头作用，夯实党建工作基础。强化日常监督，推进正风肃纪，提高政协机关党的建设水平。全面落实党组全面从严治党主体责任和班子成员“一岗双责”，支持驻政协机关纪检监察组履行监督责任，深入开展“清廉机关”建设，着力营造风清气正的政治生态。

(二)服务发展大局,彰显政协担当作为

始终坚持把服务大局作为政协履职的主攻方向,在大局中行动,在大局中担当,在大局中作为。

助力疫情防控。疫情初期,县政协立即发出倡议书,广大政协委员迅速行动,医卫界委员身先士卒冲到抗击疫情第一线,全力以赴救助患者。各界别委员各展所长、各尽其能,主动投身基层,积极捐款捐物,开展法律援助,创作文艺作品,参加志愿服务,以实际行动展现责任担当。围绕"两手硬,两战赢",举办以"精准服务,共克时艰"为主题的"请你来协商"活动,聚焦减税降费、金融政策、精准帮扶、高效服务四个方面,帮助企业复工复产,提振信心,共渡难关。开展以"完善防疫体系,守护生命健康"为主题的"请你来协商"活动,为完善防疫体系建设建言献策。政协班子成员和机关干部,进村入企指导抗疫和复工复产,共计走访企业362家次,解决问题203个。

助力"三大攻坚年"。围绕"营商环境攻坚年"活动,开展"聚力部门协作,跑出办证加速度"为主题的"请你来协商"活动,针对不动产权证办理、企业分证融资、数据共享等改革中存在的难题,提出系列建议,得到县委、县政府主要领导的双批示。围绕"项目攻坚年"活动,县政协分13个委组、70个监督小组,以"委员联系项目"的形式,对我县2020年"七个十"项目,进行全过程跟踪监督,提出监督建议211条,有力助推了项目的实施。围绕"创新发展攻坚年"活动,开展"提升我县水晶行业产业链现代化水平"常委会重点课题调研,提出5个方面意见建议,得到县政府采纳。

助力村(社)组织换届。村(社)组织换届是去年的重点工作。我县浦阳街道、前吴乡是省级村(社)组织换届试点乡镇。换届试点部署前,围绕"加强村级组织建设,提升基层治理效能"课题,常委会组织调研组开展历时2个多月的调研活动,撰写高质量调研报告,召开县政协常委会会议进行广泛协商,形成建议案报送县委,为村级组织换届工作提出前瞻性意见建议。试点工作期间,政协联系领导深入试点乡镇,把握关键节点,抓牢重点环节,靠前指导换届,两个试点乡镇(街道)32个村(社区)"一肩挑"人选均高票当选,确保了试点工作的圆满成功。全县换届工作铺开后,政协班子成员、联心服务团以及每个村的联村委员,进村入户,理顺关系,化解矛盾,为全县村(社)组织换届顺利完成贡献了政协力量。

助力难题化解。扎实推进历史文化街区保护利用暨城西区块有机更新、国资监督管理、高铁小镇规划与设计、百幢历史建筑与古村落保护利用等工作。积极参与招商引资工作,全力推进项目招引。扎实开展"三服务"和"集中破难攻坚月"活动,千方百计协助联系企业解决生产经营中的实际困难,疏通技改项目堵点,推动房产与土地证过户、原材料紧缺、融资难等一批难点问题的解决。

与此同时,积极为金狮湖—塔山区块、全域旅游总体规划等设计方案献计献策,主动参与"全国文明城市创建"等工作。组织委组、委员分别对结对乡镇、村(社区)开展社会治理领域"最多跑一地"改革、垃圾革命、"一村一品"乡村产业发展、农村公共卫生体系建设等6项民主监督和问卷调查,共开展监督2631人次,填写调查问卷831份,供党委政府决策参考。

(三)构建协商体系,凸显专门协商机构功能

始终坚持把协商民主贯穿于履职始终,构建以全体会议协商为龙头、专题议政性常委会协商为重点、"请你来协商"为平台、"丰安微协商"为子平台的协商议政体系,为委员发挥作用创造更好条件。

深化"请你来协商"平台建设。出台《浦江县政

协关于组织开展“请你来协商”活动的实施意见》，完善制度建设。为有效发挥委员主体作用，在前期充分调研的基础上，实施“菜单式选题、开放式协商、清单式建议”，打通各个环节，提升了协商的质量和成效。如“加强小区管理，提升社区治理水平”的协商活动，组织委员深入13个社区，开展各种座谈10余次，对小区网格化管理组织体系运行、健全业委会组织、提升物业管理水平等方面问题提出建议。一年来，共开展浦江葡萄提质促销增效、整合旅游资源提升线路品质等“请你来协商”活动6场，提出意见建议65条，县党政主要领导连续4期作出批示。

*创建“丰安微协商”子平台。*以“一委组一乡镇”“一委员一村庄”的“双结对”机制为依托，延伸协商工作触角，搭建“丰安微协商”子平台，各委组分别在结对乡镇举行微协商活动，委员们同乡镇干部、基层群众、乡贤以及与议题相关的部门、专家，以丰富多彩的形式，开展“加快吴莱书院建设”“城区道路岔口改造”“推进科创平台建设”等活动13场，委员参与308人次，推动相关问题的解决和民生实事落地见效。

*开展多种形式协商活动。*全会期间组织委员围绕县域经济社会发展的重大问题，深入开展协商讨论，积极建言献策。认真开展常委会会议、主席会议专题协商，先后就一般预算和基本建设预算执行、未成年人检察工作、提案办理、招商引资等方面，提出专项建议。一年来，各委组还通过情况交流通报会、调研座谈会等形式，与党政相关部门开展对口协商15次，提出建议85条，促进了党政部门相关工作的落实。

（四）强化凝心聚力，发挥政协优势作用

始终坚持团结民主两大主题，充分发挥各党派各界别作用，拓展团结面，扩大同心圆，听民声、集民意、惠民生、解民忧，广泛凝聚社会共识。

*加大合作共事力度。*坚持多向沟通协商、多方互动交流，注重安排各民主党派、工商联、无党派人士在政协全体会议、常委会会议、专题政治协商会议上发表意见，积极推荐支持他们参与党政部门决策部署的协商讨论、监督评议等活动，在扩大有序参与、充分发扬民主、深入协商交流中增进理解，形成共识。

*创建民情联络站。*按照“问需于民、协商于民、服务于民”的功能定位，以“不建机构建机制”的原则，先后在前吴乡、开发区等5个单位开展民情联络站试点工作，搭建反映社情民意的直通车，激发委员常态化基层履职积极性。全年共收到社情民意信息151条，报县委、县政府领导参阅23条，转相关部门落实84条，社情民意回应达到百分百。此外，试点联络站积极组织开展协商、“三服务”等各类活动，真真切切让群众感到政协离得很近、委员就在身边。

*发挥文化聚合作用。*认真承办省政协“送体育下乡”活动，5名体育冠军及运动员走进浦江，捐赠体育器材，为全县人民献上一场体育盛宴。主动联系市政协，组织市级体育协会负责人来浦对接体育赛事，《体育为乡村带来更多活力》在《人民政协报》刊登。组织开展“六送下乡”“两走进”惠民服务月活动。各委组积极开展爱心助学、捐书、慈善救助、法律宣传咨询等富有特色的活动，深受群众欢迎。充分发挥文史资料存史资政、团结育人作用，坚持在大历史大文化格局中研究传承浦江，在国家和省、市各级媒体刊登文史类文章35篇，编辑完成30万字的《上山遗址发现二十周年特辑》，《浦江历代碑刻拾遗》一书正在出版中。

（五）夯实队伍基础，提升履职能力水平

始终坚持把改革创新体现到履职各个方面，探索政协工作新体制、新方式和新渠道，不断激发委员的履职热情和政协工作活力。

切实加强委员队伍建设。举办提案指导员、社情民意信息员、民情联络站联络员“三员”培训班，组织县政协常委会组成人员和委组长集中培训，不断提升履职能力。制定《政协委员履职考评办法》，对委员撰写提案、“一村一委员”、参加活动等实行履职“积分制”，定期反馈考评情况，激发委员履职主动性。积极开展“凝聚委员力量、展现窗口担当”委员大走访活动，主动听取委员对“十四五”规划、党委政府工作、民生实事等意见建议，增强了委员履职的责任感、使命感。

切实加强机关干部队伍建设。在县委的高度重视和组织部门的大力支持下，政协机关新增资源环境与农业农村委员会，配置了专职正副主任，并充实了新生力量，机关干部的年龄、专业结构得到优化。强化机关干部观念、作风、能力建设，机关综合协调和服务保障能力不断加强，工作效率显著提升。抓好政协对外宣传工作，在省级以上新闻媒体发表报道文章53篇，其中《人民政协报》4篇，提高了浦江的知名度和美誉度。

各位委员、同志们，过去一年的工作成绩，是中共浦江县委坚强领导，县人大、县政府及社会各界大力支持的结果，是全体政协委员、政协各参加单位和政协工作者共同努力的结果。在此，我代表县政协常委会向大家表示衷心感谢！

在肯定成绩的同时，我们也清醒地看到政协工作还存在一些不足和薄弱环节，主要是：协商议政的水平和质量有待进一步提升；凝聚共识的职能作用有待进一步发挥；履职成果转化的机制有待进一步完善等。在今后的工作实践中，我们要高度重视，认真研究，切实加以解决。

二、2021年工作目标任务

2021年是“十四五”规划开局之年，是全面建设社会主义现代化国家新征程开启之年。县政协工作的总体要求是：高举习近平新时代中国特色社会主义思想伟大旗帜，全面贯彻中共十九大和十九届二中、三中、四中、五中全会精神，深入贯彻落实习近平总书记关于加强和改进人民政协工作的重要思想，全面落实县委政协工作会议精神，紧紧围绕县委提出的“五大战略”，聚焦打造“六个样板地”，坚持发扬民主和增进团结相互贯通、建言资政和凝聚共识双向发力，努力在忠实践行“八八战略”、奋力打造“重要窗口”，开启高水平全面建设社会主义现代化浦江新征程中凝聚政协新力量、贡献政协新智慧。

（一）强化党建引领，在思想建设上占领新高地

始终把坚持中国共产党的领导贯穿于政协工作的各方面全过程，持续深入学习习近平新时代中国特色社会主义思想，不断提高政治判断力、政治领悟力、政治执行力。围绕庆祝中国共产党成立100周年，组织开展学党史、颂党恩、跟党走系列宣传文化活动，引导各党派团体和各界人士深刻领悟中国共产党领导和中国特色社会主义制度的显著优势，夯实团结奋斗的共同思想政治基础。全面加强政协党建工作，着力在规范化建设上下功夫，推进党小组活动常态化。健全党组成员联系党小组、党员委员联系党外委员等工作制度，形成网格化联系格局。

（二）聚焦中心工作，在服务发展上树立新理念

牢固树立新发展理念，紧紧围绕县委提出的“五大战略”和“六个样板地”，以奋斗“十四五”、开启新征程为工作主线，精准对标选好履职议题，确保政协工作始终融入大局、助推发展。认真开展“加大科技创新，助推产业发展”和“文旅富县”等重

点课题调研。聚焦创新驱动、新兴产业项目招引、推进“上山文化”宣传利用、提升城市品质等方面，开展形式多样的调研，真正形成一批高含金量成果。围绕深入推进美丽大花园建设、努力打造美丽中国先行示范区，开展省、市、县三级政协联动专项集体民主监督，增强整体协同效应。

（三）聚力协商主业，在建言资政上彰显新成效

作为社会主义协商民主重要渠道和专门协商机构，政协要打好“协商牌”，开展系列“协商+”活动，打通履职工作链。要进一步健全机制、完善功能、提升效能，促进政协协商与基层协商有机结合，推动协商民主广泛多层制度化发展，形成“1+2+6+13”工作格局，即全体会议协商1项、专题议政性常委会会议协商2项、“请你来协商”6项、“丰安微协商”13项。围绕传统产业数字化改造、探索城区业态激发古街活力、推进养老业发展等议题，认真履职，协商建言，努力做到协以成事、商以求同。

（四）紧扣团结民主，在凝聚共识上汇聚新能量

积极探索凝聚共识的实现路径、工作载体、落实机制，为奋进新征程汇聚起更广泛的共识和更强大的力量。发挥人民政协作为实行新型政党制度重要政治形式和组织形式作用，支持和保障各民主党派、工商联、人民团体、无党派人士参与政协履职活动，密切与乡贤人士的联系交往，助推交流合作，深化融合发展。充分发挥民情联络站、“一委员一村一企”等平台作用，探索开展“民生议事堂”建设，坚持把凝聚共识融入视察考察、调查研究、协商履职活动中，把县委、县政府的决策部署转化为社会各界的共识。

（五）注重固本强基，在自身建设上展现新样子

让委员队伍“动”起来，设立“委员讲坛”，开展书香政协建设，鼓励倡导政协委员多读书、读好书，提升委员整体素质。优化委员服务管理，完善相关制度，高标准做好履职作业。把好委员入口关，在换届中将素质好、能力强的各界人士吸收到政协队伍中来。让专委会“专”起来，优化人员配置，支持专委会根据界别特色和专业特长，聚焦专门领域、用好专家队伍，开展体现专业水平的特色活动。让机关服务“优”起来，努力用一流标准、一流作风、一流服务，不断提升服务能力、服务质量、服务水平。推动智慧政协建设，构建智能化履职新平台，推进网络协商，让更多人“走进”政协。

各位委员、同志们，时光不恋过往，新春即将来临。2021年是我国现代化进程中具有特殊意义的一年，中国共产党将迎来百年华诞，浦江也已站在新生活、新奋斗的起点。开启浦江全面建设现代化的新征程，我们当有继续大踏步前进的凌云志；开启浦江“十四五”发展的新征程，我们当有推动高质量发展的大担当；开启浦江全体人民共同富裕的新征程，我们当有提高人民生活品质的新作为。让我们更加紧密地团结在以习近平同志为核心的党中央周围，在中共浦江县委的坚强领导下，群策群力，奋发有为，努力在高水平全面建设社会主义现代化浦江新征程中，干出新业绩，谱写新篇章，以优异成绩庆祝中国共产党成立100周年！

2021年1月31日，中国人民政治协商会议浦江县第九届委员会第五次会议召开

1月

4日 副省长王文序到浦江开展“三服务”活动。

△浦江县黄宅镇、浦南街道、岩头镇被省农业农村厅认定为2020年度农业绿色发展省级示范区。

5日 副市长张新宇率队到浦江调研工业经济，听取企业意见建议。

△市人大常委会副主任董巧娟率队到浦江开展“三服务”活动。

6日 省住房和城乡建设厅公布2020年度全省美丽宜居示范村创建名单。浦江县花桥乡黄宅村，大畈乡湃桥村、虞宅乡前明村、檀溪镇廿七都村（小洑自然村）上榜，其中浦江县虞宅乡前明村被评为优秀。

11日 全市基层党建联盟路演大赛开赛。浦江县城市基层党建品牌“红色绣花针”获二等奖。

12日 浦江县入选省级数字生活新服务标杆县。

13日 郑宅镇获评2020年浙江省省级信用镇。

15日 由省文物考古研究所、省博物馆、县人民政府、“上山文化”遗址联盟主办的“万年浙江，从这里开始——‘上山文化’考古成果展”在浙江省博物馆孤山馆开幕。

△市人大常委会副主任董巧娟带领市人大常委会、市中级人民法院、市人民检察院有关人员，到浦江县征求市人民代表大会工作报告意见。

22日 县红十字应急救援队、浦江凯瑞生物科技股份有限公司被授予“浙江省红十字会新冠肺炎疫情防控先进集体”；县红十字会党组书记黄晓红被授予“浙江省红十字会新冠肺炎疫情防控先进个人”；黄尚渭、陈琪、杨培、浙江万固房地产开发有限公司获“浙江省红十字会新冠肺炎疫情防控特别贡献奖”称号。

26日 省农业农村厅公布第一批浙江省稻渔综合种养省级示范基地名单，浦江县中村粮食专业合作社入选。

△市委副书记、政法委书记蔡永波一行到浦江调研，考察上山考古遗址公园、郑宅镇、水晶产业园区、浦阳街道等地。

△全县产业工人队伍建设改革现场动员会召开。

29—30日 浦江县岩头镇安置房建设工程(一期)经过抽签摇号，岩头镇飞轮村、群丰村和郑宅镇金泥村的370户居民选择安置房，于2021年上半年交付。

1月31日至2月2日 中国人民政治协商会议浦江县第九届委员会第五次会议召开。

2月

1—3日 县第十四届人民代表大会第五次会议召开。

4日 浦江籍画家吴山明于杭州逝世。

6日 浦江县万洋众创城浦江小微企业创业园(东部挂锁园区)C-12地块D1#众创大厦工程、岩头镇中心小学迁建工程、浦阳第一小学分校区建设工程被评为2020年度浙江省建筑施工安全生产标准化管理优良工地。

7日 县委常委会召开2020年度民主生活会，市委常委、常务副市长郑余良，市纪委常委陈敏，市委组织部部务会议成员、“两新”工委专职副书记何峰等出席会议。

8日 浦江县获评2020年度全省农村生活垃圾分类处理工作考核优秀县。

18日 浦江县于2020年度浙江省农村生活污水治理工作专项考核中获优秀县称号。

20日 浙江浦江抽水蓄能电站项目建设合作意向签约仪式举行，浦江县与国网新源有限公司正式签约合作意向书，县水务集团与中国电建集团华东勘测设计研究院签订合作协议。

23日 县“帮忙老哥”工作室入驻浙江省在线矛盾纠纷多元化解平台。

24日 省林业局公布2020年度建成的430个“浙江省‘一村万树’示范村”中，浦江县虞宅乡虞宅村、花桥乡光明村、中余乡中余村、郑宅镇孝门村、浦南街道金星村、大畈乡清溪村、黄宅镇赤心村7个村上榜。

25日 副省长成岳冲率队到浦江调研“上山文化”保护研究宣传工作。市政协副主席胡锦全陪同参加调研及座谈会。

△351国道浦江段(郑宅—联盟)获评2020年度省级特色精品道路，七郑线获评2020年度市级绿化美化精品道路。

26日 浦江县黄宅镇横山村入选第八批“全国民主法治示范村(社区)”，成为浦江县第3个国家级民主法治示范村(社区)。

△省水利厅、省生态环境厅公布2020年度县级以上集中式饮用水水源地安全保障达标评估结果，县金坑岭水库水源地被评为省级优秀等次。

3月

5日　浦江县被评为第三批“浙江省清新空气示范区”。

8日　县红十字会志愿者倪朝刚获“2020年度全国红十字志愿服务先进典型”称号。

10日　浦江县上榜“2020全国直播电商百强县”。

12日　浦江县被评为国家级节水型社会建设达标县。

△首批金华市海外领事保护联络站授牌成立仪式在浦江县举行。

18日　市政协副主席石骁敏带队到浦江调研，走访黄宅中山工业园区、浦江经济开发区、前吴乡。

△“丰安讲堂”第一课在浦江中学报告厅开讲。

19日　浦江县农村水电站生态流量公示牌安装到位，全县小水电清理整改后期扫尾工作完成。

27日　浦江县虞宅乡首届风筝节在新光村举行。

29日　县十四届人大常委会第五十五次主任会议召开。

30日　全省建设平安浙江工作暨扫黑除恶专项斗争总结表彰会议召开。浦江县被省委、省政府命名为2020年度省级“平安县”，获平安建设“十五连冠”，摘得“一星平安金鼎”。

31日　浦江县村社党组织书记、第一书记党史学习教育专题培训会暨履职能力提升培训班举行。

4月

1日　省委统战部副部长、省工商联党组书记陈浩到浦江调研，走访中部水晶产业园区。

△市政协主席宋志恒到浦江调研政协工作。县委书记俞佩芬陪同并汇报工作。

2日　浦江县党政军领导“清明祭英烈”活动在烈士陵园烈士纪念碑前广场举行。

3日　市发展改革委员会调研组到浦江县浦阳街道白林社区调研数字化建设工作，实地查看社区环境，了解建设现状和周边规划。

6日　县十四届人大常委会第五十六次主任会议召开。

△县十四届人大常委会第四十次会议召开。

△浦江县岩头镇、檀溪镇上榜浙江省美丽城镇建设样板创建名单。

7日　省文明办在浦江县召开全国文明城市创建工作暗访情况反馈会。省委宣传部城市文明建设处处长蒋祖华、省委宣传部城市文明建设处副处长杨建军出席会议并作反馈。

△国家二级保护动物——中国瘰螈在浦江首次发现。

8日　浦江县召开禁毒、打击治理电信网络新型违法犯罪工作会议。

6—8日　县委书记俞佩芬带队到广东省深圳市开展招商考察并走访浦江乡贤。

9日　金华市建设平安金华工作暨扫黑除恶专项斗争总结会议召开，浦江县委书记俞佩芬在金华主会场作交流发言。

12日　县十四届人大常委会第四十一次会议召开。

13日　第14次骨灰撒海送行仪式在金华市龙山公墓举行，浦江县有14例骨灰参加撒海活动。

15日　县市场监管局组织召开“浙食链”系统应用推进会暨2021年食品生产企业主体责任履职报告会。全县100余家食品生产经营单位负责人和信息技术人员参加会议。

16日　2021年浙江日报报业集团共享联盟工作会议在浦江召开。

△县委组织部组建的“6070银辉·红讲堂”在县老年大学举行首场宣讲。

△浦江县党外知识分子联谊会“知联之家”正式揭牌。

15—16日　省人大法制委员会副主任委员、一级巡视员尹林到浦江调研土地管理立法工作，征求对《浙江省土地管理条例（草案）》的建议。

18日　2021金东绿道·浙江马拉松团体赛在金华市澧浦镇积道山脚举办，浦江马拉松部落巾帼组队获巾帼团队亚军。

20日　县委政法工作会议暨建设平安浦江工作会议在县府大会堂召开。

△县委政法队伍教育整顿领导小组（扩大）会议暨全县政法队伍教育整顿工作推进会召开，传达学习全国、全省、全市政法队伍教育整顿工作推进会精神，全面总结前阶段学习教育工作，研究部署下阶段查纠整改任务。

△浦江县委理论学习中心组举行专题学习会，集中学习习近平总书记在党史学习教育动员大会上的重要讲话精神和《习近平新时代中国特色社会主义思想学习问答》等党史学习教育系列书籍。

21日　浦江县召开县委全面深化改革委员会第六次会议暨全县数字化改革工作推进会。县委书记、县委全面深化改革委员会主任俞佩芬主持会议并强调“强化改革思维、凝聚改革共识，全力推动具有浦江特色的数字化改革实践”。

22日　浦江县召开工业科技大会。会议回顾总结2020年浦江县工业科技工作所取得的成绩，分析形势、查找短板，谋划和部署下阶段的目标任务、工作重点，动员全县上下坚持“工业强县”战略不动摇，进一步振奋精神、凝聚力量、奋勇赶超，加快推动县域工业经济高质量发展。

△浦江县举行党史学习教育省委宣讲团宣讲报告会。省委宣讲团成员，省委政研室副主任童笑柳作宣讲报告，县委副书记、政法委书记钱福安主持并讲话。

23日　省委政法队伍教育整顿第六驻点指导

组组长李剑飞带队到浦江，调研指导浦江县政法队伍教育整顿工作。

△市人大常委会副主任、人大农委主任委员姜玉芳带队到浦江考察数字乡村建设。在浦江的部分市人大代表参加。

△浦江县召开创建全国文明城市工作“一办七组”汇报会。

△浦江籍画家吴山明追思会在浦江举行。

25日 2021年浙江省青少年田径锦标赛开幕仪式在浦江县体育中心举行。

26日 浙江大学·浦江“十四五”发展与数字化改革研修班在浙江大学西溪校区开班。县委书记俞佩芬在开班仪式上强调，精心凝神展现新时代学风，学以致用助力高质量发展。

△浦江县政府廉政工作会议召开。

△浦江县政协召开党组（扩大）会议。

28日 省、市水利系统专家到黄宅镇考察古水利文化遗产。

△浦江县举行庆祝“五一”国际劳动节暨劳模表彰大会。大会表彰了一批劳模先进，县委书记俞佩芬出席并讲话，县委副书记、县长戴翀宣读表彰文件。

△浦江县统一战线开展中国共产党成立100周年庆祝活动。

29日 市党史学习教育第四巡回指导组进驻浦江县指导工作，并听取浦江县党史学习教育情况汇报。

△浦江县召开全县档案工作会议。

△浦江县召开2021年度电网建设工作会议。

30日 浦江县庆祝中国共产党成立100周年主体团日活动暨“百年风华 接续奋进”党史知识竞赛决赛在县融媒体中心举行。

△县委副书记、政法委书记钱福安以河长身份带队巡查浦阳江治水工作。

△县供电公司调控分中心获“全国工人先锋号”称号。

5月

1日 浦江县乡村振兴直播节暨首届网络文化节在虞宅乡新光村召开。

△《浙江省生活垃圾管理条例》实施首日，浦江县开出全市首张罚单。

7日 浦江县党政信息工作会议召开。

△浦江县“五水共治”工作暨“找寻查挖”专项行动部署推进会召开。县委书记俞佩芬强调“持续深化‘五水共治’，全力夺取大禹金鼎”。

8日 市委常委、市纪委书记、市监委主任沈晓红到浦江调研，强调“为推进清廉金华建设提供‘源头活水’”。

△浦江县党史学习教育巡回指导动员部署会议召开。

△县政协举行2021年首场“请你来协商”活动，围绕“发挥场馆最大效益，提升群众获得感”主题开展面对面专题协商。

10日 县委副书记、县长戴翀到浦江开发区开展“三服务”活动，走访联系企业，了解相关企业生产经营情况，现场协调解决企业发展过程中遇到的困难和问题。

11日　浦江县一季度攻坚争先大比拼活动暨“四攻坚四争先”行动推进会召开。

12日　县人民政府组织人民防空防灾音响警报试鸣。

△浦江县“上山文化”遗址联盟第二次联席会议召开。

△浦江县—金口河区举行缔结友好县区协议签约仪式。

△县政协组织开展“完善服务体系，提升养老水平”专题调研。

14日　市委常委、组织部部长郑敏强到浦江调研党史学习教育、数字化改革和村社组织换届“后半篇文章”，并以市级河长身份到大陈江（浦江段）巡河。

△县人民政府与中国银行金华市分行举行全面战略合作签约仪式，建立战略合作关系。

△浙江省“下访接访”信访工作标准化试点项目推进会暨标准化知识培训会在浦江召开。

△市人大常委会副主任董巧娟率调研组到浦江调研科技创新工作。

△武义县人大常委会主任陈迎春率领党政考察团到浦江调研，考察虞宅乡前明村、西山村、马岭村等地。

△县政协召开九届二十二次常委会会议。

15日　中国社会科学院工业经济研究所党委书记李雪松带领社科院相关所负责人和专家到浦江，调研推进共同富裕工作。

17日　县人力资源和社会保障局与浙江省机电技师学院举行政校合作签约仪式。

18日　浦江县获2020年度“五水共治”（河长制）工作“大禹鼎”金鼎和2020年度美丽浙江建设（生态文明示范创建行动计划工作考核）优秀县两项荣誉。

19日　浦江县安全生产委员会全体成员（扩大）会议暨全县安全生产工作会议召开。

△县公安局和浦江农商银行战略合作签约暨“银警协作，反诈同行”活动正式启动。

6月

3日　中国农业发展银行浙江省分行行长胡世财一行到浦江调研，走访上山考古遗址公园、县建材市场等地。

△浦江县召开政法队伍教育整顿暨“平安护航建党100周年”工作推进会。

7日　浦江县委农村工作领导小组专题会议召开。

7—8日　金华市深化“浦江经验”推进会暨信访工作联席会议在浦江召开。

9日　浦江县举行2021年全国食品安全宣传周农业农村部主题日暨浙江省第三批国家农产品质量安全县创建启动会活动。

△县人大常委会召开“两官”评议工作动员会。

10日　市委常委、统战部部长张伟亚率队到浦江调研新乡贤工作、浦阳江水质、生态廊道建设、污水处理以及“青蓝接力”工程情况。

△浦江县举行乡村振兴局揭牌仪式。

11日　浦江县召开县委常委会(扩大)会议,专题传达学习省委十四届九次全体(扩大)会议精神,部署浦江县贯彻落实意见。

16日　市人大执法检查组到浦江开展粮食安全执法检查。

△市行政服务中心调研组到浦江调研,学习交流乡镇(街道)、村(社区)便民服务中心建设管理方面的经验做法。

△浦江县委理论学习中心组(扩大)学习会召开。

17日　浦江县党史学习教育工作推进会暨领导小组办公室第三次会议召开。

18日　浦江县政协举行“请你来协商”专题协商会,聚焦“科技创新助力产业发展”主题进行面对面协商。

21日　浦江产业研究院在水晶产业园区挂牌成立。

22日　浦江县召开“平安护航建党100周年”工作部署会,分析形势和存在的问题。

23日　县领导开展“七一”走访慰问和包乡走村工作,宣讲省委十四届九次全会精神。

△市关工委党史教育学习会暨关心下一代教育基地建设推进会在浦江召开。

24日　省政协副主席吴晶一行到浦江就“科学布局康养机构与产业,提高养老公共服务水平”开展专项民主监督。

△县人大常委会组织部分市、县人大代表视察粮食安全工作。

25日　浦江县举行“红色记忆·薪火相传”县领导党史现场学习暨全县新党员代表集中宣誓活动。

30日　浦江县庆祝中国共产党成立100周年先进典型表彰会暨“歌声嘹亮　我心向党”歌咏比赛在仙华文景园举行。

7月

1日　县委副书记、县长戴翀主持召开县政府常务会议,集体学习《中华人民共和国农村土地经营权流转管理办法》,研究浦江县幸福河湖试点县建设工作、浦江县突发事件总体应急预案、浦江县新增国土绿化建设规划(2020—2024)等议题。

2日　县委书记俞佩芬主持召开县委常委会(扩大)会议。

7日　县政协举行“请你来协商”专题协商会,聚焦“优化街区业态,激活城市经济”主题进行面对面协商。

8日　甘肃省礼县县委副书记李彦平带领考察团到浦江考察调研。

9日　全县中学校长座谈会在前吴乡泉溪村四喜堂举行。

△县委书记俞佩芬率相关部门负责人调研全国文明城市创建工作。

△全县国土空间规划主题培训会议召开。

△全县矛调中心“终点站”机制建设工作推进会召开。

13日　县委召开网络安全和信息化委员会第二次会议。

14日　省政协主席葛慧君到浦江调研发挥政协专门协商机构作用、推进政协协商向基层延伸相关工作情况。

△省自然资源厅党组书记、厅长黄志平一行到浦江调研自然资源领域工作情况。

15日　县委副书记、县长戴翀主持召开县政府常务会议，审议《浦江县进一步加强塑料污染治理实施办法》《浦江县推进清廉医院建设五年行动计划(2021—2025年)》等议题。

16日　市党史学习教育第四巡回指导组组长杨旭明、副组长俞益钟一行到浦江开展第二轮巡回指导，并召开工作汇报会。

17日　浦江农商银行被评为“全国农村金融优秀服务乡村振兴机构”。

△原江西省委常委、省军区政委、少将陶正明向浦江中学捐赠图书1000册，为全校青少年认真学习党史提供生动教材。

21日　金华市全面实施告知承诺制工作推进现场会在浦江召开。

△金华地区抖音游玩人气排行榜数据显示，“中国诗人小镇”——大畈乡上河村排名榜首。

22日　省市召开防御台风“烟花”工作会议，部署防台工作任务。

25日　副市长赵秋立到浦江检查指导防台防汛工作。

27日　县政府与东北林业大学签署共建浦江工程技术研究院协议。

28日　浦江县“平安家庭”建设现场推进会召开。县领导钱福安肯定了浦江县“平安家庭”创建工作取得的成效，同时以“七无六防”为重点，确保各项工作落实成效。

29日　浦江县举行重大招商引资项目集中签约仪式，签约项目30个，总投资149.84亿元。

△“魅力东阳·诗画浦江”浦江县美术作品交流展在东阳市美术馆开展，共展出浦江籍72位创作骨干的72件美术精品。

△浦江县“双拥”工作先进典型发布仪式暨庆祝中国人民解放军建立94周年文艺晚会在仙华文景园举行。

30日　中共浦江县委十四届十次全体(扩大)会议暨县政府第六次全体会议召开。

△浦江县举行二季度攻坚争先大比拼活动暨“四攻坚四争先”行动推进会。

31日　由中国农村合作经营管理学会乡村建

设专委会和浦江县人民政府联合主办的2021浦江共同富裕高峰论坛在浦江举办。

8月

3日　省交通运输厅副厅长汪东杰带领省大花园示范县建设核验组到浦江开展验收工作。

5日　县委副书记、县长戴翀主持召开县政府常务会议，研究《浦江县整县推进光伏规模化开发试点工作实施方案》，审议《浦江经济开发区"十四五"发展规划》。

10日　浦江县清廉浦江建设推进会召开。

12日　全县防溺水事故专项活动启动仪式暨工作部署会召开。

17日　县委副书记、政法委书记钱福安一行到浦阳江开展巡河，督办涉水工程项目建设，并深入城区对积水点情况开展调研。

19日　全县重点项目推进会召开。县发展和改革局通报全县重点项目推进情况。

20日　浦江县召开共青团基层组织改革全国试点工作动员部署会。团县委主要负责人就《浦江县共青团基层组织改革全国试点"百日攻坚"行动方案》进行了解读。

31日　市委常委、统战部部长张伟亚带队到浦江开展巡河工作并召开浦阳江河长制联席会议。

9月

1日　浦江县翠湖治水主题馆入选省首批"五水共治"实践窗口。

△县委审计委员会召开第四次会议。

2日　县委副书记、县长戴翀主持召开县政府常务会议，集体学习义务教育阶段"双减"工作相关政策法规，审议并原则通过《浦江县理和堂地块控制性详细规划》等议题。

3日　全县重大项目建设"百日攻坚"行动部署会暨整县光伏规模化开发工作推进会在义乌市经济技术开发区召开。

7日　县委全面深化改革委员会第七次会议暨数字化改革工作推进会召开。县委书记、县委全面深化改革委员会主任俞佩芬主持会议并强调，凝聚改革共识、砥砺改革初心、弘扬改革精神，走出具有浦江特色的共建共治共享共同富裕之路。

△省教育厅副厅长陈峰带队到浦江调研指导"双减"工作。

△县委副书记、政法委书记钱福安带领县"双减"工作专班，到县九拍音乐体验中心、博乐教育、浦仁教育、弘屹教育等校外培训机构，检查"双减"工作落实情况。

9日　浦江县"双减"工作会议召开。

12日　省、市、县相继召开第14号台风“灿都”防御工作部署视频会。

13—14日　县委副书记、县长戴翀带队到郑家坞镇、白马镇、虞宅乡、中余乡、杭温高铁壶源江大桥等地，检查指导14号超强台风“灿都”防御工作。

16日　县人民政府与上海市闵行区浦江镇人民政府在上海举行“双浦江大融合”战略合作协议签订仪式。

17日　县委书记俞佩芬主持召开县委常委会(扩大)会议。

△县委召开加强新时代检察机关法律监督工作会议。

△县安委会成员单位(扩大)会议召开。

18日　县委书记俞佩芬到黄宅镇调研共同富裕示范区建设工作。

21日　全县燃气安全专题工作视频会议召开。

23日　副市长张新宇带领市级相关部门到浦江调研工业经济工作。

26日　数字乡村“示范村”揭牌仪式在中余乡五星村举行，浦江县首个数字乡村平台正式上线。

29日　浙江省青年理论宣讲暨微型党课大赛情境式宣讲决赛在宁波市镇海区镇海大剧院举行。由浦江县委宣传部选送的浦江县丰安青年理论宣讲团情境式宣讲作品《种子》获特等奖。

30日　在第八个中国烈士纪念日之际，县委在花桥乡里黄宅村烈士纪念广场举行敬献花篮仪式，深切缅怀革命烈士，传承红色基因，弘扬斗争精神。

10月

4日　水利部副部长陆桂华一行到浦江调研“上山文化”遗址、“幸福河湖”建设治理项目及“浦江水仓”申遗和水文化传承等工作。

7日　浦江县“红色青春联盟”发布会暨百场青年志愿服务下基层活动启动仪式在浦江1967·文创园零柒艺术中心举行。

△浦江县5家社会工作站建设完工并投入使用。

9日　县交通集团同仙华街道“交通+特色产业”战略合作协议签约仪式举行。

10日　2021年金华市青年医师模拟腹腔镜技能大赛上，浦江县人民医院普外肝胆外科团队获第一名。

△金华市首批“三能”精神教育基地揭牌仪式在浦江公安英模陈列馆举行。

11日　兰溪市委书记陈峰齐，市委副书记、市长王新锋带领兰溪市党政考察团到浦江考察学习交流历史文化传承保护、工业经济、乡村振兴、文化旅游等工作。

△中国摄影家协会采风团到浦江，实地考察了解新四军第一位专职摄影工作者陈菁烈士故居及生平，并为设计筹建陈菁影像图书馆提供帮助。

12日 中央电视台《丰收中国》栏目组到浦江采访拍摄“上山文化”科普宣传视频，细致展示“上山文化”，介绍“上山文化”在考古界及世界稻作文化中的地位。

△市生态环境局在婺城区举办环境应急演练比拼，浦江县环境应急组获得团体总分第一名。

14日 全县“解难题优作风促发展百日大会战”推进会暨数字化改革领导小组会议召开。

15日 中央电视台大型直播《丰收中国》聚焦浦江上山遗址水稻丰收盛况并介绍“上山文化”。

16日 岩头镇入选浙江省农村文化礼堂建设示范乡镇名单。

△浙江师范大学40名留学生到浦江开展“绿水青山就是金山银山”理念实践成效参观考察活动。

△青海省人大常委会副主任刘同德带队到浦江考察乡村振兴、生态环境保护、水晶产业发展和历史文化传承保护等工作。

17日 金华市第三届农民丰收节龙舟赛暨2021浦江县农民丰收节在檀溪镇潘周家村举行。

18日 县委书记俞佩芬主持召开县传统产业转型升级工作专班第三次汇报会。

△浦江上山遗址入选“百年百大考古发现”。

22日 市委常委、组织部部长王尧祥以市级河长身份到大陈江(浦江段)巡河，并召开座谈会听取工作汇报。

24日 县委书记俞佩芬率队到广东深圳招商考察，学习借鉴产业发展经验，并宣传推介浦江，寻求发展合作机遇。

27日 县精神文明建设委员会全体会议召开。

28日 2021浦江·第十四届中国书画节开幕式暨2021“万年浦江”全国中国画(册页)作品展和“礼赞百年 翰墨清风”全国清廉书法作品大展开展仪式在仙华文景园举行。

△由省委宣传部指导的“家国情怀——吴山明红色专题文献画展”在浦江山明美术院开展。

△推进新时代清廉文化阵地建设理论研讨会在省廉政教育基地——江南第一家召开。

29日 县领导俞佩芬、戴翀、虞振贤、郑文红等在浦江分会场参加全省数字化改革推进会。

11月

1日 浙江卫视播出《〈家国情怀——吴山明红色专题文献画展〉在浦江开展》。

2日 县委副书记、县长戴翀以“四不两直”方式对城区旅行社、医疗机构、药店等重点场所疫情防控工作进行督查。

△省智能制造专家委员会主任毛光烈率专家组到浦江调研指导工业数字化改造工作。

3日 “学习强国”平台刊发《金华浦江：“来料加工+居家养老”活了康养之路》一文，介绍浦江县郑宅镇居家养老服务中心为老人提供的手工活加工工作，让他们足不出户就赚到了零花钱。

△浙江卫视阿鲁工作室摄制组到浦江县上山遗址拍摄纪录片《诗路寻音》，重现万年前上山发出的声音。

4日 县委书记俞佩芬主持召开数字化改革工作专题汇报会。

5日 全县村档镇管工作现场会在白马镇召开。

8日 省保护耕地和全域土地综合整治与生态修复领导小组办公室印发《关于公布2020年度乡村全域土地综合整治与生态修复省级精品工程的通知》，浦江县檀溪镇洪山村等2村全域土地综合整治与生态修复工程上榜。

9日 县三季度攻坚争先大比拼活动暨“四攻坚四争先”行动推进会召开。

11日 县委书记俞佩芬带队调研指导疫情防控和重点工程建设工作。

△县委副书记、县长戴翀主持召开县政府常务会议，学习习近平总书记重要文章《坚定理想信念补足精神之钙》精神，研究通过《浦江县矿产资源规划（2021—2025年）》《浦江县住房和城乡建设事业发展“十四五”规划》等议题。

12日 全县法治工作推进会暨府院府检联席会议召开。

16日 2021年第三季度县委政法委员会全体（扩大）会议暨平安建设攻坚争先推进会召开。

△中央电视台新闻播出《浙江企业应用绿电成“时尚” 赋能制造业发展》，讲述浦江县供电部门主动上门为企业对接绿电交易需求，帮助企业减排降碳。

17日 县委副书记、县长戴翀专题调研近年全县国企项目实施情况。

18日 县委召开全县领导干部会议，传达学习贯彻党的十九届六中全会精神。

19日 《浙江日报》整版报道《翰墨扬正气 清风入人心》。

21日 “稻·源·启明——浙江‘上山文化’考古特展”在中国国家博物馆举行。

△县委书记俞佩芬到北京参加“稻·源·启明——浙江‘上山文化’考古特展”暨“万年浙江与中华文明”学术座谈会。

22日 中央电视台新闻频道新闻直播间播出《上山文化考古特展国博启幕 展出最早的炭化稻米等两百件珍贵文物》。

23日 县委副书记、政法委书记钱福安带队开展浦阳江巡河，实地察看仙华街道、岩头镇交接断面水质情况以及水葫芦、水白菜泛滥情况，并详细了解相关部门和属地乡镇的应对措施和下步计划。

△中央电视台农业农村频道“中国三农报道”播出《“上山文化”考古特展国博开展 展出最早的炭化稻米等珍贵文物》。

△《光明日报》报道《一粒米·一群人·一万年——“浙江‘上山文化’考古特展”印象》。

△《中国青年报》报道《一万年前谁种稻》。

△《中国新闻报》报道《见证万年稻源 浙江上山文化将申遗》。

24日 县委书记俞佩芬主持召开县委常委会会议，传达学习省委、市委贯彻党的十九届六中全会精神“六讲六做”大宣讲活动动员部署会精神，全省深化“千万工程”建设新时代美丽乡村现场会精神，研究浦江县贯彻落实意见。

25日 县委召开学习贯彻党的十九届六中全会精神“六讲六做、扛旗争先”大宣讲活动动员部署会。

△市人大常委会主任陈玲玲率队到浦江开展工作思路调研。

26日 美丽浦江建设工作推进会召开。

△全县安全生产工作推进会召开。

29日 县委举行“学习贯彻党的十九届六中全会精神”专题学习会。

30日 《人民日报(海外版)》报道《万年稻米、最早彩陶齐聚国博 “上山文化”展揭秘世界稻作文明起源》，向世界推介“上山文化”。

△《中国文化报》“文脉”版报道《“上山文化”：三个“中国最早” 两个“世界第一”》。

△“学习强国”平台刊发《金华浦江“红色台门里”探索基层治理新路》一文，介绍浦江县浦阳街道在太白社区试点开设台门超市，实现自下而上的基层治理模式，推动居民从“要我管”向“我要管”的转变。

12月

2日 浦江公路应急保障基地建设项目通过竣工验收。

△县委书记俞佩芬主持召开县委常委会(扩大)会议。

△县委副书记、县长戴翀主持召开县政府常务会议。

3日 县政协主席郑文红到前吴乡，向广大党员干部宣讲党的十九届六中全会精神。

5日 县委书记俞佩芬到浦南街道，向基层干部群众宣讲党的十九届六中全会精神。

6日 《金华日报》整版刊登报道《以“利企便民”为服务标准 数字化改革力促浦江治理现代化》，并附评论《群众满意是真正的民生》。

7日 中共浦江县委社会建设委员会揭牌仪式举行。

△省高级人民法院党组书记、院长李占国一行到浦江县调研法院系统开展全域数字法院建设、政法队伍教育整顿和审判执行等工作。

11日 市人大常委会副主任董巧娟、市政协副主席石骁敏分别带领督导组，到浦江实地督查指导疫情防控工作。

15日 平安中国建设表彰大会在北京召开。浦江县与安吉县、余杭区、诸暨市、桐乡市、余姚市、洞头区一道被授牌命名为平安中国建设示范县，成为全省7个获此殊荣的县（市、区）之一。全国共授牌命名160个平安中国建设示范县。县委书记俞佩芬代表浦江县在北京主会场参加会议。

16日　浦江县获平安中国建设示范县称号。

△第七届金华市道德模范评选中，浦江县石丁丁（生前系浦江县公安局治安管理分局二大队三中队班组长）获评助人为乐道德模范，楼飞花（浦江县郑家坞镇环卫工人）获评诚实守信道德模范。

17日　县委常委会召开扩大会议，传达学习中央经济工作会议和平安中国建设表彰大会精神，研究贯彻落实意见。

△金华市以视频会议形式召开“大平安百日攻坚”行动工作调度会议。

△浦江县青年工作联席会议第二次全体（扩大）会议召开。

21日　法国《费加罗报》以半版篇幅刊登《“上山文化”：一粒米中的人类历史》一文。

△浦江连续五年获得全省农村生活垃圾分类处理工作考核优秀。

△浦江县全面深化改革工作推进会召开。

△浦江被表彰为浙江省“十三五”实行最严格水资源管理制度成绩突出集体。

24日　浦江县首个慈善信托项目启动仪式在浦江县民政局举行。

25日　县委常委会召开会议，审议中国共产党浦江县第十五次党代会工作报告和决议（草案）、中国共产党浦江县纪律检查委员会工作报告和决议（草案）。

26日　县委副书记、县长戴翀带队到金华市金义新区（金东区）考察。

27日　浦江县举行2021年度县属国有企业“晒拼创”活动。

28日　中国共产党浦江县第十五次代表大会在县政府大会堂召开。

29日　中国共产党浦江县第十五次代表大会第二次全体会议在县政府大会堂召开。

30日　中国共产党浦江县第十五次代表大会通过《关于中国共产党浦江县第十四届委员会工作报告的决议》《关于中国共产党浦江县第十四届纪律检查委员会工作报告的决议》。

△中国共产党浦江县第十五届委员会第一次全体会议选举产生新一届县委常委会。

△中共浦江县第十五届纪律委员会第一次全体会议召开。

△中国共产党浦江县第十五次代表大会完成各项议程和任务，胜利闭幕。

△全县召开加强综合治理从源头切实解决执行难工作暨积案化解部署推进会，深入贯彻落实上级关于切实解决执行难和信访积案攻坚化解等工作。

31日　县委书记俞佩芬带领新一届县委常委班子到仙华外国语学校、上山遗址公园、中共浦江县委旧址（山垄王店村）开展“感悟精神伟力，续写奋斗新篇，争做‘两个确立’忠实拥护者、‘两个维护’示范引领者”主题活动。

△县政府召开2022年务虚会。

县情概览

自然地理

【地理位置】 浦江县位于浙江省中部偏西，北纬29°21′~29°41′，东经119°42′~120°07′。浦江县城北至省城杭州市94千米（径距，下同），南距金华婺城区46千米，东南离义乌市稠城街道27千米，东北去诸暨市城关镇46千米，西南至兰溪市兰江镇48千米，西北与建德市、桐庐县接壤，距建德市新安江镇42千米。土地总面积918.16平方千米，占浙江省陆域总面积的0.88%。土地总面积中，山地占67.48%，水域占4.25%，耕地占14.21%。浦江县属亚热带季风气候区，是一个以低山丘陵为主，又有河谷、盆地，地形比较复杂的县份，兼有亚热带季风气候和山地、盆地气候特色：冬夏季风交替明显，四季冷暖干湿分明；降水丰沛，季节分配不均，年际变化大，旱涝发生频率高；光照充足，昼夜温差大；气候类型多样，立体气候明显。

【地形地貌】 在区域性地质构造上，浦江县位于浙江江山—绍兴断裂带西侧，属华夏古陆南岭淮地槽钱塘江拗陷带，地层出露较为齐全，除晚古生界外，元古界至新生界均有发育。中生界火山岩遍布全县，约占全县面积的1/3。县境东北部主要以古生界以前海相地层为主，间有海陆交互相地层发育；西部主要为中生界火山岩陆相地层；东南部则为新生界第四纪松散堆积地层。

浦江县地貌以分割破碎的低山丘陵为主，西北高东南低。县内最高峰为县北大畈乡朝天门山，海拔1050米。白马镇与诸暨市交界处的浦阳江道为全县最低点，海拔仅24米。境内地表高低起伏，山丘广布，溪涧萦纡。东南为环山的浦江盆地，杭坪、虞宅等乡镇亦有小块盆地错落；高丘山地多分布于县境西北部。地貌类型分为平畈、岗地、丘陵和山地。

浦江县山脉属仙霞岭龙门山脉，与会稽山脉东西遥接。县内山脉分南支、北支、中支和浦东山脉，盘亘于与建德、桐庐、诸暨三地边界，重峦叠嶂，地势高峻。中支山脉俗称北山，北山诸胜，首推仙华山。北山西起花桥乡境，连绵曲折，横贯多个乡镇，延经60余千米，将浦江劈成南、北两个地形带。南支山脉蜿蜒于浦江、兰溪、义乌边界，习称南山。北、中两山脉之间，山深林密，盛产竹木茶叶之属；

中、南两山脉和浦东诸山环拱而成浦江盆地，为粮棉的主要产地。

浦江县域河流均属钱塘江水系，具有源短流急、河床比降大、径流季节性变化明显等山溪型特征。主要干流有浦阳江和壶源江，为钱塘江的一、二级支流。浦阳江源出花桥乡天灵岩南麓，横穿浦江盆地，东流经诸暨、萧山入钱塘江，夹岸人烟稠密，工农业均较发达。壶源江源自天灵岩西北麓，纵贯北部山区，北流经桐庐、诸暨、富阳入富春江，沿岸茂林修竹，景色秀丽。

【气候水文】 2021年，浦江总体气候特点是：气温偏高，雨量、雨日偏多但分布不均，日照偏少。年平均气温创新高，多阶段温度破纪录；极端强对流频发，短时强降水影响大；年初岁末寒潮多，一月上旬低温冰冻严重；梅雨降水局地性强，梅中有伏面平均雨量偏少；“烟花”影响时间长，单站雨量史上最高；年日照持续偏少，年中日照显著偏少；年降水分布不均，个别月份显现气象干旱。年内低温冰冻、强对流、梅雨、台风、干旱等对生产、生活造成了一定的不利影响。2021年，浦江年平均气温18.4℃，比常年偏高1.2℃。其中2月、3月、9月显著偏高，1月、5月、10月、12月明显偏高，4月、6月接近常年略偏高，7月、8月、11月偏低或略偏低。年最高温度37.7℃，出现在7月14日，日最高气温35℃以上高温总日数37天，比常年偏多2天（常年为1991—2020年平均）；年最低温度-7.5℃，出现在1月9日，全年出现0℃以下低温总日数22天，比常年偏少3.1天。

根据四季划分气象标准，2021年浦江入春日期为1月31日，比常年偏早37天，入夏日期为5月7日，

2021年浦江县逐月及年气候统计表

表1

月份	平均气温（℃）		降水量（毫米）		雨日（天）		日照时数（小时）	
	2021年	距平均	2021年	距平均	2021年	距平均	2021年	距平均
1月	6.0	1.1	12.3	-86.0%	9	-4.3	187.3	93.9%
2月	11.1	4.0	73.1	-20.8%	13	-0.1	102.1	5.5%
3月	13.2	2.0	171.9	15.8%	22	5.7	93.5	-19.0%
4月	17.6	0.6	80.2	-47.5%	17	1.6	101.9	-27.0%
5月	23.1	1.3	206.7	26.7%	16	-0.6	139.9	-9.0%
6月	25.5	0.7	217.3	-26.3%	17	-0.1	93.8	-27.0%
7月	28.7	-0.1	233.7	61.8%	16	4.2	160.0	-29.0%
8月	28.1	-0.2	243.1	61.5%	18	4.6	160.9	-22.0%
9月	26.9	2.8	111.3	6.2%	7	-3.4	209.9	35.6%
10月	20.1	1.4	74.4	38.5%	12	3.8	120.0	-23.0%
11月	13.0	-0.1	89.8	22.3%	13	-2.5	118.0	-6.0%
12月	8.1	1.1	13.4	-78.9%	8	-2.2	186.0	51.6%

比常年偏早13天，入秋日期为10月12日，比常年偏晚12天，入冬日期为12月1日，比常年偏早1天。年初岁末寒潮次数较多，1月、11月和12月均有一次寒潮天气，其中1月上旬在寒潮和强冷空气影响下，出现较严重低温冰冻天气，浦江站10天内低温冰冻天数6天，1月9日极端日最低温度-7.5℃，山区-9℃～-12℃，部分作物受冻。年最高温度37.7℃，出现在7月14日，全年35℃以上的高温天气有37天，37℃以上的有5天，浦江本站未出现40℃以上高温天气，7—9月平均温度27.8℃，比常年偏高0.7℃，整体夏季高温强度一般。

2021年35℃以上高温天数分布情况表

表2

月份	5月	7月	8月	9月	10月
天数	2	14	10	10	1

年降水量1527.2毫米，与常年基本持平，其中1月、12月异常偏少，4月显著偏少，2月、6月明显偏少，7月、8月异常偏多，10月显著偏多，3月、5月、11月明显偏多，9月接近常年。年日照时数1673.3小时，比常年略偏少，其中1月异常偏多，12月显著偏多，9月明显偏多，3月、4月、6月、7月、8月、10月明显偏少，其他月份接近常年。2021年，浦江6月10日入梅，7月5日出梅，梅雨期25天，比常年略偏长，浦江站梅雨量184.3毫米，比常年偏少28.5%。梅雨期降水体现出空间分布差异大、局地性强的特征，其间出现4轮强降水过程，6月12日大畈乡大姑源站最大小时雨强76.6毫米；6月14—17日、7月3—4日出现两段高温天气，梅中有伏。2021年，6号台风“烟花”先后在浙江舟山普陀、嘉兴平湖沿海两度登陆，强度强、移速慢。7月22—28日对浦江县影响，时长6天，24—26日县内出现连续暴雨，山区大暴雨天气，单站最大为大畈乡大姑源364.3毫米，浦江本站158.8毫米，出现7级以上大风站有6个，最大为浦江浦南18.6米每秒（8级），台风风雨影响时长和单站累计雨量创有气象纪录以来最高纪录。

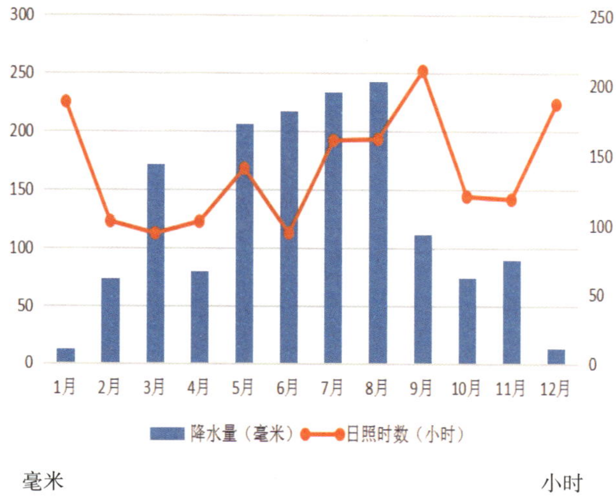

图1　2021年各月降水量、日照时数图

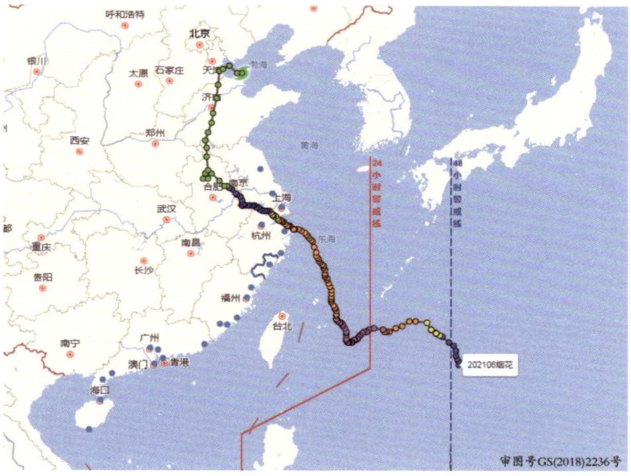

图2　6号台风“烟花”路径图

【物产资源】　浦江县土壤属亚热带常绿阔叶林红壤带。有红壤、黄壤、紫色土、黑色石灰土、粗骨土、石质土、新积土、潮土和水稻土9个土类、14个亚类、32个土属48个土种。土壤中以红壤分布最广，水稻土次之。浦江县动植物资源丰富。有动物6门、16纲、67目、264科、880种；有植物6门、13纲、68目、185科、1145种。矿产资源蕴藏量不多，仅有原煤、石煤、萤石、磷矿、瓷石矿、石灰石及膨胀珍珠岩等。

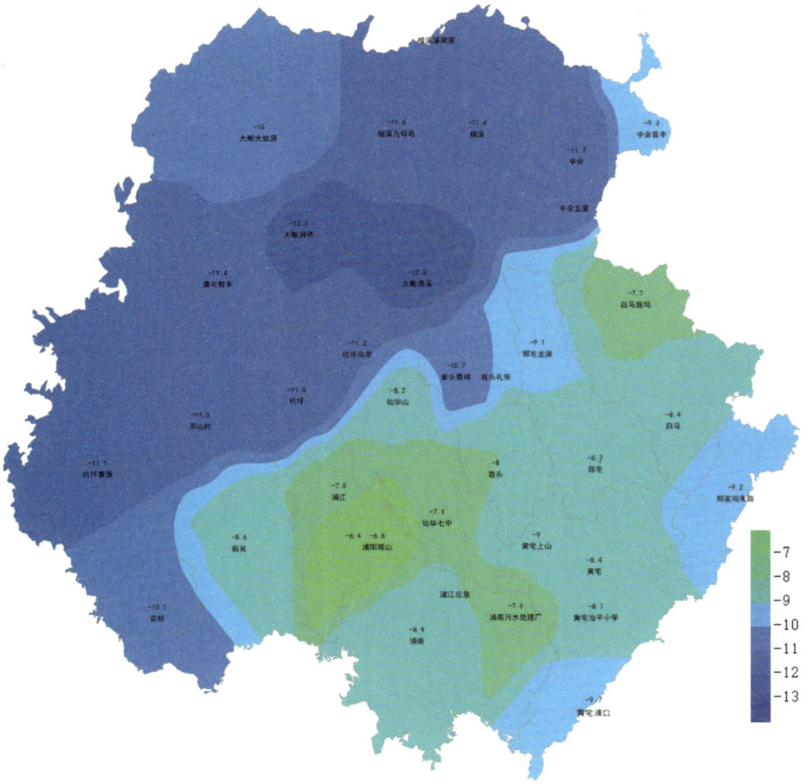

图3　2021年1月9日极端日最低温度分布图(单位:℃)

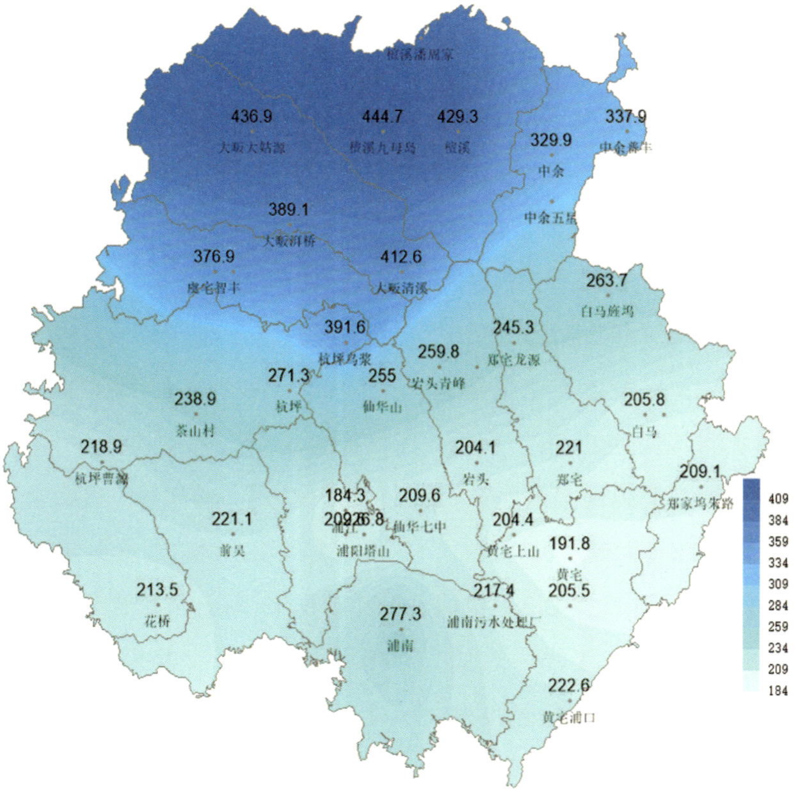

图4　2021年6月9日20时至7月4日20时梅雨期累计雨量分布图(单位:毫米)

【公共气象服务】 2021年，全县没有发生明显的气象灾害。县气象局年内累计启动重大灾害气象服务应急响应10次，发布各类气象灾害预警信号106期，发布其他气象预警短信51条次，受众约25万人次；通过“农民信箱”发布一周和重要时期气象短信103条次，受众1030万人次，发布《气象信息内参》《重要气象情况汇报》等决策服务信息46期。新建区域级气象观测站5个。与县政策性农业保险工作领导小组办公室建立合作，邀请省气候中心首席专家吴利红（正研级高级工程师）及省气象局农业气象保险服务团队到浦江开展葡萄高温干旱气象指数保险方案适用性调研活动，共同编写《浦江县葡萄高温气象指数保险试点方案》初稿。与大畈乡东坪高山茶基地探讨茶叶防霜冻技术、茶叶低温气象指数代表站变更等有关事宜。

申报气象防灾减灾标准化村38个，参与仙华街道中埂社区创建“省级综合减灾示范社区”的验收工作。气象灾害防御工作纳入乡（镇、街道）安全生产目标管理，在2021年度安全生产和消防工作目标管理责任制考核指标中体现。全年开展人工增雨作业3次，累计发射火箭弹18枚。根据浦江县保供水和森林消防工作需求，新增人工增雨作业点1个，调整人工影响天气作业点1个。编制《浦江县“十四五”期间人工影响天气补水保供水实施方案》。实施“文旅富县”战略气象保障工作，对全县15个乡镇街道45个村开展清新空气（负氧离子）资源普查。联合虞宅乡马岭村申报“浙江省气候康养乡村”。

制定规范性文件《浦江县防雷重点单位信用评价管理办法（2021年修订）》，加强防雷重点单位信用管理体系建设。开展防雷安全专项检查行动，实现53家易燃易爆场所防雷安全全覆盖检查，并分别签订安全责任书。落实浙江省防雷安全数字化监管改革任务，收集上传全县53家防雷重点单位“一企一档”资料。推广“防雷安全风险码”小程序，防雷重点单位应用率100%。强化“互联网+监管”，“双随机”覆盖率和检查事项覆盖率均100%，其中跨部门联合检查2次。落实“三项制度”，与县综合行政执法管理局签订《关于加强气球管理协作配合的函》，开展联合执法检查1次。全年气球活动审批7件，防雷设计审核3件，竣工验收2件，气象资料查询133次。2021年，行政许可案卷评查活动中，县气象局（浦雷审字〔2021〕第002号）案卷被评为良好案卷。

（李晓倩）

历史文化

【建置沿革】 自东汉建县迄今，已有1800余年历史。古称丰安县、浦阳县。1949年5月，浦江县解放。1960年1月撤销浦江县建制，1966年12月恢复浦江县，县城在浦阳镇。浦阳镇位于浦江县中南部，自唐代以来即为县治所在。2002年，浦江县行政区划规模调整后，县人民政府驻地为浦阳街道。

【人文历史】 浦江人文荟萃，人才辈出，尤以文学、书画为著。北宋，于房一家7人以博洽善文名世。南宋，方凤以文学著称于世，元代著名文人吴莱、柳贯、黄溍等皆出其门下。元初，吴渭倡组“月泉吟社”名闻海内。明代，宋濂为“明代开国文臣之首”，戴良、张孟兼等亦以诗文或书法为世所崇。清代，倪仁吉工诗善画，尤精刺绣；东皋心越诗画书法篆刻俱佳，兼通琴道，被推为“日本篆刻之父”。民国时期，曹聚仁、张世禄、石西民等在文学、史学和文字音韵学上卓有成就，张书旂、吴茀之、张振铎等载誉画坛。

【传统艺术】 浦江地方剧种“浦江乱弹”，约形成于明末清初，表演和音乐具有粗犷奔放的特色，曲调或高亢激越，或婉转优美，雅俗共赏。灯彩种类繁多，制作精良，熔书画、扎制工艺于一炉，有板凳龙、滚龙灯、马灯、花灯四大种类。民间曲艺以道情最为普遍，由盲艺人演唱，用渔鼓和竹夹板配奏。民间传统工艺以剪纸、麦秆贴画和草编、绗缝最为有名。

浦江剪纸被联合国教科文组织于2010年10月列入人类非物质文化遗产代表作名录；浦江板凳龙、浦江乱弹、浦江麦秆剪贴、郑义门营造技艺、浦江迎会被列入国家级非物质文化遗产名录；浦江滚地龙、浦江擂马、浦江什锦、浦江豆腐皮捞制技艺、杭坪摆祭被列入省级非物质文化遗产名录。还有市级、县级非物质文化遗产项目近50种。

【方言方音】 浦江县古属吴越之地，其方言塞音和塞擦音分清、次清和浊清三套，属于吴方言。吴方言分南、北两个次方言，其界限在浙江中部，正处于浦江与诸暨两县之间。位于南部吴语区北缘的浦江，兼具南、北两部的特点，而以南部的为多。在语音上，南部吴语多有文白两读的分歧，而浦江话的文白分歧较小，对应亦颇整齐。

浦江话共有声母32个，文读韵母39个，白读韵母40个。声调也有文白之分，文读和白读声调各为8个。音韵、词汇和语法结构均有鲜明的地方特点，如浦江话中出现的音节，以韵为纲，同韵按不同声母排列，声韵皆同者以声调为序。县内语言基本一致，但各地方言口音仍有差异，大致可分为南乡、北乡、城区、东乡口音。

【人口】 2021年，全县户籍人口39.94万人，比2020年减少1379人；流动人口19.92万人，比2020年增加1.64万人。全年出生人口2418人，年出生率为6.04‰，比2020年的7.47‰下降1.43个千分点；死亡人口2636人，年死亡率为6.59‰，比2020年的7.17‰下降0.58个千分点。全县人口自然增长-218人，年自然增长率为-0.54‰，比2020年的0.29‰下降0.83个千分点。户籍人口中，男性207240人，占52%；女性192199人，占48%。

【行政区划】 2021年，浦江县辖3个街道、7个镇、5个乡：浦阳街道、浦南街道、仙华街道、黄宅镇、白马镇、郑家坞镇、岩头镇、郑宅镇、檀溪镇、杭坪镇、虞宅乡、大畈乡、中余乡、前吴乡、花桥乡。全县有社区17个、行政村227个。

2021年浦江县行政区划一览表

表3

乡镇、街道	社区、行政村	自　然　村
浦阳街道	文景社区	
	月泉社区	倒米岭脚、炉来、清水沿、柴村
	龙峰社区	
	西街社区	溪下
	太白社区	
	塔山社区	

续表3

乡镇、街道	社区、行政村	自然村
浦阳街道	南苑社区	
	宣和社区	
	西站社区	石马头、黄坛小区、白林新区、珠红新区
	金狮社区	金狮岭、前山头
	群　生	上季宅、横大路、许里、陈逢坑、长地
	兆　丰	石塔湾、杨坞、樟坞岭脚、白泥岭脚、上新铺、下新铺
	狮　岩	石陵、丁岩坞、竹寨头、楼宅
	善　庆	桃岭脚、珠山后、宋店、横山、桥头、马项颈
	联　盟	傅店、少桃岭、杭口岭脚、新屋来、新徐、马家、桃花岭脚、大坞塘、新杨里、塘后坤、东庄坞、东塘、岭背、炭灶坪、下篷
	沉　湖	乌珠山下、前王宅、樟后塘、樟畈
	铜　桥	溪塍头、下旺、蓬店、新屋里、乌泥畈、毛桥
	杨　田	杨田周、下店
	同　乐	石宅
仙华街道	中埂社区	蒋村、章店、金店、莲塘、茶壶窑
	金宅社区	陈塘、后金宅、姓谢、姓吴、后潘、廿亩山
	七里社区	七里、周宅、下张湾
	五里社区	上五里、下五里
	项宅社区	项宅新区(由原堂楼店、银店、山枝头、前宅、后宅自然村合并)、徐村、山背周、殿后里、梅竹园、曹村
	大　许	大许、前店
	后　谢	后谢、胡门、林村
	冯　村	冯村、上叶、岳塘下张、方门
	马　墅	马墅
	五善塘	五善塘、十里头、新傅村、旧傅村
	河　山	河上山头
	十里亭	仙里、蔡横塘、大店、曹村、金冠样
	后　郎	后郎、塘后坤、田龙来、杨梅院、金村

续表3

乡镇、街道	社区、行政村	自然村
仙华街道	天仙	天仙塘、姚塘、东庄
	红旗	黄裳弄、周美角、董宅、一大塘、田畈中央
	浦北	赤土岭脚、板桥、花院、胡司、后塘、西官畈、仙华新区(由原仙华山、毛店村合并)、六和小区(由原西安、毛田、云宫、黄山、石塔下、上山等村合并)
	曙光	张店、下店、山湾来、卢宅、灵岩朱、李宅、坦塘
	方宅	方宅
	戴宅	戴宅
	仙华	仙华新村、金坑塘下
	登高	登高山
	道光	山背来、道光口、南湖塘、石宕、登高口、寺口、燕窠来、下新屋、毛竹沿
浦南街道	文溪社区	下季宅、大溪楼、毛都、牛车头、蒋塘、四方头、前溪、店来、道院前楼
	江滨社区	
	浦南	魏店、寺口、下落、下落店、角山院、田畈中央、辛山黄、下新屋、上新屋、油塘顶、后家里、溪塍、叶坞、后徐
	前于	前于、前于水阁、中央宅、樟树下、小四村
	平一	平安张、后陈、新店
	平二	平安张
	石埠头	石埠头
	金星	吴骆山岗、吴店、琴头、徐村、芮宅、赵宅、赵田畈、楼宅、司村、丽水景宁移民村
	横塘	郑横塘
	西张	西张、白石源口、桃源口、水阁、上朱宅、下朱宅、大塘沿、上余
	巧溪	巧溪、下于、下方、沙丘、新屋下、陈村、大房
	宋溪	火烧张、上孙、严村、后孙、范马车
	七村	东许、下蔡、大店、郭村、大坞口、陈台、上陈、傅村
	八村	中央宅、石鼓、湖塘、樟山头
	湖山	吴郎中、上湖山、下湖山、武书堂、东龙山、华墙
	丽水	源口
	长春	下杨

续表3

乡镇、街道	社区、行政村	自　然　村
浦南街道	潘　宅	潘宅、童店、尼山、万田、塘角、新厅、市点
	四　村	桥头、胡里、新楼下
	五　村	麻车、东陈、程村、郭店、上东陈、前门、傅店
	三　村	杨先生、上黄、西杨、许堆、山头荷
	黄　都	黄都、下郘、余大宅、前黄
	朱　云	杨里、后黄、寺口、余间、洪田畈
黄宅镇	新　华	新店、黄宅市、后潘都、塘下、三角塘、新华新村
	下　店	下店
	永　锋	后店、石宅、后桑园
	信　华	下于市、上潮溪、下新屋
	上　市	上市
	群　联	桂花明堂、葛宅、新大份、潘都、始美堂、周塘、新小份、日乾堂、惇裕堂
	六　联	小份、大份、大房、小房、二房、上店
	一　心	上宅、鲍村、姚店
	朱　宅	后宅、中央宅、前宅(以上总称桐木殿朱宅)、后屋、前金、山头来
	智　勇	童村、黄司、楼宅、瑞狮塘、何村、桐树岗
	上　山	新骆村、旧骆村、上方村、下方村、塘塍来、新屋下、姓周、旧山背、新山背、莄塘、费宅、下畈
	合　心	店来、姓周、郘店、界山、新屋里、楼来、郘司、西溪、下屋、何田畈
	渠　北	后陈、八石塘、下何、戴山头
	鹤　塘	岳塘桥头、岳塘山背、岳溪、下新屋
	日　升	中央店、莲塘沿、前店(以上总称李源)、卤冰店、魏村
	前　一	前陈、康王殿
	前　二	前陈、戚家塘、溪后
	胜　丰	王先生、达塘、徐司
	后　江	后江村
	星　塘	前王郑、姓陈、立新
	西　溪	甄村、西庄、下宕、杨林
	横　山	曹街、梅石坞、蒋才文

续表3

乡镇、街道	社区、行政村	自 然 村
黄宅镇	官 岩	沙塍头、下于桥头、荷坟来、蒋宅
	海 塘	海塘
	新 宅	新宅
	集 贤	钟村、下潮溪
	红 星	夏杨畈、下宅市、郭村、银坞
	东 一	东塘、下吴
	沿 江	彭村、蒋村
	振 兴	宅口、陈三湖、蒋店、塘岭、应店、杨店、陈官
	何 村	何村、杨塘
	八 联	丁塘、余店、大园来、白露塘、下潘宅、塘沿、王家、店来
	刘 铁	刘铁、花园、烟塘
	张 官	张官
	胜 利	樟树下、下傅、龙田、前方、盛家
	古 塘	古塘、山里翁
	项 店	项店、任店、潘家、对店
	四 联	下灰山、上灰山、后盛、长塘
	六 一	石斛桥、石塘头、翁店
	八 一	上余、下湖、楼街、华塘、坑塘、姓张里、松门、宣井
	浦 口	戚村桥、坑城、王村、下坑、毛竹塘、安基、山塘弄、林塘、塘头、上新屋、下新屋
	赤 心	铁店、陈店、坞里山、沈坞、和尚楼、中戚、上戚
岩头镇	岩头陈	岩头陈
	蜈 溪	洪家、三步石、三星岩
	胜 建	芳地、岩头里、何大园、山下畈、木勺岗脚
	车 门	车门头、麻车山、后严
	宏 亮	倪山背、晓山、三雅典
	荷 塘	后叶、上祝、桐店、白虎头、元丘
	飞 轮	牛轭垄、官山头、新岭脚、金岗坞、泥都(上三村迁至牛轭垄)

续表3

乡镇、街道	社区、行政村	自然村
岩头镇	拥建	高三石、后田畈、上屋(以上总称下杨)、下宅口、仙水塘、新张宅、桑园来
	和丰	许村、新许村、泉塘沿口、后金、毛尤
	王店	大王店、小王店、三垄王店
	三红	东山、赵宅、凌宅、下东山
	宏伟	姓应、后大塘、李村、五大塘、新屋来
	西黄	西黄、吴店、花山
	朝阳	方店、丁步头、下方店、于门、前何、湖桥、缸沿
	礼张	礼张、礼东山、荷店、陈塘坞、礼沿
	龙溪	刘笙、八石、黄源、少岭脚、大岭脚、大岭头、殿口
	群丰	沈宅、赵宅、和祥山、间间、马后山
	青锋	静村、马路来、田来、石六、官山坞、西坞口、西坞、永盛、新长盛、东盛、上西坞
	夏泉	夏泉、枣树坪
	幸福新村	(由原岩山、湾来、黄岭头、彭岭头、石砚、徐地坞、四石、白岩岭头、长盛自然村合并)
郑宅镇	麟溪	上郑、五房、冷水塘沿、东庄
	东明	郑宅后曹村、黄墙弄、后溪、板桥头、后门头、祠堂弄、上仓、下仓
	玄鹿	外岭脚、上山头、高畈、枣园
	孝门	孝门桥下、桃坞、田来、下新屋、石姆岭、街南、街北
	安山	马鞍山、上林塘、下林塘、上桑园、山下甲、何家、鱼家塘、杨木泉、小下金
	芦溪	厚庐金(后卢金)
	广方	前于、后黄、下方、下金、屠村、蒲塘、三份头
	深一	樟桥头、郎下头、三埂口、前份、周村
	深二	水阁、相连宅、西店
	前店	前店、秧田王、山头店
	三郑	旧三郑、新三郑、莲台塘
	青山	横溪、堂头、东畈、湖顶
	龙源	蒙山、塘慈坑、九婆、郑都、毛岭、牛磊丼、石八畈、铁炉下、虬门、陈山、岭脚畈、阳山、大山、毛坪
	寺后	火龙塔、赵郎、新赵郎、寺口、花坟头、蔡村、六转、岭脚
	红光	地畈、横塘、横大路、三雅、上新屋

续表3

乡镇、街道	社区、行政村	自　然　村
白马镇	五　丰	傅宅
	利　丰	傅宅
	永　丰	永丰、天中寺、方横店、蓬来、洋润岭脚、杜溪坞、金竹园
	高　坪	和尚庄、祥湾口、仙岭脚、虬树坪
	旌　坞	旌坞、江西坞、中门里
	嵩　溪	嵩溪、樟坞、严宅、大样山、前山
	联　丰	官田、贾保坞、白角湾、楮树下、东山、内坞
	双　溪	里傅、里里傅、沈家坞、鲍家、船塘来、梧桐、塘角
	柴　坞	外柴坞、里柴坞、焦坞、三百亩
	同　新	许家、肥地坞、塘里、上宣、寿家
	清　塘	清塘、宝应、珠岭
	长　地	长地、横溪、上纸坊、下纸坊
	柳　宅	柳宅
	群　心	刘店、祝宅、郑街铺
	夏　张	夏张
	东　平	新何、霞岩
	豪　墅	豪墅、前严、上新屋
	兰　塘	严兰塘、邵宅、上贾、塘头下贾
	联　江	石渠口、严店
郑家坞镇	吴　店	上吴店、吴一、吴二
	双　丰	下店、前葛、后葛、西山下葛
	杨　家	杨家、山湾、程家、小杨家、江桥
	江　东	溪东、大店、叶坞、郑家坞
	钟　宅	钟宅、方塘角、龙潭、方坞
	朱　路	朱路、下新屋、吴朱舍、大何街、小何街、冠桥
	沈　里	沈街、里仁
	云　溪	金宅、前山头、余店、郭坞塘
	吴大路	吴大路、檀树丘、皂结坑

续表3

乡镇、街道	社区、行政村	自　然　村
杭坪镇	杭　坪	杭口坪、石象头、上薛宅、下陈、笑流坞口、大楼、横山
	寺　坪	殿后、殿口、观音堂、旧屋、八十、沙丘(以上总称寺坪)、寺坞、塘雪、果树坞、毛竹坞口
	乌　浆	乌浆山旧屋、乌浆山新屋、盆塘、中央畈、乌浆山、王安
	薛　家	薛下庄、大王潭、后山、下薛宅、里棚
	中　村	中村、前河、溪头
	石　宅	石宅、石响、外外胡、泥堆山
	大　塘	大塘、桐子湾、大岩岭脚、桐坞、大坪、立岗山脚、螺蛳殿、泥舍坞
	裕　民	东坞口、东坞、高畈、宝金山、樟山脚、上旺、珠山、何家
	东　岭	东岭、里朱、西山坪、里前胡、前胡
	程　家	程家、五家村、花厅、下新屋、中何、大坞
	登　丰	周坞口、下雪坞、上雪坞、何徐岭头、截柘岭头
	曹　源	曹源
	壶　源	曹源口、张山顶、张山脚、徐坞、王塘、马坞
	芦　峰	派顶、殿口、朱坞
	后　阳	后阳、石明堂、黄塘、上坞
	茶　山	茶山、石狮头、上马
檀溪镇	寺　前	寺前、惠云寺
	毛　店	下毛店、林家
	城　头	城头、齐陈新村
	洪　山	湖山、山环、洪家、下方、下大湫、上毛宅、下毛宅
	平　湖	平湖、石母岭下、油车、陈村、塘家会
	下　宅	下宅
	会　龙	会龙桥、山干宅、塔头、白岩殿下、车方岭脚
	潘周家	潘家、立前畈、周家、大梓树脚、杨家畈
	大　元	大元、湖塘
	廿七都	荒坞口、升舞岭脚、姚家、葛岭头、新屋、草舍、大地、柘树、姚坞、毛家、小湫、下余、项家、岭葛、小湫岭脚

续表3

乡镇、街道	社区、行政村	自然村
檀溪镇	罗家	里罗家、抛坑顶、扶名坞口、前溪滩、水竹湾
	九母岛	大坎头、盘山岭下
	赤岩	外罗家、何坞口、何岭头、金家、何坞、陈家、官田后塴、前方、前方溪滩、黄塘下、赵氏岗、古塘口
前吴乡	塘岭金	塘岭金、大箬溪、木勺山、塘岭下、塘岭头
	枭溪	枭溪、下大地、横坞口、和尚坪、三十田、罗桐山、英坞坪、上新屋、泥宕、后坪、下新屋、宅树坞、上大地、山头脚、上屋、前店
	毛家	毛家、塘坞口、西山、大地、和尚坞、麻车、童麻车
	寿溪	寿溪、上范
	马桥	马桥头
	塆山	塆山口
	前吴	前吴、上赵、塘里、古塘
	灵溪	罗塘、童宅、三椏、西椏、小东椏
	通济	安头、下葛、岩下、真溪、徐店、龚坞
	朱桥	朱桥头、茅田庵顶、茅田庵脚、仁忠坞、朱思坞、下方、古塘源
	罗源	殿下、前山、八十(以上合称里罗)、外罗、朱源
	民生	山隍殿、西源、费宅、宋宅、坞坑、觉寺、张山源、山脚、毛竹坞、徐家
	桃源	里黄、章山、独塘
花桥乡	外黄宅	外黄宅、盛田畈、前坞口
	花桥	花桥、双溪口、黄村、后埂、乐山庵
	源头	高塘、深坑、上陈、岭脚、三十六
	林坞口	林坞口
	长畈	长畈、王社、富世坪
	光明	王纸坊、外童、金坞、上童山、童坞
	塘波	塘波
	下宅溪	下宅溪、台头湾、西畈、横山

续表3

乡镇、街道	社区、行政村	自　然　村
花桥乡	里黄宅	里黄宅、马坞、马坞口、白石、范山、杨坞、王夜、东塘、岭头、竹窠
	马　宅	马宅、长源坑、长凹、东官殿、乌岩坪、食饭坪、尖峰坞、老虎尖
	前　坞	前坞、下黄、前河
虞宅乡	虞　宅	虞宅、虞宅上塘、王宅弄、西塘、寺岭脚
	马　岭	马岭脚、瓦屋、卢家、石大门、桥头、朱村畈、坞坑、乌儿山、程宅畈、枫树下、新店
	智　丰	朱宅旧屋
	新　光	朱宅新屋(朱宅旧屋、朱宅新屋合称朱宅,亦称廿五都朱宅)、下湾、岭脚、汤台岭脚、方坞寺、牛头殿
	前　明	西山、荷花塘、前山畈、后瞿岭脚、高坞口、王前庄、马坞口、海豹岭脚、西山新区、高山
	高　坑	外高坑、里高坑、深渡、荷叶弄、柘林、山岗后
	张　村	下张村、上张村、王村、石台盘、茶坪
大畈乡	夏　明	大畈、夏黄、白岩山前
	大姑源	郑家、大姑寺、大坪来、新田畈、华桃坑口、桑园湾、黄坞口、大官殿、门口、琴岩脚、梓木岭口、黄家、枫树坑
	小姑源	海母口、红火烧、田后蓬、廿三蓬、玉书、里毛山、石栏杆
	湃　桥	低畈、南山、湃桥、牛栏坪、葛山头、上黄、鱼家坑口、叶家、平地、前黄、上前黄、柳秀坑口、小明堂
	上　河	上河、时造、廊家畈、茅坪头
	建　明	石井于、仓来、新屋来、王山头下、燥丘、水口、新廊下
	清　溪	大岭口、上马坞、长店、经耕沿、方家、竹园、丁家、马村、廊下
中余乡	中　余	中余、前山脚、桥头、黄古岭脚、塘下坞、盘里坞、周宅
	蒲　阳	蒲阳、尖蓬、角弄、塘沿、江山岭脚、王佳山、西坞坑
	普　丰	芝都坞、养元坑、大地、后坞、许坞、蔡家、黄坞
	方　家	方家、富白坪、上湖山、石塔顶、小洑畈、里舍
	五　星	新店、大竹畈、栖云、前周、后山坞、黄毛
	高　桥	佛堂店、高桥头、杨宅坞、义村
	冷　坞	冷坞、坪上
	雅湖畈	雅湖、王家、石榴坞、塔龙、顾家、落塘、大元、思母岭脚、叶岭、东坞底、车岭顶

经济发展

【旧时经济】 在新石器时代，县境内已有陶器生产。宋代时有绢、绸、绵等手工业品之课征。明代造纸业亦有相当规模。清代，有糕饼、酱油和黄烟等较大的手工业作坊，除食盐业外，无较大的商铺。当地的竹木、茶叶、火腿、桐油、柏油等土特产品运销外地。浦江工商业发展极其缓慢，农业依旧是浦江经济的基础。

民国时期，设有乡合作社25个、保合作社44个。全县有酱园、南北货、食盐、杂货、棉布、百货、烟酒、医药等10多个行业，600多家商店。工业生产开始使用机械动力设备，出现制造业、加工业、手工业等行业。

【当代经济】 自1949年，国营商业、粮食业和供销商业相继建立，社会总产值2169万元，其中农业占92%，工业占5%，商业占3%。1956年，有国营企业1个、公私合营企业7个、手工业生产合作社(组)127个。1958年，新增国营企业26个。1978年，社会总产值11255万元，工农业产值中，工业占44.9%，农业占55.1%。

1985年，全县乡镇工业产值12675万元，占工业产值的54%。有机械、纺织、食品、建材、化学、缝纫、造纸、皮革、文教艺术用品、电力、森林、煤炭等工业，其中机械、纺织等工业占主导地位，建材、缝纫、文教艺术用品等工业也发展迅速。全县纯商业网点数2509家，比1952年增加4.86倍，比1977年增加5.35倍。农业总产值11223万元，比1949年的2006万元增加4.6倍，乡镇企业产值占农村社会总产值的42.7%。

2000年，全县有工业企业3454家，工业总产值877247万元，比1986年增长34.7倍。有商业行业40多种，商品零售总额10.5亿元，是1986年的9.5倍。农业总产值比1986年增长2.8倍，农村经济总收入915447万元，比1986年增长34.1倍，农业各业和种植、养殖业都有较快发展。

2021年，全县地区生产总值较2016年增长25.2%，一般公共预算收入增长45.1%，规模以上工业增加值增长34.2%，三次产业比率由5.6∶47.4∶47.0优化调整为4.2∶44.6∶51.2，城乡居民人均可支配收入分别增长43.4%和56.9%。实体化运作县营商办，实施“1+14”政策体系，累计减免税费27.3亿元、兑现各类企业奖励扶持资金16.9亿元，全省营商环境便利度排名从第50位跃升至27位。与上海浦江镇开展“双浦江大融合”战略合作，“一带一路”沿线贸易国家达到59个，自营出口企业新增463家，外贸出口额年均增长10.5%。新增省隐形冠军培育企业22家、国家“专精特新‘小巨人’”企业2家、省级“专精特新”企业14家、股交中心挂牌企业59家，新增中国驰名商标1枚。

综　述

2021年，浦江县地区生产总值同比增长8.1%，一般公共预算收入同比增长20.3%，城镇和农村常住居民人均可支配收入分别同比增长10.3%和12.3%，固定资产投资同比增长16.9%，制造业投资同比增长35.4%，数字经济核心产业制造业增加值同比增长22.1%，高技术产业制造业增加值同比增长9.9%。

优化“平战一体”的县级指挥长制度，迭代升级指挥部架构，组建一办一组十二专班。提升指挥能力，建成智能化综合指挥作战中心。全面加强重点人员管控，分类施策、分类管控。强化大规模核酸检测能力，10∶1混管日最大核酸检测能力达到15.84万份，储备核酸检测人员1400人。加强精密智控，迭代升级浦江“E键安”微信小程序，增加“畅行码”模块。推进疫苗接种，提前超额完成省定疫苗接种工作，全年3岁以上人群共接种疫苗105.07万剂次，完成全程接种46.76万人。

按照“1个部门+10家企业+1个行业协会+1所科研院校”的组织架构推行“链长制”，每月召开传统产业转型工作推进会，助力企业转型升级。成立杭州、上海、深圳、北京4个驻点招商局，制定出台“招商十条”、科创25条新政，签约亿元以上制造业项目31个，其中20亿元以上项目2个。新增国家高新技术企业、省科技中心型企业24家、125家，均创历史新高。全县规模以上工业企业研发费用同比增长76.7%，规模以上工业企业研发费用占规模以上工业营业收入比重3.41%，全县各项贷款余额442.1亿元，比年初增加53亿元，同比增长13.6%；制造业贷款余额126.9亿元，比年初增加21.2亿元，同比增长20.1%。全年新供工业用地67.55公顷，消化批而未供土地127.4公顷，盘活存量建设用地115.4公顷，低效用地再开发(库内)90.8公顷。

对标对表全省高质量发展建设共同富裕示范区指标体系，制定《浦江高质量发展推进共同富裕实施方案(2020—2025年)》，科学分解56项指标任务，建立共同富裕重大改革、典型案例、突破性抓手、重点任务“四张清单”，压实责任链条、抓好工作落实。通过“五重抱团”和“村村有项目”，补齐乡村振兴中“产业兴旺”和“村民富裕”的短板，全县所有薄弱村全部顺利摘帽。组建57个产业振兴党建联盟,合力推进170个共建项目,227个村全部完成总收入达到20万元以上且经营性收入达到10万元以上的省定目标任务,其中131个村经营性收入超50万元,同比2020年新增91个。相关工作得到《人民日报》报道。

以数字化改革为总抓手,推进10大领域改革,全面落实一批全省牵一发动全身的重大改革任务和全市、全县特色重点改革项目。成立县数字化改革专班,选派64名乡镇(街道)、部门"一把手"到浙江大学专题研修班进修学习,体系化规范化推进数字化改革,"152"体系架构持续完善,五大综合应用全部上线运行,门户建设实现省市县三级贯通,初步建成一体化智能化公共数据平台,12项核心指标全面完成。全年共谋划建设数字化改革应用场景40项,两端上线12项,争取到省级试点15项,总结形成54项制度成果和35项理论成果。多项场景应用登上省级现场会、入选省数字化改革成果展、入围省改革突破奖初选项目。

不断深化新时代领导干部下访接访工作制度,制定完善"1+1+5"工作体系,形成领导干部下访接访闭环管理机制。推进平安建设,县级矛调中心全年共受理各类矛盾纠纷2253件,调解2217件,调解成功率98.41%。基层治理效能不断提升,平安指数稳居全省第一方阵,自3月以来始终保持在全省前30名,10—12月升至全省前10名。以全市考核第一的成绩实现平安建设"十六连冠",获"平安中国建设示范县(2017—2020年度)"称号。"好家风评价体系""红色台门里""'4+2'联心服务团"等一系列富有浦江特色的基层治理品牌,得到省市领导多次批示肯定。"大综合一体化"行政执法改革加速推进,制订《浦江县"大综合一体化"行政执法改革行动计划(2021—2022年)》,列明32项任务清单。

十项民生支出占全县一般公共预算支出的78.9%,同比增长58.9%。推进中医院迁建、人民医院改扩建工程,推行政务服务跨域协作,240项事项实现"浦义通办",318项事项实现"浦兰通办",146项实现"浦金通办",与16个省45个县(市、区)政务服务中心实现81项政务服务事项"跨省通办"。高考万人上线比连续11年位居全市第一,"特殊类型招生控制线"上线人数连续两年超800人。杭温高铁二期工程开工建设。高标准通过全国文明城市创建省级测评。居家养老服务中心"一日三餐"覆盖率全省第一。完成全县210户生活困难老年人适老化改造,"残疾人之家"实现乡镇(街道)全覆盖。

以县乡换届为契机,选优班子、建强队伍,推动干部队伍系统性重塑。高质量完成县党代会、县"两会"选举任务。开设四期"丰安讲堂",公开发布七期招贤令,激发人才揭榜挂帅、攻坚争先活力。首次面向社会招聘19名硕士研究生以上学历人才,首次以市场化方式招聘国企投融资副总经理1名。分批次选派30名优秀干部到招商阵地、行业协会挂职锻炼。严格落实"三个区分开来",为受到不实举报、诬告陷害的党员干部澄清正名,累计公开反馈5件次,澄清正名10人次,打击全省首起诬告陷害纪检监察干部刑事犯罪。做好巡视反馈问题整改,细化落实举措,按期整改率100%。驰而不息纠"四风",查处违反中央八项规定精神问题27起,处理32人。

重要会议与活动

【县委常委会会议】 1月11日,召开县委常委会第139次会议。传达学习习近平总书记在中共中央政治局第二十六次集体学习时的重要讲话精神。传达学习省委常委会暨省新冠肺炎疫情防控工作小组会议、新冠肺炎疫情防控工作市县视频连线会议精神并研究部署浦江县冬春季疫情防控工作。研究《中共浦江县委关于制定浦江县国民经济和社会发展第十四个五年规划和二〇三五年远景目标的建议(送审稿)》《县委十四届九次全体(扩大)会议暨县政府第五次全体会议报告(送审稿)》《浦江万年“上山文化”村项目总体及一期修建性详细规划》;研究健康养生项目、有关人事事项。

1月20日,召开县委常委会第140次会议。传达贯彻省委常委、宣传部部长朱国贤对浦江工作重要讲话精神。研究县“两会”筹备情况及人大、政府、政协、法院、检察院工作报告等相关事宜;研究《2021年浦江县政府十大民生实事项目(送审稿)》《浦江县2021年投资项目计划(送审稿)》《关于浦江县2020年国民经济和社会发展计划执行情况及2021年国民经济和社会发展计划的报告(草案)(送审稿)》《2021年浦江县财政预算(送审稿)》《浦江县新时代公民道德建设的实施意见(送审稿)》《浦江县科技创新创业投资基金管理办法(送审稿)》。听取“十三五”规划完成情况汇报并研究《浦江县国民经济和社会发展第十四个五年规划和二〇三五年远景目标纲要(送审稿)》。研究年终奖有关事项及县“两会”有关名单。

1月30日,召开县委常委会第141次会议。传达贯彻习近平总书记对政法工作重要指示精神及中央政法工作、省委政法工作会议精神。传达贯彻十九届中央纪委五次全会、省“两会”、省委农村工作会议精神。研究县“两会”有关人事事项。

2月8日,召开县委常委会第142次会议。传达学习省市有关供销系统腐败和作风问题重点整治工作会议精神。研究“最美浦江人”候选人名单、2020年县级文明单位、村镇申报和复评工作;研究2020年度乡镇(街道)、机关部门年终考核有关事项。

2月8日,召开县委常委会第143次(扩大)会议。传达学习中央第三生态环境保护督察组督察浙江省情况反馈会、省纪委十四届六次全会、市新冠肺炎疫情防控工作领导小组(扩大)会议精神和市疫情防控工作指挥部视频连线会、市委政法工作会等会议精神,并研究浦江县贯彻落实意见。听取浦南街道白石湾抽水蓄能电站项目情况汇报;听取1月份重点工作完成情况和2月、3月重点工作计划汇报。通报2020年度年终考核情况。

3月2日,召开县委常委会第144次会议。传达学习副省长成岳冲到浦江调研时的重要讲话精神、全省全市宣传思想工作会议精神、市“两会”精神,研究浦江县贯彻落实意见。传达《关于全市2020年度落实意识形态工作责任制检查情况的通报》,研究浦江县整改措施和意识形态工作。研究全国文明城市创建有关方案。传达学习全国、全省政法队伍教育整顿动员部署会精神,研究《关于开展全县政法队伍教育整顿的实施意见(送审稿)》。听取浦江县2020年度法治政府建设工作报告和2021年工作思路汇报。传达学习反恐怖工作系列重要精神并听取浦江县反恐怖工作情况汇报;传达学习中央巡视工作领导小组组长赵乐际和中央纪委副书记、国家监察委主任杨晓渡在中央单位巡视工作调研座谈会上的讲话精神及《关于加强巡视巡察上下联动的意见》,研究贯彻落实意见和浦江县2021年巡察工作计划。传达学习2020年度全市落实党风廉政建设责任制综合情况的通报,研究浦江县整改措施。传达学习市纪委七届六次全会精神,研究县纪委全会方案和报告(送审稿)。研究《浦江县国有资本投资集团有限公司职业经理人市场化选聘工作方案(送审稿)》《浦江县开展“四攻坚四争先”行动实施方案(送审稿)》。

3月22日，召开县委常委会第145次会议。传达学习习近平总书记在中央政治局第二十五次、第二十七次、第二十八次集体学习时的重要讲话精神。传达学习习近平总书记在全国脱贫攻坚总结表彰大会、党史学习教育动员大会上的重要讲话精神；传达学习习近平总书记关于全面加强知识产权保护工作的重要指示精神。传达学习全省全市统战部部长会议、全省全市组织工作会议、全省党史和文献部门主要负责人会议精神，研究贯彻落实意见。通报《对浦江县委2020年度党风廉政建设责任制落实情况检查的反馈意见》，研究浦江县整改措施。研究《中共浦江县委关于开展党史学习教育的实施方案》。听取《关于将浦江纳入省绿色发展帮促县的建议》，金狮湖东侧地块、翠湖地块、金狮湖北侧地块设计方案汇报。研究《浦江县"揭榜挂帅"大比拼实施方案》《浦江县"双百双千"大培训实施方案》。研究垂直单位人事调整征求意见。

4月9日，召开县委常委会第146次会议。传达学习习近平总书记关于革命文物工作重要指示精神。研究《浦江县贯彻落实第二轮中央生态环境保护督察反馈问题整改方案（送审稿）》《关于成立浦江县生态环境保护委员会及其专业委员会的通知（送审稿）》《浦江县全面深化国企改革发展实施方案（送审稿）》《浦江县第七次劳动模范、模范集体名单》《浦江县2021年攻坚争先大比拼活动实施方案（送审稿）》《中共浦江县委关于印发〈庆祝中国共产党成立100周年系列活动分工方案〉的通知（送审稿）》。研究县委常委分工及有关人事。

4月12日，召开县委常委会第147次（扩大）会议。传达学习2020年度全市查处违反中央八项规定精神问题情况的通报、省市平安工作暨扫黑除恶专项斗争总结会议精神，研究贯彻落实意见。听取一季度重点工作完成情况和4月份、二季度重点工作计划汇报。听取金狮湖老鼓风机厂区块项目遴选结果及改造方案。听取月泉东路88号、88-1号、88-2号地块信访遗留问题化解方案的通报。

4月25日，召开县委常委会第148次会议。传达学习习近平总书记对职业教育工作重要指示精神、关于统计工作的重要指示精神及中共中央关于防惩统计造假、弄虚作假有关文件精神等，研究贯彻落实意见。传达学习习近平总书记在福建考察期间重要讲话精神、省委书记袁家军对金华工作有关指示精神。传达学习《中共浙江省委办公厅关于〈浙江省防止领导干部违规参与民间借贷行为规定（试行）〉的通知》、省市乡镇领导班子换届工作有关精神、省委市委落实中央巡视组反馈意见整改工作动员部署会精神，研究贯彻落实意见。听取浦江县打击治理电信网络诈骗犯罪工作情况汇报。研究2020年度县管领导班子及干部年度考核评优有关事项、《浦江县委关于贯彻落实〈中国共产党宣传工作条例〉实施方案（送审稿）》《浦江县农村乱占耕地建房问题专项整治三年行动方案（送审稿）》《关于坚决打赢遏制较大安全事故攻坚战的通知（送审稿）》。

5月6日，召开县委常委会第149次（扩大）会议。听取一季度经济形势情况、4月重点工作完成情况和5月重点工作计划汇报。听取工业强县调研课题成果汇报、招贤令情况汇报。传达学习2020年保密违法违规案件、专项检查情况及2020年窃密泄密有关案件情况的通报。

5月20日，召开县委常委会第150次会议。传达学习习近平总书记在中共中央政治局第二十九次集体学习、中共中央政治局会议、博鳌亚洲论坛2021年年会开幕式、"领导人气候峰会"上的重要讲话精神。传达学习贯彻习近平总书记对深化东西部协作和定点帮扶工作作出的重要指示及全国东西部协作工作会议精神。传达学习省委书记袁家军在高质量发展建设共同富裕示范区省委专题学习会上的讲话精神。传达学习全国巡视工作会议暨十九届中央第七轮巡视动员部署会精神,研究贯彻落实意见。传达学习全省建党百年信访安保重点任务交办视频会议精神,研究贯彻落实意见。传达学习全省农村文化礼堂2.0版建设暨新时代文明实践中心建设工作现场会精神,研究贯彻落实意见。研究《中共浦江县委关于落实市委意识形态工作责任制落实情况检查组反馈意见的整改报告(送审稿)》《关于加快制造业高质量发展的若干意见(送审稿)》《浦江县强化招商引资工作十条措施(送审稿)》《关于完善"一肩挑"后村干部基本报酬制度的意见(送审稿)》《关于开展定向比选乡镇领导班子成员预备人选工作的方案(送审稿)》《奖励性补贴自查整改方案(送审稿)》《2021年浦江县党风廉政建设和反腐败工作组织领导与责任分工(送审稿)》。

5月30日,召开县委常委会第151次会议。听取诗画小镇项目工作情况汇报并研究项目整改相关工作。

5月30日,召开县委常委会第152次(扩大)会议。通报诗画小镇项目相关情况、项目整改工作思路、整改工作专班及任务分工方案。

6月1日,召开县委常委会第153次会议。研究诗画小镇项目整改工作有关事项。

6月4日,召开县委常委会第154次(扩大)会议。传达学习习近平总书记在中共中央政治局第三十次集体学习,中共中央政治局会议,中国科学院第二十次院士大会、中国工程院第十五次院士大会、中国科协第十次全国代表大会,全球健康峰会、推进南水北调后续工程高质量发展座谈会上的重要讲话精神。传达学习总理李克强考察浙江时的重要讲话精神。传达学习省委书记袁家军到金华走访慰问和下访接访重要指示精神及省、市政法队伍教育整顿暨平安护航中国共产党成立100周年安保维稳工作推进会精神。传达学习省委常委、宣传部部长朱国贤到浦江调研指示精神。传达学习《关于北京市开展违建别墅清查整治工作情况的通报》《党的十九大以来市管干部违纪违法情况分析》。听取5月重点工作完成情况和6月重点工作计划、金狮湖北侧商住地块建筑规划方案和景观提升方案汇报。

6月9日,召开县委常委会第155次会议。研究有关人事事项。

6月11日,召开县委常委会第156次(扩大)会议。传达贯彻省委十四届九次全体(扩大)会议精神。

6月15日,召开县委常委会第157次会议。听取诗画小镇项目整改工作情况汇报,研究相关工作方案。

6月22日,召开县委常委会第158次会议。传达学习习近平总书记在中央政治局常委会会议审议《中国共产党机要密码工作条例》时的重要讲话精神、关于粮食安全重要论述和重要指示批示精神。传达学习全国打击侵权假冒工作电视电话会议及全省知识产权保护大会、全省碳达峰碳中和工作推进会、全省金融工作座谈会、全省建设新时代美丽浙江暨中央生态环境保护督察整改工作推进大会的会议精神,研究贯彻落实意见。研究《深化生态文明示范创建高水平建设新时代美丽浦江规划纲要(2020—2035年)(送审稿)》《关于加快科技创新推动高质量发展的若干意见(送审稿)》《浦江县"告知承诺制"改革责任追究制度和容错免责制度(送审稿)》。听取《浦江县房地产市场平稳健康发展长效机制方案》《2021年浦江县部分事业单位人才引进方案》汇报。研究确定县"两优一先"表彰对象。

7月2日，召开县委常委会第159次（扩大）会议。传达学习习近平总书记在中共中央政治局第三十一次集体学习时的重要讲话精神、在庆祝中国共产党成立100周年大会上的重要讲话精神。传达学习省委书记袁家军在浙江省庆祝中国共产党成立100周年大会上的重要讲话精神，省委副书记、省长郑栅洁到金华调研指示精神。听取浦江县上半年度重点工作完成情况和7月份、三季度重点工作计划汇报，听取诗画小镇项目整改工作交流。研究中共浦江县委常委会、浦江县人大常委会、浦江县人民政府、政协浦江县委员会工作总结报告。研究有关人事事项。

7月7日，召开县委常委会第160次（扩大）会议。召开浦江县换届考察动员会，市委到浦江县换届考察组组长作动员讲话，县委书记表态发言。观看《警钟长鸣——严肃换届纪律教育警示录》。

7月15日，召开县委常委会第161次会议。传达学习省委常委会会议研究浙川东西部协作和交流合作工作精神及全省、全市对口工作领导小组会议精神，听取浦江县对口工作情况汇报。传达学习省政协主席到金华调研时的重要讲话精神。传达学习省委常委、宣传部部长朱国贤在学习宣传贯彻习近平总书记“七一”重要讲话精神视频会议上的讲话精神，研究贯彻落实意见。传达学习《关于7起意识形态领域典型问题案例的通报》《关于当前我市意识形态领域情况的通报》和《关于省委意识形态工作责任制落实情况检查组反馈意见的整改方案》，研究贯彻落实意见。传达学习市委七届九次全体（扩大）会议精神、半年度全市统战工作交流会精神。听取未成年人思想道德建设专项工作、中央巡视反馈意见浦江县整改落实情况汇报。研究浦江县《关于完善“7+2”问题清单整改工作机制的通知（送审稿）》研究《浦江县幸福河湖试点县建设实施方案（送审稿）》《浦江县村级集体经济巩固提升三年行动计划方案（送审稿）》及诗画小镇项目整改有关事项。听取中国书画节、水晶玻璃博览会、乡贤大会有关事项汇报。

7月20日，召开县委常委会第162次（扩大）会议。县四套班子领导、法检“两长”及县机关有关单位主要负责人到杭州市余杭区良渚博物院、良渚古城遗址考察并召开座谈会。7月21日在浦江县继续召开会议，传达学习习近平总书记关于文化有关论述、文物保护有关重要讲话及“上山文化”有关批示精神；传达学习省有关领导对文物保护、“上山文化”的指示、批示精神；讨论《“上山文化”遗址群保护和联合申报世界文化遗产城市联盟章程》。

7月21日，召开县委常委会第163次会议。研究县级领导班子换届会议推荐参考人选名单。

7月22日，召开县委常委会第164次会议。研究《县委十四届十次全体（扩大）会议暨县政府第六次全体会议报告（送审稿）》《浦江县高质量发展推进共同富裕实施方案（2021—2025年）（送审稿）》。

7月26日，召开县委常委会第165次会议。研究县领导班子换届拟新进人选考察对象建议名单。

8月3日，召开县委常委会第166次会议。研究浦江恒固创艺园相关问题解决方案、听取浦江县工资津贴补贴自查清理情况汇报。

8月3日，召开县委常委会第167次（扩大）会议。传达学习习近平总书记在中国共产党与世界政党领导人峰会、亚太经合组织领导人非正式会议上的重要讲话和对防汛救灾工作的重要指示精神。传达学习省委常委会、市委常委会半年度经济社会形势分析会精神。听取全县上半年经济形势、社会形势情况和主要问题、对策建议汇报。听取7月重点工作完成情况和8月重点工作计划汇报、浦江县近期疫情防控工作情况汇报、浦江恒固创艺园相关问题解决方案情况汇报。

8月4日,召开县委常委会第168次(扩大)会议。市委组织部干部考察组组长通报换届考察工作总体情况。

8月17日,召开县委常委会第169次会议。传达学习习近平总书记在西藏考察、在中共中央政治局会议、在党外人士座谈会上时的重要讲话重要指示精神。传达学习习近平总书记对档案工作的重要批示精神及省委书记袁家军重要批示精神。传达学习习近平总书记对当前疫情防控工作的重要批示精神,研究浦江县贯彻落实意见。传达学习全省政协主席暑期读书会暨宣传思想工作会议精神。听取乡镇人大代表名额分配方案、浦江县备战省运会夺金情况汇报。研究《浦江县推进清廉医院建设五年行动计划(2021—2025年)(送审稿)》《浦江县共青团基层组织改革全国试点"百日攻坚"行动方案(送审稿)》《浦江县整县推进光伏规模化开发争取试点工作方案(送审稿)》《关于促进光伏产业项目投资的建议(送审稿)》《关于开展县投资项目争先创优竞赛活动的通知(送审稿)》《浦江县驻外招商招才局人员选派方案(送审稿)》。

8月20日,召开县委常委会第170次会议。研究有关人事事项。

9月6日,召开县委常委会第171次(扩大)会议。传达学习习近平总书记在河北承德考察、中央财经委第十次会议、中央民族工作会议上的重要讲话精神。传达学习第八次全国对口支援新疆工作会议精神,省代表团到青海、新疆考察对口支援工作有关精神,市代表团到新疆考察对口支援工作有关精神。传达学习《中共中央办公厅 国务院办公厅印发〈关于进一步减轻义务教育阶段学生作业负担和校外培训负担的意见〉》以及全省、全市"双减"工作会议精神,研究浦江县贯彻落实意见。传达学习省委文化工作会议精神,研究浦江县贯彻落实意见。听取8月重点工作完成情况和9月重点工作计划汇报。通报坡地村镇项目、诗画小镇项目、近期人事调整情况等事项。

9月8日,召开县委常委会第172次会议。传达学习习近平总书记在中央党校(国家行政学院)中青年干部培训班开班式上的重要讲话精神、在2021年中国国际服务贸易交易会全球服务贸易峰会上的重要致辞精神。传达学习《中共中央关于加强新时代检察机关法律监督工作的意见》并研究浦江县贯彻落实意见。研究《浦江县生态环境保护"十四五"规划(送审稿)》《全面深化县属国有企业改革工作方案(送审稿)》《浦江县2021年度综合考核办法(送审稿)》、金华市夺取"大禹鼎"金鼎行政奖励推荐名单、金华市生态文明建设成绩突出集体和个人推荐名单、浦江县第六届道德模范候选人名单。

9月8日,召开县委常委会第173次(扩大)会议。通报诗画小镇相关情况。

9月15日,召开县委常委会第174次会议。研究有关人事事项。

9月17日,召开县委常委会第175次(扩大)会议,专题学习贯彻习近平总书记关于领导干部下访接访的重要论述和指示精神,巩固深化2003年时任浙江省委书记习近平同志下访浦江接待群众的宝贵经验成果。会议分两个阶段进行,第一阶段重温习近平同志下访浦江接待群众工作做法;第二阶段传达学习习近平总书记关于领导干部下访接访有关重要讲话及指示、批示精神,国家、省、市有关领导对浦江县领导干部下访接访工作的相关讲话及批示内容;听取《关于深化新时代"领导干部下访接访"制度提升县域治理现代化能力和水平为推动共同富裕浦江实践提供坚强保障的实施意见》等深化领导干部下访接访工作制度系列文件汇报。同日，召开会议传达学习省市有关能源“双控”会议精神、讨论《浦江县能源“双控”和“两高”项目清理整治工作方案》。研究部署浦江县当前安全生产工作。通报近期浦江县政府签订合作框架协议情况；讨论关于延期举办书画节（全国清廉书画大展）、水晶博览会、乡贤大会等有关事项。通报近期人事调整有关情况。

9月29日，召开县委常委会第176次会议。传达学习《中华人民共和国安全生产法》并研究浦江县贯彻落实意见，部署节前安全生产工作；传达学习《金华市纪检监察机关贯彻落实〈中共中央关于加强对“一把手”和领导班子监督的意见〉和省委十三项实施意见的工作清单》、全市粮食购销领域腐败问题专项整治工作动员部署会精神、《关于市、县（市、区）党委落实巡察工作主体责任的实施意见》、全市信访联席会议暨安全稳定工作部署会精神。研究《中共浦江县委关于成立浦江县县乡换届工作领导小组的通知（送审稿）》《关于做好县乡两级人大换届选举工作的意见（送审稿）》。研究县人大代表名额分配方案、学校嘉奖事宜。

10月9日，召开县委常委会第177次（扩大）会议。传达学习习近平总书记在中央人才工作会议、中共中央政治局第三十三次集体学习、对“三农”工作的重要指示精神、致中国质量（杭州）大会和2021年世界互联网大会乌镇峰会的贺信精神。传达学习省委民族工作会议、海洋强省建设推进会精神。听取浦江县三季度重点工作完成情况和10月份、四季度重点工作计划汇报，听取金狮湖东侧地块项目设计方案、海华·樾溪里酒店项目设计方案汇报。

10月19日，召开县委常委会第178次会议。传达学习习近平总书记在纪念辛亥革命110周年大会、《生物多样性公约》第十五次缔约方大会领导人峰会的重要讲话精神。传达学习习近平总书记对老龄工作作出的重要指示精神，省委常委、宣传部部长朱国贤对浦江工作的指示精神。听取浦江县“七张问题清单”整改工作情况汇报。研究《2021浦江·第十四届中国书画节工作方案（送审稿）》《“礼赞百年 翰墨清风”清廉书画艺术活动暨全国清廉书法作品大展系列活动工作方案（送审稿）》。研究县第十届政协换届人事安排、召开县第十五次党代会事宜。

10月29日，召开县委常委会第179次（扩大）会议。传达学习习近平总书记在中共中央政治局第三十四次集体学习时的重要讲话精神，传达学习省委常委会前三季度经济社会形势分析会精神。听取全县三季度经济社会形势情况和主要问题、对策建议汇报、10月重点工作完成情况和11月重点工作计划汇报、文旅富县调研课题成果汇报、品质名城调研课题成果汇报。

11月8日，召开县委常委会第180次会议。传达学习习近平总书记在中华人民共和国恢复联合国合法席位50周年纪念会议上的重要讲话精神。传达学习中央人大工作会议和全省各级人大常委会主任读书会会议精神，省市组织工作会议精神、中巡办专题调研市级巡察机构在上下联动中更好发挥作用试点工作座谈会精神。传达学习市委常委会（扩大）会议前三季度经济社会形势分析会精神，研究贯彻落实意见。研究《关于落实县委宣传部归口领导和代管县级宣传文化单位有关要求的通知（送审稿）》《县委宣传部任免审批的县级宣传文化单位重要宣传舆论阵地和重要岗位干部职务名称表（送审稿）》《关于在全县公民中开展法治宣传教育的第八个五年规划（2021—2025年）（送审稿）》和《浦江县全面推行林长制实施方案（送审稿）》及其配套制度。

11月24日，召开县委常委会第181次会议。传达学习习近平主席在第四届中国国际进口博览会开幕式上的重要讲话精神。传达学习省委贯彻十九届六中全会精神“六讲六做”大宣讲活动动员部署会、市委学习贯彻党的十九届六中全会精神“六讲六做、扛旗争先”大宣讲活动动员部署会精神、全省深化“千万工程”建设新时代美丽乡村现场会精神、全市退役军人事务工作暨“双拥”工作会议精神。听取浦江县前三季度“五水共治”（河长制）工作年度考核情况汇报、浦江水晶小镇相关情况汇报。研究《浦江县关于工业用地流转和低效工业用地有机更新助推实体经济高质量发展的指导意见（试行）（送审稿）》《关于高质量全面落实意识形态工作责任制的实施办法（送审稿）》《中共浦江县委关于当前我县意识形态领域情况的通报（送审稿）》。听取县乡人大换届选举工作汇报。审议《中国共产党浙江浦江历史第二卷（1949—1978年）（送审稿）》。

12月2日，召开县委常委会第182次（扩大）会议。传达贯彻省委十四届十次全体（扩大）会议精神。

12月2日，召开县委常委会第183次（扩大）会议。传达学习习近平总书记在第三次“一带一路”建设座谈会上的重要讲话精神，中共中央《中共中央办公厅 国务院办公厅关于规范地方公务员工资津贴补贴的通知》精神。传达学习省、市领导批示精神、市委常委会有关会议精神，全省有关会议精神。听取浦江县安全生产工作情况汇报、2021年浦江县机关党建工作汇报、11月重点工作完成情况和12月重点工作计划汇报、融义接杭调研课题成果汇报。

12月6日，召开县委常委会第184次会议。研究县第十五届人大代表候选人初步人选建议名单、县领导配套职务任免。

12月9日，召开县委常委会第185次会议。传达学习《关于进一步压实主体责任切实预防和严肃查处干部调配造谣传谣行为的通知》。研究确定第十五届县委委员、候补委员和纪委委员候选人初步人选名单、确定金华市第八次党代会代表候选人初步人选名单等有关人事事项。

12月10日，召开县委常委会第186次（扩大）会议。听取诗画小镇项目相关事项汇报。

12月10日，召开县委常委会第187次会议。听取诗画小镇项目相关事项汇报。

12月17日，召开县委常委会第188次（扩大）会议。传达学习习近平总书记在中共中央政治局第三十五次集体学习、全国宗教工作会议上的重要讲话精神。传达学习中央经济工作会议、平安中国建设表彰大会、全国拓展新时代文明实践中心建设工作电视电话会议、全国加强家庭家教家风建设工作推进会、中央巡视办在制定巡视工作规划专题辅导会议、全省领导干部会议、省委常委会、省委人才工作会议、省市关于漠视侵害群众利益问题专项治理工作会议精神。传达学习省委信访工作会议精神、省委书记袁家军的重要指示精神，研究浦江县贯彻落实意见。传达学习《中共金华市委办公室关于持续加强对“一把手”和领导班子监督工作的通知》。

12月21日，召开县委常委会第189次会议。传达学习《关于在防疫大考面前检验换届中各级党组织和党员领导干部政治判断力政治领悟力政治执行力的通知》。研究县第十五次党代会相关工作、县第十五次党代会疫情防控工作方案（送审稿）。

12月25日，召开县委常委会第190次会议。研究中国共产党浦江县第十五次党代会工作报告和决议（草案）、中国共产党浦江县纪律检查委员会工作报告和决议（草案）。

【县委议军会】 1月22日，召开县委议军会。传达学习军委国防动员部党委扩大会议精神、浙江省军区党委扩大会议精神和金华军分区党委第十三届六次全体（扩大）会议精神。研究《关于进一步加强和规范新形势下人民武装工作的实施意见》。听取各乡镇（街道）党管武装工作述职。

【县委十四届九次全体（扩大）会议暨县政府第五次全体会议】 1月13日，中共县委十四届九次全体（扩大）会议暨县政府第五次全体会议召开。县委书记俞佩芬代表县委常委会作题为《坚定信心奋力赶超 锚定目标真抓实干 开启高水平全面建设社会主义现代化浦江新征程》的工作报告。会议审议通过《中共浦江县委关于制定浦江县国民经济和社会发展第十四个五年规划和二〇三五年远景目标的建议》。

【2021年度县重点工作任务领办会暨一季度“攻坚争先”大比拼活动】 2月5日，2021年度县重点工作任务领办会暨一季度“攻坚争先”大比拼活动召开。县委书记俞佩芬出席会议并讲话。会议全面贯彻落实县委十四届九次全体（扩大）会议和县“两会”精神，晒思路晒举措、比干劲比作风，以上率下作示范、立说立行抓落实，确保实现一季度“开门红”，以新担当、新作为奋力书写浦江高质量发展新篇章。

【全县干部队伍建设暨“攻坚争先”动员大会】 2月20日，全县干部队伍建设暨“攻坚争先”动员大会召开。县委书记俞佩芬出席会议并讲话。县委副书记、县长戴翀主持。俞佩芬强调，要认清使命责任、增强责任担当，全力建设高素质“浦江牌”干部队伍；要讲政治，做到忠诚于党、一心向党，确保“中央有决策、上级有部署、浦江见行动”；要重品行，做到行有格局、心有情怀，真正做到正身正己、当好表率，行正道、做正事、树正气。要强能力，做到担责于身、履责于行，不断增强学思践悟的能力、见微知著的能力、统筹谋划的能力、开拓创新的能力和狠抓落实的能力；要守规矩，做到战战兢兢、如履薄冰，自觉敬畏法律法规、敬畏政策制度、敬畏手中的权力，一级对一级负责、一级为一级担当。

【全县党史学习教育动员部署会】 3月8日，全县党史学习教育动员部署会召开。县委书记俞佩芬强调，要以强烈的政治责任感和历史使命感，勤学百年党史，汲取赶超力量，高标准高质量开展好党史学习教育，忠实践行“八八战略”、奋力打造“重要窗口”，开启高水平建设社会主义现代化浦江新征程，以优异成绩庆祝中国共产党成立100周年。

【全县政法队伍教育整顿部署会】 3月8日，全县政法队伍教育整顿部署会召开。县委书记、县政法队伍教育整顿领导小组组长俞佩芬强调，要认真贯彻落实习近平总书记重要指示精神和中央、省委、市委决策部署，提高政治站位，强化责任担当，高标准高质量开展全县政法队伍教育整顿，全力打造一支党和人民信得过、靠得住、能放心的新时代浦江政法铁军，以崭新面貌和优异成绩献礼中国共产党成立100周年。

【县委审计委员会第三次会议】 3月8日，县委审计委员会召开第三次会议召开。县委书记俞佩芬出席会议并讲话。会议听取了2020年度全县审计工作情况和2021年度审计工作任务安排的汇报，审议通过了2021年度审计项目计划。

【县招商引资工作委员会第九次会议】 3月8日，

县招商引资委员会第九次会议召开。县委书记俞佩芬强调，要紧扣“四攻坚四争先”工作要求和目标任务，坚持把“一切以浦江发展为主”作为工作的出发点和落脚点，统一思想、凝聚共识，自我加压、再鼓干劲，努力在项目招引上有新突破、在项目推进上有新进展，进一步形成“抢抓项目、大抓项目”的良好态势，确保“十四五”开好局、起好步。

【“红色记忆 红色征程”党史学习教育宣传宣讲活动】 3月12日，“红色记忆 红色征程”浦江县党史学习教育宣传宣讲活动启动。县委书记俞佩芬宣布启动并讲话。县委副书记、政法委书记钱福安主持。俞佩芬强调，要深入挖掘浦江的革命遗址、革命先辈等红色资源，以及丰安大地的优秀人物和先进事迹，讲好红色故事、身边故事，为浦江赶超发展凝聚磅礴力量、提供强大精神动力。

【全县领导干部会议】 3月15日，全县领导干部会议召开。会议传达习近平总书记在全国“两会”期间的重要讲话精神和李克强总理所作的政府工作报告精神，十三届全国人大四次会议和全国政协十三届四次会议精神。县委书记俞佩芬强调，全县上下要切实把思想和行动统一到习近平总书记重要讲话精神上来，统一到党中央、国务院对国内外形势的科学判断和全国“两会”确定的目标任务上来，精心组织、广泛宣传，迅速掀起学习宣传贯彻落实全国两会精神的热潮，做到拥护上显真情、领会上见真功、落实上见真章，确保“十四五”开好局、起好步。

【群团工作会议】 3月15日，群团工作会议召开。县委书记俞佩芬强调，要深入贯彻习近平总书记关于群团工作的重要论述精神，对标对表中央和省委、市委有关部署要求，改革创新、数字赋能、锐意进取，推动党的群团工作迈上新台阶，为浦江实现“十四五”高质量发展贡献更多的群团力量、彰显更多的群团作为。

【全县组织宣传统战工作会议】 3月23日，全县组织宣传统战工作会议召开。县委书记俞佩芬强调，要以习近平新时代中国特色社会主义思想为指导，担当实干、砥砺奋进，推动全县组织宣传统战工作再上新台阶，以优异成绩向中国共产党成立100周年献礼。

【县委第十二轮巡察工作动员部署会】 3月23日，县委第十二轮巡察工作动员部署会召开。县委书记俞佩芬强调，要强化政治担当，高质高效推动届内巡察工作全覆盖；要扛起政治责任，确保县委第十二轮巡察工作扎实推进。

【“清明祭英烈”活动】 4月2日，党政军领导“清明祭英烈”活动在烈士陵园烈士纪念碑前广场举行。深切缅怀革命烈士，传承弘扬革命精神，深入开展党史学习教育，凝聚忠实践行“八八战略”、奋力打造“重要窗口”，全力推进县域高质量发展的强大力量。

【县委政法工作会议暨建设平安浦江工作会议】 4月20日，县委政法工作会议暨建设平安浦江工作会议召开。县委书记俞佩芬强调，要保持政治定力，奋力争先、担当作为，全力推进社会治理争先行动，建设更高质量更高水平平安浦江。

【县委理论学习中心组专题学习会】 4月20日，县委理论学习中心组举行专题学习会，集中学习习近平总书记在党史学习教育动员大会上的重要讲话精神和《习近平新时代中国特色社会主义思想学习问答》等党史学习教育系列书籍。县委书记俞佩芬指出，习近平总书记在党史学习教育动员大会上的重要讲话，高屋建瓴、视野宏大，为开展党史学习教育指明了方向、提供了遵循；全县上下要熟读精思、深钻细研，学出对党的绝对忠诚、质朴的人民情怀、干事创业的担当作为，以昂扬姿态奋力开启全面建设社会主义现代化浦江新征程，以优异成绩迎接中国共产党成立100周年。

【全县工业科技大会】 4月22日，全县工业科技大会召开。县委书记俞佩芬出席会议并讲话。会议回顾总结2020年浦江县工业科技工作所取得的成绩，分析形势、查找短板，谋划和部署下阶段的目标任务、工作重点，动员全县上下坚持“工业强县”战略不动摇，进一步振奋精神、凝聚力量、奋勇赶超，加快推动县域工业经济高质量发展。县委书记俞佩芬强调，要压实抓工业、抓创新的干部队伍保障、纪律作风保障、土地要素保障、金融要素保障、数字赋能保障、项目落地保障、梯次培育保障，以攻坚的状态、赶超的锐气，掀起工业发展、科技创新的热潮，为浦江工业的再次腾飞、浦江科创的化茧成蝶作出应有贡献。

【“我心向党 劳动筑梦”浦江县庆“五一”国际劳动节暨劳模表彰大会】 4月28日，“我心向党 劳动筑梦”浦江县庆“五一”国际劳动节暨劳模表彰大会举行。市总工会党组书记、常务副主席兰景贵应邀出席。县委书记俞佩芬出席并讲话。县委副书记、县长戴翀宣读表彰文件。大会表彰了第六次职业技能带头人、2020年度浦江县工人先锋号、浦江县第七次模范集体和浦江县第七次劳动模范获得者。

【县委教育工作领导小组2021年第一次全体会议】 5月7日，县委教育工作领导小组2021年第一次全体会议召开。县委书记俞佩芬强调，要落实时代新要求，回应群众新期盼，办好人民满意的教育，擦亮“学在浦江”的金名片，统筹推进教育现代化，全力保障发展高质量。

【“五水共治”工作暨“找寻查挖”专项行动部署推进会】 5月7日，“五水共治”工作暨“找寻查挖”专项行动部署推进会召开。县委书记俞佩芬强调，要扎实推进“五水共治”各项工作，打好新时期“五水共治”深化战，巩固提升全域水质，保障“国控断面”稳定达标，确保顺利夺取“大禹鼎”金鼎。

【一季度攻坚争先大比拼活动暨“四攻坚四争先”行动推进会】 5月11日，一季度攻坚争先大比拼活动暨“四攻坚四争先”行动推进会召开。县委书记俞佩芬出席会议并讲话。会议点评了一季度攻坚争先大比拼和“四攻坚四争先”行动开展情况，通报了2020年度向上争取资金、支持政策情况。总体排名靠前的各乡镇（街道）、产业园区和部门开展特色亮点工作比拼，比工作作风、晒工作成效，鼓励先进、鞭策落后。县委书记俞佩芬强调，攻坚争先大比拼，比的是项目数量和经济指标，拼的是工作效能和干部作风，希望大家把攻坚的勇气、争先的锐气、大比拼展现出来的精气神保持好、延续好，以二季度各项工作的有力有为推动实现“半年红、全年红”。

【“上山文化”遗址联盟第二次联席会议】 5月12日，“上山文化”遗址联盟第二次联席会议召开。省文化和旅游厅党组成员、省文物局局长杨建武参加会前活动并提出相关要求。省文物局副局长郑建华和省文物考古研究所副所长方向明分别讲话。

金华市文化广电旅游局党委书记、局长方宪文和县委书记俞佩芬分别致辞。省文物考古研究所副所长黄昊德及“上山文化”遗址联盟单位相关领导出席。县委常委、宣传部部长徐利民以“上山文化”遗址联盟东道主与召集人的身份主持会议。会议审议通过了《“上山文化”研究保护和宣传(2021—2025年)工作方案》,以及《“万年浙江与中华文明”“上山文化”进京国博特展工作方案》。会议强调,要进一步统一思想,明确目标,厘清思路,本着对历史高度负责的态度,以志在必得的决心、功成不必在我的境界、迎难而上的干劲,紧盯世界文化遗产这个目标,脚踏实地干起来,争取如期列入中国世遗预备名单。

【县委人才工作领导小组会议暨人才科技攻坚行动推进会】 5月25日,县委人才工作领导小组会议暨人才科技攻坚行动推进会召开。县委书记俞佩芬强调,要深入学习贯彻习近平总书记关于人才科技工作的重要论述,按照省委、市委决策部署,深入推进人才强县、创新强县工作,大力开展人才科技攻坚三年行动,为深入推进“五大战略”,推动实现县域高质量发展提供坚强保障。

【县委理论学习中心组(扩大)学习会】 6月16日,县委理论学习中心组(扩大)学习会召开。会议组织观看《生命重于泰山——学习习近平总书记关于安全生产重要论述》电视专题片,传达学习习近平总书记对湖北十堰市张湾区艳湖社区集贸市场燃气爆炸事故重要指示精神和李克强总理就救援工作批示精神等内容,研究浦江县贯彻落实意见。县委书记俞佩芬强调,全县上下必须把安全生产、平安稳定的思想之弦绷得紧之又紧,把疫情防控、安全生产、防台防汛、信访维稳等工作责任压得实之又实,全力确保社会大局和谐稳定。

【“红色记忆·薪火相传”县领导党史现场学习暨全县新党员代表集中宣誓活动】 6月25日,浦江县举行“红色记忆·薪火相传”县领导党史现场学习暨全县新党员代表集中宣誓活动。县委书记俞佩芬领誓并向新党员作寄语讲话。金华市党史学习教育第四巡回指导组组长杨旭明和指导组成员金康、钱健波在党史学习教育现场指导。

【全县数字化改革领导小组会议】 6月29日,全县数字化改革领导小组会议召开。会议传达学习全省数字化改革推进会精神,听取浦江县数字化改革总体推进和有关应用场景建设情况,研究部署下一步数字化改革工作。县委书记俞佩芬强调,要强化保障,配强改革力量,实行专班实体化运作,确保各项任务有效承接、有力推进。要坚持开门问需,借助外部智库力量,形成一体化推进的良好态势。

【“红色记忆·薪火相传”党史现场学习活动】 6月30日,浦江县开展“红色记忆·薪火相传”党史现场学习活动。县委书记俞佩芬强调,要从百年党史中汲取精神力量,牢记为中国人民谋幸福、为中华民族谋复兴的初心使命,凝心聚力、努力工作,以新作为新业绩庆祝中国共产党成立100周年。县四套班子领导参加。

【庆祝中国共产党成立100周年先进典型表彰会暨“歌声嘹亮 我心向党”歌咏比赛】 6月30日,浦江县庆祝中国共产党成立100周年先进典型表彰会暨“歌声嘹亮 我心向党”歌咏比赛举行。县委书记俞佩芬出席并致辞,县领导虞振贤、郑文红、钱福安参加活动。

【庆祝中国共产党成立100周年暨万名党员“永远跟党走”主题活动】 7月3日，浦江县举行庆祝中国共产党成立100周年暨万名党员“永远跟党走”主题活动，号召全县广大党员传承伟大建党精神，坚定不移守初心、担使命、促发展，奋力谱写高水平全面建设社会主义现代化浦江新篇章。县领导俞佩芬、戴翀、虞振贤、郑文红、钱福安等在相关乡镇（街道）参加活动并上专题党课。

【学习习近平总书记在庆祝中国共产党成立100周年大会上重要讲话精神专题读书班】 7月21日，学习习近平总书记在庆祝中国共产党成立100周年大会上重要讲话精神专题读书班举办。县委书记、县党史学习教育领导小组组长俞佩芬主持并讲话。金华市党史学习教育第四巡回指导组组长杨旭明、副组长俞益钟和指导组成员列席。同日，俞佩芬作开班动员。随后，省学习贯彻习近平总书记“七一”重要讲话精神专题宣讲团成员、省社科院院长何显明作专题辅导。7月22日，俞佩芬作总结讲话，戴翀、虞振贤、郑文红、钱福安、张建顺、徐利民、朱红卫、虞红梅作交流发言。县委书记俞佩芬强调，要把学习贯彻习近平总书记“七一”重要讲话精神作为当前和今后一个时期的重大政治任务，作为党史学习教育的核心内容，坚持持续学、跟进学、深入学，做到常学常新、常悟常进。

【重大招商引资项目集中签约仪式】 7月29日，浦江县重大招商引资项目集中签约仪式举行。县委书记俞佩芬强调，要善始善终提供全周期服务，想企业之所想、急企业之所急、解企业之所难，把企业的事当作自己的家事、心事一样看待，全力以赴让企业一心一意谋发展。

【县委十四届十次全体（扩大）会议暨县政府第六次全体会议】 7月30日，中共浦江县委十四届十次全体（扩大）会议暨县政府第六次全体会议召开。县委书记俞佩芬代表县委常委会作题为《担当实干 奋力赶超 高质量发展推动共同富裕浦江实践》的工作报告。会议审议通过《浦江高质量发展推进共同富裕实施方案（2021—2025年）》。

【二季度攻坚争先大比拼活动暨“四攻坚四争先”行动推进会】 7月30日，浦江县二季度攻坚争先大比拼活动暨“四攻坚四争先”行动推进会召开。县委书记俞佩芬出席并讲话，县委副书记、县长戴翀点评相关工作，虞振贤、郑文红等县各套班子领导出席，县委副书记、政法委书记钱福安主持。会议观看了作风建设暗访曝光片，点评了二季度攻坚争先大比拼和“四攻坚四争先”行动开展情况，通报了2021年上半年向上争取资金、支持政策情况。县委书记俞佩芬强调，要认真贯彻落实县委十四届十次全会精神，乘势而上、真抓实干，进一步汇聚起攻坚克难的磅礴力量，努力在共同富裕示范区建设中展现更多浦江担当、体现更多浦江作为。

【清廉浦江建设推进会】 8月10日，清廉浦江建设推进会召开。县委书记俞佩芬强调，河清海晏、政治清明是人心所向、百姓所盼；全县上下要深化认识、创新举措、担当尽责，积极主动投入清廉单元建设，协同高效落实各项工作举措，精准有力打造一批清廉建设示范标杆，为共同富裕示范区建设提供坚强纪律保障。

【县委全面深化改革委员会第七次会议暨数字化改革工作推进会】 9月7日，县委全面深化改革委员会第七次会议暨数字化改革工作推进会召开。县委书记、县委全面深化改革委员会主任俞佩芬强调,要进一步凝聚改革共识、砥砺改革初心、弘扬改革精神,开拓进取、奋力攻坚,以数字化改革和共同富裕重大改革双轮驱动、双向发力,走出具有浦江特色的共建共治共享共同富裕之路。

【县党政领导向烈士敬献花篮仪式】 9月30日,县党政领导向烈士敬献花篮仪式敬举行,深切缅怀革命烈士,传承红色基因,弘扬斗争精神,汇聚起高质量发展推动共同富裕浦江实践的强大力量。县各套班子领导和各界群众代表,部队官兵、公安民警代表参加仪式。

【县委统一战线工作领导小组会议】 9月30日,县委统一战线工作领导小组会议召开。会议听取全县统战工作情况汇报,审议并原则通过《中共浦江县委统一战线工作领导小组工作规则》《中共浦江县委统战工作领导小组成员单位工作职责分工》。县委书记俞佩芬强调,要围绕中心大局,全力推进大统战工作格局;要坚持党对统一战线工作的集中统一领导,加强统筹协作,强化责任担当,着力形成大统战工作合力。

【全县“解难题优作风促发展百日大会战”推进会暨数字化改革领导小组会议】 10月14日,全县“解难题优作风促发展百日大会战”推进会暨数字化改革领导小组会议召开。县委书记俞佩芬在会上强调,各级各部门要深入贯彻落实市委“解难题优作风百日大会战”部署要求,以数字化改革为总抓手,振奋精神、拼搏争先,全面掀起新一轮的“百日大会战”工作热潮,高质高效完成各项目标任务,奋力交出全年经济社会发展高分报表。

【县精神文明建设委员会全体会议】 10月27日,县精神文明建设委员会全体会议召开。会议传达学习习近平总书记关于精神文明建设方面的重要论述,中央、省、市精神文明建设工作及未成年思想道德建设工作有关会议精神。会议审议通过了《关于集中治理诚信缺失突出问题专项治理行动的工作方案》《浦江县文明程度指数测评工作方案》《浦江县道德模范联评意见》。县委书记、文明委主任俞佩芬要求,各成员单位要以高度的政治自觉、奋发的精神状态和务实的工作作风,高标准高质量抓好2021年精神文明建设各项工作的落地落实,为争创全国文明城市、推动共同富裕示范区建设的浦江实践提供强大的精神动力。

【2021浦江·第十四届中国书画节开幕式暨2021“万年浦江”全国中国画(册页)作品展和“礼赞百年 翰墨清风”全国清廉书法作品大展开展仪式】 10月28日,2021浦江·第十四届中国书画节开幕式暨2021“万年浦江”全国中国画(册页)作品展和“礼赞百年 翰墨清风”全国清廉书法作品大展开展仪式在仙华文景园举行。浙江省政府原副省长、党组副书记,省政协原副主席、党组副书记,省慈善联合总会会长陈加元宣布开幕、开展。浙江省文化和旅游厅党组成员、副厅长刁玉泉发表讲话,中国美术家协会、中国纪检监察杂志社分别向书画节致贺信。县委书记俞佩芬致辞,县委副书记、县长戴翀主持仪式。

【三季度攻坚争先大比拼活动暨“四攻坚四争先”行动推进会】 11月9日,三季度攻坚争先大比拼活动暨“四攻坚四争先”行动推进会召开。县委书记俞佩芬出席会议并讲话。会议观看了作风建设暗访曝光片,通报了向上争取资金、支持政策情况。活动现场,部分乡镇(街道)、产业园区和部门单位负责人围绕“四攻坚四争先”行动开展情况、主要经济指标完成情况、特色亮点工作等方面逐一上台，拼成果、亮作风、比担当。县委书记俞佩芬强调，要深入贯彻市委决策部署，深刻把握“扛旗争先”内涵，进一步强化攻坚争先意识，对标先进、争当先进，以更昂扬的斗志、更务实的作风、更硬实的举措，奋战六十天，干出攻坚高效率，冲刺全年红，跑出赶超加速度。

【全县领导干部会议】 11月18日，全县领导干部会议召开。传达学习党的十九届六中全会和省、市领导干部会议精神，部署贯彻落实工作。县委书记俞佩芬传达全会精神并讲话，强调要学习好、宣传好、贯彻好党的十九届六中全会精神，是当前和今后一个时期的重大政治任务，全县上下要迅速掀起学习宣传贯彻热潮，不断增强干事创业的信心和决心，把学习成果转化为推动县域高质量发展的强大动力。

【稻·源·启明——浙江“上山文化”考古特展】 11月21日，“稻·源·启明——浙江‘上山文化’考古特展”在中国国家博物馆举行。展出了近200件万年前的稻米遗存、世界上最早的彩陶和迄今最早的定居村落遗迹等来自“上山文化”遗址群的文物，为首都和全国观众带去一场万年文化盛宴。国内外专家学者通过线上线下联动的方式，围绕“上山文化”的历史价值、时代价值及其在中华文明史和人类文明史中的地位分别作重点发言，并就“上山文化”的保护、宣传、运用等方面工作展开讨论。

【学习贯彻党的十九届六中全会精神“六讲六做扛旗争先”大宣讲活动动员部署会】 11月25日，学习贯彻党的十九届六中全会精神“六讲六做 扛旗争先”大宣讲活动动员部署会召开。县委书记俞佩芬强调，要全面落实省委、市委部署要求，以“六讲六做 扛旗争先”大宣讲活动为牵引，持续掀起学习贯彻全会精神的热潮，争当学懂弄通做实全会精神的标兵，进一步推动全会精神在浦江落地生根，为县域高质量发展、推进共同富裕浦江实践提供思想引领、精神动力，以优异成绩迎接党的二十大胜利召开。

【“学习贯彻党的十九届六中全会精神”专题学习会】 11月29日，县委举行“学习贯彻党的十九届六中全会精神”专题学习会。县委书记俞佩芬主持会议并讲话，强调要深入学习贯彻党的十九届六中全会精神，持续掀起学习宣传贯彻热潮，进一步把全县党员干部群众的思想和行动统一到全会精神上来，在真抓上下功夫，在实干上勇担当，主动作为、奋力赶超，走好新时代的赶考之路。

【中共浦江县委社会建设委员会揭牌仪式】 12月7日，中共浦江县委社会建设委员会揭牌仪式举行。县委书记俞佩芬，县委副书记、县长戴翀共同为“中共浦江县委社会建设委员会”揭牌。县委副书记、政法委书记、县委社会建设委员会主任钱福安宣读金华市委编委关于设立中共浦江县委社会建设委员会的批复。县委常委、县政府党组副书记、县委社会建设委员会第一副主任龚涛涛主持仪式。

【中国共产党浦江县第十五次代表大会】 12月28日，中国共产党浦江县第十五次代表大会召开。俞佩芬代表中国共产党浦江县第十四届委员会向大会做题为《扛旗争先 奋力赶超 为崛起浙中贡献浦江力量》的报告。中国共产党浦江县第十四届纪律检查委员会工作报告以书面形式提请大会审议。12月30日，中国共产党浦江县第十五次代表大会在县府大会堂胜利闭幕。大会通过了《关于中共浦江县第十四届委员会工作报告的决议》《关于中共浦江县第十四届纪律检查委员会工作报告的决议》。

【县委十五届一次全体会议】 12月30日，县委十五届一次全体会议召开。会议通过县委十五届一次全体会议《选举办法》；选举产生常务委员会委员俞佩芬、戴翀、钱福安、章胜辉、应玉明、徐利民、傅晓辉、张杰、龚涛涛、郑燎原、陈鹏进，俞佩芬当选为县委书记，戴翀、钱福安当选为县委副书记；通过县纪委十五届一次全体会议选举结果；遴选产生党的二十大代表和省第十五次党代会代表候选人初步人选推荐名单。

【新一届县委常委班子开展主题活动】 12月31日，县委书记俞佩芬带领新一届县委常委班子，先后到仙华外校、黄宅镇上山村、岩头镇王店村，开展“感悟精神伟力 续写奋斗新篇，争做‘两个确立’忠诚拥护者、‘两个维护’示范引领者”主题活动，汲取奋进力量，砥砺奋斗品格，以实际行动激发全县上下扛旗争先、奋力赶超的澎湃动力。

综合事务

【概况】 2021年，县委办公室围绕中国共产党成立100周年，开展集中学习党史48次。推进数字化改革、县第十五次党代会筹备等十余项重点工作。全年共起草、审核、印发文件335个，及时登记、拟办、流转和归档各级收文1827份，登记转发信访件306件，向上报送信息545条，完成综合性文稿近500篇，形成工业强县、乡村振兴等多个调研课题成果。交办领导批示件525件，开展督查50余次，对100余项工作进展进行跟踪和汇总。制定《浦江县“七张问题清单”应用工作总机制》和7条分机制，梳理“七张问题清单”全量问题库问题2056个。系统性编制保密工作“一本账”，科学改进保密检查工作模式。严把文件前置审核关，开展党内法规宣贯工作。深化拓展“三服务”活动，依托“三服务”小管家平台收集企业、群众、基层反映问题17691个，办结17650个，办结率99.77%。

2021年，完成县委十四届九次、十次、十一次、十二次全会、县第十五次党代会、县委十五届一次全会、第十四届中国书画节、党史学习教育宣传宣讲活动启动仪式等25次全县性重大活动的筹备工作，保障重大活动的顺利进行。全年共起草、审核、印发文件335个，登记、拟办、流转和归档各级收文1827份，登记转发信访件306件，交办领导批示件525件。

【督查考评】 督查室紧盯县委、县政府中心工作和领导交办工作，全年累计联合县纪委、相关职能部门开展50余次督查，下发26期督查通报，28个督办单，上报主要领导督查专报8期，推动疫情防控、信访维稳等一批重点工作的顺利开展，促成开发区四个地块政策处理等一批重点项目的建设；对重点建设项目、十件民生实事进展每月进行梳理汇总，对全会分解任务进展进行每季度梳理汇总，通过现场走访和对接联系方式督促进度不理想的工作；对12次县委常委扩大会议上书记交办的100余项工作进展进行跟踪和汇总；联合县纪委、县府办等单位开展9次上下班、值班纪律和会风会纪检查；全力推进

“七张问题清单”应用工作，共梳理全量问题库问题2056个，县级蓄水池问题26个，县级清单库问题46个，完成销号26个。市级交办问题8个，完成整改6个。省级交办问题5个，完成整改1个；跟踪督办人民来信批示件和下访接访件，全年共梳理县委主要领导人民来信306封，对14件主要领导人民来信批示件办理情况进行跟踪督办并及时反馈，对主要领导每月15日下访接访的8批11人次信访诉求办理情况联合信访局进行跟踪督促；开展考核评议工作。做好一、二、三季度攻坚争先大比拼活动的组织工作；对新时代美丽乡村长效管理、文明城市社区村共建情况进行每月测评；制定2021年度综合考核办法，做好年终考核资料收集、分数统计工作。

【信息编报】 2021年，县委办信息科紧密围绕县委、县政府各项决策部署，抓实全县党委信息工作。全年共编发《浦江工作》各类信息124期，其中《领导参阅》8期、《动态信息》56期、《工作情况交流》56期、《业务通讯》4期；组织向上级报送信息545条，被采用200余条。推进应急处突一体化运行，累计开通县乡两级账号240个，实现各类紧急信息报送及时准确。通过集中培训、以会代训、重点辅导、以干代训、跟班学习等多种方式，定期开展信息员培训。聚焦中心工作，选派1名信息科工作人员到市委办信息处、文电处顶岗工作，选派2名信息科工作人员进驻县疫情防控指挥部集中办公。健全信息网络队伍，定期开展信息员培训，全年共接收信息员顶岗学习3批次10人，开展部门、乡镇(街道)“一对一”信息培训8次。

【法规工作】 2021年，法规科认真落实省委办《2020年党内法规工作情况和2021年工作安排》和市委办《关于进一步做好党内法规工作的通知》要求，推进党内法规工作质效稳步提升。推进党内法规宣传贯彻，把《习近平关于制度治党、依规治党论述摘编》等重要党内法规列入县委常委会、县委理论学习中心组专题学习会等学习内容。开展党委规范性文件备案工作，全县共计87个党组织纳入向县委报备范围，全年审查规范性文件68件。严把文件前置审核关，对提请县委常委会会议审议、拟发的县委规范性文件严格审查程序，防止问题文件带病出台，全年向市委报备规范性文件30件。

【档案工作】 2021年，档案管理科深入贯彻习近平总书记关于做好档案工作的指示批示精神，紧扣全县中心工作大局，推进档案工作。开展新修订《档案法》宣传贯彻。各乡镇(街道)全面落实“村档镇管”工作。11月，在白马镇召开村档镇管工作现场会，推广经验。推进数字档案室创建，全县6家单位成功创建省示范数字档案室、7家单位通过省规范化数字档案室测评。

【党史工作】 完成《中国共产党浙江浦江历史第二卷(1949—1978年)》编纂工作并送党史出版社出版。编写《2021浦江县委大事记》。向市委党史研究室报送《金华脱贫攻坚口述史》长篇口述文章3篇、“百年风华，红色八婺”故事会——习近平下访浦江故事《丰碑》1篇。向金华日报社“百年风华颂”专题提供“习近平书记下访浦江”“浦江五水共治历程”稿件2组。与县委宣传部、县档案馆联合举办“百年风华——浦江红色主题展”。与团县委合作开展流动青少年宫“小小党史馆”活动。在《今日浦江》报、“浦江发布”微信公众号开辟党史学习教育栏目。协助县文联创作《盛世如愿》《星火山垄》红色革命戏剧。新建党史场馆张新锦烈士陈列馆、楼鸿声故居、项荒途故居、石西民故居、张琪故居、浦江县公安英模陈列馆、百年风华——浦江红色主题展馆等多处。发挥红色遗址和场馆教育作用，“中共浦江县委旧址”“江东县政府旧址”“会稽山人民抗暴游击司令部后勤基地旧址”“北乡农民革命纪念馆”等党史场馆共接待干部群众600余批次，3.6万余人次。北乡农民革命纪念馆、浦江县治水主题馆申报批准为“金华市党史教育基地”。

【对台工作】 2021年10月，首次在月泉书院举办台湾同胞参与的浦台书画摄影作品展，共征集到32位浦台乡亲61幅书画摄影作品，建立浦台两地书画交流机制。在新冠肺炎疫情的影响下，探索开展“云视频”春节团拜会、“中秋话团圆”活动等一系列活动。同时，由县领导带队走访台胞台企，宣传上级惠台政策，做好服务，并组织在浦台胞接种新冠病毒疫苗。

【外事工作】 2021年，县外事办抓好境外疫情防控工作，组织参与外事活动。负责境外疫情防控专班，入驻县疫情指挥部集中办公，全面做好境外涉浦人员从入境前排摸、入境信息核查、转运信息推送、暖心服务等全流程闭环管理工作，扎紧境外疫情防线。滚动排摸在浦外籍人员、组织动员并协助完成新冠疫苗接种，筑牢涉外免疫屏障。用好“浙外防”平台，为县海外投资企业及其员工提供防疫政策解读、防疫提醒协助等，助力境外企业生产发展和防疫工作两手抓，全年未发生涉疫事件。在做好境外疫情防控工作的同时，承办各类外事活动。2次承办金华市外办与浙江师范大学开设的“中国国情教育第二课堂”实地调研活动，向150余名在金留学生展示在五水共治、乡村振兴、水晶产业整治提升方面的成效，开放对外宣传窗口。

【改革工作】 以数字化改革为总抓手，推进经济体制改革等10大领域改革，全面落实全省牵一发动全身重大改革任务和市县特色重点改革项目。谋划建设数字化改革应用场景40项，“浙政钉”“浙里办”两端上线12项，形成制度成果54项、理论成果35项。新增国家级试点2个、省级试点34个、市级试点8个，“告知承诺极简极速审批改革”等25项改革工作获省市领导批示肯定，“浦慧展”数字贸易云展会平台等17项改革经验被市级以上评为先进示范或通报表扬，县域共青团基层组织改革扩大试点等28项经验做法在国家、省市会议上作典型发言。

【“三服务”工作】 2021年，打造“三服务·丰安云”品牌，提升“三服务”智能化、集成化、可视化。开展“大家访、大代办、大接访、大化解”活动，发挥“4+2”联心服务团和“三大员”作用，精准化服务和常态化服务相结合。创新推出“三办合一”“五办联动”，联合考评督查办落实交办、督办环节。用活用好“三服务”小管家平台，“三服务”小管家收集问题17691件，办结率99.77%。

【“作风办”工作】 2021年，依托全县“四攻坚四争先”行动，制订出台《浦江县效能革命争先三年行动计划》，每月总结回顾开展情况。每季度开展一次专项督查，主要聚焦职责不清、值班情况、参与社区共建等方面，并下发督查通报。同时，联合县纪委、县委督查室组织开展正风肃纪专项检查，全年开展正风肃纪537次，检查单位场所1400余家，发现问题78个，处理25人。

【营商办工作】 推进营商环境数字化改革，完成数字政府营商环境门户建设并上线，设置工作落实、民营经济发展、无感监测、降本减负和特色应用五大版块。开展"工业强县"和营商环境课题调研，到杭州、宁波、嘉兴等14个先进地区考察学习，同50余名企业家代表进行访谈交流，收集"工业强县"战略的意见建议80余条。完善营商环境评价"一指标一专班"工作机制，每项营商环境评价指标均明确排名全省前10位的先进县市作为对标赶超对象，对比分析2019年、2020年全省营商环境评价各指标排名变化情况，制定赶超目标、赶超举措。推进"项目难题、企业难题"解难题直通车，即时收集、交办、督办、跟踪问效推动经济发展过程中遇到的特别是涉及部门协调的各类企业和项目难题，全年共交办各类难题142件，办结难题125件。

组织工作

【概况】 2021年，全县发展党员529人，其中女党员156人，占29.49%；35岁以下321人，占60.68%；大专以上354人，占66.92%。全县共有党员26720人，其中35岁以下6026人，36~45岁4930人，46~55岁5264人，56~60岁2437人，60岁以上8063人；大专以上13074人，高中（含中专）6362人，初中及以下7284人。全县各级党组织1365个，其中党（工）委75个，党总支36个，党支部1254个。全县15个乡镇（街道）、55个机关部门单位、5家县属企业班子成员和其他县管干部共530名，法院、检察院等市管班子成员和其他市管干部33名。领导班子成员平均年龄46.3岁。在科级领导干部中，35周岁以下年轻干部50名，女干部88名，党外干部18名。县委坚持好干部标准，鲜明树立实干实绩导向，以县乡换届为契机，提拔正科级领导干部27名，副科级领导干部41名，进一步使用领导干部19名。全县有享受国务院政府特殊津贴1人、市"双龙计划"人才1人，新增柔性合作高层次人才66名、实用型9457名。累计成功申报国家级、省级人才工程4人，创业高层次人才4人，浦江籍在外国家级领军人才9人。拥有院士专家工作站3家、博士后科研工作站4家、省级企业研究院4家、省级高技能人才公共实训基地1家、省级技能大师工作室3家。

面向全县党员干部发出"五带头五做到"行动倡议，组织发动5500余名机关党员干部下沉镇街村社一线，开展"清村扫楼""站岗守门"行动。选派268名政治过硬、能力过硬、作风过硬党员干部参与转运隔离安置工作，高质量承担绍兴上虞区等地转运人员隔离任务。出台《进一步激励关爱抗疫一线基层党员干部八项举措》，慰问走访抗疫党员干部、医护人员460余人次，对长期坚守一线的6名党员干部发布强制休息令，对4名表现突出干部予以嘉奖以上行政奖励。

【全县党（工）委（党组）书记抓基层党建和人才工作述职评议会】 2月8日，全县党（工）委（党组）书记抓基层党建和人才工作述职评议会召开。县委书记俞佩芬出席会议并讲话。市委组织部部务会议成员、"两新"工委专职副书记何峰到会指导并作点评。县委常委、组织部部长章胜辉主持会议。俞佩芬强调，全县各级党组织要深入学习贯彻习近平新时代中国特色社会主义思想，以高度的政治责任感和使命感，强化担当意识，认真履职尽责，把党组织建设成为奋力赶超的桥头堡，把党员干部锤炼成为奋力赶超的排头兵，以全面从严治党的新成效和改革发展稳定的新成绩向中国共产党成立100周年献礼。

【全县村社党组织书记、第一书记党史学习教育专题培训会暨履职能力提升培训班】 3月31日，全县村社党组织书记、第一书记党史学习教育专题培训会暨履职能力提升培训班举行。县委书记俞佩芬在开班仪式上强调，新时代呼唤新作为，新使命开启新征程，新一届村社班子要翻篇归零再出发，用攻坚争先展现担当作为，以实干实绩推动高质量发展，为庆祝中国共产党成立100周年献上浦江村社干部的高分答卷。

2021年3月31日，全县村社党组织书记、第一书记党史学习教育专题培训会暨履职能力提升培训班在浦江中学举行　　（黄天奇　摄）

【干部管理】 组织180名乡镇（街道）新任领导班子进村入企、蹲点调研，按照"发展要事""纠纷急事""民生实事""改革难事"四大分类，一人认领一件"急难险重"任务，逐一明确任务书、路线图、时间表，挂图作战、对账销号，助推接好干事创业"接力棒"，接续营造拼争抢创的浓厚氛围。成立6个专项考察工作组，围绕项目整改、疫情防控、招商引资、国企重组等县委、县政府中心工作和重点任务，累计开展5轮考察、10次专题研判，通过"学、听、谈、比、看"方式，现场看干部、选干部、用干部，对表现优秀的50名干部逐一建档记录，重点关注培养。

实行重点工作专班化运作，围绕产业发展、商贸流通、招商招才等中心工作推行"揭榜挂帅"机制，面向全县干部发布3期"招贤令"，推出7类25个急难险重岗位，择优选派含优秀年轻干部、退出现职领导干部、机关骨干在内的30名优秀干部进专班、到一线，释放"谁能干让谁干，谁优秀谁优先"强烈信号。围绕共同富裕、乡村振兴、基层治理、数字化改革等重大战略部署，聚焦百名"一把手"、百名年轻干部、千名村社干部、千名机关干部和企业家，分类分阶段开展大规模培训，重点打造"丰安讲堂"，邀请黄奇帆、朱师钧、黄卫伟等乡贤大咖到浦江开讲，帮助开阔视野、提升能力。

2021年6月11日，"丰安讲堂"邀请中国人民大学教授黄卫伟（左一）授课

【县乡换届】 紧扣县乡换届目标要求，全覆盖开展3轮"听听干部心里话"大走访，梳理干部"意愿、实绩、负面"3张清单，"一人一册"建档研判，"逐镇逐人"过筛推演，完成280名储备人选人岗匹配度分析。鲜明实干实绩导向，深入5个指挥部10个专班以及重大建设项目一线，发现重用干部72名。重塑干部成长路径，3名机关"一把手"交流到乡镇（街道）任党政正职，28名机关专业干部提拔交流到乡镇（街道）任职，15名"80后"好苗子安排到乡镇（街道）副书记、常务等关键岗位压担培养。换届后，新

增35岁以下年轻干部25名，乡镇领导班子平均年龄从43岁降到39岁，35岁以下领导干部占比从14%增至34%。县党代会、县“两会”以及乡镇换届各项选举中，交出“三满两高”的高分答卷。“三满”即：县党代会选举全部满票、县“两会”选举全部满票、乡镇人民代表大会选举全部满票；“两高”即：县乡“两代表”平均得票率98%、乡镇党代会选举仅差一票。

【村社干部管理】 2021年，浦江县贯彻落实《关于全面实施“阳光治理”工程扎实抓好村社换届后半篇文章的意见》文件精神，实施村社干部“赋能提质”工程。完善“一肩挑”后村干部薪酬制度，设置专项奖励，加大考核比重，激励村干部攻坚争先。推行“赋能十招”，通过分批办班集中学、周末学堂针对学、导师结对带着学、到镇顶岗定向学、村社打擂比着学等10项举措，全方位提升村社干部履职能力。启动村社干部“1+4”培养计划，即1轮全员培训和文明城市创建、和美乡村建设、乡村产业振兴、乡村治理能力4期专题培训，由县委书记为全县244个村社的干部上开班第一课。全面开展村社打擂比武，县乡两级每季度晒拼评选“十佳第一书记”和“十佳村社党组织书记”，推动党员干部跑起来、拼起来。聚焦选拔任用、履职管理、教育培养、激励保障、退出渠道5个方面，制定村社干部“严管厚爱双十条”，强化全周期规范管理，加强“一肩挑”后村级权力运行监督。

【人才工作】 5月，县委人才工作领导小组会议暨人才科技攻坚行动推进会专题研究全年重点人才工作，听取人才科技攻坚行动核心指标、重点项目完成情况，审议通过《2021年全县党政领导人才工作目标责任制考核评价办法》等文件，加大对全县人才工作的系统谋划和整体推进力度。2021年，开展“揭榜挂帅·全球引才”活动，线上发布榜单项目152个，达成揭榜68项、兑榜33项，引进高层次人才（团队）39人（个）。引进浦江籍中国工程院院士何新贵与浙江一正文化用品有限公司共建院士工作站。举办“家燕归巢·智汇浦江”大学生暑期实习实践活动，与杭州、武汉、武昌等地9个高等院校加强合作交流，新建大学生实习实践基地10家，邀请7700余名大学生到浦江实习体验，为人才引进打下基础。2021年，新引进大学生4252名，完成年度计划任务数106%。在劳务合作基地推出“包车”做法，在贵州威宁、甘肃礼县、云南镇雄等5个县市设立联络站，对意向到浦江求职的产业工人，统一包车专程接到浦江。全年累计包车43次，输送产业工人到浦江务工1300余人。开展新时代工匠培育行动。打造职业技能竞技平台，推广“以赛代训、以赛促学”技能人才培养模式。2021年，举办钳工等实体经济紧缺人才技能比武大赛9场，新增高技能人才2477人，新增人数全市排名第1位。

开展“创新型企业家”培训入库培养机制，组织企业家举办“丰安讲堂”、企业家沙龙，开展游学考察，邀请原重庆市市长黄奇帆授课，并到山东省青岛市考察2次。打造产业创新平台，聚焦水晶和智能挂锁产业，引进浙江农林大学共建浦江产业研究院，推进智能挂锁产业工程师协同创新中心建设，引进培育产业专业人才。提升企业平台承载能力。鼓励企业到一线重点城市建设“人才飞地”，浦江（杭州）科创中心新引入企业项目5个。新增省级众创空间1家，新建专家工作站1家，新增国家高新技术企业24家。注重推动人才工作宣传，营造爱才重才的浓厚氛围。全年在《中国组织人事报》《浙江日报》等国家级、省级媒体发表人才工作信息报道27篇，其中《浦江县积极引导新浦江人“留浦过春节”筑牢疫情防控及节后用工双保险》获副省长成岳冲、王文序批示肯定,《浦江县聚力实施“三大工程”助力农民就业增收》获副省长徐文光批示肯定。

【开发基层党建智治系统】 2021年,浦江县按照全省数字化改革“152”体系与“141”体系衔接贯通的要求,开发基层党建智治系统,打造贯通县乡村三级的基层治理现代化“乡村大脑”——基层党建智治系统。该系统实现了集成基本信息,数据“一手掌握”,采集有2278名农村干部、14299名农村党员、91077户农户基本信息;落实从严管理,责任“一屏贯通”,依托系统督考基层1241人次,推动基层坐班值班率提高12%、主题党日参会率提高16%、党员走访率提高21%、村级集体经营性收入提高24%;创新高效服务,民事“一网通办”,办结群众诉求1005件、化解矛盾纠纷629件。疫情防控期间,依托系统,高效完成“清村扫楼”行动,排查人员信息20余万人次,推进制度系统性重塑、变革型组织建设以及基层治理的扁平化。

【基层党建】 坚持向党建要生产力,向改革要活力,以产业振兴党建联盟赋能乡村组团发展,努力

2021年7月,前吴乡塆山村、毛家村、臬溪村组建吴莱文化产业联盟　（黄天奇　摄）

在新一轮村级集体经济发展中寻找新的突破口、新的增长点,引领乡村共同富裕。坚持抱团共富、项目为王,全县227个村累计抱团组建党建联盟57个,推动共建项目170个。坚持市场化运作、标准化推进,行政推力和市场化“两条腿走路”,坚持自愿原则,实现利益共享、风险共担。2021年,全县集体经济大幅提升,57个产业振兴党建联盟合力推进170个共建项目,全县经营性收入同比增长63%,增速位居全市第1位,131个村超50万元,较2020年新增92个。

开展“双覆盖”集中攻坚行动,新建单建“两新”党支部21个、联合党支部42个,全面提升“两新”领域党的组织和工作覆盖率。推动非公企业党组织市直作用发挥,打造346个红色车间,选派534名企业党员担任“车间红管家”,履行车间管理“八项家务”,创设“车间解难会”活动机制,通过党员一线找题、政企一线破题、党群一线议题,协调企业发展难题324个、职工诉求213个。开展“三师助企R&D提升”专项行动,开展科研经费投入专场培训,组织“三师”结对重点企业开展专业服务,帮助解决企业难题137个。推进新业态、新就业群体党建试点工作,打造快递小哥公益送餐、外卖小哥文明倡导、网约车司机防诈宣传、网络主播公益带货等“一业一品”工作格局,深化“红色小达·幸福快递”特色党建品牌,全面推动新业态、新就业群体融入城市基层党建格局。

【党史学习教育】 围绕“学党史、悟思想、办实事、开新局”主题,开展“万名书记讲党课”活动,组织基层党组织书记和先进典型为党员讲党课。制作“红色地图”,提升完善10个红色教育基地,其中檀溪镇赤岩村入选省百个红色美丽村庄建设名单,江南第一家等4个红色基地入选市级红色教育示范基地。

开展“六个一”的活动，制定下发《关于开展“六个一”党史学习教育的通知》。组建10个巡回指导组，通过听取汇报、查阅资料、调研走访、随机抽查等方式，对全县15个乡镇（街道）、60余家机关单位开展全覆盖巡查督导。推进“我为群众办实事”活动。深化县领导包乡走村进企，县领导全覆盖包联12个软弱落后村党组织，每月进村入户解难题，帮助整顿提升。开展“包网入户两问大家访”。全县11392名党员每月至少走访联系户1次，包联做好环境卫生整治、矛盾纠纷调解等10项工作，解决群众难题4146个。开展“两优一先”评选表彰，颁发“光荣在党50年”纪念章。

宣传工作

【概况】 2021年，全县宣传思想文化战线深入学习贯彻习近平新时代中国特色社会主义思想和党的十九届六中全会精神，贯彻落实省委、市委和县委对宣传工作的决策部署，把握庆祝中国共产党成立100周年这条主线，开展党史学习教育，主动服务大局，解放思想、敢闯敢试、大胆创新，致力打造宣传思想文化领域标志性成果，在全市宣传工作考核中名列第2位。党史学习教育工作考核排名全市第3位；在创建全国文明城市省级测评中，全省排名第9位；舆情信息工作排全省第21位，全市第2位；在基层公共文化服务评估中全省排名第19位，全市第2位。“民情暖哨”工程入选浙江省网络生态“瞭望哨”工程实践案例，被评为第九届“金华市宣传思想文化工作创新项目”和党史学习教育“三为”专题实践活动最佳实践案例；县委报道组连续6年被评为省级“先进报道组”称号；县社科联在全省测评中被评为优秀单位；全年各项工作获省委书记袁家军、省委宣传部原部长朱国贤、市委书记凌志峰等省市级领导批示14次。

2021年3月12日，“红色记忆 红色征程”浦江县党史学习教育宣传宣讲活动启动仪式

（高 攀 摄）

【理论宣讲】 2021年，举办“红色记忆 红色征程”党史学习教育宣传宣讲活动启动仪式。该活动被浙江新闻客户端、“金华发布”头条、《金华日报》头版报道。组建学习贯彻习近平总书记“七一”重要讲话精神专题宣讲团，召开集体备课会和培训会。开展“百名巾帼颂百年”“红领巾大讲堂”“守住红色根脉 打造‘重要窗口’”“青年微宣讲”大赛等活动，推动党史学习教育不断“热”起来，“实”起来。宣讲作品《种子》在2021年浙江省青年理论宣讲大赛中获特等奖；《青年“三课堂” 绵延“薪火情”》入选浙江省党史学习教育“百法百例”创新案例。32支特色宣讲队伍深入开展各类宣讲2300余场，推出“‘七一’讲读·丰安青年说”等专栏56期。举办4期“丰安讲堂”，邀请黄奇帆等4位知名专家学者到浦江授课。“学习强国”平台发稿总量全市第二。上山考古遗址公园被命名为第十批浙江省社会科学普及基地。县信访联合接待中心被确立为浙江省习近平新时代中国特色社会主义思想研究中心首批调研

基地。新建石西民、张新锦、项荒途等一批红色纪念馆与故居。

2021年3月25日，“守住红色根脉 打造‘重要窗口’”青年微宣讲大赛（冯阳康 摄）

【新闻宣传】 2021年，在国家级媒体刊发涉浦报道260余篇，省级主流媒体刊发报道500余篇，市级主流媒体刊发报道1500余篇，浦江元素15次登上中央电视台各大栏目，同比增长30%。围绕全县干部队伍建设暨“攻坚争先”动员大会精神，精心策划“奋力赶超 干在今朝”系列述评，营造干事创业的良好舆论氛围，阅读讨论量累计接近60万次，收集到各界心得文章150余篇。常态化推送每日一期的“早安浦江”系列，开拓推销浦江新路径。县融媒体中心新媒体传播力指数稳步提升。开设“打赢疫情防控阻击战”等专题专栏，播出各类报道3100余篇，营造浓厚的防疫抗疫舆论氛围。浦江县选送的作品获7个省级广播电视新闻奖，15个市级广播电视新闻奖，其中作品《生死约定》获第五届浙江省纪录片“丹桂奖”优秀微纪录片奖。

【精神文明建设】 构建创建全国文明城市数字化管理系统，形成“任务交办—受理—审核—办结—反馈”闭环。全年持续开展停车秩序“百日攻坚”整治行动，累计强制拖离车辆3400余辆，城区累计新增停车位16000余个。开展各类创文宣传活动120余场次，“文明浦江”公众号发布文章648篇，短视频45个，提升了创文知晓率和覆盖面。评选、表彰“浦江好人”37人，6人入选“金华好人”、1人入选“浙江好人”。“新时代·红色台门里”推动形成共建共治共享共融的城市文明体系，该工作受到省委宣传部常务副部长来颖杰、原省文明办主任卢春中等领导批示肯定。打造岩头镇、浦阳街道宣和社区、仙华街道中埂社区等一批新时代示范所站，开展“春泥计划”活动1000余场。

2021年7月9日，县委书记俞佩芬（前左三）带队调研全国文明城市创建（冯阳康 摄）

【网络宣传管理】 2021年，深化“领导干部下访接访”经验，做强“民情暖哨”工程，走好网上群众路线，累计处理各类诉求建议12800余条，群众满意率超96%。浦江县委网信办被评为2021年度浙江省网络生态“瞭望哨”工程建设成绩突出集体。推进网络综合治理，加强对全县各自媒体平台信息审核管理，对审核不到位的平台进行约谈，全年下发整改通知书18份。加强网络“正能量”引导，策划“百年初心路 浦江新征程”“学党史 办实事”等网络专题，推送各类文章420余篇，总阅读量突破500万次。

【“上山文化”研究宣传】 5月11—12日，召集召开“‘上山文化’遗址联盟”第二次联席会议。6月17—

18日，联合中国水稻研究所举办“现代中国水稻百年发展研讨会”。11月21日，协同义乌、永康等5个县（市）举办“百年百大考古发现”首个国家博物馆展览——“稻·源·启明——浙江‘上山文化’考古特展”暨“万年浙江与中华文明”学术座谈会。上山遗址入选中国“百年百大考古发现”，入列国家大遗址保护利用“十四五”专项规划和“考古中国”项目，入选首批100个“浙江文化标识”培育项目。“推进‘上山文化’申遗”写入省委十四届九次全会报告、《浙江高质量发展建设共同富裕示范区实施方案》、《中共浙江省委关于加快新时代文化浙江工程的意见》以及市第八次党代会报告。

【省委、市委宣传部领导到浦江调研】 1月22日，市委常委、宣传部部长吕伟强一行到浦江，调研文化设施建设情况，听取关于宣传思想文化工作的意见建议。县领导俞佩芬、徐利民陪同，县委宣传部、县财政局、县发改局、县建设局、县自然资源局、县文广旅体局、县文联、县融媒体中心主要负责人参加汇报会。5月27—28日，省委常委、宣传部部长朱国贤一行到浦江调研宣讲。朱国贤强调，要深入学习贯彻习近平新时代中国特色社会主义思想，坚决担当起守好“红色根脉”的历史使命，找到党史理论高度与群众喜闻乐见的最佳契合点，把党的光辉历史学习好、领悟好，把党的成功经验传承好、发扬好，凝聚起推动共同富裕示范区建设的强大力量。金华市委常委、宣传部部长吕伟强，县领导俞佩芬、钱福安、章胜辉、徐利民、楼新有等分别陪同调研。8月27日，省委宣传部副部长赵磊、宣传处处长毛东辉到“上山文化”遗址公园、县非遗馆、浦阳街道宣和社区、中部水晶产业园区、江南第一家等地考察浦江县民间文化艺术、新时代文明实践中心、“民情暖哨”工程迭代升级等情况，市委宣传部副部长、市委网信办主任、市政府新闻办主任翁柯卫，市委宣传部新闻发布处处长、市政府新闻办副主任黄静婷，徐利民陪同调研。

2021年5月27日，省委常委、宣传部部长朱国贤（前左六）带队到浦江调研党史学习教育工作

（县委宣传部提供）

（郑　璐）

统一战线工作

【概况】 2021年，浦江统一战线（简称“县委统战部”）学习宣传贯彻《中国共产党统一战线工作条例》为重点，开展党史学习教育，推动浦江统战工作高质量发展。相关工作获市委常委、统战部部长张伟亚批示肯定2次，完成新一届政协委员人事安排工作。3月，制发《中国共产党统一战线工作条例》学习宣传方案，把该条例纳入党委（党组）理论学习中心组、统战工作领导小组学习内容和统战培训班次教学内容，并把执行情况纳入部门、乡镇（街道）统战考核办法和巡察范围。6月，市委调研督查组到浦江开展该条例专项督查。

举行县委统战部党史学习教育动员部署会暨县社会主义学校揭牌仪式。启用“浙统云”平台，录入民主党派成员、无党派人士、新乡贤等统战成员信息1800余条。召开县委统一战线领导小组会议，通过《中共浦江县委统一战线工作领导小组工作规则》《中共浦江县委统战工作领导小组成员单位工作职责分工》。举行全县统一战线读书会，邀请省委统战部二级巡视员杨卫敏作专题辅导。出台《关于企业经济犯罪刑事合规建设的实施办法（试行）》，推动建立"合规不起诉"制度。建立乡贤回归投资项目激励机制，对浦江乡贤投资的制造业项目（固定资产投资1亿元以上），奖励乡贤所在的村（社区）5万元～30万元的乡村振兴建设（美丽社区建设）项目配套扶持资金。

2021年4月，"同心向党·致敬百年"暨同心志愿服务活动启动仪式　（全　航　摄）

【庆祝中国共产党成立100周年系列活动】　在"诗画浦江"App开辟《统战小课堂》与《同心向党·致敬百年》专栏，持续推送系列推文160余篇。4月，在文化广场启动"同心向党·致敬百年"暨同心志愿服务活动，组建13支统一战线志愿服务队伍，活动视频播放量5万余次，并在"学习强国"官方网站刊登宣传。5月，浦江县亚联小学开展以"民族娃娃心向党　喜迎建党一百年"为主题的系列活动。新联会拍摄微电影《永远的温暖》，讲述百年来党和人民的鱼水深情，新华社、中新网等多家主流媒体关注并报道。6月，在县体育中心举办浦江县第二届统一战线"红色"趣味运动会，12支队伍230余名统战成员参加比赛。7月，组织部机关全体党员干部职工，各民主党派、工商联和无党派人士等统战成员收看庆祝中国共产党成立100周年大会现场直播。组织全体党员在县档案馆参观"百年风华·浦江县庆祝中国共产党成立100周年"主题展。8月，组织基层商会会员80余人集中观看红色电影《革命者》；组织部机关全体干部职工观看红色电影《红船》。

【民主党派工作】　落实年度政党协商计划，贯彻落实"直通车"制度，共向县委报送专报3篇，均受县领导批示。在"两会"期间，各民主党派围绕县委、县政府中心工作共提交个人建议提案54篇，团体提案16篇，大会发言5人，其中5人获得优秀提案个人，较2020年有大幅提升。各民主党派全年向省、市信息刊物报送有关道路交通、家庭教育、医疗卫生等社情民意29条。

2月，中国国民党革命委员会（简称"民革"）浦江县支部组织民革党员参加庆祝中国共产党成立100周年暨第二届"风雨同舟"民革全国书画作品展征集活动。

2月，中国民主同盟（简称"民盟"）浦江支部盟员到四川省金口河区对接东西部扶贫协作。3月，在文化广场举行"美美同心·浦江民盟社会服务站"揭牌仪式及大型咨询活动。4月，民盟浦江支部召开届中班子调整会议，选举石明胜为民盟浦江支部主委。6月，民盟金华市委会副主委张卫东带领民盟浦江支部盟员、义乌总支盟员代表在浦江县文景园盟员之家开展党史、盟史学习活动。9月，与前吴乡福和希望小学签订"盟校共建"协议，将派出10名盟员专家对学生长期进行医疗健康、书画音乐、主持朗诵等方面的免费辅导。

6月，中国民主促进会（简称"民进"）浦江总支医卫支部到黄宅镇西溪杨林村开展“送医下乡”活动。9月，召开民进金华浦江县基层委员会成立大会暨第一届委员会第一次会议，选举产生民进金华浦江县基层委员会第一届委员会，许淑芬当选为主任委员。

【非公有制经济人士统战工作】 2021年，县水晶商会、县跨境贸易商会被市工商联评为“四好商会”。郑家坞镇商会被全国工商联评为“四好”商会，被省工商联评为全省“百家示范”商会。2月，组织14个异地商会会长在仙华国际会议中心召开异地商会新春座谈会，走访慰问浦商20人次。4月，联合县税务局开展“亲清直通车·政企恳谈会”，县税务局及7个相关部门与16家企业面对面座谈听取意见建议。5月，组织杭州市浦江商会部分企业家到浦江考察。组织开发区商会青年企业家30余人到杭州市浦江商会考察学习。7月，组织异地浦江商会开展上半年度“赛拼”，助力浦江招商引资；组织江苏省常熟市浦江商会开展捐资助学活动，为家乡贫困学生提供100万元助学金；组织异地浦江商会推介浦江葡萄、桃形李等水果，助力浦江优质农产品推广销售。8月，联合县中国人民银行、浦江农村商业银行开展“银行走企业”活动，帮助浦江温馨家纺有限公司等企业解决贷款需求1500万元；组织省新生代企业家联谊会一行到浦江开展“走进浦江”风采行活动，推介浦江优秀营商环境，助力招商引资。10月，举行浦江县第二届“商会活动周”启动仪式，动员全县19家商会开展服务会员活动。11月，召开第八届常务委员会第二次会议，补选张旭钢为浦江县工商业联合会（总商会）第八届执行委员会主席（会长）。组织部分统战干部和清廉民企创建示范企业到永康、兰溪交流学习清廉民企创建工作。

【民族宗教人士统战工作】 2021年，宝掌禅寺被浙江省民族宗教事务委员会命名为2020年度省级平安宗教活动场所。曙光小学亚联教学点（亚联小学）入选第四批省级民族团结进步创建重点培育单位。2月，开展留浦少数民族迎新春活动，150余位来自全国各地的少数民族同胞留在浦江“就地过年”，通过跳芦笙舞、山歌对唱等活动，载歌载舞迎新春。5月，下发《浦江县宗教活动场所关于开展“红黄蓝”管理的通知》，在全县对宗教活动场所开展“红黄蓝”管理并完成全县信众调查工作。7月，组织宗教界代表人士30余人到义乌市陈望道故居、双林寺和浦江县岩头镇山垄王店等地开展“学党史、庆百年、感党恩”活动，并邀请县委党校老师授课。做好台风“烟花”防范工作，出动150余人次，全覆盖检查宗教活动场所35家；完成中央和省委巡视整改工作，确保浦江宗教领域和谐稳定。9月，开展民族团结进步宣传教育月活动，通过开学第一课、新生茶话会等形式铸牢中华民族共同体意识。11月，组织县基督教“两会”和佛教协会开展集体学习和自学，在浦江宗教界掀起学习党的十九届六中全会精神的热潮。

2021年7月，宗教界代表人士30余人开展“学党史、庆百年、感党恩”活动 （张洵洵 摄）

【新乡贤工作】 2021年，持续推进“一贤一事为家乡”活动，213位新乡贤以揭榜挂帅的形式，帮助家乡解决资金、销路、管理等问题186个，惠及行政村114个。2月，县领导走访重要新乡贤及其家属126人，乡镇（街道）主要领导走访慰问新乡贤450余人，收集新乡贤为家乡发展提出的意见建议90余条。4月，杭坪镇新乡贤薛勇反哺家乡优秀事迹在浙江电视台《和合天下》栏目播出。5月，浦江县乡贤总会杭州分会农业农村咨询服务部郭红东教授带团队到浦江调研乡村振兴发展情况。9月，浦江县乡贤总会上海分会召开迎中秋座谈会。黄宅镇前一村新乡贤郑秋甫与夫人程留芳捐资200万元成立“郑秋甫、程留芳慈善基金”，助推家乡教育事业。10月，各乡镇（街道）落实“两个半天”恳谈制度，走访慰问新乡贤300余人。10月8日至11月4日，在文景园举办“情满丰安·浦江县乡贤书画作品展”并出版作品集，展出政界、商界、学界等各行各业浦江籍新乡贤书画精品60余件，参观人数8000余人次。重阳节期间，20余位新乡贤主动联系家乡，为3000余名老人送去节日礼品。11月，浦江县乡贤总会杭州分会召开工作座谈会。

【侨务】 5月，浦江县作为浙江唯一一个县级代表，参加由全国人大常委会副委员长、欧美同学会（中国留学人员联谊会）会长丁仲礼召集的江苏、浙江两省欧美同学会建设与发展座谈会，浦江县欧美同学会会长张冲现场介绍了浦江欧美同学会的建设情况。6月，在浦阳街道办事处召开浦江县浦阳街道侨联分会第一次代表会议，成立浦江县第一个基层侨联分会——浦江县浦阳街道侨联分会。10月，举办“金台携手行”2021浦台书画摄影作品展，展出32位浦台乡亲、61幅书画摄影作品。11月，召开白马镇侨联会第一次代表大会，选举产生第一届委员会，为侨界人员助力家乡发展提供更多平台。

【党外代表人士队伍建设】 1月，召开2020年度党外科级干部述职评议会议暨党风廉政建设和反腐败工作情况通报会议，23名党外干部现场述职“交卷”；召开座谈会，征求党外人士对县法院、县检察院工作报告的意见建议。3月，带领20余位党外代表人士到义乌交流学习，先后参观了华灿光电（浙江）有限公司、天合光能（义乌）科技有限公司、世界侨商大厦、吉利动力总成义乌制造基地、义乌公路港、义乌综合保税区和进口商品孵化区等地。4月，在浦江县第五中学成立浦江县党外知识分子联谊会“知联之家”；举办浦江县统战新力量赋能培训班，40名学员在省社会主义学院接受政治共识教育。8月，召开县委组织部、统战部两部联席会议，研究做好部分党外干部“双走访”工作。12月，浦江县新的社会阶层人士联谊会为疫情防控卡点赠送军大衣、毛毯、牛奶等价值5万元的慰问品。

（张洵洵）

信访工作

【概况】 2021年，浦江县受理群众信访事项5280件（人）次，其中来信124件，来访138批587人次，网上信访1651件，来电2918件。全县初次信访按期受理率100%，办结率100%，满意率99.17%，回访率96.06%，平均办理时长4.80天。全年共代办民情民访事项8651件次，化解各类信访矛盾8647件次，化解率99.95%。县领导到联系乡镇（街道）和县矛调中心下访接访共计446人次，累计接待信访群众644批906人次，化解信访积案238件。县信访局何海深获浙江省“最美信访干部”称号。

【"浦江经验"迭代升级】 2003年9月18日，时任浙江省委书记习近平同志下访浦江，开创省级领导干部下访接访的先河。此后，浦江牢记习近平"变群众上访为领导下访"的指示要求，把领导干部下访接访作为一项重要制度，在坚持中发展，在发展中创新，一以贯之坚持十八年，推动全县信访形势从量变到质变。2013年，中联办、国家信访局办公室发文总结推广信访工作"浦江经验"。2021年6月，金华市深化"浦江经验"推进会暨信访工作联席会议在浦江召开。9月，浦江县召开县委常委会扩大会议，专题研究领导干部下访接访工作，出台《关于深化新时代"领导干部下访接访"制度深入推进县域治理现代化的实施意见》和关于下访接访、民情民访代办、社会矛盾纠纷调处化解、"民情暖哨"工程、好家风评价体系和"4+2"联心服务团等6个配套制度，形成深化新时代领导干部下访接访制度"1+1+N"治理体系，健全县领导带头下访、乡镇（街道）领导随时接访，村（社）干部上门走访、"4+2"联心服务团组团息访的"四级联动"下访接访工作机制，系统化下访接访工作流程，标准化专班专项化解机制，形成领导干部下访接访工作闭环，推动领导干部下访接访"浦江经验"迭代升级。

【社会矛盾纠纷调处化解中心】 2021年，实行县委政法委、县信访局、县公安局、县司法局、县法院、人民调解委员会、医疗纠纷调解委员会等调解力量和县纪委监委、县人社局、县自然资源和规划局、县建设局、县农业农村局、县综合行政执法局、县经济商务局、县教育局、县民政局、市生态环境局浦江分局、县市场监管局等信访量大的部门以及第三方社会力量集中常驻，县交通局、县文广旅体局、县水务局、县妇联、县退役军人事务局等部门轮流入驻，实现群众信访矛盾纠纷"一站式接受、一揽子调处、全链条解决"，推进矛调中心"终点站"机制建设，发挥资源整合优势。县级矛调中心全年共受理各类矛盾纠纷2449件，调解2414件，调解成功率98.57%。

【标准化与数字化】 浦江"下访接访"信访工作于2020年1月被国家标准化管理委员会纳入第6批社会管理和公共服务综合标准化试点项目。2021年，浦江县加强与省标准化研究院的合作对接，推进"下访接访"标准化试点建设。发布《"下访接访"信访管理与服务规范》《民情民访代办服务规范》《社会矛盾纠纷调处化解中心（站）建设与管理规范》《"好家风"评价规范》《"4+2"联心服务团工作规范》5个浦江地方标准规范，构建"访前调查准备+访中会商研究+访后限期办结"的规范流程，打造信访工作"浦江样本"。借力全省数字化改革，依托大数据技术，打造"下访接访"数字化应用系统，实行线上线下相融合，把线下的领导干部下访接访转化为线上的数字化、标准化下访接访工作流程，提升信访工作"整体智治"水平。

（张顺学）

机构编制

【概况】 2021年，县委机构编制委员会办公室（以下简称"县委编办"）作为县委机构编制委员会（以下简称"县委编委"）的办事机构，承担县委编委日常工作，作为县委工作机关，归口县委组织部管理。县委编办组织落实乡镇（街道）"属地管理"责任清单，创新推动机关内部"最多跑一次"改革，稳步推进"大综合一体化"行政执法改革，完成事业单位章程制定全市系统试点工作，日常开展事业单位登记及事业单位登记法人“双随机”抽查监管等，推进全县机构编制管理工作。

【乡镇(街道)“属地管理”责任清单】 7月13日，召开县委机构编制委员会第三次会议。县委书记、县委编委主任俞佩芬主持会议，县委副书记、县长、县委编委副主任戴翀，县委编委成员章胜辉、方渊、郑家坤、张建新、陈志平，县人力资源和社会保障局张洪峰参加会议。会议听取县委编办关于规范乡镇(街道)“属地管理”实施意见的情况汇报，原则同意《浦江县关于规范乡镇(街道)“属地管理”的实施意见(送审稿)》及“属地管理”事项责任清单等内容。6月，召开建立属地管理“五个一”体系工作部署会，组织部门开展事项编制工作，经汇总审核、征求意见，多轮次沟通协调、修改完善，形成《浦江县乡镇(街道)“属地管理”事项协同机制、流程图清单(送审稿)》。县委编办以落实基层减负为着力点，通过梳理责任清单、建立协同机制、绘制运行流程图，明确了涉及17个牵头部门68项“属地管理”具体事项的部门主体责任、乡镇(街道)配合责任、法律依据等内容，厘清乡镇(街道)和部门的职责边界。

【机关内部“最多跑一次”改革】 2021年，推进机关内跑集成“一件事”梳理工作，指导部门做好机关内部“最多跑一次”改革事项动态调整，全面检查全县43个部门公布的337个内跑事项，通过抽查部门公布事项的办事指南、流程图，避免要素缺失、差错，提高部门公布事项的办事指南、流程图质量，并定期检查并督促部门整改内跑办件超期情况。会同大数据局指导县发展和改革委员会、县税务局、县人力资源和社会保障局等部门牵头的“标准地”指标确认、耕地占用税复核、浦江县被征地农民参保资格确认内跑“一件事”改革，做好办事指南和办事流程编制的审核工作。

【“大综合一体化”行政执法改革】 2021年，协同县综合执法局有序推进“大综合一体化”行政执法改革工作，拟订《浦江县加快推进“大综合一体化”行政执法改革实施方案(送审稿)》提交县政府常务会议研究通过。依托浙江省权力事项库(监管库)，按照“法无授权不可为、法定职责必须为”的原则，对照法律、法规、规章、规定，对各部门各领域行政执法事项大起底，共梳理行政处罚事项5483项。开展全口径调研摸底，全面掌握浦江县12支专业执法队的职能职责、机构设置、人员编制、实有人员、年工作量、2019年至2021年执法办件数、人员编制划转意见等，同时按照“编随事走，人随编走”原则，出台《关于“大综合一体化”行政执法改革涉及的职责机构编制等事项调整方案》，实现除“1+8”外其他部门不再保留专业执法队伍，为实现“大综合一体化”行政执法奠定机制保障。做好相应机构编制调整工作，撤销县劳动监察大队，更名执法队伍3个(分别为县能源监察大队、县水政监察大队、县统计执法稽查大队)，划转编制5个。

【事业法人单位章程制定】 2021年，县委编办全面梳理事业单位法人清单，根据上级要求和浦江实际，制定实施方案，规范章程内容和制定程序。7月，制定幼儿园、中小学、卫生健康、其他事业单位4大类章程模板，分批分类组织召开事业单位章程制定工作培训会，严格按照章程内容必须以完整、规范、明确、具体、可操作为原则，强化工作规范，明确“三个必须”。8月，完成教育系统78家、科技系统1家，卫生系统23家，文化系统8家，全县科教文卫共

110家事业法人单位章程制定；10月，完成全县187家事业法人单位章程制定。

【事业单位登记管理】 2021年，共办理事业单位设立登记5家，变更登记205家，注销登记3家，完成全县198家法人事业单位2020年度报告审核公示。9月，根据统一安排，与其他县市编办抽查人员交叉开展事业单位法人“双随机”抽查监管，随机抽取全县6家事业法人事业单位，通过查看办公场地、查阅台账资料、听取工作介绍、座谈等方式全面了解事业单位履职状况、财务管理、年度报告公式和法人变更等实际运行情况，当场形成《事业单位法人抽查事项清单》，现场宣读检查结果，对存在问题向被核查单位及举办单位提出整改意见，并将抽查结果及时在政务网事业单位法人登记专栏内进行公示，使抽查结果依法公开，主动接受社会公众监督。

（曹梦露）

县直机关党建

【党务干部管理】 1月29日，针对新任党务干部党务工作不熟悉、党建资料交接不规范等问题，制定和下发《关于做好机关党建资料管理交接工作的通知》，梳理出13条需要做好交接的机关党建重要资料项目，优化新老党务干部的“无缝衔接”，同步进行上门指导。对6家单位的21个问题以函告形式反馈至机关党组织书记，要求两个月内整改完成，并对问题整改情况进行“回头看”。

【全县机关党务干部培训】 3月24日，组织开展全县机关党务干部培训班，对县直机关工委直属的71个党组织、98名党务干部进行发展党员、党费收缴、党组织换届等基础党务培训，重点对发展党员需要提交预审的17项材料逐一解读，确保全年发展党员工作高质量完成。

【“我为群众办实事”志愿服务活动】 5月，开展机关单位“我为群众办实事”志愿服务活动，组织全县机关在职党员认领一个“微心愿”或完成一件“微实事”。截至6月，全县机关单位完成“微心愿”2950个，累计参与3302人次；完成“微实事”551件，累计参与2675人次，将党史学习教育成果转化成为民服务成果。

【机关党组织书记党史学习教育专题培训】 5月31日，组织开展为期2天的全县机关党组织书记党史学习教育专题培训，采取“集中培训+分系统培训”“专家授课+现场教学”的形式，通过157名机关党组织书记先学一步，示范带动广大党员干部深学一层，推动党史学习教育走深走实。

【“歌声嘹亮 我心向党”歌咏大赛】 为庆祝中国共产党成立100周年，激发全县干部群众干事创业激情，组织大型歌咏比赛。从全县73支队伍中决出21支进入决赛，6月30日，举办“庆祝中国共产党成立100周年先进典型表彰会暨‘歌声嘹亮 我心向党’歌咏比赛”，网络直播点击量超过5.4万次。

【组建机关党建服务联盟】 7月，为推动机关党建与社区党建耦合融合，组建“机关党建服务团”下沉服务全县17个社区，全面整合组织部、民政局、教育局等13个机关单位优势资源，列出103项服务菜单，涵盖学习培训、文体娱乐、卫生健康等6大领域，社区按需点单，机关上门服务，将机关职能优势转化为社区共富胜势。

2021年7月，“机关党建服务联盟”为社区群众服务 （县委组织部提供）

社区党建

【试点成立功能型小区党支部】 3月4日，县委组织部联合浦阳街道党工委、宣和社区党委召开财富名都花园小区成立党支部动员大会，召集居住在财富名都花园的社区在册党员、机关党员、机关干部，业委会代表以及物业公司代表参加，试点成立功能型小区党支部，统筹物业公司、业委会形成小区治理合力，引导居民共商共办小区事务。小区党支部全年开展联席会议6次，走访业主280户，排查问题78个，化解纠纷3起。

【推出“台门针功夫”系列活动】 8月，按照“一月一主题”的活动模式，将“爱、义、礼、智、信、廉、庆、美、和、孝、康、乐”十二字贯穿全年，在全县社区常态化、持续化开展“台门针功夫”系列活动，通过多种形式的主题活动，吸引各年龄层居民共同参与，拉近邻里关系，激发社区活力，弘扬社会正能量。浦阳街道10个社区的178个台门，全年累计组织各类台门活动266次，参与居民2861人次。

【出台“红色台门里”工作机制】 9月，县委组织部联合浦阳街道，总结经验做法，制定出台“红色台门里”工作机制。按照能议事、能调解、能活动、能互助、能休闲的“五能”标准，颗粒化布局建设一批“台门之家”，为台门活动提供场所，为居民交往提供空间。细化“台门共乐”“台门共惠”“台门共安”“台门共德”“台门共富”五大方面内容，为“台门里”开展各项工作提供指导和参考。

【创设“台门超市”基层自治新载体】 9月29日，全县首家“台门超市”在太白社区开业。“台门超市”服务台门居民，由社区党委运营管理，社区党建联建成员保障资金。居民通过完成社区党委发放的42项正能量任务获得积分，可在“台门超市”兑换各类商品。通过积分兑换引导激励居民积极参与社区公务事务，激活城市基层治理内生动力。全年累计发放积分28万余分。

2021年9月29日，群众在“台门超市”积分兑换商品 （县委组织部提供）

【“服务底线”工作机制】 10月，在“三张清单”工作基础上，聚焦居民关切，推出每月“服务底线”新机

2021年10月，网格员对居民需求进行收集整理
（县委组织部提供）

制。红色网格员通过微信邻里群在线征集和上门走访线下采集的双线模式，在每月初对居民需求进行收集整理，社区党委联合共建单位，制定针对性服务项目作为每月"服务底线"向社区居民公示，同时实行销号管理，以群众满意度作为销号唯一标准，每个社区平均每月完成7条"服务底线"。

（黄宇佳）

老干部工作

【概况】 全县共有离休干部25人，其中县内离休干部21人（包括安置在外4人），另有外地安置在浦江县1人。年龄最小的87岁，年龄最大的97岁，平均年龄92.08岁。1月，傅兴德被省委老干部局评为"银尚达人"。6月，贾荣庆、黄建福、张超波、宣勇生、傅兴德、中共浦江县发展和改革局离退休干部支部委员会分别被评为金华市"最美老干部、最美老伴、最美子女、最美老支书、最美银龄志愿者、最美银辉党支部"。12月，楼秀元被评为"全国老干部工作先进工作者"。

【老干部待遇保障】 1月21日，县委、县政府召开全县经济社会发展情况通报会，县委副书记、代县长戴翀宣读给全县离退休干部的慰问信，县委书记俞佩芬通报县2020年经济社会发展情况和2021年工作安排。会后，县领导带队走访部分离退休干部。10月14日，县委、县政府组织开展县处级以上退休干部重阳节活动，组织老干部看变化谈体会话发展。老领导们实地参观考察了上河村乡村旅游建设、县北乡农民革命纪念馆、九母岛旅游度假区。

2021年10月14日，县处级退休干部在北乡农民革命纪念馆参观　　（县委组织部提供）

深化离休干部"一人一策"精准服务，坚持"六必访"制度，上门走访慰问离休干部，为老同志提供代办代跑等服务保障。全年上门走访慰问老干部及上医院看望住院老干部201人次，协助处理好1名离休干部（张道余）后事。利用好"老干部困难帮扶资金"，为60名特殊困难离休干部及遗属发放帮扶资金3.75万元。组织开展"夏日送清凉"活动，县委老干部局分组上门慰问全县离休干部。"七一"前夕，为获得"光荣在党50年"纪念章的部分退休老党员颁发纪念章。

【老干部志愿服务】 持续深化"帮忙老哥"老干部

志愿服务品牌建设，在原有六大团队基础上，新组建“电梯加装帮帮团”，发挥老同志政治优势、经验优势、人脉优势，助力老旧小区电梯加装，助推政府十大民生实事实施。启动“帮忙老哥·圆梦微心愿”志愿服务活动，重点关注空巢老人、困难学生、留守儿童、新浦江人家庭等生活困难群众，以实际行动帮助群众解决身边小事，将党史学习教育成果转化为工作动力和实效。截至2021年，工作室有334名“老哥”，累计开展各类志愿服务1000余场，累计开展志愿服务1.8万余人次，协调解决群众急难愁盼、矛盾纠纷1000余起（个），群众满意度100%。“帮忙老哥”相关做法在2021年全省老干部局长会议上作典型发言，在《中国老年报》头版刊登报道。

2021年7月15日，“帮忙老哥”老干部志愿者现场调解矛盾纠纷　（陈有林　摄）

【老干部党建】　树立“一切工作到支部”的鲜明导向，按照“整体推进、发挥作用、彰显特色”的思路，推进离退休干部党支部规范化建设。浦江县老年大学党支部、税务局退休党支部、县委组织部退休党支部、教育局离退休党支部、发展和改革局离退休干部党支部、农业农村局机关退休干部党支部、人大离退休党支部、县府办退休人员党支部、司法局退休党员党支部9个党支部被评为“全省首批标准化离退休干部党支部”。

【“‘6070’银辉·红讲堂”宣讲品牌建设】　坚持用好用活离退休干部“活党史”资源，以中国共产党成立100周年为契机，创设“‘6070’银辉·红讲堂”宣讲品牌，在全县范围内遴选政治威望高、有宣讲特长，尤其是曾经担任过部门“一把手”的六七十岁老干部组建宣讲团，以“银色领雁”行动、“走进红殿堂”行动、“宣讲在基层”行动、“部风部史代代传”行动、“数字赋能助力”行动五大行动为主抓手，推动党史学习教育常态化长效化。累计开展各类宣讲380余场，受益群众11万人次。相关做法得到金华市委组织部部务会议成员、市委老干部局局长钟术清批示肯定，入选“全省老干部工作优秀创新案例”，并被《中国老年报》报道。

2021年5月14日，浦江“‘6070’银辉·红讲堂”宣讲团成员、县信访局原局长张国强到南苑小学开展党史学习教育宣讲　（县委组织部提供）

【全县“银龄跨越数字鸿沟”科普专项行动】　4月30日，由县科协、县委组织部（老干部局）等单位联合主办的“银龄跨越数字鸿沟”科普专项行动在县老年大学正式启动。全年累计组织开展各类科普培训8场，受益老干部2000余人次。

【领导调研】 金华市委组织部部务会议成员、老干部局局长钟术清多次到浦江县调研“两个阵地”建设、“帮忙老哥”老干部志愿服务品牌、离退休干部党建融入城市基层党建等老干部工作。11月16日，金华市人大常委会原主任朱洪法、原副主任黄大先到“上山文化”遗址公园、水晶博物馆、月泉书院等地调研，金华市委组织部部务会议成员、市委老干部局局长钟术清、县领导章胜辉、朱晓飞等陪同调研。

（陈孙浪）

党校教育

【概况】 2021年，中共浦江县委党校持续深化以课题、课件、课堂为内容的“三课”赛马活动。活动期间，参与撰写的政协理论文章获金华市政协党组副书记、副主席许章才批示肯定；编发4期领导参阅，3篇受县领导肯定性批示。上报省、市党校理论研讨会及相关征文活动文章共27篇，共获8项奖项；全员备课新增课件12个，推出《领导干部下访接访浦江经验的探索与启示》《打造浦江“万年上山”的文化金名片》等一批独具浦江地域特色的核心课程4门；微党课在全市党校系统获二、三等奖，在金华市党校系统党史优质课中获三等奖，在浦江县青年理论宣讲大赛中获三等奖以及优秀奖。在《学习时报》、《浙江日报》、《宣传半月刊》、浙江在线、浙江新闻客户端、《金华日报》等刊物和媒体上刊发《让群众尝到理论的“味道”》等近30篇文章。

中共浦江县委党校被评为2021年度金华市县（市）党校考核优秀单位称号　（吴文娟　摄）

【党员干部培训班】 开展党史学习教育“四进”活动，共开展基层宣讲121场次，超额完成“百年建党、百场宣讲”预定目标，培训人数8500余人；举办主体班次4期，培训党员领导干部160余人；承办县内部门培训班9期，培训学员1040余人；举办外来培训班次7期，培训学员520余人。10月18日至12月31日，县委组织部联合县委党校举办全县青年骨干培训班和90后年轻干部培训班。培训班紧扣县委、县政府中心工作，设置共同富裕、基层治理等相关内容的课程，采取专题教学、现场教学、社会实践、基层调研等多教学方式，全方位提高中青年干部的政治素养、理论素养和实践素养。共培训83位学员，分别来自全县30家党政机关部门单位、15个乡镇（街道）、4家国有企业，其中96%是全日制大学本科学历，3人是全日制研究生学历。

2021年10月18日，浦江县青年骨干培训班暨浦江县90后年轻干部培训班开班仪式（吴文娟　摄）

【教学管理】 自开展党史学习教育以来，通过“课题、课件、课堂”为内容的《浦江县委党校“三课赛马”考核办法》，依托“精品党课下基层”品牌建设活动，开展“百年建党 百场宣讲”党史学习教育特色宣讲活动。组织骨干教师“进部门、进乡镇(街道)、进村(社区)、进企业”开展宣讲，提升党的声音在基层的传播力。2021年7月9日，《学习时报》第11版刊登《让群众尝到理论的“味道”》一文，对县委党校以“三课赛马”为抓手，开展党史宣讲的经验和做法作了介绍。

县委党校坚持全县“一盘棋”，整合扩充“四色”现场教学基地至16个，开发现场教学相关课程，努力把县域920平方千米的绿水青山打造成为干部教育培训的大课堂。推出以党性教育、党性锻炼为重点的“红色”教学基地，如江南第一家；以全域旅游、乡村振兴为重点的“橙色”教学基地，如虞宅乡新光村；以科技引领、传统产业转型升级为重点的“蓝色”教学基地，如中部水晶集聚园区；以绿色发展、生态环保、“两山”理念践行为重点的“绿色”教学基地，如浦江治水主题馆。同时印制《浦江干部教育培训手册》，分发至省内各县市党校，推广浦江现场教学基地。

《浦江干部教育培训手册》 (吴文娟 摄)

(吴文娟)

社会治理综合服务

【概况】 2021年，县社会治理综合服务中心(以下简称“服务中心”)共接打电话15.12万余个；受理市民有效诉求9.08万余件，其中生活服务类4.36万余件，咨询服务类3.89万余件，效能诉求类8146件，办结率98.54%，满意率98.46%，实现“响应灵、服务灵、办事灵”工作目标。同时，“基层治理四平台”新增事件13.31万余件，其中三级及以上事件2.41万余件；办结“一警情三推送”事件294件；全县网格员共排查安全隐患7188件，化解7023件，化解率97.70%；排查矛盾纠纷1828件，化解1793件，化解率98.08%。“基层治理四平台”和“全科网格”综合考核指标位居全市第一位。受理交办群众咨询、求助、投诉等各类涉疫诉求2000余件；加大网格巡查力度。牵头召开县乡平台一体贯通部署会2次，推进疫情防控可视化智控平台与综合指挥平台有机融合。

3月，服务中心信息科被授予市级巾帼文明岗荣誉称号，服务中心机关党支部获评市级五星基层党组织；5月，服务中心团支部获评县级先进团组织；7月，服务中心机关党支部被中共浦江县委评为先进基层党组织、被中共浦江县委直属机关工作委员会评为先进基层党组织。

【领导调研】 3月31日，县委书记俞佩芬到服务中心调研数字化改革工作，了解县级指挥平台建设及运行情况，观摩指挥平台功能演示，要求加大力度、加快进度，以数字化改革提升社会治理现代化水平。6月11日，县委副书记、政法委书记钱福安调研社会治理综合服务中心工作，实地走访中心一楼办事大厅、综合指挥中心、“8890”接线大厅等场所，了解进驻社会组织运行、指挥中心资源整合、协同指挥体系建设、“12345”(“8890”热线)运行等情况，要求以数字化改革思维抓细抓实各项工作，强化统筹谋划，突出重点、抓住核心，罗列短板清单、逐个补强完善，确保综合指挥中心更高效、更便捷、更科学，进一步提升整体智治的县域社会治理效能。

【办公场所搬迁】 1月22日，服务中心由原人民东路38号群众工作中心2楼搬迁至人民东路38号(原二轻大楼)办公。同时，动员“和姐”工作室、“帮忙老哥”等十余家社会组织入驻中心一楼大厅，助推群众矛盾纠纷化解“只进一扇门”“最多跑一地”。

【县级综合指挥平台建设】 服务中心以数字化改革为契机，先后2次实地调研智慧城管、市场监管等拟进驻单位指挥中心，4次召开县级综合指挥平台建设座谈会，推动智慧城管、市场监管、“8890”、“雪亮工程”、智慧交通及“基层治理四平台”等线上线下平台入驻，应急救援、卫健、自然资源、民政、消防、水务、气象等单位轮驻或随叫随驻，实现县级指挥体系变多为一、聚散为合。

县级综合指挥平台　　（朱国松　摄）

【综合协同应用系统开发】 为实现县级综合指挥平台高效运转，服务中心先后组织相关单位到丽水庆元、宁波镇海、义乌佛堂和衢州衢江等地学习考察数字化改革经验做法，组织各入驻单位召开系统后台对接座谈会4次，与电信、移动、华为、杭州天阙科技有限公司、移通科技(杭州)有限公司等潜在系统开发商专题研讨8次，同大数据发展中心会商数据对接、汇集10余次，制定社会治理综合协同应用系统第一期开发方案，于11月完成系统开发招标工作。

【党史学习教育】 寓党史学习教育于便民服务活动中，在金宅社区、浦阳壹号、宣和社区等地组织开展了多场“我为党史增光彩”主题便民服务活动，在活动中专门设置党史知识问答抽奖项目，增加群众学党史热情;注重党史学习教育成果转化，聚焦群众“急难愁盼”诉求，通过压缩诉求件办理时间、加大督查督办力度、强化无理诉求件审核等措施，持续开展诉求件“清零行动”，确保群众诉求一件不落，群众诉求满意率99.6%以上。

寓党史学习教育于便民服务活动（虞　鸣　摄）

【提升群众诉求办理质效】 4月，制定印发《2021年度浦江县社会治理综合服务中心群众诉求办理考核办法》和《2021年度浦江县全科网格工作考核细则(试行)》，全年印发“8890”热线及全科网格工作督查通报3期，先后获县委书记俞佩芬批示1次，县委副书记、政法委书记钱福安批示3次，用数据考评排名“倒逼”责任落实，确保群众诉求“事事有回音、件件有落实”。集中梳理“西溪沿岸水杉树失管”“农批市场外公共设施失管”“部分小城镇工程后期维护难”等一批热点、难点、堵点问题，会同作风办、编办、改革办等部门协调联动，提出专项处理意见，用一个诉求的化解带动一类问题的治理，解决十余项疑难诉求。

（朱国松）

档　案

【概况】 2021年，县档案馆加强档案资源建设，馆藏档案数量快速增加，拥有档案26万卷31.8万件，全县室存档案总量111万余卷34万余件。强化档案执法，配合市档案局和县档案局，推行日常监管和“互联网+”双随机掌上执法检查，加大国企、规模以上企业、中介机构等企事业单位监管力度，针对有关单位档案存在的问题及时向县委报送督查专报，督促整改。开展“档案法公益大讲堂”，举办各类培训7次，培训人员600余人次。利用“12·4”法制宣传日、“6·9”国际档案日以及“两会”开展图片展、村社文化礼堂巡回展宣传档案法律法规。组织微信学法用法考试、法律法规知识竞赛、《中华人民共和国消防法》学习培训等活动。开展消防应急演练、保密工作自查、档案安全自查，在每季度和重要节点组织消防安全检查。

依托“浙政钉”、浙江政务服务网和档案数字化平台，开展预约查档、异地查档、电话传真查档，全年接待查档人数3205人次，利用档案2976卷1064件，复印档案1982张，提供证明439人次。组织全体人员参与开放审核工作，审核1984—1995年馆藏档案196个全宗共58.1万件，开放档案14.8万件，完成馆藏满25年档案的开放审核。

【档案征集接收】 接收县地名办档案5016卷、婚姻纸质档案和电子档案8167卷，征集民间档案书籍94册、图片资料353本、老照片10张和重要领导人物来访照片视频等文字素材及各单位年度重点工作档案资料0.64GB。征集红色主题展相关实物及电子资料4.55GB。开展“三重一特”档案资料征集，完成省档案部门“中国共产党成立100周年”素材收集。

【档案管理】 配合县档案局开展“双随机”执法检查及档案法宣传，推进数字档案室测评迎检，为县内13家单位省示范数字档案室和省规范化数字档案室创建及县国资集团、县人社局等70家单位建档指导服务。召开全县档案业务培训会，组织档案中介服务机构座谈及上岗培训、教育系统档案业务直播、建设集团周一夜学培训，为县财政局“青年大讲堂”讲授《依法管档》。编制电子公文在线归档手册，组织开展2020年度档案事业统计年报。对县数字档案室管理平台和馆藏档案系统、电子文件接收平台等各个业务系统进行安全维护与日常维护。为县自然资源规划局等单位提供数字档案室创建、账户与查档账号开设、档案数据调整等实地服务，整改土地确权档案。在全馆开展档案安全自查自纠，购置档案消毒舱，对库房档案全面开展杀菌灭毒。开展土地确权和婚姻数据临时库迁移，分别迁移档案32700卷、2566条及“一文一件”文书档案26700条。组织申报省重点档案保护与开发专项资金项目。

【档案宣传与编研】 县档案馆组织人员到绍兴市上虞、诸暨等地学习档案数字化改革经验及展厅布展，完成红色主题展脚本设计、红色档案资料征集、展厅规划设计、修缮及相关版块上墙工作。6月，“百年风华——红色主题展”开展，接待100余个单位、3000余人参观学习。围绕中国共产党成立100周年，在文化广场举办“百年风华——红色图片展”档案宣传活动，到各乡镇巡展，县委副书记、政法委书记钱福安和县委常委、宣传部部长徐利民到现场观展指导。编印《浦江古村落》《抗日战争汇编》，编辑《浦江革命诗文选》《浦江红色记忆》。配合省档案馆、省电视台完成《跟着档案去旅行——江南第一家篇、潘周家篇》宣传片拍摄任务。

【村档镇管试点】 开展白马镇村档镇管省级试点和花桥乡村档镇管县级试点工作，配置相关档案设施设备，按照“六有”“四统一”标准，设立镇档案中心和村社档案室，统一收集档案，开展数字化扫描，试点工作完成预定目标并全面推广。11月，县档案局召开“村档镇管”现场会，全县15个乡镇（街道）完成村档镇管工作。市委副秘书长、市档案局局长陈艳艳带队到浦江调研档案工作主体责任、村档镇管等工作情况。

【档案数字化】 总结归纳电子公文单套制归档试点工作经验，对馆权利事项库中4个涉及查档民生事项的通办范围维护成全市通办。编报信息系统普查和数据目录编制工作、馆藏档案管理系统和数字档案室管理平台及系统传统文书档案、归档文件目录、电子版“一文一件”、纸质版“一文一件”及馆藏系统的馆藏婚姻档案相关数据送大数据中心。按要求完成电子出证工作系统配置，开通浙江档案服务网电子出证功能。梳理完善并向省档案馆汇集新中国成立后非涉密文书档案案卷目录8.5万条、卷内文件目录128.8万条、新中国成立后“一文一件”文书档案目录13.2万条、出生医学证明档案目录5万余条。完善脱贫攻坚档案，以及疫情防控档案的档案目录和档案数字资源，建立扶贫档案专题库。

推进数字档案室创建与村社档案及新冠肺炎疫情防控档案数字化工作，完成村社档案数字化扫描6000余卷90余万页，著录条目12万余条。开展2020年度、2021年度档案登记、备份、数据整理入库和2014—2016年度备份数据迁移工作，受理13家单位档案登记、14家单位约50GB档案数据备份。开展数据库数据倒换，完成重点档案目录体系——6000余条民国档案目录编录工作。

【全县档案工作会议】 召开全县档案工作会议，县委副书记、政法委书记钱福安出席会议。会议总结2019年、2020年档案工作，安排部署2021年全县档案工作任务，宣读表彰2020年度全县档案领域获得的重要荣誉及县级优胜单位和个人名单，相关单位交流发言，县委副书记、政法委书记钱福安对今后档案工作提出工作要求。

（李　雄）

综　述

【概况】 浦江县人大常委会全年召开人大常委会会议11次、主任会议14次，听取和审议专项工作报告27个，作出决议决定11个，依法任免国家机关工作人员154人次，为浦江县经济社会发展和民主法治建设作出了新的贡献。

聚焦实体经济发展，听取和审议2021年上半年全县经济和社会发展情况及下半年工作安排报告、2021年政府投资项目计划，开展实施工业用地全生命周期管理工作专项监督，推进《浙江省民营经济发展促进条例》实施。聚焦基层社会治理，开展矛盾纠纷化解“最多跑一地”改革工作专项监督，提升矛盾纠纷化解工作水平，开展《浙江省粮食安全保障条例》等执法检查，做好人大信访工作。聚焦疫情防控工作，听取和审议疫情防控、复工复产等工作报告，组织工作视察，提出建议意见，助推经济社会有序发展。组织发动人大代表、人大干部参与疫情防控工作，指导联系企业复工复产105家，帮助企业解决实际困难和问题145个。聚焦财政规范管理，听取和审议财政预算、执行情况、调整情况和决算报告8次，开展预算执行、国有资产清查等工作专项监督，听取和审议国有资产管理情况的综合报告，加强政府投资项目的规范管理。

【代表履职】 推进民生实事工作，推行“微民生实事”做法，督促解除交通消防安全隐患10处，解决农田用水安全问题114.67公顷。推进公共服务工作，关注残疾人事业发展，听取卫生健康（医技人才管理）等工作情况的报告，听取和审议退役军人事务工作情况的报告，开展《关于加快浦江县学前教育发展的决定》落实工作和产教融合培养职业技能人才工作专项监督，推进医疗保障体系建设。推进乡村振兴工作，关注粮食安全保障、生猪保供、茶叶生产工作，开展春耕备耕工作专项监督，全力推进农业特色产业发展及葡萄品种结构调整工作。推进生态环保工作，关注西北部山区农民饮用水情况，开展净土清废工作专项监督，初审浦江县2021年环境状况和环境目标任务完成情况的工作报告。促进司法公正，听取和审议“两院”专题工作报告，组织工作视察1次，开展“两官”评议工作，完成对全部53名员额法官、检察官的评议，提升“两官”队伍综合素质，提高办案工作整体质量。促进法律实施，加强普法监督工作，听取和审议工作报告1次，提出建议意见21条，督促落实“谁执法谁普法”的工作责任制。全面总结“七五”普法工作，依法作出“八五”普法决议，依法审查规范性文件25个，确保文件的合法性，配合省、市人大开展立法调研。

【人大代表工作】 拓展联系渠道，提升人大代表联络站（点）35个、人大代表联络站15个。深化两个“百分百”工作做法，做到收集群众意见“百分之百”，回应群众诉求“百分之百”，打造人大代表联系人民群众的浦江模板，经验在全国人大《联络动态》上刊登。提升履职能力，综合运用集中学习培训、代表小组分块培训、以会代训等方式方法开展培训，组织开展学习培训15次，培训人大代表900余人次，提升人大代表的综合能力水平。发挥代表作用，开展监督小组活动30次、专业监督小组活动6次，开展执法检查、工作调研、组织视察和列席会议等活动。重视建议办理工作，做到内容高质量和办理高质量。开展党史学习教育，结合人大工作实际制定活动方案，确定活动载体，丰富学习内容，创新学习方法，积极为群众办实事、办好事，将学习成效转化为做好新时代人大工作的强大动力，确保教育活动取得实效。加强人大常委会机关建设，推进数字人大体系建设，促进人大工作数字化转型加强履职学习、加强调查研究，提升履职能力和水平。加强人大理论研究和宣传工作，构建人大新闻宣传大格局，融合传统媒体和新兴媒体，用好人大宣传阵地和主流宣传媒介，讲好人大故事，收集整理人大代表先进事迹，编撰《人大代表风采》。

【以“三党课”为重点，扎实推进党史学习教育】 学好理论课，创新形式主动学，制订理论中心组学习计划及工作安排，精选学习内容，列出学习清单。红色资源传承学，“请进来学+走出去学”，组织党员干部体验感悟革命传统和革命精神。组织代表全员学，组织专题讲座7次，培训近1000人次；讲好宣讲课，宣讲团进联络站，组织县委宣讲团、县老干部宣传宣讲队和人大代表定期走进代表联络站，作党史宣讲专题报告会。二级主任讲党史，组织县、乡镇（街道）人大主席（主任）上好党史学习教育专题党课。百名代表进百村，组织各级人大代表走进村社开展微宣讲，以宣讲推动实践的深入；练好实践课，深入基层推动难题破解，常委会领导带队走访乡镇、深入企业开展“三服务”，走进矛盾、摸清情况、破解企业难题。持续关注民生实事项目，实地调研、视察、听取汇报，提出针对性意见建议。深入开展为群众办实事活动，组织机关干部深入“4+2”联系村、走进共建社区，参与全国文明城市创建社区共建250余人次，办理“微心愿”21个，组织各级人大代表在志愿服务中切实为群众办事。

【推行两个“百分百”】 发挥人大代表联络站作用，密切代表同群众的联系，提升代表联系群众实效，发挥人大代表作用，县人大常委会在前吴乡试点推行两个“百分百”工作的基础上，在全县各乡镇（街道）全面推行“百分百收集民意、百分百反馈民意”工作。创新收集方法，通过书面征求、座谈会征求、走访征求、党日活动征求和矛调中心征求，百分百收集群众诉求、意见和建议。规范处理流程，对收集到群众诉求、意见和建议，坚持解决问题与解释说明相结合，做好分类分级解决和细心耐心解释，及时对意见进行处理。

【深化“微民生实事”】 以民生需求为导向，继续深化“微民生实事”工作，组织各级人大代表通过人大代表联络站、网上联络站、走访选民、代表小组活动等方式，收集群众要求强烈的“微民生实事”建议和意见，解决群众反映的囿于单个项目资金量小、审批程序过长、相关政策支持欠缺等因素影响而无法及时落实的急事、难事、小事。同时组织代表以视察、专题调研、听取汇报等方式，督促政府及相关部门及时处理，打通影响项目推进的堵点，确保项目顺利实施。2021年，帮助解决一批诸如消防池塘提升、候车厅建设、人行道修复、公路路灯安装、公路挡墙修复等百姓关注的“微民生实事”23件。

【首次听取人大街道工委工作报告】 4月6日，浦江县人大常委会召开第四十次会议，首次听取浦阳街道、仙华街道、浦南街道三个街道人大工委2020年工作情况和2021年工作计划。会议要求各人大街道工委要以落实《浙江省街道人大工作条例》为抓手，紧紧围绕中心，服务大局，积极履行法律规定的各项职责。

【县乡人大换届选举】 县乡人大代表换届选举共划分县级选区122个，乡镇级选区314个，于12月22—24日各选区同步进行选举，共有33万余名选民以无记名投票和差额选举的方式，选举产生新一届县级人大代表239名，乡级人大代表754名，所有县、乡人大代表都顺利选出，且均一轮当选，平均参选率99.86%，平均得票率98.69%。

重要会议

【浦江县第十四届人民代表大会第五次会议】 2月1—3日，浦江县第十四届人民代表大会第五次会议召开。会议通过《关于浦江县人民政府工作报告的决议》《关于浦江县国民经济和社会发展第十四个五年规划和二〇三五年远景目标纲要的决议》《关于浦江县2020年国民经济和社会发展计划执行情况与2021年国民经济和社会发展计划的决议》《关于浦江县2020年财政预算执行情况和2021年财政预算的决议》《关于浦江县人民代表大会常务委员会工作报告的决议》《关于浦江县人民法院工作报告的决议》《关于浦江县人民检察院工作报告的决议》。县委副书记、代理县长戴翀代表县人民政府向大会作工作报告。

【县人大常委会会议】 1月22日，县十四届人大常委会第三十七次会议召开。会议听取审议县人民法院有关人事议案，经表决，任命71人为浦江县人民法院人民陪审员。听取审议县政府关于2020年民生实事项目完成情况的工作报告和2021年民生实事候选项目情况的报告，书面审议2020年民生实事项目评估报告，表决通过2021年民生实事候选项目，并对2020年民生实事项目完成情况开展满意度测评。听取审议县政府关于浦江县2021年公共建设投资项目计划（草案）的报告，关于浦江县第十四届人民代表大会第五次会议的筹备情况，浦江县第十四届人民代表大会第五次会议有关人员名单（草案），表决通过浦江县人大常委会工作报告稿，浦江县第十四届人民代表大会第五次会议列席人员名单，并同意将浦江县第十四届人民代表大会第五次会议有关人员名单（草案）提交浦江县第十四届人民代表大会第五次会议审议表决。书面审议浦江县第十四届人民代表大会第五次会议日程（草案），表决同意将日程（草案）提交浦江县第十四届人民代表大会第五次会议审议表决。书面审议“一府两院”工作报告稿，浦江县第十四届人民代表大会第五次会议选举办法(草案),2021年民生实事项目表决办法(草案),浦江县国民经济和社会发展第十四个五年规划和二〇三五年远景目标纲要草案,浦江县2020年国民经济和社会发展计划执行情况及2021年国民经济和社会发展计划(草案),浦江县2020年财政预算执行情况和2021年财政预算草案的报告,表决通过2020年度优秀县人大代表及优秀代表建议名单,确认2名县人大代表资格有效,补选1名金华市第七届人民代表大会代表。

1月30日,县十四届人大常委会第三十八次会议召开。会议表决通过县人民政府关于提请任免县人民政府组成人员的议案和有关辞职建议案。传达学习省人民代表大会精神,并就做好浦江县第十四届人民代表大会第五次会议提出明确要求。

2月3日,县十四届人大常委会第三十九次会议召开。会议表决通过有关辞职建议案,补选1名市人大代表。

4月6日,县十四届人大常委会第四十次会议召开。会议表决通过县人民政府、县人民法院有关人事提请,补选1名县人大代表。听取审议浦阳街道、仙华街道和浦南街道人大工委工作报告。

4月12日,县十四届人大常委会第四十一次会议召开。会议表决通过县人民政府有关人事提请。

6月18日,县十四届人大常委会第四十二次会议召开。会议听取审议县政府关于粮食安全保障情况的报告、关于生猪保供情况的报告、关于医疗保障体系建设情况的报告,表决通过县人民政府、县人民法院有关人事提请。

8月30日,县十四届人大常委会第四十三次会议召开。会议听取审议县政府关于2021年上半年全县经济和社会发展情况及下半年工作安排的报告、关于民生实事项目进展情况的工作报告、关于2021年上半年财政预算执行情况的报告、关于2020年度财政预算执行情况和其他财政收支情况的审计报告。书面审议县政府关于退役军人事务工作情况的报告、县法院和县检察院关于2021年上半年工作情况和下半年主要工作安排的报告。书面审查县政府关于2020年财政决算(草案)的报告,表决通过县人大常委会关于批准浦江县2020年财政决算的决议。表决通过县人大常委会党组和县人民政府有关人事提请、县人大代表辞职建议案、县人大常委会关于确定乡镇人大代表名额的决定。

9月30日,县十四届人大常委会第四十四次会议召开。会议表决通过县人大常委会主任会议、县人民政府有关人事提请、县人大代表辞职建议案、《浦江县人民代表大会常务委员会关于浦江县第十五届人民代表大会代表名额分配的决定》,补选5名县人大代表。

10月28日,县十四届人大常委会第四十五次会议召开。会议听取审议县政府关于"八五"普法规划编制情况的报告、关于2021年浦江县投资项目调整计划报告、县政府落实《浦江县人大常委会关于加快浦江县学前教育发展的决定》五年来的总体建设情况的报告、关于《浙江省粮食安全保障条例》贯彻落实情况的报告以及县人大常委会执法检查组关于《浙江省粮食安全保障条例》执法检查情况的报告。表决通过县人大常委会关于开展第八个五年法治宣传教育的决议,补选9名县人大代表。传达习近平总书记在中央人大工作会议上的重要讲话以及中央人大工作会议精神,全国人大常委会党组会议精神和贯彻中央人大工作会议精神部署会暨全省各级人大常委会主任学习会议精神。

11月29日,县十四届人大常委会第四十六次会议召开。会议表决通过县人大常委会主任会议、县人民政府、县人民法院、县人民检察院有关人事提请。表决通过关于县、乡两级人民代表大会换届选举的决定，关于设立县选举委员会的决定，关于设立街道选举领导小组、乡镇选举委员会的决定。传达中国共产党第十九届中央委员会第六次全体会议精神。

12月20日，县十四届人大常委会第四十七次会议召开。会议表决通过县人大常委会主任会议、县人民政府、县监察委员会有关人事提请和有关人事建议案。审议被评议员额法官、员额检察官的履职评议自查报告，“两官”履职评议工作小组的调查报告以及县法院、县检察院的表态发言，并对县法院、县检察院被评议对象开展满意度测评。书面审议4名市人大代表述职报告。审查批准2021年财政预算及地方政府债务限额调整方案的决定。

（薛　莲）

浦江县人民政府

综　述

2021年，浦江县实现地区生产总值262.3亿元，同比增长8.1%；一般公共预算收入24.09亿元，同比增长20.3%；社会消费品零售总额102.37亿元，同比下降5.1%；城乡居民人均可支配收入分别为55066元和28014元，同比增长10.3%和12.3%。慎终如始做好疫情防控，优化调整“平战一体”县级指挥长制度，迭代升级指挥部架构，组建一办一组十二专班，指挥部集中办公人员从23人增加到64人。落实落地“六大机制”建设，建成智能化综合指挥作战中心，开展县级“无脚本”应急演练4次。迭代升级浦江“E键安”微信小程序，创新增添“畅行码”模块。全年共完成3岁以上人群接种疫苗105.07万剂次，其中完成全程接种46.76万人，完成任务比例116.09%。

出台制造业高质量发展28条意见、招商引资10条措施和科技创新25条新政，成立浙江农林大学浦江水晶产业研究院，完成县域工业企业行业建模和工业经济大数据平台建设，修订工业企业亩均效益综合评价办法，开启新一轮制造业“腾笼换鸟、凤凰涅槃”。全年规模以上工业增加值同比增长17.1%，制造业投资同比增长35.4%、连续8个月排名全市前三，规模以上工业企业研发费用同比增长76.7%、排名全市第二，新增国家“专精特新‘小巨人’”企业2家、省级“专精特新”企业14家，新增国家高新技术企业24家、省科技型中小企业125家（完成市里下达任务的150%、138.9%），创新指数全省排名从85位提升至80位。紧抓新一轮国土空间规划调整“窗口期”，完成即可恢复地类整改1013.33公顷，开展工业用地有机更新和“新四破”试点，檀溪镇洪山等2村全域土地综合整治获评省级精品工程，全年争取新增用地指标67.59公顷，新供工业用地67.55公顷、消化批而未供土地121.6公顷、盘活存量建设用地115.37公顷、完成低效用地再开发90.78公顷；城市经营与土地出让同向发力，年内实现土地出让收入61.2亿元，同比增长71%。签约亿元以上制造业项目31个，同比增长19.2%，其中20亿元以上项目2个。探索城市建设片区化开发、公司化运作模式，谋划推动金塔片区、江南片区、檀溪科创谷、5G关联产业园等一批新平台，江南片区获批省商务领域共同富裕试点，水晶产业园区被评为省五星级园区(全市唯一)。光伏规模化开发建成并网项目229个、装机容量18.2兆瓦,抽水蓄能项目跻身国家抽水蓄能规划“十四五”重点实施项目。

农业“标准地”认定853.33公顷,新建高标准农田753.33公顷,整治抛荒田657.47公顷,粮食生产功能区提标改造200公顷;应用推广“智慧葡农一键通”,葡萄产值超12亿元,葡萄“超级农场”应用系统入围省发改委2021年数字赋能促进新业态新模式的典型平台,白马10万头商品猪现代生态养殖场建成投产,创建省级渔业健康养殖示范场1家。创建浦阳江国家湿地公园,获评全省深化“千万工程”建设新时代美丽乡村工作优胜县、首批大花园示范县、省清新空气示范区、省幸福河湖试点县,2021年度全省生态环境公众满意度位列全省第7、全市第2,全省“五水共治”工作群众幸福感连续五年排名全省前4、全市第1,捧获五水共治“大禹鼎”金鼎。涌现虞宅镇新光村、大畈乡上河村、杭坪镇薛宅村、白马镇嵩溪村等一批网红村,连续三年上榜全国县域旅游综合实力百强县,入选省旅游业“微改造、精提升”行动试点县。“上山文化”考古成果入选全国“百年百大考古发现”、国家大遗址保护利用“十四五”专项规划并亮相国家博物馆。连续三年获评全国县域数字农业农村发展先进县,入选省贸易调整援助试点地区和省商务厅“全球贸易云展会平台”项目先行示范点、省数字生活新服务样板县创建名单,位列全国直播电商区域发展指数百强县第64位。组建57个产业振兴党建联盟,合力推进170个共建项目,227个村全部完成总收入达到20万元以上且经营性收入达到10万元以上的省定目标任务;全县村级集体经济总收入达2.7亿元,经营性收入1.45亿元,分别同比增长14.99%和63.13%。

数字化改革五大综合应用上线运行,争取省级试点15项,总结形成54项制度成果和35项理论成果,推出数字化改革场景40项,其中:医保服务“跨域通办”等4项场景应用在省级现场会上交流发言;“智慧葡农一键通”参加全省数字社会路演,并入选省数字化改革成果展;告知承诺“极速办”被评为市改革突破奖并入围省改革突破奖初选项目,入选2021年度浙江省有辨识度有影响力法治建设成果。创新“告知承诺 极简极速”审批改革模式,精简流程材料70%以上,效率提升75%以上。先后实现258项事项“浦义通办”、318项事项“浦兰通办”、146项事项“浦金通办”、81项事项“跨省通办”;探索推行零基预算,严格实行预算项目库管理、预算编制多层次联审。大力推进国资国企改革,重组形成“1+4+X”国企架构,出台支撑县属国企市场化转型的系列政策与制度,全年国有资产总额同比增长21.06%,其中净资产同比增长19.9%;累计实现营业收入同比增长49.73%。与杭钢集团、上海闵行区浦江镇开展战略合作,全年实现外贸出口13.37亿美元、同比增长14.63%,实际利用外资1102.73万美元、完成率134%,新增外贸出口主体149家,“一带一路”沿线贸易国家达到59个。

通过全国文明城市创建省级测评,金塔片区开发有序推进,改造老旧小区10个,完成环城西路(江滨西路至人民路段)建设、东山路拓宽改造、园区小学南侧道路建设、白林安置区配套道路等工程,新增城区停车位896个,完成城区大桥路、东山路、观华路等41条道路2205盏路灯节能改造;完成污水管网建设改造8.5千米,新建雨水管网5千米,提标改造管网6千米,雨污分流改造管网7.5千米,清淤管网165千米;完成21个农污终端标准化运维改造和86个农污终端新建改造项目。公共绿地提档改升级,完成后溪水库连接线、东山公园、生态廊道同乐段、西溪等绿地的地被改造,完成3个“口袋公园”建设,浦阳江城区段生态综合治理工程完工。檀溪镇创建省级美丽城镇样板镇，郑家坞镇创建基本达标乡镇。杭温高铁二期开工建设，合肥至温州高速（桐庐至义乌段）工程纳入《国家公路网规划》《浙江省综合交通运输发展“十四五”规划》。

实验小学、杭坪镇中心小学两个课后托管服务案例获评省典型案例，全市唯一通过教育部组织的“全国学前教育普及普惠县”现场评估，高考重点线万人比上线率连续十一年位居全市前列。中医院迁建、人民医院改扩建工程加快推进，“双下沉、两提升”考核连续五年获省级优秀，连续三年获得健康浙江考核优秀。居家养老服务中心“一日三餐”覆盖率全省第一，全省率先实现“全国示范型退役军人服务站”乡镇级服务站全覆盖，全市率先实现“残疾人之家”乡镇（街道）全覆盖，全县医保户籍参保率超99.91%，大病选缴率89.24%，医疗救助政策落实率、困难群众资助参保率均为100%，企业职工基本养老保险参保人数同比增长8.96%、排名全市第2。垃圾分类“撤桶并点”“两定四分”工作持续推进，完成3.0版本投放点建设30个，改造投放点65个，生活垃圾资源化利用率、无害化处置率100%。

创新推出丰安微协商、乡贤评理堂、孝义调解室等基层特色品牌，出台《关于做好新时代系统推进领导干部下访接访工作的实施意见》，构建“源头治理、递进负责、逐级兜底”的矛调中心工作机制，乡、村二级矛调中心（站）调解成功率99.8%。全县“金钟罩”防诈App安装率75.05%、“国家反诈中心”App安装11.5万人，电信网络诈骗发案数同比下降13%，创建国家级民主法治村（社区）1个、省级8个、市级91个，创建覆盖率位列全市第1。构建“清朗浦江”网络平台，收集各类诉求建议11600余条，办结率、满意率分别为99%和96%。好家风评价体系推动基层“三治”融合入选人民日报社主办的“献礼建党百年——基层党建与民生发展”优秀案例。以全省县（市、区）平安建设综合考核第一名的优异成绩，成功实现平安浦江“十六连冠”，获“2017—2020年度平安中国建设示范县”称号。

（陈东钢）

政府常务会议

【浦江县第十四届人民政府第70次常务会议】 1月13日召开。会议研究浦江县2020年财政预算执行情况和2021年财政预算（草案）、2021年政府工作报告（送审稿）、2021年政府民生实事（送审稿）、2021年投资项目计划（送审稿）、2021年国民经济计划报告（送审稿）、行政规范性文件整改方案、《浦江县科技创新创业投资基金管理办法（送审稿）》《浦江县道路交通事故社会救助基金管理办法（送审稿）》、县建设局与浙江省浦江高峰管道燃气有限公司签订特许经营权补充协议相关事宜。

【浦江县第十四届人民政府第71次常务会议】 1月19日召开。会议传达学习上级关于科技工作相关要求、习近平总书记在中央政治局第二十五次集体学习时关于加强知识产权保护工作的重要讲话精神，听取白石湾抽水蓄能电站项目相关情况汇报，研究《浦江县国民经济和社会发展第十四个五年规划和二〇三五年远景目标纲要草案（送审稿）》。

【浦江县第十四届人民政府第72次常务会议】 1月26日召开。会议学习《深入认识行政应诉，提升依法行政能力》法律宣讲，研究《浦江县郑宅镇初级中学以北地块控制性详细规划》《郑宅镇前店村以南地块控制性详细规划》。

【浦江县第十四届人民政府第73次常务会议】 2月7日召开。会议学习省委巡视办《关于移交处置巡视发现共性问题的函》相关内容，听取《浦江县2020年法治政府建设年度报告》，研究浙江浦江抽水蓄能电站项目签订建设合作意向书事项、关于合作出资开展浙江浦江抽水蓄能电站项目预可行性研究及可行性研究工作事项。

【浦江县第十四届人民政府第74次常务会议】 3月2日召开。会议传达学习《浙江省人民政府办公厅关于印发〈2021年政府工作报告重点工作责任分解〉的通知》《市政府工作报告2021年重点工作责任分解（征求意见稿）》，听取《2020年全县败诉案件备案情况专题报告》，研究《浦江县贯彻落实第二轮中央生态环境保护督察反馈问题整改方案》、《月泉书院东侧地块控制性详细规划》和月泉书院东侧地块用地红线和规划条件、《浦江县虞宅乡下湾村拟出让地块控制性详细规划》、《杭温铁路（浦江段）电力线路迁改工作方案》调整事项。

【浦江县第十四届人民政府第75次常务会议】 3月14日召开。会议研究浦江县城镇开发边界划定方案、《浦江县郑宅镇玄鹿路以西、岩郑路以北地块控制性详细规划》。

【浦江县第十四届人民政府第76次常务会议】 3月19日召开。会议学习《中华人民共和国森林法》《风景名胜区管理条例》，研究2021年政府系统建议提案交办方案、《浦江县郑家坞镇351国道南侧地块控制性详细规划》《浦江县郑家坞镇吴一地块控制性详细规划》《浦江县照明发展专项规划（2020—2035年）（送审稿）》。

【浦江县第十四届人民政府第77次常务会议】 3月25日召开。会议听取能源双控工作汇报，研究《中燃能源智能装备产业基地项目》等3个投资框架协议、浦江县全面深化国企改革发展实施方案。

【浦江县第十四届人民政府第78次常务会议】 4月18日召开。会议点评一季度县乡两级政府工作亮点与不足，听取了省、市、县民生实事进展情况汇报、一季度非预算内容清单的通报，研究《浦江县人民政府办公室关于公布行政规范性文件清理结果的通知》《浦江县人民政府办公室关于打造以告知承诺为核心的极简极速审批办事模式工作方案》及《浦江县实行告知承诺制证明事项清单（第一批）》《浦江县大畈乡小黄坛垃圾焚烧发电配套炉渣处置项目地块控制性详细规划》、浦江县农村乱占耕地建房问题专项整治三年行动方案。

【浦江县第十四届人民政府第79次常务会议】 5月6日召开。会议传达学习《浙江省防止领导干部违规参与民间借贷行为规定（试行）》，研究《浦江县粮食生产扶持政策》《浦江县2021年度"珍爱生命、远离车祸"道路交通安全大会战实施方案（送审稿）》，修订《浦江县体育竞赛奖励办法》。

【浦江县第十四届人民政府第80次常务会议】 5月19日召开。会议学习《中华人民共和国行政处罚法》，研究《关于加快制造业高质量发展的若干意见（送审稿）》、《浦江县建设工程渣土消纳场地规范化运营若干意见（送审稿）》、《浦江县强化招商引资工作十条措施（送审稿）》、《浦江县郑宅镇玄鹿路以西、岩郑路以北地块控制性详细规划》、《浦江县郑宅镇宋濂大道以南、岩郑路以北地块控制性详细规划》、《浦江县岳塘水库以南地块控制性详细规划修改》、《浦江水晶小镇控制性详细规划》修编方案、《浦江县企业统计基础规范化建设意见(送审稿)》。

【浦江县第十四届人民政府第81次常务会议】 6月8日召开。会议研究《深化生态文明示范创建高水平建设新时代美丽浦江规划纲要(2020—2035年)(送审稿)》《浦江县复合布行业挥发性有机物污染治理工作方案(送审稿)》《浦江县村级集体经济巩固提升三年行动计划方案》有关事项。

【浦江县第十四届人民政府第82次常务会议】 6月17日召开。会议传达学习习近平总书记关于粮食安全重要论述和重要指示批示精神、全省碳达峰碳中和工作推进会主要精神。研究浦江县全面实行告知承诺制改革配套制度、《黄宅镇黄宅中学北侧区块控制性详细规划》、《关于加快科技创新推动高质量发展的若干意见(送审稿)》、《浦江县房地产市场平稳健康发展长效机制方案(送审稿)》、水晶产业园区部分厂房转让事宜。

【浦江县第十四届人民政府第83次常务会议】 7月1日召开。会议解读学习农村土地经营权流转管理办法,研究《浦江县幸福河湖试点县建设实施方案》、浦江县突发事件总体应急预案、《浦江经济开发区"片区3"区块控制性详细规划修改》、浦江县新增百万亩国土绿化建设规划(2020—2024年)。

【浦江县第十四届人民政府第84次常务会议】 7月15日召开。会议研究《浦江县推进清廉医院建设五年行动计划(2021—2025年)》、浦江县进一步加强塑料污染治理实施办法、《浦江县推进建筑工业化发展实施细则(送审稿)》、《浙江省浦江水晶产业创新服务综合体建设实施方案(2021—2023年)(送审稿)》。

【浦江县第十四届人民政府第85次常务会议】 7月22日召开。会议研究《浦江县郑家坞镇老火车站区块控制性详细规划修编》《浦江县工业企业亩均效益综合评价办法(送审稿)》。

【浦江县第十四届人民政府第86次常务会议】 7月30日召开。会议学习《中华人民共和国民法典》对依法行政的新要求,审议《浦江县工业经济高质量发展"十四五"规划》,研究《浦江县创建国家农产品质量安全县工作实施方案(送审稿)》、浦江县政策性融资担保业务管理暂行办法修订事宜、《浦江县农村公路养护与管理办法》。

【浦江县第十四届人民政府第87次常务会议】 8月5日召开。会议研究《浦江县整县推进光伏规模化开发试点工作方案》,审议《浦江经济开发区"十四五"发展规划》。

【浦江县第十四届人民政府第88次常务会议】 8月19日召开。会议传达省委、省政府关于中央预算执行等审计查出问题整改相关会议精神,听取浦江县2020年度财政预算执行情况和其他财政收支情况的审计的报告、2020年度营商环境评价情况汇报,审议《浦江县气象探测环境保护专项规划(2020—2035年)(送审稿)》《浦江县生态环境保护"十四五"规划(送审稿)》《浦江县行政败诉案件过错责任追究程序规定(试行)(送审稿)》,研究《关于进一步落实工业项目"拿地即开工"审批的通知(送审稿)》《浦江县粮食生产功能区整治优化工作方案(送审稿)》。

【浦江县第十四届人民政府第89次常务会议】 9月2日召开。学习"双减"相关政策法规,研究《浦江县理合堂地块控制性详细规划》、因落实督查整改要求需要对黄宅镇古塘村休闲养生等坡地村镇项目部分规划条件和出让条件进行变更的方案、《浦江县制造业数字化转型试点示范实施方案（送审稿）》，听取2021年省委生态环境保护专项督察迎检筹备工作汇报。

【浦江县第十四届人民政府第90次常务会议】 9月23日召开。会议传达学习《中华人民共和国安全生产法》和全省集中隔离场所规范管理工作视频会议、省政府关于疫情防控专题会议、全国新冠肺炎和流感等秋冬季重点传染病防控视频会议精神，研究《浦江经济开发区“片区6、片区7”区块控制性详细规划编制》《浦江县白马镇第三期拟供地块控制性详细规划BMSQDK-01地块修改》《一川公司檀宫资产申请仲裁退回方案（送审稿）》、给予浦江中学等学校嘉奖的事宜、做好“十四五”期间森林采伐限额管理工作相关事宜。

【浦江县第十四届人民政府第91次常务会议】 9月29日召开。会议书面学习《浙江省委书记袁家军在2021年世界互联网大会乌镇峰会开幕式上的致辞（摘要）》，研究《浦江县城区管线管理办法（送审稿）》《浦江县成品油分销体系“十四五”发展规划（送审稿）》，听取诗画小镇项目相关行政许可撤销事宜的汇报。

【浦江县第十四届人民政府第92次常务会议】 10月21日召开。会议书面学习习近平总书记重要文章《扎实推动共同富裕》和《人民日报》评论员文章《复兴征程上一座巍然屹立的里程碑——论学习贯彻习近平总书记在纪念辛亥革命110周年大会上重要讲话》，学习《中华人民共和国乡村振兴促进法》，听取营商环境评价“无感监测”指标情况汇报，研究《浦江县工业厂房有条件改扩建相关问题处置工作流程（试行）（送审稿）》《浦江县公共租赁住房保障管理办法（修订稿）》《浦江县环城西路建设工程浦江加油站区块国有土地上房屋征收补偿方案（征求意见稿）》《关于在全县公民中开展法治宣传教育的第八个五年规划（2021—2025年）（送审稿）》《浦江县杭坪镇杭坪村210省道两侧地块控制性详细规划》和2021年浦江县投资项目调整计划。

【浦江县第十四届人民政府第93次常务会议】 11月11日召开。会议书面学习《求是》杂志发表的习近平总书记重要文章《坚定理想信念 补足精神之钙》，审议《浦江县矿产资源规划（2021—2025年）（报批稿）》，研究《浦江县住房和城乡建设事业发展“十四五”规划（送审稿）》《关于划定浦江县高排放非道路移动机械禁止使用区的通告（送审稿）》《关于划定浦江县高排放柴油货车禁行区的通告（送审稿）》《浦江县浦阳街道善庆郊野单元控制性详细规划》《浦江县白马镇浦东工业园区张弓塘地块控制性详细规划》《浦江县白马镇夏张村以南、原方圆针织厂地块控制性详细规划》和金狮湖东侧地块项目设计方案商业地块（B区）的建筑高度调整。

【浦江县第十四届人民政府第94次常务会议】 11月16日召开。会议研究文景园区块两地块政策处理事宜、《浦江县科技发展“十四五”规划（送审稿）》、浦江县开发区（园区）整合提升实施方案、《浦阳街道同乐路南侧地块控制性详细规划》、《浦江经济开发区“片区8-11”区块控制性详细规划修改》、《浦江水晶小镇控制性详细规划》修编方案。

【浦江县第十四届人民政府第95次常务会议】 12月2日召开。会议书面学习《求是》杂志发表的习近平总书记重要文章《坚持用马克思主义及其中国化创新理论武装全党》，传达省委十四届十次全会精神、全省全域“无废城市”建设工作现场推进会会议精神，学习《中华人民共和国预算法》，听取2021年度政务公开工作情况汇报，审议《浦江县综合交通运输发展“十四五”规划（报批稿）》。

【浦江县第十四届人民政府第96次常务会议】 12月13日召开。会议研究诗画小镇项目后续整改事宜。

【浦江县第十四届人民政府第97次常务会议】 12月23日召开。会议书面学习《求是》杂志发表的习近平总书记重要文章《深入实施新时代人才强国战略加快建设世界重要人才中心和创新高地》，传达学习全省疫情防控冷链食品物防工作视频调度会精神，研究浦江县2022年度松材线虫病防治工作实施方案相关事宜，审定浦江县城镇标定地价、集体建设用地基准地价、农用地基准地价三个地价体系和《亚太大道与万苑路交叉口西北地块控制性详细规划》《浦江县仙华街道方宅供能站地块控制性详细规划》《浦江县大畈乡供能综合站地块控制性详细规划》《大畈乡柳秀坑口村地块控制性详细规划》《浦江县国有企业投资和承接政府投资项目监督管理办法（送审稿）》。

（季程隆）

重要政事

【招商引资】 深入实施《浦江县招大引强攻坚三年行动计划》，出台《强化招商引资十条举措》，设立驻杭州、上海、深圳、北京4个驻点招商招才局，派出驻点招商人员23人，累计走访企业480余批次，陪同企业回浦考察15批次，报送项目信息43条。项目到位资金：2021年1—9月重大产业项目到位资金22.46亿元，完成市下达24亿元年度任务的93.58%，其中制造业项目到位资金13.61亿元，完成市下达16亿元年度任务的85.06%。预计全年到位资金28亿元，完成市下达24亿元年度任务的116.67%，其中制造业项目到位资金17亿元，完成市下达16亿元年度任务的106.25%。项目招引情况：1—9月，共签约亿元以上项目34个，项目总投资160.54亿元，其中3亿元以上项目14个，项目总投资133.4亿元，完成市下达引进12个3亿元以上项目考核任务的116.67%；20亿元以上项目3个，项目总投资71亿元，完成市下达引进1个20亿元以上项目考核任务的300%。预计全年可引进亿元以上项目37个，项目总投资超192亿元。

【重大项目】 对重点项目早谋划、早储备，不断加大项目储备谋划和资金争取工作力度，向上争取资金6916万元。其中保障性安居工程老旧小区改造项目6433万元，单领域争取资金额度全省第四；2021年诗路文化带建设资金223万元；2021年度省级新能源汽车推广应用财政奖补资金260万元；地方政府专项债券资金0.8亿元。抽水蓄能项目成功列入国家“十四五”规划，投资预估算约为77亿元，规划建设装机规模120万千瓦。争取新增用地指标67.58公顷；供应国有建设用地78.17公顷，实现土地出让金收入48.98亿元、同比增长21.16%；推进工业用地有机更新和“新四破”工作，消化批而未供土地33.39公顷，完成率83%，盘活存量建设用地53.84公顷，完成率201%，完成低效用地再开发90.78公顷，完成率226%；全年预计新供工业用地73.33公顷以上。

【开启共富新篇】 全力推进浦江高质量发展推进共同富裕先行示范工作，成立浦江共同富裕领导小组，梳理、推进“四张清单”，全力落实省市工作部署。全方位落实义浦同城战略合作，梳理、推进义浦两地战略合作事项。强化区域协作。与四川金口河区缔结友好县区，帮助四川省农村劳动力到浦江县就业1996人（任务数525人）、脱贫人口到浦江县就业数193人（任务数53人）；协助金华市开展“婺爱秦巴”助力脱贫攻坚、乡村振兴；与上海市浦江镇开展“双浦江”战略合作。

【加快项目攻坚】 打造“谋划—推进—保障”项目工作闭环。依托项目全生命周期管理系统，对项目实行全过程、可量化、闭环式管理。2个省重点项目完成率为47.7%；28个市重点项目完成率为108.1%，列全市第二；3个省集中开工项目完成率为135.3%，统计入库完成率为100%。开展全县重大项目“百日攻坚”行动。开展全县重大项目建设“百日攻坚”，推行项目“完工投用、进度推进、落地开工、统计入库”四大行动。攻坚期实现项目完工投用3个；实现项目投资30.94亿元；完成项目落地开工16个；完成项目统计入库15个。开展项目建设每月进度“四色比拼”。按照县重点项目“红旗奖”“蜗牛奖”实施方案、县投资项目争先创优竞赛活动方案开展竞赛活动，三季度全县160个重点项目年度累计完成投资78.87亿元，投资完成率51.4%，固定资产投资增速14.7%，比二季度提升9.2%。

【数字化改革】 强化数据归集共享。一体化智能化公共数据平台上线试运行，为数字应用提供数据支撑。归集乡镇（街道）、公安局、药店等8万路左右视频数据，配合省局统建一体化数字资源系统（IRS）。梳理出180个信息系统，在梳理中产生烟火识别、下泄口识别、水花识别3个高质量组件，上架IRS组件超市。完成95个应用与数据目录、组件目录、云资源目录、项目信息相关联。编制625条数据目录。建成人口和企业2个专题库，13个数据仓。完成安全生产、社保缴费明细查询等300类高频数据回流工作，共归集6.3亿条数据。提升数据资源的丰富度。为全县的“极速办”系统、浦江县投资项目全周期管理系统等重点应用提供200余个实时数据共享接口，自建浦江数据接口79个，为网上办、掌上办、自助办等应用服务提供基础数据支撑。加强数字应用跟进。支撑多跨场景应用。争取省级试点4个，分别为数字展览“浦慧展”应用场景、数字生活新服务标杆县创建、农村客运出行服务数字应用、“丰安兵事”数字应用；4个市指定在浦江先行先试的省级试点，分别为零售药店全场景智控系统、“小个专”党建云平台、化妆品监管“综合查一次”改革、“老兵码”场景化应用。探索“数字孪生”体系。建设40平方千米三维地图，对城市进行网格化精细治理，协助政府科学决策，达到“一屏观全城，一图掌全局”效果。建设城市防汛防旱应急指挥“数字孪生”系统，归集浦江县山塘水库360多路视频监控，库容量、水位数据，全县各乡镇雨量检测站数据，浦阳江水质检测站数据，形成城市防汛应急指挥“数字孪生”系统。

（潘　捷）

【工业经济发展】 全县上下统筹做好疫情防控和经济社会发展，聚力打赢实体经济翻身战，实现“十四五”良好开局。2021年，浦江县全年工业总产值突破500亿大关，达到554.08亿元；工业增加值突破100亿大关，达到101.52亿元，占GDP比重38.7%，对GDP贡献率达到56.3%。规模以上工业总产值248.25亿元，同比增长30.1%，与2017年相比翻了一番，其中规模以上工业增加值完成46.31亿元，同比增长17.1%，且连续九个月增速排名全市前三。1—12月，全县完成工业投资32.16亿元，同比增长16.5%，增速排名全市第五，高于全市增幅5.3个百分点；制造业投资29.35亿元，总量接近永康市，远超武义县，同比增长35.4%，增幅排名全市第三，高于全市增幅23.3个百分点；工业技改投资11.15亿元，同比增长45.7%，增幅排名全市第三，高于全市增幅22.8个百分点。

【数字经济提升】 全县战略性新兴产业实现增加值2.69亿元，同比增长25.4%，增幅排名全市第五。数字经济核心制造业增加值累计完成2.4亿元，排名全市第九；同比增长22.1%，排名全市第六。申报省级数字生活新服务样板县试点（金华市仅浦江入选），获专项激励资金340万元。入围“全球数字贸易云展会平台”项目应用场景先行示范点（全省县级示范点仅2个名额），“浦慧展”数字贸易云展会平台端功能完成迭代更新开启试运行，在“浙政钉”端口上线，获省多跨协同优秀示范荣誉。浙江杭机股份有限公司入选省级未来工厂试点建设名单，其“5G+高精磨床未来工厂项目”被评为2021年浙江省数字经济“新制造”优秀案例、4米非球面数控光学组合加工中心机电系统被列入浙江省首台（套）产品工程化攻关重点项目名单。

【市场主体培育】 新增国家“专精特新‘小巨人’”企业2家、省级“专精特新‘小巨人’”企业14家，新增股份制企业7家，完成小升规企业190家，实现月度升规38家，规模以上企业总数536家，规模以上工业亩均税收增速、亩均增加值增速分别为7.03%和16.97%。组织亿元以上企业“三学新昌”，累计举办企业培训18场，培训2000余人。兑现2020年度工业扶持政策资金2.47亿元，惠及企业1090家，进一步支持企业做大做强。浙江红颂新材科技有限公司被评为2021年新一代信息技术与制造业融合发展试点示范企业。浙江赛璞环保科技有限公司、浦江海工机械有限公司被评为省级“装备制造业重点领域首台（套）产品”获奖企业，浙江天晨胶业股份有限公司被评为市级“放水养鱼”十大标杆企业，浙江浦江伯虎链条股份有限公司被评为市级产业链协同创新示范项目实施企业，恒昌集团有限公司的智慧印染智能工厂项目被评为市级智能化技术改造项目。

【小微园建设】 累计开工建设小微企业园16个，建成投用10个，浦江开发区在省级开发区排名提升9个位次，浦江县水晶产业园区入选2021年省五星级小微企业园名单。

【贸易发展】 全年实现外贸进出口总额13.77亿美元，同比增长16.91%。其中，外贸出口13.37亿美元，同比增长14.63%，增幅排名列全市第6位，出口占全国比重0.398‰，出口占全国份额完成度102.21%，完成率全市排名第5。4月起连续9个月单月出口超1亿美元，外贸出口平稳增长。新增外贸出口主体149家，出口超千万美元企业22家，同比增加14家。实际利用外资1102.73万美元，完成率134%。组织85家企业参加17场网上出口交易会及线上广交会，组织125家次企业参加上海家纺展、海南首届国际消费品博览会、国际消费品博览会、进博会和线下广交会。浦江县被确定为浙江省贸易调整援助试点地区，是金华地区唯一一个试点县，获得专项资金200万元。浦江县“消费品供应链新服务助力县域共富”项目入选浙江省商务领域共同富裕试点项目。

（楼　璇）

【文旅富县】 成立旅游工作专班、上河景区应急专班等，以专班化运作机制推进全县文化和旅游发展。顺利通过浙江省全域旅游示范县复评，新增景区镇5个。推进万年“上山文化”村、罗家源旅游风景区、万豪酒店、茜溪海华大酒店、山明美术院改扩建等文旅项目，总投资额超过200亿元。连续三年上榜全国县域旅游综合实力百强县，2021年度名列全国县域旅游综合实力百强县第42位，在上榜县（市、区）中排名全省第23位。

【“微改造、精提升”行动】浦江县被选为省旅游业“微改造、精提升”行动试点县，山明美术院和上山考古遗址公园被选为单项试点单位。完成《浦江县旅游业“微改造、精提升”试点县五年行动计划（2021—2025年）》、试点县实施方案制定，大力实施精致体验、精良设施、精美环境、精心服务、精细运营“五精工程”。全年完成项目58个，累计投资2.91亿元。

【公共文化服务水平实现重大突破】 全省公共文化服务排名实现“三级跳”，由2018年度的全省85名跃升至2020年度的19名。大畈乡综合文化站、虞宅乡新光村被公布为省公共文化场馆功能拓展先行先试单位。大畈乡被评为省“戏曲之乡”。

【“上山文化”遗址群申遗工作启动】 在“上山文化”考古成果进省展的基础上，举办“稻·源·启明——浙江“上山文化”考古特展暨万年浙江与中华文明”学术座谈会。中央电视台新闻频道、中央电视台新闻客户端等多家知名媒体进行全方位报道。上山遗址入选“百年百大考古发现”、国家文物局大遗址保护利用“十四五”专项规划和第十批省社会科学普及基地。

【文化民生实事】 完成金华市民生实事积极建设“全民阅读”活动场所工作，提升6个乡镇（街道）综合文化站图书室，实现图书通借通还功能，“e家书房”进社区、进农村文化礼堂共计100家。开展歌咏比赛、浦江乱弹音乐会、书画展等中国共产党成立100周年系列庆祝活动。举办全民阅读节、百场文艺送戏下乡、文化和自然遗产日等活动，2021浦江·第十四届中国书画节秉承“节俭办会”和“疫情防控”的原则，共安排三大版块10项活动，线下参与10.68万人次，线上参与197.95万人次。

【体育民生实事】 完成省民生实事努力打造城市社区“10分钟健身圈”各项任务，新增体育公园（体育设施进公园）1个、足球场（含笼式）1个、中心村全民健身广场1个、社区多功能运动场4个、百姓健身房4个。承办省青少年田径锦标赛、省青少年足球冠军赛、县第十七届运动会等大型体育活动。2021年9月25日，浦江籍皮划艇运动员王丛康与队友卜廷凯组成的奥运联合队勇夺第十四届全运会男子1000米双人皮艇决赛冠军。在东京奥运会上，王丛康组合杀进八强，创造中国队在奥运史上的最佳名次，并在预赛中划出中国队在该项目上的历史最好成绩。

【文化基因解码工程】 完成20项重点文化基因的信息采集和网上录入，395条文化元素梳理、审核和系统填报工作。开展2021年度11项解码项目的报告撰写工作。“上山文化”入选首批“浙江文化标识”培育项目，“上山文化”、仙华山传说、江南第一家、浦江书画被评为优秀解码项目。

【“双拥”工作】 县退役军人服务中心被评为全国退役军人事务系统先进单位，先后成立老班长工作室、兵驿站、老兵讲堂、兵创基地、红色课堂等社会组织。2021年，新增“新时代枫桥式”退役军人服务站21家，“全国示范性”考核退役军人服务站全域通过。

【为农服务】 完成277家县农合联会员数据库的更新工作，基本完成数字农合联基础平台建设。牵头成立浦江县枇杷产业农合联，首批吸收会员61人，搭建枇杷产业社会化服务和共建共享平台，助推产业振兴和农民增收。以提升供销合作社为农服务能力为根本，建立县供销合作发展基金50万元，用于委托、购买服务和补助奖励等为农服务事项。依托浦江浙农农业科技服务公司，持续做好农业社会化服务，完成15个乡镇（街道）的村级综合服务社建设，并设立农资销售（联络）点，年度配送各类肥料和农药2300余吨，配方施肥2.5万亩，统防统治面积5000亩次，无人机作业面积7000亩次。举办阳光玫瑰花期管理、葡萄疏花疏果技术、农产品经纪人、抖音短视频等培训6期，参与1200余人次。

（李孟林）

【政法队伍教育整顿】 2021年，县公安局有力有序开展政法队伍教育整顿工作，走在全县政法系统各单位和全市公安机关前列，省委第六驻点指导组先后三次下沉调研指导工作，均给予充分肯定。黄宅派出所作为全市唯一派出所在教育整顿顽瘴痼疾推进会上作交流发言。

【“三能”主题教育实践活动】 8月，县公安局开展“三能”主题教育实践活动，统筹推进“三个环节”“四大行动”，在全市率先举行“三能”教育基地揭牌仪式，全市“三能”主题教育实践活动现场会在浦江召开。县公安局拍摄的微电影《你是谁》入选“学习强国”，并获得省公安厅二等奖。

【社会治安】 将电信网络诈骗防范纳入全县十大民生实事。全县“金钟罩”防诈App安装率75.05%、“国家反诈中心”App安装11.5万人。电信网络诈骗发案841起，同比下降13%。抓获网络电信诈骗犯罪嫌疑人316名，同比上升5%，移送起诉电信诈骗嫌疑人272名。组织开展6次社会面清查集中统一行动，全力做好设卡盘查、安全检查、隐患整治、人员管控等工作，共出动警力3517名，检查行业场所单位2368家，清查各类人员3108人次，发现并整改安全隐患327处，抓获违法犯罪嫌疑人57人。打击处理黄赌犯罪嫌疑人244名，同比上升38.6%；移送起诉204人，同比上升117%；行政拘留427人，同比上升41.4%，办理国督案件2起，省督和市督案件各1起。

【交通管理】 全县发生各类道路交通事故28984起，其中伤人事故5605起，受伤5801人；发生死亡事故34起，同比下降24.44%，造成34人死亡，同比下降26.09%。查处各类交通违法行为303763起，其中酒驾778起、醉驾189起，现场纠违75112起。每周二、周四早晚高峰期开展“礼让斑马线”文明劝导活动，劝导纠正不文明交通行为3.5万余起。搭建交通事故数字化快处平台，通过“视频固证、电话引导、路警协助、App快办”对财损交通事故开展远程处置。2021年共快处各类交通事故5066起，占交通警情总数的32.6%。开展“路口革命”专项行动，完善路口开口安全设施。交警大队将排查出的1737处路口开口隐患及整改措施建议报送至县道路交通安全办公室，并积极推动党委政府开展治理，于12月底全部整改完成。

（黄寒丹　朱剑斐）

【社会运营成本不断降低】 开辟非公司债、非公开定向债务融资工具PPN、美元债、债权融资计划、理财直融工具等融资新渠道，形成直接融资与间接融资、长期贷款与短期贷款互补的新局面，并成功将融资成本下降80BP以上，同比减少6000万元。

【项目招引】 2021年，由国有企业投资的基础设施建设和民生项目总投资额约89.5亿元，完成年度投资额17亿元。

【“产学研”科技交流合作】 开展“揭榜挂帅·全球引才”活动，主动融入G60科创走廊，组织19家企业参加G60产业联盟科技对接活动，达成合作项目7项。持续推进“揭榜挂帅·全球引才”，累计发布企业技术难题榜单152个，揭榜68个、总榜额2427万元，兑榜33个、总榜金641万元，与全国32所高校的人才团队建立互利互赢的合作关系。浙江博开机电科技有限公司“极大规模集成电路制造装备及成套工艺”项目列入国家科技重大专项(02专项)，获国家和省配套1400万元资金支持。

【浦江县餐饮行业协会成立】 3月11日，浦江县餐饮行业协会成立，协会共有会员240名，包括餐饮单位225家、食品类企业10家、学校等其他相关行业3家、个人会员2名。

【企业综合服务中心成立】 3月25日，县市场监督管理局成立企业综合服务中心，该中心实行线上线下“一站式”服务，为企业提供注册登记、商标注册、专利申请、标准制修订、商业秘密保护、质押融资、认证、工业许可证办理、计量检定校准、产品检验检测、特种设备使用登记等所有市场监管领域涉及工业企业方面的职能服务。

【“好商风”专项贷款】 3月25日，县市场监督管理局联合县农商行推出“好商风”贷专项贷款，为全县“好商风”经营户群体提供授信额度10亿元。县市场监督管理局根据经营户证照情况、食品安全、商品质量、服务质量、消费者权益保护、社会公德、社会责任、信誉状况等多个指标定期评选“好商风”经营户，引导小微企业和个体工商户树立良好的市场信誉和诚实守信形象，助力文明城市创建。

【浦江三思光电技术有限公司涌泉小组获“金华市优秀质量管理小组”一等奖】 5月13日，2021年度金华市优秀质量管理小组及质量信得过班组成果发布会在金华召开，浦江三思光电技术有限公司涌泉小组获“2021年度金华市优秀质量管理小组”一等奖，是浦江县企业首次获得该奖项一等奖。

【《工艺水晶饰品》国家标准发布】 10月11日，浦江主导修订的国家推荐性标准《工艺水晶饰品》GB/T28796—2021正式发布实施。新修订的标准为生产企业生产质量控制、产品检测提供了科学依据，为发展国际贸易提供了可执行的依据。县市场监督管理局积极推动各行各业开展标准制定工作，截至2021年，共制定发布国家标准3个、行业标准2个、团体标准6个、“浙江制造”团体标准7个。

（周　汀）

【国省道建设】 国省道管理经验走在全省前列，承办全省普通国省道一级公路平面交叉治理现场会，交流351国道、210省道平面交叉控制管理经验，获一致肯定。普通国省道工程建设管理经验专报获得副省长高兴夫批示肯定。全县所有普通国省道一级公路平交叉口平均间距符合省级最新规范，达到2.83千米，远高于当时全省平均间距0.86千米。351国道实现提质提速，回应人大代表、群众诉求，

351国道浦江段霞岩隧道至联盟互通路段小型载客汽车标志运行速度由80千米/小时提高至90千米/小时，提升国道通行效率，赢得百姓称赞。解决历史遗留问题，完成351国道浦江段郑家坞镇路段路面工程、亮化工程，实现351国道主线全线贯通。

【重大交通项目】 配合推进杭温高铁二期浦江段工程，实现全面开工，完成全年投资任务。浦义快速路（219省道浦江浦南至义乌上溪段）工程列入省市"十四五"规划，完成初步成果，初步线位获浦义两地基本认可，初步设计深度用地红线提交县自然资源局调整永久性基本农田。合温高速桐浦义段工程由省交通运输厅主导推动，列入《国家高速公路网规划（征求意见稿）》，完成线位规划论证，发布项目工程可行性报告、咨询招标公告；涉铁先行段实施方案上报省交通厅。351国道联盟至兰溪界段工程可行性研究报告正式上报省发改委。235国道浦江郑家坞段工程完成工程可行性研究报告审查。根据市政府统一部署，推动形成"金义新区—义乌—浦江"高速免费通行圈，让人民群众进一步共享改革红利，助力浦江融入金义都市区。全省首次将泡沫沥青混凝土技术应用于国省道大中修项目的面层再生。路域环境有效提升，执法巡查发现问题并整改到位237个，整改率100%；补植花木6.9万株、三叶草16.5万平方米。

【"四好农村路"建设】 完成冯村至岳塘、朝阳至上山、白马镇方横店至金竹园、210省道2处亮化工程、普通国省道大中修、普通国省道桥梁维修加固、2021年交通基础设施建设工程（含农村公路大中修、安防等7个）等工程。按程序修订并出台《浦江县农村公路养护与管理办法》。获评"十三五"期间全省"四好农村路"省级示范县，仙华街道、檀溪镇被评为金华市第三批"四好农村路"示范乡镇，截至2021年，创建示范乡镇7个。开通浦江黄宅至义乌八石畈城际公交班线。

【"五水共治"】 2021年，浦江县级饮用水源金坑岭水库水质达到Ⅰ类，10个浦阳江和壶源江干流断面及51条支流全部达到或优于Ⅲ类，达标率100%；发现优质水质指标生物——EPT昆虫，前吴乡童宅水库再现"水中大熊猫"桃花水母；1—12月，城市水质指数3.21，排名全市第1。浦阳江（浦江段）入选全国首批美丽河湖优秀案例；被评为2021年度省级首批幸福河湖试点县建设单位；成功捧获"大禹鼎"金鼎，荣获2020年度全省"美丽浙江"工作优秀县（市、区）；2021年度浙江省生态环境公众满意度调查全省第7，全市第2；浦阳江美丽河湖建设入选浙江省"五水共治"实践案例；浦江县翠湖治水主题馆入选第一批浙江省"五水共治"实践窗口；上河村"两山"转化经验做法得到市委前书记陈龙批示肯定。7月29—30日，全市"污水零直排区"建设工作推进会在浦江召开。浦江县"五水共治"工作领导小组办公室获"金华市劳动模范集体"荣誉称号。

【水环境综合治理】 加强河湖岸线管理保护，编制浦阳江河湖健康评价指南。推进河湖生态缓冲带建设，编制完成浦阳江生态修复项目中的污水处理一厂尾水湿地提升和上仙屋断面生态缓冲带修复可行性研究报告。推进省级"幸福河湖"试点县建设，创建省级美丽河湖2个，市级"水美乡镇"3个，完成中小河流综合治理3千米，整治农村池塘30个。促进水旅融合，文旅发展，打造水旅游线6条。加强执法监管，处理非法捕捞案件8起，查处环境违法行为35件。完成新增的105个农村生活污水处理设施标准化运维，完成86个农村生活污水处理设施新建改造项目，启动实施12个农村生活污水处理设施新建改造任务；投资1200万元，完成白马镇“污水零直排区”市级任务样板建设；完成全县11个工业园区（工业集聚区）“污水零直排区”建设质量复核评估工作。开展“找寻查挖”专项行动，完成761个自查问题及26个市级交办的C类问题整改、销号。

【大气污染防治】 出台6项扬尘精细化治理管理制度。持续加大秸秆焚烧、机动车尾气以及工业废气整治力度，构建“三位一体”烟火识别应用，完成26个VOCs治理减排项目、6个工业炉窑治理项目，全部完成燃气锅炉低氮燃烧改造和生物质锅炉整治，全面开展复合布行业整治。科学划定“高排放柴油货车禁行区”和“高排放非道路移动机械禁止使用区”，开展“遥感+人工”机动车尾气排放监督性抽测、加油站油气回收检查、非道路移动机械新能源替代等工作。城区环境空气质量连续4年达到国家二级标准，创建省级清新空气示范区。

【土壤固废污染防治】 开展企业用地土壤污染状况调查和地下水环境状况调查评估，完成17家土壤重点监管单位土壤和地下水自行监测方案专家评审工作，全县污染地块安全利用率100%。开展受污染耕地“源解析”工作，对浦南街道等5个乡镇（街道）共计261.27公顷耕地进行调查，完成《耕地土壤污染源解析技术报告》和源解析成果图册编制。成立浦江县无废城市建设办公室和危废治理专项行动专班，稳步推进“无废城市”建设，全县21个单位被市无废办评为“无废细胞”。高质量完成小微企业危险废物收集点建设工作，与全县328家小微产废企业签订协议，覆盖率100%，全县危险废物处置率100%。完成一般工业固体废物收运体系建设，全县工业固体废物安全处理率97%以上。

【生态环境保护督察】 完成2021年省委生态环境保护专项督察迎检工作，督察期间仅交办信访件1件，群众信访件数量全市最少。第二轮中央生态环境保护督察37件信访件全部完成整改和销号。

【农村饮水安全】 完成浦阳街道、浦南街道等7个乡镇（街道）12个村（社区）的农村饮用水村内管网改造。西北部山区供水工程先后完成外胡水厂厂区、115千米支管网工程以及24个村内管网改造工程，并于11月20日起供水。经过市、省两级复核，里傅水厂被评选为规范化水厂。完成单村供水工程和联村集中式供水工程取水的农村生活用水水资源费免征范围公布。完善城乡清洁供水数字化管理平台（二期）建设，年底前完成千人以上供水站的实时监测数据接入省城乡供水平台，所有农村集中供水工程落图进库上线管理。建设数字化管理平台，36个水厂（水站）的实时监测完成县级平台录入，实现在线监测数字化管理；饮用水服务端（缴费、办事、公告等服务）入驻“浙里办”App“浙水好喝”专区。12月，城乡供水安全风险识别与管控试点项目上线运行，动态监控水量与水质综合安全指数，提升中型水库饮用水源区域城乡供水安全保障水平。

【“幸福河湖”创建】 围绕“安全、生态、文明、美丽、富民”五位一体要求，编制及印发《浦江县幸福河湖试点县建设实施方案》，试点建设期为两年，包含建设指标体系、建设试点县、完成两项创新成果。建设浦阳江（源头村至通济桥水库段）、白麟溪2条“美丽河湖”，檀溪镇、前吴乡、虞宅乡3个“水美乡镇”和30个“美丽池塘”。推进壶源江流域（虞宅段）、浦阳江城区段、岳塘溪开发区段等综合治理工程，河道治理6千米，绿道建设9千米。浦江县列入全省首批(11个县市)幸福河湖试点县,获奖补资金1000万元。

【农业水价综合改革"五个一百"示范创建】 根据省水利厅开展农业水价综合改革"五个一百"示范创建工作部署,浦江县布局谋划"早"、把握要素"全",服务指导"准",制度保障"实",开展实施"四个一批"行动方案(分类筛选一批、清理巩固一批、面上资金维修一批、重点打造一批),完成省、市"五个一百"创建计划20个示范点的资料申报。通济桥水库中型灌区、黄宅镇水利站、神丽峡农民用水户协会、黄宅镇彭村泵站、檀溪镇前方泵站、檀溪镇大坎堰坝创建为省"五个一百"示范点。

【水旱灾害防御】 2021年,共落实水利工程"三个责任人"145名、山洪灾害防御责任人525名、村级农民水务员332名、党员志愿者295名;实施水文防汛"5+1"工程、自然灾害风险普查和山洪灾害防御等项目,测站新建改建任务18个,全面筑牢防汛安全网,全年无人员伤亡和重大财产损失。汛期共发布水旱灾害防御简报12期、山洪预警10期通过县级山洪灾害监测预警平台累计预警纪录510条,发布短信496条,发送预警信息1.3万余条。全年累计平均降水量1731.2毫米,占多年平均降水量(1470毫米)的118%,比2020年同期1698.4毫米多32.8毫米。全年累计平均降水天数162天,比2020年同期多5天。国家基本雨量站年最大降水量海母口站2143.0毫米,最小降水量黄宅站1419.5毫米。浦江县6月10日入梅,7月5日出梅,梅雨量268.8毫米,占多年平均梅雨量(257.0毫米)的105%,比2020年621.4毫米少352.6毫米。

【水资源管理】 编制印发《浦江县节约用水"十四五"规划》《浦江县节水型社会创建资金奖励和补助的实施办法(2021年修订)》。通过优化用水监控平台和取水审批流程,强化节水载体示范和管水双控制度等举措,巩固全国县域节水型社会建设达标县成果,共核发、转换取水许可电子证照67张,取水许可审批效率提升80%以上;新创省级节水型载体10个,新申报节水标杆单位4家,完成八号公馆、湖滨壹号、兰山庭院、书城大厦、圣奥杭府、华欣花园6个小区的二次供水改造。"十三五"期末实行最严格水资源管理制度考核获优秀等级。

【农田灌溉水有效利用系数测算】 金坑岭水库纳入金华市样点灌区,完成金坑岭灌片渠首计量点和6个典型田块选取以及6个典型田块配套自动化计量设施建设;各样点灌区典型田块除设置计量田块外,全县2个中型灌区将各新增2处调查田块,调查田块是计量田块的延伸和补充;完成4个样点灌区的现场技术指导培训、量水设施运行检查;完成通济桥水库灌区的2处典型田块中4个计量点的率定工作。2021年,金坑岭灌区新增8处计量点,新增的点位全部采用在线计量,全县量水设施在线计量设备累计达到22处,自动化比例由2020年的82%提升至88%。提升改造泵站15座,堰坝7座,两个重点中型灌区新建计量设施15处,深入推进灌区标准化、规范化管理。

【河湖管护】 编制《浦江县水域保护规划修编》《浦阳江、大陈江、中埂溪、东溪、西溪水域岸线管理保护规划》。完成中小型水库综合治理核查评估63座,编制"一库一策"和浦江县小型水库系统治理报告,全力补齐小型水库运行管理短板。顺利完成县级重要水域名录划定,共划定市级河道2条、县级河道11条、乡级河道42条,并完成河道名录公布;划定重要水域对象70个，水域类型包括河道、水库、山塘和人工水道。

【水利工程管理“三化”改革】 水利工程“三化”改革试点建设深度推进，全面推进水利管理产权化、物业化、数字化改革，水利工程确权率80%以上，小型水库、山塘、市县级河道物业化覆盖率100%。建设浦江县水管理平台，建立水利数字仓；完成辖区内各类监管对象数据的归集，并在“互联网+监管”中及时更新监管对象信息；全县规模以上水利工程已100%纳入水管理平台；打造通济桥数字水库。

【水政执法检查】 2021年，结合区域规划、水域调查成果、国土三调数据，对部、省、市200处水域图斑动态监测情况进行复核。制定水政日常巡查计划，全年巡查110余人次，共下发责令(限期)改正通知书11份，移送县综合行政执法局案件6件，拆除3处涉水违章建筑共180余平方米，分别为联合郑宅镇拆除石姆岭水库下游涉水违建围墙1处，拆除面积52平方米；联合县执法局、岩头镇拆除蜈蚣溪三步石村段涉水违建围墙1处，拆除面积100余平方米；拆除仙华街道仙墨湖违建简易房，拆除面积32平方米。对虞宅乡朱宅源马岭脚村段河道内占用水域案件、通济桥水库管理范围内占用水域案件移送县综合行政执法局办理。开展生产建设项目水土保持监督检查65个，检查人次195人次。全年完成水土流失治理任务2.75平方千米，完成年度任务的110%。做好水土保持方案的审批，共审批水土保持方案109个，落实水土流失防治责任范围178.46公顷，水土保持设施验收报备项目6个。

【“双减”工作】 “两转一登”中，三个月内将学科类校外培训机构从三位数113家压减到一位数6家，一共压减107家，压减率94.7%。上述6家机构11月底前全部转登为非营利性学科类校外培训机构；107家机构中转型67家，停办40家。按要求落实限时间、限广告、限上市政策，出台《关于进一步加强非营利性学科类校外培训机构规范管理的十条意见》，推广使用《中小学校外培训服务合同(示范文本)》，督促规范办学。联合行政执法、市场监管、公安等部门在周一至周五晚上、周末等时间段出动检查929人次，检查2512家次，落实整改20家次，查出违规行为13起，查处违规广告29起。“晨管晚托”课后托管做到区域全覆盖、托管时段全覆盖、托管内容全覆盖，初中、小学课后托管服务学生参与率均超过95%，比2020年提高10多个百分点。初中生减负初见成效，学生总体作业量减少20%。

【国家县域学前教育普及普惠实地评估】 4月11—13日，县域学前教育普及普惠国家督导评估在浦江县举行。专家通过查看资料、听取汇报、实地走访、座谈等方式对浦江学前教育普及普惠发展状况进行全面的评估。全县学前教育组织领导“有力”，高位部署；保障机制“给力”，高标构建；补短提升“尽力”，高速完善；队伍建设“用力”，高效落实；监管指导“助力”，高端培育等举措，通过“全国学前教育普及普惠县”实地督导评估。

【项目审批改革创新】 2021年，通过实施极简极速审批改革，利用告知承诺制办理模式，有效精简建筑工程施工许可、临时占道、排水许可等相关审批材料，极大地缩减办理时间。其中，临时占道审批实现申请即办结，施工许可、排水许可审批从20多个工作日分别缩减至1天、3天办结，企业和群众满意率均100%。

(郑　泓)

【老旧小区改造】 2021年，完成10个老旧小区改造，项目用地面积约289719平方米，总涉及294栋楼、2052户，总投资1.07亿元。完成城建土管大楼等既有住宅加装电梯4台，江滨新村、东溪花园等小区在建电梯4台，黄宅镇销售大楼等小区3台电梯处于审批阶段。

【美丽城镇建设】 2021年，檀溪镇创建省级美丽城镇样板镇，郑家坞镇、前吴乡创建省级基本达标乡镇，檀溪镇、岩头镇美丽城镇建设行动方案被评为“市优秀样板创建乡镇行动方案”。实施仙华街道马墅村、虞宅乡虞宅村省级美丽宜居示范村创建，完成美丽宜居规划编制；完成白马镇樟严村、郑家坞镇吴大路村美丽宜居创建工作和杭坪镇杭坪村传统村落风貌提升工作；完成杭坪镇石宅村历史文化名村保护规划编制；完成第二批151处历史建筑的测绘建档任务。

【城乡风貌（未来社区）建设】 编制浦江县城乡风貌整治提升以及未来社区建设专项行动方案；依据“县域层面突出城乡整体风貌格局彰显，自然生态空间优化，配套设施完善，乡村风貌整治提升，中心城区层面突出重要节点和区域的整治提升”的方向，开展全面排摸；启动实施“5+4+9”创建方案，《浦江县城乡风貌整治提升行动方案》编制上报县政府批准；成立浦江县城乡风貌整治提升（未来社区建设）工作专班，实行集中办公、实体化运作。

【农村危旧房动态清零】 对所有农村房屋进行排查并录入省农房信息系统，全县共计排查录入12万余户，经排查鉴定共发现319户存在安全隐患的农村房屋，9月底前全部完成整治。继续实施农村困难家庭危房改造即时救助，开展动态排查，确保动态清零，全年共完成19户危房改造，发放补助资金40.6万元。

【农村生活污水治理】 2021年，编制《浦江县农村生活污水治理近期建设规划（2021—2025年）》，被评为“2021全省农村生活污水治理设施运维管理优秀县”，提前获得省奖补资金242万元。参与编制《农村生活污水处理设施格栅应用技术导则》，在浦江嵩溪村、同乐村等4个终端放置机械格栅进行试点；针对农村豆腐作坊等产生的污水对终端冲击较大情况，率先安装预处理设施，确保前端进水水质稳定性。11月，2021年度金华市农村生活污水治理管理人员培训会在浦江县召开。

【垃圾分类】 全县城乡生活垃圾处置量22.6万吨，实现零增长、零填埋；生活垃圾资源化利用率、无害化处置率100%。形成主城区全域推进“两定四分”工作，全年建成“两定四分”投放点310个，完成3.0版本投放点建设30个，改造投放点65个。创建省级高标准垃圾分类示范小区5个、“定时定点”试点商业街1条、垃圾分类示范村2个，垃圾分类示范单位200家。依托垃圾分类智慧监管平台，全年交办违法线索994条，曝光违规投放行为45期，破解垃圾分类管理难题。不断完善垃圾分类综合管理平台功能，接入监控摄像头346个，安装智能地磅16台，接入环卫作业车辆109辆，实现垃圾分类数字化、智能化管控。在浦阳街道荣建臻园和白麟景苑两个小区开展数据赋能、无人值守探索。全年开展行政村、社区环境卫生、垃圾分类检查12期，评选出黄牌村（社区）12个。

在多举措落实《浙江省生活垃圾管理条例》宣贯工作基础上，通过“城管进社区”活动，严查严管不分类投放、不按规定运输、不履行垃圾分类管理职责等行为。2021年，全县查处相关案件5042起，罚款金额53.75万元，人均办案数全市第一。深化“两网融合”体系建设，迁建投用大件垃圾处置中心，创新推出预约式上门兜底回收服务，全面发挥小黄坛垃圾焚烧发电厂资源化运作功能，焚烧生活垃圾约28.8万吨，处理餐厨垃圾1.1万吨，发电13371万千瓦时，实现其他垃圾的零填埋。在全县15个乡镇街道和主城区建立机械成肥处置中心16个，实行属地收运集中处置，全年处置易腐垃圾38814.13吨。

【“三改一拆”】 开展全县治违除患促安全违法建筑专项整治、企业“无合法场所”问题处置、“无违建”争先创优等行动。累计排查安全隐患违建89宗，面积6.38万平方米；累计拆除违建146宗，面积10.69万平方米。

【“大综合一体化”行政执法改革】 成立浦江县综合行政执法改革工作领导小组，组建“大综合一体化”行政执法改革工作专班，统筹协调解决全县综合行政执法改革工作。11月26日，经市委编办批复同意县综合行政执法局增挂浦江县综合行政执法指导办公室牌子，具体负责综合行政执法的统筹协调指挥、规范指导等工作。制订《浦江县“大综合一体化”行政执法改革行动计划(2021—2022年)》，具体列明梳理执法事项、整合执法队伍、推进乡镇(街道)“一支队伍管执法”等32项任务清单，并确定各项任务的责任单位及时间节点。全面梳理行政执法事项，在2020年划转的488项执法事项的基础上，2021年划转新增执法事项261项。此外，梳理2项浦江独有的行政处罚事项上报金华市纳入《金华市综合行政执法事项地方扩展目录》。

【“双下沉、两提升”】 2021年，浙江大学医学院附属第一医院累计派出常驻医疗专家600余人次，累计完成门诊2000余人次，手术100余例，查房3100余人次；举办各类学术讲座6次、科内讲座、业务学习等多种形式的科研教学工作；选拔浦江分院内优秀医疗人员到浙大一院总院进修，将最新的医疗技术带回分院，可持续性与总院学术交流，不断提高分院的医疗技术能力；共向总院申请3次高质量的多学科联合会诊(MDT)。在浙大一院的引领下，浙大一院浦江分院先后在新项目、新技术上填补5项县内空白。浙中心血管中心，浙中泌尿中心持续优质运行；2021年分院门诊量752795人次，住院量34378人次，手术量7797人次，Ⅲ类、Ⅳ类手术4423人次，关键性技术指标呈逐年稳定上升形态。

【疫情防控】 浦江县认真贯彻落实省市疫情防控决策部署，加强精密智控举措，迭代升级浦江“E键安”微信小程序，增加“畅行码”模块，严格落实测温、扫码、戴口罩等防控措施，推进疫苗接种。截至12月31日，3岁以上人群共接种疫苗105.07万剂次，其中完成全程接种46.76万人，完成任务比例116.09%。

【建筑业和房地产业】 2021年，全县建筑业总产值67亿元，同比增长4.3%，省内产值61亿元，同比增长15.3%，占全县生产总值(GDP)的5.8%，为财政创收3.46亿元，占全县税收的10.79%。全年共创“省级安全生产标准化管理优良工地”1个、“市级安全生产标准化管理优良工地”2个、“市双龙杯优质工程奖”3个、“县级安全生产标准化管理优良工地”6个。全年商品房销售5064套，销售面积82.94万平方米，同比分别增加8.83%和14.67%，其中住宅2993套，销售面积34.09万平方米，同比分别增加

5.31%和减少4.84%。房地产业全年实现税收9.09亿元,在全县的税收占比28.36%。

【保障性住房】 修订《浦江县公共租赁住房保障管理实施办法》和《浦江县公共租赁住房保障管理实施细则》,进一步放宽公租房准入门槛,扩大保障覆盖面。全年新增公租房保障523户,新增保障人数925人。

【公共事业】 2021年,完成管网新建及雨污分流改造27千米,清淤管网165千米,排查管网70千米;实施4座污水处理厂扩容提标工程,排放标准由一级A提标至浙江省清洁排放标准;完成城区易涝点治理专项规划和城区积水点改造。完成仙华路、大桥路、月泉路、新华路4条精品城市示范街创建;完成和平北路(月泉路—广场路段)的机非隔离以及与月泉路交叉口的优化;完成城区41条道路2205盏路灯节能改造;完成观华路、望仙路、西山北路、蒋塘路等路段标志标牌改造提升;完成宏业大道与351国道匝道建设、东山路拓宽改造、园区小学南侧道路、白林安置区配套道路工程;全年新增临时停车场6个,划设16001个标准停车位,完成896个停车位建设和新城盛昱地下公共停车场建设。推进城区公共绿地提档改造,建成3个"口袋公园",提升4条道路、2个公园、2个安置区的景观绿化;2个居住区和6家单位荣获"2021年金华市园林式居住区(单位)"。完成省级绿道贯通及县级绿道配套提升建设工程;启动浦阳江城区段生态综合治理工程建设;全年累计更换草花120余万盆。

出台城区管线管理制度,通过建立"三会制度",出台《城区管线管理办法》和《关于全县公告建设项目配套专业管线工程的指导意见》,将污水管网、燃气管网、弱电管网、供电管网等建设列入统一管理范畴,同一条道路原则上做到"最多挖一次,三年不重挖"。成立城镇燃气安全整治工作专班,截至12月31日,共出动人员39256人次,检查各类场站、用户216273家次,发现隐患5635处,隐患整改率100%。修编《浦江县城市燃气专项规划(2014—2030年)》,推进燃气"镇镇通"建设,2021年实现黄宅镇、郑宅镇、白马镇、郑家坞镇主要市政管网覆盖,顺利接驳以上乡镇房开项目,同步推行物联网燃气智能表具,实现居民便利化缴费;开发使用天然气等清洁能源,截至12月底,全县民用燃气用户接驳户数40626户,同比增长14.6%,开通使用户数25008户。

(傅安康)

综合事务

【政务调研】 围绕县委、县政府的中心工作收集和上报信息,展现浦江工作的亮点和特色,为领导决策提供参考和依据。2021年,通过省市信息平台共上报政务信息534篇,其中省级政务信息35篇,市级政务信息499篇。政务信息被省级采用12篇,被市级采用131篇,其中获省级领导批示9篇,市领导批示9篇。编发《浦江工作》55期。

【政府信息公开】 2021年,浦江县人民政府以习近平新时代中国特色社会主义思想为指导,坚持以人民为中心的发展理念,对标"重要窗口"建设和高质量发展建设共同富裕示范区建设,以数字化改革为牵引,全力提升政务公开水平,围绕"六稳""六保"各项工作,不断加强乡村振兴、共同富裕、"放管服"改革、财政资金直达基层等信息的公开力度,政务公开更加便民、利民,推动新时代政务公开工作迈向高质量发展新台阶。全县各级行政机关通过政府网站、微信订阅号、微博公众号、抖音、头条等政务新媒体累计主动公开信息31000余条。全年政府信息公开申请260件(含上年结转政府信息公开申请1件),办结260件,结转下年度继续办理0件,办结率100%。申请内容主要集中在土地征收、房屋拆迁、安置补偿等方面。

【建议提案办理】 2021年,浦江县政府共承接人大建议、政协提案共计343件,其中县人大代表建议163件,县政协委员提案180件。2021年4月1日,县政府召开人大建议政协提案交办会,将办理任务分解落实到各个承办单位。通过明确主办单位和会办单位,采取领导督办、重点催办、专人承办等措施,各承办单位完成建议提案的办理答复工作。从代表、委员对已办理答复建议、提案的反馈情况看,满意、基本满意率为100%。

(朱剑斐　张　凯)

大数据发展

【概况】 浦江县大数据发展中心承担浦江县县级电子政务平台建设、维护和拓展,全县电子政务网络技术标准和运行安全管理及其他有关事务的协调。2021年,浦江县大数据发展中心按照“以用促建、共建共享”原则,初步建成健全稳定、集约高效、自主可控、安全可信、开放兼容的一体化智能化公共数据平台,建设完善基础设施、数据资源、应用支撑、业务应用。

【县一体化智能化公共数据平台建设】 县一体化智能化公共数据平台为药品零售企业全场景智控系统、便民服务“一码通”等应用提供200余个实时数据共享接口,自建浦江数据接口79个,为“网上办、掌上办、自助办”等应用服务提供基础数据支撑,有效支撑多跨场景应用。配合省大数据发展管理局统一建设一体化数字资源系统(简称“IRS”)。梳理出180个信息系统,在梳理中产生烟火识别、下泄口识别、水花识别3个高质量组件,上架IRS组件超市。关联95个应用与数据目录、组件目录、云资源目录、项目信息。编制数据目录625条,建成人口和企业2个专题库、13个数据仓。完成安全生产、社保缴费明细查询等300类高频数据回流工作,共归集数据6.3亿条。

【基础设施与网络安全体系】 扩容浦江县政务中心资源,新部署高性能华为服务器9台、存储服务器3台;租用金华市政务云平台开展异地数据备份中心建设。政务外网骨干网带宽2G,通畅率99.99%。全年未发生重大安全事故。

【“浙政钉”和“浙里办”两端】 截至2021年,“浙政钉”2.0版本共有133个部门,累计激活用户数1.16万,用户激活率约99.96%,“浙政钉”日活跃度90.8%,活跃工作群数1101个。“浙政钉”累计集成应用12个,“浙里办”累计上线应用6个。

【政务信息化建设】 改进OA协同办公系统,并迁移至省“信创云”平台。办公自动化(OA)协同办公系统(计算机终瑞和手机端)涵盖收发文、督查督办、联合发文、综合审批等功能,全县使用单位160家,政府工作人员的OA协同办公系统账号1.4万余个,全年保障全县发文1万余个。

(严小丽)

行政服务与公共资源交易

【概况】 浦江县行政服务中心(简称服务中心)以数字赋能、改革破题、创新制胜为手段,推进基层事项"一网办"、改革破题"极速办"、跨界融合"高效办"。被评为金华市2021年度综合考核工作优秀单位,被确定为全市公共资源交易"市县乡一体"平台子场景试点单位,协助承办金华市实施告知承诺制工作推进现场会。浦江县公共资源交易中心(简称交易中心)的平台月综合考核在全省114个县级平台中名列前茅,以满分的成绩取得5次全省第一名、6次全市第一名。参与的17省47县"跨省通办"业务,在《人民日报》、新华社、"学习强国"、《浙江日报》刊登推广。

【"浦兰通办"服务】 7月12日,浦江县办理首笔关于税务法人信息在线变更的"浦兰通办"政务服务事项。浦江县和兰溪市两地地缘相近、人缘相亲、文化相通,为实现政务服务就近可办,破解行政区域壁垒,针对群众企业办事频率高、反应强烈、需求量大、获得感强的事项,中心梳理出8个部门318项通办事项,内容涵盖身份证、户籍、社保、医保、公积金、不动产、税务等高频事项,其中269项可以直接办理,其余可以代收代办。

【政务服务"跨省通办"】 8月20日,举行16省46县(市、区)政务服务"跨省通办"线上签约仪式,宁德市、银川市、淮安县、兰州市、成都市、浦江县等46位各地政务服务中心主要负责人参加,共同签订《省际联盟"跨省通办"合作协议》。协议签订后,各方将通过流程和方式系统性重塑,推行线上全程网办、线下专窗办、帮办代办邮寄办等多渠道通办,建立"异地受理、属地审批、就近取证"的全新政务服务模式,破解异地办件"折返跑""多头跑"问题,预计惠及群众3200余万人,节约成本5000余万元。

【"浦江代办在线"上线】 11月25日,"浦江代办在线"(浦江县便民服务一码通)应用在"浙里办"平台上线。该场景应用从代办小切口入手,从上门服务、主动服务(尤其是无感智办、代办服务)、兜底服务"三个维度",形成"问题收集、流转派单、接单落实、评价反馈"的闭环管理模式,解决特殊群体存在"不会跑、不会办和没法跑、没法办"等现实问题,在全县15个乡镇上线试运行,累计办件3714件。

【"数字化"改革子场景建设】 公共资源交易中心实现"电子中标通知书"和"合同网签"两大多跨子场景突破。中标通知书"在线生成、网上签章、系统送达、下载打印"全流程电子化运行,工程招标投标合同电子网签从合同上传、流转、签署、见证到送达"全程网办",部门办理时间从2天缩短至0.5天,缩减率为75%,送达时间从4天缩短至"秒送达",节约率100%,推进项目建设开工时间,全年减少现场跑腿约2700次,节约交通食宿等年成本80万余元。

【招标投标全流程数字化】 公共资源交易中心搭建"一门式、一网式"的一体化"公益服务型"电子交易服务平台。实现全域招投标信息互联互通和资源共享,实现与省级、市级平台的互联互通。升级电子化招投标交易系统,多跨协同,流程再造,实现在线发布招标文件公示、发布招标公告、在线下载招标文件、在线发布招标答疑、投标保证金在线缴退、电子保函、提交投标文件、抽取评标专家、电子开标、电子评标、网上异议投诉、线上公示中标候选人、线上公告中标结果、电子中标通知书、合同网签的全流程数字化。实现“钉钉”不见面直播开标和无纸化开标，实现建设工程、水利工程、交通工程三大领域的电子化评标。

【政府采购网超价格巡检】 2021年，公共资源交易中心委托政采云有限公司开展政府采购网上超市价格巡检工作。监测成交订单3224个，对于监测到并查实的18家违约供应商，分别作出诚信扣分、价格预警以及暂停“全省一张网”协议的处罚，规范网超采购。

【浙江CA统一互认】 公共资源交易中心证书授权(CA)数字证书支持不同CA数字证书企业对接。11月，实现浙江移动CA、浙江介质CA的互认，完成浙江CA统一互认工作，提升县公共资源交易领域的营商环境，助推县域经济发展。其中浙江移动CA更是具有免介质、在线办理、共享互认、安全可靠等特点，解决传统介质CA办理烦琐、易带错丢失、管理困难等问题。

【“不见面”网上办理事项清单】 为方便企业、群众“无接触”办事提供指南，7月，公共资源交易中心发布首批43项“不见面交易”清单，是全市首个公共资源“不见面”网上办理事项清单。该清单按业务类别划分为工程建设、政府集中采购、政府分散采购、国企采购、产权交易五个大类，每一类别都依据交易流程列出各环节“不见面”网上办理事项，便于查询和操作。配套“不见面”交易，公布办事指南48项和操作手册17项，全年通过“不见面”方式办理事项2万余件，减少书面材料约5万份，减少现场跑腿约1.8万次，为投标人节约资金超145万元。

【“市县乡一体”交易中心建设试点】 按照数字化改革要求，推进市县一体化进程。12月，公共资源交易中心被金华市公共资源管理委员会办公室确定为市县乡一体公共资源交易中心建设子场景(小额工程、交易监管)试点单位。落实专人进入公共资源交易中心建设专班，发挥浦江县在公共资源交易领域的经验优势，实现一地创新、全市共享，建立“一网公开、一网交易、一网监管、一网智治”的市县乡一体公共资源交易中心。

【“评定分离”改革】 公共资源交易中心落实金华市建设工程项目招投标“评定分离”改革实施办法，会同各行业监督部门梳理“评定分离”流程，进行定标会议室设施提升改造，完成电子交易系统中的“定标”环节多跨子场景建设。6月，首个水利试点项目虞宅乡东风水库除险加固工程开展“评定分离”；9月，首个交通试点项目351国道浦江郑家坞至联盟段公路工程K0+000~K0+350段工程开展“评定分离”。全年开展“评定分离”试点项目8个，实现建设、水利、交通三大行业全覆盖。印制《评定分离文件汇编》分发给各行业监督部门、集团公司、代理机构、招标人，推动“评定分离”改革实施，落实招标人责任制。

(徐晓霞)

应急管理

【概况】 浦江县应急管理局负责指导全县各乡镇(街道)、各部门应对安全生产类、自然灾害类等突发事件和综合防灾减灾救灾工作，负责安全生产综合监督管理和工矿商贸行业安全生产监督管理工作。2021年1—12月，全县发生各类生产安全事故13起、死亡5人、受伤10人，与前两年平均数相比，分别下降21.2%、28.6%和28.6%。未发生较大社会影响事件、较大及以上事故和自然灾害事件。

以安全生产集中整治为工作抓手，严格重点时段安全监管，部署开展春节期间安全生产大排查大整治、架空连廊安全隐患排查、“一厂多租”企业专项整治、涉爆粉尘企业安全专项整治、“平安护航建党百年”安全生产大排查大整治行动，实施“遏较大”生产安全事故攻坚战等安全生产隐患大排查大整治。累计检查各类生产经营单位、出租房17.6万余家次，排查并整改隐患5.7万余项，落实整改资金650.9万元。

【安全生产责任落实】 明确党、政主要领导同时担任安全委员会主任，县安全委员会及15个乡镇（街道）安全委员会全面实施“双主任”制度。优化设立以县领导为主任的9个专业安全委员会，梳理各专业委员会主任年度重点工作清单44个大项，274个小项，实现专委会工作规则和运行机制、专委会主任参加例会、年度重点工作清单建立“三个100%”。保持每月19日县领导检查日制度，安全生产首次纳入县委巡察、部门绩效考核内容。

【安全生产风险普查】 在全县范围内对道路运输、消防、危险化学品、建设施工、工矿、旅游、城市运行7个领域开展“拉网式”安全风险普查，摸清重点行业领域企业安全管理现状和风险底数。2021年，普查完成道路运输领域9家、消防领域1157家、危化领域22家、建筑施工85家、工矿4067家、旅游9家、城市运行5家。

【基层党建+安全生产标准化】 依托基层“党建+”网格作用，强化“全科网格”工作赋能，在既有平安综治工作网格的基础上，延伸构建“乡镇党员+企业主+班组长”安全生产三级监管网格。2021年，全县各乡镇（街道）、园区划分一级网格528个，覆盖企业4907家，覆盖率100%。郑宅镇、郑家坞镇2个示范创建乡镇完成三级网格建设，成立安全生产监管中心，覆盖各类企业（单位）911家。

【自然灾害风险普查】 按照“线上+线下”“内业+外业”和“模板表+填报码”等多种方式分两步开展浦江县自然灾害综合风险普查调查工作。2021年，先后组织技术人员近50人，对全县600余家单位、机构、企业及自然灾害风险点开展数据核实，收集资料3000余份，通过省、市级核查，为应急监测预警和救援提供数据支撑，提升全县自然灾害风险防范和应急处置能力。

【基层防汛防台体系】 落实县领导包乡、乡镇（街道）领导包村、村干部包户到人制度，全县三级防汛责任人共266人按规定进岗到位、履职尽责。县、乡镇、村（社区）三级防汛指挥机构260个，划分1371个网格，指挥机构人员2871人。关联网格责任人、转移责任人、转移人员进行安全码赋码，全县共登记转移人员5374人，村主要负责人和转移责任人掌上应急移动端开通率100%。

【防台风应急综合演练】 6月9日，浦江县作为全省5个现场演练点之一，参与机构改革以来，首次进行全省性、大规模、全过程防台风实战综合演练。通过模拟危险区人员转移、受灾群众安置、临时交通管控等场景，发挥“基层党建+应急管理标准化”作用，展示浦江县防汛调度运行机制及应急抢险实战等方面的能力，取得预期效果。

【应急救援队伍建设】 建立抢险救援力量和物资规范统一调度机制和共用共享机制，创新社会志愿救援队伍进驻镇级消防站，借助社会志愿救援力量，共同开展森林防灭火、防汛抢险救援等多灾种应急任务配合救援。在黄宅、岩头（中部水晶产业园区）2个重点乡镇，以民间应急救援社会组织进驻乡镇消防站模式，通过“装备+补助”的政府支持机制，建立一支涵盖森林防灭火、山地搜救、水上救援等方面的综合性应急救援队伍。

【浦义森林消防联合演练】 9月30日，县应急管理局组织仙华公益蓝天救援中心、黄宅镇森林消防队两支队伍会同义乌市森林消防队伍共70人，在义乌市城西街道平桥村联合开展森林消防应急演练。采取分兵合围、强攻推进等一系列战术战法完成演练任务，增强浦义同城战略进程中应急管理工作的协同配合与交流。

2021年9月30日，县应急管理局组织仙华公益蓝天救援中心、黄宅镇森林消防队联合义乌市森林消防队伍开展森林消防应急演练　（县应急管理局提供）

【应急基础设施】 2021年，在全县17个乡级平台下辖的244个行政村安装完成2186个应急广播，实现县、乡、村三级应急广播体系全面贯通，可开展全天候、全方位、全时段的预警信息发布和政策宣讲服务。在文景园广场建成浦江首个救援飞机临时起降点，提升全县应对重特大自然灾害和事故灾难的应急救援能力。

（芮方奇）

【消防救援】 浦江县消防救援大队（以下简称“县大队”）下属文溪东路站、乐门大道站和月泉站。2021年，县大队接警出动441起，出动车辆1273辆次，出动警力6875人次，抢救被困人员73人，疏散被困人员27人，抢救财产价值4996.93万元。其中，火警237起，抢险救援134起，社会救助41起，其他出动29起。县大队监督执法检查社会单位1634家，督促整改隐患1300余处，下发责令改正通知书1051份，下发行政处罚决定书162份。县大队走访县政府、各部门、各乡镇（街道）、县公安局、县检察院、县法院等单位，征求对消防工作的意见和建议。走访群众900余人次，利用报纸、电视、互联网和新媒体宣传消防安全知识。

推进实战化训练消防队伍建设，针对重点单位、人员密集场所，制作修订完善数字化预案136份，微型消防站检查拉动2573次，维修保养消火栓829个。科学制定大队级力量编程，开展实战化练兵工作。2021年，开展实战化训练160余次，重点单位演练127家。

县大队以正规化达标创建为契机，精简库室，规范各库室设置标准，升级改造大队部一楼、大队分指挥中心、“养廉园”、“红心园”，增设“火焰蓝KTV”、演艺吧等文娱场所，打造特色文化、走廊文化、训练场文化、班级文化等特色文化体系。

县大队将党史学习教育贯穿全年。组织参观红色教育基地——浦江北乡农民革命纪念馆，开展“忆英烈赓续荣光，学党史建功之江”主题祭扫活动;组织全体消防救援人员到岩头镇山垄王店村参观中共浦江县委遗址,开展"追寻红色记忆,感悟革命精神"主题党日活动,挂牌党史学习教育基地;联合十省百人开展"十队百人重温党史,网络互学参观旧址"党史学习教育网络交流活动。

2021年,县消防救援大队和乐门大道消防救援站分别被省消防救援总队表彰为2021年度工作"先进大队"和"先进消防救援站";文溪东路消防救援站被市支队表彰为2021年度工作"先进消防救援站";县大队被县委、县政府评为"优秀单位"。

【比武竞赛】 在2021年第二届"火焰蓝"全员岗位大练兵比武竞赛中取得大队团体第二名,在编消防站灭火救援第二名,乐门大道站获非编站总分第一名,指挥中心、应急通信岗位分别获团体第二名和第四名。

【远程监控系统联网】 全县火灾高危单位远程监控系统联网率100%,县大队联合县住房和城乡建设局、乡镇(街道)开展全县范围内高层建筑排摸和隐患整改指导,强化责任制落实,将消防安全纳入物业服务企业信用考评机制,开通物业维修基金绿色通道,提升高层建筑自动消防设施完好率、远程监控接入率和微型消防站覆盖率分别为97%、98.4%、100%;属于消防安全重点单位的劳动密集型企业和公众聚集场所,安装智慧用电系统率和安装远程监控系统率分别为70%、60%,具备条件的消防安全重点单位联网率100%。

【树立先进典型】 2021年,县大队树立范佳鹏先进典型。范佳鹏遵循习近平总书记"对党忠诚、纪律严明、赴汤蹈火、竭诚为民"十六字总方针,坚持"全心全意为人民服务"的宗旨,踏实进取,奋勇争先,先后获个人三等功、金华市消防救援支队优秀共产党员、建党百年消防安保个人、金华市社会综合治理成绩突出个人等荣誉和嘉奖。

范佳鹏在参与火灾扑救、抢险救援、社会救助、消防安全综合治理、消防安全专项整治行动、乡镇(街道)责任制考评、部门消防安全指导、社会面消防宣传教育等工作中积极作为,成为党委政府的好参谋、好助手。在浦江工作6年期间,范佳鹏共参与火灾扑救180余次,抢险救援和社会救助200余次,检查社会单位5500余家,行政处罚200余家,火灾事故调查29起,组织消防培训8万人次。水火无情,但范佳鹏始终相信,只要能多解决一个消防问题,就能多降低一分火灾发生的概率,就能给群众多带去一份安全。范佳鹏注重消防宣传工作,组织发放宣传资料30万余份,相关宣传信息在中央电视台发布3次,在省级媒体上发布18次,在市级媒体上发布25次。

【拥政爱民】 2021年,县大队结合队站开放日、传统佳节邀请15名队员家属到队里过节;走访慰问孤寡老人,送去组织的关怀和慰问品;参与全县文明城市创建工作,参加创建工作82次;开启"敲门行动",组建志愿服务队,精准入户,检查居民家中的火灾隐患。

(赵佳健)

机关事务管理

【概况】 县机关事务保障中心为县人民政府直属的公益一类事业单位,机构规格为正科级。内设综合科、接待科、后勤管理科、资产管理科、公务公车管理科、保卫科6个机构。所需经费由县财政全额补助。县机关事务保障中心由县府办统一管理，负责机关后勤保障事宜，不承担行政职能，不从事经营活动。

中心职责是执行国家、省、市、县有关机关事务工作的法规政策。会同有关部门拟订全县机关事务的政策、规划和标准并组织实施。指导全县机关事务工作；负责县委、县人大、县政府、县政协重要接待工作。负责县级领导重要外出考察的后勤服务工作；推进机关事务体制改革，指导所属单位管理、经营、服务、保障等业务工作；负责委托管理的国有资产配置、使用、处置、收益收缴、产权界定、清查登记等资产管理工作；负责县有关重大活动和重要会议的后勤保障工作；拟订全县机关办公用房使用管理制度并组织实施，协助监督检查办公用房使用管理情况。负责机关办公用房的规划、权属管理、调剂使用、维修改造、处置等工作。审核机关办公用房建设项目和维修计划。负责机关办公用房等基本建设项目；会同有关部门拟订公务用车管理制度并组织实施。负责党政机关公务用车管理，按照分工实行统一编制、统一标准、统一购置经费、统一采购配备管理。保障县级领导公务用车、县重要会议、重要活动的工作用车以及接待用车；拟订其他服务保障有关制度规范并组织实施；负责县政府机关大院等集中办公区域的管理工作，负责县级机关集中办公区域的安全保卫、消防、物业管理等有关后勤服务保障工作；完成县委、县政府交办的其他任务。

【公务用车管理】 2021年，开展省公务用车管理标准化示范点建设，探索车辆安全生命周期管理，规范公务用车管理。全年出车7286车次，安全里程数862776千米；报废车辆平台5辆，执法执勤5辆，更新车辆平台5辆，执法执勤3辆。为中国共产党浦江县第十五次代表大会、浦江县十五届人大一次会议、政协浦江县十届一次会议、2021年全国食品安全周农业农村部主题日暨浙江省第三批国家农产品质量安全县创建启动会、全县工业科技大会、2021浦江·第十四届中国书画节等一系列大型活动提供车辆服务。

【办公用房管理】 2021年，以数字化改革为抓手，办公用房管理更加到位。落实办好办公用房调配、确权登记、合规使用等工作，全年共调配办公用房2633平方米，完成13处党政机关事业单位办公用房确权登记，解决5个专班（临时机构）办公用房面积450平方米。完成浦江县党政机关办公用房“一张网”系统、测绘、CAD作图等项目的采购和办公用房的测绘工作。

【后勤接待服务】 2021年，县机关事务保障中心为各类考察、督查、招商引资等提供会务后勤服务，共计1250次会议21580人次。接待各类考察、督查、招商引资等527批次共5429人次。为自然资源部、农业农村部、中国社科院、国家能源集团浙江分公司、国家市场监督管理总局、商务部研究院、华为集团、国家林业和草原局、中国电建集团等领导及单位到浦江考察调研活动提供后勤接待服务。为中央电视台《味道》栏目组采访拍摄、浙江电视台阿鲁工作室采访、浙江电视台“上山文化”拍摄、“美丽浙江”摄制组、中国新闻社采访、中国纪检监察杂志社采访、央广网浙江频道采访、中央电视台丰收中国直播活动、全省检察机关案管主任工作例会、全省组工信息及网宣工作调研座谈会、“不忘初心，红色助企——浦江行”专家服务团、浙报集团共享联盟工作会议、浙江省政协“发挥专门协商机构作用”座谈会、县重大招商引资项目集中签约仪式、全市政协主席暑期读书会暨县(市、区)政协工作经验交流会、全省生态环境系统党风廉政建设暨“双建”工作座谈会、2021浦江·第十四届中国书画节、“上山文化”国博展暨万年浙江与中华文明学术座谈会、中国共产党浦江县第十五次代表大会、浦江县十五届人大一次会议、政协浦江县十届一次会议、2021年全国食品安全周农业农村部主题日暨浙江省第三批国家农产品质量安全县创建启动会、全县工业科技大会等提供后勤接待服务工作。

(张娟红)

综　述

【概况】　2021年，中国人民政治协商会议浙江省浦江县委员会（以下简称“县政协”）在县委领导下，服务改革发展，聚焦民生关切，广泛凝聚共识，认真履行政治协商、民主监督、参政议政职能，政协履职迈出新步伐，政协工作展现新作为，政协事业呈现新气象。

组织开展“建功新时代、奋进新征程”委员大走访活动，修订完善《浦江县政协委组考评办法》，编辑印制委员履职风采录《我们这五年》，并在《浦江政协》中设专栏宣传委员风采。通过领导关怀、考评激励、宣传报道等措施，激发委员履职热情，委员主体作用得到发挥。

【“社情民意+‘8890’”机制创建】　深化“社情民意+‘8890’”机制，将浦江县的“8890”社情民意办理平台同市政协“民情一点通”有机整合、迭代升级，委员可直接通过手机端“浙政钉”App进行社情民意的信息上报、进度查询、结果评价等，实现数字化、智能化操作，提升社情民意效度。2021年，县政协收到社情民意信息129条，报县委、县政府领导参阅32条，转相关部门落实97条，社情民意回应率百分百。其中《关于重视“上山文化”遗址群申遗　打造“万年中国”文明史链的建议》等2篇社情民意被省政协采用。

【委员换届】　以换届为契机，精心组织，提前着手换届的各项准备工作，通过深入调查研究、严把委员入口、明确委员标准、广泛听取建议、优化界别设置、排摸留任委员、加强沟通协调等一系列举措，在充分考量的基础上，与县委组织部、县委统战部联合下发《关于做好县第十届政协人事安排有关工作的请示》，提出符合本地实际的、更加科学合理的建议方案，加强政协组织建设，为下一届政协组织保持旺盛的生机和活力打下基础。

【党建工作】　始终把政治理论学习作为提高政治素养和加强党风廉政建设的重要抓手，推进学习教育常态化制度化，参与县委理论中心组学习，并通过县政协党组会议、主席会议、常委会会议以及政协机关周一夜学等，学习习近平总书记重要讲话精神，学习《习近平谈治国理政》第三卷，学习“习近平科学的思维方法在浙江的探索与实践”研究成果，加深对习近平新时代中国特色社会主义思想的认识和理解，增强“四个意识”，坚定“四个自信”，争做“两个确立”忠诚拥护者、“两个维护”示范引领者。通过系列学习活动，增强政协班子围绕中心、服务大局的责任感和使命感，夯实思想政治基础，为人民政协履行职能提供有力保障。

把党史学习教育作为重大政治任务摆在突出位置，推动政协各级党组织学习贯彻习近平总书记关于党史学习教育的一系列重要讲话精神和《中国共产党简史》等重点书籍，并先后开展7次专题研讨会。通过到各联系乡镇（村）、政协各委组开展理论宣讲、组织政协常委到贵州遵义开展党史学习教育培训、开展“学党史、知党情、跟党走”主题党日活动、参观“百年风华——浦江县庆祝建党百年红色主题展”、选送高质量节目《英雄赞歌》参加市政协“同心向党”党史学习教育朗诵会、开展“同心向党砥砺前行”庆祝中国共产党成立100周年书画展、组织政协委员参加“学党史 汇同心 助共富”和“同心向党——学决议 强自信 跟党走”委员读书活动等一系列活动，推动党史学习教育成为加强党对政协工作领导的过程，成为强化党的创新理论武装的过程，成为深化思想认识、广泛凝聚共识的过程。

配合县委第四巡察组开展巡察工作，对照巡察清单，详细、如实提供有关材料，支持配合巡视组开展个别谈话、调阅资料、听取汇报、列席会议、走访调研等工作，自觉接受巡察监督检查。对巡察反馈的问题，高度重视，切实履行整改主体责任，在深入分析原因、查找症结的基础上，结合工作实际，聚焦“人事因制”，科学制定整改方案，细化21项整改措施，研究列出任务清单、措施清单、责任清单，统筹推进问题整改见底到位。并以此次巡察整改为契机，切实加强政协组织党的领导，增强党的建设，落实全面从严治党主体责任，坚持把纪律和规矩挺在前面，把整改融入日常工作中常抓不懈，立足长远巩固整改成效，以实实在在的整改成效推进各项工作。

重要会议

【中国人民政治协商会议浦江县第九届委员会第五次会议】 1月30日至2月2日，中国人民政治协商会议浦江县第九届委员会第五次会议召开。县委书记俞佩芬出席并讲话，县政协主席郑文红受政协浦江县第九届委员会常务委员会的委托，向大会作常委会工作报告。会议听取和讨论政协浦江县第九届委员会常务委员会关于九届四次会议以来提案工作报告；列席浦江县第十四届人民代表大会第五次会议，听取和讨论政府工作报告及其他有关报告；讨论《浦江县国民经济和社会发展第十四个五年规划和二〇三五年远景目标纲要（草案）》；审议通过政协浦江县第九届委员会提案委员会关于县政协九届五次会议提案审查情况的报告、政协浦江县第九届委员会第五次会议决议。大会表彰2020年度政协工作先进委组、优秀政协委员、优秀提案、提案积极分子、本次会议优秀大会发言。

【县政协常委会会议】 1月21日，县政协召开九届二十次常委会会议。会议听取县政府工作报告起草情况、县政协九届五次会议筹备情况、县政协九届常委会工作报告及提案工作报告起草情况的说明以及县政协九届五次会议相关文件。

2月2日，县政协召开九届二十一次常委会会议。会议听取各组讨论情况的汇报;审议通过九届五次会议决议(草案)和九届五次会议提案审查情况的报告(草案)。

5月14日,县政协召开九届二十二次常委会会议。会议听取县政府关于科技创新工作情况的通报和县政协调研组《加大科技创新力度,助推产业转型升级》的调研报告,并进行协商讨论,提出意见建议;审议通过《浦江县政协委组考评办法(试行)》。

11月5日,县政协召开九届二十三次常委会会议。会议听取县政府关于浦江县"文旅富县"战略实施情况的通报和县政协调研组《突出江南第一家龙头景区地位,推动浦江"文旅富县"战略实施》的调研报告,协商讨论并提出意见建议;审议通过《政协浦江县委员会提案办理工作民主评议办法(草案)》;审议通过有关人事事项。

12月1日,县政协召开九届二十四次常委会会议。县政协常委会组成成员、相关提案委员对提案办理情况分别作视察。同时举行全体会议,听取县委办、县府办对提案办理情况的书面通报和6个提案承办单位对提案办理工作情况的介绍,并对6件提案的办理工作分别进行满意度测评;审议通过有关人事事项。

协商议政

【专门协商】 2021年,县政协共举行7场"请你来协商"活动和28场"民生议事堂"活动,提出建议232条,被采纳落实213条。时任省政协主席葛慧君、副主席郑继伟分别带队观摩"请你来协商"活动和"民生议事堂"活动,均给予肯定。理论文章《开展丰安微协商,推动治理效能化——协商民主向基层延伸的浦江实践》获得省政协主席葛慧君的批示"浦江政协的探索是积极有效的"。交流文章《金华市浦江县政协凝心聚力奏响"三部曲"推进"请你来协商"提质增效》在《浙江政协信息》上发表。

【提案办理】 广大政协委员、政协各参加单位围绕县委、县政府中心工作和人民群众普遍关心的热点、难点问题,运用提案形式履行职能,全年共收到以提案形式提出的建议208件,经审查及归并整理,立案193件,全部办复。其中,被采纳的120件,占提案总数的62.2%;部分采纳的66件,占34.2%;留作参考的7件,占3.6%。委员对提案答复表示满意的177件,占91.7%;基本满意的16件,占8.3%。委员对提案办理落实情况满意的占93.2%,基本满意的占6.8%。制定《提案办理工作民主评议办法》,提升提案工作的制度化水平。开展提案办理"双向评议",注重承办单位对委员提案质量的评议,形成"办得好必须提得好,提得好更须办得好"的工作格局。组织提案办理情况"回头看"活动,巩固提案办理成果。宣传政协提案工作,其中《浦江政协委员提案献策——为科技创新赋能加油》等5篇提案通讯被《联谊报》采用。在县政协九届五次会议召开前两个月,发挥提案委员集体作用,与县委办、县府办沟通,编印提案参考目录。减量提质,倡导撰写联合提案、联名提案、集体提案。

委员履职

【民主监督】 开展"科学布局康养机构与产业,提高养老公共服务水平""农村水环境整治""助力乡

村振兴 促进共同富裕”3项省市县三级联动民主监督。出台《浦江县政协关于助推“全国文明城市创建工作”民主监督实施方案》，组织全县政协委员通过“随手拍”上传“清朗浦江”的形式就浦江文明城市创建、生态环境建设等方面开展专项民主监督，累计上报315条信息，助推深化全国县级文明城市创建工作。

【联谊联络】 坚持团结民主两大主题，充分发挥各党派各界别作用，拓展团结面，扩大同心圆，广泛凝聚社会共识。按照“问需于民、协商于民、服务于民”的功能定位，在全县开展以反映社情民意、微协商、服务基层群众为主要内容的政协民情联络站创建工作，建立16个政协民情联络站，推动政协工作向基层有效延伸。县政协主席郑文红就“民情联络站”工作机制在2021年全省政协主席读书会上作典型发言。

【视察调研】 围绕县委提出的“五大战略”和“六个样板地”，向党委政府提出高质量的意见建议，为全面建设社会主义现代化浦江献计献策。做深做实“文旅富县”课题调研，制订调研工作方案，细化五项子课题，通过外出考察调研、召开座谈会，问计相关专家、乡贤等形式，形成务实有效的课题报告。开展“加大科技创新力度，助推产业转型升级”“突出江南第一家龙头景区地位，推动浦江‘文旅富县’战略实施”常委会重点课题调研工作，助力浦江科创和文旅工作。围绕浦江县“十四五”规划功能定位及共同富裕示范区建设，政协正、副主席分别领衔一个课题，通过考察、走访、座谈等方式，开展调研活动，提出前瞻性、建设性、可操作性的意见建议供县委决策参考。

【社会服务】 开展“进村联企”服务活动，通过与244个村（社区）、57家规模以上培育企业、13个行业协会结对，组织全县政协委员以及在浦江的省市政协委员，深入各乡镇、企业宣讲政策、了解民情、掌握实情，实现精准建言，有效助推发展。组织政协各委组开展“红心向党 服务百姓”“六送下乡”活动，共安排1个主会场和7个分会场，内容涉及文艺会演、医疗义诊、应急救护、科普宣传、农技指导、法律咨询等多个方面。号召广大政协委员扛起政治责任，共同抗击疫情，医卫界委员身先士卒冲到抗击新冠肺炎疫情第一线，其他各界别政协委员也捐款捐物，各展所长、各尽其能。

（朱潇枫）

综　述

【概况】 2021年，县纪委、县监委共处置问题线索509件，运用“四种形态”处理488人次，其中第一、二、三、四种形态分别占52%、33.2%、8%、6.8%。保持惩治腐败高压态势，全年共立案214件，党纪政务处分223人，移送检察机关8人，留置3人。严格落实中央八项规定及其实施细则精神，抓住重要节点，紧盯隐性变异问题，深化“清风护航”专项行动，强力整饬“四不”问题。开展正风肃纪检查537次，发现问题78个，查处违反中央八项规定精神问题27起32人。

【“礼赞百年 翰墨清风”清廉书画艺术活动】 10月28日，“礼赞百年 翰墨清风”清廉书画艺术活动暨全国清廉书法作品大展系列活动在浦江举行。该活动由中国纪检监察杂志社、浙江省纪委省监委主办，浙江省书法家协会、金华市纪委市监委、浦江县委县政府承办，四川省成都市纪委市监委、江苏省扬州市纪委市监委、湖南省益阳市纪委市监委协办，以书画艺术为载体，讴歌党的光辉业绩，弘扬清廉文化，传播清廉理念，营造风清气正、健康清朗的浓厚氛围，纵深推进清廉浙江建设。活动收到来自浙江、山东、江苏、河南等全国31个省（自治区、直辖市）书法家和书法爱好者的投稿作品2701件。8月，通过初评、复评、终评、评奖4个环节评审，评出优秀作品10件，优秀提名作品10件，入展作品132件。

【上级领导到浦江调研】 3月10—11日，省纪委常务副书记、省监委副主任王海超一行到浦江实地调研乡镇（街道）纪检监察工作规范化建设、村级监察工作联络站、下访接访“浦江经验”等工作情况，并到企业开展“三服务”活动。市委常委、市纪委书记、市监委主任沈晓红，市人大常委会副主任陶国兴，市纪委常务副书记、市监委副主任何海彬，县领导俞佩芬、戴翀、虞振贤、张昆仑、傅晓辉等先后陪同调研。5月8日，市委常委、市纪委书记、市监委主任沈晓红到浦江调研江南第一家、文景园、月泉书院、新光村、马岭等地，并强调清廉文化建设是基层清廉建设向纵深推进的重要抓手，要提高政治站位，主动担当作为，深挖、传承、弘扬蕴含在历史文化中的清廉因子，为推进清廉金华建设提供“源头活水”。市纪委副书记、市监委副主任王宽民等参加调研。县领导俞佩芬、戴翀、钱福安、傅晓辉等分别陪同。10月13—14日，中国纪检监察杂志社社长贾文儒，省纪委副书记、省监委副主任温暖，市委常委、市纪委书记、市监委主任沈晓红一行到浦江调研清廉书法展。

【干部队伍建设】 坚持“规定动作不漏项、自选动作有特色”，依托江南第一家廉政教育馆、花桥廉政教育基地等资源，组织主题党日活动，开展现场教学、集中宣誓等。实施“塑核、充电、青蓝、造血、聚力”等“五大工程”，锤炼“全科型”干部队伍。拓宽选人渠道，落实全员培训制度。落实纪检监察干部“十二个严禁”要求，加强内部管理。打击全省首起诬告陷害纪检监察干部刑事犯罪，澄清是非、保护干部。编排以纪检监察干部为原型的情景剧《职责》，参加县“五一”文艺会演，获得群众好评。开展退休欢送会、向组织说说心里话、时节慰问等活动，传递组织温暖。

【县第十五次党代会审查批准县第十四届纪委工作报告】 12月28—30日，中国共产党浦江县第十五次代表大会召开，会议审查批准县第十四届纪律检查委员会所作的《坚守职责定位 忠诚履职担当 为高质量发展推动共同富裕浦江实践提供坚强保障》工作报告。大会对县第十四届纪律检查委员会的工作予以充分肯定。大会强调，做好新时代纪检监察工作，使命光荣、责任重大。要全力护航中心大局，强化政治引领、政治保障；驰而不息纠治“四风”，促进纠建并举、常态长效；深化“三不”机制建设，实现减存遏增、标本兼治；纵深推进清廉建设，做到固本强基、质效并重；数字赋能应用场景，提升治理能力、服务水平；做深做细巡察监督，聚力系统谋划、高标推进；持续深化体制改革，坚持蹄疾步稳、形神兼备；不断加强队伍建设，推动政治过硬、本领高强。全体纪检监察干部要不断提高政治判断力、政治领悟力、政治执行力，强化担当、主动作为，坚定不移深化全面从严治党，为实现县第十五次党代会提出的各项目标任务做出贡献。

重要会议

【年度工作会议】 1月29日，浦江县纪检监察系统2020年度工作会议顺利召开，县委常委、县纪委书记、县监委主任傅晓辉出席会议并讲话。傅晓辉强调，全县纪检监察干部围绕中央、省、市党委全会、纪委全会精神，围绕年度考核重要指标，围绕自身问题和短板，以“五个更加突出”推动纪检监察工作高质量发展。全会表彰了22个“成绩突出”先进集体、40名先进个人，播放县纪检监察机关疫情防控专题片、年度总结视频等。

【县纪委十四届六次全会】 3月16日，县纪委十四届六次全体会议召开。县委书记俞佩芬在会上强调，要全面贯彻落实十九届中央纪委五次全会精神，特别是习近平总书记重要讲话和省、市纪委全会精神，坚持以人民为中心的根本立场，把高质量发展作为主题主线，推动全面从严治党不断向纵深发展，为高水平全面建设社会主义现代化浦江新征程提供坚强保障，以优异成绩献礼中国共产党成立100周年。县委常委、县纪委书记、县监委主任傅晓辉作题为《坚定不移推进纪检监察工作高质量发展 为浦江“十四五”高起点开局提供坚强保障》的工作报告。与会人员集体观看警示教育片。

2021年3月16日，县纪委十四届六次全体会议召开 （县纪委提供）

【半年度工作会议】 8月5日，全县纪检监察系统半年度工作会议召开。会议传达省、市纪检监察系统半年度会议和县委十四届十次全会精神，回顾总结交流上半年工作成效，研究推进下半年重点工作。县委常委、县纪委书记、县监委主任傅晓辉出席会议并讲话。4名乡镇纪委、4名派驻纪检监察组代表先后作交流发言。

【“清廉浦江”建设推进会】 8月10日，“清廉浦江”建设推进会召开，县领导俞佩芬、虞振贤、郑文红、钱福安、张建顺、章胜辉、张昆仑、徐利民、傅晓辉、朱红卫出席。会议由县委副书记、县长戴翀主持。会上，县委书记俞佩芬强调，河清海晏、政治清明是人心所向、百姓所盼。全县上下要深化认识、创新举措、担当尽责，主动投入清廉单元建设，协同高效落实各项工作举措，精准有力打造一批清廉建设示范标杆，为共同富裕示范区建设提供坚强纪律保障。县委常委、县纪委书记、县监委主任傅晓辉宣读了市级清廉建设示范单位名单。县直机关工委、县委宣传部等8家清廉单元建设牵头单位主要负责人作表态发言。

【党史学习教育集中学习会】 10月22日，全县纪检监察系统党史学习教育集中学习会召开，会议学习党史学习教育重要内容，盘点回顾前三季度工作，对第四季度工作进行再安排、再部署、再推进。县委常委、县纪委书记、县监委主任傅晓辉讲授党课，并做工作部署。

【县纪委十五届一次全会】 12月30日，中共浦江县第十五届纪律检查委员会第一次全体会议召开。会议表决通过《中共浦江县第十五届纪律检查委员会第一次全体会议选举办法》，以无记名投票的方式选举产生新一届县纪委常委和书记、副书记。傅晓辉当选为新一届中共浦江县纪委书记，黄伟胜、祝懋发当选为新一届中共浦江县纪委副书记。会议强调，要旗帜鲜明讲政治，践行全面从严治党的使命担当，认真履行党章赋予的职责，自觉将纪检监察工作融入全县发展大局。要担当实干促发展，提升扛旗争先的行动自觉，始终坚持围绕中心、服务发展，以清廉浦江建设的实际成效取信于民。要精诚团结协作，凝聚干事创业的强大合力，以高度的政治自觉、严明的纪律规矩、扎实的工作作风、奋发有为的精神状态、秉公执纪的实际行动和一流的工作业绩，努力推动实现全县纪检监察工作高质量发展。

纪检监督

【基层矛盾纠纷化解】 聚焦基层矛盾纠纷化解，推进“大下访、大接访、大调研、大化解”活动，全年领导下访接访114次，解决问题63个；受理涉纪信访举报126件，同比下降45.6%，按期办结率100%。

开展“蜗牛件”专项整治，出台《浦江县纪委县监委规范办理初次检举控告工作机制》，主要领导挂图作战、亲自督办，26件初次举报全部办结，10件重复举报全部化解。严把办信质量关，细化28项评价指标，全年量化考评81件，整改问题178个，约谈乡镇纪委书记3名，对量化考评落后的2个乡镇进行驻地指导。

【公房腐败和作风问题】 开展公房领域腐败和作风问题专项整治，共梳理房产信息3800余宗，分析近三年房产交易数据1200余条，开展监督检查9次，发现问题21个，推动健全制度7项。开展粮食购销领域腐败问题专项整治，查纠问题25个，党纪政务处分4人。推进涉企资金奖补领域腐败和作风问题专项整治，过筛2018年至2020年涉企奖补资金约10亿元，发现问题7个，党纪政务处分4人。

【“四风”纠治】 开展优化营商环境明察暗访47次，组织座谈会7次，跟踪体验事项31个，发现问题54个，形成专题调研报告，为县委决策提供参考。聚焦经济主阵地，创新开展驻点督导，走访单位380家，开展干部谈话62人次，接待企业群众25人次，查纠问题33个。联合公安、市场监管等单位开展督查，严纠“四风”问题，做到即查即办即处，下发通报12期48人，播放专题视频3部。

【“清风润廉”行动】 开展“清风润廉”行动，持续强化“郑义门”的示范引领、辐射带动效应，打造清廉文化传播阵地。聚力村级监察工作联络站制度化规范化建设，在全市率先制定工作办法、交叉检查等7项制度，为基层监督提供借鉴“蓝本”。大力推广基层公权力大数据监督应用，实现对244个村社全覆盖。规范村级事务办理流程，通过大数据比对，发现问题线索126条，处理14人。

巡察工作

【概况】 2021年，共开展常规巡察2轮、专项巡察1轮、巡察“回头看”1轮，范围涵盖28家部门单位和15个村(社)党组织，巡察覆盖率100%，共发现问题786个，移交问题线索12条。

【涉粮巡察】 根据中央、省委、市委部署精神，制定《浦江县涉粮问题专项巡察工作方案》，组建1个涉粮问题专项巡察组，对县经济商务局、县发改局、县国资集团、县粮食收储有限公司等11家涉粮单位开展专项巡察。

【村级巡察“回头看”】 开展村级巡察“回头看”，组建4个巡察组对10个村党组织开展为期1个月的巡察“回头看”，重点检查村党组织换届后履职尽责、清廉村居建设、基层监督体系巩固提升、村级治理“数字赋能”及上轮巡察整改落实情况。抓好中央巡视反馈问题整改，对巡察办牵头整改的6个问题，细化20条整改措施，明确整改时限，逐一落实整改，并做好档案资料整理，如期完成整改并长期坚持。

（蒋　煜）

总工会

【概况】 2021年，累计组建工会1243家，组建率90.5%，其中单建工会1094家，联合工会149家；工会会员74961人，入会率94.99%。开展疗休养工作，助推共同富裕。2021年，吸引160多批8000余人次到浦江开展工会疗休养活动，带动经济收入3800余万元，助推“文旅富县”战略。通过“工会带货”销售浦江特色产品，销售金额3300余万元；带动农家乐、民宿等餐饮住宿行业收入1400余万元。

组织开展“浦工缘”浪漫之旅交友主题疗休养活动，被评为优秀创新项目。2021年，为15家企业4147名一线职工提供免费体检。与周边县、市疗休养资源互换，开展一线职工免费疗休养活动，安排资金12万余元，分5批次组织500余名一线职工到义乌、兰溪、宁波等地，开展以红色教育、身心疗养、参观学习、乡村体验等为主题的疗休养活动，丰富一线职工疗休养形式。9月30日，“职工心向党 奋斗新征程”千名职工红色游活动在浙江杭机股份有限公司启动，县委宣传部副部长钟旭妙、县总工会书记彭思灿、副主席张秀娟参加启动仪式。2021年，建设22家户外劳动者驿站，其中24小时营业驿站1家。春节前走访县、市、省、全国劳模共128名，发放慰问金13.8万元；慰问生病住院劳模12名，亡故劳模家属2名；慰问市级以上困难劳模3名，发放慰问金2.5万元；发放留浦过年“新浦江人”慰问金18万元。

打造“政治清明、政务清廉、干部清正、行风清朗”的廉洁工会。发挥工会经费审查委员会的作用，完成县总本级、15家乡镇总工会、教育、财贸等系统下属的17家基层工会的审计工作，发现并整改5大类、20余项存在的问题。开展审计回访，指导各级工会规范使用工会经费。

完成浦江县第七次劳动模范评选工作，评出国家税务总局浦江县税务局等5家县模范集体、宣黎建等20名县劳动模范；其中张银洋等11人获“金华市劳动模范”荣誉称号。

【新就业形态群体工会建设】 增强工会组织凝聚力，开展新就业形态劳动者建会入会集中行动，通过“单独建”“联合建”“依托建”等多种方式，重点组织“八大群体”等新就业形态劳动者加入工会。全年完成快递行业及保安行业相关企业的工会组建工作。2021年，新组建工会45家，吸纳会员2122人；其中单建工会39家，联合工会6家，覆盖企业107家。吸纳“三新”领域就业群体入会，成立农家乐行业工会、网约送餐员工会、民宿行业工会；创建示范乡镇(街道)总工会15个、市县级乡镇街道区域职工活动中心13家，覆盖率居全市前列。优化基层工会规范化建设，水晶产业园区被省总工会评为全省百家示范园区工会。

【工会服务】 维护外来务工人员稳定，推行“无接触”求职招聘，开展“春风行动”线上招聘活动十二期，参加招聘单位69家，提供300余个岗位，促进就业2292人。在各个节假日通过“金华工会”微信公众号向各基层工会会员送出移动话费、杭坪高山蔬菜、花桥番薯等各类普惠活动24期，送出各类奖品上千份，普惠金额10万余元。

2021年9月22—24日，浦江县转岗再就业职工就业技能培训 （县总工会提供）

【技能竞赛】 开展技能比拼，提升职工素质。举办水晶、挂锁、钳工等多工种17项全县技能竞赛，1500余名一线职工参加培训和选拔，33名职工被授予“浦江县技术标兵”荣誉称号，56名职工被授予“浦江县技术能手”荣誉称号，1292名职工晋升为高级工，15人晋升为技师。王献东等4人获评浦江县第六次技能带头人。组织实施“青蓝计划”，完成76对名师带高徒协议签订工作。“李文建球体单手切削法”获“金华市先进操作法”。水晶岗位技能竞赛获浙江省百场最受好评技能竞赛，获省总工会补助资金3万元。打造12家劳模工匠创新工作室，持续推进劳模工匠创新工作室创建活动，发挥劳模工匠示范效应，带动企业创造经济效益超亿元。

【职工权益维护】 维护职工权益，开展工资集体协商企业4450家次，覆盖全县98%的工会企业，创建省级和谐园区和企业7家；组织开展法律服务行动，为企业3万余名职工进行政策解读，接待咨询职工2856人次，发放《中华人民共和国劳动合同法》《浙江省工会劳动法律监督条例》等宣传资料5600余份，职工劳动知识普及覆盖率列全县第一。参与劳动争议调解164次。签订工资集体协商合同1009份，其中行业性、区域性工资集体合同5家，开展工资集体协商企业履约率92%。409家单位参保第八期(2021年7月1日至2022年6月30日)在职职工医疗互助保障，参保人数24508人，参保完成比例104%。2020年7月1日至2021年6月底，医疗互助报销9310人次，报销金额1126763.69元。

【职业培训】 加大工会免费培训力度，提升职工学历与能力。配合上级工会做好“求学圆梦行动”，对2020年9月至2021年8月报名参加大专及以上学历教育学习以及在浙江省参加国家职业资格全国、全省统一鉴定、日常鉴定考试取得高级工以上国家职业资格证书的企业车间主任及一线职工给予补助，推进全县广大一线职工的学历与能力提升。全县有21名职工获学历提升补助，2名职工获能力提升补助。举办全县工会干部业务知识学习会，110名工会干部参加培训，提高了工会干部的工作能力和综合素质。

【推行职工疗休养网上备案，实现“一次都不用跑”】 为规范全县职工疗休养工作，保障职工休息休养权利，推进全县各基层工会职工疗休养管理系统备案工作，实现疗休养备案“一次都不用跑”的目标，浦江县总工会于5月8日在县文景园小剧院举办浦江县职工疗休养工作推进会暨管理系统培训会。全县各乡镇（街道）、开发区、水晶产业园区总工会、各机关单位工会、县属国有集团公司工会，以及县疗休养承办单位（旅行社和基地）的相关工作人员共计300余人参会。

【启动“三新”工会组建专项行动暨“八大群体”千人入会仪式】 为贯彻落实省委、市委党的群团工作会议精神和上级工会工作部署，推进“新经济、新领域、新业态”的基层工会组建，以快递行业为重点，推动“三新”组织依法建会，扩大工会组织有效覆盖。5月31日，金华市“三新”工会组建专项行动启动暨“八大群体”千人入会仪式（视频会）在金华召开。浦江在中部水晶产业园区设分会场，来自县总工会中层以上干部及相关部室工作人员，各乡镇（街道、开发区、园区）总工会、产业（系统）工会专职副主席以及开发区总工会、水晶产业园区总工会、财贸工会等工会“八大群体”新入会会员120人参加会议。

【县非公企业产改工作推进会召开】 10月12日，浦江县召开非公企业产改工作推进会。会议指出，年初浦江县在浙江亚特新材料股份有限公司召开全县民营企业产业工人队伍建设现场推进会暨产业工人队伍建设改革动员会，协调小组各成员单位和乡镇（街道）、开发区根据产改方案和推进会精神，合力推进非公企业产业工人队伍建设改革，取得一定成效，但离上级要求和先进县市还有差距。浦江县产改下一步工作要持续强化政治引领，完善成长体系，培育产业工人队伍“有技术能钻研”，保障职工权益，增强产业工人“获得感幸福感”；各单位要抓实各级试点，做好顶层设计，深化推动非公产改工作。

（程淑姣）

共青团浦江县委员会

【概况】 2021年，全县有基层团组织787个，派驻基层团委40个，团工委10个，团总支10个，团支部615个，共发展新团员908人，专职团干部45人，兼职团干部1262人，团员22668人，少先队员32060人，少先队大队辅导员817人。

2021年，团县委获省级荣誉3项、市级荣誉4项、县级荣誉2项，并在全省县域共青团基层组织改革扩大试点工作交流研讨会上表态发言。全县各级共青团组织获省级以上主流媒体宣传报道42篇次，其中在“学习强国”App、《人民日报》、“中国共青团”公众号等中央级媒体宣传报道累计25次。

【浦江县共青团基层组织改革全国试点工作动员部署大会】 8月20日，浦江县共青团基层组织改革全国试点工作动员部署会召开，县委副书记、政法委书记钱福安，团金华市委副书记王一，县委常委、组织部部长章胜辉，县人大常委会副主任于文统，县政协副主席张放远等领导及各试点工作领导小组成员单位主要负责人等出席会议。团县委书记黄鹏甫对《浦江县共青团基层组织改革全国试点“百日攻坚”行动方案》作详细解读。县教育局、县水晶产业园区、浦阳街道3家单位分别作表态发言。团金华市委副书记王一就改革试点工作的基本情况作交流指导，并对更好推进改革工作提出五点建议。县委副书记、政法委书记钱福安对深入推进改革试点工作、打好团改百日攻坚战，提出三方面意见，强调要坚决贯彻习近平总书记关于青年工作的重要论述。县委常委、组织部部长章胜辉就贯彻落实会议精神，强调五点意见。

【共青团浦江县第十八届四次全委会议】 5月25日，共青团浦江县第十八届四次全委会议召开，县委副书记、政法委书记钱福安出席会议，并强调要立德树人、学史明理、凝心聚力，坚持政治立魂，加强对广大青年的凝聚引领。15个乡镇（街道）、开发区和水晶产业园区团组织负责人上台认领2021年度重点工作领办书，浦阳街道、虞宅乡、花桥乡、开发区相关负责人就“揭榜挂帅”内容进行发言，会议表决通过相关事项，部署团县委近期工作。

【共青团基层组织改革】 2021年，团县委结合县域发展特色，聚焦“六个化”具体目标，坚持“活选干部、巧建组织、严管团员、党团共建”四位一体工作模式，将团省委42条任务清单分解成100条细化举措，成立改革工作专班，制定双周双报、每周专题例会、每周向县委副书记汇报等工作机制，争取青年工作经费72万元，出台体制机制文件22个，编发《青年工作信息》4期，相关团改工作被《中国共青团》《浙江日报》《金华日报》等省市级以上媒体宣传报道55篇次。探索“山中青年”、“浦江好农品 乡村好青年”云助农、“红色青春联盟”、“助力双减公益送教”、“共青团员、少先队员双报到双报告”等10余项青字号品牌项目，系统盘活资源动能。打破条块分割，新建快递物流、互联网行业团工委等各类“两新”团组织、青年组织79个，青年多样性网络矩阵315个，打造“10分钟浦江青年覆盖圈”。搭建“青年之家”、团代表联络站、“红色驿站”等团属阵地151个，开展各类青年活动564场，辐射青年2.7万余名。同时以“打破身份+定向招录+多领域吸纳+严格审核”选用路径实现团干部来源多元化；以“五星三评、三亮三比、实践育人”三维体系破解团员发展质量难题；以“多方联动、团教协作、考核重塑”把握党团共建核心，用改革创新重塑团委活力。

【引导青少年践行社会主义核心价值观】 2021年，评选“浦江县新时代好少年”101名，6名少先队员获评金华市“新时代好少年”；开展入队仪式、离队入团仪式活动41场，全县1521名小学生光荣入队；开展“学党史、强信念、跟党走”学习教育，发动618个团支部和827个中队开展“百年风华 接续奋斗”“请党放心 强国有我”等党史学习教育1520余场次，覆盖6.3万余人次；发动各基层团组织参与“青年大学习”网上主题团课学习，全年参学超87.96万人次；组建“丰安青年”“红领巾”“山中青年”等宣讲团22个，通过专题讲座、基层宣讲等形式开展宣讲交流活动90余场次，覆盖青少年1.2万余人次；推出“青年学党史”“丰安青年说”等栏目，带领青年重温党史、讲述党的历史故事，累计推出作品110余期；开设“红领巾爱学习”“红领巾大讲堂”两大线上学习栏目，以音视频方式分享红色故事，推出作品30期，阅读量超50.2万次，其中“追寻革命初心”原创短视频登上“学习强国”App平台。

【疫情防控】 2021年，团县委建立健全应急处置快速反应机制，组建青年突击队、志愿服务队和“快递小哥”疫情防控突击队。组建县、乡、村三级“微信塔群”244个，上千名志愿者开展秩序维护、测温查码、疫情防护宣传、协助核酸检测、日常便民帮扶等志愿服务。

【关爱青少年】 2021年，团县委开展“快乐大篷车”“点亮微心愿”等主题活动21场，发布“亲青筹”项目4项，募集资金4.5万元，为350余名困境青少年提供暖心服务；组织少年宫开展青少年爱眼护眼宣传教育4场，促进学生养成良好的用眼卫生习惯，覆盖青少年480余人次；在元旦、春节、“六一”等时间节点为重点青少年送上慰问品，详细了解重点青少年的学习、生活、心理状态，开展重点青少年走访帮扶924次，发放慰问物资690余件，价值超8万余元；通过项目资助、结对帮扶等形式，发放助学金7万元，资助14名准大学生“圆梦大学”；开展“三禁三防三自”“法治第一课”等活动70余场，覆盖青少年3万余人次。

【“青字号”品牌建设】 2021年，助力乡村振兴，开展“中国青年年货节”浦江专场、“浦江好农品 乡村好青年”等青春助力乡村振兴活动14场，销售农副产品4960余单，销售金额超32.2万元；举办“青年大讲堂”“青企建言、青年献策”等活动10场，组织31名青年企业家到杭州等地参观学习，邀请省新材料企业联合会27位优秀青年企业家到浦江考察交流，通过“走出去、引进来”，为“工业强县”战略提供人才支持；打造“山中青年”品牌，向社会展示第二个百年奋斗目标迈进的新征程上的青年风采，以“生长在乡村、工作在乡村、创业在乡村”为中心点，经过前期组织主动寻、活动凝聚寻、数据对比寻，共青团浦江县委将全县15个乡镇街道357名有抱负、有想法、有能力的乡村青年组成“山中青年”大家庭，并选出35名优秀“山中青年”，每月开展乡村运营官培训、“山中青年的共富担当”宣讲等活动1次以上；持续开展青年“号”“手”争创工作，3个青年集体荣获市级“青年文明号”，4人获评市级青年岗位能手；推进“两进两回”工作，开展2021年“家燕归巢 智汇浦江”大学生社会实践活动，募集见习岗位483个，吸引153名浦江籍大学生返乡实践，促成11名大学生就业签约。

【参与社会治理创新】 推出“红领巾楼道长”“红领巾文明奖章”等活动，全县4万余名少先队员参与创文活动；新建“红色驿站”117个，打造“10分钟红色服务圈”，为外卖小哥、环卫工人等群体提供“一站式”服务场所；深化“红色小达·幸福快递”服务品牌，为163名独居老人提供午餐配送、生活缴费等10余项代跑服务，开展公益配送1560余次，发放各类宣传资料3000余份，完成代跑事项134件；发动志愿者助力“双减”活动，在全市范围率先推出“15分钟托管圈”等做法，开展“周末公益学堂”“公益托管进社区”等青春助力“双减”活动61场，创新推出“快乐大篷车”课后公益服务品牌，包含特色活动27项，累计服务青少年4670余人次。

（张苏怡）

妇女联合会

【概况】 2021年，全县共有街道妇联3个、乡镇妇联12个、开发区妇联1个、水晶产业园区妇联1个、社区妇联17个、村妇联227个、机关企业单位妇女工作委员会24个、团体会员单位1个。

2021年，全县共有来料加工点247个，来料加工经纪人436名，从业人员7810人，发放加工费24667.72万元；各乡镇（街道）共举办来料加工比武15场；评选2020年度优秀经纪人39名、示范户73户。

2021年，岩头镇妇联获“全国妇联系统先进集体”荣誉称号，“好家风信用贷”记入全国妇联《“十四五”时期深化妇联系统改革方案》，“花样课堂”助力“双减”工作在全省妇联系统家庭和儿童工作培训班上作经验交流，全国、省级主流媒体刊登浦江妇联特色亮点工作报道12篇，市级媒体刊登34篇。

【家庭教育品牌建设】 推进家庭教育品牌建设，组建“百名巾帼宣讲团”，深入基层开展“讲红色故事”“听党史绣党旗”等巾帼味党史学习教育及民生政策宣讲170余场，受益人数3万余人。举办“传承好家风 争做好家庭”“文明家庭讲家风”等好家风故事宣讲活动100余场。征集新冠肺炎疫情防控、庆祝中国共产党成立100周年等短视频45个。依托社区、学校等267个“家长学校”，面向社会举办家庭教育系列讲座100余场，培训家长3000余人次。依托“妇女之家”“儿童之家”“妇女微家”等阵地，开展“花样”课堂180余场，参与学生6000余名，工作动态信息被金华市两办“每日要讯”采用。选树2021年县级平安家庭50户，绿色家庭100户，最美家庭40户，最美婆婆、最美媳妇各15名。至2021年末，发放“好家风信用贷”22.58亿元，惠及家庭1.6万余户。

【妇女儿童权益保护】 筑牢平安稳定防线，在“三八”妇女节、“6·26”禁毒日、“11·25”国际反家庭暴力日、“12·4”国家宪法日等重要时间节点开展《中华人民共和国宪法》、《中华人民共和国民法典》、《中华人民共和国妇女权益保障法》、《中华人民共和国反家庭暴力法》、防范诈骗、防性侵、禁毒防艾等“法治新征程平安进万家”普法宣传活动193场次，发放宣传资料5万余份。举办“反对家庭暴力、共创平安家庭”法律知识讲座19场次。联合蒲公英公共法律服务志愿团成立县级“和姐”工作室，开展普法教育、矛盾调解、心理疏导等公益服务200余次。县、乡、村三级妇联常态化开展“四必访”1.8万余人次，排查家事纠纷206件，化解204件，化解率99.03%。聚焦妇女儿童福祉，完成第二批60个“微书房”的打造公益项目。走访慰问离任妇代会主任125名、困难妇女儿童73名、外来困难女职工65名。为25~50周岁“两癌”多发人群的692名低保女性缴纳健康保险金1.4万元。助力教育“双减”工作，推出“线上点单线下授课”的假期托管服务“花样课堂”。课程内容涵盖心理辅导、家庭教育、科普、文艺、非遗、书画、国学等16个类别，吸纳讲师65人。开展“花样课堂”假期托管服务130余场，参与学生4000余名。

【妇女创业创新】 推动妇女创业创新，举办母婴护理、葡萄修枝、手工刺绣编织等技能培训班3期，培训学员170余人；邀请职业技能培训学校下乡免费开展面点、烘焙、炒菜等培训95场次，培训4000余人次。牵线“巾帼主播”参加义乌国际小商品博览会配套活动“我的梦想我主播”直播电商创业创新大赛，白马镇选手何明园获创新主播奖项，成功签约意向订单8个。借助省、市“妈妈的味道”平台组织女红巧手、美食巧手积极参加县域特色的农产品推介，郑宅镇郑晓红制作的红糖馒头在省第五届“妈妈的味道”活动中获“特色风味奖”。在来料加工信息交流平台实时发布加工需求信息150余条，对接加工项目100余个。

【巾帼志愿服务】 深化巾帼志愿服务，以“文明有我，巾帼助力”为主题开展乱扔果皮、乱弃烟头、乱丢食品袋等不文明行为劝导5000余人次，开展门前屋后乱堆乱放整治、“牛皮癣”清理、破损广告清理、垃圾分类检查等活动1万余人次。组织巾帼云创联盟开展助销葡萄、黄桃、番茄、生姜等农产品直播带货活动，销售额10万余元。

【“护爱妇女春暖心”活动】 响应让外来务工人员“就地过春节”的倡议，为外来务工人员在浦过年营造温暖氛围。春节期间，针对外来务工人员中的妇女群体，县妇联党组书记、主席黄碧娟带队到开发区、水晶产业园区开展走访慰问，了解她们的生产生活情况，帮助解决实际问题，送上节日祝福和慰问金、慰问品。听取企业妇联主席介绍新冠肺炎疫情防控落实举措及关心关怀留浦过年职工等工作的开展情况。

【“三八”妇女节走访慰问】 3月4日，县委副书记、县政法委书记钱福安和副县长陈子华在县妇联主席黄碧娟等陪同下走访慰问全国最美家庭、全国三八红旗手、村妇联干部等，传递党和政府的关怀。钱福安一行先后来到仙华街道金宅村全国最美家庭金伯声、岩头镇和丰村妇联主席王秀英家中走访慰问，了解家中情况和身体状况，感谢他们为社会做出的贡献。钱福安强调，妇联组织要做好妇女儿童关心关爱工作，共同营造有利于妇女事业发展的良好氛围；展示榜样力量，做深做实“家”文化，构建和谐向上的社会文明新风尚。

【党史学习教育巾帼宣传宣讲】 3月23日，首场“百名巾帼颂百年”党史学习教育宣讲会在岩头镇山垄王店村（中共浦江县委旧址）举办。县妇联全体干部，单位妇委会主任，各乡镇（街道）、开发区、水晶产业园区妇联主席，丰安姊妹“一格一姐”代表等50余人参加宣讲会，邀请浦江中学教师傅旭霞给大家上党史课。

【母婴护理培训班】 4月26—30日，县妇联、县人社局联合举办母婴护理技能培训班，全县共80余位有意向从事母婴护理行业或有母婴护理技能需求的女性学员参加培训，县妇联班子成员参加开班仪式。培训邀请上海青青母婴创始人、上海第一家母婴机构合伙人张小青通过理论和实操相结合的方式进行全程授课，培训结束后为学员颁发资格证书。

2021年4月26—30日，母婴护理技能培训班开班仪式 （吴丹妮 摄）

【“巾帼携手防诈骗 共创文明好家园”】 5月14日，“巾帼携手防诈骗 共创文明好家园”誓师动员暨全县基层妇联主席培训会在仙华文景园举行。全县乡镇（街道）、开发区、水晶产业园区、村（社区）妇联主席共260余人参加培训。县妇联党组书记、主席黄碧娟对姐妹们的努力工作表达感谢和敬意，希望全体妇联干部能够怀抱“三种情怀”：工作有热情；干事有激情；待人有真感情。本次培训会旨在补足浦江巾帼思想之钙，培养基层妇联干部的工作情怀，提高基层妇联干部围绕中心服务大局，提升服务群众创新实践的能力，开创妇女事业新局面。

【“生命教育进家庭”浦江县妇女干部培训】 5月14日，县妇联联合县红十字会举办“生命教育进家庭”浦江县妇女干部培训启动仪式，并举行应急救护知识理论培训。全县乡镇（街道）、开发区、水晶产业园区、村（社区）妇联主席共260余人参加。县妇联党组书记、主席黄碧娟强调：提高认识，领会应急救护工作的重要意义，掌握基本的急救知识和技能，在突发事件或意外发生时能够自救互救；勤思善学，吸收、消化救护员课程的理论和实操培训，准确掌握应急救护知识，提高应急救护能力；严格纪律，增强责任意识，确保学有所获、学有所成、学以致用，真正提高在突发事件救援过程中的应急处置能力。

2021年5月14日，“生命教育进家庭”浦江县妇女干部培训启动仪式 （吴丹妮 摄）

【浦江县妇女联合会第十四届二次执委（扩大）会议】 3月2日，召开浦江县妇女联合会第十四届二次执委（扩大）会议。副县长陈子华，县府办副主任、大数据中心主任潘文戎出席会议。县妇联十四届执委，各乡镇（街道）、开发区、水晶产业园区妇联主席、单位妇委会主任等50余人参加。会议由县妇联党组成员、副主席黄凰主持。县妇联党组书记、主席黄碧娟作工作报告，回顾总结2020年的妇女工作，从加强学习宣传、增强政治引领，抓好主职主业、做优妇女工作，围绕中心工作、提升服务水平三方面内容具体部署2021年“十四五”开局之年的工作安排。副县长陈子华对2020年全县妇女工作给予肯定，提出“凝聚人心、统一思想认识，找准定位、发挥好助力功能，强化服务、发挥好桥梁纽带作用，提升队伍、发挥好保障功能”四个方面的希望和要求。

【全县基层妇联主席会议】 6月8日，全县基层妇联主席会议召开，各乡镇（街道）妇联主席参加会议。县妇联党组书记、主席黄碧娟解读《金华市妇联系统攻坚争先半年大比拼活动方案》，部署下半年工作，提出三点希望与要求：各级妇联要根据攻坚争先半年大比拼活动方案要求，围绕妇联组织建设、党史学习教育、妇女引领教育、助力乡村振兴等内容，完善各项比拼内容，当好“行动者”；各乡镇（街道）妇联要发挥妇女作用，因地制宜创新工作做法，发展特色亮点工作，推出可示范可借鉴的工作经验，当好“创新者”；要善于晒亮点晒进度晒成效，分享特色经验，各乡镇互相汲取先进做法，当好“宣传者”。同时，寻找先进典型，发挥模范作用，激发基层妇联干部的工作热情和干劲。县妇联班子对攻坚争先半年大比拼工作分线进行说明，部署下半年重点工作。各级妇联以此为契机，紧扣全市“四攻坚四争先”主题主线，落实年度任务，重点围绕基层妇联组织建设、党史学习教育、助力乡村振兴、参与基层社会治理、家庭家风家教建设、特色品牌工作等工作内容，推进妇联工作开展。

【年度妇联工作会议】 12月31日，县妇联召开学习贯彻党的十九届六中全会精神暨2021年度基层妇联工作会议。会议总结2021年度基层妇联系统工作开展情况，谋划2022年度工作思路。各乡镇（街道）、开发区、水晶产业园区妇联主席，县妇联机关全体干部职工参加会议。17个参会单位汇报了2021年度特色亮点工作，相互交流好经验、好做法，对2022年工作提出思路和目标。会议传达学习党的十九届六中全会、县第十五次党代会精神，解读2022年1月1日施行的《中华人民共和国家庭教育促进法》。县妇联党组书记、主席郑晓萍肯定了基层妇联工作取得的成绩，对各项工作开展情况进行点评，围绕县第十五次党代会报告，结合妇联工作实际，提出四点要求：勇于宣传引领。各级妇联组织要运用各级网络媒体、宣传平台，对自身工作进行多元化宣传，归纳整理先进经验及创新做法，助推妇联各项重点工作做实、做细。热于主动担当。各级妇联组织要在全县实施“五大战略”，走好“五条道路”，聚巾帼之力，扬巾帼之士，立巾帼之功。以女性需求为导向，鼓励妇女群众灵活就业；发挥“格姐”“和姐”组织优势，深化平安家庭建设；彰显“巾帼品牌”，以家庭文明创建、巾帼志愿服务、思想道德建设和妇女儿童维权等为抓手，常态化开展文明创建工作。敢于开拓创新，多措并举谋创新发展。找准服务群众“发力点”，拓展工作深度和广度。善于总结提升。学会寻差距找不足、补短板拉长板，注重交流学习、经验总结。

【市妇联领导到浦江调研走访】 1月27日，市妇联党组副书记、副主席王红玲带队到浦江走访慰问留浦外来务工人员、任职30年以上离任妇代会主任和困难妇女，考察“一格一姐”和“和姐”工作机制落实情况。县妇联党组书记、主席黄碧娟全程陪同。给“妇字号”企业浦江吴氏锁业有限公司、浦江康佳工艺品有限公司的留浦外来务工人员送去节日祝福和慰问品，与女企业家面对面交流谈心，了解企业发展情况和存在的困难，鼓励女企业家们要带领广大妇女姐妹自强不息，发挥妇女创业就业的积极性和主动性，做巾帼榜样。在岩头镇和丰村，走访慰问任职30年以上离任妇代会主任及困难妇女，仔细询问生活情况、身体状况及存在的困难等，送上慰问金和慰问品。在县矛盾纠纷调处化解中心，查看县“和姐”工作站建设和工作开展情况。王红玲对“和姐”工作站建设、工作机制完善、服务理念强化等方面提出指导意见，要求各级妇联组织主动投身基层治理，显现在排查化解婚姻家庭纠纷中的独特优势，发挥妇女在县域治理构建共建共治共享体系中的重要角色作用。

【市妇联领导考察基层妇女组织建设】 8月4日，金华市妇联党组副书记、副主席王红玲一行到浦江考察基层妇女组织建设、妇女维权等工作，督查落实“五必访”、家庭建设综合平台建设、参与新冠肺炎疫情防控等情况。县妇联党组书记、主席黄碧娟陪同。考察组分别走访黄宅镇、仙华街道、杭坪镇，实地查看上山村、中埂社区妇联组织阵地、“儿童之家”、“和姐工作站”等建设情况，了解“五必访”“家庭建设月”等工作落实情况，听取详细介绍并翻阅工作台账，提出意见建议。王红玲对浦江县妇联各项工作做法给予肯定，并强调要不断完善“格姐”联系网格，建好用好基层妇联组织阵地，拓展服务内容，提升服务水平，推进妇联工作；要把家庭家风家教与妇联阵地建设相融合，善于利用特色品牌，为广大家庭和妇女发展创造条件；要建好“和姐”工作室（站），发挥好“和姐”队伍作用，常态化开展婚姻家庭矛盾走访排查、调处化解等工作，为全县家庭排忧解难，发挥妇女在基层社会治理中的重要作用。

【市妇联领导调研家庭家教家风建设】 11月2日，市妇联党组书记、主席严小俊带队到浦江调研家庭家教家风建设、基层妇联组织建设等工作，县妇联党组书记、主席郑晓萍陪同。严小俊实地考察了白马镇“妇女微家”何明园工作室、郑宅镇江南第一家研学营地、仙华街道中埂社区妇女儿童阵地、了解了郑宅镇东明村家风指数评定体系等。县委副书记、政法委书记钱福安陪同。在“妇女微家”何明园工作室，金华市三八红旗手、浦江“非遗”传承人何明园现场展示传统手工编织和刺绣作品，介绍依托“妇女微家”发挥的作用。严小俊肯定了何明园作为女性创业就业的典型示范，县妇联要借助“妇女微家”阵地优势，带动更多的优秀女性发挥个人特长，共同实现妇女创业梦。在郑宅镇，严小俊一行到江南第一家研学营地听取郑宅镇开展家风家教活动的情况，到东明村家风墙前查看东明村家风指数。在仙华街道中埂社区，社区支部书记傅兴补、妇联主席张秋霞介绍了“妇女之家”“儿童之家”等妇联组织阵地建设和工作开展情况，展示社区基层妇联工作成果。严小俊强调，基层妇联要吸纳社会资源，依托妇联组织活动阵地，履行职责，提升服务妇女儿童工作水平。

【葡萄直播节】 8月10日，巾帼直播带货活动在黄宅镇蒋村葡萄田里开播，直播活动获得3.3万点赞

2021年8月10日，“巾帼来助力”3.3万点赞量提升“江南吐鲁番”热度 （吴丹妮 摄）

量，售出葡萄、黄桃、番茄等农产品2300余箱，销售金额10万余元，帮助果农拓宽销售渠道，提升农产品知名度，做活网络致富经。

（吴丹妮）

科学技术协会

【概况】 县科学技术协会（简称“县科协”）在全县15个乡镇（街道）建有科协组织，228个村（社区）实现科普服务站全覆盖，县科协下辖业务指导学、协会3个。2021年，新增院士工作站1家，新增专家工作站1家。评定市级科普教育基地2家，市级农村科普示范基地1家。

【院士专家工作站】 新建浙江一正文化用品有限公司院士工作站和浙江晶盛水晶有限公司陶昌鹏专家工作站，借力义乌科协，俄罗斯两院院士杨林江、国际生态与生命安全科学院院士刘宗超、中国工程院院士王兴治到浦江考察。开展“全国学会智汇金华行动”，助力浦江县金属表面科技产业园对接中国表面工程协会。在中国表面工程协会的指导下，将投资79300万元的县金属表面科技产业园建设成为浙江省科技、环保、安全的标杆式企业；协助浙江博开机电有限公司对接中国真空学会。县科协主要领导多次带队到北京大学信息技术高等研究院、杭州化工院等高校院所对接合作；10月，组织企业到义乌参加杭州市化工研究院院士姚献平成果发布与项目对接会。

【科普宣传活动】 在各大主流媒体和新兴平台上开辟科普栏目，如《今日浦江》报的“科技工作者风

采”栏目，浦江人民广播电台的“科普大讲堂”，“诗画浦江”App的“科普浦江”子栏目，户外大型电子屏、公交站台电子屏、学校电子屏等播放科普短片，社区23个科普画廊定期更换展板，将科普e站与三农信息社平台融合。购买25套科普展品、16台跳舞机器人小艾和VR眼镜，增强科普宣传的科技性和吸引力。举办“百场科普进基层 助力全国文明城市创建”行动、“产品质量检测实验室开放日”、“科普助力‘双减’服务民工子弟”、“冲刺！科学+”科普大赛、“昆虫标本捐赠”仪式等，全县上下联动开展活动30余项，受众3万余人次。2021年，县科协被市科协评为“科学普及工作突出单位”。

2021年9月25日，“冲刺！科学+”科普大赛浦江预选赛 （张世干 摄）

【助力青少年科普】 联合团县委、少年宫举办“小小党史馆”流动少年宫活动，走进郑宅中心小学等8所学校，参与人数8200余人；与县教育局、县卫健局和县融媒体中心共同主办“近视防控宣传教育月”活动，由县科协邀请专家宣传团到全县50余所中小学校和幼儿园开展近视防控科普宣传；联合县教育局共同举办“冲刺！科学+”科普大赛，由浙江经视频道全程录播，共有50组小学三年级至初二的青少年及家长100人参加比赛，最终有5组家庭晋级金华决赛；开展“双千”助力“双减”科普专项行动，推荐县科学名师陈伟杰、县上山遗址博物馆馆长张国萍和县生命教育体验中心、上山遗址博物馆为省级“双千”助力“双减”的科普专家和科普教育基地，国庆、“两节”期间开展“百城联动，乐享科学”“留浦欢乐多，科普过大年”等重点科普服务活动。6月9—11日，邀请中科院老科学家科普演讲团副团长石磊、中科院中国遥感卫星地面研究站研究员潘习哲为浦阳第二小学、龙峰国际学校等8所学校作科普报告，受益学生2000余人。

【助推乡村振兴战略】 县科协联合县农业农村局，组织各乡镇农函大辅导站开展农村劳动力特别是科技示范户、科普示范基地、农村专业技术协会会员培训，截至11月底，组织培训农函大学员1800余名，培训新增高素质农民67人。县安防体验馆、县龙峰国际学校被认定为市级科普教育基地，欣民家庭农场被认定为市级农村科普示范基地。在开展科普基地创建工作的基础上，打造区域科普精品线：东部打造以蒋才文葡萄基地、“上山文化”遗址公园、郑宅群团服务中心和水晶产业园区（水晶主题馆）为主要内容的科普精品线；中部打造以生命教育体验中心、治水公园、靓松家庭农场、同乐家庭农场为主要内容的科普精品线；西部打造以虞宅茜溪花谷、安防体验馆、大畈“上河搜救纪念馆”为主要内容的科普精品线。组织学员参加浙江省第二期乡村振兴科普带头人（村播）培训班；发挥“刘俊专家工作站”作用，开展阳光玫瑰葡萄贮藏保鲜及采收前后管理技术线上培训会；科普讲师团成员石元锋团队助力葡萄直播；在浦江人民广播电台“科普大讲堂”录制葡萄专题科普。6月，县政府下发《关于开展2021年度浦江县农民技术职称评定和晋升工作的通知》，在坚持“自愿申报，坚持条件，严格把关，保证质量”的原则下，经过宣传发动、专业考评小组的评定，8人获“农民技术员”职称、4人获“农民助理技师”职称、6人获“农民技师”职称。

【优化人才成长环境】 开展“5·30”全国科技工作者日庆祝活动。5月26日，举行庆祝2021年“全国科技工作者日”暨浦江县“科普讲师团”成立仪式，主办单位领导为“智汇浦江”“健康浦江”“乡村振兴”三支分团授旗，9位“科普讲师团”成员为大家展演科普微课，获县委副书记、政法委书记钱福安赞赏，同时指出要把浦江县“科普讲师团”的讲师打造成为有特色、高质量、能推广、跨领域的科普讲师，做成浦江科普工作的一张“金名片”。“科普讲师团”成立时有讲师78名，印制了《浦江县科普讲师团名录》，实行点单式授课。县科协通过每季度开展集中培训、每月开展线下线上沙龙等形式，提升讲师团的科普能力，为讲师们提供各种锻炼的机会和平台，吸引更多专业讲师加入。科普品牌活动遍地开花，全年完成授课、展演等50余场，受益群众12000余人次。

2021年5月26日，庆祝2021年“全国科技工作者日”暨浦江县“科普讲师团”成立仪式（张世干 摄）

（盛 婕）

工商业联合会

【概况】 2021年，浦江县工商业联合会（简称“县工商联”）所属基层商会19个，其中乡镇商会12个，街道商会3个，开发区商会1个，行业商会2个，其他商会1个；会员2151个，其中企业会员2028个，团体会员34个，个人会员89个。县工商联履行工作职责，开展党史学习教育，加强民营经济人士思想政治引领；开展素质提升工程，促进民营经济人士健康成长；发挥工商联职能优势，服务民营经济健康发展；发挥工商联组织优势，凝聚“重要窗口”建设力量；深化工商联商会改革发展，推动工商联商会自身建设进步。县工商联被评为2020—2021年度全国“五好”县级工商联。

【参政议政】 组织会员中人大代表和政协委员参政议政、建言献策，提交提案建议32件，其中9件被列为重点提案，2名企业家政协委员被评为提案积极分子。县工商联《营商环境：没有最好，只有更好》提案，在县政协九届五次会议上作大会发言，得到县委书记俞佩芬、代县长戴翀现场批示，被评为优秀大会发言。完成县委“工业强县”“融义接杭”调研子课题的调研工作，其中《关于人才工作助推“工业强县”战略调研报告》获2021年度全省工商联系统优秀调研成果三等奖。组织开展全国工商联民营企业社会责任调研、县级工商联换届调研、民营企业运行状况调研等线上调研11次。

【教育培训】 开展“品质浦商提升工程”，全年联合所属基层商会开展企业管理、电子商务、清廉民企建设、数字经济、消防安全等培训13次，培训会员

900余人次，促进民营企业家能力和综合素质提升。开展“浦商青蓝接力工程”，4月5日，组织永康、武义创业青年联合会到浦江参观考察江南第一家廉政主题馆、水晶主题馆和浙江菲尔特过滤科技股份有限公司、浙江浦江华德水晶科技股份有限公司，与浦江青年企业家进行交流座谈，相互学习借鉴企业发展经验。5月24日，组织开发区商会青年企业家30余人到杭州浦江商会开展为期2天的游学活动，参观了商会会员企业圣奥集团有限公司、飞象新零售俱乐部、杰夫电商直播基地等知名企业，与会长倪良正、常务副会长毛晨阳等优秀企业家进行面对面互动交流。8月27日，县工商联联合省新生代企业家联谊会举办“融入杭州湾·同心创共富——省新企联青年企业家走进浦江”风采行活动，邀请省新生代企业家联谊会50余名青年企业家到浦江考察交流，与浦江新生代企业家进行座谈交流，为浦江新生代企业家创造与全省优秀青年企业家学习交流合作的机会，提升青年企业家综合素质和能力。推荐7名青年企业家参加上级统战部、工商联组织的培训。

2021年8月27日，“融入杭州湾·同心创共富——省新企联青年企业家走进浦江”风采行活动

（县工商联提供）

【服务经济】 推动营商环境优化。常态化开展政企恳谈会，搭建政企沟通平台，县工商联联合县税务局、经济商务局、科技局举办“亲清直通车·政企恳谈会”3次，各基层商会与属地乡镇联合举办政企恳谈会4次，参会企业70余家，为企业解决困难问题30个，企业回访满意率100%。推动建立“合规不起诉”制度，联合县检察院、公安局、司法局等九部门出台《关于企业经济犯罪刑事合规建设的实施办法（试行）》，为民营企业营造更优法治化营商环境。发挥异地浦江商会资源优势，助力招商引资。制定异地浦江商会招商“赛拼”实施细则，建立异地浦江商会助力招商引资机制。杭州浦江商会年会暨浦江招商项目推介会上签约项目4个，上海浦江商会牵线意向回浦投资项目12个，异地浦江商会全年报送招商信息6条，县工商联协助引进并推动投资额1000万美元的外商独资企业浦江纬丝特服饰有限公司落地。5月15—16日，邀请杭州市浦江商会20家会员企业到浦江考察调研投资项目。邀请浙江宁波大学校友青年创业者联合会、中青旅控股股份有限公司、中国宠物协会等到浦江考察投资项目。开展“我为群众办实事、我为企业解难题、我为基层减负担”系列实践活动，服务民营企业发展。联合

2021年9月10日，县工商联、县经济商务局举办“融入新格局 助力双循环”政企恳谈会

（县工商联提供）

县人民银行、农商行开展“银行走企业”活动，为4家企业解决融资需求1500万元。联合县司法局举行“千所联千会”启动暨签约仪式，19家商会与律师事务所签订《法律服务合作协议书》。联合浦江农商银行举行金融支持民营企业发展战略合作协议签约仪式，为全县19家商会、400余家会员企业提供总额5亿元的专项贷款服务。为浦江三思光电技术有限公司解决跨境电商、质量检测、基建等难题。活动走访企业187家、商会34家，收集意见建议60余条，帮助解决困难问题116个。

【组织建设】 制定《浦江县工商联“四好”商会建设实施方案》和《浦江县“四好”商会建设评估细则》，在全县基层商会中开展班子建设好、团结教育好、服务发展好、自律规范好的“四好”商会建设，促进基层商会政治引领、服务发展、自身建设能力提高。郑家坞镇商会开展商会调解工作，为会员企业排忧解难，被省工商联认定为浙江省工商联“百家示范商会”；县水晶商会参与国家标准、部级标准、行业标准制定，获省工商联书记陈浩和各级领导肯定，被省工商联认定为2021年度浙江省“四好”商会；县跨境贸易商会为企业解决管理、消防安全生产等问题，黄宅镇商会助力会员企业高质量发展，被市工商联认定为2021年度金华市“四好”商会。

【光彩事业】 动员县内商会和异地浦江商会投身家乡公益事业、乡村振兴。6月28日，县工商联与常熟市浦江商会签订《浦江县“筑梦启航·常熟浦商同心助学”活动捐资助学协议书》，常熟市浦江商会捐助100万元助学金，以每年25万元、连续支付4年的形式，为浦江500名困难大学生、中小学生提供资助。8月26日，杭州浦江商会四海浦商助学基金会到浦江开展捐资助学活动，将38.6万元助学金和100余盏护眼台灯送到家乡贫困学子手中，104位全县各小学、初高中及大学生收到2000～5000元不等的助学金。8月13日，组织义乌市浦江商会及义乌市贵州商会、河北商会等近20家商会负责人到靓松家庭农场举办“浦义同城携手共进”——义乌商会助力浦江“乡村振兴”暨浦江葡萄采摘游活动。利用异地商会平台推广浦江葡萄、黄桃等农产品，累计销售葡萄3000余箱、黄桃5500余斤。10月14日，县工商联组织所属商会和企业开展“情满九月九，爱在夕阳红”重阳节慰问活动，为全县3016位老人赠送价值50余万元的服装、油、米、水果等慰问品。

2021年6月28日，浦江县“筑梦启航·常熟浦商同心助学”活动 （县工商联提供）

【重要会议】 1月27日，县工商联第八届执行委员会第三次会议召开，县委副书记、代县长戴翀，县委常委、统战部部长张建顺，县人大常委会副主任楼向阳、县政协副主席楼真安，县工商联第八届执行委员会委员共100余人出席会议。会议传达学习党的十九届五中全会、省委十四届八次全会和中央、省民营经济统战工作会议精神，听取和审议八届执委会2020年度工作报告，增补周宏鸣、贾宝英、聂晓彬、潘卫东、潘宇阳为第八届常务委员会委员。11月12日，县工商联第八届常务委员会第二次会议召开。县委常委、统战部部长张建顺，县委组织部部务会议成员黄春丰，县工商联第八届常务委员会委员共70余人出席会议。会议同意朱有许不再担任县工商联（总商会）第八届执行委员会主席（会长），补选张旭钢为县工商联（总商会）第八届执行委员会主席（会长）。

（赵益民）

文学艺术界联合会

【概况】 浦江县文学艺术界联合会（简称“县文联”）是由县级文艺家协会组成的专业性人民团体，主要职责是对各团体会员开展团结引导、联络协调、服务管理、自律维权工作，发挥对文艺工作者的组织、引导、服务、维权作用以及对团体会员进行业务指导。下设浦江县作家协会、浦江县美术家协会、浦江县书法家协会、浦江县音乐家协会、浦江县舞蹈家协会、浦江县曲艺家协会、浦江县戏剧家协会、浦江县摄影家协会、浦江县民间文艺家协会、浦江县根艺美术学会、浦江县诗词楹联学会、浦江县月泉学社、浦江县诗书画艺术协会、浦江县旗袍艺术研究会、浦江县朗诵协会，共有会员2200余人，其中国家级会员100余人，省级会员160余人，市级会员150余人。

推进“协会党建”，在党史学习教育工作中，县文联组织各临时党支部前往中共浦江县委旧址、张新锦烈士墓等5个红色教育学习基地学习党史，缅怀革命先烈。出品原创红色情景剧《盛世如愿》《星火山垄》，观看人数13000余人；编印庆祝中国共产党成立100周年红色书籍《仙华吟草》，创作红色文艺作品700余件；举办“向建党百年献礼”——杜世禄国画精品展，“奋斗百年路 启航新征程”——浦江县文艺精品展等3次红色展览；挖掘收集新四军首位女性专职摄影工作者陈菁事迹；将项荒途故居确定为浦江县文艺界学习教育基地，组织支部成员前往学习；通过“诗画浦江”App中“浦江文艺”平台刊登最美浦江人傅明夫事迹及佳作，号召广大文艺家向身边人学习。

开展新冠肺炎疫情防控工作，及时调整月泉书院开放，暂停各种人员聚集性文艺活动；发动文艺家创作抗疫作品，开设“共战疫情 暖人暖事”系列作品专栏，组织文艺家从防疫暖心故事中取材，创作并推送浦江“战疫”MV《拥抱同一个梦》《街头小品——口罩的变迁》和县部分中青年书画名家“战疫”作品等27篇。由道情表演艺术家傅兴德原创宣讲作品《道情——疫情防控 人人有责》《道情——戴口罩好处多》，宣传疫情防控政策和知识。《今日浦江》整版刊发7篇抗疫文艺作品。三版“月泉版”开设“抗疫有你”栏目，刊发《灯光》《玻璃门内外》诗歌文学作品，《园区守门人》在《金华日报》副刊刊登。

2021年，县文联分别被评为2021年度浙江省文联系统成绩突出集体、金华市五星基层党组织、金华市文明单位、浦江县优秀单位等，两次在浙江省文联系统工作会议上作交流发言，多次受到中国文联、省文联领导的批示、肯定，经验做法得到《中国艺术报》《浙江日报》《浙江文艺》等媒体的多次报道。《中国艺术报》先后发表《以文艺助力农业“强”、农村“雅”、农民“乐”》《文艺“春泥”进校园 助力“双减”育新苗》文章，报道浦江县文联特色工作。

【重大文艺活动】 浦江县文联自2020年成立5个服务全县中心工作的“文艺专班”以来，召开座谈会20余次，开展采风活动30余次，各文艺专班围绕中心工作创作1700余件作品。2021年，工业强县文艺专班定期为企业员工开设书法、美术等公益课程。乡村振兴文艺专班邀请浦江县文化顾问、著名作家赵丽宏创作《浦江葡萄赋》；参与助农直播活动，赠送书法作品；组织协会部分会员走访葡萄种植农户，以编撰葡萄种植背后的故事等方式助力葡萄销售。文旅富县文艺专班制作浦江8个美术写生点的宣传片，与省内一些高校和美术写生培训机构对接，吸引高校、培训机构组织学生到浦江写生。品质名城文艺专班组织成员参与全国文明城市创建活动，创作文艺作品90余件。其中由作家协会撰写、曲艺家协会表演的小品《使用公筷公勺真真好》代表金华市参加2021“我要上村晚”浙江省农村小品大赛选拔赛，获三等奖。“上山文化”宣传文艺专班创作70余件文艺作品，涵盖文学作品集、歌曲、道情等，其中由著名作家赵丽宏撰写的《寻访万年稻源》于2021年1月9日在《人民日报》发表，牵头制作的MV《万年上山》获评2020年度浙江省广播电视节目奖文艺类电视音乐节目三等奖、金华市广播电视文艺奖电视音乐节目一等奖。

举办第二届浦江县青少年征信书画大赛，经专家评审，分别评出组织奖10名，各类作品一等奖8件、二等奖17件、三等奖33件和入展作品62件；开展2020年度浦江县文学艺术创作成果奖评选，评出一等奖2名、二等奖3名、三等奖5名、鼓励奖5名。承办书画展览。承办“颂小康”——浦江县根雕名家邀请展、“迎新年 颂小康”石照东国画人物作品展、第二届浦江县青少年征信书画大赛作品展、“奋斗百年路 启航新征程”——浦江县文艺精品展、“向建党百年献礼”——杜世禄国画精品展、浦江县中小学清廉文化创作展等展览。

【公益培训与活动】 利用月泉书院、农村文化礼堂等开设诗词创作、剪纸、书画、摄影、根雕、木雕等8个文艺公益培训班，举办“抖音”培训提升基层书画家线上宣传能力、百名金华教师写生等培训170余期次，参训群众2万余人次。邀请王侃、王洪钟等艺术名家对文艺骨干开展辅导培训5次。开展“特色文艺进校园”活动，组织广大文艺志愿者深入校园，开展课后服务。根据实际情况分别为浦阳第一小学、园区小学等13所中小学配备浦江县摄协、作协、剧协、朗诵协会、根艺美术协会、民协、诗词楹联协会等9个艺术门类的文艺志愿者，开展“一对一”长期指导。开展课程70余次，涵盖青少年1万余人次。创新开展“月泉书院研学游”，接待浦江县中小学、幼儿园学生及县内外游客2万余人次。

【完善硬件设施】 完成月泉书院“小南门”工程项目、月泉书院东门消防管道建设、月泉书院沿街人行道的铺装和改造，督促月泉书院南门临时停车场建设，完成第二轮月泉书院沿街店铺招租工作，实施消防通道改建前期准备工作，持续抓好安全生产、消防维保检查等。

【县文联上省级平台作典型发言(一)】 7月14—16日，2021年全省文联系统组联干部培训暨组联工作

2021年7月14—16日，全省文联系统组联干部培训暨组联工作现场会上，县文联党组书记方汶作典型发言 （楼艳艳 摄）

现场会在舟山举行，县文联党组书记方汶在会上作题为《三向发力精准服务 推动乡村振兴共同富裕》的典型发言。

【县文联上省级平台作典型发言(二)】 9月26—29日，2021年全省文联系统领导干部培训会在浙江嘉兴举行，县文联党组成员严宏星在会上作题为《特色文艺进校园 助力“双减”立新功》的典型发言。

2021年9月26—29日，全省文联系统领导干部培训会上，县文联党组成员严宏星作典型发言

（楼艳艳 摄）

【赵丽宏工作室成立】 4月26日，在浦江县月泉书院举行著名作家赵丽宏工作室成立暨聘请“文化顾问”仪式。赵丽宏、滕俊杰受聘为“浦江县文化顾问”。浙江新闻客户端、《金华日报》等各大媒体对此事进行报道宣传。

著名作家赵丽宏工作室成立暨聘请“文化顾问”仪式

（刘玲杭 摄）

【实现文联协会党建工作全覆盖，成立文艺志愿服务团】 7月8日，县文联在仙华文景园举办全面推进协会党建和文艺志愿服务会议暨“‘艺’心向党 百年追梦”文艺晚会，推进文联各协会的党建工作。在2020年成立书法家协会临时党支部的基础上，其余14个协会相继成立协会临时党支部。会上举行了“品质名城”文艺专班、“‘上山文化’宣传”文艺专班、“乡村振兴”文艺专班、“文旅富县”文艺专班、“工业强县”文艺专班与浦阳街道宣和社区、黄宅镇上山村、黄宅镇横山村、大畈乡上河村、浦江三思光电技术有限公司的结对仪式。

【创编原创红色故事情景剧】 县文联以浦江红色人物张新锦、王茂荣为题材，采用本土艺术表现形式，分别编排《盛世如愿》《星火山垄》两部情景剧，于7月8日在“‘艺’心向党 百年追梦”文艺晚会中首次亮相，并通过“浦江发布”公众号平台转载，组织全县各部门（单位）、乡镇（街道）以及村（社区）党员干部观看，观看人数1.3万余人。

原创红色故事情景剧《星火山垄》

（县摄影家协会提供）

【盘活红色资源为文艺界增添红色教育基地】 11月7日，县文联组织15个协会的主要负责人、秘书长及协会临时党支部全体委员，到浦阳街道兆丰村项荒途烈士故居开展党史学习教育暨现场教学活动，并举行浦江县文艺界学习教育基地揭牌仪式。

2021年11月7日，浦江县文艺界学习教育基地揭牌仪式（戴瑞阳 摄）

（楼艳艳）

残疾人联合会

【概况】 2021年，浦江县残疾人联合会（简称“县残联”）立足“残疾人之家”规范化建设，提前半年完成建设改造7家“残疾人之家”的省市民生实事项目，通过验收评定，并在全市民生实事“残疾人之家”提升建设现场推进会上作典型发言。截至2021年底，全县建成17家规范化“残疾人之家”，实现15个乡镇（街道）全覆盖，为300余名劳动年龄段的智力、精神和其他重度残疾人提供庇护服务。《浦江县助推“残疾人之家”规范化建设》一文在省市《人大信息》上刊登。《浦江县多措并举高质量提升残疾人就业创业水平》在《浙江政务信息（专报）》上刊登，获副省长王文序批示肯定。

2021年，办理残疾人证1325人，全县发放残疾人“两项补贴”3000余万元，其中困难残疾人生活困难补贴3370名，发放资金932.99万元；重度残疾人护理补贴7744名，发放资金2334.62万元。

慰问贫困残疾人家庭115户、培智学校残疾儿童59人，发放资金1.18万元；补助残疾人大学生18人，发放补助资金18.88万元；为276人发放燃油补贴，补助金额7.18万元。

联合财政、卫健、医保等四部门出台《关于做好精神残疾人服用基本抗精神病药物费用全额保障工作的通知》，解决浦江县持证精神残疾患者门诊免费服药问题。

完成全县49户困难残疾人家庭的无障碍设施改造工程，创建塔山社区为省级无障碍社区。为113人免费适配或以现金补助形式发放轮椅、假肢、助听器等各类辅助器具，接受儿童康复训练申请94人，建设残疾人康复站5个。

县残联的“有爱·无碍”党建品牌获评2020年度优秀“双服务”机关党建工作品牌。

【帮扶残疾人就业创业】 县残联通过完善规范化保障体系、提供多元化就业服务、畅通残疾人就业渠道等举措，提升残疾人就业创业水平。建立残疾人就业双向交流服务平台，2021年通过该平台实现残疾人就业157人。联合浦江工匠学院、智联职业技能培训学校，组织200名残疾人开展电子商务、蔬菜果树种植等技能培训。

【助残公益活动】 企业助残、公益助残氛围浓厚，理解、关爱、帮扶残疾人。9月，浦江凯瑞生物科技股份有限公司捐赠30万元助力残疾人文体事业发展。狮子会浙江仙华服务联队连续两年开展“微书房”项目活动，每年为60户困难残疾人家庭子女送上书桌、台灯、学习用品等。

2021年9月，浦江凯瑞生物科技股份有限公司捐赠现场　　（县残联提供）

【无障碍改造】　2021年，完成49户困难残疾人家庭的无障碍设施改造工程，创建塔山社区为省级无障碍社区。改善残疾人的生活、出行环境，提升生活质量，为残疾人解难事、办实事、做好事。

【残疾人托养中心】　12月，完成占地0.45公顷、床位数120张、总投资1780万元的残疾人托养服务中心建设。该服务中心位于浦阳街道月泉西路以南、351国道以东地块，工程设计包含托养中心综合楼和后勤服务楼，内设托养宿舍、生活技能劳动室、教育培训室、多功能厅、餐厅、厨房、职工宿舍、办公室、会议室等，同时配建活动场、停车场。

（何海英）

红十字会

【概况】　2021年，全县有239个红十字基层组织，其中机关红十字会2个、乡镇（街道）红十字会30个、村（社区）红十字会133个、学校红十字会52个、医疗机构红十字会11个、景区红十字会3个、志愿服务总队红十字会1个、经济开发区管委会红十字会1个、水晶产业园区管委会红十字会1个、凯瑞生物科技股份有限公司红十字会1个，缴纳会费104678元。

县红十字会人文关怀志愿者队被评为“全国红十字模范单位”红十字志愿服务组织；县红十字会黄晓红入选中国红十字会“会员之星”；作为省“数字红会”综合业务管理系统应用试点单位，县红十字会在全省红十字系统数字化改革部署会上作推广发言；县生命教育体验中心工作获省红十字会党组书记专职副会长陶竞批示；县红十字会在浙江省红十字会第七届理事会第五次（扩大）会议上作典型发言；县红十字会被评为“十三五”全省红十字系统成绩突出集体；县生命教育体验中心被评为2021年度浙江省防震减灾科普教育基地；县红十字会“博爱携手夕阳·乡村红十字志愿服务站”公益项目（二期）被浙江省红十字会列入“情暖浙江·红十字志愿服务项目”培育发展计划第五轮资助项目名单；县生命体验中心列入省助力“双减”教育基地、县红十字会被浙江省红十字会评为2020年度“先进单位”；县红十字会被评为浙江省红十字会新冠肺炎疫情防控先进集体；县红十字会举办全市志愿服务工作培训班，作典型发言；县红十字会组队参加金华市红十字应急救护大赛，获集体二等奖；县红十字会选送的《红十字，我们温暖同行》节目，在“红心向党　关爱生命”金华市红十字会系统庆祝中国共产党成立100周年宣传会演中获银奖；县红十字会黄晓红被评为2020年度金华市三八红旗手；县红十字会被金华市红十字会评为2020年度红十字工作综合评估优秀单位；县红十字会获2020年度综合考核工作“优秀单位”，被中共浦江县委直属机关工作委员会评为“先进基层党组织”,被中共浦江县委评为“先进基层党组织”。

【救护培训】 县红十字会开展应急救护培训“六进”(进社区、进农村、进学校、进机关、进企业、进服务行业)工作,重点对各机关安保人员、一线司乘人员、一线电力员工、乡村红十字志愿者、新进教师等开展救护培训。2021年,开展救护员培训28期,培训救护员3345人,完成指标223%;普及培训49871人次,完成指标332.47%。采用幕课、飞课等形式,对65所学校开展学生防溺水救护普及工作。推动无偿献血、造血干细胞采样和人体器官捐献工作。全年开展无偿献血暨造血干细胞采样活动14场,献血量149220毫升,动员143人进行造血干细胞捐献采样,缓解临床用血困难;动员器官捐献9人,累计69人。

【人道救助】 通过“推项目,促筹资”,2021年筹得捐款952万元,物资319万元,其中支援青海玛多地震御寒衣物2704件,价值10万余元,支援河南郑州暴雨抗灾503.85万元。推行“博爱携手夕阳·乡村红十字志愿服务站”公益项目(第二期)和“阿尔茨海默病老人平安回家定位手环”项目(第二期)。开展“小桔灯——器官捐献困难家庭子女助学”活动,救助18名器官捐献困难家庭子女,发放助学金53000元。在15个乡镇(街道)100个村(社区)建立居家养老红十字志愿服务站的基础上,对志愿设施设备进行更新,对属地招募的332名村(社区)志愿者技能进行培训。全年有332名红十字志愿者开展2300次志愿服务,志愿服务时长6750小时,受益35286人次;“阿尔茨海默病老人平安回家定位手环”项目发放400只定位手环,发放率100%,经后台监控,手环使用率为100%。对于出现异常情况(如走失)的阿尔茨海默病老人,县红十字会及时通知老人所在乡镇,该系统平台成为远程指挥平台,协助24小时内定位搜寻工作,高效寻回走失老人。

【疫情防控】 根据县新冠肺炎疫情防控指挥部指令,县红十字会快速招募220余名志愿者组建红十字防疫检查志愿先锋队,在4个县交通暖心服务点开展量体温、查询二码、发放宣传单等工作,累计检查过往车辆42594辆,司乘人员近48568万人次。

【“博爱送万家”活动】 1月,县红十字会开展“博爱送万家”活动,对家庭困难的红十字志愿者、红十字救护员、造血干细胞捐献者、无偿捐献器官的捐献者家属等91个特殊家庭开展春节前慰问,发放慰问金39000元,及价值20余万元的溶菌酶压片糖果、新春大礼包等慰问品。

2021年1月,县红十字会开展“博爱送万家”活动
(县红十字会提供)

【“博爱寻亲”项目】 2021年,恢复每月寻亲人士的DNA采样工作,扩大博爱基因库样本量,促进更多家庭团圆。通过协调,免费把DNA样本同时上传全国公安基因库,提升寻亲成功概率。全年采样人数334人,促成浦江28个家庭团聚(迪安4个,公安24个)。

【救援队工作】 2021年,县红十字应急救援队开通为市民处理马蜂窝的服务电话，受到群众好评。救援队全年出动队员278人次，出动次数51次，总受助人次4521人（另出动队员246人次，摘除马蜂窝82个）。救援队先后参加了县里的书画节值勤、国庆节风景点救护值勤。12月11日，救援队招募队员和志愿者75名，参加县新冠肺炎疫情防控执勤。

【康心基金八进浦江活动】 9月16日，由浙江省红十字会主办、东阳市人民医院承办的康心基金心脏病患者救助项目大型义诊活动在浦江县文化广场举办。这是浦江县红十字会第八年协办该项活动。活动当天，94位心脏病病友接受免费体检和辅助检查，其中4位病友符合手术指征，获该基金资助治疗。

【“人文关怀进院区”】 县红十字会人文关怀志愿者队在县人民医院、县祥和养老院红十字志愿服务站常规开展为病弱人士理发、陪聊等人文关怀活动各1次，参与志愿者72人次，服务800余人次。

（张全宣）

法 治

政法委及综治

【概况】 2021年，县委政法委以政法队伍教育整顿活动为抓手，统筹开展“七大战役除隐患、条抓块统保平安”平安建设争先活动，形成“上下联动、条块协同、齐抓共管、整体推进”的平安大协同格局，实现省级“平安县”十五连冠，以高分值报表捧获“一星级平安金鼎”，被评为“2017—2020年度平安中国建设示范县”。完成中国共产党成立100周年维稳安保任务。电信网络诈骗发案同比下降14.6%，入户盗窃同比下降6.3%，交通亡人事故数同比下降35.6%，“两抢”保持“零发案”，浦江县电信网络诈骗打防工作排名全市第1位。

【全县政法队伍教育整顿动员部署会】 3月8日，全县政法队伍教育整顿部署会召开。县委书记、县政法队伍教育整顿领导小组组长俞佩芬出席会议并作重要讲话。会议强调全体政法干警要认真贯彻落实习近平总书记重要指示精神和中央、省委、市委决策部署，提高政治站位，强化责任担当，高标准高质量开展政法队伍教育整顿，全力打造一支党和人民信得过、靠得住、能放心的新时代浦江政法铁军。

【平安工作会议】 4月20日，县委政法工作会议暨建设平安浦江工作会议召开，县领导俞佩芬、戴翀、虞振贤、郑文红、钱福安等出席会议，县机关有关单位负责人和分管平安综治工作负责人，各乡镇（街道）党（工）委书记、分管副书记、综治办专职副主任，县政法各部门全体班子成员参加会议。县委书记俞佩芬作重要讲话，会议总结2020年全县政法平安工作，分析当前形势，明确2021年政法平安工作任务，强调各级各部门要保持政治定力，奋力争先、担当作为，推进社会治理争先行动，建设更高质量

2021年12月15日，县委政法工作会议暨建设平安浦江工作会议　（郑建东 摄）

更高水平平安浦江。县委副书记、政法委书记钱福安作政法工作报告，县公安局、县应急管理局、浦阳街道三家单位作交流发言；为12个单位部门现场颁发“平安建设先进集体”，举行“一月一主题”平安建设争先行动启动仪式。

【平安中国建设示范县】 12月15日，平安中国建设表彰大会在北京召开。浦江县成为全省7个被授牌命名为“平安中国建设示范县”的县（市、区）之一。县委书记俞佩芬代表浦江县在北京主会场参加会议。县委政法委沿着时任浙江省委书记习近平同志2003年下访浦江开创领导干部下访接访之路和2004年在浙江谋划启程平安建设之路，树立“以人民为中心”的发展思想，精准发力持续推进，2017年至2020年度平安建设考核成绩持续保持在省市前列。

2021年12月15日，浦江县被授牌命名为“平安中国建设示范县”　（县政法委提供）

（陈　倩）

公　安

【概况】 浦江县公安局（以下简称“县公安局”）辖区总面积920平方千米，辖3个街道7个镇5个乡，共有244个行政村（社区），户籍人口39.94万人，在册流动人口18.06万人。内设机构8个，直属单位2个，下辖派出机构10个。

2021年，总接警13.99万起，同比上升10.63%；立刑事案件1531起，侦破561起；刑事拘留891人次，取保候审294人次，逮捕372人次，移送起诉犯罪嫌疑人1003人次；受理治安案件4773起，查处3034起；处理交通事故28984起。

县公安局对标“细致精致极致”总要求，完成各级“两会”、中国共产党成立100周年、十九届六中全会、首届退役军人运动会、“江南第一家2021年孝义文化旅游活动”、诗画小镇项目整改等19次重大安保活动。组建乡镇（街道）反诈宣讲团，开展无骗村（社区）创建，推动全民反诈。建成南苑社区、项宅村等5个特色联勤警务站。

保持高压严打态势，常态化开展扫黑除恶斗争，推进经济犯罪侦查、禁毒、食品药品和环境犯罪侦查等领域的犯罪行为打击。侵财、黄赌毒、食药环分别打击1273人、795人、258人，同比上升10.2%、30.5%、226.1%，移诉十类罪名犯罪嫌疑人258名，完成率143%，盗窃和入户盗窃两项自破率居全市前列。破获“7·5”扫黄打非、“3·1”跨境网络赌博等10余起国督、省督大要案。

2021年，县公安局被金华市人民政府记集体三等功1次，获评金华市“党建+社会治理”工作突出贡献集体。仙华派出所被省公安厅评为“最美警队”，郑宅派出所立集体三等功，浦阳、仙华、浦南、白马派出所被省公安厅命名为二级公安派出所，2名民警立个人二等功，17名民警立个人三等功，1名辅警获一等治安荣誉奖章，2名辅警获二等治安荣誉奖章。

【政法队伍教育整顿】 2021年，县公安局开展政法队伍教育整顿工作，走在全县政法系统各单位和全市公安机关前列，省委第六驻点指导组先后三次下沉调研指导工作，给予肯定。黄宅派出所作为全市唯一派出所在教育整顿顽瘴痼疾推进会上作交流发言。

【“三能”主题教育实践活动】 8月，县公安局开展“三能”主题教育实践活动，统筹推进“三个环节”“四大行动”，在全市率先举行“三能”教育基地揭牌仪式，全市“三能”主题教育实践活动现场会在浦江召开。县公安局拍摄的微电影《你是谁》入选“学习强国”平台，获省公安厅二等奖。

2021年11月8日，县公安局举行“三能”队列会操（边锦东 摄）

【庆祝中国共产党成立100周年活动】 6月29日，县公安局举行庆祝中国共产党成立100周年活动。

2021年6月24日，县公安局组织开展决战决胜中国共产党成立100周年安保集结演练（边锦东 摄）

副县长、公安局局长严卫星带领与会人员在庄严的党旗下重温入党誓词，歌唱《没有共产党就没有新中国》，共筑平安底色，为中国共产党成立100周年献上祝福。

【社会治安】 2021年，县公安局将电信网络诈骗防范纳入全县十大民生实事。全县“金钟罩”防诈App安装率75.05%、11.5万人安装“国家反诈中心”App。电信网络诈骗发案841起，同比下降13%。抓获电信网络诈骗犯罪嫌疑人316名，同比上升5%，移送起诉电信网络诈骗嫌疑人272名。

2021年12月9日，浦阳派出所民警在辖区开展防范电信网络诈骗宣传活动（边锦东 摄）

【打击犯罪行动】 2021年，县公安局组织开展6次社会面清查集中统一行动，全力做好设卡盘查、安全检查、隐患整治等工作，共出动警力3517名，检查行业场所单位2368家，清查各类人员3108人次，发现并整改安全隐患327处，抓获违法犯罪嫌疑人57人。县公安局打击处理黄赌犯罪嫌疑人244名，同比上升38.6%；移送起诉204人，同比上升117%；行政拘留427人，同比上升41.4%，办理国督案件2起，省督和市督案件各1起。

【道路交通管理】 2021年，县公安局以“防重大、控较大、减总量”为总体目标，加强道路交通安全管理。全县发生各类道路交通事故28984起，其中伤人事故5605起，受伤5801人；发生死亡事故34起，同比下降24.44%，造成34人死亡，同比下降26.09%。查处各类交通违法行为303763起，其中酒驾778起、醉驾189起，现场纠违75112起。县公安局每周二、周四早晚高峰期开展“礼让斑马线”文明劝导活动，劝导纠正不文明交通行为3.5万余起。4月，县公安局搭建交通事故数字化快速处理平台，通过“视频固证、电话引导、路警协助、App快办”对财损交通事故开展远程处置。2021年，快速处理各类交通事故5066起，占交通警情总数的32.6%，有效解决交通事故引发的道路拥堵、次生事故隐患等问题。继续开展“路口革命”专项行动，完善路口开口安全设施。交警大队将排查出的1737处路口开口隐患及整改措施建议报送至县道路交通安全办公室，推动党委政府开展治理，于12月底全部整改完成。

2021年7月21日，杭坪交警中队民警在公路服务站检查车辆　　（边锦东　摄）

【打击违法犯罪专项行动】　2021年，县公安局组织开展打击涉企经济犯罪专项行动。其间，侦办各类侵企类案件18起，抓获犯罪嫌疑人33名，挽回经济损失3000余万元，追赃挽损率为95%。3月，县公安局在办理“12·30”专案中发现，韦某等人有重大境外组织开设赌场嫌疑，立即成立专班对该线索进行研判经营，循线梳理出“宝发”跨境赌博集团犯罪证据，组织开展四次统一收网行动，刑拘68人，扣押手机、电脑等100余台，冻结资金200余万元。该案被评为国督案件。10月20日，县公安局侦破“5·26”假冒注册商标专案，案件涉及浦江、义乌、东阳等地，抓获犯罪嫌疑人23名，现场扣押假冒“欧莱雅”品牌3CE彩妆15379盒，商标1.5万个，防伪标9000个。该案被评为部督案件。

【执法规范化建设】　2021年，县公安局围绕“专业办案、数字赋能、执法标准、权益保障、主体建设”5个方面，打造“集约、专业、智慧、高效、精细”的现代警务执法新模式。坚持以人民为中心的执法理念，推出“少拘慎押”“首违不罚”“权益保障”三项柔性执法举措；研发非羁押数字闭环监管、远程取证、行政处罚智能裁量等五大数字法治场景应用。县公安局全面落实省厅派出所办案负面清单，建立专业办案攻坚团队、专业警种、派出所三级办案架构，实现简单案件派出所办理，复杂疑难案件专业团队办理。简单刑案速裁快办，依托速裁法庭，对于适用刑拘直诉的危险驾驶、非法捕捞、拒不执行判决等案件，实行48小时内速裁速判，有效节省司法资源、降低廉政风险。县公安局保持高压严打态势，常态化开展扫黑除恶斗争，推进经济犯罪侦查、禁毒、食品药品和环境犯罪侦查等领域的犯罪行为打击。侵财、黄赌毒、食药环分别打击1273人、795人、258人，同比上升10.2%、30.5%、226.1%，移诉十类罪名犯罪嫌疑人258名，完成率143%，盗窃和入户盗窃两项自破率居全市前列。破获“7·5”扫黄打非、“3·1”跨境网络赌博等10余起国督、省督大要案。县公安局全面运行涉案财物管理中心，配备专

2021年8月11日，全市县级公安机关现代警务执法新模式现场推进会在浦江召开　（边锦东　摄）

2021年7月21日，法制大队和平湖派出所民警开展远程取证工作　（边锦东　摄）

职职工和辅警，实现与省公安厅执法办案平台无缝对接，引入AI巡航、侦审判过程远程调用、3D可视化展示、房间环境展示、外借跟踪等先进管理技术，同步出台《浦江县涉案财物管理办法（试行）》及相关实施细则等配套制度。

（黄寒丹）

检　察

【概况】 2021年，县人民检察院开展刑事检察工作，受理公安机关提请逮捕的各类刑事案件334件460人，批准逮捕273件360人，逮捕率同比上升6.92%。受理各类移送审查起诉刑事案件739件1020人，提起公诉565件778人，起诉率同比下降8.88%；监督立案获有罪判决18人、追捕2人、追诉18人，书面纠正侦查违法10件，提起抗诉2人，列席法院审委会6次。

开展刑罚执行活动监督，监督收监执行2人。提前介入监察调查改变定性2人，依法办理监察机关移送职务犯罪案件3人。排摸发现滥用职权、玩忽职守等司法工作人员职务犯罪线索，其中2条层报至最高人民检察院移交外省处理，经验做法在全省交流。

开展民事检察工作，审查生效民事裁判23件，其中提请市检察院抗诉13件，建议再审4件，均裁定再审。针对民事审判、执行中的倾向性、普遍性问题，发出类案监督检察建议10份。办理民事虚假诉讼监督案6件，其中监督纠正某建筑公司与某置业公司串通骗取民事调解书、扰乱司法秩序案，被最高人民检察院评为典型案例。支持起诉农民工朱某花等人维权讨薪案，成为全省检察机关首例依据《中华人民共和国民法典》办理的案件，被省检察院评为精品案例，入选全省十大法律监督讲述案例。

开展行政检察工作，对接行政处罚信息共享，围绕生态环境和资源保护、食品药品安全、违法建房等领域的行政非诉执行案件，发出25份行政非诉执行监督检察建议。专题调研形成犬只登记管理报告，由市人大常委会督促市行政执法局落实整改。综合运用政检联动、释法说理等方式，推动化解征地补偿、土地权属等领域行政纠纷案29件，获评全省行政检察精品案例。

开展公益诉讼检察工作，办理行政公益诉讼案42件、民事公益诉讼案4件，督促缴纳公益损害赔偿金23万余元。督促查处“染色葱”“无批号药”等食品药品领域违法行为，守护群众“舌尖上”的安全。推动规范无障碍出行设施、窨井盖等管理，守护群众“脚底下”的安全。组织开展“古井、古树、古文物”“红色军事文化史迹”专题保护，守护群众“记忆中”安全。针对打着“公益”旗号进行营利活动的旧衣物回收箱违规设置问题，督促开展专项清理，促进文明城市创建。

开展数字检察工作，建立与公安、法院和行政执法部门信息共享机制18项，相关做法被省检察院《领导参阅件》采用。建设办案智控中心，开发远程取证系统和非羁押措施适用评估系统，探索数字监督场景应用，一起民事再审改判未移送执行类案监督案，获评全省数字监督指引案例。

参与社会治理创新，制定《以浦江经验引领检察办案防范化解矛盾纠纷工作机制》，加强与社会矛盾纠纷调处化解中心的工作联动，推进检察官参与领导干部下访接访，规范运行乡镇检察官工作室，强化检察服务。作为全省“降低审前羁押率”试点，出台非羁押措施适用规范，明确27种常见罪名适用标准，审前羁押率下降13%。试点开展审查起诉阶段刑辩全覆盖，经验做法得到省市检察院肯定、推广。办理司法救助案20人，与市检察院联动，对一起无偿捐献器官组织的交通肇事案受害者家属进行司法救助，获评省检察院业务条线典型案例。

开展检察队伍教育整顿，提高监督办案规范化水平。落实中央“三个规定”和重大事项记录报告制度，对干预司法办案的情况如实记录。支持配合市检察院党组巡察和市委巡察“回头看”，制定、完善制度20项，运用“第一种形态”警示教育11人。采取政治轮训、专题培训、挂职锻炼等方式，培养干警综合素能。组织开展岗位练兵系列活动，在省市业务比赛中有7人次获奖。

2021年，县人民检察院相关工作在全省条线交流经验1次，获评全国典型案例1件、全省精品案例2件，入选全省数字监督办案指引案例1件，通过“全省文明单位”复评，被评为全县“模范机关”。获全省业务标兵、全省政法系统执法办案成绩突出个人等市级以上荣誉表彰22人次。

【支持起诉农民工朱某花等人维权讨薪案】 1月4日，县检察院向县法院发出《支持起诉书》，助力朱某平和孙某讨薪。朱某花因不服与周某劳务合同纠纷案判决，向县检察院申请监督。县检察院在办理该案过程中，发现周某也未支付朱某平、孙某二人工资。在查清案件事实的基础上，县检察院引导朱某平、孙某向法院提起诉讼并申请检察机关支持起诉。县检察院在收到二人申请后，依法向县法院发出《支持起诉书》，与法院沟通协调将两案合并处理，并派员参与周某与朱某平、孙某、朱某花三人的调解。最终，周某支付了拖欠的劳动报酬。该案是《中华人民共和国民法典》施行后全省检察机关办理的首例支持起诉案。

【古井保护公益诉讼】 1月，县检察院在组织走访调查时发现，一些乡镇(街道)留存的部分古井未设立标识牌，未划定保护范围和建设控制地带，部分古井水源被当地村民用于饮用和生活洗涤，但未采取水源监测和日常管护。县检察院通过“公益诉讼快速检测实验室”对部分古井中的水质进行检测，结果显示水体细菌普遍超标，如直接饮用存在用水安全隐患。遂向县水务局、县文广局建议开展古井水源保护专项排查活动。相关部门收到检察建议书后，修缮古井本体，治理周边环境，落实古井水源保护管理措施，设立古井标识牌，制订古井可持续保护措施。4月9日，县检察院会同县水务局、县文广局联合召开“加强古井保护、留住乡愁记忆”公益诉讼诉前效果评议会。评议会上，相关职能部门和乡镇（街道）分管领导、人大代表、政协委员、人民监督员等对古井保护措施整改落实情况进行公开评议，对检察机关督促职能部门履行文物保护职责给予肯定，对相关部门收到检察建议书后迅速整改落实进行点赞。

2021年4月9日，代表委员走访古井整改现场

（金倩如 摄）

【首例“刑事合规建设考察”公开听证】 10月26日，县检察院举办服务民营经济发展检察开放日，对全县首例适用企业刑事犯罪合规审查制度的涉案企业举行公开听证，人大代表、人民监督员、民营企业家、相关单位分管领导等全程参与，近距离了

2021年10月26日，对全县首例适用企业刑事犯罪合规审查制度涉案企业举行公开听证（章 赟 摄）

解惠企制度探索。某生物科技公司经营过程中涉嫌销售伪劣产品罪，因其系涉农高新技术专利企业，承办检察官审慎办理，尽可能减少因办案对企业生产经营带来的负面影响。经过实地调查，认为该公司符合刑事合规建设，并依法督促其进行合规整改。待合规整改期满后，举行公开听证，对涉案企业提供的合规建设总结、第三方合规考察组提交的合规考察书面报告进行依法审查，并向出席作证的证人核实该企业技术革新对农业产品产生的效益。与会代表对检察机关主动担当作为、为民营企业健康发展提供司法保障的做法予以肯定。

（章 赟）

法 院

【概况】 浦江县人民法院（以下简称“县法院”）内设机构18个，机关部门12个，下设黄宅法庭、浦东法庭、杭坪法庭、仙华法庭4个人民法庭，下属1个事业单位（审判保障中心）。

2021年，全院新收各类案件12167件，办结11958件，同比分别下降9.59%、18.62%。浦江县人民法院《依托“码上办”平台实现信访闭环管理》案例获全省法院十大司法改革“微创新”示范案例，张汝宵获最高人民法院颁发的“荣誉天平纪念章”，洪永喜获全省法院个人二等功。

受理刑事案件562件，审结522件。审结故意伤害、强奸、抢劫等暴力犯罪案件33件，审结盗窃、抢夺等多发性侵财型犯罪案件87件，审结非法吸收公众存款、集资诈骗等涉众型经济犯罪案件2件，审结贪污、贿赂、渎职等职务犯罪案件5件5人。对115件“减假暂”案件开展“起底式”大排查、大评查，将案件排查时间线拉至20世纪90年代，用实际行动诠释司法责任终身制。

受理民事案件5375件，审结5214件。开展院庭长大接访、大走访、大调研活动，组建“领导+中层+新进干警+联系干警”团队到全县15个乡镇（街道）社会矛盾纠纷调处化解中心集中接访与走访，实质化解信访案件2件，帮助群众解决困难28个。深化“法官进校园、进基层、进媒体”，全年指导调解90次、接受咨询214次、开展法治授课25次，建立“共享法庭”115家。

受理行政案件64件，审结31件。深化司法与行政良性互动，发送司法建议14份，邀请行政机关旁听庭审4次，变“审判法庭”为“法治讲堂”。常态化报送“法治政府建设”“营商环境优化”“矛盾调处化解”专报，扩展报送“人民法庭工作”“政法工作联动”两大专报。

受理执行案件6459件，执结6496件，执行到位金额6.32亿元，实际执行率52.32%。开展涉民生、涉民企、涉金融案件等专项执行行动13次，查封车辆1005辆、查封房产198宗、罚款执行到位2231人、曝光老赖147人、拘留101人、拒执移送31人、限制出境947人、限制高消费4521人。

优化营商环境，发挥仙华法庭集约化、专业化审判优势，新收破产案件40件，审结17件。办结全市第一起涉工业企业预重整案件，妥善处置330名员工的安置问题，足额上缴290余万元税款，实现“破产不停产、职工不下岗”。出台破产审判白皮书、营商环境专报，多次获得县委主要领导批示肯定。创建“仙华闻知会”，开展“法官与企业家面对面活动”，实现法院搭台、专家唱戏、企业受益。

推进党史学习教育，构建领导会前重点预学、中层会中焦点问学、支部会后要点研学的理论中心组学习新模式，增设“法官讲党史”及“法官讲科学思维方式”两大版块；利用每月主题升旗仪式，围绕中国共产党人的精神谱系做心得交流。开展“小院故事会”、“老物件、陈故事、新感悟”微党课大赛，举行法官“话初心、聊使命”活动，激发“勇猛精进、勇立潮头”的精气神和原动力。

深化队伍教育整顿，办结上级移交线索54件、自主收集线索17件，诫勉谈话5人、组织处理5人次、警告处分1人次。创新设计“自我画像、对方画像、层级画像、组织画像、群众画像”五张画像；围绕“重点案件评查”“审计、巡察‘回头看’”等四方面公布顽瘴痼疾分类具项清单3批。

【小院故事会】 4月12日，县法院举办首场以“孺子牛、拓荒牛、老黄牛”为主题的小院故事会，8名干警职工以事件描述、故事分享的形式，分享在工作中发生的奇趣事、困难事和开心事，强化干部队伍综合素质教育。

【社会民意代表公正性判前评估改革】 5月14日，浦东法庭公开开庭审理一起继承纠纷，邀请当地村社干部、代表委员参与庭审，同时从遗产分配方案、案件判案理念、律师执业伦理等方面交流讨论，实现法网相融、情理互补。

2021年5月14日，社会民意代表公正性判前评估改革　　（全萍萍　摄）

【建立全市首个诉讼服务体验中心】 6月28日，诉讼服务体验中心启动仪式在县法院举行。该中心集大数据集成应用和智能化终端体验为一体，同步配备3D导航终端、嵌入式设备、智能交换柜、智慧舱等智能化设备，实现全院决策科学化、院庭长监管流程化、审判资源调配高效化、诉讼服务人性化、精准化。

诉讼服务体验中心　　（金萍萍　摄）

【"码上办"平台】 6月，县法院创新在"浦江法院"微信公众号嵌入"码上办"当事人办事系统，设置"我有问题要咨询""我有案件要办理""我有意见要反映""我有线索要举报""信访甄别"五大模块，引入信访、公安、检察、乡镇街道等相关单位，以"一码联通"的形式24小时接收当事人投诉、举报。

（石巧巧）

司法行政

【概况】 2021年，县司法局设有政治处及内设机构9个：县委依法治县委员会秘书科、办公室、法规监督科（普法与依法治理科）、应诉协调科、行政复议科、社区矫正科（挂社区矫正执法大队牌子）、人民参与和促进法治科、律师公证管理科、公共法律服务科（挂法律援助中心牌子）。下属事业单位2个：浙江省浦江县公证处、浦江县依法行政信息中心。

开展全县司法行政队伍教育整顿、党史学习教育工作。全年党组理论学习中心组开展专题学习15次，开展党史知识测试4次，以图文形式推送"学党史 守初心"党史知识点72期，完成读后感、心得体会、调研文章100余篇。

承担全市"告知承诺制"改革试点任务，推行以告知承诺为核心、数字技术为支撑的极简极速审批办事模式。全年通过该模式办理各类行政审批服务事项16697件，申报流程材料精简70%以上，效率提升75%以上，群众满意率99.1%。此项工作获常务副省长陈金彪、副省长高兴夫、时任市委书记陈龙和副市长董旭斌的批示肯定。此项改革进入浙江省改革突破奖初选，入选2021年度浙江省有辨识度有影响力法治建设成果，获2021年度金华市改革突破奖，入选"金华市2021年度优化营商环境案例"。

探索开展"公证+执行"的司法辅助"浦江模式"，联合浦江县人民法院和县内银行机构创新适用赋强公证，通过公证赋予强制执行效力的债权文书来减少诉讼、预防纠纷，将司法辅助关口主动前移，从案后调解转为案前预防，在源头上实现金融纠纷案件分流治理。全年办理金融赋强公证51件，涉及合同标的金额5229万元。此项工作获市委政法委书记蔡永波、副市长张新宇批示。9月20日，全市公证参与司法辅助工作现场会在浦江召开。

实质性化解行政争议。出台并发布《浦江县行政争议化解工作指引（试行）》规范行政争议化解工作流程。采取府院联动，化解行政诉讼案件24件，调撤率为35.29%，同比上升28.28%。通过责任单位领导包案、限定化解时限、倒排化解方案等方式，全年化解市督办件9件，化解率90%，完成“两降一升”工作目标。探索行政复议纠错风险预先告知机制，发出行政复议案件纠错风险告知暨督促化解函3封。完善行政败诉案件追责程序，出台《浦江县行政败诉案件过错责任追究程序规定(试行)》。

开展审查起诉阶段律师全覆盖试点工作，与检察院建立检司一体化协同联系机制，细化工作内容程序、强化律师权利保障、规范化衔接制度。8月10日开展试点工作，截至2021年底，受理审查起诉阶段刑事案件241件，同比增加1318%。开展“法律援助惠民生”活动7场次，办理涉及农民工讨薪法律援助案件7件，受援人数7人，挽回经济损失3万元。完善各站点基础配置，在各村级公共法律服务点设置公共法律服务指引牌，15个乡镇全覆盖公共法律服务人工智能自助机。

2021年，县司法局获评全省“2016—2020全省依法治理创建活动先进单位”，白马司法所被命名为省级“枫桥式”司法所，县人民调解委员会“老严调解工作室”获评省级金牌人民调解工作室。白马镇被司法部列为行政执法协调监督工作体系建设试点乡镇(全国乡镇街道层面试点单位仅四家)、被省司法厅列为乡镇(街道)法治化综合改革试点。

【法治宣传教育】 宣传以宪法为核心的中国特色社会主义法律体系，建成民法典主题公园1个，制作民法典主题微视频7个。全年举办法治讲座129场、开展各类主题活动343场，发放普法宣传资料35万余份。出台并启动实施“八五”普法规划。发挥人民调解作用，2021年，全县各级调解组织开展各类纠纷排查12760次，调解案件3153件，其中疑难复杂案件184件，涉案金额23239.69万元。

推进市场主体、村社法律顾问工作。全县5.6万余个市场主体、2.1万余家企业实现法律顾问服务网格化全覆盖，各村社法律顾问完成换届选举后重新签约工作，开展线上线下法治宣传1580余次，提供法律咨询1344次，提供其他法律服务318次，引导法律援助14件，参与矛盾纠纷化解172次。开展“法雨春风”法律服务月活动，为714家企业开展线上线下法治体检，解决涉法问题119起，参与排查涉企矛盾纠纷80余起。推进公职律师配备工作，出台《浦江县加强公职律师队伍建设的若干意见》，组织全县各单位26名取得国家法律职业资格证书人员参加公职律师岗前培训，25人取得考核合格证。

【法治矫正工作】 开展社区矫正和安置帮教工作，全年接收社区矫正对象180人，在册社区矫正对象累计284人，无脱管、漏管人员；新增安置帮教对象264人，组织229名在监人员会见家属412人次。全县未发生社区矫正对象和刑满释放人员涉嫌严重刑事犯罪案件等情况。

【法治阵地建设】 县司法局加强基层法治文化阵地建设。2021年，创建国家级民主法治村(社区)1个、省级民主法治村8个、市级民主法治村91个，市级以上民主法治村(社区)创建覆盖率列全市第一。推进“后陈式”法治乡村建设，创建“后陈式”法治村182个，覆盖率为71%。建成民法典主题公园1个。

【“大综合一体化”行政执法改革】 2021年，县司法局推进“大综合一体化”行政执法改革，监督行政复议、行政应诉工作，促进严格规范公正文明执法，提高依法行政的能力和水平。制订《浦江县“大综合一体化”行政执法改革行动计划(2021—2022年)》，列明32项任务清单。全面推行“一支队伍管执法”改革，有序推进15个乡镇（街道）综合行政执法改革。

【省级“枫桥式”司法所】 2021年，白马司法所创建为省级“枫桥式”司法所。该所通过邀请全国调解先进“老娘舅”张小光不定期上门指导调解工作，引入新联法律服务所，成为全市首家与法律服务所合署办公的司法所。

【“告知承诺 极简极速”审批模式】 在告知承诺制改革试点中，浦江县探索建立“三张事项清单”、制定六项配套制度，通过事前信用核查、事中履诺监管、事后失信惩戒，实现告知承诺制闭环运行，优化提升浦江营商环境。7月21日，金华市全面实施告知承诺制工作推进现场会在浦江举办。

（钟丹妮）

2021年7月21日，金华市全面实施告知承诺制工作推进现场会 （高 擎 摄）

人民武装

【概况】 2021年，县人民武装部党委坚持把思想政治建设摆在首位，用习近平主席和军委决策指示统一思想和行动，走中国特色的强军之路。学习领会军委国防动员部、省军区和军分区党委（扩大）会精神，理清工作思路，筹划年度工作。围绕新时代强军目标，加强基层武装部正规化建设，服务地方经济社会发展，按照"平时服务、急时应急、战时应战"的职能要求，提高民兵应急应战水平。

【军事训练】 展开年度军事训练，围绕国防动员组织与实施、动员文书拟制、动员分析计算和动员要图标绘等常态化落实首长机关训练。按照首长机关"月训三天、季考一次"制度，组织全体现役军官、文职进行基础训练、业务训练和课题研练，每季度落实首长机关理论考核、体能考核、轻武器射击考核。贯彻分级组训、按纲施训要求，规范推开"军分区主统专业难点、人武部主训单兵基础"的组训格局。6月5—11日，组织县民兵应急连、综合救援连集训，开展反恐维稳常识、抢险救灾常识、盾牌警棍操、防暴装备器材操作使用、抗震救灾装备器材操作使用和灭火救灾装备器材使用等训练。7月21—23日，组织通信保障连集训开展共同科目、军事通信基础知识、识图用图、军语与密语、无线电通信装备操作使用、线路架设基本技术等训练。7月26—29日，组织道桥保障专业民兵进行护路知识、突发情况处置、道路检修器材操作使用、道路巡查等专业训练。9月，开展岗位练兵比武活动，参加金华市民兵岗位练兵大比武，获"饮食保障科目"第二名。

2021年6月5—11日，防暴装备器材操作使用训练　　（陈子轩　摄）

【主题教育】 统筹安排"传承红色基因、担当强军重任"以及党史学习主题教育，学习贯彻习近平主席在庆祝中国共产党成立100周年大会上的讲话和十九届六中全会精神，组织全县专职人民武装干部、部分基干民兵到义乌陈望道故居、塘波县委旧址纪念馆参观见学，重温入党誓词。自觉将政治热情转化为履职尽责、真抓实干的实际行动。

【国防教育】 以党管武装为重点，结合浦江实际，依托企业、社区、学校为阵地，多渠道开展国防教育活动，激发全县干部群众的爱国主义热情和国防意识。缅怀金萧支队的革命历史，弘扬他们的革命精神与崇高风范。开展全民国防教育日、国家安全日系列活动，县人武部主官为党校中青班、军训学生讲授国防教育课，结合征兵宣传开展“国防教育进校园、进社区”活动，打造“国防教育街”、浦江县第七中学、平安中心小学国防教育阵地。

【“双拥”工作】 6月，举办第一届退役军人及现役军人家属运动会；11月，在老齿轮·1967文创园建成拥军商户园，为全县退役军人服务站举行授牌仪式，用实招实策提高军人军属的荣誉感、归属感；开展立体式双拥宣传，开通全市首条“双拥号”“国防号”拥军专线，在窗口服务行业、交通要道和车站等公共场所设置现役军人、优抚对象优先优惠标志；通过短信平台群发双拥宣传标语，营造爱国拥军氛围；指派专人到农村文化礼堂和中小学校指导建立“军人荣誉墙”，人武部领导带头下基层、进学校，开展国防教育宣讲；结合八一建军节在报刊和电视上刊登(播出)“八一”光荣榜。

【兵员征集】 按照“一年两征”的要求，坚持早部署、早宣传、抓培训、求规范、保廉洁的目标要求，做好征兵工作。以大学毕业生为重点，加大征兵宣传力度，严把政治考核和体检质量关，联合乡镇、公安、卫生健康等人员，走访身体、政审双合格应征青年家庭，坚持向家庭生活困难、家处山区乡村倾斜指标的导向。组织全体入伍新兵到江南第一家爱国主义教育基地，举办“携家训入伍，怀忠心报国”活动，用浦江孝廉文化为新兵指路引航，坚定新兵保家卫国的理想信念；严守廉洁征兵底线，在全县各行业遴选廉洁征兵监督员，全程监督征兵工作。

【民兵整组】 结合《民兵组织整顿实施办法》，挖掘全县各领域国防动员潜力，对3大类基干民兵组织规模、结构、布局进行重组。加大新质力量建设，实行分片集中点验和战备拉动演练，编实人员、建强队伍、发挥作用。贴近实战锤炼，始终向备战打仗聚焦，结合形势任务，修订完善应急应战预案。组织防汛、森林灭火、医疗救护、装备维修和无人机操作等分队训练，对人员、行政区划、基层武装部、应急装备、预征预储装备、专职人民武装干部6类信息组织集中会审；抓好各乡镇(街道)应急、专业和特殊3大类队伍整组；新质队伍、专业分队落实编兵领域、专业技术岗位“双对口”；5月24—28日，组织全县基干民兵点验，到点率98%，“七率”均达到上级要求。

2021年5月24—28日，民兵应急连集中点验大会
(陈子轩 摄)

【安全管理】 常态化抓好安全工作，守牢安全底线。组织开展“百日安全活动”，9—12月，围绕解决

7个方面32个突出问题，以“十个强化36项具体工作”为抓手，推动安全工作落地见效。逐项梳理政治性问题防范、车辆使用管理、武器弹药维护使用、网络安全排查、敏感时期管控、违规喝酒问题、信息安全问题、安防设施建设、重点人员帮带、党委领导主体主责等内容，发现各类矛盾问题和隐患及时拿出对策。结合年度大项教育和风气建设，把思想工作作为管理工作切入点，经常性思想教育与重大节日、事件专题教育相结合，严格人员管控，结合干部管理规定和人武部管理规定，解决组织纪律观念不强、执纪不严、虚假漂浮等问题。坚持一日生活制度，加强八小时以外管理力度。

【正风肃纪】　注重发挥思想引领在党风廉政建设中的关键作用。开展肃清流毒影响“回头看”活动和军地交叉地带“十三个防范”清理整治，组织全体武装工作人员参观浦江县廉政馆，引导干部职工树立法治思维和法治观念。突出强化纪律约束，组织学习《军队党员领导干部廉洁从政若干规定》《中国共产党廉洁自律准则》和《中国共产党纪律处分条例》等党内法规制度，落实报告个人有关事项、财经管理等廉政法规制度，规范伙食费、房租、水电费交纳，杜绝公私不分等“微腐败”问题。

（陈子轩）

人民防空

【防空事业】　2021年，完成《浦江县人民防空事业发展“十四五”规划》的编制，委托浙江省地下建筑设计院编制《浦江县人民防空专项规划》，推动人防规划融入国土空间规划，融入城市控制性详细规划，把人防要求落到规划设计条件和土地出让环节，促进人民防空与经济建设、城市建设和基础设施建设相结合。2021年，实现政府相关各部门资源、信息、数据和决策支持的共享，构建全面应急救援预警和处理“安全网”。

（芮方奇）

退役军人事务

综　述

浦江县退役军人事务局年度各项考核中，大畈乡清溪村退役军人服务站被评为“全省百家红色精品服务站”，县退役军人服务中心主任边朱杭被授予先进个人；退役老兵魏国晴获退役军人事务部组织的知识竞赛三等奖。“双拥”创建届中考核免检通过，全市退役军人系统年度考核第一，县机关年度考核优秀，县退役军人服务中心被退役军人事务部、中央军委政治部评为先进工作单位。

“双拥”工作

【概况】　根据《“双拥”模范城（县）创建命名管理办法》和《全国双拥模范城（县）考评标准》，浦江县正式启动全国双拥模范城首次创建及省级“双拥”模范城“三连冠”创建工作。推进县乡村三级退役军人服务站党史学习教育，有机融合军史、地方党史、红色文化等元素，助力党史学习教育，组织各级老兵宣讲团成员深入机关、企业、学校等开展宣讲活动100场(次),惠及2万余人次。完善"第一课"教育机制(学校的开学第一课、退役返乡第一课),组织开展"跟党说句心里话""老兵故事你来说"等主题活动30余场。

【开展军地互动】 开展重大节日拥军慰问活动,春节、"八一"期间县主要领导带队走访驻浦部队。联合"双拥"成员单位开展活动,督促每个成员单位为部队办一件共建好事,为部队官兵解决现实困难。县爱国拥军促进会走访驻浦部队7次,捐献各类抗疫物资2万余元;开展"端阳"送温暖进部队,"八一"送政策进部队,动态化送后勤保障进部队系列"双拥"活动。组织开展走访慰问"情系边海防"走访慰问边海防现役官兵工作,慰问物资2万余元。

【发挥"雁阵效应"】 持续深化"兵支书"选育使用激励工作,推动全县"兵支书"(含副支书)、"兵委员"发挥基层社会治理"生力军"、乡村振兴"领头羊"作用。开展"我为红船增光彩"主题实践活动,引导广大退役军人在经济社会发展各条战线上亮身份、当先锋、做表率。推选市级"最美退役军人"等系列先进典型,表彰浦江"最美退役军人""优秀军转干部""拥军模范"等各类先进典型。

优抚工作

【概况】 践行"兵呼我为",开展每月一主题的关爱老兵项目,如"红色记忆""情暖老兵""英雄不孤单""益片兵心"等,覆盖15个乡镇(街道)244个村(社区)惠及3000余人,并对其中下岗伤残老兵、孤寡老兵进行"一对一"精准服务。

【社会化优抚】 2021年,浦江县退役军人事务局为全县退役军人评定等级;转移残疾军人抚恤关系;审批认定带病回乡退伍军人、60周岁农村籍退伍军人;发放各项抚恤、生活补助;为重点优抚对象缴纳医疗保险;为优抚对象报销医药费。

转业安置

【概况】 2021年,县退役军人事务局接收符合政府安排工作条件的退役士官、军队转业干部召开专门会议,依据"量化考核、统一考试、按分择岗、阳光操作"的安置原则安排转业。依托金华退役军人学院、浙江师范大学、金华市职业技术学院等教育资源,为退役军人参加学历教育、职业技能培训创造条件,切实提高退役军人就业方面核心竞争力。

【就业创业】 依托县人社局,通过"线上+线下"的模式,打造"退役军人就业创业直通车"。2021年,累计举办专场招聘会2场,为社会提供就业岗位2400余个,帮助退役军人实现稳定就业。加大就业创业金融支持,协助退役军人办理"拥军贷"等业务,助力退役军人、军属创业兴业;落实创业贴息扶持政策,成立兵创基地,为退役军人"一站式"创业就业孵化平台。

数字化改革

【"丰安兵事"】 自主研发省级数字化改革试点项目,项目以解决退役军人来访信访问题为切入点,全力整合退役军人基础数据、政策法规、来访信访、抚恤优待、社会救助等信息数据和网格资源，优化退役军人权益维护办事流程，实现信息数据数字化、智能化，处置化解流程化、协同化风险预测可视化、科学化，提高退役军人权益维护工作质量和效益，提升基层治理和风险防范化解能力。

【“老兵码”推广】 依托金华市市民卡中心的平台，构建县域内的“拥军老兵码”，涵盖吃住行游购娱等10余个项目，累计为广大退役军人让利2万余元；在夜间消费地标——老齿轮·1967文创园建立拥军商户园，“拥军商家”参加“码上拥军”活动，退役老兵在“码”上实现优惠优待。

【推行“无感智办”】 为60周岁农村籍退役士兵身份认定“无感智办”，主要通过公安、人力社保等部门的信息共享，局服务中心核查名单等举措，经局公示审批通过后，短信温馨告知对象认定结果及补助开始享受时间，以此精简办事材料、优化办事流程、改善审批手续等途径，以实现“无感智办”。

（傅　盈）

经济管理

发展与改革

【概况】 2021年,浦江县发展和改革局(简称“县发改局”)组织编制《浦江县2021年投资项目计划》,实施项目93个,总投资179.87亿元,年度计划投资50.14亿元。安排政府投资项目24个,年度计划投资7.79亿元,需县财政安排资金2.04亿元。其中,续建项目15个,年度计划投资6.97亿元,包括县财政安排资金1.47亿元,上级补助资金0.41亿元,地方政府专项债券3.3亿元;新建项目9个,年度计划投资0.82亿元,包括县财政安排资金0.57亿元,上级补助资金0.25亿元。安排国企功能性投资项目40个,年度计划投资11.79亿元,需国企功能性投资9.95亿元。其中,续建项目21个,年度计划投资7.55亿元,包括上级补助资金0.02亿元,国企功能性投资5.86亿元;新建项目19个,年度计划投资4.24亿元,包括国企功能性投资4.09亿元。安排国企自营及乡镇自筹投资项目29个,年度计划投资30.56亿元,需国企自营及乡镇自筹投资7.57亿元。其中,续建项目11个,年度计划投资23.62亿元,包括国企自营及乡镇自筹投资1.54亿元,地方政府专项债券5.71亿元;新建项目18个,年度计划投资6.94亿元,包括上级补助资金0.26亿元,国企自营及乡镇自筹投资6.03亿元。

浦江县省重点建设项目3个,项目总投资102.8亿元,2021年计划投资19亿元,项目累计完成投资28.4亿元,1—12月完成投资19.1亿元,年度投资完成率100.5%。市重点建设项目28个,总投资300.2亿元,2021年计划投资54.9亿元,项目累计完成投资129.9亿元,1—12月完成投资80.8亿元,完成年度投资计划的147.1%。全省集中开工项目3个,项目总投资23亿元,2021年计划投资4.4亿元,项目累计完成投资8.1亿元,1—12月完成投资8.1亿元,年度投资完成率183.9%。

浦江县老旧小区改造项目获保障性安居工程2021年第二批中央预算内投资计划资金6433万元;获诗路文化带建设资金223万元;获省级新能源汽车推广应用财政奖补资金260万元;省发展与改革专项资金1284万元;争取专项债券项目2个,额度45000万元,其中浦江县科技产业园建设工程41000万元、浦江县西北部山区农村供水工程4000万元。智能照明和智慧交通产业化项目,申报2020

年第二批省重大产业项目，2021年获土地指标奖励6.45公顷。

全社会用电量29亿千瓦时，同比上涨20.20%；工业用电量19.57亿千瓦时，同比上涨18.52%。第一产业用电量（线损未摊，下同）712万千瓦时，占总用电量的0.25%；第二产业用电量208962万千瓦时，占总用电量的72.05%；第三产业用电量33690万千瓦时，占总用电量的11.62%。城乡居民生活用电46678万千瓦时，占总用电量的16.09%。2021年，全社会天然气消费量5763.16万立方米，同比上涨48.92%。

全县设置11个价格监测点，监测品种65个。每月5日、15日、25日固定监测点的价格采集日报工作，监测全县重要商品和服务价格变动情况，了解市场价格动态，完成每月重要民生商品价格监测分析。在疫情防控及节假日等重要时间节点，增加监测频次，关注粮油副食品价格走势，了解粮油副食品货源、需求、价格变化情况，及时发现和报告倾向性、苗头性问题；加强对大米、肉禽蛋、蔬菜市场供应、批发、零售环节价格变动的分析，掌握粮油副食品价格变动趋势，提出措施建议。

【大花园建设】 12月7日，根据浙江省发展和改革委员会公布的全省第一批大花园验收名单，浦江县成为第一批大花园示范县验收命名单位。2018年，浦江县成为全省首批大花园典型示范建设单位，搭建“诗画浦江·大美花园”建设的绿色发展跑道，打造全域美丽、全面进步、全民共富、全社会共建共享的大花园示范窗口，发挥典型示范引领作用。

花园城市建设（浦江城区全景）（县发改局提供）

【杭温高铁二期浦江段建设工程】 2021年，浦江杭温高铁二期浦江段建设工程被列入2021年省重点建设项目。杭温铁路杭州至义乌段自湖杭铁路桐庐东站引出，终点引入义乌站在建杭温场，新建铁路正线59.02千米，新建浦江站、桐庐东站（仅含站房）。其中浦江段长33.16千米，建设高铁浦江站一座，项目总投资50.8亿元。在沿线县市中提前百分百完成房屋拆除和土地征收签约，成为杭温铁路二期首个主线用地交地县，完成杭温铁路二期浦江段主线用地交付，实现房屋拆迁、主线交地、管线迁改3个第一。提前一个月完成浦江特大桥首墩浇筑，贯通古塘源三号隧道，成为杭温高铁二期21座隧道中首座贯通的隧道。截至2021年底，投资13.2亿元，累计完成5座桥梁桩基2026根、承台85个、墩身24个，累计掘进12座隧道3470米，填筑土石方24.8万立方米。

杭温铁路二期浦江特大桥　　（赵新尧　摄）

【浦江县人民医院改扩建工程】 2021年，浦江县人民医院改扩建工程被列入2021年省重点建设项目。浦江县人民医院改扩建工程总用地面积约25993平方米，主要建设医疗综合大楼，感染科病房、诊室及部分医技科室等。设计新增床位数400床，其中，人民医院医疗综合楼新增床位350床，人民医院临床公共卫生中心新增床位50床，建成后人民医院规划总床位数1000床。2021年，完成项目投资1亿元，医疗综合楼十五层楼面浇筑完成；11月26日，临床公共卫生中心结顶。

【浙江浦江抽水蓄能电站项目】 2月20日，举行浙江浦江抽水蓄能电站项目建设合作意向签约仪式。仪式上，浦江县与国网新源控股有限公司签订合作意向书，县水务集团与中国电建集团华东勘测设计研究院签订合作协议。浙江浦江抽水蓄能电站项目站址位于浙江省金华市浦江县白石源水库附近，该项目规划建设装机规模120万千瓦，机组台数4台。电站枢纽工程主要由上水库、下水库、输水发电系统和地下厂房等组成。设计推荐在苏坑沟中段筑坝形成上水库，在巨浦源沟中下游、白石源水库大坝上游约200米筑坝形成下水库，在上、下水库之间山体内布置输水系统和地下厂房。上水库大坝采用钢筋混凝土面板堆石坝，最大坝高108米；下水库大坝采用钢筋混凝土面板堆石坝，最大坝高90米，输水系统水平距离2930米，距高比7.3。初拟工程施工总工期67个月，其中施工准备期4个月，主体工程施工期54个月，首台机组发电工期58个月，工程完建期9个月，预计工程静态投资676178万元，单位千瓦静态投资5635元/千瓦，工程总投资为810023万元。

2021年2月20日，浙江浦江抽水蓄能电站项目建设合作意向签约仪式 （高 攀 摄）

【数字社会系统】 2021年，浦江县六项重点应用列入省级试点，分别是零售药店智控系统、医保经办服务“跨域通办”、社保医保参保“一件事”联办、农村客运智慧出行服务、“浙农码”、“跟着节气游”。4月，数字社会综合门户灰度上线，明确数字社会方案。5—6月，PC端、手机端、PAD端自适应展示、重大任务上线展示。7月，治理端门户迭代到2.0版本，12个“有”完成上线。8月，“极速办”应用在“浙里办”上架。9—10月，“关键小事”“乡村服务”“未来社区”页面上线。11月，“葡萄一件事”“浦江公交”“浦江代办在线”应用在“浙政钉”上架。智慧葡农一键通参加全省数字社会路演。12月，“智控云药房”在“浙里办”上架，“未来乡村（上河村）”上架“我的家园”。

【共同富裕】 9月，中共浦江县委、浦江县人民政府联合印发《浦江高质量发展推进共同富裕实施方案（2021—2025年）》；建立浦江高质量发展推进共同富裕先行示范区领导小组，书记、县长任双组长，副书记、常务副县长任副组长，相关单位一把手任成员，在县发改局设领导小组办公室。12月，县委成立中共浦江县委社会建设委员会，和县发改局合署办公，社会建设委员会主任由县委副书记兼任，第一副主任由常务副县长兼任，主持日常工作的副主任由县发改局局长担任，并设专职副主任1名。

【“标准地”指标“一件事”全程线上办理】 2021年，浦江县以数字化改革为引领，3月初率先在全省开展“标准地”指标确认“一件事”全程线上办理，相比线下办理效率提高83%。完善新增工业项目“标准地”控制性指标体系，深化工业用地“标准地”制度改革。2月20日，出台《关于印发浦江县新增工业项目“标准地”控制性指标（2020版）的通知》。3月9日，出台《关于印发〈浦江县“标准地”指标确认“一件事”办事指南试行〉的通知》，要求各乡镇街道、浦江开发区、水晶产业园区等各做地主体贯彻落实，做好制造业行业新增项目产出效益和“标准地”指标的衔接。2021年，完成“标准地”指标确认25宗，出让地块面积49.05公顷。

2021年5月18日，县委书记、县长戴翀调研极简极速审批工作　　（严晓霞　摄）

【推进整县光伏规模化开发】　8月，印发《浦江县整县推进光伏规模化开发争取试点工作方案》。明确民间屋顶资源的开发建设以乡镇（街道）、浦江开发区、县水晶产业园区为责任主体，整乡（园）打包、整乡（园）推进；明确复合电站和公共屋顶资源由县专班整合资源、统筹推进。2021年，全县新增光伏装机18.19兆瓦，完成市级任务目标的181.9%。

【电力市场化交易改革】　12月，按照浙江省能源局安排部署，针对工商业用电用户开展电力市场化交易。根据金华市下发用户清单，浦江县参与直接交易和市场化售电用户1530家，按照时间节点部署工作，属地乡镇街道、浙江省能源集团有限公司共同协助配合，开展兜底用户注册签约工作，县发改局居中协调，在电力交易工作群中互通信息，做到应兜尽兜，消除用户紧张情绪，于月底如期完成兜底签约工作。

【浦江县—礼县战略合作框架协议签订】　10月16日，在甘肃省陇南市礼县签订金华市浦江县人民政府—陇南市礼县人民政府战略合作框架协议。战略合作框架协议主要围绕“帮就业、帮发展、帮基层，强人才、强产业、强组织”目标任务，在劳务协作、产业帮扶、人才支持、组织助强等方面完善协作机制，提高协作水平，创新协作方式，巩固拓展脱贫攻坚成果，推进礼县乡村振兴，实现共同富裕。

【信用建设】　3月，县发改局开展“屡禁不止、屡罚不改”严重违法失信行为专项治理工作，通过建立清单台账、集中公示、重点约谈、信用修复等措施，全力纠正失信行为，完成信用修复138条，7家治理对象退出全国“屡禁不止、屡罚不改”严重违法失信主体数据库。5月，开展统一社会信用代码重错码纠正处理工作，全面排查并处理全县统一社会信用代码重错码，107条重错码全部处理到位。全年完成县以工代训补贴、企业优惠电力直接交易、组织部公务员招录、公务员诚信档案建设、“两代表一委员”资格审查等信用核查15000余次，推进联合奖惩落地。

【城镇化工作】　2021年，打造新型城镇化应用，完成新型城镇化应用工作作战图和应用方案，梳理省、市、县政府工作报告，形成浦江县新型城镇化发展任务清单，其中一级任务3个、二级任务4个、三级任务11个，上线运行县新型城镇化浦江子页面。组织开展特色小镇摸排工作，对浦江县未纳入省级特色小镇却以“特色镇”“某某小镇”之名进行错误宣传的项目或主体进行排查和清理，清理“诗人小镇”“诗画小镇”“非遗小镇”等9个清单外“小镇”，删除网络新闻163处，更换交通标识11处。

【价格管理】 2月，经成本监审、公开征求意见、集体审议等程序，调整浦江县公办幼儿园保育教学费用标准，规范学前教育收费，促进幼儿园健康运行。5月，根据省发展和改革委员会相关文件精神，发文下调浦江县非居民用管道天然气价格，为企业减轻用气成本300余万元。8月，调整景濂中学学费和住宿费标准，规范学校收费行为，促进民办学校健康发展。11月，出台浦江县殡仪服务收费政策，规范殡仪服务收费项目和管理，促进殡葬事业健康有序发展；经县政府同意，核定外胡水厂供水试行价格，推进解决西北部山区村民“喝好水”难题。12月，下发《关于公益性安息堂骨灰存放格位使用费标准的批复》，规范公墓价格管理，推进浦江县殡葬改革工作。

（张健辉）

市场监督管理

【概况】 2021年，全县新增各类市场主体12667户，同比增长13.22%；新增注册资本108.17亿元，同比减少7.08%。新增企业4199户（其中个转企395户），同比减少13.67%，注册资本96.61亿元，同比减少9.94%；新增个体工商户8461户，同比增长33.94%；新增农民专业合作社7户，同比持平。全县共注销各类内资市场主体8026户，同比减少16.39%，其中内资企业1991户，同比增长14.95%；个体工商户6011户（其中依职权注销2125户），依申请注销同比增长143.18%；农民专业合作社注销24户，同比增长118.18%。全县累计在册内资市场主体57717户，同比增长8.27%，注册资本1028.64亿元，同比增长18.06%，其中内资企业21239户，同比增长10.18%，注册资本969.91亿元，同比增长17.75%；个体工商户36100户，同比增长7.36%；农民专业合作社378户，同比减少6.90%。全县新增外商投资企业7户，同比增长40.00%，注册资本1267.38万美元，同比增长36.35%，其中外方认缴1178.68万美元，占全部注册资本的93.00%。注销外资企业2户。期末实有外商投资企业125户，同比减少4.58%。

新增商标注册2468件，专利授权2669件。每万人发明专利拥有量为19.2件，申请PCT国际专利5件。通过《企业知识产权管理规范》国家标准认证的企业27家。全县有效商标注册量17752件。完成商标和专利质押融资6.646亿元。成功注册“浦江葡萄”“浦江竹叶熏腿”2个地理标志证明商标。

主导发布国家标准2个、参与制定国家标准4个，参与制定行业标准2个；主导制定“浙江制造”标准7个、团体标准5个和县级地方标准5个；浙江浦江三建工具有限公司获得国际互认证书。对标国际先进标准，新增114家，累计169家企业完成对标达标，占全县规模以上工业企业的45.7%。

建成食品生产企业“阳光工厂”40家、全程可追溯的食品生产经营主体442家、农村家宴“阳光厨房”19家、学校食堂“阳光厨房”136家、民生药事服务站2家，创建中心农贸市场为“五化”市场，创建省级放心农贸市场2家、星级农贸市场4家。

受理消费投诉举报7427件，比2020年增加387

件,同比增长5.5%。其中,县市场监督管理局受理举报3317件,同比减少37.36%;受理消费纠纷投诉4110件,同比增长135.53%,共计涉及争议金额469.22万元,为消费者挽回经济损失199.51万元。

查办各类案件732起,罚没款755万余元。入选国家级典型案件1起、省级典型案件1起、市级典型案件2起。查办"双打"案件379件,罚没款金额494万元。依法打击成品油流通领域违法行为,共办结案件17件,罚没款76.2万元。

推进零售药店、农贸市场、冷链物防、进口水果等领域疫情防控工作。进口冷链食品经营单位赋码率、扫码率100%。运用农贸市场"红黄牌"制度,推出"智能防疫机器人",守住零售药店"小门"。

县市场监管局探索服务小微企业新模式,优化营商环境,助推小微企业高质量发展。2018—2020年,全县新增小微企业9780家,八大万亿重点产业小微企业3306家,个转企942家,超额完成省定目标。2021年,县市场监管局被浙江省小微企业三年成长计划工作领导小组评为2018—2020年浙江省市场环境建设成绩突出先进集体。

【数字化改革】 贯彻全省数字化改革任务部署,立足重大需求,坚持先行先试激活力、数字监管提质效,全年共争取4个省级数字化改革试点项目、2个省级数字药监"最佳应用"试点和1个市级改革试点。"零售药店全场景智控+黑匣子"应用在"浙政钉"App、"浙里办"App上线,工作经验先后在全省现场会、全市市场监管工作会议和全省药监系统改革工作会议上作经验交流。药品"一键锁定"等相关做法获省药监局徐润龙局长批示肯定,并被各大主流媒体转载报道。"1+5+X"化妆品监管"综合查一次"改革和"黑匣子"工作经验在全省现场会上交流。"小个专"党建"云平台"共收集整合"小个专"党员信息4530条,党组织信息210条,整合市场监管工作职责,激发党建活力,提升党建工作的实效性和便利性。

【绗缝产业转型升级】 组建浦江绗缝产业转型升级工作专班,专班由县委宣传部、市场监管局、经济商务局、科技局、文广旅体局、金华海关浦江办6个部门,省绗缝工艺协会,浦江百丽工艺有限公司、浦江县丰源家纺有限公司、浦江贝康纺织工艺品有限公司、浦江宏盛工艺有限公司、浙江浦江赛丽尔家纺有限公司、浦江康佳工艺品有限公司、浙江浦江丰途工贸有限公司、浦江创嘉工艺有限公司、浙江汇鸿工贸有限公司、浦江美阳家纺有限公司10家代表性绗缝企业及武汉纺织大学、江南大学、浙江理工大学3所院校组成,开展转型升级攻坚,寻求《絮用纤维制品通用技术要求》修订空间。

【"3·15"罚没物资集中销毁行动】 3月10日,县市场监管局开展"3·15"罚没物资集中销毁行动,在小黄坛垃圾焚烧处理中心、金诚再生资源回收有限公司、江委布料厂,采取焚烧、原材料回收等无害化处理方式,集中销毁过期产品、商标侵权产品、不合格

2021年3月10日,"3·15"罚没物资集中销毁行动

(王夏旎 摄)

产品、非法渠道购进产品等涉案物品。行动共销毁食品9吨、挂锁等金属制品20.6万余把、纸箱等纸制品11万余只、化妆品22.6万余支、服装21万余件、绗缝制品1万余床、口罩26万余只、针刺絮片等500余卷以及香烟、轮胎、药械等物品，共计30余吨。

【浦江县餐饮行业协会成立】 3月11日，浦江县餐饮行业协会成立，协会共有会员240名，包括餐饮单位225家、食品类企业10家、学校等其他相关行业3家、个人会员2名。浦江县餐饮行业协会的成立，有助于规范全县餐饮行业秩序，搭建农产品供需信息平台，提高餐饮接待能力和服务水平，促进地方经济发展。

2021年3月11日，浦江县餐饮行业协会成立大会暨第一届理事会第一次会议　　（王夏旎　摄）

【企业综合服务中心成立】 3月25日，县市场监管局成立企业综合服务中心，该中心实行线上线下“一站式”服务，为企业提供注册登记、商标注册、专利申请、标准制修订、商业秘密保护、质押融资、认证、工业许可证办理、计量检定校准、产品检验检测、特种设备使用登记等所有市场监管领域涉及工业企业方面的职能服务。

【“好商风”▲专项贷款】 3月25日，县市场监管局联合县农商行推出“好商风”专项贷款，为全县“好商风”经营户群体提供授信额度10亿元。全年评选好商风经营户147家，实际贷款536.38万元。

▲县市场监管局根据经营户证照情况、食品安全、商品质量、服务质量、消费者权益保护、社会公德、社会责任、信誉状况等多个指标定期评选“好商风”经营户，引导小微企业和个体工商户树立良好的市场信誉和诚实守信形象，助力文明城市创建。

2021年3月25日，“好商风”经营户授牌暨“好商风”专项贷款发布仪式　　（王夏旎　摄）

【“金华市优秀质量管理小组”一等奖】 5月13日，2021年度金华市优秀质量管理小组及质量信得过班组成果发布会在金华召开，浦江三思光电技术有限公司涌泉小组获“2021年度金华市优秀质量管理小组”一等奖，是浦江县企业首次获得该奖项一等奖。

【平安市场(餐饮)创建现场推进会】 6月2日，“七大战役除隐患、条抓块统保平安”平安建设争先行动第二战平安市场(餐饮)创建现场推进会在县中心农贸市场召开，县委副书记、政法委书记钱福安和相关单位负责人参加。县中心农贸市场负责人、县餐饮协会负责人分别表态发言；县市场监管局宣读工作方案，对相关工作进行部署。

【全县食品药品安全工作会议】 6月18日，召开全县食品药品安全工作会议。县食品药品安全委员会副主任、副县长楼新，县府办副主任周天云，县食品药品安全办公室主任、县市场监管局局长贾国锋，县食品药品安全委员会成员单位分管负责人，各乡镇（街道）分管负责人和联络员，县食品药品安全办公室成员单位联络员参加会议。会议总结2020年全县食品药品安全工作，部署下一阶段全县食品药品安全工作要点。

【县领导走访调研】 7月9日，县委书记俞佩芬到中心农贸市场调研全国文明城市创建工作，了解中心农贸市场疫情防控、智慧管理、经营秩序等情况。8月7日，县委副书记、县长戴翀带队到仙华农贸市场调研督导文明城市创建工作，重点检查市场及周边停车秩序、公益广告设置、环境卫生情况、市场经营管理等情况。9月26日，县委书记俞佩芬携县委副书记、政法委书记钱福安一行，现场查看省级数字化改革项目“零售药店全场景智控系统”建设情况，对建设情况表示肯定，并提出工作要求。

【“双减”工作】 县市场监管局成立“双减”工作领导小组，制定《关于充分发挥市场监管职能作用强化校外培训机构规范管理实施方案》，100%完成校外培训机构“压减”任务。查处1期涉嫌误导公众教育观念、制造家长焦虑情绪的违法广告案，处理消费投诉2起。

【《工艺水晶饰品》国家标准发布】 10月11日，浦江主导修订的国家推荐性标准《工艺水晶饰品》GB/T 28796-2021发布实施。新修订的标准为生产企业生产质量控制、产品检测提供科学依据，为发展国际贸易提供可执行的依据，提高浦江工艺水晶饰品在国内外市场的竞争力。

【举行食品安全责任保险（公益险）签约仪式暨新闻发布会】 12月7日，浦江县食品安全责任保险（公益险）签约仪式暨新闻发布会召开。副县长楼新有，县府办副主任周天云，县食药安办主任、县市场监管局局长黄峰，人保财险浦江支公司总经理张盼盼，县市场监管局党委委员、副局长陈茜东，县府办、县国资集团、各乡镇街道食品安全工作分管领导，乡镇街道食品安全办公室主任、各农贸市场负责人、县市场监管局相关科室及各基层所所长参加会议。县市场监管局党委委员、副局长陈茜东和人保财险浦江支公司总经理张盼盼签约了浦江县食品安全责任保险（公益险）。

（王夏旎）

审　计

【概况】 2021年，县审计局完成审计项目26个，查出主要问题金额2.11亿元，其中违规金额621万元、管理不规范金额2.05亿元。审计处理处罚金额7739万元；移送司法机关、纪检监察机关和有关部门处理事项15件，移送处理人员23人，移送处理金额506万元；审计促进整改落实有关问题金额1199万元。出具审计报告和专项审计调查报告26篇，被批示2篇；审计提出建议61条，被采纳61条；推动被审计单位制定整改措施156项；促进被审计单位制定、完善规章制度25项；提交审计信息99篇，被批示、采用58篇。

2021年，县审计局被评为金华市五星基层党组织、浦江县先进基层党组织、“浦江县节水型单位”、

"节约型机关"、"浦江县模范机关"等先进集体称号，并连续20年保持"省级文明单位"荣誉称号。

【财政审计】 组织开展2020年度本级预算执行和决算草案审计以及部门预算执行情况审计项目，推进审计全覆盖，揭示预算编制、绩效管理、财政管理等20个方面38个问题，涉及32家预算单位。起草《关于2020年度浦江县本级预算执行和其他财政支出情况的审计工作报告》，受人大常委会肯定。

【投资审计】 实施投资审计项目7个，其中专项审计调查项目2个、跟踪审计项目4个、财务竣工决算审计1个。对2014年以来累计13个EPC项目进行专项审计调查，通过调查共发现EPC项目在项目程序、项目管理、项目结算三方面存在11个问题。对中医院迁建工程、南苑小学建设工程、宝掌山居道路配套工程等全县重点项目进行跟踪审计，及时发现项目建设中存在的问题，化解施工争议问题。深化投资审计转型，开展财务竣工决算审计，重点关注壶源江综合治理工程资金使用、工程建设程序、建设主体履职尽责情况。联合出台《浦江县建设工程监理企业履职管理考核办法（试行）的通知》《关于加强政府投资项目结算审价监督管理的意见》等管理制度。

【经济责任审计】 完成领导干部经济责任审计项目8项，对16名领导干部进行经济责任审计监督，出具审计报告8份，发现5大类、167个具体问题，涉及资金7613.27万元，督促被审计单位出台修改内控制度21项，撰写上报审计专报22篇，得到省领导批示2次、县领导批示22次。加强多部门联动，强化巡审结合的模式，提高审计效能和质量。与纪委、公安和有关部门合作，移送案件线索15条，案件查处受党纪政纪处分处理21人、追究刑事责任2人，追缴非法所得及罚款等233.72万元。在经济责任审计中探索"1+N"审计方法，乡镇财政决算与领导干部自然资源离任审计同步开展，浦江县农业农村局领导干部任期经济责任审计项目获2021年度金华市优秀审计项目。全年完成对39个单位，56位领导干部经济事项离任交接工作，协助金华市审计局完成浦江县县长、浦江县人民法院院长离任交接工作。2021年，县经济责任联席办制定出台《浦江县县管领导干部经济责任审计结果反馈实施细则》等相关制度。

【政策跟踪审计】 开展乡村振兴专项审计，审计中发现政策措施落实不到位问题26个，高标准农田项目建设管理管护不到位情况上报后获省政府主要领导批示。开展招商引资情况专项审计调查，审计发现部分招商引资项目未有效存续，个别项目进展缓慢等问题。实施EPC总承包建设项目管理情况专项审计，对EPC项目在项目程序、项目施工管理、项目结算三方面发现的11个问题，提出审计建议3条。开展兰溪市2020年保障性安居工程资金投入及使用绩效情况审计、全省社会保险基金运行风险专项审计调查。

【审计管理】 完善内控制度，强化内部管理，制订出台《项目计划管理办法》《计算机网络与信息安全管理办法》《电子数据采集、存储和使用管理办法》等多项规章制度。完成"诗画小镇"整改专项审计评估工作，金狮湖指挥部、新农居指挥部的清产核资工作，以及"一事一议"项目复查、隐性债务清理等工作。注重党建引领抓审计，开展"啄木鸟"党员先锋工程创建活动，通过"自我修正、查病抓虫、治病开方、防疫强体”等活动提升审计质量。利用集中整训、“审计大讲堂”、周一夜学、业务比拼、信息写作培训等活动，加强法律法规、审计业务、文字写作等方面的学习，提升审计干部综合能力素养。班子成员带头参与审计项目的组织实施，全员参与审计业务会议讨论，加大现场审计和质量把控力度。审计机关干部参与村（社区）疫情防控志愿服务367人次，开展文明劝导220人次，为“4+2”联心服务企业、村解决实际问题180个。

【党风廉政建设】 坚持审计机关“纪严一等”的要求，打造“清廉审计”品牌。加强宣传教育，开展廉政谈话，利用宣传栏、“钉钉”、微信等传播渠道，开辟清廉图书室、廉政走廊，打造清廉文化阵地，宣传廉政文件精神和廉政文化相关内容。结合党史学习教育和党风廉政专题会议，开展政治理论、党风廉政等多方面学习培训；定期学习党中央、中央纪委及上级关于党风廉政建设的要求；组织集中观看廉政警示片、革命教育片、红色电影，研究分析廉政警示案例，加大警示教育力度；审计组进点前开展党风廉政集体谈话，明确一名党风廉政监督员，加强对审计现场的党风廉政建设。

（陈昭宇）

统 计

【概况】 县统计局坚持以习近平新时代中国特色社会主义思想为指导，围绕县委县、政府决策部署和省市统计局重点工作安排，坚持质量为核、服务为重、基础为要，构建实干、高效团队，实施数据质量创优、监测服务提效、基层基础深化、党建引领赋能工程，为浦江县“十四五”经济社会发展提供坚实有力的统计保障。

县统计局班子成员分组带领业务科室人员到企业走访调研，精准对接助力企业做好统计工作，向企业宣讲有关统计法律法规，增强企业负责人的统计法规意识，树立依法统计、诚信统计的理念，全年共走访工业企业260家次。为服务企业，优化营商环境，县统计局采取“柔性执法”的方式，对未建立统计台账或统计台账不健全的企业以及其他轻微违法行为的，先予以警告，对整改不力、多次发生类似问题的按规定给予罚款等行政处罚。全年共执法检查企业41家，立案4家，行政处罚4家。

深化“统计三分工作法”，开发统计资料系列产品，定时发布《统计公报》《统计月报》《统计专报》，完善提升信息量、提高分析的针对性与时效性，适当扩大了发行面，增强统计产品时效性和权威性。全年新增入库建筑业2家，房地产业12家，服务业3家，工业193家，批零住餐业35家，投资业21家。各专业共组织30批800余人次的集中培训，提高了企业统计人员的业务素质，促进企业数据质量的提升。

【统计基础规范化建设量化评比】 2021年，按照《浦江县企业统计基础“四大体系”规范化建设工作方案》的要求，县统计局对全县企业统计基础规范化建设进行量化评比，实施范围为浦江县规模以上工业企业、有资质的建筑业和全部房地产开发经营业企业、限额以上批发零售业和住宿餐饮业企业、规模以上服务业企业。评比范围围绕机构人员和条件保障、职责和任务、原始纪录和统计台账、统计业务建设四个方面进行评比，共评出五星企业26家、四星企业90家、三星企业33家，优秀统计员25名、良好统计员76名，共计发放奖励经费30.2万元。

（潘学仁　郑杨妍）

国有资产监督管理

【概况】　县国有资产监督管理办公室（简称“县国资办”）贯彻落实中央和省、市、县系列决策部署，完善国有资产监管体制，推进国有企业市场化实体化转型，提升经营管理质效。2021年，全新组建县属六大国有企业，推动平台公司市场化转型，在原有县属六大国有集团（浦江县国有资本投资集团有限公司、浦江县国有资产经营集团有限公司、浦江县交通集团有限公司、浦江县建设集团有限公司、浦江县文化旅游集团有限公司、浦江水务集团有限公司）的基础上，重新整合形成“1+4+X”国企架构，分别为：浦江县国有资本投资集团有限公司、浦江县城市建设投资集团有限公司、浦江县交通集团有限公司、浦江县社会发展投资集团有限公司、浦江县国有资产经营集团有限公司。截至12月底，全县国有资产总额304.85亿元，同比增长21.06%，其中净资产128.90亿元，同比增长19.90%；累计实现营业收入13.52亿元，同比增长49.73%；利润扭亏为盈，从亏损8928.53万元到实现盈利2365.21万元。

2021年，县国资办编制出台《全面深化县属国有企业改革工作方案》和《浦江县国资国企改革发展“十四五”规划》，确定“优化布局结构、做大资产规模、聚焦重点产业、推动高质量发展”改革轴心。

【国企发展】　1—12月，县属企业投资15亿元。浦南大道南苑小学段、宏业大道与351国道匝道、宏业大道向北延伸段等建成通车，推进建材综合市场、浦资康复医院项目、渣土消纳项目、花前加油站、郑宅综合功能站项目，谋划推动健康驿站、理合堂区块开发建设项目、养老中心项目、社会发展教育基地（党校）项目、郑家坞老火车站地块开发建设前期工作，引入金塔片区、超级服务区战略投资者。

【融资渠道】　注重多途径、全方位拓展多元融资渠道，强化资金要素保障。1—12月，县属企业融资余额115.18亿元，直接融资领域取得批文金额58.52亿元，发行境外债5000万美金，融资成本下降100BP以上，节约融资成本超6000万元，2021年度国有企业参与化解政府债务累计20.17亿元。

【资源整合】　县国资办坚持内外并举，在内部挖潜上，针对性制定国有企业资产盘活工作方案，推进国企内部存量资产挖潜盘活工作，新增资产46.55亿元；外部梳理资产导入增量，新增资产76.68亿元；承接建设项目变资产，新增资产17.16亿元。通过设立运作国资基金，吸引深圳来电科技有限公司、金华市双龙人才投资合伙企业（有限合伙）、浙江百川导体技术股份有限公司、浦江浦资康复医院

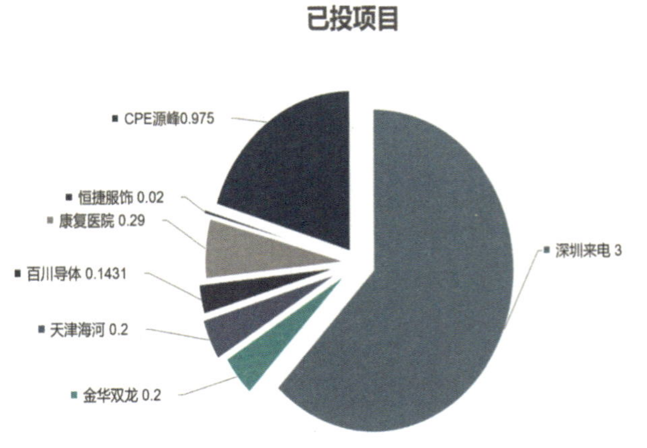

国资基金投资项目结构图（单位：亿元）

有限公司、天津海河融创津京冀智能产业基金合伙企业(有限合伙)、CPE源峰资本等7个项目,累计完成投资4.83亿元。

【"一企一策"深化改革】 县国资办推进以管资本为主的国有资本授权经营体制改革,立足国有资本的战略定位和发展目标。10月22日,出台《关于深化县属竞争类国有企业经营机制改革的意见》《关于浦江县国有企业中长期激励机制的指导意见》,制定"一企一策"改革方案建立健全权责利相统一的授权链条,采取劳动用工市场化、超额利润分享制等举措,激励职工积极性,实现发展新效益。

【国企监管】 结合数字化改革转型,实现国资监管平台与企业内部业务数据互联互通,强化重要数据的收集与研判,推进监测预警。开展国企领域突出问题"八个专项"治理工作,围绕八大治理项目建立工作机制,通过"梳理排查—分类处置—总结完善"的闭环治理,加强县属企业风险防范及内部控制体系的建设。

【"清廉国企"与党建】 结合省市国企领域突出问题专项治理工作,出台《县属国有企业清廉国企建设实施方案》。启动实施"清廉国企"建设,推进全面从严治党,推动清廉思想、清廉制度、清廉规则、清廉纪律、清廉文化融入国有企业生产经营和发展改革全过程。构建引进人才、培育人才、服务人才、成就人才"全链条"工作新模式,培养高素质国有企业管理人员队伍。按照"一企一品牌""一支部一特色"的要求,探索建立党委、党支部、党员队伍等多层次品牌建设体系。如县交通集团以"党建+"谋篇布局,把支部建在项目工地上。

(寿数杰)

国有资本投资

【概况】 浦江县国有资本投资集团有限公司(简称"县国投集团")成立于2015年4月,是经浦江县人民政府批准设立,由浦江县人民政府国有资产监督管理办公室履行出资人职责的国有独资公司。集团注册资金50亿元,直接控股浦江县内国资、建设、交通、水务、文旅五大产业集团。

2020年4月,集团重新组建并开展实体化运营。2020年5月,集团由浦江县龙峰国有资产经营有限公司正式更名为浦江县国有资本投资集团有限公司。集团作为浦江县人民政府直属的国有资本运营平台,也是浦江县唯一的主体信用评级AA平台,主要从事国有资本运营、国有股权管理、股权投资基金、资产管理与处置、政策性融资担保业务等。集团直属子公司有浦江县政策性融资担保有限公司、浦江县股权投资管理有限公司、杭州浦慧科创服务有限公司等,委托管理公司有浦江县产业发展有限公司。

2021年,县国投集团合并资产总额242.3亿元,累计实现营业收入10.9亿元,同比增长19.1%。新增浦江县浦泰供应链管理有限公司、浦江县国引业新股权投资合伙企业(有限合伙)2家子公司。

【境外美元债】 7月6日,获国家发展和改革委员会《企业借用外债备用登记证明》,批准集团可发行总额不超过1.8亿的美元债券,发债募集资金扣除本期债券发行费用后将全部回流到境内,其中1.3亿美元用于项目建设,0.5亿美元用于补充营运资金。11月5日,发行首期美元高级无抵押固息债券,发行规模5000万美元,期限3年,全场认购倍数

3.86倍，票面利率为2%，由杭州银行提供备用信用证，海通国际证券为全球协调人，采用无评级S条例在香港交易所直接发行。创金华地区高级无抵押境外债发行利率历史新低，并创同规模城商行备证项下最低票面利率纪录。

【市场化投资CPE源峰资本】 县国投集团投资私募基金管理人北京磐茂投资管理有限公司（CPE源峰资本）管理的人民币第四期基金，投资总额为1.5亿元，12月16日首笔实缴出资9750万元。该基金投资的上海微创医疗机器人（集团）股份有限公司项目在港股上市，其他如蜜雪冰城股份有限公司、北京极智嘉科技股份有限公司、上海超硅半导体股份有限公司、北京集创北方科技股份有限公司、徐工集团工程机械有限公司等十多个行业龙头或领先企业都已进入IPO报送或注册审核阶段，基金总体已产生20%浮动收益。

根据CPE源峰资本第四期人民币基金2021年度审计报告，该基金2021年实现净利润18.46亿元，基金实缴金额为105.84亿元。按照集团已实缴出资9750万元计算，该笔投资账面浮盈为1700万元。县国投集团与CPE源峰资本就项目推介引进、长期产业协作以及跟投或并行基金搭建等事项进行沟通，在投资回报稳健的基础上推进产业招商工作。

【股权投资和项目招引】 对接专业资本机构20余家，邀请苏州中来光伏新材股份有限公司、超威动力控股有限公司、无锡帝科电子材料股份有限公司等近10家上市公司高管到浦江考察洽谈，投资金华市双龙人才投资合伙企业（有限合伙）、浙江百川导体技术股份有限公司、天津海河融创津京冀智能产业基金合伙企业（有限合伙）、浦江浦资康复医院有限公司4个项目。

【政策性融资担保】 截至2021年底，在保余额同比增长104.26%，提前两个月完成市金融办下发的两亿元年度担保目标任务，在保客户同比增长244.92%，全年累计担保金额26335.2万元，减免担保费用106.28万元，发生担保业务的合作银行数量再增3家。外贸保、人才保、批量农户保等担保新品种接连上线。

2021年，县国投集团到浦江邦客窗饰有限公司讨论担保业务　　（县国投集团提供）

【资产管理】 开拓业务范围。配合乡镇（街道）、开发区，以出资收储、参与法拍等方式参与浦江县工业用地有机更新工作。与省国企合作出资200万元，对浦江恒捷服饰有限公司项目预重整纾困，成为县域内首笔破产预重整纾困案例。

【供应链贸易】 6月，成立浦江县浦泰供应链管理有限公司，探索供应链贸易业务。浦泰供应链管理有限公司与浙江百川导体技术股份有限公司开展业务合作，6—12月，累计收入3262.9万元。该项业务充分利用暂时闲置资金，提高资金使用效率，资金效益有所显现，同时帮助企业解决资金周转难题，助力企业走出困境。

（芮璇艺）

国有资产经营

【概况】 浦江县国有资产经营集团有限公司（以下简称“县国资集团”）经营范围：县政府授权的国有资产、行政事业单位资产及闲置资产的经营、管理；以投资、控股、参股、资产转让和重组等形式从事资本经营业务；负责全县各类市场的开发、建设和经营管理；人力资源的开发、培训；电子商务的开发、管理、培训；安全守卫服务；粮食收储经营；商品拍卖服务；城市管理服务；城市垃圾清运；肉类屠宰加工等。2021年，县国资集团实现营业收入38534.26万元，净利润4341.77万元，总资产418463.45万元，净资产107978.35万元；上缴税收3428.66万元，被评为2021年度全县“纳税前五强”企业。

【专业市场运营】 1月1日，由县国资集团投入1500万元，经过3个月改造提升的浦江县中心农贸市场重新营业，改造完成后，该市场达到综合市场“五化”标准，商铺招标收入首超1000万元，较改造前增长40%。2021年，接手运营仙华农贸城，商位招租营业收入625万元，同比提高44%；对水果批发市场进行提升改造，解决了原市场“脏乱差”问题，新增70余个停车位。

2021年1月1日，浦江县中心农贸市场提升改造后重新开门运营 （黄绿荣 摄）

【产权交易数字化改革】 2021年，县国资集团下属金华市浦发拍卖有限公司通过“部门内跑+电子化交易”和“机关内跑”系统，在金华市率先落地产权交易“公房招租一件事”，实现机关事业单位、国有企业、供销系统公房出租的线上项目审批、备案、发布公告、组织竞价、结果公示的全流程电子化。

【共享电动单车项目】 2021年，共享电动单车项目落地运营。在浦江县域内累计投放1900辆“小浦出行”共享电动自行车，设置投放点位331个，注册人数12.6万人，总骑行数超112万人次。

2021年，“小浦出行”共享电动自行车正式投放市场 （黄绿荣 摄）

【浦江浦资康复医院项目】 8月18日，成立浦江浦资康复医院有限公司，启动浦江浦资康复医院项目建设前期筹备工作。截至12月，相继完成项目地块控规调整、政策处理、围墙砌筑、供电线路迁改、项目赋码、设计单位招标等事项。

【浦江首座国资充电站建成】 9月，国资充电站投入运营，该充电站有充电车位20个，截至2021年底，日均充电量超过2000千瓦时。10月28日，成立浦江县浦资汽车服务有限公司，开展新能源汽车销售、充电、洗车等业务。

2021年9月，首座国资充电站投入运营

（黄绿荣 摄）

【浦江县电子商务公共服务中心】 12月，浦江县电子商务公共服务中心建成，为全县农副产品、工业品提供直播销售服务，开展电商培训、直播经济培育、品牌支持等业务，为乡村振兴和工业强县战略提供助力。

【推进受让资产处置工作】 2021年，第一批行政事业单位转让资产累计完成过户权证95处，处置27处，总成交额2887万元（含公开拍卖、协议转让），盘活闲置资产13处，增加租金收入390余万元。

【电子智能化二级证书】 2021年，县国资集团获浙江省住建厅颁发的“电子智能化二级”和“安全生产许可证”证书，可承担单项合同额2500万元以下的电子工业制造设备安装工程和电子工业环境工程、单项合同额1500万元以下的电子系统工程和建筑智能化工程施工，拓宽了企业经营范围。

（黄绿荣）

财　政

【概况】 2021年，全县一般公共预算收入24.09亿元，同比增长20.3%，增幅排名列全省第11位。其中税收收入19.57亿元，增长22.1%，增幅排名列全省第7位；非税收入4.52亿元，增长12.9%。政府性基金收入63.16亿元，完成调整预算的101.2%，同比增长75.4%，其中土地出让收入61.20亿元，同比增长71.1%。全县一般公共预算支出62.25亿元，增长56.6%。

2021年，浦江县全年非税收入68.43亿元，增长68.9%。其中纳入一般公共预算收入管理的非税收入4.52亿元，增长13%。累计获“两直”政策资金、绿色转化财政专项激励政策资金、2022—2024年省级农村综合改革集成建设项目、2021年“一事一议”助推美丽乡村项目等上级各类财政奖补资金16.86亿元。共争取到3个专项债券项目，合计4.5亿元。

2021年，县财政局被金华市委评为金华市先进基层党组织；被县委、县政府评为2021年度综合考核工作优秀单位；被中共浦江县委巡察工作领导小组办公室评为2020年度县委巡察工作先进单

2021年6月30日，县财政局参加庆祝中国共产党成立100周年“歌声嘹亮 我心向党”歌咏比赛

（黄　婕 摄）

位;被中共浦江县委直属机关工作委员会评为首批县级“模范机关”先进单位;获浦江县庆祝中国共产党成立100周年“歌声嘹亮 我心向党”歌咏比赛二等奖。

【支持实体经济】 2021年,县财政局落实减税降费政策,全县共减免税费6.23亿元。10月,兑现工业、科技、建筑等扶持政策奖励资金4.67亿元,惠及企业750余家、个人190余人。做好“财政+金融”服务。运转通济转贷基金,全年惠及592家中小微企业,转贷金额44.97亿元。实施政府采购意向公开、专家评分公开,在“政采云”平台开设在线询问质疑系统,全年累计审核政府采购计划3774项、进口产品6项,备案监督采购项目235项,交易金额6.03亿元。

【助力乡村振兴】 2021年,县财政局助力“美丽乡村”建设,拨付1.31亿元用于扶持现代农业发展、高标准农田建设、星级村创建、农村住房改造等。拨付2696万元省级试点项目资金用于悠然南山田园综合体项目、虞宅乡创新强省试点项目和葡萄产业数字化发展示范建设项目。投入4519万元用于农村饮用水工程、水利设施维养等,保障农村饮用水安全。推进乡镇公共财政服务平台建设,全年发放涉农惠民补贴资金2亿元,惠及29万余人次,涉及惠民惠农财政补贴项目104个。规范“一事一议”项目分配及监管,确定项目49个,总投资3532万元,财政补助资金2824万元。用足用好“惠农转”资金,全年累计转贷4257次,转贷金额15.51亿元。

【支持保障改善民生】 2021年,全年民生支出49.11亿元,同比增长58.9%,占一般公共预算支出的78.9%。做好“六稳”“六保”工作,全年社会保障支出9.14亿元,同比增长37.7%。9月,将退役士兵自主就业经济补助提高为24500元,落实优抚对象抚恤和生活补助、义务兵家庭优待金、全日制大学生入伍奖励金等上级提标政策。10月1日,城乡居民最低生活保障标准提高至900元/人·月,城乡居民养老保险基础养老金标准230元/人·月。筑牢粮食安全屏障,全年拨付粮食风险资金1237万元,用于储备粮油轮换差价补贴、粮油利费补贴、订单补贴等。坚持优先发展教育事业,全年完成一般公共预算教育支出10.22亿元,首次突破10亿元大关,同比增长7.4%。10月9日,制定《浦江县学生资助资金管理办法》,完善学生资助政策。推进“科教兴县”,全年一般公共预算科技支出1.15亿元,同比增长21.5%,用于奖补企业研发投入、创新平台、科创园补助等。全年文化旅游体育与传媒支出1.26亿元,同比增长46.7%,主要用于百幢历史建筑保护与利用、上山遗址、公共文化服务体系建设等。推进生态文明建设,全年拨付1.18亿元用于市政道路、污水零直排建设、老旧小区改造、美丽社区建设。保障新冠肺炎疫情防控常态化资金,建立应急物资储备机制,全年累计拨付疫情防控专项资金1.47亿元,用于新冠病毒疫苗接种、核酸检测、医疗救治设备及防控物资等,惠及百姓41万人。

【财政数字化转型】 2021年,县财政局推进预算管理一体化系统上线,建立预算项目库、人员信息库、资产数据库、绩效指标库,引领部门优化预算管理流程和机制,构建日常运行保障长效机制。入选全省“浙里报”系统扩面试点县,促进无纸化财务报销全流程管理。1月,上线奖补资金信息管理系统,实现企业申报、部门审核线上操作,提高资金兑现效率。延伸开发财政项目审核管理系统,10月,探索掌上业务办理功能,全年累计受理项目1273个,受理金额31.57亿元。11月30日，上线固定资产资金管理系统，力促全县基建工程和相关采购资金申请规范高效，涉及项目120余个，金额5.36亿元。

【财政改革】 2021年，县财政局探索零基预算管理机制。根据绩效结果优化财政资源配置，鼓励各单位向上向外争取资金资源，核减2022年一般性预算支出5.17亿元。开展新一批闲置资产和经营性资产盘活处置，经评估作价后协议转让给县属国有企业或向社会进行公开出让，资产总值6.50亿元。加强财政资金竞争性存放管理。修订财政资金竞争性存放相关条款，全年组织社保资金竞争性存放4期，总金额16亿元，实现社保资金保值增值。

2021年11月1日，县长戴翀（第一排中间）到县财政局调研零基预算改革推进事宜 （黄 婕 摄）

【强化财政监管力度】 2021年，县财政局按照严控增量原则，推进地方政府隐性债务存量化解，完成2021年度地方政府隐性债务化解任务。加强专项债券资金使用管理，确保债券资金尽早形成实物工作量。强化预算绩效管理，成立工业扶持政策绩效评价组，对2016—2020年工业扶持政策资金兑现及招商引资企业税收奖补情况进行评价，针对发现的问题对后续政策修订提出建议。探索预算监控新方法和新途径，开展绩效运行监控，全年重点监控项目62个，涉及金额9.33亿元。12月6日，修订出台《浦江县政府（国有资本）投资项目委托工程造价咨询企业审核管理办法》等文件，首次在项目预算安排阶段参与资金审核。12月19日，组织乡镇财政管理培训，开展乡镇财政资金专项检查，出台《浦江县人民政府关于进一步加强乡镇（街道）财政管理的实施意见》等文件。全年完成工程项目投资估算、概算、预算及结算审核1073个项目，总审核金额28.42亿元，核减金额2.64亿元。

【队伍建设】 2021年，县财政局紧抓学习教育，巩固发展“青年素质提升大讲堂”等学习平台，采取“请名师授课”和“自己上台讲”相结合的方式，全年组织青年干部集中学习129次，开展理论学习中心组集中学习12次。组织党员干部认领微心愿46份、参观红色教育基地3次、班子成员上党课5次，开展“光荣在党50年”老党员慰问、党史知识竞赛、主题朗诵会、红色趣味运动会等活动。参与新冠肺炎疫情防控、文明创建工作。出台《2021年度工作目标责任制考核办法》《干部队伍建设管理制度》及《加强财政干部职工执行力考核办法》等规章制度，将干部队伍建设与建章立制有机结合。

2021年7月9日，县财政局组织“青年素质提升大讲堂”学员到县档案馆参观“百年风华——庆祝中国共产党成立100周年主题展” （黄 婕 摄）

（黄 婕）

税　务

【概况】 2021年，浦江县税务局组织各项税收收入32.07亿元，比2020年增加5.43亿元，增长率20.4%；办理出口退税（含免抵调库）9.12亿元，比2020年增加1.52亿元，增长率20%；社会保险费（含职业年金）入库18亿元，比2020年增加0.09亿元，增长率0.5%；非税收入入库20.45亿元，比2020年增加19.63亿元，增长率2390%。在浦江县委、县政府综合考核中，位列垂直管理部门第1名，被评为“综合考核工作优秀单位”、浦江县“节约型机关”单位；税源管理一股被授予2021年度浦江县“青年文明号”称号，税源管理第二党支部被评为浦江县“先进基层党组织”。2021年，4篇专报得到浦江县委书记俞佩芬的肯定性批示，5篇专报得到浦江县县长戴翀的肯定性批示。

2021年，浦江县税务局利用公告栏、工作群等载体，开展疫情防控知识宣传，提高干部职工的防护意识。把控进出关口人员管理，对出入人员进行测温检查并做好登记工作。对办税服务厅等重点场所进行日常消毒清洁。成立“学雷锋”志愿服务队，配合社区网格员开展宣传工作，落实联防联控措施。

【减税降费】 2021年，浦江县税务局落实各项税费优惠政策，小微企业普惠性税收优惠政策累计减税11.03亿元；为174家企业办理留抵退税1.57亿元；为258家次生产经营严重困难的企业缓缴税费7.46亿元；浦江县306家企业享受研发费用加计扣除5.34亿元，比2020年增长59.88%。

【办税缴费服务】 2021年，浦江县税务局推广“非接触式”办税，网上办税率98.6%，掌上办税率21.4%。打造“云呼叫平台”，累计接通咨询电话1.04万人次、解答各类疑难问题1168个，接听量提升70%，单户问题处理时长缩短60%。丰富发票申领方式，累计为浦江县6095家次纳税人邮寄纸质发票36.28万份，辅导新办小微企业申领电子专票1242户次。增设农产品专窗，累计为农户办理发票申领和代开增值税发票等业务245笔。打造“智慧税务”云课堂，开展线上直播3场，随点随学点播7551人次。联合浦江县工商联举办政企恳谈会，与14家企业代表和9个相关部门负责人共谈“税感”，收集意见建议9条。深化“银税互动”，助力1324户小微企业获得授信贷款6.03亿元，有效释放纳税信用红利。

县税务局青年业务骨干通过“智慧税务”云课堂开展个人所得税线上直播　　（李航倩　摄）

【征收管理】 2021年，浦江县税务局落实《关于进一步深化税收征管改革的意见》，推进发票电子化改革。普通发票着重对医疗发票类、停车服务类、客运类和文旅类4个重点行业进行推广，逐户核实发票使用情况。增值税专用发票以电子专票信息为突破点，依托“一户式”信息归集，网格化开展服务管理。2021年，浦江县增值税发票电子化率98.23%。与县人民法院联合建立司法网拍不动产税费征收协作机制，与破产企业管理人沟通协调，全程掌握破产案件时间表和路线图，实时跟踪破产企业清算各个环节，关注资产分配进度，确保税款足额入库，推动税收共治协作。

【助力乡村振兴】 浦江县税务局开通“乡村振兴服务直通车”，靠前服务，将各类惠农助农税费优惠政策和纳税服务大礼包以线上直播、入户宣传、“一对一”辅导等方式精准投放。聚集特色农产品产业，针对葡萄、桃形李、黄桃等农产品丰收期，浦江县税务局提前预判，增设“农产品专窗”，为纳税人办理发票申领和开具等专项服务。设立“农产品专窗”以来，办理相关业务245笔。

县税务局选派青年干部走进“巨峰葡萄”家庭农场，为葡农开展税收政策宣传辅导 （李航倩 摄）

【党建工作】 2021年，浦江县税务局以“四珍惜一合一”（珍惜党员身份、珍惜工作岗位、珍惜身边同事、珍惜家庭家人）主题活动为抓手，持续掀起党史学习教育热潮。组织浦江县税务局党委理论学习中心组学习13次，组建青年理论学习小组16个，发放各类党史学习教育教材1500余册。122位党员寻找到入党介绍人，重温入党庄严时刻。颁发政治生日贺卡164张、红色书籍328本，寻找入党初心与使命。发动全局干部职工写家书、提炼家规家训，弘扬新时代好家风。组织青年干部到塘波村、养元坑开展红色主题宣讲，组织中层以上党员干部到北乡农民革命纪念馆接受红色革命教育，组织退休老干部寻访张新锦烈士故居，聆听红色故事，让全体干部职工在思想上接受洗礼。

【纪检工作】 2021年，浦江县税务局制定2021年浦江县税务局纪检工作要点，通过细化5个模块20小项内容，明确目标任务。开展“酒驾、醉驾”专项整治，邀请县交警大队开展《道路交通安全法》和《治安管理处罚法》集中授课活动，组织干部职工签订拒绝酒后开车承诺书227份。联合浦江县纪委监委开展“四风”问题检查3次。聘请行风监督员25位，开展上门走访和电话回访11户次，收集问题7个，推动服务质量和群众口碑双提升。2021年，累计开展正风肃纪检查11次，发现问题19个，谈话提醒17人次，发出纪律检查建议书1份。

（王　洁）

金 融

金融监管

【概况】 1月20日，县金融办开展全县金融机构防疫和安全现场检查。2月7日，召开全县金融工作会议，总结2020年金融工作，分析研判金融形势及存在的问题和困难，研究部署2021年工作任务。3月23日，会同人民银行浦江县支行制定《关于金融支持浦江县科创型企业发展的实施方案》，加大金融支持科技创新力度。4月9日，完成工业强县金融要素支撑课题调研报告撰写工作。4月15日，举办第五期金融沙龙，通报各银行一季度重点工作完成情况，布置安排第二季度重点工作。5月14日，浦江县人民政府与中国银行金华市分行签订全面战略合作框架协议。5月21日，召开全县保险行业座谈会，重点探讨如何增加保费收入。6月23日，成立亚特新材料等公司上市工作专班，进一步加强企业上市工作的组织领导，建立健全工作协调机制。6月25日，省总会计协会到浦江开展“不忘初心 红色助企”专家服务团活动。7月27日，完成2020年度小贷公司监管评级和典当年审、分类评级工作。8月11日，修订出台《浦江县政策性融资担保业务管理暂行办法》。9月13日，召开全县金融风险防范工作会议，部署汽车消费担保业务、投资理财机构专项整治、金融风险防范处置等工作。10月22日，组织开展全县上市后备企业参加对接资本市场专场培训。12月1日，为贯彻落实金华市委、市政府四季度工作部署，开展“奋战60天”新增贷款冲刺活动。

中国人民银行浦江县支行

【概况】 2021年，全县各项存款余额497.07亿元，比年初增加18.61亿元，同比增速3.89%。各项贷款余额442.06亿元，比年初增加53.04亿元，同比增速13.63%。不良贷款率0.71%，比年初下降0.06%。

【融资管理】 中国人民银行浦江县支行（简称“县人行”）开展“金融助企暖春”“贷款码进市场暖商”“外汇暖心助企”“百地千名行长进民企送服务”等专项行动，更新和宣传授权、授信和尽职免责“三张清单”，加大对民营和小微企业、制造业、外贸企业的支持力度。2021年，拓展小微企业首贷户736户，首贷户数占比21.17%，发放贷款19.61亿元。普惠小微企业贷款平均发放利率5.32%，较2020年下降0.58%，为企业节省融资成本1.28亿元。制造业贷款余额126.93亿元，比年初增加21.18亿元，同比增速20.1%，居全市第二位。通过“贷款码”上传融资需求的企业3412家，其中获得融资支持的企业2330家，发放贷款金额37.37亿元，小微企业贷款实现“线上申请、线上办理”。

【共同富裕示范区建设金融保障】 争取支农支小再贷款政策资金13.6亿元，投向小微企业和涉农主体的平均贷款年利率4.81%，引导市场融资成本下行。通过中国人民银行两项政策直达工具，为19453家普惠小微企业贷款开展阶段性延期还本付息，涉及延期本金64.91亿元、延期利息444.45万元。为30342家普惠小微企业提供信用贷款支持，涉及贷款金额37.24亿元。出台《金融支持浦江县科创型企业发展实施方案（试行）》，引导设立科技专营支行，推出“科创贷”，共计发放100笔计4.33亿元。探索建立“碳账户”与金融对接机制，引导银行创新基于“碳账户”数据的专项金融产品，加大对低碳、减碳、脱碳等领域差异化融资支持。开展全球法人识别编码（LEI）推广试点应用，成功赋码企业147家。

【房地产金融管理】 坚持“房住不炒”定位，通过走访、约谈、下发风险提示函等措施，推动房地产贷款同比增速、新增占比收敛至全国平均水平左右，同时引导金融机构优先保障民生领域，加大对住房刚需和部分房地产开发商贷款的支持。截至12月，房地产贷款余额80.56亿元，比年初增加10.83亿元，同比增长15.78%。

【金融服务】 开展云闪付“一分钱坐公交”“一元购”等特色活动，改造升级老旧助农服务点，拓展移动支付应用场景，提高移动支付便利化程度。开展整治拒收人民币专项行动、大额现金管理试点工作，保持对洗钱、假币的高压打击，向公安机关移送洗钱案件线索35条，收到各部门上缴的假币500张（枚），总计3.63万元。开展金融知识宣传，增强金融消费者的风险防范意识，保护金融消费者权益。

【“信用浦江”建设】 在各银行网点合理布放11台征信自助查询机，完善农村金融综合服务站，推进农村信用体系建设。推动“省级信用镇”郑宅镇全镇授信10亿元，将该镇普通农户授信额度由5万元提高至10万元，贷款利率优惠50BP。推出“好家风”“好商风”信用贷款，发放“好家风”信用贷22.58亿元，惠及文明家庭16354户；发放“好商风”信用贷558万元，惠及文明商户40户。

【打击电信网络诈骗】 对外组织成立15支金融反诈宣讲队，进村、入户、进校、入企开展网格式反诈宣传，对内组织开展25场反诈培训会、2场反诈知识竞赛，做到内外全覆盖，推动全民防诈骗。加强督导核查、风险提示巡查暗访，开展重大案件和涉案账户倒查问责，督促银行机构优化涉诈资金预警拦截系统模型，提升技术反制能力。2021年，涉案账户数量比年初下降68.52%。

（方艳艳）

中国工商银行股份有限公司浦江支行

【概况】 2021年，中国工商银行股份有限公司浦江支行（简称“工行浦江支行”）本外币各项存款余额61.47亿元，比年初下降7.25亿元；各项贷款余额38.3亿元，比年初增加3.9亿元。不良贷款余额57万元，较年初减少148万元；不良率0.02%，较年初下降0.04%。

2021年，工商银行浦江支行营业部、广场支行创建为浦江县“2021年度文明示范窗口”。工行浦江支行开展金融知识普及宣传，包括“防范非法集资”“消费者权益保护”“防范电信诈骗”等宣传活动，提升民众金融素养、增强金融安全意识。

【支持项目建设】 坚持稳住经济基本盘，围绕政府投资、工业企业技改、招商引资三大类项目，主动对接制定融资方案，为浦江县重大项目落地提供金融保障。2021年，投放项目2个，金额合计2.27亿元。

【普惠金融】 2021年，优化和提升小微信贷审批权限、信贷流程和办事效率，开展企业大走访金融服务活动，打通资金到达实体经济的“最后一公里”。截至12月，工行浦江支行普惠金融贷款余额12.48亿元，较年初增加2.4亿元，户数616户，较年初增加127户。

【支持制造业发展】 工行浦江支行将服务制造业转型升级作为全行重大战略，结合浦江制造业产业发展特点和规划目标，围绕国家高新技术企业、“专精特新‘小巨人’”企业等先进制造业企业，实施制造业专项行动方案，优化服务机制，加大信贷政策保障，助力地方打好制造业转型升级发展“攻坚战”。截至12月，工行浦江支行制造业贷款余额17.37亿元，较年初增加2.86亿元。

【践行绿色金融】 工行浦江支行贯彻新发展理念，推进全行绿色金融建设，加大对绿色低碳、低耗能领域的信贷投放力度，支持浦江经济绿色低碳循环高质量发展。2021年，工行浦江支行绿色贷款余额4.02亿元，较年初增加0.34亿元。

【支持乡村振兴】 聚焦农业龙头企业、农民专业合作社、家庭农场等新型农业经营主体，创新推出“农户e贷”“农企e贷”“村社e贷”和“农机e贷”产品，解决农业生产经营主体融资难题，助力乡村振兴。全年为浦阳街道同乐村整村授信3012万元。

【创新信贷产品】 推出结算贷、税务贷、国担快贷等信用保证类贷款产品，并通过系统流程的改造优化，实现最快当日放款，满足客户融资需求。2021年，工行浦江支行累计投放信用保证类贷款28笔，金额4325万元。创新还款方式，降低企业融资成本，推出“无还本续贷”业务模式，缓解小微企业资金掉头难等问题，降低企业成本。工行浦江支行为36户企业办理无还本续贷，累计金额2.64亿元，帮助企业节约融资成本超70万元。

【践行社会责任】 践行省级文明单位责任，参与文明城市创建，组织文明劝导工作、社区共建活动，将创建精神与行内服务提升相结合，以此不断改变行风行貌，树立社会良好形象。

（潘丽丽）

中国农业银行股份有限公司浦江县支行

【概况】 2021年，中国农业银行股份有限公司浦江县支行（简称“农行浦江县支行”）各项存款总额75.89亿元，总量居浦江国有四大银行第一位。各项贷款总额83.24亿元，比年初增加9.33亿元，总量、增量均居浦江国有四大银行第一位。不良贷款余额0.42亿元，不良率0.51%。营业收入3.16亿元，同比增加0.53亿元；中间业务收入0.38亿元，同比增加189万元；实现净利润2.03亿元；实现地方纳税1549.7万元。

农行浦江县支行被评为“2021年度综合考核工作优秀单位”“支持工业经济发展优秀金融机构”。在县人行年度综合评价中以第一名的成绩被评为“A等行”；在县人行金融消费者权益保护评估中以第二名的成绩被评为“A等行”；在县人行外汇业务合规与审慎经营考核中以第二名的成绩被评为“A类行”。

【普惠金融】 新发放项目贷款2.9亿元，为国资集团和交通集团新增流动资金贷款2亿元。对强基行动、“专精特新”、纳税前200清单等清单客户进行走访，净增法人有贷户76户、法人贷款5.2亿元。制造业贷款比年初增加4.5亿元，小微企业贷款比年初增加1.87亿元。走访国际业务“三有三无”清单客户，净增国际结算客户34户。新增对公有效客户884户、机构账户29户、企业金融服务平台活跃客户911户。完成家族保险金信托业务4单，位列全市农行第一位。净增个人贵宾客户400户，新增私人银行签约客户9户，服务农户1700余户，建设互联网智慧商圈33个。

【服务“三农”】 成立乡村振兴金融部和金融服务乡村振兴推进小组，组建多支深耕乡村团队。与浦江县乡村振兴局签订战略合作协议，探索服务乡村振兴新模式。全年组织深耕活动60余场，涉及26个村（社区），宣传人数超千人，新增农户贷款2.14亿元。推动掌上银行应用软件提质扩面，发挥线上平台优势，满足农村居民的金融需求，加大对农村普惠金融服务力度。

【风险管理】 农行浦江县支行坚持合规优先、风控为要，以“发现问题、研究问题、解决问题”为主线，以“全员化、流程化、制度化”为重点，提升合规创造价值能力。加大不良清收力度，全年清收不良资产0.61亿元，实施法人风险客户风险化解1.73亿元。深化风险管理基础建设，强化四梁八柱的支撑和保障，提升风险管理能力，把握风险防控主动权。落实反洗钱、反恐与制裁合规等相关监管要求，筑牢反洗钱反电诈屏障。通过强化管理、创新模式、科技赋能、落实责任人，提升风控案防能力，强化基础管理。

【企业文化】 农行浦江县支行推进人文关怀，组织一年一次的健康体检、医疗保障、员工礼颁奖等活动，举办庆祝中国共产党成立100周年全体职工趣味运动会，将党史学习教育与体育竞赛活动有机融合。以提升“双基管理”和“智能化安保”为核心，强化检查监督，实现平安经营，获“金华市第七轮银行业金融机构安全评估工作成效突出集体”。开展各项金融宣传工作，组织策划普惠金融、网络金融、反假防诈、防范非法集资等方面的主题宣传，提升民众金融素养、增强金融安全意识。

（郭健成）

中国银行股份有限公司浦江县支行

【概况】 2021年，中国银行股份有限公司浦江县支行（简称“中行浦江县支行”）净营业收入10714万元，其中净利息收入8422万元，非利息净收入2292万元，拨备前利润8206万元，不良余额2940万元。全行本外币存款余额27.92亿元，较年初上升2.58亿元，本外币各项贷款余额27.38亿元，较年初上升7.77亿元。中行浦江县支行被浦江县政府评为“综合考核工作优秀单位”“浦江县纳税百强企业”，被县人行外汇管理局评为“外汇业务合规与审慎经营评估”A级单位；营业部获评县金融系统“星级服务网点”；员工周虹冰、戴甜甜被评为“2021县金融系统服务之星”。

【支持实体经济】 中行浦江县支行围绕“12347”三年计划，落实与浦江县政府签署的银政合作协议，利用自身优势，加大对浦江实体经济的金融支持力度，在助推经济转型升级、维护地方金融稳定、推动金融创新发展等方面发挥应有作用，为增强“水晶之都、诗画浦江”区域影响力贡献力量。截至12月，全行本外币各项贷款余额27.38亿元，较年初上升7.77亿元，日均余额22.73亿元，较年初上升1.68亿元。

【创新产品】 中行浦江县支行利用大数据、移动互联网、智能终端等技术，推出精准扶持小微企业的“中银企e贷”普惠金融产品，包括“信用贷”“银税贷”“外贸贷”“抵押贷”等多个产品子类。2021年投放中行全省第一笔“碳惠贷”，全市第一笔“税务贷”，全市第一笔线上贷“中银企E贷——外贸贷”，全县第一笔“民宿贷”。截至12月，中行浦江县支行普惠型小微企业贷款余额突破10亿元，较年初新增2.6亿元，其中线上业务较年初新增1.69亿元，支持浦江县小微企业成长。

【社会责任】 中行浦江县支行加大打击治理电信网络诈骗工作力度。对全体员工开展防赌反诈和账户管理业务培训2场，开展群众防范电信网络诈骗宣传活动12场，进学校、进企业、进单位以及周边商铺，开展形式多样、贴近公众的宣传活动，为社会长治久安贡献力量。

【外汇业务】 中行浦江县支行发挥外汇银行专业优势，通过专题讲座、客户沙龙、送金融知识上门等形式，为浦江地区企业提供汇率形势分析及避险意识宣讲；帮助企业制定合理的汇率避险策略，搭建避险交易渠道，为县内企业“走出去”保驾护航。在利率避险金融市场方面，截至12月，交易量为9667万美元，同比增长32%，其中远期结售汇4147万美元，同比增长23%；外汇掉期1892万美元，同比增长89%；利率避险类对公期权交易量为1368万美元，同比增长163%，为企业汇率避险服务提供坚实的保障。

（吴　菲）

中国建设银行股份有限公司浦江支行

【概况】 2021年，中国建设银行股份有限公司浦江支行（简称“建行浦江支行”）年末一般性存款时点余额39.52亿元，比年初下降1.1亿元，日均余额36.45亿元，比年初新增0.32亿元；各项贷款余额39.03亿元，比年初新增6.24亿元；不良贷款余额919万元，比年初下降11624万元，不良贷款率0.24%，比年初下降0.04%；实现中间业务收入1970万元，同比减少237万元；实现经营收入15355.12万元，拨备前利润11565.98万元。

【重点项目授信与投放】 支持县内重点招商引资项目，落地“国家高新技术企业”—浦江三思光电技术有限公司银团授信5.3亿元，全部为固定资产贷款，用于其智能照明和智慧交通产业化项目建设，并于年底投放首笔绿色信贷1800万元。

【普惠金融】 开展“扩面增量”普惠金融客户拓展活动，开展小微企业大走访，细化专项考核方案。截至12月，投放普惠金融贷款13.1亿元，比年初增加3.33亿元。县人行普惠口径小微企业贷款93832万元，增量29130万元，增速45.0%，增速居四大行首位。

【“共富贷”】 以“普惠+乡村振兴”扩大对涉农产业和客户的信贷支持。6月，根据《中共中央 国务院关于支持浙江高质量发展建设共同富裕示范区的意见》，建行浦江支行推出“共富贷”专项产品。截至12月，发放贷款1.8亿元，投放位列系统内县市支行第二位。

【“裕农通”杯花田跑助力乡村振兴】 2月19日，与前吴乡人民政府签订《数字乡村示范乡战略合作协议》。3月14日，与前吴乡人民政府共同举办第八届民生村花田跑，并冠名建行“裕农通”杯，实施乡村振兴，提升双方党建共建实效。在惠民生方面，通过龙支付满减累计为民生村销售菜籽油2000瓶、毛家村状元面220盒，通过上线“裕农通好贷”为马桥村销售豆腐皮2350份。提升建行“裕农通”知名度与美誉度，以科技赋能乡村振兴。截至12月，在全县设立裕农通服务点243个，设立党群服务中心裕农通服务点101个，实现全县64个文明村全覆盖。

【社会责任】 立足“为群众办实事”，与县人民法院建成全县金融系统首家“金融共享法庭”，助力金融消费者畅享智慧法庭的便利；与县公证处签约《金融赋强公证合作协议》，创新金融赋能公证业务合作模式，助力企业减负增效，维护金融安全和社会诚信。参加文明城市共建与文明劝导工作以及“结队帮联 共创文明”活动，将创建精神与改变行风行貌、优化网点营业环境、提升员工服务品质相结合，被评为“骏马奖”共建单位，下辖网点营业部塔山支行、仙华支行创建为“文明示范窗口”。慰问孤寡老人、看望智障儿童、关爱精神障碍人士、参与“孝满江南 义和天下”重阳敬老等志愿活动，以暖心善举提升企业社会责任。

（吴丽晓）

中国农业发展银行浦江县支行

【概况】 2021年，中国农业发展银行浦江县支行（简称“农发行浦江县支行”）各项贷款余额11.32亿元，较年初减少3.85亿元，降幅25.38%；日均贷款余额12.15亿元，较年初减少2.45亿元，降幅16.78%。各项存款余额为2.31亿元，比年初减少1.33亿元，降幅36.53%，存款日均余额3.39亿元，同比下降0.15亿元，降幅4.23%。账面利润1958万元。

【粮油业务】 执行国家粮食宏观调控政策，保障中央和地方各类政策性粮油资金供应及地方粮食安全；落实政策制定职责，加强粮食收购资金管理，促进全县粮食安全体系建设；加强销售环节的监督，做好粮食销售货款回笼的监管工作。2021年，向浦江县粮食收储有限公司发放贷款2548万元，收回贷款2174万元。执行查库制度，盯住粮食库存数量增减变化情况。

【主体业务】 2021年，农发行浦江县支行累计投放各类贷款18078万元。其中农村流通体系建设固定资产贷款获批1.7亿元并实现投放1亿元，农业小企业流动资金贷款2130万元，地方储备粮油流动资金贷款2548万元，水利建设流动资金贷款3400万元。服务生猪全产业链，投放950万元流动资金贷款支持浙江艾杰斯生物科技有限公司，贷款用途为生产猪饲料添加剂。支持实体经济发展，小微企业信贷实现量质双增。提升粮棉油市场份额与支持小微企业结合，将粮食专业合作社、粮食加工、粮食批发零售、饲料加工行业等作为重点营销目标。与浦江壶源江粮食发展有限公司建立合作关系，投放金额400万元，较2020年新增贷款100万元。与浦江供销电子商务有限公司建立合作关系，投放供销社系统小微贷款700万元。与浙江浦江农村商业银行股份有限公司建立合作关系，获批3.5亿元支农转贷款(流贷)，支持脱贫攻坚。截至12月，产业扶贫贷款净增950万元，引进帮扶资金1万元；购买贫困地区农产品1.94万元，定点投入帮扶资金1.94万元；支持万企兴万村企业3家，引进帮扶资金1.5万元。

(潘妏娇)

金华银行股份有限公司浦江县支行

【概况】 金华银行股份有限公司浦江县支行(简称“金华银行浦江县支行”)全年各项存款余额13.76亿元，比年初增加3.9亿元；各项贷款余额17.1亿元，比年初增加2.14亿元；不良贷款余额449元，不良率0.26%。2021年，金华银行浦江县支行被评为2021年度浙江省县级“民企最满意银行”“浦江县银行业金融机构综合评价A等行”；营业部创建为县“文明示范窗口”，被评为县金融系统“星级服务网点”。

【普惠金融】 创新普惠金融产品和服务模式，解决企业融资难题，成为小微企业金融服务的一支主力军。与县挂锁、绗缝等行业对接，帮助小微企业解决融资需求。与多个小微创业园开展合作共授信3.1亿元，为园区内企业提供厂房按揭贷款，解决企业建设过程中担保措施落实难、集中还款压力重等问题，投放1亿元。

【社会责任】 2021年，配合县人行等相关部门开展各项金融宣传工作，组织“3·15”消费者权益教育保护宣传、“普及金融知识 守住‘钱袋子’”、“防范电信网络诈骗”、“防范非法集资”、“金融标准 为民利企”等各类宣传活动20余次，宣传金融知识，提升民众金融素养、增强金融安全意识。

【企业文化】 鼓励职工参加各类竞赛活动，展现单位和个人风采，在县财贸工会主办的“我心向党献礼百年”诵读比赛中，员工余涵婧获个人二等奖；在金华市第四届“职工网络文化节暨献礼百年”经典诵读活动中,员工余涵婧获个人优胜奖。开展清廉金融文化建设,在中共金华市纪律检查委员会金华市监察委员会组织的"清廉金华·映像2021"微视频创作大赛中,清廉微视频《清·甜》获铜奖。

(刘菲菲)

浙江浦江农村商业银行股份有限公司

【概况】 2021年,浙江浦江农村商业银行股份有限公司(简称"浦江农商银行")共设1个营业部、13家支行、18家分理处,在全县各乡镇(街道)建立"丰收驿站"227家,布设助农服务点197个。截至12月,浦江农商银行各项存款余额146.08亿元,占全县金融系统市场份额29.39%;各项贷款余额119.92亿元,占全县金融系统市场份额27.09%;全年存贷款总量增长46亿元。实现营业收入85731万元,缴纳各类税收6624万元,获浦江县2021年"纳税十强企业"称号。

【支持小微企业】 加强小微企业信贷投放,创新推出科创贷、暖企贷、好商风专项贷等小微企业及个体工商户专项信贷产品;深化"园区小微普惠",增设万洋分理处,实现全县12个小微园区授信全覆盖,支持入园企业354家、贷款11.7亿元。截至12月,共发放小微企业(含个体工商户和小微企业主)贷款100.13亿元。新增小微企业贷款14.8亿元,占所有新增贷款的67%,新增小微企业首贷户341户。

【服务乡村振兴】 实施农户小额普惠工程,推行"无感授信、有感反馈"整村授信机制,对全县非负面清单农户授信率100%,授信户数80624户,授信金额超112.4亿元,已用信35628户、56亿元,用信覆盖率44.2%。浦江农商银行被浙江省农信联社被授予浙江省农户小额普惠贷款推广工作"组织工作奖";在第十一届中国农村金融品牌价值榜活动中,被评为"全国农村金融优秀服务乡村振兴机构"。

【深化党建联盟】 2021年,开展银村党建联盟活动244场,推进金融强村行动,推出"强村贷""惠民贷"等产品,创新"四方合作"模式,解决村集体大额信用贷款需求;在县农业农村局支持下,对227个行政村无感授信全覆盖,村集体授信总额超5亿元。截至12月,累计向全县132个村级经济类主体发放贷款9.4亿元,发放消薄贷款76户计1.8亿元。

【助力"三资"智慧监管】 联合县农业农村局推进"三资"智慧监管系统,在全县15个乡镇街道的227个村、18个经济合作社全部上线,实现农村集体经济数字管理系统村社启动覆盖率100%,财务模块村社应用率100%。

【防范电信网络诈骗】 联合县公安局共同推进社区、商圈、校园等重点领域反诈宣传,共建警银反诈联盟,劝阻电信诈骗案件4起,止损金额超3.5万元。开展账户风险排查,2021年排查个人账户超83万户,处置可疑账户135户。浦江农商银行被评为"浦江县2021年电信网络防范宣传工作优秀单位"。

【金融赋强公证业务】 4月14日,浦江农商银行与县公证处签订赋强公证业务合作协议,协同构建以"公证在线预约""公证上门服务""公证一次办结"为三大特点的创新服务模式,为金融纠纷的低成本、高效率解决提供"绿色通道"。4月23日,办理全市首笔赋强公证业务，全年办理赋强公证业务31笔，涉及贷款金额939.9万元。

（贾晓琳）

中国邮政储蓄银行股份有限公司浦江县支行

【概况】 2021年，中国邮政储蓄银行浦江县支行（简称“邮储银行浦江县支行”）个人储蓄存款时点余额59.47亿元，对公存款时点余额2.30亿元，各项贷款余额30.72亿元（较年初增加3.20亿元）。不良余额1251.32万元，剔除信用卡不良贷款余额1164.38万元，不良率0.38%。

【普惠金融】 零售方面普惠贷款金额12.12亿元，净增1.68亿元；小企业方面普惠小微结余3.15亿元，净增2815万元；开展绿色贷款投放工作，全年绿色贷款余额2.94亿元，新增9916.67万元。

【乡村振兴】 累计评选信用村186个，信用户4690户；惠农贷款2190万元，较2020年增加2560万元；与杭坪镇政府、县邮政分公司签订“惠农项目”战略合作协议，依托“普遍服务+寄递+电商+金融”的大协同体系，为杭坪镇特色农产品牵线搭桥，实现农特产品原产地金融、销售、寄递一体化发展，解决农特产品“融资难、销售难、物流难”等痛点；助力农民合作社、家庭农场、专业大户增产增收，全年为杭坪镇农业经营主体和农户发放贷款2244万元。

【社会责任】 2021年，邮储银行浦江县支行组织员工每周参加文明交通引导、社区共建等志愿活动，助力浦江县文明城市创建；走进浦阳街道宣和社区开展“献礼建党百年，邮爱走进残疾人之家”公益活动，为“残疾人之家”中的特殊群体送上温暖；开展“爱心助学助成长，公益筑梦筑未来”邮爱公益日健步行活动，用实际行动募集善款，传播人人公益的价值理念，帮助渴望学习的贫困学子；组织“消费者权益保护教育宣传周”、“3·15”金融消费者权益日等宣传活动50余次，发放宣传折页1.39万余张；开展“整治拒收人民币现金”和“打击防范电信网络诈骗”宣传活动，维护良好的金融秩序。

【企业文化】 开展《不忘初心》红歌唱响微视频拍摄，通过歌咏百年激励和引导全行员工厚植爱党、爱国情怀；参加县总工会与县人行举办的“我心向党 金融护航”反诈反洗钱知识竞赛，获团体一等奖，职工赵倩月获“个人二等奖”、潘晓天被评为“最佳辩手”。组织全行员工签订《浙江银行业清廉金融文化共建公约》知晓承诺书和《清廉金融建设专项自查自纠承诺书》，全年发放廉洁监督卡631张，推动清廉金融文化建设。

（黄一航）

浙商银行股份有限公司金华浦江支行

【概况】 2021年，浙商银行股份有限公司金华浦江支行（简称“浙商银行浦江支行”）各项存款余额为14.9亿元；各项贷款余额21.9亿元；个人金融资产余额40.1亿元。实现营业增加值5958万元，人均营增196万元。不良贷款3434万元，不良率占比1.57%。

【普惠金融】 为解决小微企业融资难、担保难的问题，创新担保方式，推出“余值贷”“首贷户”“政采贷”等特色产品，实现小微企业易贷、多贷。截至12月，浙商银行浦江支行小贷余额15.6亿元，“首贷户”累计投放户58户；“余值贷”新拓展户71户，增量4033万元；“政采贷”增量1850万元。

【银政关系】 2021年，完成浦江县国有资本投资集团有限公司3.99亿元和浦江县建设集团有限公司0.5亿元贷款投放。8月，与浦江县城建公共类公司深度合作，办理浦江县国有资本投资集团有限公司应收款保兑业务70万余元，由成员单位浦江县浦泰供应链管理有限公司签发，浦江县国有资本投资集团有限公司保兑。

【开展零售业务】 2021年，浙商银行浦江支行开展外拓营销方式，将营销圈以城区为中心向外辐射，从进社区到入乡镇，进行乡镇金融理财业务宣传20余次，提升品牌知名度。截至12月，零售客户数2.92万户，年新增1900余户，优质客户7007户。

【履行社会责任】 2021年，浙商银行浦江支行配合有关部门开展各项金融宣传工作。组织开展各类宣传活动20余次，宣传金融知识、提升民众金融素养。增加金融安全意识，劝阻2起电信网络诈骗事件，为客户挽回25万元经济损失。开展“致敬城市守护者”公益赠饮活动，为炎炎烈日下坚守在岗位上的工作者送清凉、献爱心，在网点设置“清凉补给站”，送出特标水超4000瓶；参与公益事业，开展“慈善一日捐”活动，向浦江县慈善总会筹集善款3950元；参与社区共建、抗击新冠肺炎疫情等志愿活动60余次。

（方素凤）

浙江稠州商业银行股份有限公司浦江支行

【概况】 2021年，浙江稠州商业银行股份有限公司浦江支行（简称“稠州银行浦江支行”）存款余额116618万元，比年初新增1175万元；贷款余额87463万元，比年初新增13987万元。稠州银行浦江支行在县金融系统职工业务技能比赛中获团队第二名。

【助力乡村振兴】 2021年，稠州银行浦江支行推进普惠金融服务站试点建设，践行普惠金融发展要求，探索发展农村普惠金融服务站，建立农村普惠金融服务供给新模式。服务站以党建为引领，弘扬光荣传统，通过普惠助力新农村建设，主要服务项目为小额现金存取款、转账汇款、水电费缴纳、金融知识普及、移动支付普及、信用贷款等，致力于打通农村金融服务“最后一公里”，服务“三农”发展，服务农村居民。截至12月，建设普惠金融服务站65家。与杭坪镇政府对接，针对经济薄弱的杭坪镇登丰村，了解进展情况及提供帮扶脱困计划，慰问帮扶村居家养老，致力乡村振兴。

【创新信贷产品】 2021年，稠州银行浦江支行推出“乡村振兴贷”：纯信用，额度最高20万元；授信期限最长3年，随借随还；手机扫码即可申请，手机提款，秒批秒贷（一般10分钟内出款）。随借随还，借一天付一天利息，方便快捷，可补急用之需。截至12月，发放贷款1316笔计18531万元。推出“云贸贷”：以出口型企业的退税数据、企业经营数据为主要依据，担保方式灵活，币种可为美元、欧元，融资成本低，审批效率高。截至12月，发放贷款16笔、合计金额2188万元。

【履行社会责任】　2021年，稠州银行浦江支行组织全行员工开展“慈善一日捐”活动，共筹善款3120元；到郑家坞高速口、郑家坞诸暨交界点、郑家坞大桥桥头等新冠肺炎疫情卡点慰问，为一线防控工作人员送去食物、饮用水、纸巾等慰问品；配合有关部门开展各项金融宣传工作，举行金融知识万里行等宣传活动20余次；组织开展干部员工警示教育活动，做好自身案件防控工作。

（陈伟娟）

浙江浦江嘉银村镇银行股份有限公司

【概况】　2021年，浙江浦江嘉银村镇银行股份有限公司（简称“浦江嘉银村镇银行”）增加浦江嘉银村镇银行仙华支行，共有5家营业网点。浦江嘉银村镇银行各项资产总额12.93亿元，各项负债总额11.49亿元，各项存款余额10.09亿元，各项贷款余额9.86亿元，不良贷款余额0.14亿元，不良率1.47%，全年实现净利润0.05亿元。浦江嘉银村镇银行被评为“中国地方金融十佳成长性银行”，浦江嘉银村镇银行岩头支行被授予2021年度浦江县“青年文明号”称号；每周参与浦南街道石埠头村社区共建活动，多次获共建单位第1名，为浦江的环境卫生事业贡献一份力量。

【乡村振兴】　浦江嘉银村镇银行探索“党建+金融”的乡村振兴新进程，在岩头陈村、飞轮村建立浦江嘉银金融服务基地，引导基层以党建为抓手开展村居（社区）网格化营销，提供更优质的金融服务。截至12月，走村入户拜访客户322户，新增存款730万元，新增贷款48户计金额1055万元，将普惠金融服务落到实处。

【完善结算渠道】　浦江嘉银村镇银行经过5年的精心筹备，破解银行卡快捷支付的难题。3月，“仙华卡”上线微信支付和提现、支付宝支付及超级网银等，不断完善支付结算功能。

【产品创新】　浦江嘉银村镇银行创新上线线上智能快贷系统，30万元以下信用贷款实现线上申贷、审批和放款，客户足不出户完成贷款的申请和放款，缩短客户的申贷办贷时间，拓宽小额信贷客户的申贷渠道，提升高效快捷的金融服务能力。

（黄　珂）

交通银行股份有限公司金华浦江支行

【概况】　2021年，交通银行股份有限公司金华浦江支行（简称“交通银行浦江支行”），人民币日均存款6.28亿元，比2020年新增0.96亿元，其中对公人民币存款日均余额为2.87亿元，比2020年增加1.15亿元。人民币贷款时点余额15.88亿元，比2020年新增2.45亿元，其中个人贷款余额6.92亿元，比2020年新增1.15亿元。参加县第十五届金融系统职工业务技能比赛，获反诈反洗钱知识竞赛团体第二名，技能比赛团体第五名，反洗钱知识个人三等奖等奖项。

【服务地方经济】 2021年,发放按揭金额1.5亿元。审批通过个人经营性贷款金额1.61亿元;新增展业通金额4300万元;新增授信3000万元;存量授信额度新增1600万元;新增普惠E贷金额692.7万元;新增福费廷2亿元;新增贴现1860万元。审批通过国资项目,金额1.5亿元。

【加强风险管控】 交通银行浦江支行收回存量不良贷款本金22.72万元。收回高风险客户贷款金额合计3140万元,涉及企业6家。截至12月,不良贷款余额2618万元,不良率为1.65%,较年初减少0.81%。无关注类贷款。

【履行社会责任】 交通银行浦江支行共阻截电信诈骗2起,涉及金额24万元。自5月起实现涉案账户零增长。组织开展"病毒无情、交行有爱"暨"为快递小哥送清凉供保障"爱心物资捐赠活动;组织全体员工开展"慈善一日捐"活动,共筹善款2400元。结合"3·15"金融消费者权益日活动、共建村镇联合宣传活动、金融知识普及守住钱袋子活动,与各部门联合开展防范电信网络诈骗宣传活动。针对企业员工(含财务人员)、市场商户、老年人、理财客户、农民工、村民等人群,开展33次现场宣传,受益人群2800余人。

(洪天宇)

平安银行股份有限公司金华浦江支行

【概况】 2021年,平安银行股份有限公司金华浦江支行(简称"平安银行浦江支行")各项存款余额40281万元;各项贷款余额24851万元,其中小企业贷款余额9975万元;不良贷款余额72万元(个人不良贷款72万元,企业不良贷款0万元),不良贷款率0.29%,全年累计处置不良贷款1317万元(个人305万元,公司1012万元)。

【风险管理】 实施风险监测,采取"早识别、早预警、早化解"策略,应对新常态下风险压力。2021年,通过抵押物拍卖、贷款核销等问题资产处置涉及企业3家,金额计1317万元。

【改革创新】 2021年,按照平安银行股份有限公司零售银行发展战略,推出以房贷、保险单为依据的"新一贷"信用贷款和"平安白领贷"等业务。推出"不排队银行"项目,强化自助服务区功能,实现现金柜台的"瘦身",让更多的柜员走出来为客户提供"一对一""面对面""一站式"的服务。FB自助设备3台,可支持30余种银行业务的自助办理,客户即来即办无须排队等待,遇到问题随时咨询陪同在身边的服务人员,为理财经理和客户构建小型的"洽谈区",理财经理使用平板电脑为客户在"洽谈区"提供服务。

【社会责任】 开展"3·15"金融消费者权益日宣传,普及金融网络安全、防范通信网络诈骗、支付结算等金融知识宣传活动20余次,开展"平安守护者,夏日送清凉"和"平安守护者,冬日送温暖"公益活动,为坚守岗位的公安、消防、交警、环卫工等送温暖、献爱心。同时为更贴合业务发展模式,规范和加强全行职场管理,平安银行浦江支行更新职场管理办法,为全行员工创造统一、舒适、整洁、规范、安全的办公环境,让客户办理业务更舒心。

(于　航)

广发银行股份有限公司金华浦江支行

【概况】 2021年，广发银行股份有限公司金华浦江支行（简称“广发银行浦江支行”）各项存款余额50921万元，较年初增加39765万元，增幅356%；人民币各项贷款余额129791万元，较年初增加71515万元，增幅123%；不良贷款余额0万元，不良率为0。广发银行浦江支行获评2021年度浦江县综合考核工作优秀单位；被评为2021年度金融系统“星级服务网点”和“最佳服务之星”；7月，员工寿盼盼在参加“我心向党 金融护航”反诈反洗钱知识竞赛活动中获三等奖。

【助力复工复产】 针对无抵押物的小微企业，广发银行浦江支行推出全信用产品“税银通2.0”“银电通”等线上审批产品，实现全线上办理，无需提供任何纸质材料，当天可实现审批加放款，最高额度为300万元。产品支持随借随还，利率优惠，截至12月，贷款余额794万元，助力多家企业复工复产。

【推进绿色金融】 广发银行浦江支行推进绿色金融业务的发展，建立审批“绿色通道”，对于涉及绿色金融领域的授信业务做到“应批尽批”。在拓展客户过程中，发掘优质绿色金融客群，截至12月，广发银行浦江支行累计发放绿色金融贷款2亿元，贷款余额1.95亿元。

【发展创新业务】 推进金融创新，在当前信贷资金较紧的情况下，加大金融创新的力度，研究和扩大企业信用总量供给。强化服务质量督导，加强对营业网点员工知识技能和现场考核测评，提升员工的业务素质和工作质量，增强现场服务能力，提高客户满意度。

【社会责任】 2021年，广发银行浦江支行配合有关部门共开展各项金融宣传工作20余次。3月，到浦江县园区小学开展“3·15”消费者权益保护教育宣传周活动，向群众宣传金融消费者八项法定权利，讲解反假币、反洗钱、消费者权利保护条例、征信、存款保险等金融知识；9月，到中国人寿保险股份有限公司开展反假货币宣传活动，引导企业员工扫码参加反假知识答题，并为客户讲解人民币的防伪点，如何辨别真假人民币；12月，在支行网点开展反诈防骗宣传年终座谈会针对“兼职刷单”“套路贷”“购物退款”“杀猪盘”等诈骗套路，向客户剖析诈骗行为和诈骗手法。

（柳 云）

浙江泰隆商业银行股份有限公司金华浦江支行

【概况】 2021，浙江泰隆商业银行股份有限公司金华浦江支行（简称“泰隆银行浦江支行”）在浦江区域设有2个网点。资产总额为42299万元，较年初增加5430万元，增幅14.73%；贷款客户共946户，户均贷款约45万元；各项存款余额50766万元，较年初增加7709万元，增幅17.9%。

【创新小微服务产品】 以客户为中心，提倡“私人定制”，根据客户生产经营、消费需求、资金使用周期等特点，创新组合贷款金额、期限、利率、担保等，为小微企业提供定制化综合服务。增加以知识产权质押为主要担保方式的“智融通”，贷款期限最长为48年的“长享贷”，为客户锁定利润的结汇产品“随心结”，具有浦江县地方产业特色的“环保贷”，以“线上+线下”为服务模式的小额信贷产品“泰E贷”等。2021年，共发放环保贷款56笔，合同金额3036万元，新增承兑企业1家，新增贸易融资、美金结售汇等企业25家。

【支持小微企业】 针对浦江企业额小、户多、面广的特点，把目标客户群体锁定在“信贷需求强烈但尚未得到很好满足”的小微客户上，推动机构和定位“双下沉”，通过社区化经营能够解决信息不对称、降低服务成本、做大客户量，截至12月，贷款客户共946户，100万元及以下贷款客户占比89.64%，户均贷款约45万元。常态化开展企业走访、座谈了解企业需求，为小微企业提供切实可行的金融方案。2021年，走访约2000家企业及个体户，发放首笔贷款824笔，合同金额13051.5万元，其中“线上+线下”服务模式的小额信贷产品“泰E贷”691笔，合同金额3861.9万元。

【政银企对接】 与共青团浦江县委、县农业农村局对接，以直播带货形式对黄宅镇横山村浦江“巨峰葡萄”采摘基地进行宣传推广，近一小时的直播吸引1790余人次参与直播活动，点赞数超8700余次，同时为郑宅镇葡萄农户开展4场线上直播，共为浦江农户销售约1800箱“巨峰葡萄”与“阳光玫瑰”，销售额约14.2万元。联合浦江县团委开展“青春助力乡村振兴·小金圈公益集市”活动，加入了25家商户，吸引290余人参加，销售额约14.1万元，其中销售中余乡大姑源村生姜283千克，销售额3024元，助力乡村振兴。

（盛少博）

台州银行股份有限公司
金华浦江小微企业专营支行

【概况】 2021年，台州银行股份有限公司金华浦江小微企业专营支行（简称“台州银行浦江支行”）存款余额10110万元，较年初下降1267万元，降幅11.1%；贷款余额27094万元，信用贷款9504万元，占比35.08%；惠型小微企业贷款余额7710万元，较年初增长2395万元；存量贷款户409户，贷款户均66.24万元，符合小微企业伙伴银行的市场定位。台州银行浦江支行坚持自身的市场定位，发挥经营优势与产品特色，契合浦江县小微民营经济发展环境，推进产品创新，加大对县内实体经济的支持力度，致力于为小微企业创造平等的金融服务机会，让更多的小微企业享有公平的融资权。

【自助银行】 小微企业客户普遍存在“融资难、融资贵”的问题，而新冠肺炎疫情使得小微企业抗风险能力面临巨大的挑战，台州银行浦江支行为帮助小微企业客户渡过难关，发放300万元（含）以下信用贷款，推荐“商赢易贷”“信用易贷”“兴农卡”等循环使用、随借随还的自助类贷款产品，客户可根据实际情况进行取用。

【减费让利】 台州银行浦江支行践行“服务不收费，服务更到位”的服务承诺，免费范围几乎涵盖所有结算类项目，以及其他一些常用业务，如跨行转账汇款手续费、委托（托收）手续费、ATM跨行取款手续费、网上银行和手机银行跨行汇款手续费等，为民众打造“免费银行”，让利最广大的中小客户，推出的免费服务涵盖所有人民币基本结算类业务；

对符合条件的存量贷款户进行减免利息和罚息，针对客户融资需求，发放贷利息抵用券，减少客户的结息费用，降低企业融资成本。

【科技创新】 运用金融科技缩短对客户响应时间和服务时间，创新建设“一站、一支行、一平台、一中心”模式。“一站”即客户服务移动工作站，一线客户经理借此实时接入银行系统，后台远程协作完成现场开户、生活服务、理财、信贷全流程操作，银行内90%以上的业务可通过平板电脑实现全流程操作；“一支行”即线上支行，以“微信支行”与“网上支行”为载体，贷款申请就像手机下单点餐一样方便；“一平台”即大数据平台，通过分析建模量化风险，做到服务、风控两手抓；“一中心”即后台作业支持中心，具备后台营销、风控、作业“三大服务”支持能力，提高一线营销和授信作业效率。

（周华山）

中国人寿保险股份有限公司浦江县支公司

【概况】 2021年，中国人寿保险股份有限公司浦江县支公司（简称“中国人寿浦江县支公司”）实现保费收入1.99亿元，同比下降2.45%，其中新单保费4549.45万元。各类给付支出7134.53万元，其中处理各类赔案61556件，理赔给付2968.39万元，同比增长34%，年金、满期金给付3305.12万元，其他应付类支出1082.80万元。中国人寿浦江县支公司被评为金华市“第十六届消费者信得过单位”、浦江县先进消费维权联络站，创建为浦江县“2021年度文明示范窗口”。在浦江县财贸系统庆祝中国共产党成立100周年“四史”知识竞赛中获一等奖。客户服务中心被评为浦江县2021年度金融系统“星级服务网点”。

【经营管理】 深化以客户为中心的“一体多元”销售布局，在强化规范管理的基础上加强资源精准配置，多措并举，推进中国人寿浦江县支公司发展。个人保险版块聚焦价值创造，坚持以有效队伍驱动业务发展，推进渠道转型；多元业务版块聚焦专业经营、提质增效、开拓创新，寻求新的业务点，与个人保险版块协同。创新驱动发展，推广E化工具、无纸化投保、微回执、微回访等科技工具，提升保险业务可获得性和服务便利性；推出理赔直付服务，构建商业补充保险与基本医疗保险之间互联互通机制，实现“让数据多跑路、百姓少跑腿”；加强内部管控，定期进职场开展监督检查工作，开展诚信合规教育宣传指导，组织开展“银保监风险大排查”“防范非法集资排查”“反洗钱客户信息治理和反洗钱专项自查”等风险排查，消除风险隐患，提升公司合规经营的能力；推进“党建+”模式，实现党建与公司经营同步发展的目标和要求。开展以“学习贯彻党的十九届六中全会精神”为主题的专项党课，将精神文化落实到工作行动中。开展完善党员发挥作用机制，推行党员亮牌示范、先锋岗、志愿服务、认责承诺。

【服务质量】 定期组织柜员开展业务技能培训、礼仪培训，提升柜面服务质量和柜员工作技能；举办“3·15”消费者权益保护教育宣传周、“6·16”国寿客户节、“7·8”保险公众宣传日等一系列活动，开展送保险知识进社区、“国寿小画家”、“国寿700健行”等线上线下增值服务活动，满足日益增长的客户服务需求，提升社会民众保险意识；组织开展“防范和处置非法集资”宣传月活动，提高公众非法集资防范意识，自觉抵制非法集资；为老年客户打造“95519”优先服务通道、App尊老模式，推出老年客户专属陪同“免排队”服务，为老年人增设敬老专座、配置老花镜等便民设施，并为特殊客户群体提供绿色服务通道和便民服务，提升客户服务体验。

【政保合作】 聚焦普惠便民，优化大病保险服务，对接浦江医疗保障需求，安排大病保险专职服务人员与医保工作人员合署办公，推广“基本医保+大病保险+商业保险”一体化结算模式，为参保居民提供更优质便捷的医疗服务。2021年，金华大病保险项目覆盖全县37.9万基本医保参保人员，其中缴纳“选缴保费”的人数超33.9万人；聚焦“三农”风险，拓展惠农助农业务，拓展农村小额人身保险、低收入农户健康保险等惠农业务，提高低保对象、重残对象和优抚对象等群体的保障水平。截至12月，浦江县低收入农户健康保险项目覆盖低收入人群1.2万人，赔付金额165万余元，为低收入群体构筑风险抵御屏障；聚焦重点群体，提升保险供给质量，推广男、女安康保险项目，参保人员缴纳100元保费就能获5万元的健康保障，女性安康保险参保13872人，赔付金额140万余元；开展学生意外伤害保险，覆盖全县超3.5万名中小学学生，理赔学生约4000人次；推出特色人身安全保险，通过“政保合作”的形式补齐弱势群体的保障短板，其中老年人保险累计参保9万人，赔付金额335万余元，为共同富裕的重点领域、弱势群体实现“扩中”“提低”提供保险保障；开展工伤保险相关服务，与浙江省挂锁行业协会签署战略合作协议，承办浦江县挂锁企业“工伤补充保险”项目，提供一次性伤残就业补助金，对工伤保险形成有效补充；开展“慈善一日捐”、“7·8”保险扶贫健步走等公益活动，联合计生协、妇联等组织，对困难计生家庭、困难妇女、困难大病患者等弱势群体，开展多样化的专题帮扶活动，让困难群体得实惠、暖人心。参与新冠肺炎疫情防控工作，通过捐赠保险、扩展产品责任、捐赠防疫物资等方式，发挥保险风险补偿作用；配合政府2021年文明创建活动，组织员工参与共建区浦阳街道善庆村垃圾清理、“礼让斑马线”文明交通劝导等活动，履行社会责任。

（王利丹）

中国人民财产保险股份有限公司浦江支公司

【概况】 2021年，中国人民财产保险股份有限公司浦江支公司（简称“人保财险浦江支公司”）实现保费收入24307.97万元，业务量占全县财险市场的54.8%，缴纳、代收入库各类税金1905.9万元，支付各类赔款15591.13万元。

人保财险浦江支公司与县市场监管局签约食品安全责任保险（公益险）保险协议，保障浦江县食品安全工作，巩固省级食品安全县创建成果；与县应急管理局签约自然灾害公众责任保险项目，为浦江人民增设一道民生保障网。深化“警保联动”，设立专门的窗口，为符合条件的车主提供免检标志核发服务，服务政府“放管服”改革，增设机动车上牌服务项目，推动便民利民服务。履行社会责任，每周组织职工共建社区参加环境整治活动、开展文明交通劝导，助力浦江文明城市创建，“做有温度的人民保险”。2021年，人保财险浦江支公司被评为第十五届“浦江县消费者信得过单位”、浦江县金融系统“星级服务网点”。

【保险创新】　人保财险浦江支公司扩大绿色保险的内涵和外延，开展绿色保险产品、服务、模式等创新，助推乡村振兴服务，推进农险提标扩面，为葡萄种植户开展各项培训服务，提升种植户种植技能，为全县21户次水稻种植户提供政策性水稻保险共计598公顷，风险保障28.5万元；对接社会治理难点，人保财险浦江支公司将保险机制融入国家治理体系建设中，做好安全生产、建筑、医疗、公共卫生、食品安全等领域治理研究，推动雇主、安责险、食责险、校园方责任险等业务发展。

【警保联动】　2021年，人保财险浦江支公司开展走村、入企、进社区、进校园安全宣导活动，以及路面文明劝导和交通安全守护行动，举办“警保联动”宣传引导近300场，覆盖群众近6000人次。“车驾管”为浦江车主提供便民服务130人次，为群众提供便捷、暖心的品质服务，并在人保财险浦江支公司增设机动车上牌服务项目。12月29日，金华市车管所副所长王慧珑、查验科科长王革一行在浦江县车管所所长张文英的陪同下到人保财险浦江支公司检查指导机动车上牌服务落实情况并提出指导意见。

2021年6月23日，联合县交警大队、FM93交通之声到杭坪镇中心小学开展文明出行电动车安全教育进乡镇活动　　（杨晓东　摄）

【助力葡萄产业】　为帮助广大葡萄种植户们科学种植，促进浦江葡萄的控产提质工作。1月20日，人保财险浦江支公司联合县农业技术推广中心经济特产站与县果业协会在浦江县丰楷农业科技发展有限公司举行葡萄冬季修剪现场培训会。县农业农村局副局长傅积善、浙江人保财险浙江省公司专家廖维海、人保财险浦江支公司主要负责人、葡萄协会理事参加培训。此次培训解决农户在冬季遇到的技术问题和困惑，提高科学栽培水平，助力农户葡萄好收成。

【签约自然灾害公众责任保险项目】　8月30日，人保财险浦江支公司签约2021年浦江县应急管理局自然灾害公共责任保险（含政府救助）采购项目，签约金额81万元。公司全方位做好后续服务对接工作，发挥“保险+救助”机制优势，提供有温度的保险服务。

【签约食品安全责任保险（公益险）】　为保障浦江县食品安全工作，巩固省级食品安全县创建成果，发挥“食安险”的社会管理和经济补偿功能，提高食品安全事故预防和救助能力，12月7日，召开浦江县食品安全责任保险（公益险）签约仪式暨新闻发布会。县府办、县国资集团、各乡镇街道食品安全工作分管领导，乡镇（街道）食品安全办主任、各农贸市场负责人、县市场监管局相关科室及各基层所主要负责人参加会议。食品安全责任保险为公益性质，保障内容包括农村集体聚餐、农贸市场、国有建筑单位食堂、机关事业单位食堂、养老机构食堂在从事食品生产经营活动中发生的食品安全事故，以及群体性食品中毒事件，保险期限为一年。

（金晓青）

城乡建设

综　述

【概况】　2021年，县建设局完成宏业大道与351国道匝道建设、东山路拓宽改造、园区小学南侧道路、白林安置区配套道路工程；联合县创建办、执法局、交警大队及浦阳、浦南、仙华三个街道和浦江经济开发区划设16001个标准停车位，完成896个停车位建设和新城盛昱小区地下公共停车场建设。

建立疫情防控常态化管理机制，县建设局开展实地巡查，做好建筑工地、物业小区、中介公司和公园绿地等公共区域的疫情防控工作，绿谷云溪三期率先在全县采用“云选房”，确保房产销售和疫情防控两不误；出台《浦江县建筑工地落实疫情防控从严管理八条规定》，堵牢建筑工地疫情防控漏洞；组织浙江三建建设集团有限公司53名骨干建设人员，支援绍兴上虞区隔离点建设。

【城乡风貌（未来社区）建设】　9月，开展编制《浦江县城乡风貌整治提升以及未来社区建设专项行动方案》；依据“县域层面突出城乡整体风貌格局彰显，自然生态空间优化，配套设施完善，乡村风貌整治提升，中心城区层面突出重要节点和区域的整治提升”的方向，开展全面摸排。启动实施“5+4+9”创建方案，《浦江县城乡风貌整治提升行动方案》编制于12月已报县政府批准。成立浦江县城乡风貌整治提升（未来社区）建设工作专班，实行集中办公，实体化运作。

【美丽城镇建设】　2021年，檀溪镇创建省级美丽城镇样板镇，郑家坞镇、前吴乡创建省级基本达标乡镇；檀溪镇、岩头镇美丽城镇建设行动方案获评“市优秀样板创建乡镇行动方案”。创建仙华街道马墅

2021年8月，檀溪镇洪山村全域土地整治

（檀溪镇提供）

村、虞宅乡虞宅村省级美丽宜居示范村，编制美丽宜居规划；完成白马镇樟严村、郑家坞镇吴大路村美丽宜居创建工作和杭坪镇杭坪村传统村落风貌提升工作；编制杭坪镇石宅村历史文化名村保护规划；完成第二批151处历史建筑的测绘建档任务。

城乡规划

【项目审批改革创新】 2021年，县建设局实施极简极速审批改革，利用告知承诺制办理模式，精简建筑工程施工许可、临时占道、排水许可等相关审批材料，缩减办理时间。其中，临时占道审批实现申请即办结，施工许可、排水许可审批从20多个工作日分别缩减至1天，3天办结。

【老旧小区改造】 2021年，完成供销社宿舍、教师新村、邮电新村、江滨新村、财政局宿舍、城建宿舍、国土局宿舍、计生局宿舍、交警大队宿舍、百货公司宿舍10个老旧小区改造，项目用地面积约289719平方米，涉及294栋楼2052户，总投资1.07亿元。完成城建土管大楼等既有住宅加装电梯4台，江滨

2021年6月，供电局宿舍基础设施部分改造后效果 （徐兵兵 摄）

新村、东溪花园等小区在建电梯4台，联合审批黄宅镇销售大楼等小区3台电梯。

【危旧房动态清零】 对所有农村房屋进行排查并录入浙江省农村房屋信息管理系统，全县共计排查录入12万余户，经排查鉴定发现存在安全隐患的农村房屋319户，9月底前完成整治；实施农村困难家庭危房改造即时救助，开展动态排查，确保动态清零，全年改造危房19户，发放补助资金40.6万元。开展全县城镇危旧房大排查，建立11户D级危房“一楼一档”，完善房屋“一楼一档”制度和所属街道、社区定期动态排查制度，保证城区D级危房腾空处理；全面排查存在风险隐患城镇房屋，健全房屋安全信息库，对排查中新增或更新的危房信息，按照要求及时录入“浙江省城镇房屋安全信息系统”，通过数字化监管，进一步强化对城镇房屋的安全管理，并通过管理规约、告知书等形式告知业主和使用人严格落实房屋产权人（业主）和使用人主体责任，支持和督促产权人及时对存在安全隐患的房屋进行整治。

城市建设投资

【概况】 浦江县城市建设投资集团有限公司（简称“县城投集团”）由原浦江县建设集团和浦江水务集团合并而成，2021年9月成立筹备小组，12月合并办公，于2022年1月14日正式挂牌成立，拥有子公司20家，高中级职称96人、执业资格证书82人，资产总额127.73亿元，累计实现营业收入4.55亿元，同比增长75.06%；实现利润总额7582万元，同比增长115.93%；14家考核单位资产总额124.34亿元，同比

增加19.97%。拥有建筑、市政公用、水利水电总承包二级等各类资质10项。业务范围涵盖工程建设、矿产资源开发、经济适用房、固定资产(房屋)租赁、中介服务、市政园林养护运维、给排水管网运维、渣土消纳、停车收费、原水供应和水资源管理十大类。

2021年,县城投集团完成50万元以上项目191项,其中承接和投资公益性项目52个,投入资金15.92亿元,包括县域畅通工程、城乡基础设施工程、安置房建设工程、土地整治工程、仙华综合功能用房改造工程、污水零直排工程、园林绿化工程等项目;新增县城区公共绿地、居民安置区绿地(Ⅱ、Ⅲ、Ⅳ标段)养护,总面积335.21万平方米,养护费用1710万元;承担白马镇嵩溪村雨污水管改造、金坑岭水电站区块道路及绿化提升等10项重大应急工程,投入资金0.34亿元。

【房地产项目】 2021年,县城投集团通过竞拍取得翠湖地块、原外贸猪场地块、郑家坞老火车地块、理和堂区块土地使用权。其中,郑家坞老火车地块成立项目公司,进入施工图阶段;理和堂区块完成施工图设计,进入土方开挖阶段;翠湖地块、原外贸猪场地块进入前期谋划阶段。

【二次供水改造工程】 2021年,二次供水改造工程总投资780万元,涉及湖滨壹号、8号公馆、圣奥·杭府、书城大厦、兰山庭院、华欣花园6个高层小区,于11月15日开工建设,12月30日完工投运,建设内容涵盖新装加压供水设备14套、水质在线检测设备6套等,工程受益人数2500余人,解决高层用户水质差、水压不稳等问题。

【搭建二次供水“数字智慧”管理平台】 工程总投资约135万元,4月启动建设,平台通过测控终端、中心服务器、综合平台三层结构,实现供水数据实时可视、能耗实时评估。截至12月,县内城乡一体化供水范围内9个乡镇30座管网加压泵站、8个高层小区加压泵站纳入该运营平台,受益人口5万人,二次供水运维管理服务及时率、保障率提升近20%。

【西北部山区农村供水工程正式供水】 工程总投资1.99亿元,于2020年10月启动建设,2021年11月20日完工供水,建设内容分别为外胡水厂、主管网工程、支管网工程及24个行政村村内管网改造工程,首批供水受益范围覆盖5个乡镇、34个村、13家企事业单位、2个园区,受益人口约2万人。

2021年11月20日,西北部山区农饮水供水仪式在中余乡五星村举行 (何 敏 摄)

【蒋义线与月泉西路岔口拓宽改造工程】 该工程为县2021年度民生实事之一,工程总投资80万元,于7月1日启动建设,8月20日完工通车,共拆除原有护栏300米,扩大路口转角处人行道范围500平方米,增加非机动车道200平方米,绿化带移除300平方米,迁移路灯6盏,改建四进二出车道,缓解周边区域交通压力。

【东山路拓宽改造工程】 该工程位于浦江县东山路及新华路(民主路至中山北路),总投资5152万元，建设道路总长约935米，于2020年8月10日开工建设，2021年2月26日完工。建设内容涵盖路基、路面、人行道、排水工程、标志标线、智能交通系统（不含抓拍、监控单元）、桥梁等工程，东山路与环城东路交叉口东侧路口升级改造为双向8车道，分流红绿灯路口车辆，减少拥堵现象。

2021年2月3日，东山路拓宽改造工程完工通车

（何　敏　摄）

【白林安置区配套道路工程】 工程总投资220万元，于7月20日启动建设，9月1日完工通车，历时40余天完成机动车道沥青路面铺设、非机动车道透水混凝土铺设、人行道花岗岩铺设、雨污水管道敷设等施工内容，提升周边居民出行安全及生活品质。

2021年9月1日，白林安置区配套道路工程完工通车

（何　敏　摄）

【郑家坞镇全域土地整治（整理）项目一区块】 该项目采用国企投资建设政府收购模式，分3年实施，实施范围包括郑家坞镇皂结坑村、朱路村、沈里村等部分区域，面积为39.55公顷，规划新增耕地35.32公顷，项目建安费约4500万元。截至12月，建设标准田37.3公顷（其中新增水田22.8公顷，道路、水沟、借地面积14.5公顷），通过县级验收40标准化运维，将土地整治项目打造成可学习、可复制的现代化浦江标准、浦江样板。

2021年12月，郑家坞镇全域土地整治（整理）项目一区块工程建设任务

（方晓东　摄）

【渣土消纳工作】 8月，县城投集团克服前期场地选址、交叉审批等难题，浦阳街道善庆村西坞畈、浦南街道黄都村峨坞山2处消纳场地正式投入运营管理，场地面积总计24.34公顷，设计填方量245.67万立方米。截至12月，累计消纳渣土约100万立方米。

【智慧停车惠民改造工程】 2021年，县城投集团改造老地方电影院对面停车场、福泰隆北侧停车场、亚太广场北侧停车场3个，工程总投资160万元；实施新城盛昱小区地下停车场入口通道及周边配套工程、城区阻车杆工程、路侧泊位智能化改造项目、“智慧停车”中控室建设工程4个项目，总投资800余万元。通过新建（改造）项目，新增文宣西路、文溪西路车位1800个，新增环城西路、浦江大厦等停车场汽车新能源充电设施11台22位，新增福泰隆停车场配备非机动车充电设施2处30位，复明万苑路、西山北路等停车位450个，提升静态交通秩序规范。

2021年12月，环城西路新能源车充电停车场

（徐蓓蕾 摄）

【排水管网运维管理】 11月，县城投集团对省级"污水零直排区"样板镇——白马镇区实施管网运维，累计疏通白马镇区排水管网1.1千米，清理雨污水检查井1042口，巡查管网约16千米，清理雨污合流、管道堵塞等问题190余个。

（周冰清）

旧城改造

【概况】 2021年，"城中村"改造二期集聚区安置房建设，总投资累计1.68亿元。9月，完成白林幼儿园装修工作；10月，白林安置区竣工；文溪安置区C、D区块主楼砌体粉刷、地下室砌筑及外墙涂料有序进行。

【"城中村"改造二期工程白林安置区】 2021年，"城中村"改造二期工程白林安置区建设投资累计8694万元，完成小区内室外景观工程。6月，完成竣工初验，将初验提出的问题整改完成后，现场已具备竣工验收条件；7—10月，完成人防工程、消防、规划核实、公共配套工程的专项验收，浦江县白林幼儿园精装修工程及幼儿园室外景观工程也在同步进行，并在保质保进度的情况下于9月前完成全部工作，确保幼儿园准时开学；10月，"城中村"改造二期工程白林安置区完成竣工验收及交付使用。

【"城中村"改造二期工程文溪安置区C、D区块】 2021年，"城中村"改造二期工程文溪安置区C、D区块，建安投资累计8112万元，完成D区块总工程量的85%，完成D区块外墙油漆施工，电梯安装，窗户栏杆玻璃安装，裙房、地下室地坪工作；完成C区块总工程量的65%，完成C区块结顶、中间结构验收，粉刷工程开始施工。

（陈松尧）

公用事业

【概况】 2021年，完成管网新建及雨污分流改造27千米，清淤管网165千米，排查管网70千米；完成第一、第四污水处理厂加盖除臭项目；改造城区易涝点治理专项规划和城区积水点。优化和平北路（月泉路—广场路段）的机非隔离以及与月泉路交叉口；节能改造城区41条道路2205盏路灯；改造提升观华路、望仙路、西山北路、蒋塘路等路段标志标牌。

【绿化美化城市】 为创建"国家园林城市"，县建设局组织开展"书香换花香"、树木认建认养、园林绿化满意度调查等系列活动；实施浦阳江城区段生态综合治理工程，完成4.5千米绿道与沿途节点建设；推进城区公共绿地提档改造，建成3个"口袋公园"，提升4条道路、2个公园、2个安置区的景观绿化；2个居住区和6家单位获“2021年金华市园林式居住区（单位）”。完成省级绿道贯通及县级绿道配套提升建设工程；启动浦阳江城区段生态综合治理工程建设；全年累计更换草花120万余盆。

【城区管线管理制度】 为减少因道路乱开挖、频开挖给市民带来的不便问题，完善工作机制，规范审批流程，县建设局通过建立“三会制度”，出台《城区管线管理办法》和《关于全县公告建设项目配套专业管线工程的指导意见》，将污水管网、燃气管网、弱电管网、供电管网等建设列入统一管理范畴，同一条道路原则上做到“最多挖一次，三年不重挖”。

【农污治理】 2021年，县建设局编制《浦江县农村生活污水治理近期建设规划（2021—2025年）》，参与编制《农村生活污水处理设施格栅应用技术导则》，在后孙村、樟树下村、真溪村、薛下庄村4个终端放置一体化格栅机进行试点；针对农村豆腐作坊等产生的污水对终端冲击较大情况，安装预处理设施，确保前端进水水质稳定性。11月，召开2021年度金华市农村生活污水治理管理人员培训会，省建设厅村镇建设处一级调研员胡金法、市建设局党委委员施尚华、市建设局村镇处和市村镇建设服务中心负责人、各地农污管理主要负责人、乡镇分管负责人、运维单位负责人参加会议，会议传达学习省建设厅全省会议精神，并邀请专家集中授课，会后实地考察县内农污治理设施。浦江县获评“2021全省农村生活污水治理设施运维管理优秀县”，获省奖补资金1150万元。

【燃气安全】 2021年，成立城镇燃气安全整治工作专班，出动人员39256人次，检查各类场站、用户216273家次，发现隐患5635处，隐患整改率100%。编修《浦江县城市燃气专项规划（2014—2030年）》，推进燃气“镇镇通”建设，实现黄宅镇、郑宅镇、白马镇、郑家坞镇主要市政管网覆盖，接驳以上乡镇房开项目，同步推行物联网燃气智能表具，实现居民便利化缴费；开发使用天然气等清洁能源，截至12月，全县民用燃气用户接驳户数40626户，同比增长14.6%，开通使用户数25008户。

城市管理

【智慧建设管理】 县建设局利用大数据、“110”、“8890”等便民服务平台，完善智慧排水系统建设，引进智慧执政管理平台，尝试实施桥梁健康监测系统，深化智慧工地建设，推动城市建设管理数字化、规范化。

【养护管理机制改革】 5月，首次推行国企养护，城区308.5万平方米公共绿地、居民安置区绿地养护分成4个标段，除Ⅰ标段39.7万平方米绿地由市政园林管理所养护外，Ⅱ、Ⅲ、Ⅳ标段共计268.8万平方米绿地由浦江县城市建设投资集团有限公司下属3家国有企业浦江县公共事业发展有限公司、浦江县市政建设有限公司、浦江县大地园林绿化工程有限公司实施养护。

建筑业

【概况】 2021年，全县建筑业总产值67亿元，同比增长4.3%，省内产值61亿元，同比增长15.3%，占全县GDP的5.8%，为财政创收3.46亿元，占税收的10.79%。

【建筑工地文明施工】 县建设局全年多次开展危险性较大工程专项检查、安全生产大排查大整治、质量安全综合大检查等行动；强抓建筑工地文明创建，开展扬尘治理，打好“蓝天保卫战”；全年监督房屋建筑工程238项，受监面积601万平方米，签发质量安全隐患限期整改通知书394份，停工整改通知书59份，查处事故隐患3900余处；创建“省级安全生产标准化管理优良工地”1个、“市级安全生产标准化管理优良工地”2个、“市双龙杯优质工程奖”3个、“县级安全生产标准化管理优良工地”6个。

房地产业

【概况】 2021年，商品房销售5064套，销售面积82.94万平方米，同比分别增加8.83%和14.67%，其中住宅2993套，销售面积34.09万平方米，同比分别增加5.31%和减少4.84%。房地产业全年实现税收9.09亿元，在全县的税收中占比28.36%。完成碧桂园·城市之光、浦江恒固创艺园建设工程、万洋众创城·浦江小微企业创业园、浦江经济开发区绗缝产业小微企业园4个项目交工交付备案，交付面积共70.95万平方米，其中住宅21.56万平方米。二手房销售2727套，销售面积55.42万平方米，同比分别减少4.42%和13.58%。

【保障性住房】 修订《浦江县公共租赁住房保障管理实施办法》和《浦江县公共租赁住房保障管理实施细则》，放宽公租房准入门槛，扩大保障覆盖面。全年新增公租房保障523户，新增保障人数925人。

【物业小区】 县建设局出台《浦江县物业服务项目考核办法》，实行每季度考核排名评分，年终汇总排名考核机制，同时在日常巡查基础上，加大对高层住宅小区的消防检查，建立小区高层消防安全工作抽检机制，实行季度考核和年终考核排名机制。2021年，累计进行小区高层消防安全检查77次，联合县消防大队执法检查2次，处理回复“8890”平台投诉、信访涉及住宅小区纠纷100余件(次)。

【房地产中介】 加强对房地产中介的有序管理，提高中介行业服务水平，不定期开展房地产经纪机构的动态巡查和网签管理工作。2021年，完成房地产经纪机构登记备案140家，处理、约谈违规经营的房产中介机构10起，全年房产中介增加27家。

（黄　佳）

住房公积金管理

【概况】 2021年，全年新增住房公积金缴存人数5677人；归集住房公积金6.67亿元，同比增长23.62%，全县建立住房公积金人数54811人，住房公积金归集余额17.17亿元。支取住房公积金5278人次计5.20亿元，同比增长10.99%，住房公积金支取额占全年住房公积金缴存额的77.91%，累计支取住房公积金29.69亿元。发放个人住房公积金贷款576户计3.15亿元，个人住房公积金贷款余额占住房公积金余额的90.96%，累计发放个人住房公积金贷款8361户计30.74亿元，贷款余额为15.62亿元，贷款逾期率为0。全年住房公积金业务收入5602.52万元,业务支出2553.30万元,增值收益3049.22万元,提取风险准备金1829.53万元,提取廉租住房补充资金913.14万元,上缴县财政局廉租住房补充资金761.84万元。

2021年,经复评保留“浙江省文明单位”称号,被评为“浙江省房地产业协会抗疫突出贡献会员单位”“全市住房公积金管理机构工作目标考核优秀单位”。

【住房公积金政策实施和调整】 根据《关于调整2021年浦江县住房公积金缴存工资基数的通知》,7月2日,全县住房公积金缴存基数调整,机关、企事业单位住房公积金缴存工资基数范围为1800~24924元,月缴存额最高为5982元,最低为180元;个体工商户、自由职业人员住房公积金缴存工资基数范围为4985~24924元,月缴存额最高为5982元,最低为498元。7月14日,调整住房公积金贷款政策,购买第二套住房申请住房公积金贷款,夫妻双方均正常缴交住房公积金的,最高贷款额度由原来的80万元调整到60万元;夫妻双方只有一方正常缴交住房公积金的,最高贷款额度由原来的40万元调整到30万元。自7月15日起执行调整住房公积金贷款政策,以贷款受理时间为准。

【“最多跑一次”改革工作】 2021年,金华市住房公积金管理中心浦江分中心(简称“公积金管理浦江分中心”)继续深化“最多跑一次”改革工作,公积金37个服务事项全部对接政务服务2.0平台,全年通过政务服务2.0平台受理线上业务11746件,网上受理率99.86%。推动住房公积金线上线下融合、本地异地同步,实现住房公积金缴存证明、购房提取、提前还贷等8个事项在全国范围内“跨省通办”。实现“长三角”地区公积金业务“互联互通”;优化完善“公务员一件事、事业一件事、退休一件事、逝者身后事、企业开办一件事”等“一件事”部门联办,开通“抵押注销一件事、身份证号变更一件事”,全年通过“一件事”平台办理业务5947件。与12家银行数据实现共享,简化提取业务办理流程,落实便民举措,开通商业银行住房按揭贷款冲还贷业务,实现租赁住房提取、与单位终止劳动关系提取“秒办”。

【竞争性存放招标】 2月25日,浦江分中心制定印发《金华市住房公积金管理中心浦江分中心资金竞争性存放实施细则》。3月25日,浦江分中心对住房公积金资金定期存款进行公开招标,存放金额5090万元。按照综合评分法的原则,工商银行浦江支行、农业银行浦江县支行、建设银行浦江支行、浦江农商银行中标。8月4日,住房公积金资金定期存款公开招标,存放金额7600万元。按照综合评分法的原则,工商银行浦江支行、农业银行浦江县支行、建设银行浦江支行、浦江农商银行中标。12月21日,住房公积金资金定期存款项目公开招标,存放金额2750万元。按照综合评分法的原则,工商银行浦江支行、农业银行浦江县支行、建设银行浦江支行、浦江农商银行中标。

(寿丽君)

城乡环境卫生

【概况】 2021年,浦江开展源头减量、回收利用、处置能力提升、制度创制、文明风尚五大专项行动,围绕“零增长”工作目标,推进“撤桶并点”“两定四分”工作。全县城乡生活垃圾处置量22.6万吨,实现零增长、零填埋;生活垃圾资源化利用率、无害化处置率100%。浦江县被评为全省生活垃圾分类工作优秀县、全省农村生活垃圾分类处理工作考核优秀县，连续两年蝉联垃圾分类工作群众满意度测评全省第一。形成主城区全域推进“两定四分”工作，2021年建成“两定四分”投放点310个，完成3.0版本投放点建设30个，改造投放点65个。创建省级高标准垃圾分类示范小区5个、“定时定点”试点商业街1条、垃圾分类示范村2个、垃圾分类示范单位200家。数字赋能，依托垃圾分类智慧监管平台，全年交办违法线索994条，曝光违规投放行为45期，完善垃圾分类综合管理平台功能，接入监控摄像头346个，安装智能地磅16台，接入环卫作业车辆109辆，垃圾分类实现数字化、智能化管控。在浦阳街道荣建臻园和白麟景苑两个小区开展数据赋能、无人值守探索。强化执法，全年开展行政村、社区环境卫生、垃圾分类检查12期，评选出黄牌村(社区)12个。在多举措落实《浙江省生活垃圾管理条例》宣贯工作的基础上，通过“城管进社区”活动，严查严管不分类投放、不按规定运输、不履行垃圾分类管理职责等行为。2021年，全县查处相关案件5042起，罚款金额53.75万元。完善终端，深化“两网融合”体系建设，迁建投用大件垃圾处置中心，创新推出预约式上门兜底回收服务，发挥小黄坛垃圾焚烧发电厂资源化运作功能，焚烧生活垃圾约28.8万吨，处理餐厨垃圾1.1万吨，发电13371万千瓦时，实现其他垃圾的零填埋。在全县15个乡镇街道和主城区建立机械成肥处置中心16个，实行属地收运集中处置，全年处置易腐垃圾38814.13吨。

【举办《浙江省生活垃圾管理条例》宣贯工作部署培训会】 4月16日，县垃圾分类办公室召开《浙江省生活垃圾管理条例》宣贯工作部署培训会，解读《浙江省生活垃圾管理条例》。县委宣传部、县创建文明卫生办公室、县精神文明建设指导委员会办公室、县发展和改革局、县经济商务局、县教育局、县科技局、县民政局、县财政局等36个机关单位以及15个乡镇(街道)参加。

【开展“垃圾分类”专项整治月活动】 5月，县执法局开展“垃圾分类”专项整治月活动，通过“前期上门宣传、中期跟进指导、后期不定时巡查”形式，开展垃圾分类监管工作，助推《浙江省生活垃圾管理条例》实施。开出全省首张未履行生活垃圾分类投放管理责任罚单、全市首张商家未分类投放生活垃圾罚单和餐饮单位主动提供一次性用品罚单。

【《浙江省生活垃圾管理条例》宣贯实施文艺会演】 5月22日，由县垃圾分类办主办、融媒体语言艺术中心承办的《浙江省生活垃圾管理条例》宣贯文艺会演在文化广场举行，提升居民分类自觉。

2021年5月22日，《浙江省生活垃圾管理条例》宣贯文艺会演 (朱晓倩 摄)

【召开2021年生活垃圾治理工作攻坚会】 10月18日，浦江县召开2021年生活垃圾治理工作攻坚会，对标垃圾分类年度目标任务，落实市垃圾分类工作推进会工作要求，查找短板、集中攻坚、全力冲刺。

县委常委虞红梅、县垃圾分类办、县各机关部门及乡镇街道相关负责人参加会议。

2021年10月18日，生活垃圾治理工作攻坚会 （朱晓倩 摄）

【开展环境卫生、垃圾分类“双随机、一公开”月度检查】 2021年，开展行政村、社区环境卫生、垃圾分类“双随机、一公开”月度检查12期，评出黄牌警告村（社区）12个，发放整改提醒单216份，督办问题3890余个。

2021年，环境卫生、垃圾分类“双随机、一公开”月度检查 （朱晓倩 摄）

【“三改一拆”】 2021年，开展全县治违除患促安全违法建筑专项整治、企业“无合法场所”问题处置、

2021年9月29日，金华市“三改一拆”办副主任翁正校（前左一）带队检查指导浦江县治危除患违法建筑处置情况 （朱晓倩 摄）

“无违建”争先创优等行动。9月16日，县“三改一拆”办组织开发区、各乡镇街道召开浦江县防违控违平台培训会，对即将上线的防违平台基本操作进行初步培训。累计排查安全隐患违章建筑89宗，面积6.38万平方米；累计拆除违章建筑146宗，面积10.69万平方米。9月29日，金华市“三改一拆”办副主任翁正校带队检查指导浦江县治危除患违法建筑处置情况，现场调研郑宅镇、白马镇处置情况，要求提高政治站位，加快处置进度，按照省办标准整改到位，确保安全隐患清零，县执法局党组书记、局长贾国锋陪同。11月，县执法局全体班子成员联合国土等部门到郑家坞镇、白马镇等乡镇（街道）实地查看、指导卫片图斑整改，推进“三改一拆”工作。

（朱晓倩）

自然资源和保护

【概况】 2021年，浦江县自然资源和规划局(林业局)(简称“县资规局”)推进新冠肺炎疫情防控和自然资源重点工作落实，深化“最多跑一次”改革。完成一窗受理云平台建设和电子证照系统开发建设，实现银行抵押登记及商品房预告、预抵押登记等业务全程网办；实行“告知承诺极简极速审批”制度，第一批5项审批事项申报材料由4~5项精简至2~3项，办理时限由法定10~20个工作日压缩至1~5个工作日。

2021年，县资规局被省林业局评为浙江省生态文化建设突出贡献集体；被浦江县委、县政府评为2021年度综合考核工作优秀单位，保留“浦江县文明单位”称号；被浦江县节能办评为“节能型机关”称号。

【土地管理】 2021年，县资规局推进永久基本农田核实整改补足，完成即可恢复地类整改1000公顷，为全县未来5~10年发展争取增量空间，即可恢复地类整改完成量金华市排名第一位；推进全域土地综合整治，完成千亩方永久基本农田连片整治1片(檀溪镇)，完成全域土地综合整治与生态修复工程实施验收3个(檀溪镇寺前村等3村、郑家坞镇朱路村等5村、黄宅镇上山村等10村)，檀溪镇洪山村等2村工程获评首批省级精品工程。对准省域空间治理数字化平台2.0跑道，推进全域土地整治修复智治在线应用场景建设项目，被列为省自然资源厅“保好耕地一件事”应用推广二级梯队、金华市数字化改革市级重点建设项目。

【用地保障】 2021年，全县新增用地指标67.58公顷，新增耕地占补平衡指标108.7公顷，新增规划空间指标90.95公顷。推进“新四破”，开展低效工业用地有机更新试点，消化批而未供土地127.4公顷，完成率105%，同比增长52.9%；盘活存量建设用地115.4公顷，完成率144%，同比增长111.7%；低效用地再开发(库内)90.8公顷，完成率114%，同比增长61.4%；出台《浦江县关于工业用地流转和低效工业用地有机更新助推实体经济高质量发展的指导意见》。全年实现土地出让收入61.2亿元；新供工业用地67.55公顷，连续三年突破1000亩/年的目标。

【资源保护】 落实耕地保护激励机制，发放2021年度耕地保护奖补资金882.8万元；强化生态公益林管理，发放2021年度森林生态效益补偿资金1770万元，发放2020年度天然商品林停伐补偿资金128万元；科学防范地质灾害风险，推进地质灾害“整体智治”三年行动，全县地质灾害风险防范区由182处调整为171处，完成全县1∶50000地质灾害风险普查；科学防范台风“烟花”，规避中余乡冷坞村山体滑坡险情1处；加强森林防火宣传，全年接森林火警22次，经处置未发生森林火灾，浦江县林场在金华市首届国有林场森林消防技能比武中获二等奖；加大有害生物防治力度，投入资金1608万元，完成省林业局下达的9446.67公顷除治任务，共清理2020—2021年枯死松木3.49万吨，松树打孔注药2.98万瓶，保护松树9572株，完成全年度美国白蛾、红火蚁、松褐天牛等测报和松材线虫病秋季普查工作；完成“十四五”森林采伐限额分解，审批木材采伐3.6万立方米；加强野生动植物保护宣传，开展“清风”行动，现场拆除捕鸟网6张，开展联合执法检查2次，检查场所12个，全年救助野生动物152次，其中国家级保护动物366只，接受群众报警排除毒蛇入室等事件26次；浙江浦江浦阳江国家湿地公园通过国家林业和草原局复检验收，成为金华市首个国家湿地公园。

【执法监察】 2021年，县资规局以卫片执法为重点，实现执法监管全覆盖，开展耕地“非农化”“非粮化”整治、“大棚房”问题“回头看”行动、农村乱占耕地建房问题整治等工作，完成“非农化”整治9.47公顷，“非粮化”整治1241.07公顷，发现违法“大棚房”问题5宗并整改到位，开展林地事中事后监管67次，完成森林督察图斑的现场核查253个。

【安置区工作】 县资规局推进农民安居工程，白马地质灾害搬迁安置区启动分房程序，总建筑面积15500平方米，共建设112套，届时46户地质灾害农户将实现幸福安居梦；白马农民集聚安置区完成主体工程建设，占地1.66公顷，共建设130套；檀溪农民集聚安置区完成主体工程，占地1.42公顷，共建设219套。

【城乡规划】 县资规局推进国土空间总体规划，完成“三区三线”两轮试划，划定过渡期城镇开发边界规模7526公顷，完成生态保护红线评估调整方案并上报自然资源部；完成高铁小镇概念性规划，规划高铁小镇位于浦江中心城边缘，距离县城中心约8千米，拓展区西临宏业大道、东至锁具大道、北临山星岩、东南至挂锁集聚区，总用地面积约1900公顷，核心区西临蜈蚣溪、南接岩郑公路、北至351国道，总用地面积约170公顷；完成仙墨湖区块控制性详细规划，规划区隶属仙华街道，控制性详细规划范围东至文旗路、西至仙华路、南到月泉路、北至方宅，总面积约460公顷，城市设计范围东至规划路、西至仙华路、南至文景路、北至351国道，总面积约127公顷。

【春季绿化造林】 2021年，县资规局开展“新增百万亩国土绿化行动”，完成国土绿化213.87公顷，完成率103%；开展千万亩森林质量精准提升工程，完成落地上图2368.47公顷，完成率102.3%，其中完成美丽生态廊道建设146.67公顷，健康森林建设2166.67公顷；完成浙中生态廊道彩色林带建设任务6千米和彩色林建设任务6.67公顷；完成檀溪镇罗家源村两路两侧林相改造146.67公顷；调运和分发2021年省控珍贵彩色容器苗1.3万株；组织开展“3·12”义务植树活动。

浙江省自然保护地融合发展示范村——薛家村　　（县资规局提供）

【创建国家森林公园】 2021年，浦江县创建浙江省一村万树示范村4个（灵溪村、胜建村、江东村、潘周家村）、省级森林人家1个（马岭村）、省级森林氧吧1个（茜溪悠谷）、市级森林村庄5个（寿溪村、廿七都村、车门村、林坞口村、清塘村），浙江省自然保护地融合发展示范村1个（薛家村）。

【林业产业】 2021年，县资规局开展“千村万元”林下经济增收帮扶工程，建设示范村2个（三角潭分林场、大塘村），示范基地面积40公顷；申报省级示范性家庭林场1个（浦江曹莹家庭林场）；组织30家企业参加第14届中国义乌国际森林产品博览会，组织浦江雨露苗木场的八重红枝垂樱花和浦江伟景家庭农场的紫金锤参加第10届中国花卉博览会；组织开展食用林产品安全监测抽检50批次，其中香榧25批次、油茶5批次、春笋10批次、土壤10批次，合格率100%。

【林长制工作】 2021年，全县启动林长制工作，印发《浦江县全面推进林长制实施方案》，建立配套制度7项，实行“林长+警长”的工作体系，以森林资源“三保”（即保森林覆盖率、保林地面积、保林区秩序）、“三增”（即增森林蓄积、增森林面积、增林业效益）、“三防”（即防火、防虫、防森林资源破坏）为目标，提出了1年、2年、5年森林和湿地资源保护和发展目标，设立2大类13项“目标责任考核清单”。全县共设立三级林长293人，三级林区警长113人，覆盖全县15个乡镇（街道）、1个国有林场、244个行政村（社区），各级林长实行分区（片）负责，责任区域按行政区域划分，实现全域覆盖。

（郑燕颖　成心阳）

环境质量与环境保护

【概况】 2021年，浦阳江上仙屋出境断面水质均值稳定达到地表水Ⅲ类，壶源江保持Ⅱ类水质；全县51条支流水质全部达到或优于Ⅲ类；金坑岭水库、通济桥水库、仙华水库均达到Ⅱ类及以上水质标准，符合饮用水源水质要求。全年城区环境空气优良率97.5%，与2020年持平。细颗粒物（$PM_{2.5}$）浓度

25微克/立方米，同比下降4%。城市区域噪声均值为55.8分贝，7个城市功能区噪声监测点，昼间达标率100%，夜间达标率97.8%。监测交通声环境道路达标路长16938米，道路交通噪声平均等效声级为65.8分贝。

浦江县获浙江省“五水共治”（河长制）工作优秀县（市、区）“大禹鼎”金鼎；连续5年生态环境质量公众满意度居全市前二位、全省前七位，省“五水共治”工作群众满意度连续5年位列全市第一位、全省前四位。金华市生态环境局浦江分局获金华市夺取“五水共治”“大禹鼎”金鼎有功集体二等功。

【水环境综合治理】 保障全县水域水质，完成河湖健康评估评价体系技术指南以及“一河一策”实施方案等编制工作。开展“污水零直排区”提质增效工作，完成11个工业园区“污水零直排区”建设质量提升评估工作和939家企业“一园一册”清单的编制工作，并通过省级、市级对县内工业园区“污水零直排”建设质量提升验收。新建7座地表水水质自动监测站投入运行，实现浦阳江水质实时监控。全县城市水质指数实现突破，排名金华市第一位。开展应急监测培训及演练，获2021年金华市环境监测系统第一届应急监测实战演练第一名。

【大气污染防治】 以问题为导向、管用为要求、长效为目标，相继出台6项扬尘精细化治理管理制度。加大秸秆焚烧、机动车尾气以及工业废气整治力度，构建“三位一体”烟火识别应用，完成26个VOCs治理减排项目、6个工业炉窑治理项目，完成燃气锅炉低氮燃烧改造和生物质锅炉整治工作，开展复合布行业整治。科学划定“高排放柴油货车禁行区”和“高排放非道路移动机械禁止使用区”，开展“遥感+人工”机动车尾气排放监督性抽测、加油站油气回收检查、非道路移动机械新能源替代等工作。城区环境空气质量连续4年达到国家二级标准，创建省级清新空气示范区。

【土壤固废污染防治】 开展企业用地土壤污染状况调查和地下水环境状况调查评估，完成17家土壤重点监管单位土壤和地下水自行监测方案专家评审工作，全县污染地块安全利用率100%。开展受污染耕地“源解析”工作，对浦南街道等5个乡镇（街道）共计261.3公顷耕地进行调查，完成《耕地土壤污染源解析技术报告》和源解析成果图册编制。成立浦江县无废城市建设办公室和危废治理专项行动专班，推进“无废城市”建设，全县21个单位被金华市无废城市创建工作领导小组办公室评为“无废细胞”。完成小微企业危险废物收集点建设工作，与全县328家小微产废企业签订协议，覆盖率100%，全县危险废物处置率100%。完成一般工业固体废物收运体系建设，全县工业固体废物安全处理率97%以上。

【生态环境保护督察】 完成2021年省委生态环境保护专项督察迎检工作，督察期间交办信访件1件，群众信访件数量全市最少。第二轮中央生态环境保护督察37件信访件全部完成整改和销号。

（黄　东）

工　业

综　述

【概况】 2021年，全县实现工业总产值554.08亿元，同比增长28.1%；规模以上工业总产值248.25亿元，同比增长30.1%；规模以上工业增加值46.37亿元，同比增长17.1%，全市排名第六位；全县完成工业投资32.16亿元，同比增长16.5%，增速全市第五位；制造业投资29.35亿元，同比增长35.4%，增幅全市排名第三位；工业技改投资11.15亿元，同比增长45.7%，增幅全市排名第三位；实际利用外资1265万美元，完成率153.33%，全市排名第三位；引进内资48.97亿元，同比增长9.19%，全市排名第九位。

全县有规模以上工业企业534家，新增规模以上企业190家，其中亿元企业41家，10亿元企业2家（国网浙江浦江县供电有限公司、浙江亚特新材料有限公司）。完成2020年度工业扶持政策资金兑现，共计兑现工业扶持政策资金2.47亿元，惠及企业1090家次。与2019年相比，工业扶持政策资金增加5600余万元，扶持资金总额同比增长30%。

2021年，储备库组织采购各类应急防疫物资，累计采购各类口罩62万只、酒精及消毒液6134瓶、医用防护服5250件、隔离衣3200件、乳胶检查手套2.5万副；发放大批应急防疫物资，累计发放各类口罩12.5万只、酒精及消毒液282瓶、防护服1273件、隔离衣3200件、手消液855瓶；为县级各疫情防控卡点、暖心服务点及转运隔离点做好医用防疫物资和生活物资供应保障，采购集装箱隔离板房9只、发热背心120套、手持锂电喊话器6个及生活物资680套等。

【组建县商务保供工作专班】 按照市商务保供专班工作部署，围绕市场保供，牵头成立浦江县商务保供工作专班，制定《浦江县商务保供工作专班战时工作方案》，根据“两保障、一协调”工作职责，成立综合协调小组、生活必需品保供小组，明确各小组成员单位及相关职责分工，做好全县生活必需品保供工作的协调和指导。建设城区—乡镇“两级”应急供应网络，构筑“18+31+N”物资供应系统，筑起市场供应保障防线；建设粮食应急供应网络，构筑“3+19+1”粮食加工运输系统，筑起粮食供应保障防线；建设生活必需品价格监测网络，关注价格波动和供求变化，筑起价格保障防线。

【推进数字经济发展】 2021年，数字经济核心产业制造业增加值累计2.4亿元，同比增长22.1%，比传统产业高出5%。数字经济系统建设有序推进，谋划建设应用6个，上线4个，在建2个。“浦慧展”数字贸易云展会平台、杭机股份“未来工厂”列为省级试点。重点企业智能化改造成效明显，新增11家智能制造试点示范创建项目（数字工厂、智能工厂、“未来工厂”），浦江县被评为“省级两化深度融合国家示范区”；浙江亚特新材料股份有限公司、恒昌纺织被评为省级数字化车间；浙江浦江梅花锁业集团有限公司、浙江安保龙智能安防科技有限公司被评为省第四批上云标杆企业；浦江红颂包装有限公司列入2021年新一代信息技术与制造业融合发展试点示范企业；浙江杭机股份有限公司“5G+高精磨床未来工厂项目”入选浙江省“新制造”优秀案例。

【重点领域专项整治】 2021年，开展“低散乱”问题企业整治和淘汰落后产能工作，整治“低散乱”企业160家，淘汰落后产能涉及企业8家。推进绿色循环低碳发展，创建省级节水型企业1家，省级节水标杆企业1家，市级绿色工厂1家，市级清洁生产企业7家。开展成品油市场专项整治工作，共查处安全隐患6处，发放整改书6份。

【小微园建设】 2021年，通过省认定小微园2个，为黄宅恒固创艺园、开发区绗缝产业小微企业园，全县累计通过省认定小微企业园10个；水晶产业园被评为省五星级小微企业园，是全市第一个省级五星级小微企业园；水晶产业园区“产业集聚治污、强化服务引导、助力传统产业转型升级”入选2021年全省小微企业园建设与管理最佳实践案例。

【“亩均论英雄”改革】 2021年，评价2020年度工业企业832家，A类企业69家，B类企业493家，C类企业202家，D类企业68家。全县工业企业亩均税收7.46万元，其中规模以上企业亩均税收10.78万元。推进资源要素差别化政策，通过实施差别化水、电价，处置亩均税收2万元以下低效企业和D类企业119家，处置完成率70%。

【企业梯队分类培育】 2021年，全县实行企业梯队分类培育。实施“小升规”企业培育计划，全年“小升规”企业190家，规模以上企业总数534家。浙江丰安齿轮股份有限公司、浙江亚特新材料股份有限公司、浙江杭机股份有限公司、浙江艾杰斯生物科技有限公司、浙江浦江伯虎链条股份有限公司、浙江浦江梅花锁业集团有限公司、浙江浦江晶盛水晶有限公司、浦江亿通塑胶电子有限公司、浙江浦江三建工具有限公司、浙江浦江永进工贸有限公司、浙江一正文化用品有限公司、浙江卓尔雅美妆有限公司、浙江旭德新材料有限公司、浙江天晨胶业股份有限公司被评为省“专精特新”中小企业。浙江万赛汽车零部件股份有限公司、浦江三思光电技术有限公司被评为国家“专精特新‘小巨人’”企业。

【技术创新】 2021年，全年备案浙江省工业新产品新技术68项。浦江海工机械有限公司〔高产量高精度热熔胶复合无纺布生产线（3200mmSMS）〕，浙江赛璞环保科技有限公司〔全自动撬装式VOCs废气处理系统（TP-1000）〕通过省2021年度浙江省首台（套）装备认定，获得省级专项资金奖励100万元；浙江杭机股份有限公司（4米非球面数控光学组合加工中心机电系统）列入2021年浙江省制造业首台（套）产品工程化攻关项目；浙江万赛汽车零部件股份有限公司（WS019带电子报警器二轮车刹车片）被评为“浙江制造精品”；浦江三思光电技术有限公司企业技术中心被认定为2021年(第28批)浙江省企业技术中心;浦江海工机械有限公司、金华名宇建设有限公司2家企业通过金华市企业技术中心认定。

【企业培训】 实施企业家素质提升工程,对全县规模以上工业企业的企业家和部分经营管理人员进行多形式、分类别、多途径的培训服务,重点围绕新冠肺炎疫情下如何使企业保稳定促增长、企业数字化智能化改造、企业精细化管理、互联网+经营销售新模式等领域和内容,全面提升企业家和经营管理人员的综合素质,增强企业战略管理能力、经营决策能力、市场运作能力和开拓创新能力。2021年,共组织企业服务18次,累计参会人数2000余人,其中组织企业家沙龙1期,工作推进会4期,政策宣讲会2期,县外考察1期,省外考察2期,县内培训8期,包括《车间现场管理培训》《人力资源管理培训》《大数据时代的企业风险管控》等企业较为重视和关注的内容,帮助中小企业纾困解难。

2021年5月26日,浦江县工业化大数据深度研修班青岛游学之旅 (县经济商务局提供)

【中小微企业创新创业大赛】 7月15日,2021年"创客中国"浙江赛区暨浙江好项目(浦江赛区)中小微企业创新创业大赛在县融媒体中心演播大厅举行。大赛在浙江省经济和信息化厅、金华市经济和信息化局的指导下,由县经济商务局主办,浦江县企业服务综合平台承办。浙江三和塑料有限公司的半导体封装新基材项目、浙江博开机电科技有限公司的DN1250LN低温泵研制项目和浦江伯虎链条股份有限公司的"国家千亿计划:畜牧业自动物料传输系统——畜牧链"项目获得前三名,并推荐入选金华市复赛,其中浙江三和塑料有限公司的半导体封装新基材项目获金华市决赛第二名以及浙江省总决赛优胜奖。

主要行业

【制锁行业】 2021年,全县制锁业有企业396家,规模以上企业14家。全行业实现工业产值56.8亿元,实现出口交货值14.1亿元,利润总额2.9亿元,规模以上产值7.2亿元。2021年,挂锁行业协会组织浙江浦江梅花锁业集团有限公司等7家企业参加第13届中国澳门国际消费品及家居用品博览会;组织浙江金垒锁具制造有限公司等21家企业参加2020中国义乌五金电器博览会;组织浙江百马锁业有限公司等3家企业参加第11届中国(永康)国际门业博览会;组织浙江安保龙智能安防科技有限公司等3家企业参加第23届中国(广州)国际建筑装饰博览会;组织浙江浦江雷力仕锁业有限公司等16家企业参加第27届中国义乌国际小商品博览会。

【绗缝制品行业】 2021年,全县绗缝制品业有企业881家,规模以上企业75家。全行业实现工业总产值48.6亿元,出口交货值33.6亿元,规模以上产值26.7亿元。2021年,绗缝制品行业协会组织浙江千百卉家纺有限公司等8家企业参加第13届中国澳门国际消费品及家居用品博览会;组织浦江康佳工艺品有限公司等16家企业参加2021中国国际家用纺织品及辅料(春夏)博览会;组织浙江浦江戴蒂工艺品有限公司等11家企业参加第27届中国义乌国际小商品博览会。

【水晶制品行业】　2021年,全县水晶制品业有企业469家,规模以上企业55家。全行业实现工业总产值74.19亿元,出口交货值18亿元,利润总额4.9亿元,规模以上产值20.1亿元。2021年,水晶制品行业协会组织浙江浦晶光电科技有限公司等11家企业参加第29届上海国际酒店及商业空间博览会;组织浦江多艺水晶珠宝有限公司等7家企业参加长三角城市工艺美术精品展暨2021年时尚生活用品博览会;组织浙江浦江晶盛水晶有限公司等19家企业参加第27届中国义乌国际小商品博览会。

【服装针织行业】　2021年,全县服装针织业有规模以上企业75家,产值25.8亿元。全行业实现工业总产值98.9亿元,出口交货值38.2亿元,利润总额4.4亿元。

【化学纤维行业】　2021年,全县化学纤维业有规模以上企业4家,产值17.9亿元。全行业实现工业总产值19.2亿元,利润总额1.4亿元。

重点企业选介

【浙江亚特新材料股份有限公司】　浙江亚特新材料股份有限公司创建于2003年3月,占地面积13.33公顷,注册资金1.6亿元,主要生产锦纶6弹力丝、锦纶空气包覆丝,是一家集科研开发、制造、销售为一体,与高科技产品配套的国家高新技术企业。2021年,公司拥有世界先进的日本TMT、德国巴马格纺丝设备268位、自主研发的新型空包一体机120余台,以及德国进口强力仪、全自动卷曲仪等先进的检测设备;拥有专利43件(发明专利14件),承担多项国家火炬计划和重大科技专项项目,获得国家级、省级新产品28项,参与起草编写国家包覆丝行业标准、国家有光异形锦纶6高取向丝行业标准,并于2020年11月发布《锦纶/氨纶空气包覆丝》浙江制造团体标准。公司被评为“国家高新技术企业”“浙江省清洁生产先进企业”“浙江省绿色企业”“浙江省隐形冠军培育企业”“浙江省上云标杆企业”。2021年,实现产值16.79亿元,同比增长67.33%。

【浙江丰安齿轮股份有限公司】　浙江丰安齿轮股份有限公司的前身为始建于1967年12月的浙江齿轮厂,1999年1月由国有企业改制重组为浙江浦江齿轮有限公司,2016年8月完成股份制改造整体变更为浙江丰安齿轮股份有限公司,注册资金3000万元。2017年1月在全国中小企业股份转让系统挂牌上市。公司占地面积6.2公顷,建筑面积5.57万平方米,有员工350人(其中工程技术人员65人),主要设备420台,拥有先进的齿形加工、热处理等工艺装备及完备的齿形检测手段,专业加工生产8级精度、12个模数以内的拖拉机、收割机等各类农机齿轮,年加工生产能力600万件。企业经过50余年的艰苦创业,通过转换企业经营机制,推进产品转型升级,实施产品结构调整,2021年初步形成了较为完善的产品开发、生产、经营体系。公司长期致力于技术创新和核心竞争力的提升,建有国家认定的企业技术中心和博士后工作站,拥有40余项核心技术和专利。先后上榜“浦江县超千万元纳税大户”“浦江县政府质量奖”，被授予“金华市创先争优先进党组织”“浦江县劳动模范集体”称号，被评为“国家高新技术企业”“浙江省守合同重信用单位”“金华市劳动关系和谐企业”。

【浙江浦江货郎先生工贸有限公司】 浙江浦江货郎先生工贸有限公司总部位于浙江省浦江县黄宅镇工业园区，拥有6万余平方米、占地面积1.53公顷的标准化厂区，是一家集智能化生产、数字化仓储物流为主的综合型工贸公司。公司起源于1998年“两元百货店”模式，成立于2008年，经过近20年的发展，围绕供应链的打造，建立起以整合义乌、浦江乃至全国小商品制造源头，“源头集采，砍掉中间商环节，直供终端门店”的供应链体系；公司携手2000余家优质合作伙伴，通过总部自主研发设计及工厂的生产加工能力，优化商品结构，完善“货郎先生”自主品牌建设，并以“货郎先生”为品牌的百货商超模式开拓国内外市场，构建终端零售渠道网络。2021年，公司被评为“中国零售业十佳成长型标杆企业”“中国百货商业信用评价AAA级企业”，被授予“2017中国十佳商业品牌”“2017中国商业创新十大领导品牌”，董事长周建桥入选“2017—2018中国零售业年度人物”。2021年，“货郎先生”总部300余人优秀精英携门店上万从业人员的团队力量，将“品全、质优、价美”涵盖26个大类、拥有35000余种小商品家居百货带向全国26个省市700余家门店，走向海外，服务亿万消费者。

【浙江天晨胶业股份有限公司】 浙江天晨胶业股份有限公司始创于2003年，位于浙江省浦江县独立化工园区内，是一家专业制造销售合成胶乳（丁腈、丁吡、丁苯等）的国家高新技术企业。产品广泛应用于医用手术手套、医用检查手套、家用工业手套、轮胎帘子布、橡胶输送带、涂布造纸、皮革、制鞋、印染、地毯、人造草坪、无纺布、水泥、建材等领域。公司是全国橡胶与橡胶制品标委会合成橡胶分技术委员会委员单位，中国合成橡胶工业协会合成胶乳分会副理事长单位，为羧基丁腈胶乳、羧基丁吡胶乳、羧基丁苯胶乳国家标准制定单位之一；与多家行业龙头企业建立长期合作关系，为山东英科医疗制品有限公司的战略合作伙伴。公司与上海交通大学、复旦大学、四川大学等院校紧密合作，2021年拥有发明专利和实用新型专利35项、软件著作权2项，为浦江县首家博士后工作站。公司拥有年产16万吨羧基丁腈胶乳、合成胶乳生产线，项目占地4公顷，总投资8亿元。所有生产线均采用美国E&H、德国托利多和日本横河的顶级仪表、DCS自动控制系统、ESD安全控制系统。通过智能化制造及先进的工艺技术，产品以600吨为一批次，充分保障产品的先进性和品质的稳定性。在国内同行业民营企业中，以品种多规模大、工艺技术先进、自动化程度高、研发创新活力强等名列前茅。

（张彩彩）

电力工业

【概况】 2021年，浦江县售电量27.18亿千瓦时；全社会用电量29.00亿千瓦时，同比增长20.2%；工业用电量20.59亿千瓦时，同比增长22.63%；三大传统行业——非金属制品（水晶）、纺织业、金属制品业用电量分别为4.25亿千瓦时、2.69亿千瓦时、2.37亿千瓦时；综合供电电压合格率99.88%；供电可靠率

99.98%；线损率3.00%；全社会最高负荷58.36万千瓦，同比增长15.28%。

【电网建设】 国网浙江省电力有限公司浦江县供电有限公司（简称“县供电公司”）完成《多元融合高弹性电网建设工作方案》《“双碳”实施方案》《“能增碳和、光照钻耀”源荷低碳型新型电力系统实施方案》《“十四五”主配网协同发展规划》，发挥规划引领作用。投运110千伏白马改工程，完成15项迎峰度夏配网补强项目，投产59个配网工程。承接110千伏变电站设备检修委托下放工作，完成110千伏前于变、110千伏烟塘变、110千伏月泉变综合检修和110千伏黄宅变综合自动化改造。源网荷储协调发展、清洁能源高效利用、“电力先行”助力“乡村振兴”“共同富裕示范区”专项行动、电力行业纠纷多元化解机制建设等多项工作获政府政策支持，并在农村配网建设、乡村产业现代化转型、农村屋顶光伏发展等14项任务中与政府加强合作。

【安全生产】 出台《公司安全管理提升年活动方案》，细化并落实公司年度安全管理提升任务。开展安全生产专项整治，完成各类专项检查，累计排查治理各类隐患800余项。锚定电网产权、用户产权“双零触电”目标，出台《公司“零触电伤害”工作实施方案》，开展“触电防治专项行动月”工作，打造“零触电伤害”示范典型供电所。推动电力行政执法联动机制落地，修订印发《电力设施保护工作提升方案》，出台群众护线奖励制度。聚焦供电所，探索极端天气下应急快反单元建设，提升应急反应能力。完成“护网2021”专项演习。

【电力保供】 应对能耗“双控”和电力形势，联合成立县能源“双控”专班及县有序用电合署办公联合执法办公室，实行“日报”制度，为政府科学决策提供数据支撑，守牢民生用电底线。深化需求响应资源池建设，保障电力供需平衡，建成多层级负荷资源池9.8万千瓦，同比增长85%，金华各县市排名第一位。完成全省首批绿电交易，交易电量1200万千瓦时，占金华总交易电量的86%。推进浦江万洋众创城“电力+数字”小微园区建设，上线园区能效管控平台，助推企业节能降耗“精打细算”。完成“烟花”台风防御工作，完成“两会”“七一”等各类重大活动保电任务。

【供电服务】 实施“阳光业扩”服务，1250千伏安及以下用户供电方案实现“现场立答”。浙江亚特新材料股份有限公司“气改电”电能替代项目入选国网公司电能替代典型案例。建成1个电力服务示范区和5个新时代电气化村，实现244个村级便民服务中心电力业务全覆盖，自主研发“云享智电”服务平台。服务绿色出行，推进电动汽车充电设施建设，实现县域AAAA级景区充电桩全覆盖。开展“三指定”专项治理、漠视侵害群众利益问题整治，配合完成国家能源局“获得电力”监管迎检，巩固提升服务水平。县供电公司营业厅创建为县2021年“文明示范窗口”。

【党建工作】 开展庆祝中国共产党成立100周年系列活动和党史学习教育，制定17项“我为群众办实事”清单，开展两期党史学习班、“榜样在身边”主题征文等活动。建成江南第一家“红船·光明”驿站和“人和业兴、电亮万家”企业文化展厅，“孝义家风”入选省电力公司百张文化名片。县供电公司电力调度控制分中心被授予“全国工人先锋号”称号。营销部副主任张文明、职工李崇斌被评为8月“金华好人”和浦江县第六届道德模范，营销部副主任张文明、平湖供电所安全员黄宏伟、职工李崇斌被评为浦江县二季度“浦江好人”。

（范姝玥）

经济开发区

【概况】 2021年，浦江经济开发区（简称“开发区”）总规划面积20.26平方千米。一期规划10平方千米建设完工，东至岳塘水库，南至恒昌大道，西至班班大道，北至新浦后公路；二期规划10.26平方千米处于施工建设阶段。开发区有经营主体2050家，其中规模以上企业211家，落地企业483家。全年规模以上企业工业产值154.27亿元，同比增长32.62%；规模以上企业工业增加值28.02亿元，同比增长18.40%；实现出口交货值51.53亿元，同比增长18.08%，其中规模以上企业出口交货值38.29亿元，同比增长14.4%；固定资产投资15.45亿元，同比增长24.60%；工业投资15.26亿元，同比增长22.60%。开发区农转用报批10宗，面积约9.98公顷。其中开发区界山以南地块3公顷，永在大道以西振兴路以南地块三1公顷，岳塘水库以南地块三0.01公顷，岳塘水库以南地块三-1为0.02公顷；岳塘水库以南地块4-A0.19公顷；开发区朝阳区块（九）地块1.54公顷；恒昌大道以南滨江路以北地块0.08公顷；开发区界山以南地块二3.52公顷，开发区保尔路延伸段0.48公顷，大许红砖厂补缺地块三0.14公顷。出让“标准地”12宗，公共设施用地1宗，经营性用地1宗，累计出让土地34.10公顷，出让金额2.98亿元。办理过户流转手续7宗，流转面积4.52公顷。

【转型升级】 开发区全年新培育亿元企业8家、新增小升规企业91家、个转企40家、新申报国家高新技术企业18家、省级科技型中小企业67家、数字化车间改造项目18家、市级研发机构11家、县级研发机构13家、“双龙”计划人才3名、英才计划6名；建立院士工作站1家，引进大学生400名，专业技术人员356名。浦江三思光电技术有限公司入选国家“专精特新‘小巨人’”企业，浙江杭机股份有限公司浦江分公司入选浙江省“未来工厂”试点企业。

【招商引资】 开发区引进重大产业项目14个，计划总投资59.50亿元，其中光电光伏、装备制造等新兴产业项目占到一半以上，成功申报全省光伏产业“链长制”试点。上海亥博胶粘材料有限公司、东阳市奥隆机械设备有限公司、义乌迪源股饰有限公司和浙江帝宏家纺有限公司4个项目落地建设，完成到位内资14.13亿元，同比增长7.40%；浦江三思光电技术有限公司二期、安通智慧谷浦江高端装备制造项目、浦江琦品电器股份有限公司等4个项目于四季度实现落地。引进年产值2000万元以上“零土地”项目25个，完成低效用地再开发13.50公顷，其中盘活闲置土地8.30公顷、闲置厂房5.19万平方米。

【园区建设】 开发区投资4500万元完善区内通济路、金垒大道、振兴路延伸段、新浦后路、牧童路等道路基础设施提升以及绿化亮化等建设工程21个，投资8000万余元的科技孵化产业园建设工程（二期）4.5万平方米厂房及市政配套工程完成全部施工工作。其中许山路延伸段工程、保尔路工程、金垒大道改造提升工程、中干渠改造提升等15个项目全部交工验收投入使用。

【安全生产】 开发区执行“每周半天以上全区行

动”“每日督考办随机查”“每晚值班组突击查”三项检查制度，实施安全生产规范化试点建设工作，全年共完成395家纺缝企业、172家服装企业、28家拥有环保设施企业的安全生产规范化创建工作，同时完成1061家企业“固废一件事”系统注册。

【历史遗留问题化解】 2021年，开发区化解历史遗留问题8个。其中遗留18年、历经三轮换届、影响1公顷企业用地开发建设的金宅村“两吴”问题实现全面化解，10月24日全部拆除；遗留6年的“小赵宅”问题、协商3年多的五善塘“张某秋户”问题完成确权安置；停摆18年的廿亩山商住用地计划正式启动。累计受理信访114件，劳资诉求52起，涉及资金188.80万元，化解率均为100%。

（张娴娴）

水晶产业园区

【概况】 10月，为优化资源配置，浦江县水晶产业园区管委会（简称“水晶产业园区”）将位于210省道以南、浦南街道长春村东侧的南部园区出售给浦江县国资集团。截至12月，中部、东部和西部3个水晶产业园区共入驻水晶企业286家。实现工业总产值65.77亿元，同比增长18%；规模以上企业工业总产值13.30亿元，同比增长108.5%；工业投资完成28138万元，同比增长91.32%。入库税收13873万元，首次突破1亿元大关。水晶行业主导产品前三类为烫钻、水晶灯饰配件、工艺品，市场占有率70%以上。

2021年，水晶产业园区获评“浙江省五星级小微园”“浙江省商业秘密保护基地”，水晶产业园区劳动争议调解中心被列为“调解仲裁案件处理工作成绩突出基层调解组织”。

【招商引资】 2021年，水晶产业园区实施全员招商行动，引进投资1.5亿元的中山市惠泓照明有限公司浦江生产基地项目、投资1亿元的深圳市星之佑科技有限公司LED智能开关电源投资项目等，已确保土地供应准备落地。全年水晶产业园区招引项目6个（其中签约框架协议项目5个，签投资意向书项目1个），总投资6.2亿元，包含投资1000万美元的纯外资项目1个，已供地或落实厂房项目5个。

【人才培育】 水晶产业园区开展专业培训、人才引流、指导服务等，提升园区产业工人的技能水平，助力水晶产业走好创新发展之路。推进“省水晶产业创新服务综合体”平台建设；加大“产学研用”合作力度，与浙江农林大学对接成立浦江产业研究院，与省机电技师学院对接4个共建专业的培训班，不定期开展理论培训和实操培训；引进中国工艺美术大师5名，助力提升水晶企业产品设计和创新能力；建立博士后工作站，致力解决水晶行业废水废渣处置问题；举办浦江县第三届水晶行业岗位技能大赛，选树一批行业创新型技能人才。

【项目建设】 2021年，水晶产业园区紧抓项目建设，金属表面科技产业园厂房建设完工，室外配套及污水处理设施施工中；东部水晶产业园二期完成浦江盛博饰品有限公司建设项目、浦江今饰界水晶有限公司建设项目的厂房建设以及污水处理配套设施项目和排水工程，进行东部水晶产业园二期配套工程横一路、横二路等配套工程施工；水晶小镇小微企业园建成并投入使用。

【提质增效】 2021年，水晶产业园区为盘活存量、做优增量，实施“正向激励+反向倒逼”手段，实行D类企业末位淘汰制度，通过企业兼并重组以及用电量与产能是否匹配的数据比对，淘汰能耗高产出低的劣质企业，鼓励低能耗高产出的优质企业发展，引导企业走好转型升级新路子。坚持“依托平台，数据管理；分档分类，总量管控；因企施策，有序有效”原则，实现园区用能减少。

【安全生产】 水晶产业园区贯彻落实省、市、县有关安全生产、环保工作相关规定和要求，开展各项专项整治工作，推动安全生产、消防安全、园区环保工作健康有序发展，确保园区安全、环保形势平稳。2021年，累计开展楼板承重防渗漏、用电安全、燃气安全、危化品管理、消防安全“敲门行动”“平安护航建党百年”安全隐患大排查大整治等专项行动19次，开展安全生产网格巡查3666人次，排查隐患3359个，安全隐患全部整改到位；开展消防安全、消防应急演练培训各12次，“万名员工”安全大培训20期，累计培训人员4000余人。

【安全生产数字化监管】 2021年，水晶产业园区推进“工业企业安全在线”“危化品风险防控大数据平台”等平台应用工作。园区内所有企业数据录入工作已经完成，并通过微信、会议、培训等方式，确保所有企业能熟练使用“工业企业安全在线”平台的各个应用场景功能模块。此项工作的推广，使网格员能够动态关注各企业在“工业企业安全在线”平台的活跃率、隐患排查率等，实现企业安全管理数字化。

【除漆雾装置】 2021年，综合安全性、环保性、经济性、操作维护便利性等多因素考虑，水晶产业园区要求东部水晶产业园内各涉喷漆工序水晶企业，在既有环保设施的基础上增设“除漆雾装置”，降低安全风险，提高企业污染物排放达标的可靠性。据统计，东部园区共有含喷漆工序的企业71家，有70家企业在喷漆车间共计加装98台“除漆雾装置”，安装率98.6%。

【入选“全省百场最受好评技能竞赛”】 2021年，浙江省总工会发布《关于公布全省百场最受好评的乡镇（街道、园区、产业集聚区）特色职工职业技能竞赛入围赛项名单的通知》，水晶产业园区组织实施的赛项“水晶行业岗位竞赛”入选，推进水晶行业职工职业技能竞赛、新时代产业工人队伍建设。

2021年10月20日，浦江县第三届水晶行业岗位技能大赛 （戴瑞阳 摄）

（李 岚）

行业协会

浙江省水晶工艺制品协会

【概况】 2021年，浙江省水晶工艺制品协会（简称“水晶协会”）有会员单位360家。水晶协会参与社会团体评估工作，被浦江县水晶商会评估为AAAA

级，被浙江省水晶工艺制品协会评估为AAA级；加强轻工技能人才队伍建设，推动水晶行业职业技能等级评价工作规范、科学、有序开展，申请为轻工行业职业技能评价基地；履行社会责任，参与水晶产业园区防疫工作，慰问一线防疫人员、园区保洁员、岩头镇飞轮村及虞宅乡王村老人。

水晶协会组织企业参加政府举办的各类座谈会，提交《关于外贸企业免抵额纳入企业税收的建议》《关于加快水晶行业转型升级的建议》《浦江水晶玻璃出口贸易分析以及建议》等多个报告；反映会员诉求，让政府了解实情，采取针对性措施；不定期走访会员企业，了解企业实际问题与困难，帮助企业解决问题；组织企业参加法律服务活动、协助劳动部门解决企业用工问题等。组织37家企业参加“第27届义乌国际小商品博览会”“第十九届上海酒店用品及商业空间设计博览会”“长三角城市工艺美术精品展”，开设展位72个，协助企业开拓国内外市场，增加贸易合作机会。

水晶协会作为全国日用玻璃标准化委员会工艺水晶分技术委员会的秘书处单位，起草《玻璃制品加工——工艺水晶玻璃制品研磨刻面工》中国日用玻璃协会团体标准，申请立项《工艺水晶玻璃刻面加工工艺技术规范》《工艺水晶玻璃把手》两项协会团体标准，修订国家标准《工艺水晶饰品》，二次宣贯和追踪实施轻工行业标准《水晶自动研磨机》和《工艺水晶玻璃制品术语及分类》。

水晶协会配合县市场监督管理局、县水晶产业园区管委会成立水晶行业品牌指导服务站，为更快处理消费纠纷、提升产品质量，解决品牌建立、管理、保护及运用；向国家知识产权局提交区域商标“浦江水晶”申请，扩大浦江水晶知名度，国家知识产权局已受理；配合水晶产业园区完成油漆废渣等危废的收集、清运和处置等工作，全年共处置废渣约120吨。

【水晶行业岗位技能竞赛】 由县总工会、县人社局、水晶产业园区管理委员会牵头举办，水晶协会承办的浦江县第三届水晶行业岗位技能竞赛在水晶产业园区举办。竞赛分为水晶玻璃刻面、水晶玻璃拉丝、水晶玻璃热成型（手动）3个类别，县内不同水晶企业的83名参赛选手同台竞赛。评选出个人奖项一等奖3名，二等奖6名，三等奖9名，个人优胜奖6名，同时由县劳动竞赛委员会对获一等奖的选手授予“浦江县技术标兵”称号，对获二等奖、三等奖的选手授予“浦江县技术能手”称号。

【预警机制】 水晶协会作为浦江水晶玻璃对外贸易预警示范点（简称“预警点”）的承办单位，预警点下设16位预警员，负责预警信息的上报。预警点负责收集信息与检测重点，每季度进行一次数据统计、信息整理、分析、编报，发现问题上报、反馈给商务部门和企业。预警点每年召开外贸预警信息员会议并组织外出考察，增加团队凝聚力；撰写《2021年水晶行业调研报告》《关于优化通关效率的几点建议》《预警点申请为水晶行业增列税目》《浦江水晶出口贸易情况分析》《如何应对猛涨的国际运费》原创性外贸预警分析报告、上报预警信息共5篇；发动联系企业利用浙江省商务厅的“呼叫中心”解决法律问题。

（陈晓黎）

浙江省绗缝工艺协会

【概况】 2021年，浙江省绗缝工艺协会（简称“绗缝协会”）发展会员4家，共有在册会员单位146家，其中浦江县境内144家、衢州市1家、金华市1家。绗缝协会以浦江县家纺设计研发中心(简称"设计研发中心")为载体,发挥政府与企业之间的桥梁纽带作用,依法依章程开展工作,为企业出谋划策,帮企业趋利避害,维护会员单位合法权益,促进行业健康发展。开展集中座谈调研2次,分组走访调研40余次。绗缝协会获浙江省经信领域行业协会2021年度"党建促服务类"单项奖、被评为浙江省商务厅"2021年度优秀预警点"单位。

【调研考察工作】 3月26日,摸底排查"新疆棉事件"关联企业遇到的困难和瓶颈,向省市商务部门提交《新疆棉事件对浦江绗缝制品影响排查情况汇报》反馈绗缝协会关注企业生产经营状况,通过微信及电话沟通模式摸底排查企业遇到的困难和瓶颈,并向省市商务部门提交反馈;4月26日,县委常委副县长朱红卫带领县府办、科技局等部门负责人,到科创园设计研发中心实地考察并开展调研座谈会,绗缝协会汇报并提出绗缝家纺产业及设计研发中心基本运行情况和存在的困难与问题;6月29日,电话回访及走访部分外贸出口会员企业,了解及排查新冠肺炎疫情持续影响下口岸营商环境的堵点难点,向市、县商务部门提出意见建议;抱团共同探索"制造企业"向"智造企业"转化的转型升级,6月25日,组织8家企业负责人到苏州琼派瑞特科技股份有限公司考察家纺自动化设备。

【四届七次理事会召开】 3月29日,绗缝协会四届七次理事会召开,绗缝协会会长、副会长、秘书长及理事等30余人参加会议。会议通报绗缝协会及设计研发中心2020年工作总结,部署2021年工作重点。邀请县经济商务局副局长陈善友讲解关于绗缝企业数字化提升改造的要求和设想,邀请稠州银行浦江支行行长蔡轶芳、国际业务部主任刘超介绍出口跨境结汇业务及有关汇率风险的应对措施,帮助企业提高外贸抗风险意识。

【线上线下展览】 2021年,绗缝协会组织企业线上线下同步出展。组织企业30余家次参与商务部门组织的2021浙江出口网上交易会;3月,组织16家企业计32个展位参加2021中国(上海)国际家用纺织品及辅料(春夏)博览会,展出面积288平方米;6月,组织9家企业计14个展位参加2021澳门国际消费品及家居用品博览会,展出面积126平方米;10月,组织11家计22个展位参加第27届中国义乌国际小商品(标准)博览会,展出面积198平方米。展览展台均以特装形式亮相,委托专业公司设计展台,塑造浦江绗缝企业整体形象,利用专业性、大规模的会展平台,展示浦江绗缝产品的品位,全方位、多渠道宣传浦江绗缝企业,提升"中国绗缝家纺名城"的美誉度。

2021年3月17日,中国国际家用纺织品及辅料(春夏)博览会——浦江展馆　　(楼湘君　摄)

【外贸预警及培训】 浦江绗缝家纺制品对外贸易预警点预警参与企业31家,利用浙江省对外贸易公共服务平台网站,结合绗缝协会移动E管家、公众号、微信、QQ等网络平台，为企业收集和发布有效预警信息113条，编写绗缝行业经济运行季度分析报告4期，组织会员企业参加出口跨境结汇业务及有关汇率风险的应对措施培训1次、“2021年浙江省外经贸法律服务月浦江站暨金融暖心助企活动”1次、参加“浙”里有“援”云上大讲堂——“国际供应链合规与数据合规”主题培训1次。

【设计研发中心】 截至12月，设计研发中心总计开发设计整理图稿47646件（其中原创画稿8207件、产品包装及广告、标志设计439件、整理收集国内外市场适销对路画稿39000余件）。6月，县委、县政府及有关部门负责人、绗缝协会及部分企业负责人到武汉纺织大学走访商谈对设计研发中心深化合作事宜，后续合作达成协议，县政府继续给予设计研发中心三年政策支持。

（楼湘君）

浙江省挂锁行业协会

【概况】 2021年，浙江省挂锁行业协会（简称“挂锁协会”）完成数字化改造工程。召开四届第十次、第十一次会长办公、换届筹备工作组第一次会议。收集归纳挂锁行业存在的行业形势、营商环境、原材料上涨等问题，提出《挂锁行业外贸形势分析》提交县商务局供市外贸形势分析会讨论、《挂锁企业优化口岸营商环境问题和建议》、《大宗商品持续上涨统计》等各类意见和建议10余条。开展4次职业技能培训、1场职业技能竞赛。制订和发布2个浙江制造标准和4个团体标准。“青蓝计划”名师带徒21对，选评助理工程师11名、工程师4名、钳工技能人才评价考评人员5名。组团参加澳门家居博览会、义乌国际小商品博览会、义乌国际五金电器博览会等；组织56人次参加浙江省外经贸法律服务月浦江站暨金融暖心助企活动2场。

【调研考察】 5月22—26日，组织40余名理事到陕西省延安市开展学习考察活动，接受革命传统教育。发挥自身优势，寻找与延安产业对接的结合点，把浦江县的资金、技术、管理等优势与延安的资源、产业特色结合起来，携手融入“一带一路”建设。6月10日，会长周晓明一行4人拜访澳门地区供应商联合会，受到理事长李杰兴等接待。把握中国澳门地区作为中葡经贸合作平台、大湾区核心城市的优势地位，把浙江省优质产品推介到澳门地区及通过澳门地区平台推广到葡语系国家，共商两地合作商机。6月25日，省经信领域行业党委副书记、省经信厅中小企业服务中心主任娄万总带队到浦江调研挂锁协会的工作情况。参观浙江金垒锁具制造有限公司，深入生产车间，了解生产经营情况。助推企业以提效率、降成本为核心的数字化转型工作，绿色发展，降低能耗，注重安全生产，推动产业可持续健康发展。

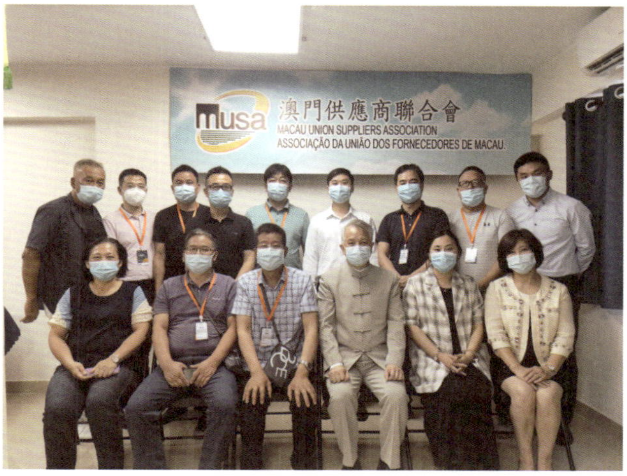

2021年6月10日，浙江省代表团访问澳门供应商联合会　（县挂锁协会提供）

【数字化改造】 在县经济商务局的推动下，企业统一思想、高度重视，推进数字化改造实现新突破。3月2日，召开挂锁（五金）行业数字化改造平台项目启动会，由县移动公司承担项目的开发工作。4月29日、6月17日、7月8日和12月1日分别召开挂锁（五金）行业数字化改造推进会，掌握项目推进情况，解决项目建设中的困难和问题。

【高技能人才培养】 挂锁协会组织18家企业计2289名企业职工开展质量检验项目制培训，2147名学员获质量检验初级工证书。与浦江技工学校合作，组织38名企业职工参加钳工培训，17名学员获中级职业资格证书；组织40名企业职工参加电工培训，27名学员获中级职业资格证书；与浙江省机电技师学院组织457名企业职工参加营销员（三级）职业资格培训，296名学员获高级职业资格证书。9月19日，举行2021年浦江县工具钳工职业技能竞赛，全县26家制锁企业计122名选手参赛，102名理论知识和技能操作成绩均合格，并获三级职业技能等级证书。其中，浙江浦江裕恒五金制品有限公司的职工洪宣获竞赛第一名，浦江威力仕锁业有限公司职工方文件获第二名，浦江康圣锁具有限公司职工赵国良获第三名，均被县劳动竞赛委员会评为“浦江县技术标兵”；获第四至第八名的选手，被县劳动竞赛委员会评为“浦江县技术能手”。开展“青蓝计划”名师带徒活动，推选具有良好职业道德和较高技能素质的师傅李家庆、郑期浪、吴秉双、于清、甄国伟、陈红专、方文件、赵国良，签订定期化师徒传帮带协议，结对帮助21位新进入职、转岗和技能尚未达标的职工，提升技术技能素质。

2021年9月19日，浦江县工具钳工职业技能大赛

（陈丽容 摄）

【专业人才培养】 成立浦江县挂锁行业助理工程师职务任职资格评审委员会，评选黄南洪等第一批助理工程师11名。培养技师郑期浪、郑红钢、于清、陈红专和宣黎建为钳工技能人才评价考评人员，可接受人力社保部门在全省范围内的考评委派。开展企业创新型人才中级专业技术资格申报工作，宛保国、黄海银、黄金明、陈远征被评定为机电制造工程师。开展高技能领军人才的选拔，郑期浪被评定为浦江县技能大师，郑红钢、杨华和甄国伟被评定为浦江县首席技师，陈红专、李钢锋、毛伟进、赵国良和于清被评定为浦江县技能之星。

【标准制订】 完成《密码挂锁》《指纹挂锁》《顶开挂锁》和《挂锁配件技术规范 第4部分：高分子复合材质 有舌弹子挂锁锁芯》团体标准制订，于6月19日通过由国家轻工业造纸食品日用化工塑料机械质量监督检测中心高级工程师兰春林、浙江金垒锁具制造有限公司工程师周晓明、浙江浦江梅花锁业集团有限公司工程师郑隆喜组成专家组审查，7月1日在全国团体标准信息平台发布，共有83家企业承诺实施。参与制定《电子智能指纹挂锁》和《自动弹子锁具装配机》2个浙江制造标准。

【应对贸易摩擦】 面对各级商务部门对预警工作

的新要求，注重重点出口市场的出口比例、产品份额分析，及原材料、上下游供应链统计分析，形成月度常态化预判分析、季度重点预判分析、重大问题提前预警的预判预警分析制度。在省对外贸易公共服务平台上报信息52条、下发信息401条、季度分析4篇，预警微信群发布信息71条。编印4期《浙江挂锁》内部期刊及时发布政务信息、行业动态、参展、标准、预警等信息供会员企业参考。5月26日，组织17家企业参加2021年浙江省外经贸法律服务月浦江站暨金融暖心助企活动。9月7日，组织18家有自营进出口权的挂锁企业参加浙江省商务厅举办"2021企业外经贸合规系列培训之二——国际供应链合规与数据合规最新热点线上直播培训"，企业要做到数据安全和数据合规并举，提升企业合规竞争力。

【国内外展览】　4月22日，挂锁协会组织23家制锁企业参加第5届中国义乌五金电器博览会，共计40个展位，线上对接印度、孟加拉国、巴基斯坦等多个国家的专业采购商，构建"线下展会+线上贸易"的新方式。6月11—13日，挂锁协会以产业基地的形式集中展示，组织浙江浦江梅花锁业集团有限公司、浙江浦江雷力仕锁业有限公司、浦江亚环锁业有限公司、浙江浦江圣力工贸有限公司、浦江超格锁业有限公司、浙江浦江三菱制锁有限公司、浦江鲲鹏进出口有限公司七家龙头企业计17人参加第13届澳门家居及美食博览。10月21—24日，组织16家企业计31个摊位参加第27届中国义乌国际小商品(标准)博览会，设浙江省挂锁行业协会专区。

【达标表彰】　在企业自愿、专家审定的基础上，温州市鑫密码锁业有限公司的"鑫密码"牌挂锁获2021年浙江省挂锁行业名牌产品、浦江县天宗工贸有限公司获浙江省挂锁行业优秀配件配套企业。李家庆等8位专家、何京航等6位预警信息员，分别获行业专家和预警信息工作一、二、三等奖，刘承享等10位获劳资纠纷咨询暨团体保险优秀工作者。

【企业风采】　浙江浦江梅花锁业集团有限公司被评为"省级'专精特新'中小企业""浦江县制造业技术改造与转型升级示范企业""浦江县数字化改造示范企业""浦江县科技创新示范企业"，为浙江制造团体标准《电子智能指纹挂锁》第一起草单位；烟台三环锁业集团浦江有限公司被评为"国家高新技术企业""省级科技型中小企业""省级知识产权贯标企业""浙江制造'品'字标认定企业"，获发明专利2项(一种自锁式安全开合装置、锁具薄膜包覆装置及包覆方法)和7项实用新型专利；浙江浦江圣力工贸有限公司首次通过ISO 14001:2015环境管理体系和ISO 45001:2018职业健康安全管理体系认证，为浙江制造团体标准《弹子锁具自动装配机》第一起草单位；浦江县卓业金属制品有限公司被评为"国家高新技术企业"。

(陈丽容)

投资促进

【概况】　2021年，县投资促进中心共签约亿元以上项目37个，协议总投资174.34亿元。其中3亿元以上项目15个，总投资145.2亿元，完成率125%；20亿元以上项目3个，协议投资额71亿元，完成率300%；落地新签约3亿元以上重大产业项目7个，总投资50亿元，完成率100%。重大产业项目到位资金34.2亿元,完成率142.5%,其中制造业项目到位资金19.7亿元,完成率123.1%。

【浦江县重大招商引资项目集中签约仪式】 7月29日,浦江县举行重大招商引资项目集中签约仪式。现场签约项目30个,总投资149.84亿元。其中20亿元以上项目3个;制造业项目25个,投资额89.85亿元。项目涵盖现代物流、高端装备、智能制造、新材料、现代农旅等多个领域。

（石淑珍）

国内贸易

【贸易流通】 2021年，全县实现社会消费品零售总额102.4亿元，同比增长5.1%，列全市第十位，其中限额以上社会消费品零售总额17.5亿元，同比下降1.2%，列全市第十位；批发业商品销售额较2020年同比增长29.1%，列全市第六位，其中限额以上批发业销售额45.2亿元，同比增长31.3%，列全市第五位；零售业商品销售额较2020年同比增长9.0%，列全市第十位，其中限额以上零售业销售额18.2亿元，同比增长3.3%，列全市第十位。新增限额以上批零住餐企业（下升上入统）37家。

国外贸易

【概况】2021年，全年实现外贸进出口总额13.77亿美元，同比增长16.91%。其中，外贸出口13.37亿美元，同比增长14.63%，增幅排名列全市第6位，出口占全国比重0.398‰，出口占全国份额完成度102.21%，完成率全市排名第5位。

新增外贸出口主体149家。出口超千万美元企业22家，同比增加14家。全年共组织92家企业参加网上出口交易会和第129届、第130届线上中国进出口商品交易会（简称“广交会”）；组织176家次企业参加上海家纺展和酒店用品展、海南首届国际消费品博览会、第二届中国—中东欧国家博览会、中国义乌国际小商品博览会和第四届中国国际进口博览会。

鼓励企业参加出口信用保险，推进小微外贸企业统一联保制度，中国出口信用保险公司浙江分公司营业部围绕浦江外经贸发展重点，向浦江投保企业推送“信用风险预警”52次，并为浦江所有投保企业开通“信步天下”App功能，累计为企业挽回损失约465.1万元。1—12月，参与出口信用保险政府联保企业346家，覆盖率74.73%。

2021年，浦江县被确定为浙江省贸易调整援助试点地区，入选了省商务厅公布的“全球数字贸易云展会平台”项目应用场景先行示范点。

2021年浦江县主体市场自营出口情况表

表4

地区/国家	出口地	2021年		2020年		同比增减(%)	比重增减(%)
		出口总额(美元)	占比重(%)	出口总额(美元)	占比重(%)		
地区	合　计	1337494186	—	1166819812	—	14.63	—
	亚　洲	466407688	34.87	440277888	37.73	5.93	−2.86
	北美洲	311730155	23.31	295594210	25.33	5.46	−2.03
	欧　洲	292061800	21.84	246738577	21.15	18.37	0.69
	拉丁美洲	202812495	15.16	115023877	9.86	76.32	5.31
	欧盟(27)	136370771	10.20	127878161	10.96	6.64	−0.76
	东盟(10)	66871191	5.00	113246770	9.71	−40.95	−4.71
	非　洲	52532869	3.93	56154864	4.81	−6.45	−0.88
	大洋洲	11949179	0.89	13030396	1.12	−8.30	−0.22
国家	美　国	298335798	22.31	262663840	22.51	13.58	−0.21
	阿联酋	126920203	9.49	79514439	6.81	59.62	2.67
	印　度	115388902	8.63	54912582	4.71	110.13	3.92
	俄罗斯	109137191	8.16	72046999	6.17	51.48	1.99
	智　利	82630200	6.18	36161963	3.10	128.50	3.08
	墨西哥	48304530	3.61	21167433	1.81	128.20	1.80
	韩　国	45985465	3.44	58308493	5.00	−21.13	−1.56
	巴　西	31176979	2.33	26854315	2.30	16.10	0.03
	英　国	28514093	2.13	28226493	2.42	1.02	−0.29
	德　国	26358153	1.97	29401035	2.52	−10.35	−0.55
	印度尼西亚	24553560	1.84	23703792	2.03	3.58	−0.20
	荷　兰	22558339	1.69	26097234	2.24	−13.56	−0.55
	马来西亚	18411838	1.38	31593895	2.71	−41.72	−1.33
	土耳其	15675425	1.17	15256736	1.31	2.74	−0.14
	西班牙	15657272	1.17	12074273	1.03	29.67	0.14
	巴基斯坦	14961466	1.12	15007076	1.29	−0.30	−0.17
	法　国	14765633	1.10	13577063	1.16	8.75	−0.06
	乌克兰	14721543	1.10	13805325	1.18	6.64	−0.08
	加拿大	13393899	1.00	32930370	2.82	−59.33	−1.82

2021年浦江县自营出口商品情况表

表5

序号	分行业	2021年出口金额(美元)	2020年出口金额(美元)	同比出口金额增减(%)	占比重(%)
浦江县		1337494186	1166819812	14.63	—
1	水　晶	80557146	37549822	114.53	6.02
2	制　锁	63452353	49205703	28.95	4.74
3	绗　缝	230374306	189845310	21.35	17.22
4	纸及纸制品	4247798	2426740	75.04	0.32
5	针　织	62136133	51295681	21.13	4.65
6	服　装	242165408	151278483	60.08	18.11
7	贸　易	386250940	503934564	-23.35	28.88
8	医药制造业	218987	—	—	0.02
9	橡胶和塑料制品业	34218972	18565235	84.32	2.56
10	文教、工美、体育和娱乐用品制造业	19721060	16326343	20.79	1.47
11	通用设备制造业	367027	169658	116.33	0.03
12	汽车制造业	21845479	13841654	57.82	1.63
13	其他制造业	34251722	19240142	78.02	2.56
14	皮革、毛皮、羽毛及其制品和制鞋业	15072836	11059423	36.29	1.13
15	木材加工	1090942	645299	69.06	0.08
16	金属制品业	31588864	22472573	40.57	2.36
17	家具制造业	7696860	7333247	4.96	0.58
18	计算机、通信和其他电子设备制造业	1631875	525024	210.82	0.12
19	化　工	11509402	13301480	-13.47	0.86
20	非金属矿物制品业	4275714	1855051	130.49	0.32
21	纺　织	35921877	14172630	153.46	2.69
22	电气机械和器材制造业	38309259	33303684	15.03	2.86
23	食　品	431156	189137	127.96	0.03
24	专用设备制造业	10158070	8282929	22.64	0.76

【法律服务月活动】 5月26日，浦江县经济商务局联合省商务厅贸易救济局、市商务局、中国银行浦江县支行举办“法律服务月浦江站暨金融暖心助企活动”，资深法律专家、金融专家为全县外贸企业提供法律服务，讲解国际贸易现状，解读汇率应对策略。

【提升境外外贸综合服务体系】 7月，浦江县与欧洲华捷投资发展有限公司签署合作协议，借助义乌市“一带一路”捷克站平台优势，开展提升境外外贸综合服务体系项目建设，通过“一带一路”捷克站将海外人才、项目、资金引入浦江，吸引捷克的水晶企业、研发设计机构、水晶工匠入驻中捷（浦江）水晶产业园，提升全县水晶产业价值链，推动捷克和浦江水晶企业在品牌、人才培训、技术等方面的深度合作。由于新冠肺炎疫情影响，无法开展与捷克的线下经贸往来活动，截至12月，完成在捷克的浙江省丝路中心浦江版块的布展工作，浦江多艺水晶珠宝有限公司与捷克一家企业品牌收购事项处于商谈阶段。

【获批浙江省贸易调整援助试点县】 2021年，浦江县被确定为浙江省贸易调整援助试点地区，争取到试点资金200万元。开展绗缝产业试点工作，对全县因贸易摩擦、关税壁垒、国际营商环境变化等因素而导致贸易利益受损的中小企业进行援助，保障维护产业安全、推动促进转型升级，提升国际竞争优势。全年共有13家企业提交援助申请，获得援助项目资金补助140万元。

【入选“全球数字贸易云展会平台”项目应用场景先行示范】 2021年，浦江县入选省商务厅公布的“全球数字贸易云展会平台”项目应用场景先行示范点。该项目以“浦慧展”应用场景为切口，以数字化聚焦企业需求，联动政府公共资源数据，服务企业双线参展，打造展览展示、撮合预约洽谈、会议、培训等功能，以区块链技术实行版权保护，建设线上展会平台。通过数据归集，为全县展会主管部门提供全球重点展会信息，掌握浦江企业开拓全球市场轨迹，有效评估展览资金使用绩效；降低企业数字参展成本、简化手续，并为企业提供营销数字化转型新工具，实现规模应用降低边际成本，增强营销竞争力、增加贸易机会。截至12月，“浙政钉”App上线“浦慧展”数字贸易云展会平台功能，迭代更新开启试运行，“浙里办”小程序的数字贸易云展会平台开发建设接近尾声，处于“浙里办”上线流程，协同接口申请、政务云资源转入。

电子商务

【概况】 2021年，全县实现国内网络零售额102.6亿元；农产品网络零售额为3.1亿元。有各类网店超1.86万家，其中活跃经营主体6110家，活跃网络零售网店总数在金华市排名第三位，在全省排名第26位。电子商务就业创业氛围良好，直接解决就业岗位1.78万个，间接带动就业岗位4.68万个。省级电子商务专业村20个，专业镇5个。全年累计开展培训、沙龙、资源对接会等234场，培训企业数5146家次，其中组织线上线下跨境电商培训178场次，惠及4696人次，新增跨境电商店铺196家。

【国家电子商务进农村综合示范县项目】 9月，位于浦江县东山路与恒盛路交叉路口西北侧（申通电子商务楼）的浦江县电子商务公共服务中心投入运营，开展系列电商知识与技能培训，配置服务设备，提供产品供应链，优选电商培训过程中的创业人员孵化，提供人才培育、品牌打造、营销推广等增值服务，截至12月共组织4场电商培训活动，惠及102人次。2021年，推动县乡村三级物流配送体系建设，优化提升2000平方米的县级物流配送中心，改造提升1个乡镇级物流服务站点，整合10个村级物流服务点，建设物流信息数据应用平台。推进农村电商公共服务与产业培育，举办“浦江特色产品——檀溪味道”线上直播、浦江县“云上年货节”浦江海乐城线上直播、浦江县“云上年货节”新光村线上专场直播3场活动，“云上年货节”直播活动累计总销售额68.45万元；面向农村地区开展电子商务培训，组织岩头镇、檀溪镇及杭坪镇3场专场电商普及培训，共有64人参加培训。建设农村电子商务市场运营体系，创建1个农产品区域公共品牌——浦色浦香；打造县电商产品数字供应链；推动农产品透明生产，筛选确定5家试点企业安装360度高清监控探头和农作物生长环境气候监测传感器，实现企业端、监管端、消费者三方实时随地查看生产企业实际生产加工情况。

【数字生活新服务样板县创建】 2021年，浦江县被列入省数字生活新服务样板县创建名单，围绕《浦江县数字生活新服务样板县创建实施方案》，紧抓数字化发展机遇。8月31日，举办“云享浦江、月月好货”达人直播活动；10月，在杭州天目美好节期间进行浦江数字生活新服务主题展，宣传浦江的数字生活相关情况；11月13日，开展“十企百场系列直播·走进浦江产业带”活动，组织10家企业举办100场直播；11月20—26日，在人民广场商圈举行为期一周的数字生活消费周活动，活动期间累计共上架购物平台商品465件，领取优惠券22.8万张，优惠券总额超2000万元，带动消费总额超1500万元。创建浦江县数字生活地图平台，以数字生活地图为载体，通过数字商圈、数字文旅、智慧菜场、农特产品和“小浦拍卖”等多个生活领域的数字化建设，实现出行、餐饮、购物、娱乐等主要生活功能数据融合，为人民群众实现吃住行游购娱“一站式”的数字生活新体验。

2021年11月13日，“十企百场系列直播·走进浦江产业带”活动　　（县经济商务局提供）

【入选省商务领域共同富裕试点项目】 根据《浙江省商务厅关于公布全省商务领域共同富裕试点项目（第一批）的通知》，浦江县《消费品供应链新服务助力县域共富》项目入选浙江省商务领域共同富裕试点项目。该项目以优质服务共享为主攻方向，在商务领域高质量发展中推动共同富裕，加快突破发展不平衡不充分问题，力争到2025年推动共同富裕取得实质性进展，基本实现共同富裕各项指标，全民共享优质商品和服务、高品质消费和生活，形成阶段性标志性成果。

【树立绗缝家纺产业谷歌独立站标杆】 先后为10家绗缝企业量身定制数字营销方案，根据每家企业的业务内容和产品效果，建设符合海外审美的数字营销独立站，展现了各家企业的生产建设情况、联系方式及产品信息等内容，实现了企业对外的展示需求，同时网站实现了完善的内部优化及询盘收录系统，可以获得海外客户的相关信息内容。实现企业曝光量累计1931万次，访问网站14万次，记录到海外客户询盘意向1084次。

【绗缝产业跨境电商直播季】 6—8月，组织10家绗缝企业开展22场跨境电商直播，其中包括15场寄件直播和7场探厂直播，同时为浦江绗缝产业制作产业带宣传视频，通过直播和Facebook、站内推广等营销方式实现浦江绗缝企业品牌宣传总曝光约38万次、粉丝总覆盖150万人的优异成绩。

粮食和物资储备

【概况】 严格储备粮管理，每季度对县粮食收储有限公司各粮库进行“一符四无”粮仓检查鉴定，并按要求完成“双随机”抽查，县级储备粮油数量真实，质量达标，储存安全。重视粮食安全应急保障，健全粮食应急供应网络，落实粮食应急供应网点19个，粮食应急加工能力120吨/日，粮食市场供应正常，价格平稳。

开展2021年全国政策性粮油库存检查，配合省人大常委会《粮食安全保障条例》执行情况检查，市人大常委会副主任董巧娟带队对浦江县《粮食安全保障条例》执行情况进行执法检查，并实地检查了县中心粮库和一家粮食应急加工厂。9月29日至11月12日，县委第一巡察组对浦江县涉粮问题开展专项巡察。12月31日，县委巡察组向县粮食安全工作协调小组反馈巡察情况意见。

【粮食轮换】 新增储备粮规模1600吨，晚稻比例由原来的30%增加至35%。通过网上公开招拍，县级储备粮油共轮换7530吨。执行库存管理规定，全年月末储备实物库存占储备规模比例均达到考核要求的70%以上。2021年，县级储备粮食28800吨，其中小麦9000吨、早籼稻谷9100吨、晚籼稻谷10000吨、成品粮700吨，县级储备食用油一级豆油30吨。

【粮食收购】 落实粮食订单收购政策，对早稻实行县内订单全覆盖，晚稻敞开收购。2021年，全县共签订早稻订单面积190公顷，订单粮食1140.4吨，实际收购早稻452吨、晚稻76吨。订单早籼谷收购价每50千克125元，订单早籼谷价外奖励每50千克30元，由财政补贴资金“一卡通”支付，中晚籼稻收购价为每50千克146元(含政府奖励每50千克15元)，政府奖励在粮食收购时直接兑现。当年生产的早籼稻(三等)、中晚籼稻和晚粳稻省最低收购价格分别为每50千克125元、131元和133元。

【应急物资储备】 加强与保供责任单位及企业主体的联系，动态监测大米、食用油、肉类、蔬菜、蛋品等商品的销售、库存和价格变动情况，确保及时准确掌握市场异常情况，进行科学预测。指导并协调城区大型重点超市应急保供物资的储备、供应，重点做好大米、蔬菜、蛋品等生活必需品的应急储备。2021年，县级储备冻猪肉130吨。应急救灾储备物资运行正常，按照县应急管理局指令及时调配。

(张彩彩)

供销合作

【概况】 2021年，全县供销系统实现总经营收入2600万元，社有资产增加值1828万元，被评为全省供销系统信息宣传工作先进单位、金华市供销系统综合业绩考评优秀单位。全县有基层中心供销社2家(黄宅中心供销社、城关中心供销社)，下属全资企业4家(浦江县兴合资产经营有限公司、浦江县供销电子商务有限公司、浦江县供销农副产品经营有限公司、浦江县烟花爆竹专营有限公司)。

浦江县供销合作社联合社(以下简称“县供销联社”)以资产管理处置、重大项目投资、大额资金使用、重要人事安排、工程建设、资金结算、招投标、改制重组、融资担保等为重点,开展供销系统腐败和作风问题专项整治,梳理问题清单59项,完成问题整改59个,追缴资金424.2万元,组织处理14人,制订和完善内部管理制度13项。

2021年,县供销联社出台社有资产租赁和资金管理办法、重大投资项目决策、内部审计办法等管理制度,进一步规范项目投资、管理和资产处置的科学决策、民主决策机制。完成兴合资产财务管理核算中心组建,实行基层供销社、社属企业财务“集中管理、统一审核、分户核算”的管理体制,做到全过程监督,提升基层社财务规范化、科学化水平。完成虞宅、白马、中余等地6处闲置资产和历史遗留问题的处置。委托第三方机构全面开展资产、资金、土地等清理清查,完成社有资产清产核资工作。创新社属企业运营管理模式,对供销电商公司实施承包管理制度,年度累计销售额突破100万元。

【为农服务】 县供销联社完成277家县农合联会员数据库的更新工作,基本完成数字农合联基础平台建设。成立浦江县枇杷产业农合联,首批吸收会员61人,搭建枇杷产业社会化服务和共建共享平台,助推产业振兴和农民增收。提升供销合作社为农服务能力,建立县供销合作发展基金50万元,用于委托、购买服务和补助奖励等为农服务事项。依托浦江浙农农业科技服务公司,持续做好农业社会化服务,完成15个乡镇(街道)的村级综合服务社建设,并设立农资销售(联络)点,年度配送各类肥料和农药2300余吨,配方施肥1666.68公顷,统防统治面积5000亩次,无人机作业面积7000亩次。举办阳光玫瑰葡萄花期管理、葡萄疏花疏果技术、农产品经纪人、抖音短视频等培训6期,参与1200余人次。

【项目招商】 12月9日,浦江县烟花爆竹专营有限公司与浙江兴振农生物质科技有限公司签约浦江供销生物质再生资源项目,项目总投资3000万元,以打造农林废弃物、建筑废弃物综合利用体系为目标,建成运营年收集加工生物质新材料20余万吨,实现年产值8000万元、创税500万元以上,助力乡村振兴和农民增收。

2021年12月9日,浦江县供销生物质再生资源项目签约 (郑玉峰 摄)

【葡萄销售】 2021年,县供销联社首次与碧桂园物业合作,在上海城市高端社区举办浦江葡萄推介会。通过精准对接、多渠道宣传,浦江“巨峰葡萄”总体收购价同比提高10%~15%左右,助农增收2400万元以上。为破解葡萄销售难、物流难、品控难,助力浦江葡萄进入杭州千家万户,联合浦江邮政局整合邮政物流和互联网技术,在智慧物流基础上,首次开通杭州“同城配”,采用点对点直配物流结合“EMS极速鲜”品牌邮寄服务模式,通过系统下单、产品揽收、冷链运输、分拨配送全链路高效协

2021年8月1日，县供销联社组织到上海嘉定区、奉贤区的社区宣传推介浦江葡萄 （郑玉峰 摄）

同，实行从“产地最前一公里到消费者最后一公里”的全程服务，进一步实现降费提速目标。“同城配”开通以后，相较于传统寄递降低邮寄费用50%以上，且全程使用冷链车运输，确保杭州老六城（上城区、下城区、拱墅区、江干区、西湖区、滨江区）全部当天投递到位。浦江县所有邮政支局、邮政物流揽收点均提供收寄服务。

（郑玉峰）

烟草专卖

【概况】 2021年，累计销售卷烟15979箱，同比增长2.96%；实现税利1.86亿元，同比增长6.95%；单箱销售额4.48万元，同比增长5.32%。重点品牌销量14454箱，同比增长5.94%；终端网建量质并举，建成加盟终端40家，比重1.48%。现代终端629户，比重23.31%。“香溢通”店铺管理系统安装客户989户，占比36.61%，安装双屏机633台，占比23.45%；全年实现非烟销售671万元，零售户非烟进货面47.52%。

县烟草专卖局全年查处各类违法经营案件135起，查获卷烟2.6万条，同比增长36.4%。突出“违法大户”“重点籍”零售户监管，查获违法违规大户案件73起。查获省外“双5”无证运输省外烟案件4起，输出情报线索查获省外“双10”无证运输案件3起，“双5”案件17起。清理异常状态零售许可证301本。

2021年，县烟草专卖局综合业绩考核在全市烟草系统排名第三位。

【“8·10”生产销售假冒伪劣卷烟案】 2020年7月14日，县烟草专卖局接到一起投诉举报称，在某副食店买到一包烟疑似假烟，专卖人员立即前往处理，并在店内查获假冒利群（软红长嘴）牌卷烟；通过对店主询问以及前期摸排，初步确定有几名浦江籍男子上门推销假烟，且数量较大，县烟草专卖局立即将线索移交给县公安局；2020年8月10日，县公安局予以立案，并会同县烟草专卖局成立专案组开展案件调查；2020年12月8日，专案组在浙江、福建、广西三地同时收网，出动烟警人员共计104人，现场控制嫌疑人40人，后期刑拘20人，取保候审8人，共查获藏匿卷烟仓库8个，涉嫌假冒卷烟4462.8条，涉案金额3000余万元；此案于2021年7月14日和8月3日分别宣判，对24名涉案人员判处1～5年有期徒刑。

（王奕辰）

农业·农村

综　述

【概况】　2021年，全年实现农林牧渔业总产值27.92亿元，同比增长2.63%。农民收入持续增长，农村常住居民人均可支配收入28014元，同比增加3066元，同比增长12.3%，增幅排名全市第二位。粮食、水果、蔬菜、茶叶、畜牧业、水产业等农业产业取得新成效，新时代乡村建设、历史文化村落、未来乡村建设等乡村振兴项目取得新亮点，“数字三农”深化农村集成改革取得新突破，强村富民集体经济发展取得新进展。

【稳产保供】　县政府出台《浦江县粮食生产功能区整治优化工作方案》，按照“一区一策”、因地制宜，有序推进整治工作。以146个粮食生产功能区为重点，在全县开展605.8公顷粮食生产功能区“非粮化”整治优化。出台《浦江县粮食生产扶持政策》，加大粮食生产扶持力度。2021年，发放粮食生产补助资金740.97万元，比2020年的551.54万元增加189.43万元，同比增长34.5%。

种植业

【概况】　新建高标准农田753公顷，补建高标准农田513公顷。全县粮食播种面积5433公顷、总产量2.6万吨，其中早稻播种面积180公顷、产量73公顷。推进耕地“非粮化”整治，早稻扩面113公顷，旱粮扩面66.7公顷，套种马铃薯扩面133公顷。整治抛荒田657公顷，粮食生产功能区提标改造200公顷。全县蔬菜种植面积5140公顷，总产量12.52万吨，总产值3.13亿元，分别比2020年增加0.78%、0.24%、1.6%，其中山地蔬菜种植面积2060公顷，产量6.76万吨，产值1.68亿元，分别比2020年增加5.6%、1.2%、9.4%。西甜瓜种植面积600余公顷，产量1.47万吨，产值4275万元。草莓种植面积40公顷，产量835吨，产值3580万元。

【蔬菜生产】　2021年，新增钢架大棚4.5公顷、喷滴灌面积5.3公顷。全县通过无公害认证的蔬菜基地9个，基地面积共计237.6公顷；绿色农产品证书数1个。为解决产业效益，提高菜农收入，浦江县蔬菜技术推广站推行“三分六统”蔬菜产业化经营管理模式▲。以“一个中心，二个示范点”为建设重点，一个中心即眷心农业集约化育苗中心，二个示范点即杭坪镇寺坪和大塘高山蔬菜示范基地，打造山地蔬菜产业联合体，推进全县高山蔬菜产业转型升级。截至2021年，全县共建成示范基地10个，示范面积218.5公顷，带动农户160余户，年均每公顷收入从12万元增至21万元，其中最多30万元以上，增收成效显著。

▲“三分六统”蔬菜产业化经营管理模式：即分户管理、分户采摘、分户结算；统一品种、统一育苗、统一移栽、统一药肥、统一品牌、统一销售。此种模式是由基地统一提供种苗、药肥，统一提供技术服务，农户对认领地块各自管理、采摘，并由基地统一收购、销售。这不仅能最大限度地发挥农户生产的积极性，并且通过标准化生产还能保障产品的品质，非常有利于打造区域特色品牌，最终实现农户和基地的双赢。

（陈健锋）

【高标准农田建设项目市级评审会】 5月27日，2021年浦江县高标准农田建设项目初步设计市级评审会在县农业农村局召开，评审专家组由金华市农业农村局计财处处长徐宏、项目中心主任徐敬峰等5位专家组成，农业农村局分管负责人于闯进、农业农村局农业综合开发服务中心全体人员、10个项目涉及所在乡镇街道农办主任参加评审。此次会议采取PPT汇报，5位评审专家现场点评，10个建设项目通过市级评审。

【高标准农田建设】 县农业农村局贯彻落实“藏粮于地、藏粮于技”战略，持续推进高标准农田建设工作，并将此项工作作为助推乡村振兴的基础工程和改善民生的民心工程，通过实施高标准农田建设，完善农田基础设施，提高农业生产条件。2021年，上级下达高标准农田建设任务753公顷（其中高效节水灌溉面积60公顷），浦江县建设完成高标准农田面积760公顷（其中高效节水60公顷）；年节约水量26.9万立方米，灌溉水利用率提高5%，增加机耕面积46.7公顷，农业综合机械化提高值5%，道路通达率90%；项目区新增粮食产量40.48万千克，新增其他农产品产量46.3万千克，直接受益农民年纯收入增加总额326.81万元。

（徐欢泽）

【开展“非粮化”整治】 9月，县政府出台《浦江县粮食生产功能区整治优化工作方案》，按照“一区一策”、因地制宜，有序推进整治工作。以146个粮食生产功能区为重点，在全县开展605.8公顷粮食生产功能区“非粮化”整治优化。截至2021年，完成粮食生产功能区“非粮化”整治上图销号446.7公顷，完成率73.4%。

【“大棚房”问题专项清理整治行动“回头看”工作】 5—8月，浦江县开展“大棚房”问题专项清理整治行动“回头看”工作，全县15个乡镇（街道）共清理排查设施农业棚数10690个，面积4784公顷；共排查上报“大棚房”违法违规问题5宗（岩头镇群丰村吴荣谱、黄宅镇前二西区郑志力、黄宅镇鹤塘村岳溪陈先俊、浦南办事处浦南村农批市场苗木处、杭坪镇寺坪村绿而康），涉及违规面积0.6公顷。截至2021年，5宗问题清单全部完成整治。

（吴美云）

【金华市特色农业强镇认定】 8月16日，金华市市级特色农业强镇认定名单公布，浦江县浦南果蔬特色农业强镇上榜。9月23日，在金华市农业局庆祝2021年中国农民丰收节开幕式上，授牌给浦南街道办事处。2018—2021年，在县农业农村局的指导下，浦南街道以提高农业综合效益为目标，做优做强果蔬农业主导产业，拥有葡萄、南方甜樱桃、桃形李、草莓等特色农产品。2021年，浦南街道拥有一定规模的农业企业6家，农业合作社38家，家庭农场85家，主要从事与果蔬产业相关的经营活动。其中市级以上农业龙头企业、示范性合作社和家庭农场分别为3家、5家和7家。

【省级农业产业联合体认定】 12月2日，浙江省农业农村厅、浙江省粮食和物资储备局、浙江省供销合作社联合社和浙江省林业局联合下发《关于公布第二批省级农业产业化联合体名单的通知》，认定浦江县生猪产业化联合体等57个联合体为第二批省级农业产业化联合体。浦江县生猪产业化联合体位于浦江盆地省级现代农业综合区内，按照“龙头企业+农民合作社+家庭农场”模式，实行优势互补、协作紧密、利益共享，由省级农业龙头企业金华金贸火腿有限公司牵头发起，联合18家相关主体，通过制订章程、签订合同协议，确立权责利益联盟关系，在平等、自愿、互利基础上，实行紧密型一体化经营而成立的浦江县首个农业产业联合体。2021年，联合体资产总额2.8亿元，就业人数1176人，营业收入4.3亿元，利润总额0.32亿元，主要品牌有“金贸”等，高于当地同类产品市场价5%～10%。

（楼基道）

【优质稻米基地建设】 浦江县良种繁育中心把推进“绿色优质水稻基地”建设作为确保农产品质量安全、提高水稻产量和效益的重要手段，制订基地建设规划、技术规程和实施协议，共落实优质稻米基地46公顷。加强农作物新品种引种推广，共引进以“嘉丰优2号、嘉禾优7245、华中优1号、华浙优261”等“浙江好味稻”杂交水稻品种9个，种子2125千克，油菜品种2个计110千克，分别在浦南街道、黄宅镇万年上山遗址公园、杭坪镇、檀溪镇等地种植示范。9月29—30日，省农科院、浙江勿忘农种业在浦江召开全省水稻新品种现场考察会。2021年，落实和实施浙江省种子管理总站下达的2021年水稻玉米大豆新品种展示示范、浙江省种子管理总站关于布置2021年晚稻品种试验的通知精神，完成省农作物新品种展示、区试任务。下达的杂交水稻新品种展示，单季籼粳杂交稻（偏籼）品种12个，单季籼型杂交稻品种13个，合计25个；杂交水稻新品种区域试验7组，其中单季籼粳杂交稻（团粒A、B组）2组，单季杂交籼稻（A、B、C）3组，连作晚粳稻区试验2组，参试品种91个；杂交水稻新品种生产试验4组，参试种品种18个；省农业科学院作物与核技术利用研究所杂交水稻新品种筛选鉴定，参鉴品种280个。总计参试品种414个。浦江县良种繁育中心被省农业农村厅确定为省农作物品种区域试验站和省第一批现代国有农场建设单位。

【农业示范建设基地】 6月16日，金华市人大常委会副主任黄巧娟，县人大常委会副主任戴忠泉到浦南基地调研粮食安全工作，县农业农村局局长楼建超陪同调研。7月14日，县农业农村局副局长赵建山代表浦江县在全省现代国有农场“三个基地”建设会上作交流发言。8月20日，省国有农场管理总站副站长高翔一行4人到浦江调研现代国有农场建设。11月16日，省国有农场管理总站委托浙江德威会计师事务所，对浦江县良种繁育中心省级示范性现代国有农场创建项目进行审计。12月25日，县农业农村局委托杭州深度会计师事务所有限公司对省级示范性现代国有农场创建项目进行绩效评价，综合得分91.5分。

畜牧养殖业

【水产养殖技术推广】 2021年，渔业产量5150吨，同比增长2.63%，其中养殖产量增长2.29%，捕捞产量增长5.28%。由于受到下半年“非粮化”整治影响，全县水产养殖面积减少12.3公顷。其中，白马镇减少4.5公顷，黄宅镇减少1.7公顷，浦南街道减少2.5公顷，岩头镇减少1.9公顷，郑家坞镇减少1.7公顷。莲藕/鱼虾共生面积增加约8公顷，渔业产量得到提高。创建1家健康养殖示范场(浦江县志晨家庭农场)。通过养殖尾水治理，11家规模以上养殖场全部实现养殖尾水零直排。数字渔业在2020年基础上得到一定程度发展，有1家企业安装监控设备。浦江县振凯家庭农场、浦江县志晨家庭农场2家企业通过无公害水产品认证。通过加强初级水产品安全监督、监管，全县210批次各级监测合格率98%以上。申报2022年创建省级渔业健康养殖示范县，经省农业农村厅批准后着手实施。

(胡旭昶)

【畜牧生产】 全县生猪存栏5.09万头，出栏9.148万头，肉类总产量8678.1吨，同比增加38.3%，产值2.79亿元，同比增长17.5%。新建现代化猪场1家(浦江华统牧业有限公司)，于12月15日正式投产，产能核定为年出栏生猪10万头，年内存栏1.8万头。公司建有6栋6层立体猪舍，严格执行功能分区，运用智能化养殖模式、自动环境控制系统、自动喂料、自动清粪等先进工艺，引领浦江县畜牧业发展。

农业数字化改革

【省级乡村振兴产业发展示范项目】 开发建设浦江县葡萄种植数字化管理平台，开展数字农旅项目建设，开发“民宿一件事”应用；打造“智慧葡农一键通”应用场景，上线“浙政钉”“浙里办”App，注册用户13228人，累计服务12870人次，专家诊断100余人次，提供涉农咨询服务1132次、社会化服务1910次。开展金华市首个葡萄超级农场“浦江县十里阳光发展有限公司”超级农场建设，该应用系统入选2021年数字赋能促进新业态新模式典型案例；开展浦江县靓松家庭农场和浦江县圣炫农业发展有限公司2家植物数字工厂项目建设；完善16家数字化种养基地提升创建工作；建设浦江县靓松家庭农场、郑家畈，众惠家庭农场3个出口基地；建设11个葡萄“机器换人”示范基地，面积33公顷，浦江县被评为浙江省水果产业机器换人示范县；建设圣炫、十里阳光等标准控产提质示范基地共120公顷；结合浦江县“互联网+”农产品出村进城试点县和电子商务进农村示范县建设工作，开展浦江葡萄智慧物流中心建设项目。智慧物流中心一期建设完工，1200平方米葡萄专业物流中心建设和物流软件建设完成，设立便民村级葡萄物流揽收点18个。

【省级数字乡村示范县建设】 结合全县六大特色优势产业，把握打造省级乡村振兴示范县的契机，累计培育建成智能农业示范点24个，纳入农产品质量安全追溯体系的主体193家，设立视频监控345

个;依托浦江县智慧农业云平台,以“一个中心、四个平台、多应用”为顶层设计,在杭坪镇薛家村建设形成连接县镇村一体的“乡村治理数字化平台”。在郑宅镇东明村打造了1个惠民综合服务平台,通过“孝义东明”微信公众号,开展“数字党建”“线上三务公开”“户联码智慧门牌”等党务村务服务。中余乡五星村“三屏(数字乡村云平台、手机屏、电视屏)共建”,个性化定制,展现“一村一品”风采。2021年,全县33个村签订数字乡村平台建设协议,全县建设完成数字化基地10个,电子商务专业村10个,农产品直播基地4个。益农信息社实现全覆盖,“掌上办事”“掌上办公”实现核心业务全覆盖。2021年,浦江县成为金华市唯一一个数字乡村整县制推进县,中余乡五星村“三屏共建”平台建设成果在全省整县制推进会议上进行展示。2021年,浦江县被评为全国县域农业农村数字评价先进县。

【“互联网+”农产品出村进城工程试点县】 结合浦江县“互联网+”农产品出村进城工程试点县和电子商务进农村示范县创建工作,进行资源整合。采用“政府+企业+基地”产业化新模式,开展智慧物流中心一期建设,引进智能化物流设施。项目共投入建设资金566.44万元,完成1200平方米葡萄专业物流中心建设和物流软件建设,设立18个便民村级葡萄物流揽收点。搭建从“下单—寄递—揽收—发运”一体化物流软件应用系统,提高物流配送效率,降低配送成本,促进农产品电商发展,扩大农产品销售区域,实现农户直采直供,增加农户收入。

【信息进村入户工程】 2021年,全县行政村益农信息社实现全覆盖,累计建立5种类型益农信息社259个,其中中心站4个,特色站22个,示范站66个,配备触摸屏155台。整合中央、省、市等50余个部门业务,提供700余项为民服务活动,依托益农信息社的“12316”语音(农技“110”、“88900000”),咨询人数54.33万人次,通过农民信箱发送短彩信条数11232万条,依托益农信息社或平台的便民服务累计人数92.77万人次,累计金额1708.49万元,电子商务累计成交额9766.8万元。抗击新冠肺炎疫情防控期间“益农信息社”变掌上超市,销售蔬菜、草莓、手工面等农产品和日用品10余吨共4100余单,销售额90余万元。

(黄　露)

农村建设

【美丽乡村建设】 2021年,开展省级新时代美丽乡村创建评定工作,组织乡镇(街道)和相关单位进行评定,完成省级新时代美丽乡村达标村评定86个(其中精品村30个),综合创建金华市现代化和美乡村12个。浦江县被评为2021年度全省深化“千万工程”建设新时代美丽乡村(农村人居环境提升)工作优胜县,白马镇被评为浙江省美丽乡村示范乡镇,郑宅镇东明村、岩头镇蜈溪村、檀溪镇潘周家村、大畈乡清溪村被评为浙江省美丽乡村特色精品村。

【新时代美丽乡村长效管理】 开展新时代美丽乡村长效管理工作,全县共227个行政村列入管护范围。坚持月度考核和日常抽查相结合,通过抓牢细节,突出重点,加强督查,做到发现问题“秒整改”。2021年,联合各相关单位组织开展新时代美丽乡村长效管理现场月度考核工作10次,随机抽查考核164村次,其中157个村考核合格,7个村不合格,考核结果直接与村管护奖励资金、乡镇(街道)年终综合考核挂钩;开展日常不定期抽查工作百余次,对发现的问题通过图片等形式反馈,确保整改到位;根据《浦江县新时代美丽乡村长效管理办法》,核定2021年度新时代美丽乡村长效管理补助资金近1533.57万元,涉及15个乡镇(街道)219个行政村,按行政村2020年度末户籍人口总数×50元/人奖补,最低不少于5万元,最高不超过10万元。

【历史文化村落保护与利用项目】 开展历史文化村落保护与利用建设。2021年,完成第七批重点村吴大路村第三年建设任务,等待省级验收评定;完成第七批一般村马墅村、宋溪村的验收工作;完成第八批一般村利丰村的三年建设任务;下达第九批重点村马墅村的建设项目,建设期限3年,投资估算800万元,其中财政补助资金500万元。完成重点村马墅村的古村落规划编制,通过省级规划评审,逐步启动项目实施;完成省级历史文化村落名录库补充工作,在原有名录库的基础上新增11个村落。

【乡村振兴示范创建工作】 继续推进乡村振兴示范村创建工作,截至2021年,累计69个行政村被列为示范村创建对象,共计乡村振兴项目129个,完成示范村项目创建的行政村24个(完成综合验收6个村9个项目)。对其余第一、第二批示范村在建项目开展进度督查,督促相关乡镇加快建设进度。

(金　飞)

农村经济

【农村“三资”管理】 1月25日,金华市农业农村局副局长严光铁一行到浦江走访调研农村消薄、“三资”管理工作,浦江县农业农村局党委委员总农艺师黄向明陪同调研。1月28日,在浦江农商银行五楼会议室,开展农村“三资”智慧监管系统上线前第一期培训工作,农业农村局总农艺师黄向明作重要讲话,部分乡镇三资业务负责人、代理会计参加。8月6日,市委组织部、市审计局、市农业农村局到浦江调研村主职干部经济责任审计工作,县委组织部、县农业农村局、县审计局、县委编办、县财政局、部分乡镇街道等负责人参加。12月22日,市农经站孔祥卫站长带队到浦江指导家庭农场防疫工作和示范创建工作。

【公司运营】 县农业农村局局长楼建超、副局长傅积善到省厅对接“品字标浙江农产”浦江葡萄品牌建设工作,完成申报事宜。和金华广电影视文化传播有限公司签订产品品牌宣传推广业务合同。陪同金华海关调研、检查、指导浦江县农产出口工作,协同组织小果儿家庭农场做好草莓出口基地备案和靓松出口包装厂扩项工作。县农业农村局副局长傅积善带队到浙江鲜元素食品有限公司座谈浦江葡萄出口事宜,金华海关、县农技推广中心、县葡萄协会参加。7月28日,召开浦江葡萄出口、高山蔬菜等农产品营销座谈会。金华海关、县农业农村局、浙江鲜元素食品有限公司、浦江县十里阳光农业发展有限公司、浦江县靓松家庭农场、浦江县怡康家庭院农场等单位参加座谈。8月5日,对4家葡萄出口基地负责人进行供港水果果园、包装厂自检自控体系建设培训,金华海关驻浦江负责人郐生力、监管四科科长施向荣、高级签证官李沛忆,县农业农村局党委委员高安忠参加培训会。12月24日,杭州深度会计师事务所有限公司完成“浦江葡萄”公用品牌视觉形象系统设计、宣传、推广等服务项目的绩效评价,评价等级良好。新增出境水果果园2家，组织培训1次。截至9月13日，县邮政公司安排葡萄快运93031单共计32.08万千克；截至9月21日，浦江顺丰快递公司安排葡萄快运65500单约23.35万千克。

【休闲农业】 2021年，全县休闲农业经营主体个数469家，休闲农业营业收入39088.02万元，旅游接待696.2万人次。全县民宿（农家乐）共252家，其中民宿163家（金宿3家、银宿1家）。全县民宿（农家乐）全年接待游客数148万人，营业收入11552万元。勘查新开办民宿（农家乐）22家。验收通过省级农家乐集聚村3个（虞宅乡新光村、虞宅乡前明村、中余乡冷坞村）。通过乡镇申报，部门择优推选，浦江县“乡创虞宅”夜游精品线路和浦江县山水大畈旅游休闲精品线路成功入围2021年浙江省休闲农业和乡村旅游精品线路。

【农民培育】 通过开展岗位培训、新型农业经营主体带头人轮训、技术指导和农业实用技术交流等活动，打造一支支撑乡村振兴战略的农业产业人才队伍，截至2021年，培育农技专家60名，农村实用人才1000名，高素质农民200名，农创客210名。每年培育10名“农人工匠”，推动“一乡一业、一村一品”乡愁产业发展。

（黄　露）

农产品质量安全监管

【概况】 2021年，县农业农村局组织开展农产品质量安全巡查检查，巡查检查各类农业生产经营主体800余家次，节日及重大活动期间下发专项文件开展农产品质量安全检查；与县市场监管局、县公安局等部门制定下发联合专项整治文件2个，开展茶叶和韭菜等16个高风险品种的专项整治工作；组织全县农产品标准化生产绩效评价工作。

【农产品质量监测】 组织县级农产品质量安全定量监测18次，抽检600批次；市级农产品定量监测10次，抽检101批次；省级农产品定量监测12次，抽检153批次；部级农产品定量监测1次，抽检15批次；乡镇（街道）快速定性检测13128批次；省级以上农产品例行抽检合格率98%以上。

2021年，县农业农村局开展农产品质量安全监督抽检　（张欣荣　摄）

【“三品一标”认证】 完成绿色食品主体年检35家，续展主体4家面积47.3公顷，新发展绿色食品主体8家面积83公顷，完成省级精品绿色农产品基地创建绩效“回头看”市县交叉检查工作；完成无公害农产品主体复认定6家面积58.7公顷，浦江县盆地省级现代农业综合区和13个乡镇街道粮食功能区无公害农产品产地复认定面积2342公顷和4069.5公顷；指导农技推广中心完成浦江桃形李地理标志登记保护；全县绿色优质农产品比率58%以上。

【全国食品安全宣传周农业农村部主题日】 6月9日，全国食品安全宣传周农业农村部主题日暨浙江省第三批国家农产品质量安全县创建启动会在浦江召开，农业农村部农产品质量安全监管司司长肖放、副司长黄修柱，省农业农村厅副厅长唐冬寿，省农科院副院长杨华，以及全国近20个省市的基层农产品质量安全监管执法人员、农业科研人员和当地农产品生产者、消费者代表共300余人参加活动。该活动是全国食品安全宣传周系列活动之一，以“阳光农安 共建共享”为主题，集中展示农产品质量安全监管成效，强化农产品种养安全用药规定。活动现场邀请专家进行科普解读，组织农产品生产者、监管者代表发出联合倡议，开展农产品质量安全知识下乡进村等。2021年，浦江县列入第三批国家农产品质量安全县创建正式启动。

农业执法

【概况】 全年开展3次春、夏、秋三季“绿剑”行动、3次种植业领域专项执法行动、“渔政亮剑2021”专项行动、生猪违规调运整治行动、护农保春耕联合行动、生猪屠宰“利剑”专项行动等，出动执法人员2500余人次，检查经营单位、现场700余家次，抽检农业投入品60只。组织开展“浙政钉掌上执法”“双随机、一公开”事项抽查工作，检查经营单位10余家次，100%完成“互联网+监管”各项工作指标。市交叉检查组到浦江检查3次。办理农业执法案件85起，挽回经济损失500余万元，发放责令整改通知书20份，签订承诺书100余份，解决农业生产纠纷21起。组织放心农资下乡1次，免运费、装卸费下乡进村农资320余吨。

开展普法宣传，全年发放宣传资料6000余份，发放法律法规手册200余本，“方某经营动物产品未附检疫合格证明案”被入选为浙江省农业综合执法典型案例、金华市农业执法十大典型案例。加强新闻媒体舆论宣传，《浦江县严抓屠宰检疫‘三关’确保菜篮子安全》一文被市委、市府两办选用刊出。举办农资培训6起，参加培训600余人。开展“田头、栏头、村头、河边”执法普法50余次。《中国瘰螈》《联合海关对葡萄出口基地检查》等被“学习强国”浙江学习平台、“浙江新闻”、《金华日报》等多家媒体刊登报道。《护航百年——夜间执法》照片入选农业农村部百年农史展执法现场图片展。完成“肥药两制”改革农资店10家。

【农药废弃包装物回收与处置】 全年共回收农药废弃包装物30.83吨，回收率175.5%，无害化集中处置29.36吨，处置率185.7%。超额完成省里下达的任务。

【动物检疫、生猪屠宰】 全年累计动物产地检疫出证1673张，检疫生猪81899头；生猪屠宰检疫出证36913张，屠宰生猪76319头；省外调入动物及动物产品备案审批869批次，调入生猪57880头、动物产品1441.2吨。

【动物防疫工作】 全年组织6次重大动物疫病防控相关会议，培训100余人次。健全“非洲猪瘟”长效防控机制，全年出动排查人员4248人次，排查养殖场点2718场次，屠宰场318场次，无害化处理厂318场次，猪只335.7万头次。全年采样检测1120份，均未检出“非洲猪瘟”阳性。开展重大动物疫病集中免疫，并抽检样品5205头份，样品检测结果予以通报并纳入乡镇年终考核。监督全县病死动物无害化处理工作，全年共处理病死猪19145头，其他动物及动物产品26.3吨。

【禁渔区管理】 出台《关于加强禁渔区管理工作的实施方案》《浦江县人民检察院 浦江县农业农村局关于办理非法捕捞水产品罪案件的协作意见》两个文件，建立部门协同机制和快速反应机制。

【编制农作物秸秆全量化利用规划】 县农业农村局能源站以“政府采购——在线询价”的方式与浙江科技学院团队达成协议。7月，浙江科技学院教授单胜道带队到浦江调研，走访相关企业。12月，《浦江县农作物秸秆全量化利用规划（2021—2025年）》通过专家评审，为浦江县提高秸秆综合利用水平提供指导方向。

【建立县域农作物秸秆资源台账】 根据农业农村部、省农业农村厅工作部署，推进县域农作物秸秆资源台账建立，推行科学规范的秸秆产生和利用情况调查标准和方法，为制定农作物秸秆综合利用政策和规划提供依据。2021年，完成82户样本农户秸秆综合利用数据系统上报以及2021年春花作物和水稻的秸秆综合利用数据上报工作，全年秸秆综合利用率96.49%。

【农田氮磷生态拦截沟渠系统建设】 根据《2021年浙江省实施乡村振兴战略实绩考核细则》和金华市农业农村局下发的《2021年金华农业农村重点工作》，下达浦江县建设农田氮磷生态拦截沟渠系统的任务1条。通过广泛调研、实地考察，结合田园综合体项目，选址于浦南街道金星村，总投资约60万元，把该项目打造为浦江县绿色先行农业科技示范亮点工程。

农业机械及设备

【概况】 全县农机总动力8.03万千瓦，农机总数量24749台，落实中央及省、县各级财政购机补贴资金100.2万元（中央补贴资金93.6万元，省级补贴资金2.64万元，县级补贴资金3.96万元），受益农户和农机（业）合作组织431户。新增各类财政补贴农业机械493台，其中耕整地机械290台，种植施肥机械7台，田间管理机械125台，收获机械3台，粮油糖初加工机械2台，果菜茶初加工机械52台，农用动力机械9台，农用搬运机械2台，设施环境控制设备3台。报废联合收割机1台、高速插秧机2台，报废更新补贴资金3.4万元（全部为中央农机购置补贴资金）。

2021年度全县农机基本情况表

表6

名　称	数量（台）	动力（千瓦）
耕作机械	2246	12367
种植机械	42	310
排灌机械	8092	19690
植保机械	8722	13236
收获机械	22	1203
收获后处理机械	130	666
农产品初加工机械	670	4771
畜牧养殖机械	951	2924
渔业机械	198	335
林果业机械	334	1222
茶叶机械	2963	5676
食用菌机械	12	51
运输机械	37	43
农田基本建设机械	323	17693
其他农业机械	7	96
合计	24749	80283

【农机安全生产管理与新型农机推广】 全县免费实地检验大中型耕作拖拉机、联合收割机、粮食烘干机65台,没有发生农业机械伤人亡人事故。实施“机械强农”工程。出台全县农业产业“机械强农”高质量发展方案和葡萄产业“机械强农”高质量发展方案,做好2021—2025年全县“机械强农”工程规划,指导农业主体创建“机械强农”示范基地。水稻耕种收综合机械水平89.5%、主要农作物综合机械化率72.15%,创建省级农艺农机融合示范基地1个,创建区域农机综合服务中心1个。推广设施水果管道喷雾高效植保装置和臭氧水替代杀菌药技术,以推广该项技术为主要内容申报市农业基金会项目1个。10月11日,《浦江县聚力机械强农行动推进农业高质量发展》报道文章在《中国农机化导报》刊登。12月,浦江华统牧业有限公司白马现代生态规模养殖场投产,该场采用高层养殖设施,自动饲喂、机械清粪、配置除臭装备、温度调控装备,使全县畜牧养殖业机械化率提升至72.56%,2021年全县池塘水产养殖机械化率53.27%、设施种植机械化率49.5%。

（陈荣辉）

水　利

【概况】 2021年,浦江县水务局(简称“县水务局”)完成水利投资1.9亿元。通济桥和仙华2座电站通过标准化电站复评;推进派顶等10座水库除险加固,完成21座水库安全鉴定;完成丽水源水库、深山水库竣工验收;实施通济桥水库综合整治二期工程;完成市级考核任务的20座病险山塘整治、年度政府投资的10座山塘综合整治,完成全县326座山塘安全评估;编制完成《县域水利发展“十四五”规划》《浦江县水安全保障“十四五”规划》。

浦江县获浙江省第22届水利“大禹杯”提名奖,入选2021年度省级幸福河湖试点县建设单位。浦江县水务局被评为全省水旱灾害防御工作成绩突出集体、全省水利建设工程质量监督先进集体。金坑岭水库连续两年被评为全省优级饮用水水源地;金坑岭一级水电站被评为全国农村水电站安全生产标准化一级单位。“十三五”期末实行最严格水资源管理制度考核获优秀等级。

【农村饮水安全】 改造浦阳、浦南等7个乡镇(街道)12个村(社区)的农村饮用水村内管网。西北部山区供水工程先后完成外胡水厂厂区、115千米支管网工程以及24个村内管网改造工程,并于11月20日起供水。经过市、省两级复核,里傅水厂评选为规范化水厂。公布单村供水工程和联村集中式供水工程取水的农村生活用水水资源费免征范围。完善城乡清洁供水数字化管理平台(二期)建设,完成千人以上供水站的实时监测数据接入省城乡供水平台,所有农村集中供水工程落图进库上线管理。建设数字化管理平台,36个水厂(水站)的实时监测完成县级平台录入,实现在线监测数字化管理;饮用水服务端(缴费、办事、公告等服务)入驻“浙里办”App的“浙水好喝”专区。12月,城乡供水安全风险识别与管控试点项目上线运行,动态监控水量与水质综合安全指数,提升中型水库饮用水源区域城乡供水安全保障水平。

【“幸福河湖”创建】 围绕“安全、生态、文明、美丽、富民”五位一体要求,编制及印发《浦江县幸福河湖试点县建设实施方案》,试点建设期为两年,包含建设指标体系、建设试点县、完成两项创新成果。建设浦阳江(源头村至通济桥水库段)、白麟溪2条“美丽河湖”,以及檀溪镇、前吴乡、虞宅乡3个“水美乡镇”和30个“美丽池塘”。推进壶源江流域(虞宅段)、浦阳江城区段、岳塘溪开发区段等综合治理工程,河道治理6千米,绿道建设9千米。浦江县列入全省首批(11个县市)幸福河湖试点县,获奖补资金1000万元。

浦阳江(市级河道上游段)　(冯　冲　摄)

【“五个一百”示范创建】　根据省水利厅开展农业水价综合改革“五个一百”示范创建工作部署,浦江县开展实施“四个一批”行动方案(分类筛选一批、清理巩固一批、面上资金维修一批、重点打造一批),完成省、市“五个一百”创建计划20个示范点的资料申报。2021年,通济桥水库中型灌区、黄宅镇水利站、神丽峡农民用水户协会、黄宅镇彭村泵站、

檀溪镇前方泵站　(黄曙照　摄)

檀溪镇前方泵站、檀溪镇大坎堰坝创建为省“五个一百”示范点。

【水旱灾害防御】　2021年,落实水利工程“三个责任人”145名、山洪灾害防御责任人525名、村级农民水务员332名、党员志愿者295名;实施水文防汛“5+1”工程、自然灾害综合风险普查和山洪灾害防御等项目,测站新建改建任务18个,全年无人员伤亡和重大财产损失。汛期共发布水旱灾害防御简报12期、山洪预警10期,通过县级山洪灾害监测预警平台累计预警记录510条,发布短信496条,发送预警信息1.3万余条。全年累计平均降水量1731.2毫米,占多年平均降水量(1470毫米)的118%,比2020年同期1698.3毫米多32.9毫米。全年累计平均降水天数162天,比2020年同期多5天。国家基本雨量站年最大降水量海母口站2143.0毫米,最小降水量黄宅站1419.5毫米。浦江县6月10日入梅,7月5日出梅,梅雨量268.8毫米,占多年平均梅雨量(257.0毫米)的105%,比2020年621.4毫米少352.6毫米。

【水资源管理】　编制印发《浦江县节约用水“十四五”规划》《浦江县节水型社会创建资金奖励和补助的实施办法(2021年修订)》。通过优化用水监控平台和取水审批流程,强化节水载体示范和管水双控制度等举措,巩固全国县域节水型社会建设达标县成果,全年共核发、转换取水许可电子证照67张,取水许可审批效率提升80%以上;新创建省级节水型载体10个,新申报节水标杆单位4家,完成八号公馆、湖滨壹号、兰山庭院、书城大厦、圣奥杭府、华欣花园6个小区的二次供水改造。2021年,“十三五”期末实行最严格水资源管理制度考核,浦江县考核等级为优秀。

【农田灌溉水有效利用系数测算】 金坑岭水库纳入金华市样点灌区，完成金坑岭灌片渠首计量点和6个典型田块选取，以及6个典型田块配套自动化计量设施建设；各样点灌区典型田块除设置计量田块外，全县2个中型灌区各新增2处调查田块，调查田块是计量田块的延伸和补充；完成4个样点灌区的现场技术指导培训、量水设施运行检查；完成通济桥水库灌区的2处典型田块中4个计量点的率定工作。2021年，金坑岭灌区新增8处计量点，新增的点位全部采用在线计量，全县量水设施在线计量设备累计22处，自动化比例由2020年的82%提升至88%。提升改造泵站15座，堰坝7座，两个重点中型灌区新建计量设施15处，推进灌区标准化、规范化管理。

【河湖管护】 编制《浦江县水域保护规划修编》《浦阳江、大陈江、中埂溪、东溪、西溪水域岸线管理保护规划》。中小型水库综合治理核查评估63座，编制“一库一策”水质整改方案和浦江县小型水库系统治理报告，补齐小型水库运行管理短板。划定县级重要水域名录，其中划定市级河道2条、县级河道11条、乡级河道42条，并公布河道名录；划定重要水域对象70个，水域类型包括河道、水库、山塘和人工水道。

【“三化”改革试点】 根据水利工程管理“三化”改革试点建设方案，推进水利管理产权化、物业化、数字化改革，水利工程确权率80%以上，小型水库、山塘、市县级河道物业化覆盖率100%。建设浦江县水管理平台，建立水利数字仓；归集辖区内各类监管对象数据，并在“互联网+监管”中及时更新监管对象信息；全县规模以上水利工程100%纳入水管理平台；打造通济桥数字水库，通过数字技术应用，水库供水量、大坝安全监测和日常供水信息相关的问题基本实现“一屏控全局”。

【水政执法检查】 2021年，结合区域规划、水域调查成果、第三次国土调查数据，对部、省、市200处水域图斑动态监测情况进行复核。制定水政日常巡查计划，全年巡查110余人次，共下发《责令（限期）改正通知书》11份，移送县综合行政执法局案件6件，拆除3处涉水违章建筑共180余平方米，分别为联合郑宅镇拆除石姆岭水库下游涉水违建围墙1处，拆除面积52平方米；联合县综合行政执法局、岩头镇拆除蜈蚣溪三步石村段涉水违建围墙1处，拆除面积100余平方米；拆除仙华街道仙墨湖违建简易房，拆除面积32平方米。对虞宅乡朱宅源马岭脚村段河道内占用水域案件、通济桥水库管理范围内占用水域案件移送县综合行政执法局办理。开展生产建设项目水土保持监督检查65个，检查人次195人次。全年完成水土流失治理任务2.75平方千米，完成年度任务的110%。全年审批水土保持方案109个，落实水土流失防治责任范围178.46公顷，水土保持设施验收报备项目6个。

（马嘉蔓）

文化·旅游·体育

【概况】 2021年，浦江县文化和广电旅游体育局（简称“县文广旅体局”）落实新冠肺炎疫情防控和复工复产各项举措，坚持“两手抓两手硬”，在抓好疫情防控的基础上，实施“文旅富县”战略，完成课题调研。成立旅游工作专班、上河景区应急专班等，以专班化运作机制推动全县文化旅游体育事业高质量发展。全县接待游客252.7万人次，同比下降3.1%；实现国内旅游总收入38.5亿元，同比增长6.2%。

挂牌成立浦江县文物局，举办浦江·第十四届中国书画节、“稻·源·启明——浙江‘上山文化’考古特展”暨“万年浙江与中华文明”学术座谈会、中国共产党成立100周年系列庆祝活动等重大活动。全年开展送戏下乡320场、送图书5万册、送电影4200场、送培训讲座155场、“文化走亲”28场、线上公共文化活动330场，参与人次44.4万人。浦江县被确定为“第二批浙江省戏曲之乡”，上山遗址入选“百年百大考古发现”、国家文物局大遗址保护利用“十四五”专项规划和省社会科学普及基地，浦江剪纸、浦江乱弹、浦江书画、杭坪摆祭4个项目通过“浙江省民间文化艺术之乡”复核，大畈乡综合文化站、虞宅乡新光村被公布为省公共文化场馆功能拓展先行先试单位，郑义门古建筑群之郑氏宗祠等被评为全省第三届不可移动文物保护利用优秀案例。

浦江县连续三年上榜全国县域旅游综合实力百强县，2021年度位列全国第42位，全省第23位。上榜2021年中国县域旅游综合竞争力百强县市。入选浙江省旅游业“微改造、精提升”行动试点县，全年完成项目58个，累计投资2.91亿元。通过浙江省全域旅游示范县复评，新增黄宅、大畈、前吴、花桥、岩头5个景区镇（乡），全县景区镇（乡）占比为86.7%。推进万年“上山文化”村、罗家源旅游风景区、万豪酒店、茜溪海华大酒店、山明美术院改扩建等文旅项目，总投资额超200亿元。

浦江鱼泡泡多彩田园研学实践教育营地、黄宅镇横山村“最美葡萄园”研学教育基地入选“金华市第三批研学基地、营地”名单，浦江县绿色之源农业发展有限公司被评为2020年度“浙江省AAA级采摘旅游体验基地”，浦江县李字头梨膏糖厂的传统梨膏糖、浦江县金华金贸火腿有限公司的竹叶熏腿被评为省优秀非遗旅游商品。组织开展"趣浦江 浦江见"杭州旅行社走进浦江、"引客入浦"座谈会、"双浦江大融合文旅先行"等活动。推进景区智慧化工作,神丽峡智慧景区建设。建立"诗画浦江"微信智慧游系统。开展A级旅游景区和各类文体场馆"一卡通"覆盖业务。

县文广旅体局搭建各体校间交流、学习平台,发掘培养体育后备人才,2021年承办省青少年田径锦标赛、省青少年足球冠军赛等赛事活动,举办浦江县第十七届全民运动会。实施建设体育民生实事项目,完成1个体育公园(体育设施进公园)、1个笼式足球场、1个中心村全民健身广场、4个社区多功能运动场、4个百姓健身房建设。

【县文物局挂牌成立】 8月20日,浦江县文物局挂牌仪式在县文广旅体局举行。县文物局落实"保护为主、抢救第一、合理利用、加强管理"的文物保护工作方针,履行文物保护主体责任。浦江县有全国重点文物保护单位3处、省保单位10处、省级考古遗址公园1处、县保单位38处、文保点60处、三普登录点1175处;馆藏文物6700余件,其中二级文物17件、三级文物64件。县文物局把握文旅融合发展新时代要求,挖掘、保护、利用浦江县文物资源,推进"文旅富县"战略,建设共同富裕示范区,增强文化"软实力"。

2021年8月20日,浦江县文物局挂牌仪式在县文广旅体局举行　　（吴拥军　摄）

【公共文化服务水平提升】 全省公共文化服务排名实现"三级跳",由2018年度的全省第85名,跃升至2020年度的第19名。大畈乡综合文化站、虞宅乡新光村被公布为省公共文化场馆功能拓展先行先试单位。

【浦江县被确定为"第二批浙江省戏曲之乡"】 浦江县浦江乱弹剧种入选"第二批浙江省戏曲之乡"名单。浦江县持续开展"戏曲进校园"、"送戏下乡"、什锦班上门培训等活动,举办浦江乱弹音乐会、戏迷好声音大赛及2届浦江什锦大赛,浦江乱弹艺术得到较好的传承与发展。截至2021年,全县共有民营剧团5个、传承教学基地3个、什锦班100余个、省市县各级传承人17人。

【"上山文化"遗址群申遗工作启动】 2021年,浦江县成立以县委书记、县长为双组长的"上山文化"申报世界文化遗产工作领导小组,并召开县委常委会,专题研究部署上山工作,明确申遗期间每年安排不少于2000万元上山工作经费,重大建设项目

2021年11月21日,中国国家博物馆"稻·源·启明——浙江'上山文化'考古特展"　　（芮文秀　摄）

另行安排。11月21日，在“上山文化”考古成果进省展的基础上，“稻·源·启明——浙江“上山文化”考古特展”暨“万年浙江与中华文明”学术座谈会在中国国家博物馆举行，国内外主流新闻媒体报道420余篇，相关视频点击量650万次。上山遗址入选“百年百大考古发现”、国家文物局大遗址保护利用“十四五”专项规划和第十批省社会科学普及基地。

【2021浦江·第十四届中国书画节】 10月28日，2021浦江·第十四届中国书画节开幕。书画节秉承“节俭办会”和“疫情防控”的原则，共安排三大版块10项活动，除开幕式和开展仪式外，还举办了2021“万年浦江”全国中国画（册页）作品展、“礼赞百年翰墨清风”全国清廉书法作品大展等9项书画艺术活动。书画节至11月4日落幕，线下参与10.68万人次，线上参与197.95万人次。

2021年10月28日，2021浦江·第十四届中国书画节开幕 （县文旅集团提供）

【中国共产党成立100周年系列庆祝活动】 2021年，县文广旅体局发挥阵地优势、资源优势和工作优势，组织开展文艺演出、群文宣传、主题展览、红色旅游、非遗展示等活动，向中国共产党成立100周年献礼。举办“丰安颂红韵”浦江乱弹音乐会、“歌声嘹亮 我心向党”歌咏比赛等大型文艺演出活动，“读红色书籍 庆建党百年”第七届全民阅读节系列活动，以及8场革命事迹、书画和非遗等展览。选购一批优秀爱国主义影片，自4月起，全县各地开展红色电影展映800余场。申报北乡农民革命纪念馆、岩头镇王店村为第三批金华市红色旅游教育基地，打造红色塘波“初心之路”，激活红色基因，做强红色旅游。

2021年6月18日，“丰安颂红韵”浦江乱弹音乐会举行 （吴拥军 摄）

【旅游业“微改造、精提升”行动】 浦江县被选为浙江省旅游业“微改造、精提升”行动试点县，山明美术院和上山考古遗址公园被选为单项试点单位。制订《浦江县旅游业“微改造、精提升”试点县五年行动计划（2021—2025年）》、试点县实施方案，实施

红色塘波景区“微改造、精提升”项目 （吴丰安 摄）

精致体验、精良设施、精美环境、精心服务、精细运营“五精工程”。联合浦江农商银行制定《“微改易贷”专项贷款管理办法》，拓宽文化和旅游企业融资渠道。全年完成项目58个，累计投资2.91亿元。

【乡村旅游】 打造壶源江乡村旅游品牌，将杭坪、虞宅、大畈、檀溪串珠成线，以线带片，涌现出新光玻璃天桥、上河“诗人小镇”、杭坪斗鸡岩“云上草原”等一批乡村旅游网红打卡地。新光廿玖间里网络直播节、葡萄采摘游、江南第一家孝义文化旅游与国风国潮夜市等特色旅游业态成为假期旅游亮点。培育壮大写生经济，与中国美术家协会合作，持续加强嵩溪、上河、前吴等写生基地推介和招引力度。

杭坪斗鸡岩“云上草原” （楼红艳 摄）

【文化民生实事】 县文广旅体局完成金华市民生实事之“积极建设‘全民阅读’活动场所”建设工作，提升6个乡镇（街道）综合文化站图书室，实现图书通借通还功能，“e家书房”进社区、进农村文化礼堂计100家。

【省级体育赛事】 4月25—29日，由县文广旅体局承办的2021年浙江省青少年田径锦标赛在浦江县体育中心开赛，来自全省11个地市代表队近2300名田径运动员参加，比赛共设6个年龄组，在短跑、跳高、铅球、铁饼等47个项目上进行比拼。浦江县派出多名选手参赛，共收获8金4银2铜的好成绩。6月8—14日，2021年浙江省足球（女子丙组）冠军赛在浦江县体育中心举行。赛事由省体育局主办，浦江县文广旅体局承办，共有来自杭州、宁波、金华等地的9支代表队的240名运动员参加比赛，最终杭州代表队获得冠军。

【浦江县第十七届全民运动会】 5—11月，浦江县第十七届全民运动会召开。运动会由浦江县人民政府主办，浦江县文化和广电旅游体育局、体育总会承办，各体育社团协办，共设置篮球、气排球、体育舞蹈、足球（五人制）、羽毛球、网球、乒乓球、嗒嗒球、中国象棋、围棋、钓鱼、武术、游泳、健身走14个单项赛事，参赛人数超5000人，共决出个人、团体奖牌185枚。

【浦江籍运动员王丛康夺得全国运动会皮艇决赛冠军】 9月25日，浦江籍皮划艇运动员王丛康与队友卜廷凯组成的奥运联合队夺得第十四届全国运动会男子1000米双人皮艇决赛冠军。2021年，在日本东京举办的第32届夏季奥林匹克运动会上，王

2021年9月25日，联合队组合王丛康（右）/卜廷凯在比赛中 （新华社记者 侯昭康 摄）

丛康组合在预赛中划出中国队在该项目上的历史最好成绩，进入八强，创造了中国队在奥运史上的最佳名次。

【文化基因解码工程】 全年完成20项重点文化基因的信息采集和网上录入，395条文化元素梳理、审核和系统填报工作。撰写11项解码项目报告。2021年，“上山文化”入选首批“浙江文化标识”培育项目，“上山文化”“仙华山传说”“江南第一家”“浦江书画”被评为优秀解码项目。

【文旅市场管理】 2021年，县文化市场综合行政执法队落实市场巡查制度，在元旦、春节、清明节、“五一”国际劳动节等节假日，以及“两会”期间、中国共产党成立100周年等重点敏感时段开展市场监管巡查，保障文旅市场的安全稳定发展。全年出动检查6459人次，检查场所1860家次，查处违规14家次；行政处罚立案调查35件，警告23家次，罚款18.2万元，没收非法所得304元。取缔地摊游商1家，收缴非法出版物（CD、U盘）280盒，拆除“黑电台”信号源1台，收缴非法地面卫星接收设施31套，没收口袋书4本。

（陈畅捷）

地方志工作

【概况】 2021年3月，浦江县地方志编纂室完成《浦江方志》第六期印制。10月，整理点校影印古籍《乾隆浦江县志》。12月，完成1990版《浦江县志（修订本）》样稿；完成《浦江年鉴（2021）》编纂、出版工作。全年继续完善课题评审标准，发动社会各界申报志书编纂，地方文献、地方名人著作整理，民俗、民间手艺、民间艺术、口述历史收集整理课题。11月12日，浦江县历史文化课题评审专家库评审5个课题。完善浦江县人民政府网站“走进浦江”“史说浦江”网站内容。完成每周大事记的编辑工作，对每一周重点工作进行整理，以大事记形式发布。指导做好部门志、村志、家谱、地情资料等文化典籍的编纂工作。12月16日，浙江省人民政府地方志办公室公布2021年度“浙江省精品年鉴”名单，《浦江年鉴（2020）》获评“浙江省精品年鉴”。

【《浦江年鉴（2021）》出版】 3月，《浦江年鉴（2021）》编纂工作由浦江县委办和浦江县政府联合下发文件，协调全县99个单位，于6月底前完成稿件，10月底前完成排版校对。12月，由浦江县人民政府主办、县地方志编纂室承编的《浦江年鉴（2021）》由方志出版社出版发行。《浦江年鉴（2021）》是浦江县第四部年鉴。全书设26个类目，152个分目，30个子分目，979个条目，共416页，668千字。鉴首彩色插图64幅，随文插图229幅。

【《浦江方志》编印】 2021年，完成《浦江方志》第六期印制。主要是史志中记载的浦江方言，共分为六编：第一编《乾隆浦江县志·方言》，第二编《光绪浦江县志稿·方言》，第三编《民国浦江县志稿·方言》（包括方言、土语、方音），第四编《浦江县志·语言》（包括方言系属、语音、音节表、词汇），第五编《浦江县志·丛录》（包括歌谣、谚语），第六编《浦江古源话》汇编。

【历史文化课题研究】 2021年，县地方志编纂室共收到社会各界申报历史文化课题5个。经专家审核，评出一级课题《凝香阁诗稿》和《东明书院志》，二级课题《浦阳书院志》和《眠绿山房诗钞》，一级村志类课题《走近嵩溪》。课题评审结果在浦江县人民政府网站上公示一周，公示结束签订资助协议，县地方志编纂室协助整理校对印刷。5个课题已印刷完成。

（金月红）

文旅集团

【概况】 2021年，县文旅集团围绕县委、县政府重点工作部署，践行全域旅游发展战略，打造浦江文旅品牌形象，助推浦江文化旅游产业整体发展的提档升级。举办道教文化演绎节、音乐露营节、浦江首个沉浸式国风夜肆等节庆活动。为庆祝中国共产党成立100周年，打造塘波村“初心之路”红色旅游线路。下属景区全年共接待游客14万余人。

县文旅集团开展经营激励机制改革，创新拓展民宿、广告公司业务，投入国企改革工作，筹建社发集团。2021年，县文旅集团下属江南第一家景区被授牌为浙江省党员教育培训基地、全省公安机关思政教育基地、金华市总工会“五一巾帼标兵岗”、浦江县婚姻家庭文化教育基地。

【收购浦江蓝城置业有限公司100%股权】 在县整改工作专班领导下，按照县国资办指导要求，县文旅集团组建工作协调专班，聘请工程造价咨询、会计师事务所、资产评估事务所、律师事务所等专业第三方机构参与前期服务，并联同浙江六和律师事务所与浦江蓝城置业有限公司进行股权转让协议谈判，经多轮协商，历时7个月，于2021年12月完成股权收购协议签订。县文旅集团在股权协议签订后3日内，派驻新团队接管蓝城公司以及项目现场，完成整体接收工作。按照诗画小镇项目整改工作相关要求，完成诗画小镇二期、三期工程、诗画文化中心、文创街、生活街工程核对工作；保障诗画小镇整改资金支付工作，筹备产业招商，做好诗画小镇“后半篇文章”。

【生产经营活动】 县文旅集团采取严格的疫情防控措施，确保各景区安全运行，有效防范风险，确保零事故发生。探索疫情防控状态下的“旅游+”新模式，进行活动拓展，举办“浦·集”夜肆等活动。利用江南第一家景区牌坊群为主市集，仙华山景区和神丽峡景区为分会场，通过业态再造、国风文创、推介农旅产品，打造具有浦江特色的首个沉浸式国风夜肆，助推夜经济发展。2021年国庆假期七天，“浦·集”夜肆共接待5万余人次，增加二次消费收入50余万元。

2021年国庆期间，江南第一家“浦·集”夜肆活动现场 （杭州福明文化创意有限公司提供）

【经营激励机制改革】 县文旅集团历时2个月进行了宣传动员、竞聘上岗、双向选择、建章立制、责任书签订五个阶段，共竞聘上岗11名中层干部，同时采用双向选择机制选定员工，组成景区新力量，并与各景区签订经营目标责任书。

（陈丹琳）

新闻传媒

【概况】 浦江县融媒体中心位于浦江县仙华街道平七路489号，是县委直属正科级全额拨款事业单位，内设机构：办公室、总编室、全媒体采访部、移动媒体编辑部、移动媒体开发部、广播电视编辑部、报刊编辑部、后勤保障部、设备运维部、宣传合作部、文化产业部。中心有广播、电视节目各1套，《今日浦江》报1份，“浦江发布”“浦江微讯”2个微信端，“诗画浦江”“浦江有滋味”2个抖音号，“诗画浦江”App和浦江新闻网等媒体平台。广播节目呼号“浦江人民广播电台”，频率FM105.8MHz，全年播出自制节目时间2080小时，主要栏目有“浦江新闻”“丰安新农村”“最忆是故乡”“一路领先”“下班了”；电视节目呼号“浦江电视台”，频道31CH，全年播出自制节目时间570小时，主要栏目有“浦江新闻”“直通百姓”“走进新农村”“多彩丰安”“先锋视点”“与法同行”；《今日浦江》报出刊251期，每周五期，年发行量13500份。2021年，县融媒体中心围绕中心、服务大局，推进媒体融合、新闻宣传、新媒体发展、对外宣传、经营创收等工作，各项事业稳步推进、持续向好。

【庆祝中国共产党成立100周年宣传活动】 把中国共产党成立100周年和党史学习教育作为贯穿全年的宣传主线，开设《百年初心路 浦江新征程》专栏，拍摄红色人物、红色征程、红色记忆等专题报道。电视、广播高频次进行红色歌曲、影视剧、广播剧的展播；《今日浦江》报在报眼和报眉处精心编排中国共产党成立100周年字样，营造浓厚氛围；“诗画浦江”App与“浦江发布”公众号推出《红色档案背后的故事》原创专题，推送各乡镇、部门党史学习教育动态。各平台累计刊发相关报道1200余条。

【主题报道】 围绕“工业强县、乡村振兴、文旅富县、品质名城、融义接杭”五大战略做好宣传文章，先后推出《回眸“十三五” 喜看新变化》《疫情防控》《打造重要窗口 全力攻坚争先》《文明创建在行动》等20余个专栏，各平台累计刊发相关报道700余条。推出“奋力赶超 干在今朝”系列述评7篇，并做好后续宣传报道，共刊播相关报道112条。“浦江发布”公众号推出《共同富裕在浦江》等专栏，介绍浦江各地的共同富裕探索实践。推出《暖新闻》《帮忙老哥》等民生类专栏，讲好暖心故事、帮忙故事。采制播出《热点关注》25期，督促相关部门开展整改落实。

【短视频宣传】 2021年，县融媒体中心注重发挥短视频特色，宣传效果良好，全年共打造50余款阅读量5万+的爆款产品。抖音号“浦江有滋味”通过挖掘乡村传统美食、民间非遗、特色农产品，全年推出短视频100余期，作品平均阅读量3.8万次，成为浦江同城头部号。抖音号“诗画浦江”推送的“浦江街头感人一幕”阅读量191万次。视频号“浦江发布”“浦江微讯”平均阅读量1万余次，其中阅读量超10万余次的有5条。

【对外宣传】 紧跟上级媒体约稿重点，立足浦江实际，在中央、省、市各级媒体推出一批有深度、有影响、有特色的报道。2021年，中央级媒体用稿18条，省级主流媒体用稿100余条，市级主流媒体用稿480余条。如《稻从何处来？一粒米的万年演变史》作为考古文化系列报道的头篇在中央电视台央视新闻频道播出；中央电视台央视新闻频道于10月15日在上山遗址直播《丰收中国》，并连续播发3条有关上山的视频；县融媒体中心参与了浙江卫视庆祝中国共产党成立100周年大型融媒体活动《梦开始的地方》的摄制。

【创新创优】 成立融媒体中心攻坚工作专班，持续推进创新创优工作，引导采编人员树立精品意识，提升业务能力和水平。在浙江省青年理论宣讲暨微型党课大赛中，县融媒体中心主播参与的宣讲作品《种子》获特等奖。在电视新闻评奖中，县融媒体中心选送的作品获7个省级广播电视新闻奖，15个市级广播电视新闻奖，其中作品《生死约定》获第五届浙江省纪录片“丹桂奖”优秀微纪录片奖；作品《壶源江岸抱团记》获2020年度浙江省广播电视新闻奖二等奖。

【经营创收】 2021年，经营创收收入654万元。完成《攻坚》《承诺制让许可极简，数字化促服务极速》等10余个专题片、宣传片。配合相关部门制作完成多部视频片，多件作品在“学习强国”App等平台刊播。策划推出首届“稻源春潮”2021浦江春节联欢晚会，承办“我心向党 劳动筑梦”浦江庆“五一”国际劳动节暨劳模表彰大会、全县微党课演讲比赛、县创业创新大赛等近10场活动。与县人社局、县供电局、县农商行等8家单位建立战略合作关系，开展宣传服务工作。与县司法局合作策划8期《中华人民共和国民法典》系列动漫短视频；推出《中医健康讲坛》52期；承制《浦江葡萄》和县《一贤一事》画册。

【安全播出】 县融媒体中心安全播出领导小组贯彻落实广播电视安全播出管理相关规定，定期开展安全生产专项检查行动，对电视播出机房、广播播出机房和东山岭发射中心机房进行巡检，主要包含消防、用电、安全保卫、主备设备运行情况等，保障机房的正常运行。每季度召开1次安全播出专题会议，对巡检过程中存在的问题进行梳理、整改。加强应急演练和技术培训，提高值班人员、技术人员的应急处置能力和技术水平。建立新广电中心大厅值班制度，在各个重要节点执行24小时值班制度，提升安全播出、应对突发事件的能力，确保播出安全。

【记者节活动】 11月8日，“奋进媒体人”庆祝第22个中国记者节联欢会活动在县融媒体中心演播室举行，县融媒体中心130余位干部职工参加联欢会活动。活动现场播放了短片《融媒体时代 记者的责任与使命》，为2021年新领记者证的10名新记者颁发证书，新记者代表发言，为省级新闻作品获奖代表颁奖，活动还设置了抽奖、游戏、书画、唱歌等环节。

（陈柳柳）

交通运输

【概况】 2021年，县交通局承办全省普通国省道一级公路平面交叉治理现场会，交流351国道、210省道平面交叉控制管理经验，国省道管理经验走在全省前列。普通国省道工程建设管理经验专报获副省长高兴夫批示肯定。浦江县所有普通国省道一级公路平面交叉口平均间距符合省级最新规范，达到2.83千米，高于当时全省平均间距0.86千米。回应人大代表、群众诉求，351国道浦江段霞岩隧道至联盟互通路段小型载客汽车标志运行速度由80千米/小时提高至90千米/小时，提升了道路通行效率。解决历史遗留问题，完成351国道浦江段郑家坞镇区路段路面工程、亮化工程，实现351国道主线全线贯通。

2021年5月21日，全省普通国省道一级公路平面交叉治理现场会 （县交通局提供）

全县公路总里程926.4千米，其中国道3条50.92千米，省道3条37.38千米，县道24条287.01千米，乡道66条239.54千米，村道273条304.56千米，专用公路7.03千米。

在全省86个县（市、区）中，浦江县国省道以93.56的PQI均值（路面技术状况指数）位列全省第16名，金华市第3名，较2020年提升20名；农村公路以91.57的PQI均值位列全省第13名，金华市第4名，较2020年提升53名。

2021年，县交通局牵头组建疫情防控平战一体化交通物流专班。在高速路口、普通国省道牵头设立暖心服务点，常态化加强客运、货运、物流、驾校等行业防控工作。部署管控涉疫地区来（返）浦货车，开展行业重点人群定期核酸检测。

（黄康玲　楼园园）

【重大交通项目】 配合推进杭温高铁二期浦江段工程，实现全面开工，完成全年投资任务。浦义快

杭温高铁浦江特大桥首个墩身完成浇筑

（县交通局提供）

速路（219省道浦江浦南至义乌上溪段）工程列入省市“十四五”规划，完成初步成果，初步线位获浦义两地基本认可，初步设计深度用地红线提交县自然资源局调整永久基本农田。合温高速桐浦义段工程由省交通运输厅主导推动，列入《国家高速公路网规划（征求意见稿）》，完成线位规划论证，发布项目工程可行性报告、工程可行性报告咨询招标公告；涉铁先行段实施方案上报省交通运输厅。351国道联盟至兰溪界段工程可行性研究报告正式上报省发展与改革委员会。235国道浦江郑家坞段工程完成工程可行性报告审查。

（方自信　洪四清）

【数字化改革】　深化与杭州市公共交通云科技有限公司合作，迭代升级浦江“公交数字大脑”，完成省“农村客运数智服务与监管”数字化改革应用场景试点工作，建设智能电子站牌20个，完成软件升级并投入运行，“浦江公交”上线“浙里办”App的县（市、区）版块和“浙里畅行”农村客运版块，推进公众出行服务更加智慧、便捷、安全。

（方信奇　楼园园）

【高速公路免费】　根据市政府统一部署，推动形成“金义新区—义乌—浦江”高速免费通行圈，对仅行驶杭金衢高速公路郑家坞互通至金义新区（鞋塘）互通段、甬金高速公路傅村枢纽至何宅枢纽段、义乌疏港高速公路何宅枢纽至后宅枢纽段，进出均在杭金衢高速公路金义新区（鞋塘）、郑家坞、浦江、义乌、望道、上溪收费站，甬金高速公路义乌东、徐村、佛堂、义亭、傅村收费站，义乌疏港高速公路湖门、福田、苏溪、廿三里收费站15个收费站，且安装并使用ETC记账卡的Ⅰ类客车，免收通行费，助力浦江融入金义都市区。

（方自信）

【公路养护】　浦江县首次应用泡沫沥青混凝土技术，用于国省道大中修项目面层再生，可实现废物二次利用，在一定的技术支持下让废料形成路面的结构层，能达到废弃材料合理再生和运用的目的。提升路域环境，全年执法巡查发现问题并整改到位237个，整改率100%；补植花木6.9万株、三叶草16.5万平方米。

（黄　维）

【“四好农村路”建设】　完成冯村至岳塘、朝阳至上山、白马镇方横店至金竹园、210省道2处亮化工程、普通国省道大中修、普通国省道桥梁维修加固、

国省道大中修施工现场　　（县交通局提供）

2021年交通基础设施建设工程(含农村公路大中修、安防等7个)等工程。按程序修订并出台《浦江县农村公路养护与管理办法》。2021年,浦江县获评"十三五"期间全省"四好农村路"省级示范县,仙华街道、檀溪镇被评为金华市第三批"四好农村路"示范乡镇。截至2021年,创建市"四好农村路"示范乡镇7个。开通浦江黄宅至义乌八石畈城际公交班线C-910路,运行时间从6:50至16:30,共设置站点7个。

(黄康玲　楼园园)

【"三化一平"】　实施公路路域环境专项整治、迎亚运"两路两侧'三化一平'"专项整治,全年清理路基边沟堆积3368立方米,清理路面垃圾3045吨,修补坑洞24033平方米,路面灌缝613982米,清理桥梁伸缩缝647座次,路面贴缝41503米,挡墙修复285立方米,行道树刷白167千米,公里牌、百米桩油漆2686块,示警柱、防撞护栏油漆2342个,桥身刷白226座,桥栏杆油漆36座。

(黄　维)

【应急抢险】　2021年,出动公路应急人员1350余人次、机械75台班,疏通堵塞边沟12千米,清理堵塞管涵26处,清理塌方1312立方米,修复涵洞24道。开展应急抢修,新增、更换、维修防撞护栏128米,标志牌60块,爆闪灯10盏,减速带194.5米,广角镜13块,黄色灯3盏,隔离栅栏646米,护栏板284米,警示桩19根,PU警示柱70根,道口标柱49根,防撞桶41只,标线8789平方米。

清理公路塌方　(县交通局提供)

【绿色交通】　2021年,浦江县在浙江省城乡交通运输一体化中得分95分,连续6年达AAAAA级水平。客运出租车项目引资落地,成立浦江吉风出租汽车有限公司,投入运营78辆纯电动出租车,打造"巡约车"新模式,通过与滴滴平台合作,将巡游车全量接入滴滴平台承接网约车订单,并保留线下接单功能,实现新老业态融合发展,推动出租车行业转型升级,打造城市服务新名片。2021年,共有出租车81辆,其中纯电动出租车78辆;公交车244辆,其中纯电动公交车131辆。

纯电动公交车充电站　(县交通局提供)

(曹康妮　楼园园)

【驾培管理】　2021年,汽车驾驶员培训结业:科目一11015人次,科目二10653人次,科目三10825人次;组织出租汽车驾驶员从业资格证考试17期,安排777人次,其中合格485人。通过开展集中执法与随机抽查等方式,对培训学时是否存在造假等情况进行研判，对存在造假等违法违规情况的，采取生存成工单处理等措施，打击伪造学时数据、篡改培训系统数据等学时造假行为。通过人工对监管平台的数据监控，共计生成处罚工单12个，作废学时28492条，退回学员3665人次。9月，在市机动车驾驶教练员职业技能大赛级比赛中，浦江县代表队获团体二等奖，潘海江、何龙波2位教练员分获个人三等奖。

（潘　东）

交通集团

【概况】　浦江县交通集团有限公司（简称“县交通集团”）主要负责浦江县交通基础设施建设和经营管理等。2021年，交通集团资产总额54.64亿元，同比增长19.94%；营业收入总额4.8337亿元，同比增长49.41%；净利润1278.75万元，同比增长957.54%；上缴税收6269.93万元，同比增长224.46%，位列全县纳税十强企业第6位，集团共有内设机构5个，一级子公司13家，二级子公司18家，委托管理1家，其中新成立一级子公司2家：浦江交投综合能源有限公司、浦江县华昱房地产开发有限公司。县交通组被评为县综合考核工作优秀单位；汽运公司被评为浙江省文明单位、县拥军优属模范单位，龙峰公司被评为2020年度浦江县建筑业重点骨干企业，检测公司被评为中国质量检验协会《机动车检验机构等级划分与评定》团体标准起草单位。

【改革重组工作】　2021年，根据浦江县深化国有企业改革工作领导小组关于印发《全面深化县属国有企业改革工作方案》的通知精神，进行新一轮国有企业改革，组建浦江县交通集团有限公司，将浦江县国有资产经营集团有限公司名下的浦江县国资加油站有限公司、浦江县中国石化经营有限责任公司的50%股权划转到县交通集团名下，整合综合能源供应站等能源板块，组建浦江交投综合能源有限公司。

（陈兴法　傅怡心）

【工程项目前期】　2021年，县交通集团完成351国道浦江联盟至兰溪界初步设计文本；完成浦义快速路（第三通道）项目建议书、工程项目可行性研究报告、用地红线等一体化招标工作，方案设计和深化工作；配合完成高铁小镇产业策划，高铁小镇综合交通专题深化工作；完成浦江县高铁站场综合交通枢纽工程一体化招标工作，对接设计单位完成方案设计和初步设计；确定合温高速浦江段与杭温高铁二期交叉口的设计方案；完成合温高速线位走向方案；完成235国道浦江段工程项目可行性研究报告评审等工作。

（陈大庆）

【华璟项目】　交通集团通过公开竞标取得文景园区块地块一、地块二的国有建设用地使用权，面积112289.36平方米，约11.2公顷。为推进该区块开发建设，10月，交通集团将拥有的浦江县华璟房地产开发有限公司的50%股权及转让方享有该公司的50%债权进行公开转让，公开选定合作方；12月28日，50%股权经浙江产权交易所公开挂牌成功转让，交通集团与绿城置业发展集团有限公司达成股权合作，股权比例为50%∶50%。华璟项目成为浦江县首个全市场化运作的国有企业地产项目。

（郑红卫）

【华昱项目】 9月26日,县交通集团参与金狮湖东北侧地块的竞拍并成功竞得,总价4.9亿元。该地块位于浦江县东山路以南、金狮湖以东、班班大道以西,面积29048平方米,楼面起始价7025元/平方米,并以底价成交。10月21日,成立浦江县华昱房地产开发有限公司,并对外发布招商推介。

(吴东东)

【"民生微实事"工程通过验收】 12月3日,2020年第一批、第二批微民生实事工程通过验收。主要有檀溪镇寺前村候车长廊工程、联盟村道路塌方工程、善庆村路面道路修补工程,平七路中埂、项宅公交站项目,章店、水晶小镇客厅、中部水晶产业园区、下杨村、先锋候车亭项目,总投资84.5万元。工程于2020年10月20日开工,2021年9月14日完工。建设单位为浦江县交通集团有限公司,设计单位为金华市交通规划设计院有限公司,监理单位为浙江腾通建设工程监理有限公司,施工单位为浙江浦江龙峰公路工程有限公司,候车亭亭体安装单位为宁波兴辰公共设施有限公司。

(王国峰)

【花前综合供能站建设完工】 花前综合供能站为浦江交投综合能源有限公司分支机构,建设项目地址位于前吴乡塘岭金村塘岭下自然村东南、浦横公路北侧,总投资额3715万元,用地面积2569.1平方米,建筑面积433.5平方米。建设单位为浦江交投综合能源有限公司,设计单位为哈尔滨天源石化工程设计有限责任公司,施工单位为浙江元耀建设有限公司。4月开工建设,12月主体工程完工,面向社会公开招租花前供能站承包经营权,租期10年。

(王国峰)

【101路、112路公交专线开通】 6月30日,101路、112路两条"红色主题"公交专线开通。101路公交专线始发站汽运中心,终点站西站,路线设置站点17个,首班车5:50,末班车18:45;112路公交专线始发站中部水晶产业园区,终点站汽运中心,路线设置站点22个,首班车6:00,末班车18:40。两条公交专线车辆车身分别张贴"庆祝中国共产党成立100周年""学习百年党史 汲取奋进精神""知史爱党 知史爱国"等字样,以庆祝中国共产党成立100周年。

"红色主题"专线公交车　　(县交通集团提供)

(陈心悦　张艺潇)

【智慧公交电子站牌投入使用】 根据浦江县数字化改革建设总体要求,浦江县汽运总公司在县内城市城乡公交班线沿线主要站点设置20座智慧公交电子站牌,并于10月28日投入运行。公交电子站牌通过"浦江公交车辆卫星定位智能调度系统"提供的公交车辆实时动态数据,搭建公交车辆候车信息发布平台,为候车市民提供线路换乘查询、周边查询、免费Wi-Fi热点等服务。

(陈心悦　郑能辉)

【浦江丰安渣土运输有限公司成立】 11月16日,浦江县首家国有渣土运输企业——浦江丰安渣土运输有限公司注册成立。公司地址位于浦南街道中山南路42号，注册资本100万元，拥有新型环保渣土运输车辆20辆，主要经营范围是向社会提供城市建筑垃圾、工程弃渣弃土等运输处置服务。

（胡伟杰）

【“停车秩序”百日攻坚行动】 为提升城市形象，规范停车秩序，排除安全隐患，消除社区、村庄车辆乱停放、阻挡消防通道等现象，浙江浦江龙峰公路工程有限公司承建浦江经济开发区、浦阳街道、浦南街道、仙华街道等17个社区、15个村的公共停车位划线工作。从7月底至9月中旬，历时43天，投入资金90万元，划置停车位15239个。

（陈　义）

【省级交通事故黑点段整治工程】 工程位于新海线K799+600~K800+600郑家坞镇区路段，为浦江县内连接诸暨市和义乌市的重要交通干道。浙江浦江龙峰公路工程有限公司对该处道路进行改造，设置Y型交叉三向交通信号灯、交通违法检测系统及视频监控系统等智慧交通设施；完善和规范交通指示标志、标线；更换路灯和增设高杆路灯，加强照明；设置机非隔离护栏安全设施；优化道路路侧开口等。工程总投资153.9万元，5月31日开工建设，6月29日完工，6月30日通过竣（交）工验收并试运行。

【檀溪镇土地整治】 11月，檀溪镇洪山村、平湖村2个村的全域土地综合整治与生态修复工程被评为2020年度乡村全域土地综合整治与生态修复省级精品工程。工程由浙江浦江龙峰公路工程公司施工建设，项目区总面积近74.23公顷，总投资7600余万元。该项目坚持全域规划、山水林田全要素整治，通过“土地整治+现代农业”和“土地整治+乡村旅游”的模式，推进农用地连片整治面积61.49公顷，其中垦造水田37.48公顷、旱地6.83公顷、旱改水13.65公顷、耕地质量提升3.53公顷；整治闲置浪费、低效利用土地，通过拆除危房、乱搭棚房等，复垦建设用地面积0.18公顷。

檀溪镇土地整治项目鸟瞰　（县交通集团提供）

（蒋　颖）

【沥青项目】 2021年，浦江县沥青拌和有限公司共生产混合料28.4万吨，产值1.19亿元，上缴利税891.4万元，被评为浙江省A级“守合同重信用”企业、2020年度“浙江省清洁生产审核验收合格企业”、2020年度“浦江县工业企业亩均效益综合评价A类企业”。公司启动国家高新技术企业申报并制定国家高新申报方案及三年计划，首次在东阳市巍山镇浙江巍华化工厂区使用OGFC-13透水沥青进行施工并完成摊铺工作，施工总面积5000平方米；首次在浦江经济开发区金垒大道人行道摊铺彩色沥青，彩色沥青实现了“浦江生产”。

（吴莹露）

【龙顺公司】 浦江县龙顺运输有限公司以“提升公交服务质量，提高百姓出行幸福感”为抓手，紧扣全国文明城市创建要求，做好公交站场、营运线路公

"公交助农"香榧专线开通仪式(县交通集团提供)

益广告提升、西站候车室检票口改造和上客处栏杆护栏油漆美化工作,增设雷锋志愿服务岗、红色驿站,为旅客出行提供便利。全年优化调整班线22条,开通定制班线2条,新增站点12个,营运班车行驶里程596.19万千米,安全运送旅客398.36万人次,完成旅客周转量8763.92万人千米。

(洪安格　洪小青)

【检测服务提升】　浦江县汽车综合性能检测有限公司以"最多跑一次"改革为指引,结合"为民办实事",以创建国营车辆检测机构服务品牌为宗旨,破解车辆检测耗时长、多头跑、服务差、"黄牛"扰民等突出问题,打造管理精心、环境舒心、流程省心、服务贴心的车辆检测服务环境。全年投入资金近30万元,改造提升车辆检测"交钥匙"代办、一窗通办、分区改造、数据共享、非法中介整治等,增设VIP室、"微书吧",完善休息区、自助区服务,满足车主在车辆检测等待时的休闲娱乐需求。2021年,浦江县汽车综合性能检测有限公司共检测车辆35691辆。

(吴佳妮)

【岩头砂场吸收合并】　10月31日,浦江交投岩头砂场有限公司与浦江县核鑫建材有限公司吸收合并。新组建的岩头砂场公司股权为浦江龙耀交通资源投资有限公司占比51%,核工业金华建设集团有限公司占比49%,双方股东将在各自领域发挥特长,优势互补,同时实行"一企一策"内部经营机制改革,将岩头砂场建设成为集团经营性项目的标杆企业。

(潘世平)

邮　政

【概况】　2021年,中国邮政集团有限公司浙江省浦江县分公司(简称"县邮政公司")累计实现业务总收入1.87亿元,位列全省各县(市)公司第12位;实现经营利润2326万元,位列全省各县(市)公司第14位。

【战略合作协议签约仪式】　5月13日,县邮政公司、县邮政储蓄银行与杭坪镇人民政府举行战略合作协议签约仪式。战略合作协议以农村产业发展、农民增收作为中心任务,加强"政府+企业+农户"协同,双方在"三农"领域开展全面合作,落实金融扶贫和乡村振兴战略,创建以邮政所为依托、农产品直销为特色、线上线下融合发展的特色电商平台,为杭坪镇农民合作社和家庭农场提供综合服务,推动农业发展,助力乡村振兴。

【业务框架协议签约仪式】　12月27日,县邮政公司与浦江电信公司举行业务框架协议签约仪式,贯彻落实党中央关于实施乡村振兴战略的重大决策部署,围绕完善农村物流网络建设,坚持新发展理念,推动高质量发展,利用市场机制,整合双方的网点、门店、驿站、站点等资源，采用入驻合作模式、加盟模式、能人模式，达成快递业务合作意向，实现双方优势互补、信息共享，推动行业发展，实现互惠共赢。

【江南营业所重装开业】 6月18日，位于浦江县中山南路134—138号的中国邮政储蓄银行浦江县江南营业所重装开业。重装后的营业所服务面积221平方米，设有2个金融台席、1个大客户窗口、2台CRS机，集金融储蓄、集邮业务、"警医邮"、邮政营业、理财咨询、自助服务等功能分区于一体。

（徐幽翠）

通信网络服务

【中国电信股份有限公司浦江分公司】 2021年，中国电信股份有限公司浦江分公司（简称"浦江电信公司"）主营业务收入10803万元，移动手机用户14.18万户，有线宽带用户7.8万户，ITV用户4.82万户，固定电话用户3.07万户。

浦江电信公司全年开通40个3.5G室外站、114个2.1G室外站和1个室分系统，覆盖浦江城区、山外片、工业园区和各乡镇。11月，5G网络四期开工建设，开通室外基站14个和室分系统6个。优化无线4G网络，224个15M小区扩频到20M，45个小区2.1G扩容。黄宅、钟村、项店等18个5G网络综合服务区配套设施建设完工。2021年，浦江累计有5G网络室外基站285个，5G室分系统12个，LTE1800M基站451个，L800M基站217个，CDMA基站211个，直放站27个，室分系统62个。

践行"以我为主"的地面责任体系，推行"强基深耕"和"政企改革""营维融合、装维分离""三年服务"领先计划等新型理念。市场部围绕高套、宽带、存量客户维系等基础业务发展，政企部成立产业数字化中心，签约一体化智能化公共数据平台项目，对浦江政务网进行改造，签约浦江县政务网机房灾备服务项目。浦江电信公司承建"阳光厨房"模块，助力外卖市场监管。浦江消费者在"美团""饿了么"两大外卖平台上均可通过浙江电信公司自主研发的"阳光厨房"模块，实时查看600余家商家后厨监控。综合支撑中心围绕提升客户服务满意为导向，服务考核排名连续全区前列。浦江电信公司对新冠肺炎疫情监控平台提供技术支持，对各个隔离点进行线路改造、门磁安装。践行落实社会责任，组织约300人次开展"礼让斑马线"文明交通劝导活动。9月24日，开展无偿献血活动。11月18日，在岩头镇西黄村进行防诈骗宣讲活动。在人民东路营业厅设置"爱心驿站"，给快递小哥、清洁工人等提供休息场所。

2021年，浦江电信公司带领各支部全体党员围绕公司年度经营目标，研究部署党建团建、党风廉政工作，专题研讨意识形态2次、新冠肺炎疫情防控会议4次，以及网信安、防诈反诈等工作；开展"不忘初心、牢记使命"主题教育。开展庆祝中国共产党成立100周年系列活动。全网风险隐患排查整治工作，防范治理通信信息诈骗专项攻坚行动。整治"靠企吃企"问题工作，全年对领导人员及关键岗位进行风险排查50人次。监督推动企业重大改革发展，推动高套发展质态监督专项、应收账款监督专项。严格执行"三重一大"（重大事项决策、重要干部任免、重要项目安排，大额资金的使用）决策制度，对提任的干部一律进行廉政谈话，重要核心关键岗位人员实施约谈提醒制度。

2021年，浦江电信公司围绕乡村振兴，在县域各个乡村共开展50余场、3200人次的“平安乡村”建设宣传活动。9月26日，浦江电信公司在中余乡五星村打造了全区首个“数字乡村”云平台，县内58个乡村社区完成了“数字乡村”云平台的签约。浦江电信公司打造的“数字乡村”云平台是从中央到省、市、县三级贯彻落实关于数字化改革的决策部署，是服务数字浦江，推进数字乡镇、数字乡村建设而打造的特色平台。

2021年，浦江电信公司被评为市级、县级“消费者信得过单位”、2020年度金华市“先进消费维权联络站”，被确定为市级消费者教育基地。

（崔　晨）

【中国移动通信集团有限公司浦江分公司】 2021年，中国移动通信集团有限公司浦江分公司（简称“浦江移动公司”）实现运营收入3.6亿元，拥有移动手机用户44万户，有线宽带用户9.8万户，基站总数量746个，线路光缆4845千米、管孔公里数713千米。浦江移动公司党支部被浙江移动公司评为“优秀支部品牌”“浙江移动发展先锋”，被授予“先进基层党组织”的称号。

2021年，浦江移动公司以高目标引领、高水平建设、高质量协同为目标，推进5G网络建设，新建5G基站385个，实现5G网络信号100%覆盖各乡镇主要区域，建设进度排全区前列。2021年，浦江移动公司在政务、军警法司、农林渔水、教育、医疗、金融、旅游、交通、环保、工业等领域开展信息化建设，助力浦江信息化发展，彰显央企担当。助力市生态环境局浦江分局建设生态环境质量自动检测网络，提高自动检测能力；为浦江县公路与运输事业发展中心建设道路交通安全设施，提升对工程货车超限超载的自动监测和治理能力；协助浦江县交通警察大队改造部分道路交通信号灯，保障市民出行安全；与浦江县教育局合作，联合开展多媒体与云计算机教室建设，提升教育信息化水平；打造浙江杭机股份有限公司“5G未来工厂”，助力传统制造企业向智能制造转型。

浙江杭机股份有限公司“5G未来工厂”通过浙江省智能制造专家委员会验收，项目获工业和信息化部第三届“绽放杯”5G应用征集大赛全国三等奖、浙江省新基建应用场景创新大赛二等奖、浙江省数字经济“五新”优秀案例、中国移动“金牌标杆”优秀案例，浙江杭机股份有限公司入围2021年浙江省“未来工厂”试点单位。

（陈　艳）

【中国联合网络通信有限公司浦江县分公司】2021年，中国联合网络通信有限公司浦江县分公司（简称“浦江联通公司”）主营通信类产品，移网、宽带、互联网产品、创新产品等，自有营业厅3家，主厅位于浦江县时代广场A12号，平七路营业厅位于浦江县仙华街道星碧大道1-1号，黄宅营业厅位于浦江县黄宅镇商业路供销综合楼。新建签约渠道1家，分销渠道建设77家，行销渠道2家，月均产能107户。全年新增移网共计发展20423户，同比增长19.1%；宽带共计发展1305线，同比增长128.9%，带动基础业务收入增长7.5%。

全年配合浦江电信公司（电信公司承建）新建5G基站185个，主要覆盖浦江主城区、经济开发区及各乡镇政府所在地；深化4G网络共建共享工作，2021年浦江电信公司共享给浦江联通公司34个宏站及12个室分站点（合计112个小区）；经浦江移动公司与浦江联通公司双方确认，2020年浦江联通公司共享移动站点清单18个，2020年浦江移动公司共享联通站点清单5个（包括搭接联通机房），并纳入共建共享结算清单中。通过企业新建和行业间共建共享，转供电电价谈判压降10个（福泰隆、国际大酒店、时代广场等）；2G网络退网下电36个；3G网络退网下电4个；华为SDH/MSTP传输设备退网3套；塔组修改43条。

2021年，完成浦江县应急管理局卫星便携站系统服务采购项目；浦江县公安局“智慧警务站”（南苑）建设项目；浦江县人民政府办公室高点智能视频监管系统服务采购项目；浦江核鑫建材有限公司岩头砂场无人值守双向电子汽车衡系统集成服务项目及监控安防系统建设服务采购项目；浙江恒昌纺织科技有限公司“5G+智慧印染”园区系统建设项目；国网浙江省电力有限公司浦江县供电公司“智慧内保”建设、人体测温系统建设及乡镇变电所“智、秒办”建设项目；中国邮政集团有限公司浙江浦江县分公司江南网点及潘宅网点“智慧内保”建设项目；浙江嘉宇建设有限公司悦江湾“智慧工地”建设项目；浦江县消防救援大队监控安防系统建设项目；浦江乡镇派出所“智安村居”建设服务项目；国家税务总局浦江县税务局、浦江县公路与运输事业发展中心防疫健康ETC产品等。2021年，浦江联通公司创新业务拓展签约63单。

2021年，完善各级通信保障预案，加强通信安全防护和隐患排查，保障车辆、物资、人员齐全。贯彻落实防台防汛相关工作指示，提高防台防汛减灾意识，梳理风险点，提前转移营业厅、仓库重要资产，落实防台防汛救援物资，实行24小时值班值守制度，同时安排人员进驻县应急管理指挥中心24小时现场值班。全年未发生通信事故和重大通信差错。

（高玉莲）

2021年，台风“烟花”防汛保障工作

（潘丽萍 摄）

【浦江县华数广电网络有限公司】 浦江县华数广电网络有限公司（简称“浦江华数公司”）位于浦江县仙华街道平七路489号浦江县广电中心内，成立于2013年，公司注册资金5000万元，拥有资产1.1亿元。公司下设综合办、财务部、大众市场部、客服部、集客市场部、工程技术部6个部室和城区、浦南、仙华、黄宅、白马、虞宅6个中心站。公司主要承担全县有线电视业务、数字电视业务、计算机维护管理、办公自动化、云存储、网络建设、宽带业务、监控业务、数据业务、信息化业务、智慧项目建设业务以及应急预警、应急广播、广电惠民工程等建设任务。公司有近百名一线员工分布在15个乡镇（街道），用过硬的技术服务，为各项业务开展提供技术支撑和保障。

2021年，浦江华数公司在党政机关整体智治中荣获“智慧执政铜奖”；在安全播出保障工作中被评为浙江华数“中国共产党成立100周年安全保障先进集体”；在本地网络质量提升工作中被省华数公司表彰为“优秀工作单位”；大众市场业务获浙江华数广电网络股份有限公司“快牛奖”“光改入户创新奖”和“宽带用户发展奖”。

为进一步理顺党组织管理关系，浦江华数公司党委于7月14日组织开展下属各支部换届选举工作，把原来分散在县融媒体中心支部的党员与华数支部党员进行合并，选举产生支部书记1名，纪检委员1名。2021年，浦江华数公司有在册党员19人。

合并后，浦江华数公司支部以党的十九大精神为指引，学习贯彻落实习近平总书记系列重要讲话精神，先后开展了“党史在心中”“我和我的祖国”“党风党纪”等主题日活动。2月，浦江华数公司建立了工会委员会，全年组织开展团建等工会活动10余次。

结合数字化改革，围绕“网络智能化、业务融合化、产业生态化”的发展方向，重点实施“网络优化提升、智慧广电建设、新型智慧城市建设”等工程，加快实施新一轮发展战略。参与数字政府门户、数字政府极速办、全域土地智治在线项目、浦江县重点场所分级管理应用平台等多个数字化改革项目。浦江华数公司对照《浦江县数字化改革实施方案》，以党政机关整体智治为引领，推进数字政府、数字经济、数字社会、数字法治、公共数据平台建设方案，主动对接，建立集客体系，培训集客团队，运用系统工程方法，按照“V”字模型“分解—集成—再分解—再集成”的螺旋式演进技术路线，先将业务事项梳理后拆解到最小数据颗粒，形成共享数据池和数据清单，再逐级进行业务事项集成、业务模块集成和业务系统集成，最后形成全局“一屏掌控”、政令“一键智达”、执行“一贯到底”、服务“一网通办”、监督“一览无余”的数字化协同工作场景。

“千兆村”建设是浦江华数公司2021年的重点工作之一。通过全村光纤网络入户改造升级，为更多家庭提供大带宽、4K内容、无线组网、智能家居、家庭看护、亲情通话、“最多跑一次”、视频会议等全方面数字化服务，助力打造数字乡村、美丽城镇，让数字技术全面融入村民的生产生活，助力乡村振兴，构建华数特色乡村服务平台。全年共改光纤、提网速40余个村，覆盖用户8000余户。

2021年是安全播出和安全传输的重要保障年，浦江华数公司在中国共产党成立100周年、全国“两会”等重要节点，成立以总经理为组长的领导小组，与各部门签订安全生产责任书，将安全播出责任落实到部门和个人。2021年，签订安全生产责任书138份。

2021年，浦江华数公司对大众市场部进行重组，重组后的大众市场部成立了抢新直销小组，建立“月有计划、周有汇报、末有盘点”的工作流程，提升了部门员工的积极性。开展光纤入户改造工作，通过“开门红”“光改入户六城联动”“两新攻坚”“百日冲刺”等活动，在保有老用户的基础上，努力发展双向业务。

（张晨晨）

教　育

综　述

【概况】 2021年，浦江县共有普通高中6所(含综合高中3所)，在校生6248人，校均规模1041人，其中省级重点中学5所；职业高中1所(国家级重点职校)，在校生7557人(其中包含中山中学899人，景濂中学1129人，建华中学1625人，特殊教育18人)；初中14所(含民办学校3所)，在校生16185人，校均规模1156人；小学27所(含民办学校2所)，在校生33235人，校均规模1231人；幼儿园73所，在园幼儿14969人，园均规模205人；特殊教育学校1所，在校生53人(不含职高学生)，校均规模53人。

全县有中小学幼儿园在职教职工6265人(含民办学校)，其中专任教师4963人(含民办学校)，享受国务院政府特殊津贴1人，全国模范教师1人，全国师德标兵1人，全国优秀教师2人，省特级教师4人，正高级教师3人，省优秀教师7人，省教坛新秀13人，省中小学师德楷模(先进个人)9人，省农村教师突出贡献奖1人，金华市名师名校长15人，金华市教坛新秀71人，县园丁奖获得者83人，县名师名校长117人。

全县地方教育经费总收入175340.73万元，同比增长29.82%。其中财政性教育经费总收入148178.05万元，占总投入的84.51%；事业收入21234.62万元，占总投入的12.11%；社会捐赠经费收入1467.16万元，占总投入的0.84%；民办学校举办者投入388.40万元，占总投入的0.22%；其他收入4072.50万元，占总投入的2.32%。一般公共教育经费拨款102207.54万元，同比增长7.37%，低于财政经常性收入增长的11.9%。生均一般公共预算教育事业费支出，分别为幼儿园11193.8元，同比增长0.12%；普通小学13895.05元，同比增长5.72%；普通初中19639.71元，同比增长12.68%；普通高中25165.22元，同比增长6.18%；中等职业学校16950.99元，同比增长9.45%。

2021年，浦江教育高考一段线上线829人。通过教育部“全国学前教育普及普惠县”实地评估。集团化办学实现城乡、公民办100%全覆盖。新冠肺炎疫情防控实现“教师零感染、学生零感染、防控事件零发生”目标。县教育局被浦江县委、县政府评为2021年度工作目标责任制综合考核先进单位、2021年度党风廉政建设先进单位。

（周旭兵）

【立德树人】 以立德树人为办学宗旨，围绕“五四三”育人体系，加强学校内外的青少年德育工作。2021年1月份以来，全县各校结合本校校本德育项目建设累计开展活动1000余次，其中市级新闻报道300余次、省级新闻报道100余次、国家级新闻报道20余次；浦江中学郭可心等32人被评为2020学年金华市“五好学生”。5月，联合共青团浦江县委（简称“团县委”）开展浦江县“新时代好少年”评选活动，江孟轩等104名在热心公益、勤学创新、自强自立、尊师爱亲、诚信守礼五个方面表现突出的少先队员被授予“2021年浦江县新时代好少年”荣誉称号，其中两位学生被授予“金华市新时代好少年”荣誉称号。浦江县实验小学德育案例入选“浙”34个省级典型德育案例，并入选教育部第二批《中小学德育工作指南》典型案例。

【庆祝活动】 全县各中小学以“红心永向党 共圆中国梦”为主题，为庆祝中国共产党成立100周年准备了“七份礼物”。全县各校围绕“七份礼物”，以不同的形式（书法、绘画、征文、非物质文化遗产、诗词、说唱、视频）展现伟大祖国在伟大的党领导下取得的伟大成就，祖国的百年巨变，党的光辉历程、廉洁奉公、艰苦奋斗以及奋斗征程路上涌现的英雄模范等，整个活动共吸引全县6万余名师生参与，累计收到师生“书一心为民”书法作品1900件，“绘百年巨变”绘画作品984件，“讲光辉历程”征文600余篇，“展伟大成就”非遗作品800余件，“赞英雄模范”诗联作品422首，“抒爱党情怀”说唱视频34个，“传星星火炬”微视频35个。

【缅怀活动】 清明节期间，共青团浦江县委、浦江县教育局、浦江县少工委组织开展“缅怀革命先烈 传承红色基因”主题教育40余场，先后组织带领2300余名少先队员、2000余名青年团员到县革命烈士纪念碑、县公安英模陈列馆、塔山公园烈士纪念碑、黄宅镇烈士陵园、黄宅黄长波故居等地，通过瞻仰革命先烈、聆听红色故事等形式，开展爱国主义教育。

【关爱未成年人】 3月1—12日，联合团县委、县法院、县检察院在全县中小学校组织开展春季“开学法治第一课”宣传教育活动。法制教育第一课的主要内容围绕预防未成年人违法犯罪、保护未成年人合法权益、遵守交通法规、预防网瘾、禁毒防艾、预防校园霸凌、促进心理健康、维护校园安全等方面开展普法教育活动。其中，岩头镇中心小学邀请县人民法院法官，就青少年犯罪特点、犯罪原因、应对方法以及犯罪预防四个方面通过鲜活的实例进行讲解；郑家坞镇中心小学邀请郑家坞镇派出所警官，就如何防诈骗、防校园欺凌、防性侵三个方面展开教育；龙峰国际学校通过法治主题黑板报、开学法治第一课、观看法律类电影、检察官进校园等活动提高学生的法律素质，培养遵纪守法的良好习惯。40余名员额法官、法官助理和青年检察官为中小学校提供“一对一订单式”的法治宣教服务，覆盖2.8万余名青少年。

（徐霄珏）

【未成年人保护工作论坛召开】 3月26日，浦江县未成年人保护工作论坛在岩头镇中心小学召开。来自5个学校的教师对本校未成年人保护的典型案例进行分享。保护未成年人身心健康、合法权益是社会、校园与家庭的共同责任。此次论坛活动的开展，推进了浦江县未成年人保护工作走上新台阶。

县教育局向全县中小学征集未成年人保护工作典型案例82个，优选35个编辑成册发放到每个学校，先后组织人员拍摄预防性侵专题视频和未成年人自我保护主题班会视频供各校宣传和学习。

（徐霄珏）

【教育数字化改革】 制定《浦江县教育领域数字化改革工作方案》，在原有两个平台（“名师飞课”视频平台、图书管理平台）六大系统（上网认证系统、通用活动报名系统、大语文观阅读检测系统、智慧英语教学系统、教师招考报名系统、智任务系统）基础上，新建中小学图书数字化管理系统和学校教室多媒体管理系统。组织“教育数字化改革方案和教育数字化改革项目”设计评比工作，全县有350余个项目参加比赛，创设共建、共创、共享的教育数字化应用生态。推进数字家长学校建设，截至2021年，全县有15所学校被认定为金华市中小学数字家长学校。杭坪镇中心小学学科基地校访问量超过1300万次，列全省同类学校积分排行第一名。作为新型教育共同体的课后托管工作试点县，依托浙江省教育共同体智慧服务平台，通过多元化场景建设、城乡优质资源共享、线上线下课程安排、校外专业人士引进、评价机制制定等开展课后托管数字化实践与研究，全县累计开课7000余节，参与学生7万余人次。《剪纸好玩》和《数学家那些事儿》两门“名师金课”上传到省级平台，供全省中小学下载学习和使用。

（楼倩雯）

【省现代化学校创建】 县教育局对全县所有学段学校对照标准开展排摸，成熟一所创建一所。2021年，浦江中学、龙峰国际学校、浦阳第一小学、岩头中心小学、新华幼儿园、大畈乡成人文化技术学校、杭坪镇成人文化技术学校7所学校被认定为浙江省现代化学校。

（傅文胜）

【后勤采购】 2021年，浦江县教育发展服务中心完成厨房用品设备、五金电器、办公家具、体育用品、户外大型玩具、钢木课桌凳、学生床、餐桌等37个部门集中采购项目，全年累计采购金额约1159.66万元，比预算资金节省298.12万元，平均节约率20.46%。投入600余万元用于加强学校教室硬件改造升级，其中给223个教室安装空调，501个教室安装了护眼灯。在大米、食用油配送方面，全年共采购销售葵花籽油和玉米油1.40万箱，配送金额315.26万元，配送学校大米约155万千克，配送金额约733.15万元。新一轮学校食堂食品配送招标工作完成，注重对中标的蔬菜配送企业、学校食堂进行监管、指导，帮助企业提高配送质量，帮助学校提升食堂管理水平，全年下校例行检查130次，对豆腐生产企业和浦江本地生猪屠宰企业进行溯源走访调查1轮，对蔬菜农残进行抽检9个批次、共195个品种数。在义务教育阶段学校开展“菜谱共享”工作。

【困难学生资助】 2021年，浦江县学生资助管理中心组织安排资助资金2688.81万元（其中上级补助资金1061.98万元），共资助贫困学生29932人次。其中，学前教育免除保育费1849人次，资助金额441.68万元；义务教育营养餐补助6041人次，补助金额420.55万元；寄宿生生活补助1657人次，补助金额96.22万元；非寄宿生生活补助4388人次，补助金额113.44万元；普通高中国家助学金334人次，补助金额33.4万元；困难学生免除学费334人次，补助金额34.33万元；免除代管费334人次，补助金额10.4万元；职业高中免除学费14492人次，补助金额

1483.99万元，职业高中发放助学金494人次，补助资助金额49.4万元；发放国家奖学金9人次，补助金额5.4万元。

（费炜燃）

【学校工程建设】 2021年，白林、中余、平安、七里4所幼儿园完工，其中白林幼儿园在9月投入使用，新增学位1170余个，公办园入学比率超过50%。文华幼儿园开工建设，黄宅镇第二幼儿园完成初步设计。岩头初中扩建、浦江第二中学食堂、郑宅初中食堂改扩建完工并投入使用，堂头中学扩建工程完工，壶江初中扩建工程开工建设，培智学校迁建工程前期工作有序推进。全年完成投资约1.33亿元，新增建筑面积3.02万平方米。

（楼基宣）

“双减”工作

【推进“双微”改革】 响应国家“双减”政策，开展浦江县课堂教学“微改革”“微创新”（简称“双微”）改革，以实验中学、南苑小学、黄宅镇中心小学、浦江县金融希望小学为试点学校，逐步推广落实。12月30日，“双减背景下课堂教学微改革微创新小学语文专场”推进活动在南苑小学举行。

（傅江英）

【课后托管服务】 全县义务教育阶段共40所中小学（含民办学校）全部开展课后托管服务，超过28000名小学生参加课后托管服务，近14000名初中生自愿参加晚自习服务，学生参与率超过95%，实现“服务时段全覆盖”“服务内容全覆盖”。下发《浦江县非学科类培训机构或公益性组织参与学校课后服务“白名单”遴选办法（试行）》，公布首批非学科类校外培训机构进校园白名单，丰富拓展服务课程。浦江县实验小学积极探索“1+X”托管服务模式，因校制宜开发健身操、书法等30多门个性化课程的做法被金华市教育局局长楼伟民引用，登上《人民教育》杂志。浦江县教育局“名师金课”（主要是实验小学教育集团）提质托管服务登上“教育之江”视频号。实验小学《“36”有约：双减服务下的“提质落心”》入选浙江省首批“双减”优秀实践案例。

【“双减”调研】 9月24日，浙江省教育厅组织处处长陈仁坚一行到浦江县实验小学调研党建和“双减”工作，县委常委、常务副县长张昆仑，县教育局局长陈建浦等陪同调研。10月19日，“之江汇智慧教育论坛之新型城乡教育共同体服务‘双减’研讨会”在浦江县实验小学举行，浦江县实验小学教育集团总校长徐双莲作《数字赋能 助力“双减”》的“数智化”课后拓展服务介绍。9月29日，金华市中小学“双减”工作“百日集中”行动暨提质减负现场推进会在金东区曙光小学举行，浦江县实验小学校长徐双莲作课后托管服务优秀经验介绍。11月，金华市民进界别市政协委员一行到浦江就“双减”背景下如何促进教育高质量发展进行调研。

（楼倩雯）

学前教育

【国家县域学前教育普及普惠实地评估】 4月11—13日，县域学前教育普及普惠国家督导评估在浦江县举行。专家们通过查看资料、听取汇报、实地走访、座谈等方式对浦江学前教育普及普惠发展状况进行全面评估，认为浦江县学前教育组织领导“有力”，保障机制“给力”，补短提升“尽力”，队伍建设“用力”，监管指导“助力”，通过国家县域普及普惠实地督导评估。

（傅文胜）

【学前教育工作会议】 10月27日，以“联盟联动助推学前教育规范、优质、均衡发展”为主题的2021年浦江县学前教育工作会议在机关幼儿园召开。教育局领导，各公、民办园长，民办幼儿园举办者，主任督学，幼教干部等100余人参加会议。会议由县教育局职教科负责人徐国阳主持。县教育局局长陈建浦围绕“我们现在在哪里？去哪里？怎么去？”三个问题展开阐述；局党委副科级组织员俞荣良回顾了2020年的工作重点，部署下一步学前教育工作；县教育研究与教师培训中心主任刘朝晖就“幼儿园专业发展规划、教师队伍建设、幼儿园课程改革”等方面作专业指导。

【幼儿园晋升等级工作】 机关幼儿园被浙江省人民政府督导委员会认定为浙江省一级幼儿园，翠湖幼儿园、黄宅镇中心幼儿园、白林幼儿园被认定为浙江省二级幼儿园，等级幼儿园比例100%，全县二级及以上幼儿园覆盖面75%以上。

（鄢琴飞）

义务教育

【概况】 2021年，义务教育阶段学生有49420人，其中小学生33235人，初中生16185人；班级1187个，其中小学820个，初中367个。学龄人口入学率100%，巩固率100%。初中毕业生升入高中阶段比例为99.09%。全县小学生生均占地面积23.76平方米，生均建筑面积12.48平方米，生均图书41册，平均3.91人拥有1台计算机；初中生生均占地面积32.7平方米，生均建筑面积为16.97平方米，生均图书53册，平均4.03人拥有1台计算机。全县有小学教职工1834人（不含民办学校），其中专任教师1784人，专任教师人数与在校生人数之比（师生比）1∶18.63；初中教职工1332人，其中专任教师1208人，师生比1∶13.4。

【“大语文观”系列活动】 自2011年起，“大语文观”下的大阅读活动，经过10年的实践，成为浦江教育一大品牌。全县学生生均阅读量由2011年的8本上升到26本。4月，在虞宅乡中心小学举行浦江县“红色·经典”主题大阅读活动启动仪式，把中华经典文化、红色经典文化融入日常教学工作中，传承和发扬优秀的革命品质。7月，举行浦江“大语文观”引领下的书法能力提升培训，邀请朱阳伟、金良吉、汪永江三位书法专家，进行为期三天的书法理论知识培训。

【通过浙江省语言文字工作督导评估】 12月29—30日，受浙江省人民政府教育督导委员会办公室、浙江省语言文字工作委员会办公室的委托，金华市语言文字工作专项督导评估组对浦江县语言文字工作进行督导评估。通过听汇报，实地抽查走访，查阅台账资料，全面了解浦江县的语言文字工作情况，对浦江县语言文字与各类创建工作有机结合，与政府考核相挂钩、与传统文化传承有效融合等做法给予高度评价。评估组组长，金华市语委副主任，金华市教育局党委委员、副局长寿才明代表督导评估组宣读评估报告，认定浦江县以93.6分通过浙江省语言文字工作督导评估，同时对浦江县下一步工作提出建设性意见。要求浦江县继续增强做好新时代语言文字工作的责任感、使命感，完善“政府主导、语委统筹、部门联动、专家支撑、社会参与”的工作格局，提升全社会语言文字应用能力。

【省先进教育组评选】 2021年，浙江省先进教研组评审中，龙峰国际学校语文教研组、实验中学英语教研组经逐级推评入选。两所学校都打造了一支信念坚定、理念先进、追求实效、团结协作的优秀队伍。团队秉持“奉献于事业”“扎根于教学”“服务于学生”宗旨，落实立德树人根本任务，推进教育和谐发展，同时弘扬传统美德、树立师德师风。

【入选省城乡义务教育共同体建设学校典型案例】 12月，省教育厅确定74个浙江省城乡义务教育共同体建设区域和学校典型案例，浦江县实验小学教育集团《“四点半课堂”提质课后托管服务》和浦江县实验中学教育集团《“集团共研”促“减负提质”》入选。

【小学教育教学工作会议】 11月9日，以“减负提质育素养，立德树人开新篇”为主题的2021学年浦江县小学教育教学工作会议在园区小学举行。县教育局局长陈建浦，普教科负责人陈伟忠，县研训中心、技术中心相关主任，全县各小学校长及小学各学科教研员参加会议。会议总结浦江县小学教育各集团的优秀经验，规划了未来努力和发展的方向。局长陈建浦从重视核心素养提升、重视“双减”工作落实、重视发展改革创新三个方面，要求各校要关注学生学科素养的发展。

（傅江英）

【初中教育工作会议】 10月19日，浦江县2021学年初中教育工作会议在岩头初中召开。会议以“‘双减’创新提质，五育并举全面崛起”为主题，强调要有效减轻初中学生过重作业负担，提升学校课后服务水平，提升课堂教学质量，持续推进初中集团化办学，促进义务教育优质均衡发展，确保初中教育教学提质崛起。2021年，全市各县（市、区）重点高中录取分数线相比，浦江优势明显；普通高中录取分数线相比，浦江分数线最高。初中教育完成全市“争三保四”目标。浦江县第五中学、浦江县第七中学、岩头镇初级中学、仙华外国语学校作发言。堂头中学、实验中学、壶江初级中学、岩头初级中学、仙华外国语学校5所学校被评为2020学年度初中教育质量优胜单位。

（楼倩雯）

高中教育

【概况】 2021年，浦江县有普通高中6所，其中公办高中4所，民办高中2所，省一级特色示范高中1所，二级特色示范高中3所。浦江中学被评为首批浙江省现代化学校和第一届浙江省文明校园。中山中学通过省现代化学校创建市级评估。全县普通高中有专任教师567人，年内普通高中招收新生2280人，毕业生1983人，在校生6248人。

【高考成绩】 2021年，全县普通高中特殊类型控制线（重点）上线人数共829人，连续两年800人以上，浦江中学3人被清华大学、北京大学录取，连续11年有学生被清华大学、北京大学录取。超过浙江大学提前批录取预估线人数为114人，同比增长32%。

因2021年高考成绩优秀，根据《浦江县行政事业单位集体和个人行政奖励暂行办法》文件精神，由县教育局提出行政奖励申报，县委组织部、县人社局共同会审后，向县纪委等7部门征求意见，在浦江县人民政府官方网站完成公示后，分别向常务副县长张昆仑和副县长朱红卫汇报，同意给予浦江中学、浦江县第二中学、浦江县第三中学、浦江县中山中学、浦江县职业技术学校5所高中学校嘉奖的行政奖励。

【高中教育教学工作会议】 2月7日，浦江县高考备考工作会议在浦江中学召开，县教育局局长陈建浦、县教育研究与教师培训中心书记、高中部主任，公办高中学校校长、高三年级部主任及民办高中校长等参加会议。局长陈建浦以2021年度县重点工作任务领办会上县委书记俞佩芬的“五个关键词”——“态度”“责任”“团队”“晒拼”“表率”激励全体与会领导，带着“一天不耽误，一点不马虎”的精神投入高考备考工作中去，并对备考工作提出三项要求。5月19日，浦江县高考考前工作会议在浦江中学举行。局长陈建浦强调，在高三最后阶段的备考工作要以学生为主体，以“三严”调整学生状态，以“三准”为学生补缺，争取高考成绩连创辉煌。

（陈预浙）

职业成人教育

【概况】 全县有1所公办全日制中等职业技术学校——浦江县职业技术学校，是国家级重点中等职业学校。浦江技工学校于2019年依托县职技校挂牌成立，合校办公。学校占地16.4公顷，建筑面积10万平方米，在校生4298人（其中技工学校学生428人），在编教职工234人（其中技工学校教职工4人）。有全国职教名师、大师名家、省教坛新秀、省技术能手、市学科带头人40人。学校教学设施有体育馆、图书馆、电子阅览室、学生公寓等，及数控和普车实训车间、电子电工实训室、电脑室、画室、钳工房、汽修实训车间、艺术创作室、钢琴房、舞蹈室等近百个校内外实训基地。县职业技术学校在省中职学生能力大赛创新创业类项目比赛中包揽全市3个一等奖。

学校开设艺术类、商贸类、智能制造类三大类13个专业，其中电子电工、智能制造、汽修、烹饪为技工学校专业。工艺美术和电子电工专业为浙江省示范性专业，2021年入选全省“双高”专业建设群；机电实训基地、数控技术应用实训基地、水晶工艺实训基地为省级实训基地，水晶工艺设计为省“三名工程”专业。学校汽车专业与中德诺浩达成战略合作协议。职业教育形成了普通高校艺术类考试、高职考、“3+2”大专班等多条升学渠道，其中升学率保持在95%以上，本科录取率50%以上。

【职业教育成绩】 2021年，中职学生高职高考成绩，本科上线人数超300人，其中浦江职技校高职考本科上线98人；工艺美术和电子电工专业为浙江省示范性专业，入选全省“双高”专业建设群。2021年，各类师生比赛获奖共229项，其中省级获奖19项、市级获奖90项。

【技能人才培养】 立足地方经济，主动对接地方产业，接轨行业企业，与50家企业开展现代学徒制试点合作，开设4家产业学院。每年毕业生就业率

98%，企业满意度95%。2021年，中职学校承担了县教育局、县人社局、县农业农村局、县总工会等有关部门的各类培训任务，举办电工、钳工、汽修、农村电商、林业技术、保安员、保育员、乡土美食、农业信息化、淘宝直播等10余个工种、38个班次、6000余人次的培训。成人双证制学历继续教育190人次。

【社区办学】 投资400万元的浦江县成人文化技术学校（浦江老年开放大学）改建工程完工。杭坪镇成人文化技术学校被评为浙江省现代化社区学校。浦江县完成浙江省终身教育学分银行各项社区教育培训成果数近13万项。

（刘剑伟）

特殊教育

【概况】 2021年，全县有3~18周岁残疾儿童少年304名。学前段（3~5周岁）33名，安置30名，其中特殊幼儿园就读3名，普通幼儿园就读17名，康复机构10名，安置率90.9%；义务教育学龄段（6~14周岁）179名，入学175名，其中特殊教育学校55人，随班就读103名，送教上门17名，入学率97.76%；高中段（15~18周岁）92名，入学66名，其中特殊教育学校就读19名，随班就读39名，送教上门8名，不具备接受教育能力15名，入学率85.71%。培智学校学生，随班就读、送教上门学生的生均经费均按普通学生的10倍拨付落实。

【承办市融合教育推进会】 5月7日，金华市学前融合教育推进会在浦江县新华幼儿园召开，省特殊教育指导中心常务副主任陈荣弟、金华市教育局副局长寿才明、金华市特殊教育指导中心主任徐进、浦江县教育局副局长黄平标、普教科负责人陈伟忠、各县市区教育局、特殊教育指导中心、相关幼儿园园长、资源教室负责老师等近200人参加会议。会上成立首届融合教育种子教师工作室，其中学前融合教育种子教师工作室建在浦江县新华幼儿园。

【浦义同城特教联盟活动】 5月13日，义乌市第八届特殊儿童才艺展示暨第二届义浦特教联盟活动在义乌市星光实验学校报告厅举行。活动分舞台表演类、书画手工类和生活技能现场展示类三大版块进行，浦江县教育局党委委员张立、浦江县残联理事长贾亦农、培智学校校长张朝霞及20余名师生代表参加了活动。

【融合教育常态化】 全县建立24个资源教室和1个卫星班，其中金华市示范资源教室2个，合格资源教室4个。成立浦江县特殊教育资源教师教研中心指导团队，定期开展研训工作。5月18日，浦江县随班就读课堂教学展示暨研讨活动在潘宅中心小学举行。6月，金华市学前融合教育种子教师工作室研讨活动在新华幼儿园举行。10—11月，组织参加金华市特殊教育教师基本功大赛，共有5人获一等奖，1人获二等奖，2人获三等奖；省第二届资源教师基本功大赛中，杨菲菲获省小学组三等奖，李秀艳获省中学组三等奖，陈俏蔷获省幼儿组三等奖。在“基于省网络IEP平台应用的个别化教育实践”专题论文评比中，有11人获奖，县特殊教育指导中心获优秀组织奖。

【特殊教育标准化学校建设】 浦江县培智学校迁

建工程被列入2021年浦江县民生实事，项目占地面积17100平方米，建筑面积6306.4平方米，投资3000万元，建设规模15个班，拟招生数150人。5月，浦江培智学校迁建工程选址确定；9月，选址控规修编完成；10月，完成农转用、可行性研究受理；11月，取得土地预审及选址意见书；12月，完成用地规划许可、土地划拨、可研批复、初步设计及概算批复。

【特殊教育学校教研工作】 学校以科研促教研、以教研促教学，将教育与科研进行有机结合，变革教学内容、手段、组织形式，创新课堂教学关键环节，促成青年骨干教师专业成长。教师何贵华被评为第十五届金华市教坛新秀，教师周洁在全市特殊教育教师素养大赛中获一等奖。依托省网络IEP管理平台，构建学校教育质量监测和评估机制，规范教师个别化教学管理，全面提高教师个别化管理水平，完善教育教学规范化管理功能。教师赵慧霞、何贵华在全省“基于省网络IEP平台应用的个别化教育实践”专题论文评比中获奖。以生活为中心，将烹饪、种植、家政、书法、剪纸、陶艺等课程纳入学校课程体系。完善校本教材，编撰运动康复校本教材和烹饪课教材。结合大课间活动，设计康复训练项目，通过一条龙式游戏安排，提高学生运动参与性。依托浦江传统美食，聘请民间资深师傅传经送宝，挖掘经典美食文化。烹饪课教材《开心吃典——舌尖上的浦江美食》被评为首届金华市特殊职业教育精品课程。

【特殊教育关爱行动】 5月14日，县残联理事长贾亦农带队到县培智学校开展全国助残日慰问，给在校的57名学生通过市民卡发放慰问金。5月21日，县文联党组成员严宏星一行到县培智学校对接开设陶艺课程相关事宜。5月25日，义乌浦江商会在浦江县社会综合治理党支部、暖心公益协会的陪同下对培智学校学生开展“六一”慰问活动。6月1日，常务副县长张昆仑在县府办副主任潘文戎、县教育局局长陈建浦等陪同下到培智学校开展“六一”慰问；残联理事长贾亦农带队携中国狮子会浦江县仙华服务队的成员们到培智学校“六一”慰问；县工行行长李英带队和县心协代表给培智学校学生送“六一”礼物。6月19日，县妇幼保健院到培智学校开展康复评估指导。9月2日，省残联党组成员、一级巡视员高翔在市残联理事长李天标、县残联理事长贾亦农的陪同下到县培智学校调研。9月9日教师节，浦江县委副书记、政法委书记钱福安在县教育局副局长黄平标、仙华街道党工委书记张平、街道办事处主任严国荣等领导陪同下慰问培智学校师生。

（楼倩雯）

民办教育

【民办教育机构调整】 全县共有民办新浦江人子女学校10所，其中标准化学校3所，教学点7个，学生就读人数6900余人。2021年5月起，引导新浦江人子女学校联合和重组，及时停办、注销，撤并3所新浦江人子女学校。到2021年秋季学期，新浦江人子女学校由原来的13所调整为10所，撤并项店教学点、育才教学点、马墅教学点，育才教学点和马墅教学点合并到曙光小学，项店教学点合并到锐志教学点。

（潘仁光）

体育健康教育

【特色学校创建】 2021年,创建全国校园足球特色学校4所:中山中学、白马镇中心小学、翠湖幼儿园和机关幼儿园;省级足球特色学校5所:浦阳第二小学、岩头镇中心小学、檀溪镇中心小学、南苑幼儿园和檀溪幼儿园。

【体育"大课间"活动】 全县所有中小学校坚持每天30分钟以上的体育"大课间"活动,在2021年金华市体育"大课间"展示评比活动中,浦江县实验小学获一等奖,浦江中学、堂头中学、岩头镇中心小学和檀溪镇中心小学获二等奖。

【学校体育成绩】 浦江县职业技术学校在2021年浙江省花样跳绳比赛中获一等奖,金华市首届花样跳绳比赛获第一名。金华市校园足球春季联赛中,大溪中心小学获女子乙组冠军,浦江县金融希望小学获女子甲组冠军;金华市校园足球秋季联赛中,浦江县第二中学女子组和浦江县第四中学女子组获冠军。金华市第六届青少年空竹大赛中,郑家坞镇中心小学获团体空竹操金奖。

【近视防控工作】 龙峰国际学校、园区小学创建为金华市近视防控示范校,郑家坞镇中心小学创建为浙江省近视防控示范校。联合县卫生健康局、县中医院开展春秋季两次全县儿童青少年近视普查,建立5.5万份儿童青少年视力屈光发育档案,2021年近视率较2020年下降2.01%。

【创建健康促进学校】 县教育局联合县卫生健康局、县疾控中心、县爱卫办指导堂头中学、建华中学、景濂中学、曙光小学、文德学校、新星学校、培智学校、岩头初中、仙华外国语学校9所学校创建为浙江省健康促进铜牌学校;黄宅镇中心小学、潘宅中心小学、平安中心小学创建为浙江省健康促进银牌学校。

(楼　娟)

艺术教育

【美术教育】 2021年,中小学生艺术节市级获奖93件作品,约占全市五分之一。省级获奖22件作品,浦江实验小学获省级优秀组织奖,8位教师获省级优秀指导师奖。市艺术素养检测小学段进入全市前二。南苑小学教师周晓峰获省"教改之星"金奖。

【书法教育】 推进浦江中小学"大书写"活动,组织开展"汉字寻根"大书写教研活动,在2021金华市"虹蘆杯"第二届书法临帖比赛中,浦江县获奖总人数58名,一等奖11名,7名教师获优秀指导奖。

【音乐教育】 教师个人比赛获奖情况:蒋海兰获金华市首届教师婺剧专场比赛一等奖;陈凌获金华市中小学生艺术节声乐作品比赛优秀指导老师;方雪红《白蛇传·断桥》节目在金华市首届教师婺剧专场比赛中获一等奖;方燕群获金华市优秀指导老师奖。学生个人比赛获奖情况:实验中学邱添获金华市器乐独奏一等奖;浦江中学张邵越获金华市器乐独奏二等奖;浦阳第二小学参加金华市金华少儿"婺剧小茶花荟萃"比赛,其中宋依璇、吴瀚获个人节目"金花"称号(一等奖),甘玉鑫、芮金雨林获个人节目"银花"称号(二等奖);实验小学姚润伊获金华市第五届器乐大赛金奖。学校团体节目获奖情况：浦江中学舞蹈《庄严的宣誓》获金华市一等奖，浙江省二等奖；浦阳第一小学在金华市中小学合唱比赛中获一等奖，全国童话剧表演擂台赛金奖；中山中学在金华市中小学生艺术节戏剧专场获中学组一等奖；实验小学合唱节目《萱草花》《banaha》获金华市中小学生艺术节合唱一等奖，何丽英、于晓鹏朗诵节目《我宣誓》获国家优秀奖，金华市经典诵读比赛一等奖；浦江第三中学合唱节目《杰里科猫之歌》《江雪》获2021年金华市中小学生艺术节一等奖；浦阳第二小学节目《江南第一家》参加金华市中小学生艺术节比赛，获一等奖。

（楼　娟）

教师队伍建设

【师德师风专项攻坚活动】 以“坚守教育初心，担当育人使命，争做师德表率”为主题，全面开展师德师风专项攻坚活动。主要内容包括“学习固基”专项学习活动、构建五大师德制度、选树师德先进典型、开展“啄木鸟”专项行动和评师德议师能活动。通过专项攻坚活动，树榜样、惩歪风、强制度，健全师德师风建设长效机制，引导广大教师主动追求师德高线，严守职业底线，严禁行为“红线”，努力成为“四有”好老师。制定下发《浦江县中小学（幼儿园）师德师风负面清单制度》。

【教坛新秀评比】 全县中小学、幼儿园共有233名青年教师参加第十四届教坛新秀评选，经教师申报、学校推荐、评审团考核，县教育局认定，共有60人被评为县教坛新秀、17人被评为市教坛新秀、3人被评为省教坛新秀。

【东西部协作支教交流】 2018年至2021年，县教育局选派22位教师到四川省乐山市金口河区参加东西部协作支教交流，其中长期支教（一年半）教师4人，短期支教（六个月及以下）教师18人；金口河区到浦江县跟岗挂职教师57人。截至2021年底，浦江县高质量完成与金口河区的东西部协作支教交流任务。

【新教师招聘】 2021年，浦江县共入职新教师125人，其中引进优秀毕业生22人（含硕士研究生7人，占引进优秀毕业生的31.82%）；公开招考80人（含在编教师13人、雇员制教师67人）；定向委培毕业生23人。整个招聘过程规范有序，对新教师的思想政治、能力素质、身体状况、心理健康全面考核。

（沈　辰）

【“县管校聘”人事制度改革】 出台《浦江县2021年教职工适岗竞聘工作实施细则》《浦江县教职工师德师风培训与考核办法》，继续推进教职工“适岗竞聘”制度，教职工在原单位未聘65人，其中解聘6人，待岗培训16人，在外单位寻聘18人，经师德师风考核在本校寻聘上岗25人。谈话提醒198人。

【职称评审制度改革】 2021年，扩大高级及以下职称自主评聘的范围。浦江县职业技术学校首次纳入高级及以下职称自主评聘改革试点，实现公办普通高中、职业高中全覆盖。首次将中小学教师纳入“浙江省专业技术职务任职资格申报与评审管理服务系统”开展职称评审及自主评聘工作，初步实现职称申报、受理、审核、评审、公布、发证等一网通办。同时减少职称评审的纸质材料80%以上。

（周利民）

【义务教育教师交流】 2021年，义务教育学校共交流教师130人，占符合交流条件教师总数的26.97%。其中骨干教师交流29人，占教师交流总数的22.66%。全年共发放城区骨干交流教师到农村任教特殊津贴19万元。

【教师待遇保障机制】 健全中小学教师工资与公务员工资长效联动机制，2021年义务教育教师人均发放待遇补差8000元，补差后2021年度义务教育教师平均工资收入180125元，略高于当地公务员平均工资收入的180005元。5月，完成28位乡村任教满8年教师薪级工资浮动转固定工作，月人均增资额71.8元。7月，完成全县2021年教育系统事业单位工作人员薪级工资正常晋升工作，共有3489名教职工符合晋升条件，月人均增资额83.6元。11月，调整369名精简遗属人员生活补助费标准，月人均增资额60元。保障公办幼儿园非编教师待遇，全年共安排待遇补差资金602万元，补差后2021年公办幼儿园非编教师平均工资91202元，高于在编幼儿教师的平均工资80473元（基本工资+绩效工资）。根据《浦江县顶岗教师专项经费使用办法的通知》，下拨2021年顶岗教师经费64万元，用于发放临时性教师短缺时校内其他多承担工作量教师的超工作量报酬，专项经费不计入绩效工资总量。

（盛礼军）

教育科研

【概况】 浦江县教育科研工作以服务学校、服务学生、服务教师为宗旨，发挥教育科研在学校发展和教师成长中的作用，通过抓教科室主任队伍、班主任队伍、心理健康辅导人员队伍三支队伍，提高科研管理与指导水平；通过抓省市级重点课题和对薄弱学校的课题指导，提升课题质量与科研水平；通过抓县级、集团级、校级三级活动的开展，提升科研氛围与研究水平。全年有185项课题在国家、省、市级立项，94项课题在省市级课题评比中获奖，1300余篇论文在省市级论文评比中获奖或发表。

（方筱莉）

【省市级课题立项情况】 2021年，浦江县实验小学《“双减”政策下“晨管晚托”服务多元化路径的探索》被列为中国教育学会2021年度教育科研规划课题；全县有39项课题被列为省级课题，其中省教育科学规划课题5项，省教研课题2项，省师干训课题20项，省“双减”专项课题5项，省教育技术中心课题6项，省职成教课题1项；145项课题被列为市级课题，其中市重点规划课题5项，一般规划课题43项，市教研课题26项，市“双减”专项课题2项，市教师发展课题19项，市教育技术中心课题10项，市社科联课题4项，市职成教课题4项，市家庭教育课题32项。

【省市级课题获奖情况】 2021年，浦江县有11项课题获省级优秀课题。其中，实验小学徐双莲《基于契约文化的现代学校治理体系建设研究》课题获省教育科学规划优秀成果一等奖；实验小学徐双莲《基于小鬼有约的学校治理体系建构实践》课题获省基础教育成果二等奖，浦江县职业技术学校李卫平《基于三园平台的中职创新创业育人体系研究》课题、浦阳第一小学张立亭《基于“马良营”童话育人模式的构建与实施》获省教育科学规划优秀成果二等奖；龙峰国际学校洪玉珍《依托PMT首席导师制促进集团教师个性化成长的实践探索》课题获省教育科学规划优秀成果三等奖；3项课题分别获省师干训课题一等奖，2项课题获省师干训课题三等奖，1项课题获省职业与成人教育课题三等奖。全县有84项课题获市级优秀成果。其中，市基础教育成果特等奖1项，市基础教育成果一等奖2项，市职业教育成果一等奖1项，市基础教育成果二等奖4项；金华市教育科学规划课题一等奖8项，二等奖20项，三等奖13项；金华市教研课题一等奖4项，二等奖12项，三等奖6项；金华市家庭教育课题一等奖1项，二等奖7项，三等奖5项。

【学校心理健康教育】 创建县未成年人心理辅导中心，加强、完善学校心理危机预警和干预工作；完成浙江省心理健康教育教师上岗资格培训380余人次，全县92%以上教师持有各级省心理健康教育教师上岗资格证书。

（杨顺连）

【承办省级教研活动】 5月26日，由浙江省特殊教育指导中心举办的2021年浙江省网络IEP平台应用研讨活动在浦江县园区小学举行。研讨活动分现场和线上两种形式，内容主要分为融合教育课堂教学观摩和融合教育个别化教育工作交流两部分。浦江县建有资源教室学校（幼儿园）的网络IEP平台管理员及学校分管校长（或教导主任）、教研组组长、个别化教育骨干教师等100余人次参加现场活动。10月20日，浙江省教育厅2021年“百人千场”初中科学名师送教活动在浦江第五中学举行。杭州师范大学蒋永贵博士、西湖区科学教研员胡晴霞、杭州市教坛新秀周大燕、杭州市优秀教师钱宇贤等专家及全县初中科学教师参加了活动。11月24日，浙江省教育厅2021年“百人千场”初中社会·法治名师送教活动在浦江岩头初中举行。杭州采荷中学教育集团的正高级教师高凌、杭州江南实验学校正高级教师金明强等专家到场参加活动。同日，浙江省“百人千场”劳动教育名师送教下乡活动在浦阳二小教育集团平安校区举行。浙江省新时代劳动教育研究院院长、杭州市富阳区富春第七小学校长章振乐，杭州市富阳区新时代劳动教育研究院副院长戴君，杭州市春晖小学教育集团总校长田冰冰，省派名师、杭州市萧山区博奥小学校长童方赟等专家到场指导。12月9日，楼成芳名师工作室与台州市仙居县安洲中学举行线上英语阅读教学研讨活动。仙华外国语学校和仙居县安洲中学的全体英语教师观摩此次活动。

（楼东升）

新建学校

【白林幼儿园】 白林幼儿园位于白麟景苑小区内，是浦江县“城中村”（棚户区）改造二期工程中的小区配套幼儿园，于2021年9月正式开园，为浙江省民生实事工程。幼儿园总投资2000余万元，占地面积4500平方米，建筑面积3850平方米，办园规模为

白林幼儿园外景　　　（白林幼儿园提供）

12个班级，共能容纳360名幼儿。幼儿园拥有配套的活动室、午睡室、盥洗室，以及幼儿阅览室、生活操作间、科探室、建构室等专用活动室，同时还创设有飞碟玩具、滑索区、涂鸦区等户外游戏场地。幼儿园将遵循“顺应天性 启迪智慧”的办园理念，引导孩子在操作中快乐学习，在探索中建构经验，让科探教育哺育梦想，让奇思妙想助力成长，培养“好奇、好问、好学、好动”的智慧儿童。

（楼基宣）

科学技术

【概况】 2021年，国家高新技术企业申报认定38家，其中复审14家，新申报认定24家，同比增加50%；省科技型中小企业认定125家，超额完成90家的考核目标，完成率139%。组织评审认定县级企业研究开发中心33家，市级研发机构17家，省级研发机构1家。推行“企业研发项目信息管理系统”，实现规模以上企业和高新技术企业100%全覆盖。

全县财政科技投入11458万元，同比增长21.5%。兑现2020年科技政策扶持资金6712.94万元，同比增长69.6%，研发费用补助4338.50万元，同比增长55.5%；实施科技成果发明专利产业化项目30项，完成各级各类科技计划项目验收38项，申报市重大项目2项，市重点项目3项，申报市公益类项目5项，登记技术交易额5.4亿元。省级水晶产业创新服务综合体建设按计划推进，水晶检验检测中心完成搬迁方案，水晶产业链数据中心投入运行，主题馆完成规划正在建设中。新增院士专家工作站2家，廿玖间里众创空间被认定为省级众创空间。

【科技创新服务】 建立科技、经商、发改等部门立项项目赋码沟通机制，科技、统计、税务等部门研发投入申报比对机制。建立小微产业园科技创新指标增长考核机制，引导向科技型小微产业园转型。明确招商引资科技创新指标底线，高质量招引企业。落实市委、市政府《关于实施科技创新首位战略建设高水平创新型城市的意见》“科技新政14条”，修订完善科技扶持政策，加大对企业研发投入补助力度，在市级政策的基础上，对国家高新技术企业再增加2%的补助。在县工业企业亩均效益综合评价中，对2020年度无研发投入的规模以上企业，在亩均效益评价结果基础上下调一级，引导企业加大研发投入，有研发活动的规模以上企业从2020年的124家增加至348家，全年规模以上工业企业研发费用总额7.98亿元，增幅76.7%，全市排名第二位；规模以上工业企业研发费用占规模以上工业营业收入比重3.41%，全市排名第三位。

【农业科技服务】 2021年，县科技局组织科技下乡活动。以农业企业为依托，协调高校院所，围绕茶叶、葡萄、蔬菜、食品深加工等特色农业产业开展技术攻关，助推农业产业发展。选派葡萄、高山蔬菜2

2021年4月，省科技特派员走访农业基地

（郑文理 摄）

个省科技特派员团队、15名省科技特派员入驻企业，分别走访浦江县荣芳幸福果园、浦江凯鼎农副产品配送有限公司蔬菜基地及水蜜桃种植基地、浦江众惠农业科技开发有限公司葡萄种植基地等农业基地，帮助企业制订发展规划、策划科技项目、对接成果转化。浦江县农业基地全年引进3类12个瓜菜新品种，推广蔬菜新品种9个。2021年，市级农业科技项目立项2项，县级农业科技项目立项20项，验收项目16项，省、市、县三级安排补助资金143万元。

【科技创新平台】 2021年，浦江县科创园在孵企业38家，产业化落地企业17家，在孵企业职工人数200人左右，拥有"863计划"重大项目首席科学家1名；有先进设备制造行业企业16家，信息软件企业7家，物联网企业1家，文化创意企业4家，节能环保企业2家，新材料企业2家，医疗器械企业3家，农业科技企业3家；落实科技企业的培育工作，已认定的科技型中小企业13家，培育浙江博开机电科技有限公司、浦江召日电器有限公司2家企业"上规模"，并认定为国家高新技术企业。科创园博士创业3家，硕士创业4家，本科及以下创业29家，全年举办创业创新活动17场，开展各类招商工作，共对接意向入园项目120项，涵盖先进设备制造、互联网、农业科技、文化创意等诸多领域。2021年，科创园入驻企业15家，培育省科技型中小企业1家，入驻企业总产值18110.95万元，总税收467.47万元，总研发费用1834.21万元。

2021年5月，县科技局党组书记钟金伟（右二）走访科创园入驻企业 （李　胜　摄）

【杭州电子科技大学浦江微电子与智能制造研究院】 杭州电子科技大学浦江微电子与智能制造研究院联合东北林业大学浦江工程技术研究院，实施3项传统产业关键共性技术攻关，其中"NFC无源智能挂锁""水晶烫钻/筛钻智能生产线优化方案"已推广应用，"水晶加工专用伺服系统研发项目"完成工程样机，并通过专家中期验收。

【家纺设计研发中心】 武汉纺织大学浦江家纺研发中心是省绗缝工艺协会与武汉纺织大学合作共建的机构，服务浦江绗缝及相关产业，立足浦江现有的产业链，拓展产业及产品的开发；连接企业产品与市场的流通。中心集图案色彩工艺设计、功能性家纺产品研发、整体家纺造型设计研发、新型填充物开发，以及开展科技交流、培养设计人才等功能于一体。2021年，武汉纺织大学浦江家纺研发中心共完成设计产品花稿、包装稿及产品展示4408件，其中687件花稿被35家企业采用，产品采用率15.6%，企业融合度得到提升。

【浦江(杭州)科创中心】 浦江(杭州)科创中心坐落于杭州市余杭区文一西路1218号，科创中心总建筑面积8500平方米，依托杭州城西科创大走廊，创建"孵化在杭州、产业在浦江"的"科技孵化+产业化"新模式，助推产学研协同创新发展。截至2021年，浦江(杭州)科创中心有5家企业入驻，并设立研发中心，为浦江招商引资项目及浦江“科创飞地”建设融入长三角一体化打造前沿阵地。

【浙中科创大廊道建设】 2021年，浦江县对科创廊道建设项目方面计划累计投资近18.45亿元，参加长三角G60科技对接活动达成合作项目6项。提高科技资源利用效率，推进科技资源开放共享服务，激发企业创新活力，深入推广应用普惠性创新券，实现G60科创走廊九城市创新券互认互通，全年使用额336万元。

【“产学研”科技交流合作】 由县委组织部、县科技局共同主办金华市“揭榜挂帅·全球引才”浦江专场活动暨浦江县“人才新政2.0版”发布会，主动融入G60科创走廊，组织19家企业参加G60产业联盟科技对接活动，达成合作项目7项。累计发布企业技术难题榜单152个，揭榜68个、总榜额2427万元，兑榜33个、总榜金641万元，与全国32所高校的人才团队建立互利互赢的合作关系。浙江博开机电科技有限公司“极大规模集成电路制造装备及成套工艺”项目列入国家科技重大专项(02专项)，获国家和省配套1400万元资金支持。

（魏晓尖　虞敏樱）

卫生健康

【概况】 2021年，全县有各类医疗卫生机构357家，其中县级公立综合性医院1家、公立中医医院1家、民营综合性医院1家、民营骨科医院2家、民营康复医院2家、民营口腔医院2家、民营精神病医院2家、疾病预防控制中心1家、卫生监督机构1家、妇幼保健机构1家、卫生进修学校1家、乡镇卫生院(社区卫生服务中心)16家、社区卫生服务站19家、村卫生室142家、医务室17家、个体及社会办医疗机构148家。全县拥有床位2420张，每千人拥有床位数5.26张；卫生技术人员3407人，每千人拥有卫生人员7.40人，执业医师1149人，执业助理医师157人，每千人拥有医生2.84人；注册护士1360人，每千人拥有护士2.95人。

推动“控总量、腾空间、调结构、保衔接、强监管”改革向纵深方向发展，严控医疗费用不合理增长，全县门诊均次费用同比下降1.87%、住院均次费用同比下降4.04%、全县医疗服务收入占比同比上升0.77%，全县百元医疗收入的医疗支出占比为107.66%，同比下降10.4元。围绕医共体医疗服务、质量管理、经济管理、医保管理、人才管理、信息化建设“六个一体化”，推进县域医共体建设工作，提升县域医疗卫生能力，完成医共体建设任务清单，所有的医共体院区开设中医馆及夜间门急诊。

2021年，按照计生统计口径户籍人口出生2309人，同比减少437人，符合政策生育率97.40%。一孩出生1340人，一孩率58.03%；二多孩出生969人，二多孩率41.97%。总出生人口性别比116.60(女为100)。“省奖扶”对象合计人数3787人，补助金额363.55万元；“省特扶”对象合计人数301人，补助金额255.36万元。浦江县农村女儿户奖励保障审核批准对象6800人次，补助金额1126.47万元；农村女儿户60周岁以上奖励保障对象599人，奖励金额35.94万元，奖特扶准确率和资金发放率均为100%。截至2021年，全县公共场所母婴设施累计建设18家。

全年累计出动监督员1260人次，监督检查监管单位1950余家次，组织各类业务培训7次，培训270余人次。受理投诉举报26起，立案446起，结案418

起(其中一般程序203起、简易程序215起),人均办案30余起,罚款总计99.85万元,没收款22515.50元,回访排查非法行医点150余家次。创新智能监管,推行非现场执法新模式,利用自建完成的视频在线监控、监测系统和全省统建的中小医疗机构智能化监管、医疗废物智慧监管、口腔诊疗智慧监督等平台,线上固定证据,线下监督核查,提高执法效率。截至12月,对全县222家中小医疗机构、300名医师、55家口腔诊所、3家企业、3家住宿场所等进行智能监管,开展非现场执法立案15起,责令停业整顿12家,罚款27500元。其中,通过中小医疗机构智能监管平台监管诊疗行为92576件、诊疗违规预警719件、监管电子处方36524件、电子病历76724件、卫生台账157893件。

2021年,甲、乙类传染病报告发病率为155.53/10万,与2020年同期相比下降1.21%(病例数增加较多的是梅毒和病毒性肝炎)。丙类传染病报告发病率为239.95/10万,与2020年同期相比下降70.41%。采集手足口病病例标本74份进行检测,其中阳性62份,结果为CA16阳性19份、CA6阳性27份、CA10阳性10份,其他肠道病毒阳性6份;HIV检测83869份(重点人群检测13172份、一般人群检测70697份),自愿咨询检测1206份,抗病毒治疗覆盖率93.95%。登记肺结核病例227例(浦江户籍120例、非浦江户籍107例),与2020年同期相比上升2.71%。开展登革热媒介伊蚊幼虫密度监测,根据监测结果建议在全县范围内开展以清除伊蚊滋生地为主的环境整治,降低蚊媒密度。查螺面积3万平方米,未发现钉螺,连续43年未查到钉螺。开展两轮脊髓灰质炎、麻腮风集中式查漏补种工作,脊髓灰质炎疫苗报告接种率分别为97.9%和99.19%,麻腮风疫苗报告接种率分别为98.22%和100%。高血压患者规范化管理率65.20%、血压控制率66.60%,糖尿病患者规范化管理率62.30%、血糖控制率53.75%;报告本县户籍死亡2511例。

2021年,县卫健系统人才引进42人,公开招考录用45人,基层卫生人才定向培养14人。县人民医院、县妇幼保健院推出免费助学圆梦计划,通过鼓励优秀应届高中毕业生报考医学院校,推进医疗卫生队伍的本土化建设。选拔推荐王安荔等5名中青骨干为金华市第十批拔尖人才。县中医院开办浙江中医药大学继续教育学院西医人员学习中医培训项目,培育中西医结合型人才。

浦江县原有婴幼儿照护服务机构19家,2021年新增备案托育机构5家,其中公办2家(大畈乡中心幼儿园、花桥乡中心幼儿园),民办3家(浦江蔚凯尔国际幼托园、浦江瑞川托育园、浦江冯氏教育咨询有限公司)。合计托位876个,每千人口指标为1.9个。浦阳街道宣和社区被国家卫生健康委全国老龄办命名为2021年全国示范性老年友好社区。

围绕巩固国家卫生县城和国家卫生乡镇创建结果的工作目标,组织各乡镇、街道人员定期对城乡环境卫生进行整治,巩固国卫创建成果。开展健康教育与健康促进工作,截至2021年,全县各乡镇均建有健康步道和健康主题公园。推进绿色环境建设,提高全民健康环境基础,根据省相关文件要求,结合浦江实际,印发《浦江县绿色环境打造行动示范试点工作方案(2020—2022年)》;推进全民健康知识普及,提高居民健康素养水平,根据省相关文件要求,结合浦江实际,印发《浦江县健康知识普及行动示范试点工作方案(2020—2022年)》;建立健康科普专家库、资源库及健康科普知识发布和传播机制;成立浦江县国民营养健康指导组,统筹推进国民营养健康工作。8月,省委、省政府健康浙江领导小组办公室通报浦江县获评健康浙江考核优秀单位;12月,浦江县通过浙江省健康促进县省级评审，成为2021年17个浙江省健康促进县之一。

完成重点人群结直肠癌筛查任务，筛查人数10161人，筛查完成率101.6%；重点人群流感疫苗免费接种12080剂次，接种完成率100%；接种免疫规划疫苗74883针次；完成省民生实事项目新（改扩）建规范化村卫生室（社区卫生服务站）4个。推进基层卫生重点任务指标，全县人口数401819人，规范签约数169118人，签约率42.09%，重点人群签约率95.4%，推进电子健康档案集中治理；推进基层补偿机制改革；推进孕产妇、儿童建册、签约，孕产妇签约率75.82%，0~6岁儿童签约率85.84%；推进0~6岁儿童眼保健及视力检查工作；推进老年人、慢性病患者、严重精神障碍患者等管理服务工作。0~6岁眼保健人数19148人，检查覆盖率95.4%，眼保健档案建档数17808册，建档率96.09%。孕产妇早孕建册率99.77%、系统管理率98.25%；3岁以下儿童系统管理率99.18%，7岁以下儿童保健率99.08%。开展新增和改造提升村卫生室（站）4家，截至2021年均建设完工。全县16家乡镇卫生院（社区卫生服务中心）均开展发热诊室建设。

【新冠肺炎疫情防控】 2021年，县卫生健康局在县新冠肺炎疫情防控指挥部的领导下，处置4例境外输入病例，防止疫情扩散蔓延。为提升监测预警能力，开展医疗机构三级网格化全覆盖巡查，共计巡查2710家次，查处立案41起，关停32家，出具卫生监督意见书163份。为提升卫生应急处置能力，组织各医疗卫生单位专业技术人员和各乡镇（街道）防控干部进行社区管控、集中隔离、环境消杀等内容培训，各基层医疗机构对辖区内基层干部和村（社区）工作人员开展培训，累计培训4800余人次；各医疗机构内部开展疫情防控和院感防控全员培训，累计覆盖1.2万余人次。成立公卫、公安流调联队5支共50人，流调应急机动队4支共36人，流调溯源尖刀班，10支共20人；筹备PCR仪23台，配备日检测能力8000管的移动核酸检测车1辆，核酸日检测能力单管2.45万管；筹备436个采样点，物资、人员均登记造册。规范入境人员管控工作，持续开展重点人员风险监测和中风险地区来浦返浦人员排摸，落实“四早”（早发现、早报告、早隔离、早治疗）措施。2021年，累计完成接种93.73万剂，3~11岁人群完成全程接种4.52万人，接种率119.33%，完成重点人群加强免疫接种2.89万剂，接种率100.35%。

【“双下沉、两提升”】 2021年，浙江大学医学院附属第一医院（简称“总院”）累计派出常驻医疗专家600余人次，完成门诊2000余人次，手术100余例，查房3100余人次；举办各类学术讲座6次、科内讲座、业务学习等多种形式的科研教学工作；选拔浦江分院内优秀医疗人员到总院进修，学习最新的医疗技术，可持续性与总院开展学术交流，提高浦江分院的医疗技术能力；向总院申请3次高质量的MDT会诊。在总院的引领下，浙大一院浦江分院先后在新项目、新技术上填补5项县内空白。浙中心血管病中心、浙中泌尿中心持续优质运行。浦江分院全年门诊量752795人次，住院量34378人次，手术量7797人次，Ⅲ类、Ⅳ类手术4423人次，关键性技术指标呈逐年稳定上升形态。

【省级“暖心家园”项目】 5月26日，省计划生育协会在浦江县设立的首个省级“暖心家园”项目在岩头镇揭牌。县卫生健康局、县计生协及岩头镇的相关负责人员以及计生特殊家庭代表、志愿者、协会会员等60余人参加揭牌及慰问活动。“暖心家园”是为计生特殊家庭提供相对独立的活动和交流场所，通过举办交流联谊、中西面点制作、包饺子比赛等活动，丰富入园人员的生活；提供法律、健康知识讲座，开展形式多样的茶道、书法、花艺、剪纸等系列服务活动。开园当日，“暖心家园”为来自多个乡镇的计生特殊家庭代表组织生日会，开展义诊、理发、量血压等服务。

【友好合作共促成长】 9月10日，杭州市妇产科医院与县妇幼保健院签署医疗合作协议，共同揭牌成立“杭州市妇产科医院（杭州市妇幼保健院）协作医院”。杭州市妇产科医院院长张治芬，浦江县委常委、副县长朱红卫，县卫生健康局党委书记、局长方守红，副局长吴爱丽，县妇幼保健院院长吴建华等人参加揭牌仪式。合作以后，杭州市妇产科医院将通过提供进修、杭州市妇幼保健管理经验分享及帮助开设特色专科门诊，定期派驻相关专家到县妇幼保健院坐诊等方式，开展技术帮扶和学科建设，实现共同进步。此次合作密切了县妇幼保健院与杭州市妇产科医院的交流协作，对提升县妇幼保健院在专科医学领域内的医疗保健服务能力和技术水平，满足浦江县妇幼人群对优质医疗保健服务的需求。

2021年9月10日，浦江县妇幼保健院与杭州市妇产科医院合作签约揭牌仪式（县卫生健康局提供）

【“120”急救指挥中心成立】 10月27日，“120”急救指挥中心开通运行，指挥中心设在县人民医院科研综合楼5楼，总面积200余平方米，内设调度大厅、办公室、调度科、培训科，下设县人民医院、县中医院、浦江第二医院、白马镇中心卫生院、檀溪镇中心卫生院5个急救站点，院前配备急救车辆10辆。建有覆盖全县的“120”指挥调度系统，按照“就近、就急、自愿、就医院综合能力”的原则，对各急救站点进行统一受理、统一调度、统一指挥，实现急救指挥标准化、快速化和全程信息化，有效应对各类医疗突发事件和及时开展现场救援，为全县人民打造一条急救“绿色通道”。

2021年10月27日，“120”急救指挥中心在县人民医院揭牌成立（县卫生健康局提供）

【工程项目】 3月，总投资2.9亿元的县人民医院改扩建工程开工建设，工程项目为建设公共卫生临床

2021年11月26日，县人民医院公共卫生临床中心主体顺利结顶（县卫生健康局提供）

中心和医疗综合楼。11月,公共卫生临床中心完成主体建设,进入内部装修阶段,19层医疗综合楼完成15层楼面浇筑。总投资5亿元的中医院迁建工程持续推进中,郑宅镇卫生院迁建工程完工并投入使用。

【医疗信息化】 3月,对基层医疗卫生信息管理系统进行迭代升级。7月,完成县域内检验数据治理,实现各级医院间检验数据的互通共享。9月,对全民健康信息平台进行迭代升级,将基层区域HIS、电子健康档案、电子病历三大核心业务系统进行一体化改造,重新打造成数据同源、公卫医疗业务一体化、操作全流程信息化记录的一体化信息系统,满足医共体改革和基层各条业务线的工作需求。建设基层卫生院智慧支付系统,利用自助服务设施、诊间结算手段、第三方支付平台,实现自助结算、扫码结算、诊间结算、移动终端医疗费用结算等多途径结算。10月30日,完成3家二级及以上医院的医院信息系统改造和区域检查检验平台改造。开展互认15291项次,涉检金额133.66万元。居民电子健康档案开放率超60%。

(张　楚)

医疗保障

【概况】 2021年,全县基本医疗保险参保38.18万人,比2020年度新增0.32万人,其中城镇职工基本医疗保险(一档)参保7.87万人,城乡居民基本医疗保险(二档、三档)参保30.31万人,基本医疗保险户籍人口参保率99.95%;大病保险选缴33.40万人,比2020年度新增3.02万人,选缴率89.24%;生育保险参保5.14万人,比2020年度减少0.17万人;全年累计资助1.23万名困难人员参加基本医保二档,资助0.99万名困难人员参加大病选缴,资助金额共计2360.16万元,医疗救助2.17万人次,支付394.99万元,符合条件困难群众资助参保率、医疗救助政策落实率、“一站式”结算率均实现100%。

截至12月,新增医保定点医疗机构3家,新增定点零售药店22家,取消医保协议管理的定点零售药店1家,全县医保定点医药机构累计178家,其中定点医疗机构46家(二级以上医疗机构3家、专科医院8家、乡镇卫生院16家、门诊部及诊所18家,暂停医保结算1家);定点零售药店累计132家。

【医保政策调整】 1月起,根据《金华市人民政府办公室关于公布行政规范性文件清理结果的通知》文件精神,对机关事业单位缴费基数调整时间修订为每年1月;对最低生活保障边缘家庭成员全额补助大病选缴保费1份修订为3份。1月起,根据《金华市医疗保障局等3部门关于完善全市机关事业单位职工生育保险有关政策的通知》文件精神,县机关事业单位参加职工基本医疗保险的机关事业单位在职职工同步参加生育保险,单位费率为0.5%,实行与职工基本医疗保险统一基数、统一征缴。7月1日起,根据《浙江省医疗保障条例》,职工医保退休累计最低缴费年限由原来的25年缩减到20年。10月,根据《金华市医疗保障局等3部门关于公布全市2022年基本医疗保险费缴纳标准的通知》文件精神,全市用人单位基本医疗保险一档缴费比例为7.5%(含生育保险0.5%),在职职工个人为2%。灵活就业人员基本医疗保险缴费比例为9%。2022年,基本医疗保险二档个人缴费标准由1760元提高到2050元(含大病保险基本保费个人缴纳部分),三档个人缴费标准由560元提高到600元(含大病保险基本保费个人缴纳部分)。10月20日,根据《金华市全面做实基本医疗保险市级统筹实施方案》，明确2022年居民医保财政补助标准为每人每年930元。

【基金征缴】 11月1日，召开浦江县2022年度城乡居民基本医疗保险费和大病保险选缴保费征缴工作部署会，涉及乡镇（街道）和县财政局、县税务局、县教育局、相关银行、大病保险承保公司等多个相关部门的100余名人员参加。会议要求全县基本医疗保险户籍人口参保率实现99.91%以上，大病保险选缴率实现92%以上；参加职工医保人员的大病选缴保费直接从医保个人账户中予以扣缴，无需个人另行缴纳。在11月11日至12月31日征缴期间，2022年城乡居民基本医疗保险参保人数29.39万人，全县基本医疗保险户籍人口参保率99.95%；大病选缴保费缴费人数34.71万人，全县大病保险选缴率93.15%。

【疫情专项保障】 2021年，按照《浙江省医疗保障局 浙江省财政厅 浙江省卫生健康委员会关于印发新冠病毒疫苗及接种费用保障工作方案的通知》等文件精神，全力做好新冠病毒疫苗及接种费用保障工作。具体标准以2020年度本地基本医疗保险参保人数作为核算人数，疫苗费用按人均不超过200元、接种费用按照每剂次10元（含注射器）核算预算专项资金。疫苗及接种专项资金由职工医保统筹基金滚存结余负担，财政部门按照实际接种疫苗及接种费用的30%对职工医保统筹基金给予补助。全年累计上解新冠病毒疫苗专项资金4770万元，拨付新冠病毒疫苗接种费用928.36万元。

【医保高额自负金额费用化解】 2021年，县医疗保障局通过落实困难群众资助参保政策，巩固困难群众基本医保、大病保险、医疗救助"三重保障"，同步实现医疗费用"一站式"联网结算全覆盖，解决困难群众"跑腿""垫资"等问题。通过与县民政局、县扶贫办、县残联、县红十字会等部门形成合力，采取"一人一议""一事一议"等方式，化解合理合规的医疗费用，减轻困难群众医药负担，防范和化解因病致贫返贫问题。截至7月，经基本医保、大病保险、医疗救助保障后自负金额超过5万元以上6名困难人员的医疗费用已经全部化解，其中由县医保局化解金额8.9万元。

【药品、医用耗材采购改革】 1月起，根据浙江省医疗保障局办公室《关于支持中医药传承创新发展的实施意见》文件精神，定点公立医疗机构的中药饮片严格按照实际购进价格顺加不超25%销售，其他定点医药机构的中药饮片价格按照"两定"机构服务协议执行，医保支付标准按照实际购进价格顺加不超25%制定。3月1日起，根据《金华市医疗保障局关于公布金华市中药饮片价格信息（2021年3月）的通知》文件精神，执行《金华市中药饮片价格信息（2021年3月）》文件，《金华市医疗保障局关于公布金华市第一批中药饮片批发价格信息的通知》同时废止。8月25日起，根据《金华市医疗保障局关于公布金华市中药饮片价格信息（2021年8月）的通知》，执行《金华市中药饮片价格信息（2021年8月）》文件，饮片价格上调120个品规，下调6个品规。7月1日起，执行《金华市医疗保障局 金华市卫生健康委员会关于公布新增医疗服务价格项目的通知》，新增80个医疗服务价格项目，其中属于综合医疗服务类"一般检查治疗项目"、临床诊疗类的"有创活检和探查项目""临床手术类项目"、6周岁及以下儿童在成人价格基础上加收30%。

1—12月，全面超额完成国家级、省级、市级组织药品、耗材集中采购任务。国家第一批药品集采

25个药品平均降价约52%，完成任务数约2.8倍；国家第二批药品集采32个药品平均降价53%，完成任务数约1.9倍；国家第三批药品集采56个药品平均降价54%，完成任务数约1.9倍；国家第四批药品集采45个药品平均降价52%，单个药品最高降幅96%，完成任务数约1.4倍；国家第五批药品集采65个品种平均降幅56%，完成任务数约30%。省第一批药品集采10个品种，药品平均降幅34%。金华市第一批药品集采22个药品平均降幅28%，单个药品最高降幅73.6%；金华市第二批药品集采降幅均不少于（含）10%。2月，开展国家组织高值医用耗材（冠脉支架类）集中采购相关数据填报。2021年，药品、耗材集中带量采购直接减轻浦江县患者负担6800余万元，其中冠脉支架、扩张球囊、全髋、药物球囊等耗材直接减轻患者负担240余万元。

【医保电子凭证】 2021年，县医疗保障局为加快医保经办业务数字化转型，方便群众就医配药，全面推广使用医保电子凭证工作。截至12月，全县167家“两定”医药机构完成医保电子凭证接入改造工作，接入率100%，参保人员领码激活人数35.75万人，激活率93.64%。

【网订店送】 4月，发挥“互联网+医保”优势，全面推行“网订店送”购药新模式，在“阿里健康”平台、支付宝平台开通医保结算外卖式购药，打通群众用药“最后一公里”，实现参保人员足不出户即可享受医保购药服务。截至12月，九色鹿国药馆、恒生药房、老百姓医药连锁店等16家定点零售药店在支付宝平台在线医保结算送药。

【医保“跨域通办”】 2021年，通过线上线下场景重构、收件办事“一网通办”、调查结果跨域互认，打造医保业务“跨域通办”经办模式。4月，与义乌市实现全部21项医保经办服务事项两地通办，并获省医疗保障局领导批示肯定，累计办理45496件。5月，与建德市实现26项医保经办服务事项两地通办，累计办理3059件。7月，获批医保经办服务“跨域通办”数字化改革省级试点，并在全省医保经办现场推进会上做典型经验交流。11月，“跨域通办”经办模式被列入金华市2021年度优化营商环境优秀案例之一。

2021年3月24日，浦江县、义乌市两地医疗保障局在浦江签订医疗保障领域经办服务“同城通办”战略合作协议　（张端阳　摄）

【医保社保参保“一件事”】 6月，完善“浙江政务服务网”平台中的“社保医保参保一件事”模块，通过强化部门协同，再造业务流程，实现社保医保参保12项业务关联事项办理“一次申请、一窗收件、一次录入、一体反馈”，方便群众办事，提升群众企业获得感和满意度。6月25日，浦江县被列为医保社保参保“一件事”联办省级试点地区。

【长三角跨省医保转移“网上办”】 1月起，浦江县通过长三角转移接续平台交互两地数据信息，实现长三角跨省医保转移业务“网上办”。1月，浦江县办理全市首起长三角跨省医保转移“网上办”业务，办件时长从原先（线下）平均60天缩短至3天。2021年，共计办理业务300余件。

【基金监管】 每季度继续开展第三方专家审核，组织浙江大学医学院附属第四医院专家从各医院抽取673份病历，针对入院指征、过度医疗、超范围检查、病历书写等多个方面进行审核，扣除违规款项7.22万元。5月，与中国人民财产保险股份有限公司浦江支公司签订协议，开展基本医疗意外伤害保险合作项目，全年核查县域医保参保人意外伤害就医案件5399件，其中拦截不属于外伤支付案件804件，涉及款项786.6万元，拒付不属于外伤支付案件7件，追回违规款12.4万元；全县定点医药机构针对2020年1月1日至4月30日期间开展规范使用医保基金自查自纠工作，自查出违规款项28.97万元。6月，县医保局、县公安局、县卫健局、县市场监管局、县人民法院、县人民检察院6部门联合深入开展打击欺诈骗保专项整治行动。9月，县医保局、县公安局、县卫生健康局、县市场监管局、县人民法院、县人民检察院6部门联合印发《浦江县医疗保障基金部门联动监管工作实施意见》，召开6部门联席会议。截至12月，联合其他部门开展"双随机、一公开"检查工作4次，日常稽核共检查定点零售药店127家次、定点医疗机构44家次，要求整改72家，暂停医保服务19家次，核查定点医疗机构住院病人882人次，收缴违规款548.44万元。

【打击欺诈骗保宣传活动】 4月，县医疗保障局开展以"宣传贯彻《条例》加强基金监管"为主题的医保基金监管集中宣传月活动。4月8日，召开《医疗保障基金使用监督管理条例》解读培训会，全县120家定点药店负责人参加会议，培训人数300余人，现场发放培训资料500余份；4月29日，联合郑宅镇妇联开展"粉色行动"，进村（社）入户、进市场入摊位用各种形式宣传《医疗保障基金使用监督管理条例》和医保政策；4月30日，结合"医保进万家 情系你我他"宣传活动，县医疗保障局联合岩头镇妇联、人民医院医共体等30余名干部职工在岩头镇陈岩四村举行"打击欺诈骗保，维护基金安全"现场宣传活动，加强医保政策宣传，贯彻宣传《医疗保障基金使用监督管理条例》，同时开展义诊活动，免费为群众测量血压、血糖，并提供理发等贴心服务；现场共发放宣传资料1000余份，防疫物资400余份，为群众测量血压、提供咨询服务400余人次。

【"三服务"活动】 2月27日，县医疗保障局在浦江三思光电技术有限公司开展"四送四进"助企暖企活动。30余名工作人员和医务人员为企业职工开展医保业务全程代办、健康防疫知识宣传、医保政策知识宣传、暖心义诊等服务，并向企业职工赠送防疫用品。约有500名职工参加活动，现场工作人员共计为企业办理医保服务代办事项230件，开展义诊服务200余次，发放防疫资料和健康知识手册700余份，发放医保政策宣传手册500册，发放口罩3000个。

2021年2月27日，县医疗保障局在浦江三思光电技术有限公司开展"四送四进"助企暖企活动

（刘越超 摄）

（张端阳）

民　政

【概况】 浦江县民政局以基本生活救助、专项社会救助、急难社会救助为主体，社会力量参与为补充，建立健全分层分类的社会救助制度体系。全年发放各类救助金3504.96万元，最低生活保障标准由原先的800元提高至900元，低保在册人员共2953户4174人。全县机构孤儿享受基本生活费标准2017元/月，散居孤儿、困境儿童平均基本生活费1614元/月。开展社会救助家境入户调查工作，入户调查率100%。投入资金116.65万元，完成全县30家示范型儿童之家建设任务，为全县有需要的未成年人家庭提供安全管护、科普宣传、课后辅导等功能。投入资金136.5万元，完成全县210户生活困难老年人适老化改造。

2021年，为602名90周岁以上养老困难老年人提供每月2小时免费的居家养老上门服务，规范居家养老服务中心开展生活照料、康复服务等功能服务。五保集中供养中心完成康养联合体试点建设并投入运行。宣和社区入选首批全国示范性老年友好型社区。

施行《浦江县实施节地生态安葬减免和奖补办法》，申领表格46人，递交资料43人，发放奖励资金25.8万元。倡导生态安葬，共建成安息堂6个，深化殡葬改革，引导节地生态安葬，办理生前申请逝后海葬40人，发放奖励资金24万元。开展“身后事”一窗办理部门联办，全年办件量2527件，帮助群众少跑腿1.6万次。

完成人口复核工作，共核减148人，核定发放人数11751人。4月，完成“一卡通”登记收集发放。实施“移民资金融入乡村振兴”，助推全域旅游。安排移民资金1227万元，其中“美丽家园”建设类项目22个，补助资金523万元；产业转型类项目17个，补助资金704万元。

推进婚姻登记全省通办，办理全省通办事项56件；推进婚姻户“一件事”联办，办理联办事项895件；开展集体颁证、个性化颁证活动，为923对新人开展免费结婚登记颁证服务仪式。

完成村（居）民委员会统一社会信用代码证书换发，基本建立“村（社区）基层组织信息管理系统”。录入完善244个村（居）委员会信息，组织244个村（社区）开展乡镇街道社区服务中心和村（社区)服务站基础数据。完成浦阳、仙华、浦南三个街道17个社区两委干部专职社区工作者转任工作。面向社会公开招聘18名专职社区工作者。完成《浦江县地名志》编纂出版工作,新修订的《浦江县地名志》全面记述浦江县标准地名,反映新时期浦江地名变化,为社会经济活动提供详备地名资料。

【建立“未成年人检察和儿童主任配合协作机制”】6月30日,县民政局与县检察院会签《关于加强未成年人检察与儿童主任协作配合工作意见》。为发挥检察机关司法职能和民政局行政职能,加强与儿童主任协作,依法维护未成年人的合法权益,县民政局和县检察院根据相关法律法规制定此意见,并就相关信息进行共享,推进对特殊群体儿童管理的动态监测以及对未成年人的保护工作。

2021年6月30日,未成年人检察和儿童主任配合协作机制会签仪式　　（县民政局提供）

【全面完成适老化改造工作】 5月20日,完成县210户困难老年人家庭适老化改造评估工作,提升改变困难老年人生活环境,健全完善居家养老服务体系,浦江县民政局结合“我为群众办实事”实践活动,通过“广泛宣传、重点排摸、精准评估、持续跟进、实地走访、收集反馈”等方式全过程跟进,根据老年人实际需求,将适老化改造工作作为提升老年人生活品质的民生实事工程,依照6000元每户的改造标准,为210户生活困难老年人打造安全、舒适、温馨的居家环境,切实改善生活困难老年人居家养老困境。通过大数据分析筛选老年人群的普遍问题,为改造工作中的部分需求家庭安装无线烟雾报警、红外活动探测仪以及呼叫定位网关等智能设备,以便在发生紧急情况时,自动发出警报提醒老人亲属,以保证老人居家安全。

【关爱留守儿童活动】 浦江县民政局、教育局等单位对父母双方均就地过年的农村留守儿童情况进行集中摸底排查工作,开展走访、慰问、亲子趣味运动会等多种形式的关爱留守儿童活动,实现部分儿童微心愿。2月20日,浦江县民政局、浦江县花桥中小、浦江暖心公益在花桥乡中心小学联合举办“留浦亲子运动会”。部分就读花桥中心小学的外来务工子女及其亲属参加亲子运动会,一部分父母在外过年的留守儿童与浦江暖心公益的志愿者们结对,开展“猪八戒背媳妇”“东西南北跑”“摸石头过河”等趣味活动。

2021年2月20日,留浦外来务工子女亲子运动会
（县民政局提供）

【救助流浪乞讨人员】 2021年，救助流浪乞讨人员345人次，其中无法核对出身份信息的长期滞留人员25人，救助流浪未成年人2人，通过公益创投项目，由碧水蓝天户外救援协会协同护送返乡12人。1月6日，浦江县民政局、县碧水蓝天救援协会24小时护送流浪乞讨人员雷康回到家乡，见到母亲。

【居家养老服务中心开设手工活加工点】 9月3日，郑宅镇居家养老服务中心开设手工活加工点，为老人提供劳动机会，老人通过做一些简单的来料加工活，获得一定的收入，提高生活质量。该工作由浦江恩洁居家养老服务有限公司负责人向县民政局养老服务中心提议，负责人与手工活供应商对接，帮助老人把做好的手工活运送给供应商，使老人老有所依、老有所乐、老有所为。2021年，全县有浦南街道居家养老服务中心、郑家坞镇居家养老服务中心增设了此类手工活加工点，满足老年人劳动需求。

（郎诗文）

人力资源和社会保障

【概况】 浦江县人力资源和社会保障局(以下简称“县人社局”)，内设办公室、政策法规与基金监督科、人才开发科、就业促进科、事业单位人事管理科、工资福利科、社会保险科，下设浦江县社会保险服务中心、浦江县劳动监察大队、浦江县就业管理服务处、浦江县工伤认定中心、浦江县技工学校(浦江工匠学院)、浦江县劳动人事争议仲裁院、浦江县职业技能鉴定和信息中心。职能工作划分为就业工作、社会保障工作、人才工作、劳动用工管理和机关事业单位人事管理五个部分。

2021年，县人社局推动“春节留人”工作。在全省发布春节留浦倡议，实施一系列稳岗措施，使留浦过年的外来务工人员比例从2020年的15%提高到2021年的40.5%，相关工作获副省长成岳冲、王文序批示肯定。实施“创业富民、技能强民、就业惠民”三大工程，为外来务工人员、农民工、失业人员和大学生等群体提供就业服务、培训就业技能、拓宽就业渠道、创造就业岗位。培育淘宝镇5个、淘宝村12个，建成农村电商服务网160个，创建省级高质量就业村(社区)7个，该项工作获副省长徐文光批示肯定。开展乡村运营官培训5期，培训115人，7月31日于廿玖间开展共同富裕高峰论坛。

推进社保提质扩面工作，成立浦江县人社局工作专班，对县内21728家企业的用工情况进行摸底调查，明确扩面资源，针对不同性别、年龄阶段、养老保险险种等情况，推出“私人订制个人养老保险计划”，通过线上线下多种宣传渠道，开展社保扩面工作。2021年，企业职工基本养老保险参保人数14万人，比2020年净增8061人。搭建“工伤智控”平台，首创“工伤风险指数”，实现工伤早预警早处置，给相关部门推送信息596条，联合检查企业126家，查处隐患695处，发放工伤预防宣传资料4200余份，隐患整改率100%，工伤事故发生案件数同比下降4.55%，有关工作经验在省委深化改革办《竞跑者》刊登。

2月19日，“节后用工专班”到云南镇雄、贵州毕节开展浦江企业专场招聘会。10月，到甘肃礼县开展劳务对接，就建立劳务对接机制、建设培训基地、劳动权益保障等方面达成共识，签订战略合作协议。持续深化“农村电商领头人”创业培育计划，开展农村电商领头人培训10期，培训农村电商领头人586人次。搭建浦江县高校毕业生就业服务平台，举办线上线下招聘会29场，组织用人单位1070家次，推出26109个招聘岗位，求职33460人，达成初步意向7184人。出台《关于致力乡村振兴推行“一乡一品一专队”工作机制的实施方案（试行）》，推广“1+3+N”乡村合作创业新模式，组织村干部、产业带头人开展“乡村振兴运营官”培训5期，共培训合作创业带头人115名。

探索工地“党建+安薪”模式，通过设立党员“安薪”监督员，压实党员责任，发挥党员监督的示范带头作用，在企业内部形成监管闭环，监督农民工工资按时足额发放。2021年，完成首批在建工地制度建设17家，共评选“安薪”监督员57人，监督发放工资5.8亿元，化解劳资矛盾纠纷177起，全市推广此项工作。线上建设“安薪”智慧管理平台，形成欠薪治理“事前预警监测、事中过程监管、事后集成处置”的智治链条；线下建立“安薪”监督员队伍，完善企业治欠闭环。完成首批在建工地制度建设17家，评选“安薪”监督员57人，监督发放工资4.8亿元。全市推广此项制度。建立劳资争议速裁机制。对拖欠农民工工资案件推行繁简分离，缩短审限60%。统一裁审标准，建立劳动纠纷裁审衔接工作机制，劳动仲裁裁审一致率不断提升，不服仲裁裁决起诉率持续下降。2021年，县人社局承办全市“矛盾不出企”现场会做典型经验交流发言。2021年，县仲裁案件网办率39.9%，较2020年增长100%，调解率81.6%以上，各项指标继续领跑金华。

【与云贵地区签订劳务输出合作协议】 2月19日，县人社局局长楼志静带队“节后用工专班”携企业负责人、挂锁行业协会负责人共15人，到浦江外来务工人员劳务输出集中地——云南镇雄和贵州毕节开展劳务对接工作，在云南镇雄、贵州毕节举办浦江企业专场招聘会6场，达成就业意向358人，组织专车接回127人，与贵州威宁彝族回族苗族自治县等地签订劳务输出合作协议3个。

【与浙江省机电技师学院进行政校战略合作签约】 5月17日，县人社局与浙江省机电技师学院进行政校合作签约，并进行揭牌仪式，政校共建人才培养基地，以浦义同城建设为契机，针对高技能人才培养进行交流和合作。县人社局局长楼志静，浙江省机电技师学院校长曹小其，以及双方部门有关负责人员出席签约仪式。

2021年5月17日，浦江县人社局与浙江省机电技师学院进行政校战略合作签约　　（张华斌 摄）

【数字化管理平台】 通过搭建业务数据归集和工作任务督查平台，归集全局核心数据和重点任务指标，搭配智能问答“钉钉”机器人，实现各项指标数据随时获取，考核任务红、黄、蓝三色预警在线督查，干部管理实时化、可视化，实现工作推进和干部管理“云端晒拼”、互促共管。2021年，共归集全局15个科室单位（包括局机关党委）188项核心数据指标，发布任务数79条，提醒督办26人次。

【首推“火炬计划”实现干部全周期培养】 通过建

立机关事业干部高层次人才专项编制调剂机制和紧缺专业(岗位)、紧缺人才认定机制,完善机关事业干部人才引进保障机制,实现岗位设置、干部培养规划“量身定制”。完成2021年全县事业单位公开招考和高层次人才引进工作,全县首次一次性推出20个岗位面向全国招引高层次人才,报考人数329人,最终录用19人,机关事业干部拟聘用人员中,高层次人才比例近50%。根据“火炬计划”内容,对新入职的事业干部进行全周期培养和跟踪管理。派送其中6名乡镇事业干部到县两办等综合部门培养锻炼,其余13名干部在专业领域内进行培养锻炼,为干部搭建平台,进行全周期培养和跟踪管理。加强事业干部人才流动配置工作,推行事业干部选调机制,组织13家单位进行试点,采取考试与考察相结合的方法实施事业干部选调。

【设立党员“安薪”监督员助工安心】 探索工地“党建+无欠薪”模式,通过设立党员“安薪”监督员,压实党员责任,发挥“无欠薪”监督的示范带头作用,在企业内部形成监管闭环,监督农民工工资按时足

2021年5月21日,市人社局机关党委书记胡银梁到黄宅镇古塘村休闲养生项目指导“党建+安薪”项目创建工作　　（县人社局提供）

额发放。10月,全县17家在建工地采用“党建+安薪”治理欠薪新模式,共评选“安薪”监督员57人,监督工资发放4.5亿元,此项工作获全市推广。

（张华斌）

关心下一代工作

【概况】 2021年,全县共有296个基层关心下一代工作委员会(简称“关工委”)组织,其中15个乡镇(街道)关工委,244个村(社区)关工委,37个中小学关工委。县关工委开展“百年潮涌·红船精神薪火相传”“学时代英雄 庆建党百年”等系列主题教育,引领青少年知史爱党、知史爱国。全年各级关工委依托各类教育阵地,累计开展主题实践活动860余场次。“6070银辉·红讲堂”等各级“五老”宣讲团到全县各中小学、村社企业开展主题宣讲百余场,受教育青少年3万余人次。着眼青少年寒暑期无人看护问题,联动镇街村社校企,动员“五老”、大学生、“巾帼”等志愿者,开办以爱国主义教育、安全教育、作业辅导等为主的“假日学校”。2021年,共创办

2021年7月10日,“学史力行·我的青春别样红”之暑期托管启动仪式　　（县关工委提供）

"假日学校"110余所,惠及青少年1.2万余名,"把孩子放在这里,我很放心。"成为家长共识。县关工委"五老"宣讲团副团长郑隆通入选浙江省"红船精神优秀五老宣讲员"。浦阳第二小学学生郑添瑞获浙江省"青少年英才·红船好少年"荣誉称号。县委党校原常务副校长张国平等8名老干部被授予全市"学时代英雄 庆建党百年"五老宣讲员称号。浦江县花桥乡塘波村被确定为首批"金华市关心下一代教育示范基地"。浦江县北乡农民革命纪念馆、浦江县英模陈列馆等被评为第三批"金华市关心下一代教育基地"。浦阳街道、浦南街道、黄宅镇、檀溪镇、白马镇嵩溪村5家关工委组织被评为金华市"五好"基层关工委。

【关心关爱服务】 关注困难青少年群体需求,拓展关爱渠道,争取省市关工委支持,联合县慈善总会、县教育局、县工商联等开展"爱心圆梦"系列助学活动。6月28日,县关工委举办"筑梦启航·常熟浦商同心助学"活动启动仪式,与江苏省常熟市浦江商会签订4年助学协议,共计助学资金100万元,造福浦江困难学生。2021年,累计资助困难大学生和中小学生266名,助学资金65.65万元。

2021年6月28日,县关工委举办浦江县"筑梦启航·常熟浦商同心助学"活动　(县关工委提供)

【承办全市"红色百年行"活动】 6月23日,金华市"红色百年行"活动启动仪式在花桥乡塘波村举行,花桥乡中心小学全体党员及少先队员代表参加活动启动仪式。与会人员开展"老少同走初心路"活动,并进行入党宣誓活动。活动现场,市关工委主任金中梁,浦江县委副书记、政法委书记、县关工委名誉主任钱福安,金华市关工委专职副主任涂李明等领导为19家第三批"金华市关心下一代教育基地"和9家首批"金华市关心下一代教育示范基地"授牌。

2021年6月23日,县关工委承办金华市"红色百年行"活动　(县关工委提供)

【全市党史教育学习会暨关心下一代教育基地建设推进会】 6月23日,金华市关工委党史教育学习会暨关心下一代教育基地建设推进会在浦江召开。各县(市、区)关工委分别座谈交流党史学习教育、基地建设及近期工作开展情况,深入推进全市关工委红色教育基地建设工作。参会人员参观浦江县关心下一代教育基地——浦江治水主题馆,调研考察虞宅新光村关工委工作。

【"致敬百年伟业 争做'真善美'好队员"主题活动】 5月31日,联合团县委、县教育局等单位举办的"致

敬百年伟业 争做‘真善美’好队员”主题队日活动暨“红领巾楼道长”助力全国文明城市创建行动启动仪式在浦江县南苑小学举行。此次活动分为“学史明理”“学史增信”“学史崇德”“学史力行”4个篇章。

2021年5月31日，“致敬百年伟业 争做‘真善美’好队员”主题队日活动暨“红领巾楼道长”助力全国文明城市创建行动启动仪式 （县关工委提供）

【全县关工委党史学习教育座谈会暨半年度工作汇报会】 7月30日，县关工委组织召开全县关工委党史学习教育座谈会暨半年度工作汇报会。会上，县检察院、县教育局，各乡镇（街道）关工委围绕党史学习教育和教育基地建设等方面，汇报上半年特色亮点工作、暑期“假日学校”开办情况及下半年工作安排和打算。

【召开全县关心下一代暨“春泥计划”工作经验交流会】 11月26日，全县关心下一代暨“春泥计划”工作经验交流会在檀溪镇召开，各乡镇（街道）、相关单位部门负责人及教育总顾问、顾问团成员、“五老”代表共计90余人参加会议。会前，现场调研檀溪镇平湖村青少年教育活动场所和檀溪镇中心小学舞龙陈列馆，檀溪镇关工委、寺前村关工委和檀溪中小关工委先后介绍关心下一代工作经验与体会。

2021年11月26日，全县关心下一代暨“春泥计划”工作经验交流会在檀溪镇召开 （县关工委提供）

【“百镇千村”大调研活动】 2021年，县关工委常务副主任贾荣庆带队到全县各乡镇（街道）、中小学校关工委等地开展“百镇千村”大调研活动，就各地关心下一代工作和基地建设展开调研。县关工委工作顾问团成员，县委组织部部务会议成员、县关工委专职副主任楼秀元等参加调研。

【“百名学子敬长辈 世代家训传文脉——我给父母烧顿饭”活动】 联合县文明办、县餐饮协会等开展

2021年7月23日，县关工委联合县文明办、县餐饮协会等开展“百名学子敬长辈 世代家训传文脉——我给父母烧顿饭”活动 （县关工委提供）

“百名学子敬长辈 世代家训传文脉——我给父母烧顿饭”活动。活动向学校、社会征集100户大学新生家庭，由县餐饮协会会长单位——新浦江饭店出资，让准大学生们为家中长辈买菜做饭，请家长到新浦江饭店品尝孩子们亲手做的饭菜，浦江书法名家写家训、送家训，让学生带着家训去上学，学成不忘家乡，传承孝义好家风，助力文明创建。活动全程微信直播，累计收看人数20余万人次。

【“做智慧家长，伴健康成长”家庭教育系列活动】2021年1—6月，县关工委开展“做智慧家长，伴健康成长”家庭教育系列活动。线上开设《法制与禁毒教育》《考试后如何有效亲子沟通》《科学防疫：家庭防护指南》等课程，以学习促成长，让家长以身作则，言传身教，帮助孩子们养成好思想、好品格、好习惯。

（陈孙浪）

综合行政执法

【概况】 浦江县综合行政执法局（以下简称“县执法局”）成立于2012年，原名浦江县城市管理行政执法局，2017年因综合行政执法改革更名为县综合行政执法局。县执法局内设机构8个，派驻执法中队16个，下属事业单位浦江县环境卫生管理所。与县“三改一拆”行动领导小组办公室、县深化“四边三化”行动工作领导小组办公室、县生活垃圾分类领导小组办公室等单位合署办公。

县执法局全年立案查处一般程序行政处罚案件4850起，结案4848起，罚没款总额590.8万元，其中查处超店面经营、流动摊贩件843起；查处垃圾分类110起；查处餐饮油烟7起；查处秸秆焚烧226起；查处犬类案件514起。简易程序处罚案件8966起。

全面运用“互联网+监管”、“浙政钉·掌上执法”、“智慧城管”、“8890”便民服务热线、“清朗浦江”小程序等渠道，强化事项监管和执法。“掌上执法”累计检查13863户次，实现事项覆盖率100%、“掌上执法”率100%、账号开通激活率100%、信用规则应用率100%。运用“城乡智慧大管家”平台，累计发现交办各类事件4.31万件，办结率99%。更新权责事项清单，按时完成浙江省综合行政执法事项目录划转工作，划转261项执法事项，制定并严格执行自由裁量基准，提升执法刚性和公信力。深化“全国文明城市创建”“垃圾分类”“三改一拆”等重点工作。

2021年，县执法局被评为年度全市综合行政执法工作考评优秀单位、金华市夺取“五水共治”“大禹鼎”金鼎集体嘉奖；浦江县获全省农村生活垃圾分类处理工作优胜县、年度全省生活垃圾分类工作优秀县；垃圾分类工作群众满意度测评居全省前列。

执法队员出发开展专项整治 （县执法局提供）

【文明城市创建】 县执法局有序推进创建进程，精细化常态化开展城市管理。抽调精干人员组建文明城市创建工作专班，推行专班工作例会制度，对文明城市创建工作定期点评复盘推进，系统形成文明城市创建工作体系。全员下沉，划分文明城市创建网格，以人民群众满意度为目标，以提高“见面率”“管事率”“成案率”为抓手，推进执法人员下沉一线现场执法。对标《全国文明城市测评体系》具体要求，消除城市十大“顽疾”，创建精品城市街路，实现精细管理，提升城市品质。分块式攻坚，持续推进“一周一主题”，开展城市“牛皮癣”、人行道秩序、城市顽疾、文明养犬等专项整治；加强城区露天焚烧、施工工地等扬尘管理和执法，餐饮行业，加大非法处置建筑垃圾行为的监管和处罚力度。

2021年，按照每月社区共建主题和内容，每周组织开展社区文明共建活动，同时对照测评标准，查漏补缺，联合社区开展城市顽疾整治。

【举行经营商户“门前五包”工作启动仪式】 5月21日，全县经营商户“门前五包”工作启动仪式举行，县委常委、宣传部部长徐利民，县委常委、县政府党组成员虞红梅出席仪式。县综合行政执法局局长、党组书记徐红伟详细解读《全县经营商户“门前五包”工作实施方案》，部署下一步工作。

2021年5月21日，浦江县经营商户“门前五包”工作启动仪式 （县执法局提供）

【“门前五包”流动红黄旗制度】 6月开始，每月开展经营商户“门前五包”流动红黄旗评比。考评人员结合评分细则，现场重点考查门前屋后环境卫生、门前车辆停放秩序、超店面经营情况、户外广告设置情况等，结合日常检查、执法考核等内容对经营商户进行综合考评。

【“牛皮癣”专项整治行动】 9月17日，县执法局部署开展“牛皮癣”小广告专项整治行动，通过“处罚教育一批、责令自行清理一批、实名宣传曝光一批”，清理城市顽疾，办理相关案件435起，追呼或停机444起。

【开展停车秩序“百日攻坚”行动】 10月25日起，县执法局针对全县机动车、非机动车乱停放现象开展停车秩序“百日攻坚”行动，坚持处置到位、教育到位、登记到位“三个到位”原则，强化违停车辆执法力度，通过疏堵结合等综合整治措施，促使城区停车秩序明显好转。

停车秩序“百日攻坚”行动

（县执法局提供）

【执法业务】 2021年，县执法局强学习重规范，在加强主体能力建设上激发新活力。推行全员学习积分制，常态化开展法律业务知识“每周一学”“每月一考”，执法办案典型案例“一季一评”，推广“师徒制”管理，做好“传帮带”，加速培养执法骨干力量。落实全员办案，多办案、办好案，连续3年保持“行政诉讼零败诉、行政复议零撤销、行政争议零信访”，2021年一般程序人均办案量、简易程序人均办案量居全市前列。

【行政执法改革】 根据省、市“大综合一体化”行政执法改革要求，有序推进改革进程。强化组织领导，成立浦江县综合行政执法改革工作领导小组，组建“大综合一体化”行政执法改革工作专班，统筹协调解决全县综合行政执法改革工作。11月26日，经市委编办批复同意，县综合行政执法局增挂浦江县综合行政执法指导办公室牌子，具体负责综合行政执法的统筹协调指挥、规范指导等工作。制定行动计划，制订《浦江县“大综合一体化”行政执法改革行动计划（2021—2022年）》，具体列明梳理执法事项、整合执法队伍、推进乡镇（街道）“一支队伍管执法”等32项任务清单，确定各项任务的责任单位及时间节点。拓展综合行政执法事项，根据省、市工作要求，梳理行政执法事项，在2020年划转488项执法事项的基础上，2021年划转新增执法事项261项。此外，梳理2项浦江独有的行政处罚事项，上报金华市纳入《金华市综合行政执法事项地方扩展目录》。

【李小庆到浦江指导“大综合一体化”改革工作】 9月2日，金华市综合行政执法局局长李小庆一行到浦江县综合行政执法局调研，就“大综合一体化”行政执法改革提出要“学习好、巩固好、发展好、行动快”的要求，县执法局全体班子成员陪同。

2021年9月2日，金华市综合行政执法局局长李小庆（右中）到浦江指导“大综合一体化”改革工作（县执法局提供）

【“大综合一体化”行政执法改革专班协调会】 12月29日，召开浦江县“大综合一体化”行政执法改革专班协调会。县府办、县委组织部、县委宣传部等22个单位参加，对《浦江县推进“大综合一体化”行政执法改革方案》《浦江县人民政府关于新增综合行政执法事项划转的公告》等进行交流。

2021年12月29日，“大综合一体化”行政执法改革专班协调会（县执法局提供）

（朱晓倩）

浦阳街道

【概况】 浦阳街道总面积47.04平方千米，下辖9个行政村、10个社区，常住人口10.92万人，户籍人口7.76万人。全年财政总收入1.51亿元。

2021年，浦阳街道粮食播种面积155.99公顷。经济作物面积692.27公顷，其中蔬菜播种面积549.71公顷，产量13404.6吨；水果类播种面积142.56公顷，产量2904吨。实施项目示范带动，发展特色高效农业，加大培育“枸杞西红柿”“阳光玫瑰”等优质品种，推行稻虾综合养殖，提升品牌创新力和竞争力。深化数字赋能乡村振兴，完成3家农业企业数字农业建设，大潘家庭农场被评为绿色食品生产基地，探索“线下引流+线上销售”模式助销浦江农特产品，申报省级“未来乡村”试点村2个、“无废乡村”示范村1个。推进“非粮化”整治工作，完成抛荒田复垦29.03公顷、粮食功能区审计整改4.57公顷、粮食功能区整治优化3.73公顷。

浦阳街道全年工业投资1157万元；完成工业总产值10.78亿元，同比增长17.43%，其中7家规模以上企业完成规模以上工业总产值3.68亿元，同比增长30.35%。整治提升“低散乱”企业（作坊）6家；购置机器人26台；完成个转企98家、省市级工业新产品入库企业1家，获批市级企业研发中心1家、国家高新企业1家。完成内资9.5亿元、省外产业资金1940万元，协助引进发网金华（浦江）智慧供应链生产项目，完成赞宇科技集团股份有限公司在浦江服务机构续签项目。全年实现限上批零销售额9.63亿元，同比增长58.82%；配合县万家跨境电商园入驻电商企业58家，1—12月整体营业额1.33亿元。

以文明创建为着力点，开展贯穿全年的“城市环境大整治、城市面貌大提升”长效管理工作，制定“专班运行、条块结合、统筹兼顾、检查评价”四大机制，以每周三共建日等为载体，发动党员干部、志愿者参与，推动街道整体环境面貌提升。集中力量做实“文明创建一周小事”，解决民生小事180余件，因地制宜施划停车位7453个。持续巩固“污水零直排区”建设成果，完成市“污水零直排区”现场会3个点位的准备工作，处置各类环境污染举报件160余件，浦阳街道办事处被评为省“五水共治”工作先进集体、市生态文明建设成绩突出集体。深化垃圾分类体系建设，城区垃圾分类“两定四分”覆盖率95%，创建省级高标准示范小区3个，浦阳街道办事处被评为市城乡生活垃圾分类工作成绩突出集体。

建成全县首家社会工作站，整治验收39户农村安全隐患房屋，佑岩寺和塘后坤2个地质灾害治理在建工程通过初级验收，生态福园堂创建为省公益性节地生态安葬示范点，西站社区白林新村、小黄坛和狮岩村竹窠头农饮水达标提标项目完成建设任务。帮扶困难群众，全年代办民政事项211件，救助各类困难群众203户共计32.08万元。服务关键人群，宣和社区“残疾人之家”实现“四星级”提升，金狮社区创建为成省级无障碍社区，依托“互联网+政务服务”模式网上办理事项2089件，群众满意率100%。

依托“党建+微网格”管理模式，推进平安建设，常态化开展安全生产、消防安全、道路交通、食品安全、防范电信诈骗等各项安全工作，日常化检查，立即性整改，筑牢安全底线；7天完成燃气安全排查整治两个百分之百工作目标，累计整治安全隐患524处、安装燃气报警器535家。建强用好矛盾调解中心（站），建立完善初信初访问题解决机制，全年调解矛盾纠纷178件，化解信访积案19起，专班处置旧村改造和“城中村”改造历史遗留问题得到进展。

【城乡建设】 盘活存量建设用地20公顷，完成41.13公顷即可恢复图斑整改，启动全域土地综合整治工程谋划发展空间586.33公顷，为城市发展拓展空间。高标准实施16个老旧小区改造项目，完成投资额约4000万元，老旧小区电梯加装实现“零突破”。完成白林安置房分房工作，11月14—15日在浦江第三中学体育馆进行浦阳街道白林“城中村”改造安置房选号，11月17—22日在浦阳街道办事处五楼会议室进行白林“城中村”改造安置房选房。

【换届选举】 11月17日，浦阳街道党代表选举工作动员部署暨培训会议召开。11月29日，浦阳街道人大换届选举工作动员部署会暨业务培训会召开。12月17日，浦阳街道党代表会议召开。12月22—24日，浦阳街道完成人大代表换届选举工作，全街道5万余名选民选举产生浦江县新一届人大代表45名。

【居家养老】 开展居家养老服务工作，613位老人享受居家养老就餐，287位老人享受配餐送餐服务，宣和社区被国家卫生健康委员会、全国老龄办命名为2021年全国首批示范性老年友好型社区。1月4日，副省长王文序、省政府副秘书长徐晓光、省民政厅厅长王剑侯、省人力社保厅副厅长金林贵一行到浦江开展“三服务”活动，考察调研浦阳街道宣和社区养老服务中心和“残疾人之家”并开展座谈。11月18日，省民政厅副厅长方仁表一行到浦阳街道宣和社区调研示范型居家养老中心运行情况、西站社区调研低保户适老化改造工作。

【基层党建】 进一步深化“红色台门里”工作机制，推行台门“针功夫”服务，细化“共乐、共惠、共安、共德、共富”五大版块内容，推出“共富荟”“太白有爱·台门超市”等自治品牌，“红色台门里”机制被市民政局列入2021年市级城乡社区治理和服务创新实验区实施项目。1月11日，浦阳街道宣和城市党建联盟获全市城市党建联盟创建项目路演活动二等奖。5月27日，省委常委、宣传部部长朱国贤一行到浦阳街道宣和社区调研党史学习教育和推进共同富裕建设情况，并在社区文明实践站召开宣讲座谈会。6月22日，县红色台门里之台门“针功夫”服

浦阳街道各行政村、社区基本情况表

表7

村(社区)名	户数(户)	人口(人)	耕地面积(公顷)	山林面积(公顷)
塔山社区	5200	15000	0.00	0.00
龙峰社区	3615	8271	0.00	0.00
金狮社区	2622	4946	0.00	0.00
宣和社区	3411	9306	0.00	0.00
南苑社区	3726	7898	0.00	0.00
西街社区	3263	8836	0.00	0.00
太白社区	3847	10893	0.00	0.00
文景社区	3207	9589	0.00	0.00
月泉社区	2558	11265	46.00	18.00
西站社区	2251	10376	0.00	0.00
群生村	663	2160	29.66	144.20
狮岩村	299	982	30.00	81.70
同乐村	512	1320	14.30	100.00
铜桥村	534	1734	42.00	65.80
兆丰村	221	665	23.73	57.33
杨田村	390	1190	10.60	139.80
联盟村	645	1835	90.20	301.53
沉湖村	345	1215	25.80	115.70
善庆村	606	1690	59.60	433.60
合　计	37915	109171	371.89	1457.66

务启动仪式在浦阳街道宣和社区会议室举行。9月29日，“太白有爱·台门超市”开业仪式在浦阳街道太白社区党群服务中心举行。深入开展党史学习教育，采取学习场景化、宣讲常态化、传播立体化、活动实效化的“四化”方法，推送党史学习教育入脑入心。推进全域共富党建联建，合力推动6个共建项目、63个自我造血项目，实现9个村经营性收入均50万元以上，2个村经营性收入超150万元。

（季安妮）

仙华街道

【概况】 仙华街道总面积56.95平方千米，下辖5个社区、17个行政村，总人口5.98万人，其中户籍人口3.72万人，外来人口2.26万人。仙华街道被评为省级平安街道、省级教育强镇、省级体育强镇、省级示范行政服务中心、省级生态街道、省级卫生街道、省级文化礼堂建设示范乡镇和省级新时代枫桥式退役军人服务站。

2021年，辖区内拥有工业企业205家，其中年销售2000万元以上规模企业5家，街道实现工业总产值11.13亿元，规模以上工业产值1.60亿元，引进内资0.88亿元。

全街道共有耕地1114公顷，林地2376.5公顷，建有桃形李、葡萄、粮食、蔬菜、甘蔗5大产业链，拥有浦江宝掌桃形李技术开发有限公司等47家规模农业专业合作社。

【党建引领】 开展党史学习教育，召开庆祝中国共产党成立100周年暨“永远跟党走”七一大党课，表彰奖励2020年党建工作优秀组织和个人。完成金宅·园中村党建集群公园和中埂、金宅、七里、项宅社区党群服务中心建设并投入使用。组建全域共富、北山农旅、物业经济3个党建联盟，推行“抱团发展、资源共享、发展共促”消薄模式，推进7个共建项目和68个自我造血项目。2021年，街道17个村合计总收入1453.73万元，其中经营性收入924.14万元，同比增长38.37%。深化“四级网格”体系，压实“四个一”工作法，全面推动疫情防控、文明城市创建、乡村振兴等各项工作，构建全民共建共治共赢共享的基层治理新格局。

【重大项目】 完成十里松间生态度假庄园项目（投资额3800万元）和年产2000吨新型可生物降解材料刷丝生产线项目（投资额1亿元）的签约。开展“浙里仙味”美食文化园业态招引；完成浙江典佳艺生物科技有限公司投产的年产4000吨环保型一次性餐具生产线项目的主体建设和机器设备采购。到中国航天科技集团公司第八研究院（上海航天技术研究院）推进招商引资；进一步对接洽谈仙华山——登高村文旅项目、仙华国际学院、未来健康社区项目；对接广东雪洁日化用品有限公司投资的年产2000吨新型可生物降解材料刷丝生产项目。

【乡村振兴】 完成省级新时代美丽乡村全域创建工作，在新时代美丽乡村长效管理评比中被抽查村全部通过县考核。方宅村桃形李基地项目、红旗村柑橘基地项目、后郎村茶园基地项目、马墅村农贸市场改造提升项目已基本完成，其中马墅村和方宅村项目投入运营并产生经济效益。创建后谢、后郎2个省级气象达标村。多措并举推进抛荒田整治、永久性基本农田补划工作，2021年完成永久性基本农田补划整改250.8公顷，通过验收210.3公顷，整治面积名列全县第一。

永久性基本农田补划工作　　（仙华街道提供）

仙华街道各行政村、社区基本情况表

表8

村（社区）名	户数（户）	人口数（人）	耕地面积（公顷）	山林面积（公顷）
金宅社区	2769	8408	5.40	37.95
项宅社区	2196	6298	19.82	44.82
中埂社区	1148	3410	23.72	12.01
七里社区	1497	8919	34.68	173.55
五里社区	1261	4774	22.84	58.98
大许村	997	2995	48.26	3.00
后谢村	470	1433	27.99	2.33
冯村村	657	1971	58.48	16.54
马墅村	475	1270	34.88	49.22
五善塘村	498	2999	48.22	67.77
登高村	180	578	45.76	119.99
河山村	375	2641	36.51	19.01
十里亭村	694	1523	80.04	48.22
曙光村	625	1069	47.88	145.87
后郎村	691	1197	80.04	193.23
天仙村	389	897	70.04	137.40
红旗村	714	1908	75.84	157.48
戴宅村	391	981	25.35	160.81
方宅村	341	881	42.02	134.33
仙华村	427	1249	130.67	342.30
道光村	688	1426	130.07	271.27
浦北村	1042	2996	43.36	184.09
合　计	18525	59823	1131.87	2380.17

【生态环境】 开展街道级、村级河长巡查工作，各级河长电子化巡查得分在县级总分中名列前茅。浦江县排水工程（2017—2020年）农村污水处理终端扩容工程涉及李宅、金冠祥、蔡横塘、十里头6个

终端，主体工程建设完工。加强秸秆焚烧处置，进田入地普法宣传182次，劝导120起，扑灭246起，立案处罚38起，罚款19500元。加强废土扬尘防治，检查在建工地87家次，废土审批备案166次。加强餐饮油烟管理，辖区内餐饮行业油烟净化器安装率100%。完成天仙村红糖堰坝修复工程、冯村灌排水渠修建工程。2021年，梅汛期和台汛期无洪涝灾害。

【民生实事】 完成登高集聚区选址地块及控制性详细规划编制；完成七里周宅安置区选址及初步方案，2021年共审批新建、原拆原建、修缮农房74户，治理危旧房4958平方米，拆除违法建筑12632平方米。打造全县首个通过公开招投标形式引入第三方服务机构的社工站。

【普惠利民】 打造“百宜中埂”“兴业金宅”“敦义七里”“情暖项宅”基层服务品牌，实现中埂—项宅—金宅“一条龙”式便民连锁超市服务。推广政务服务2.0版和“一村一品”便民服务新模式，2021年窗口办件2231件，村社区代办员代办事项3955件。建立低保户动态进出长效管理机制，街道全年发放低保金282.29万元；关心关爱残疾人，发放重度

仙华街道“365”便民服务中心（仙华街道提供）

残疾人护理补贴人数675人，发放金额217.31万元，发放生活困难补贴人数304人，发放金额83.52万元。

【文明创建活动】 开展针对性攻坚行动和常态化整治行动，首创“社区+村”主题创建联盟，多方联动推进创建工作；设立公共广告宣传栏，全面整治“牛皮癣”。常态化做好停车位划设、流动摊贩整治、犬只收容、机动车劝导等工作。2021年10月、11月、12月连续三个月考核名列第一。

公共广告宣传栏（仙华街道提供）

文明创建宣传角（仙华街道提供）

【基层治理】 实行信访积案包案“4+2+X”模式和“一案一组”工作方法，以“治理重复信访、化解信访积案”为目标，正向激励预防增量，反向倒逼化解存量。2021年，共受理民情986起，民访560起，化解

矛盾纠纷298件。基于新调解模式，化解12件疑难积案。

（吴晓悦）

浦南街道

【概况】 2021年，浦南街道总面积66.52平方千米，总人口54509人，总户数17692户，其中农业户9753户。耕地面积1339.54公顷，林地面积7128.93公顷。全年指导种粮大户种植早稻37.33公顷、晚稻62.67公顷；完成农口系统“非粮化”整治目标以及粮食功能区整治优化；消灭抛荒田16.67公顷，挂牌抛荒田图版4.27公顷，已完成3.87公顷；审计整改完成面积109.59公顷；完成14个粮食功能区整治优化任务3.87公顷；完成葡萄套种马铃薯面积20公顷，建立朱云、黄都、宋溪3个村的套种示范区块；平一村、七村、前于村具体实施“一事一议”项目，争取到财政资金235万元，完成街道层面竣工验收；完成33.33公顷高标准农田建设任务；完成徐地畈高标准农业生产基地项目政策处理，交投公司顺利进场；完成街道低收入帮扶对象276户（涉及392人）网上赋码、走访工作，上报率100%；规范农作物社会化服务组织3家，以种粮大户为主；完成主要农作物签约备案面积500公顷，实施绿色防控面积613.33公顷，农药减量260千克。

全年实现工业总产值19.56亿元，同比增长15.1%，其中规模以上工业产值9.16亿元，增长35.9%，累计出口4.5亿元，增长92.21%。规模以下抽样企业2家，全年累计营业收入1414.6万元，同比增长89.98%。固定资产投资完成额10.34亿元，工业投资完成额3165万元；培育亿元企业1家（浙江前方复合材料有限公司），产值1.16亿元。创建浙江省首批数字生活新服务数字（文旅领域）特色镇。浦南街道被评为2021年浙江省电子商务村示范镇，石埠头村、蒋塘村、浦南村、巧溪村为浙江省电子商务示范村。浦江黄金纺织印染有限公司、浦江精合包装有限公司2家企业实现年度升规，超额完成2021年度升规任务。商贸限上企业12家，其中批发零售8家，全年累计销售额7.52亿元，同比增长28.67%。住宿餐饮业4家，浦江天慧商务酒店有限公司、浦江县忆江南餐饮管理有限公司（2021年11月停业）、浦江和拓酒店管理有限公司、浦江江南一埠酒店管理有限公司，共实现营业额1845万元，同比增长2.68%。

D级危房原拆原建治理29户；开展农村危房治理改造工程，经营性自建房排摸出21户，非自建房排摸出16户，完成经营性自建房腾空4户、重建1户、修缮16户，非自建房腾空5户，修缮11户。排查辖区内居民、出租户内燃气安全问题，排查居民用户16208户、出租户1979户、餐饮业412户，完成3个要求100%；对检查中发现未安装可燃气报警装置当场发放建议书，累计发放302份建议书，安装燃气报警装置302户；按时完成整改县燃气工作专班下发的21个交办单。围绕信访、“8890”交办单，开展矛盾纠纷调处，调处建房邻里纠纷9起；日常对辖区内2个液化气公司、3个加油站、15个快递驿站、4个小区、7个工地进行平安检查。

2021年，浦南街道临时救助196人次，发放临时救助金22.58万元；完成17户新增最低生活保障的困难户审批；每月实地走访低保享受人员，核对经济情况，按照文件规定取消78户低保人员。完成274户低保、低边人员定期探访关爱和入户走访。完成适老化改造15户，合计经费10.4万元；重阳节走访百岁老人1名，为辖区内37名95周岁老人发放共计2.22万元重阳节慰问金；完成平二村第二批省级示范慈善工作站创建。2021年，基本医疗保险任务数30389个，完成数30226个，完成率99.46%，大病任务数30362个，完成数27452个，完成率90.41%。完成失地农民保险转城乡居民养老保险1990个。9个村红十字志愿服务站为辖区村民每月定期开展测量血压、理发、应急知识培训等志愿服务次数95次，受益群众4415人次，新增“阿尔茨海默病老人平安回家定位手环”公益项目，发放定位手环3个，平一村创建为县级博爱家园。完成无偿献血225人，完成率117%。完成“两癌”筛查696人，完成率106%。完成国家免费孕前优生健康项目检查，办理网上生育登记208件、独生子女证24件、公益金37件、省奖扶125件、县奖扶27件、特扶12件、女儿户养老保险18件、中考加分37件。

2021年，发展党员26名；全年三个季度的全县村社打擂比武活动中，第一书记、支部书记均获县十佳荣誉；完成前于、湖山、七村、横塘、朱云5个村的党群服务中心提升工作，位居全县前列；全域推广农户“好家风”评价体系工作，全县排位约前4位；深化农村“三全”党建体系工作，每月开展全覆盖督查指导，“三全”党建体系运行情况良好；“党建+智治”平台全面正常运行。综合信息指挥室建立全科网格管理制度，为群众办实事“跑腿”；落实网格员巡查机制，为安全护航。实现动态事件上报、交办、处理的闭环运行模式，将21个行政村、2个社区划分为50个网格；完成区域内地址库网格地图的大修改；接入视频监控室移动、电信等光纤，104个民用监控和9个高空监控探头正常启用；“基层治理四平台”共收到案件上报17221起，流转17221起。“五四”期间组织基层团组织开展志愿服务10余场，覆盖2032名团员青年；发展团员7名，建设学雷锋5个志愿服务站。组织安排物流中心、各建筑工地以及快递行业建立疫情网格工作，传达疫情防控要求及措施。利用中秋、国庆等节假日和人员返乡过节之际，做好疫苗接种补种工作，全年完成疫苗接种84749人次，其中第一针接种41637人次，第二针接种40527人次，第三针接种2585人次。

浦南街道各行政村、社区基本情况表

表9

村(社区)名	户数(户)	人口(人)	耕地面积(公顷)	山林面积(公顷)
文溪社区	2132	10613	77.76	337.67
江滨社区	4265	10479	0	0
浦南村	806	2571	77.56	417.73
前于村	1060	3066	128.26	771.53
石埠头村	235	646	0	49.20
平一村	677	2063	41.64	153.80
平二村	439	1227	55.02	121.53
金星村	615	1868	105.26	293.20
横塘村	358	1068	51.71	1110.33
西张村	685	1775	100.08	572.27
宋溪村	588	1834	95.75	184.93
巧溪村	680	1747	48.87	156.67
七村村	450	1289	91.34	857.87
八村村	452	1290	64.83	128.47
湖山村	433	1445	47.60	111.07
丽水村	317	927	15.61	945.40
五村村	531	1712	59.66	110.93
长春村	216	751	5.64	51.53
朱云村	956	2759	101.80	361.60
潘宅村	724	2276	58.21	126.67
四村村	327	986	37.89	53.93
三村村	296	911	29.13	128.40
黄都村	450	1206	45.92	84.20
合　计	17692	54509	1339.54	7128.93

【项目招引落地】 总投资约15亿元的鑫广万豪酒店及万鑫城高端社区项目主体建设进度过半；海伦堡住宅部分与商业综合体部分主体基本建设完工。

【遗留问题攻坚】 文溪"城中村"改造稳妥完成二分之一户及有协议约定户垫底选房工作，并通过持续工作将整体安置率从90%提高至95.1%；石埠头村"凤凰楼"房屋办证问题已制定具体方案；八村樟山头公寓楼建设项目建设过半。

【乡村振兴】 依托"党建联盟"，对应帮扶抱团发展，潘宅村小猪市场旧址公开出租增收200余万元，黄都村渣土堆放场出租首期增收305万元。4轮谈判协调白石湾抽水蓄能电站前期政策工作。永久基本农田划补工作完成60%，建立朱云、黄都、宋溪3个村的套种示范区块。"悠然南山"田园综合体项目中4公顷标准化大棚建设完工，徐地畈标准农业生产基地完成招标并进场施工，投资162万元的七村民宿配套道路建设完成政策处理。

【政务服务】 "1+15+N"政务服务2.0服务体系入驻街道"365"便民服务大厅，1310项政务服务事项、148项全市通办事项收件业务全线下放，累计收件3143件，满意率100%，位居全县前列。政务服务自助一体机全年点击量2096次。完成部门间核验证明事项131件。设置4个代办中心，19个代办点，23个村(社区)全覆盖；划分50个网格，配备专职代办员50名，巾帼小分队网格员510名，红色网格员1390名。增设村(社区)、街道两级残疾人专职委员岗，统一代办残疾证换证事项，两个月内完成1100余张新证下发和旧证回收，为全街道1299名残疾人提供全程上门代办服务。街道"企小二"有效解决企业面临的实际困难问题62个。提升改造前于、湖山、平一等村级便民服务中心，辖区民生点位数增至14个，新设立政务服务2.0服务体系试点村社5个，增设红色驿站5个。

（王妙婷）

黄宅镇

【概况】 2021年，黄宅镇下辖42个行政村，户口22067户，常住人口63929人，流动人口39513人。全年实现工业总产值80亿元，同比增长23%，其中规模以上工业总产值32亿元，同比增长23%；完成固定资产投资10亿元，引进内资10亿元，净增小升规企业19家。新增超亿元企业3家，新增税收超5000万元企业1家；新增高新技术企业2家、省科技型企业13家；新增市级研发中心4家、省级研发中心1家、"专精特新'小巨人'"企业1家。

黄宅镇协办全国农产品质量安全现场会，推进乡村振兴工作。全年"非粮化"整治55公顷，永久性基本农田核实整改补足153.33公顷。完成第三批全县乡村振兴示范村(上山村)申报遴选工作。

黄宅镇落实领导下访接访制、"群评众议"制、平安稳定"双月大会战"等举措，化解各类信访积案33起，化解率100%。镇领导接访疑难件150件，解决128件，办结率85.3%；调处矛盾纠纷344件，解决344件，调解成功率100%。

黄宅镇通过共享共建加强民生福祉，持续巩固"五水共治"成效，获金华市夺取"大禹鼎"金鼎集体三等功。审批"无房户、缺房户"95户，启动安居工程建设。完成全民健身中心竣工预验收和黄宅第二幼儿园选址、立项。新冠疫苗接种超16万针剂，18周岁以上人群接种率超85%，基本完成3~18周岁人群接种。

12月22—24日，黄宅镇开展为期三天的县、镇两级人大代表换届选举工作。选举分17个大选区和42个小选区展开，5万余名选民行使民主权利，共选出35名县人大代表和96名镇人大代表。

2021年，黄宅镇主要领导到杭州、上海与任正黎、任淑红、黄奇帆、郑杨昆等乡贤对接，宣介浦江、黄宅发展现状和大好前景，邀请到中国国际经济交流中心副理事长黄奇帆回乡为全县科级干部、部管干部讲授经济发展相关课程。9月30日，浦江县"郑秋甫、程留芳慈善基金"捐赠签约仪式在黄宅镇政府举行，捐资200万元成立"郑秋甫、程留芳慈善基金"，助推当地教育事业发展。

2021年9月30日，"郑秋甫、程留芳慈善基金"捐赠签约仪式　　（黄宅镇提供）

【"上山文化"】 10月12日，中央电视台《丰收中国》栏目组到黄宅镇采访拍摄"上山文化"科普宣传视频，展示"上山文化"在考古界及世界稻作文化中的地位。10月15日，中央电视台新闻频道向全国直播"上山文化"，全面展示万年上山稻作博物馆的年代稻以及数字化机械化收割场景，用镜头充分展现"上山文化"的魅力。

上山遗址航拍图　　（黄宅镇提供）

黄宅镇各行政村基本情况表

表10

村名	户数（户）	人口（人）	耕地面积（公顷）	山林面积（公顷）
新华村	953	2487	43.20	25.48
信华村	580	1670	34.77	27.48
合心村	480	1386	82.85	0
朱宅村	848	2245	111.35	0
一心村	598	1745	83.14	0
永锋村	291	827	44.93	81.64
下店村	550	1950	31.50	1.87
日升村	810	2337	106.71	4.09
胜利村	705	1963	43.98	11.34
新宅村	452	1300	53.07	44.49
东一村	690	1848	73.95	18.56
项店村	407	1152	21.35	57.10
古塘村	396	1010	37.70	121.93
鹤塘村	409	1179	40.82	13.57
上市村	589	1744	51.15	53.49
集贤村	808	2418	19.39	55.94
上山村	644	1896	52.34	3.87
智勇村	425	1211	63.98	29.55
群联村	514	1486	45.62	29.28
海塘村	450	1300	23.30	32.92
六联村	775	2128	84.66	25.95
渠北村	340	920	56.37	5.96

续表10

村名	户数（户）	人口（人）	耕地面积（公顷）	山林面积（公顷）
横山村	729	1867	29.96	53.13
官岩村	372	1163	14.13	5.80
前一村	462	1503	47.41	18.01
后江村	550	1472	66.96	2.49
西溪村	450	1570	23.63	3.13
前二村	425	1300	74.88	23.61
星塘村	420	1305	42.82	0
胜丰村	313	1008	21.31	1.10
张官村	378	1860	102.31	87.44
赤心村	565	1510	18.56	113.79
八联村	515	1393	78.45	17.17
四联村	315	928	35.64	82.97
刘铁村	356	951	56.25	90.51
六一村	642	1829	43.90	187.36
振兴村	426	1160	20.48	16.41
何村村	286	868	46.90	12.67
红星村	597	1669	40.27	34.88
八一村	712	2002	12.78	0
浦口村	473	1302	28.40	95.25
沿江村	367	1067	8.37	2.93
合　计	22067	63929	2019.54	1493.16

【华为关联产业落地黄宅】 黄宅镇前一村乡贤——北京元晟科技有限公司总经理郑杨昆投资建设极道科技智能计算机与通信设备研发生产项目，为华为及相关合作产业、关联产业在浦江集聚发展起到示范引领作用。3月27日，该项目作为全县首个华为关联产业在黄宅正式开工建设，该项目位于黄宅镇文创路以南、恒固创艺园以西，由华为金牌合作伙伴单位、华为亿元俱乐部成员单位北京元晟科技有限公司投资建设，计划总投资1亿元，占地面积约2公顷，主要产品为智能计算、无线探测通信组件和通信设备等，投产后预计可实现年销售额3亿元，年纳税1000万元以上。

【养老服务】 1月1日，黄宅镇首个示范性照料中心开业，开启黄宅镇居家养老服务新模式。10月15日，浦江县黄宅镇赤村养生休闲中心暨浦江县康寿养老院揭牌仪式在浦口村原赤村小学举行。黄宅镇赤村养生休闲中心建设是黄宅镇2021年民生实事项目之一，项目占地面积2880平方米，总投资400余万元，内设娱乐场所、功能室、康复室、小型医务室等，是集养老康复、娱乐活动、医疗保健为一体的综合项目。

2021年10月15日，黄宅镇赤村养生休闲中心暨浦江县康寿养老院揭牌仪式　　（黄宅镇提供）

【基层党建】 6月25日，黄宅镇举行“光荣在党50年”纪念章颁发仪式。7月3日，黄宅镇举行中国共产党成立100周年——黄宅镇“永远跟党走”主题活动。全体党员重温入党誓词，上专题党课，学习领导重要讲话精神及重大会议精神。2021年，黄宅镇共吸收预备党员33名。

2021年6月25日,“永远跟党走”主题活动黄宅分会场　（黄宅镇提供）

【招商引资】 2021年,黄宅镇招引亿元落地项目2个,分别为浙江吉浙生物科技有限公司项目和浙江极道科技有限公司项目。全年有效招商信息51条,产业到位资金6.5亿元,其中制造业到位资金3.2亿元,引进内资9.6亿元。

黄宅中山工业园区航拍图　（黄宅镇提供）

【“凝心聚智”工程】 2021年,实施“凝心聚智”工程,全镇64名联村干部走进19112户村民家中,开展“大走访、送服务”活动,走出办公室,走出会议室,到农户家里,到问题现场,倾听群众诉求,发现工作不足,查找联村漏洞,明确前进方向,思考解决办法。截至3月底,完成第一轮走访,共收集意见建议498条,兑现群众微心愿395个,增进干群感情,解决群众所急,转变干部作风,得到党员干部、群众好评。

【消薄工作】 黄宅镇消薄公司全年收入389.25万元,42个行政村总收入7462.31万元,同比增长10.37%;经营性收入共计4122.16万元,同比增长64.19%。所有行政村集体经济年收入20万元以上且经营性收入10万元以上,20个行政村完成年经营性收入50万元以上。

（胡艳阳）

白马镇

【概况】 白马镇占地5904公顷,耕地面积503.78公顷,总人口2.2万人,其中镇区人口0.74万人。辖19个行政村,38个党组织,1432名党员。

2021年,规模以上工业总产值15.3亿元,同比增长9.4%;规模以上工业增值2.73亿元,同比下降1.9%;工业投资3.79亿元,完成率126.3%,重大项目投资3.71亿元,完成率154.6%;引进内资5.28亿元,完成率150.9%;新增规模以上企业19家;新增高新技术企业4家;科研投入同比增长138.4%,新产品产值同比增幅342.4%;申报浙江省科技型中小型企业8家。

组织开展县、镇两级人大代表换届选举工作,8个县代表选区,25个镇代表选区,选举产生县人大代表16名,镇人大代表68名。

【党建联盟】 组建6个产业振兴党建联盟,合力推进24个共建项目和143个村级自我造血项目。19个行政村100%完成经营性收入超30万元，有70%的村完成经营性收入超50万元，其中13个村超100万元。深化浦江党建智治平台强基排位，推行“学、温、议、行、课、诺、工”主题党日七件事，全镇党员为群众做好事累计1200余件。推进“两新”区域党建联盟，规模以上企业和30人以上企业党组织全覆盖；创设推广“车间解难会”，累计开展活动30余次，解决企业难题85个，协调职工需求211个。

车间解难会 （叶鹏鹏 摄）

【重点项目】 完成低效用地有机更新3宗，共挂牌出让土地3.76公顷，分别为原浦江县大杨纸业有限公司地块0.97公顷，原方圆针织地块2.06公顷和原浦江县白马精密机械厂、浦江县顺宇锁业有限公司地块共计0.73公顷。全年共招引重点项目5个，分别为总投资1.6亿元的年产3000吨涤纶面料生产线项目、总投资1.18亿元的年产30万平方米装配式建筑PC构件生产基地建设项目、总投资1.05亿元的年产300吨预拌干混（特种）商品砂浆项目和总投资0.4亿元的年产40万棵圣诞树生产线项目，项目总用地面积约3.93公顷。

【民生实事】 深化领导下访接访制度，接待来访群众220人次，答复及解决75件；推行全民代办服务，

白马镇各行政村基本情况表

表11

村名	户数（户）	人口（人）	耕地面积（公顷）	山林面积（公顷）
五丰村	711	1558	11.70	37.80
利丰村	735	2084	22.03	141.47
永丰村	277	915	27.67	141.53
高坪村	131	418	14.93	452.53
旌坞村	328	1078	18.07	533.40
联江村	722	1886	19.53	85.60
嵩溪村	452	1142	50.49	1032.53
同新村	213	612	39.60	309.87
清塘村	277	818	55.81	152.87
双溪村	318	1015	26.95	303.60
联丰村	140	462	24.83	134.87
柴坞村	238	787	10.23	102.00
长地村	238	787	26.88	65.87
柳宅村	406	840	11.63	34.73
群心村	574	1589	35.52	53.07
夏张村	500	1148	23.69	43.27
东平村	379	942	36.14	154.93
豪墅村	480	1474	28.47	136.53
兰塘村	853	2517	19.61	7.67
合　计	7972	22072	503.78	3924.14

为民代办事项1652件，办结率99.9%。启动“白马微镇事”，打通“溯源治理”最后一公里，打造本土“民情暖哨”，通过一扫码、一上传、一点击、一报送等简单步骤，建立村级前线快速处置，科室、所、队协同作战，社会矛盾调处中心调处为主要内容的三

级联动机制。2021年，接收群众报事287件，处置率和满意率100%；推进“一警情三推送”试点建设，矛盾纠纷总量同比下降27%。

全民代办服务　　（叶鹏鹏　摄）

【乡村振兴】 2021年，白马镇持续创建“美丽白马”，投入80余万元专项资金用于统筹各村河道保洁、环境卫生、田园保洁、乡村建设等工作，在全县美丽乡村和环境卫生检查中连续11个月排名第一，创建为“2021年度浙江省美丽乡村示范乡镇”。基本创成省级“污水零直排区”样板镇；落实基层河长巡河，提升公众护水参与率，被评为浙江省“五水共治”优秀乡镇；落实降尘举措和复合布企业整治，严控秸秆焚烧，$PM_{2.5}$平均浓度降低5.6%，全年优良率提升1.8%。受益于历年“枇杷节”“开酒节”形成的网红效应，虬树坪烧酒年产量扩增为25万千克，枇杷年产量300吨，带动百姓增收500万元以上；嵩溪古村实现“旅游+写生+研学”全链条发展，全年接待36.7万余名游客。完成交通“黑点”整治，修缮拓宽桥梁2座，修建通村道路5条，使外圈交通环线通车时间从半小时缩短到10分钟；新增停车泊位268个；居家养老“一日三餐”实现全覆盖。

（董小悦）

郑家坞镇

【概况】 郑家坞镇占地面积28.6平方千米，下辖行政村9个。2021年，总人口11381人，共有党的基层组织20个，党员694名。

镇内共有耕地面积314.51公顷，山林面积1353.4公顷，山塘水库49处，有大陈江和梅溪两条干流。发展有粮油、花卉、林果苗木、葡萄、蜜梨、蔬菜、奶牛等产业，形成“万方腐乳”、“众盛”家庭农场等一批特色农业品牌，农产品质量安全工作取得全国优秀。美丽乡村长效管理工作，创新“三级”督查考核机制，全年10次考核中，5次排进前三、4次前六。完成四次“非粮化”“非农化”和抛荒田排查摸底上报，完成卫星遥感图片图斑排查摸底；完成抛荒田复垦24.11公顷，完成粮食功能区审计整改10.4公顷，完成粮食功能区整治提升15.52公顷，其中图斑销号50%以上。策划筹办郑家坞镇首届紫荆花节，带动村中果苗销售，打造农旅结合的网红打卡地，推进全域旅游和乡村振兴。种植早稻、晚稻，管护新开发的全域土地整治26.67公顷地块，引导粮油生产。完成吴店村旱改水灌溉修复和种植。国务院项目高标准农田建设首批通过。完成统防统治、绿色防控、中央环保督察农药化肥整改年度工作计划；申报“标准地”73.33公顷；花鲢、白鲢、青鱼增殖放流25万尾。“童叟喜”梅梨获中国义乌第14届国际森林博览会金奖；浦江县万方腐乳厂被评为县级农业龙头企业；吴大路村通过市级美丽宜居村验收。

2021年，镇内有规模以上企业25家，全年规模以上产值10.5亿元，同比增长44.5%；郑家坞完成限额以上零售批发业销售额6.31亿元，同比增长129%。统计入库工业投资项目10个，全年完成工业投资1.86亿元；统计入库服务业投资项目1个，全年完成服务业投资16782元；统计入库房地产投资项目1个，全年完成房地产业投资741万元。新落地5000万元以上项目2个，分别为浙江明禹服饰有限公司年产600万套高档功能型无缝内衣、300万套有缝内衣建设项目和年产1.5亿元的家纺、饰品、袜子组合系列综合生产线项目。2021年，到位内资3.6亿元，净增高新技术企业2家，新认定省级科技型中小企业3家。

【党建工作】 以驻村团队进村赶考、网格小组联企赴考、支部书记全责应考、党员群众互动联考“四考”机制，实现党建争先、发展争先、治理争先、克难争先。构建郑家坞特色的“5810”机制，推行全员组团式驻村，镇干部进村入户1600余次，化解矛盾纠纷，推动项目建设，全镇9个村集体经济收入均在50万元以上；全力打造“三服务”2.0版，实行“全员联企业、人人进网格”，组建6个企业网格服务团队，全年走访企业7000余次，排解浦江经济开发区浦江恒大染色厂、浦江华昌台板有限公司、浙江明禹服饰有限公司等一批企业发展难题，推动500万元以上投资项目落地7项。推出述职评议、巡村评价、大数据评定“三评”机制考核支部书记，全年召开季度评议4次，由镇纪委、组织和执法参与的“两直一评”现场会11次，通过“面对面”“点对点”点出各类问题100余个，提出整改意见97条，整改率100%，县级抽查中位居前列。开展党员、群众互评互考，群众参与评价党员网格工作成效，党员参与群众“好家风”评选，实现良性互动，带动广大党员群众积极参与疫情防控、垃圾分类、环境卫生等重点工作。

浙江天晨胶业股份有限公司举行车间“红管家”启动仪式，为10名“红管家”颁发聘书，发放工作证和工作手册。这支由企业党员志愿成立的队伍，

郑家坞镇各行政村基本情况表

表12

村名	户数（户）	人口（人）	耕地面积（公顷）	山林面积（公顷）
江东村	499	1473	18.95	162.60
杨家村	560	1707	8.50	42.50
钟宅村	293	792	17.34	91.10
双丰村	296	821	16.58	51.80
吴店村	456	1354	39.11	32.10
朱路村	338	998	39.27	120.70
沈里村	330	842	30.78	120.60
云溪村	436	1261	43.71	207.50
吴大路村	770	2133	100.27	524.50
合　计	3978	11381	314.51	1353.40

常态化开展党史宣讲增信念、每日排名督产量、随机抽查保质量、培训指导强技能、带头攻坚促发展、结对联系解难题、诉求反馈护权益和谈心走访显关怀八个方面的工作。郑家坞镇党委书记石元城表示，郑家坞镇通过车间“红管家”履行“家务”，工作推进会“真情解难”，累计为企业生产、职工生活解决各类难题53个，2021年完成玩具产业小微企业

郑家坞“铁军”党员志愿者　　　　（赵新尧　摄）

园16.8万平方米主体工程建设，3个月帮助浙江慧筑材料科技有限公司实现“机器换人”，1个月完成浙江天晨胶业股份有限公司党建综合体建设。

【消薄工作】 郑家坞镇采取“村村立项目，全镇抱团建项目”的工作方法，按照“多方联动、因地制宜、聚焦优势”的思路，建立4个党建联盟。全镇班子人员抓项目，全体驻村干部管项目，村主要干部负总责，形成全镇共管消薄工作的格局，取得一定成效。2021年，郑家坞镇9个行政村累计经营性收入568.21万元，同比增长131.8%，经营性收入9个村均超过50万元。

【中国共产党郑家坞镇第十五届代表大会第六次会议】 1月28日，中国共产党郑家坞镇第十五届代表大会第六次会议开幕。县委常委、统战部部长张建顺参加会议，全镇40名正式代表、13名列席代表参加会议。镇党委书记石元城代表中共郑家坞镇委员会作题为《紧盯“三地”创造新优势 融入“两圈”争当排头兵，开启高水平全面建设社会主义现代化郑家坞新征程》的工作报告。镇纪委书记薛先明代表中共郑家坞镇纪律委员会作工作报告。镇党委委员吴杭军代表郑家坞镇党委作述职述廉述党建报告。县党代表葛金明上台述职。与会代表对镇党委、纪委班子及党委班子成员进行民主测评和民主评议。各代表小组讨论审议郑家坞镇党委、纪委工作报告、决议，2021年度党建重要工作建议项目。会议通过郑家坞镇党委工作报告、镇纪委工作报告和2021年度党建重点工作。各代表团代表联名向大会提出提案于会上完成交办。

【首届紫荆花节】 3月6日，郑家坞镇首届紫荆花节正式开幕。县委常委、统战部部长张建顺，县委常委、县政府党组成员虞红梅，县人大常委会副主任戴忠泉，县农业农村局党委书记、局长楼建超，县文化和广电旅游体育局党委书记、局长张国樟，郑家坞镇党委书记石元城，春风长住项目经理和新闻媒体记者、广大游客参加开幕式。开幕式由文艺演出、领导致词、古道赏花、义务植树、直播带货、书香品读和汉服走秀等活动组成，是一场集旅游、休闲、美食为一体的乡村旅游盛会。开幕式上共吸引游客约500余人，苗木、农产品、工艺品等产品在活动现场和直播平台销售火热。

【郑家坞镇第十六届人民代表大会第九次会议】 4月23日，郑家坞镇第十六届人民代表大会第九次会议召开。县委常委、统战部部长张建顺、县政府党组成员陈荣生出席会议，全镇43名人大代表、18名列席人员参加会议，会议听取和审议郑家坞镇人民政府所作的工作报告及郑家坞镇2020年度政府民生实事工程完成情况报告，审查和批准2020年财政预算执行情况和2021年财政预算（草案）的报告。代表们讨论表决通过各项报告决议。票决产生全面推进乡村振兴项目建设、村内供水管网改造工程、大陈江流域综合治理工程三项民生实事工程。

2021年4月23日，郑家坞镇第十六届人民代表大会第九次会议 （赵新尧 摄）

【“永远跟党走”大党课活动】 7月3日，郑家坞镇开展万名党员“永远跟党走”主题活动，全镇500余名党员参加活动，庆祝中国共产党成立100周年。县委常委、统战部部长张建顺传达了习近平总书记在庆祝中国共产党成立100周年大会上的重要讲话精神和省委十四届九次全会精神。镇党委书记石元城为全体党员上专题党课，要求全体党员干部牢记共产党人的初心使命，在共同富裕示范区建设中展现郑家坞的担当作为。

2021年7月3日，开展“永远跟党走”主题活动

（赵新尧 摄）

【换届选举】 12月23日，郑家坞镇完成县、乡两级人大代表换届选举工作。县委常委、组织部部长章胜辉以普通选民的身份在郑家坞镇参加投票，履行宪法和选举法赋予的民主权利。11月，县、乡两级人大换届选举工作启动，镇党委多次专题研究部署，结合郑家坞镇实际，动员培训、划分选区、排摸人选、登记选民等，依法做好换届选举各个环节工作，各选区安排选举投票议程、防疫措施落实、工作人员分工，制定选举投票工作方案，明确任务目标，保障选举工作顺利进行。

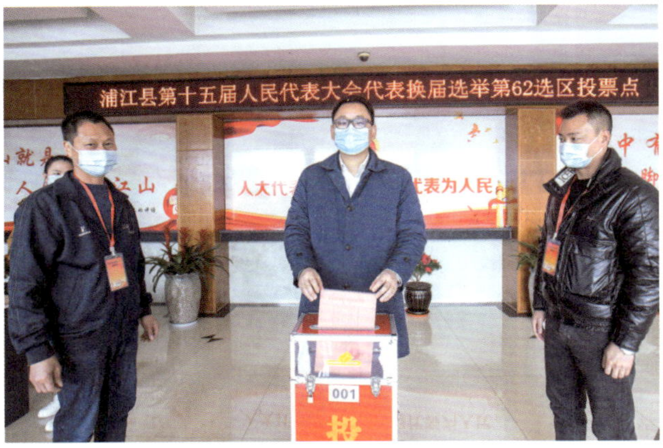

2021年12月23日，县委常委、组织部部长章胜辉（中）以普通选民的身份在郑家坞镇参加投票

（赵新尧 摄）

【吴一边塘下地块征迁】 吴一边塘下地块处于郑家坞镇西侧门户的入口区域，浦郑公路南侧，区位优势及交通优势明显。该地块在2010年完成征地审批手续，涉及土地征收农户20户。为推进建设项目提供用地保障，镇党委政府成立镇、村两级征地攻坚专班，于4月20日完成征地工作，20户农户与吴店行政村全部签订征地补偿协议。

【举行“光荣在党50年”纪念章颁发仪式】 6月28日，郑家坞镇举行“光荣在党50年”纪念章颁发仪式，颁发对象为党龄达到50年的党员。全镇“光荣在党50年”老党员、镇主要领导干部、各村第一书记及党支部书记，2021年新发展党员参加颁发仪式。

（贾晓丹）

郑宅镇

【概况】 郑宅镇总面积41平方千米，镇域内共有国家级文保点25处31点，非遗文化项目10个。下辖15个行政村，76个自然村，8998户，总人口26128人，耕地面积659.88公顷，林地面积2139.16公顷，为国家级卫生镇、省级中心镇、省首批美丽城镇样板镇、省级旅游风情小镇、全国乡村治理示范镇。坐落于镇区的“江南第一家”景区，为国家AAAA级旅游景区、全国重点文物保护单位、全国关心下一代党史国史教育基地、省廉政建设教育基地、省爱国主义教育基地、省公务员职业道德建设实践教育基地、省中小学研学实践教育基地、省关心下一代教育基地、省级AAAA级景区镇。

全镇工业园区总规划面积4.47平方千米，下辖东部挂锁集聚区、郑宅镇工业功能分区、郑宅镇工业功能分区二区、浦东园区，涵盖挂锁、服装、五金等特色产业，支柱产业为挂锁产业，产量占全国总产量的50%，是全国挂锁生产集散地，采用全自动生产工艺，产品从单一挂锁向科技型、智能化品种发展，形成了锁钥、锁芯、弹子、弹簧等完整产业链。领军企业有“中国十大锁王”之称的梅花锁业集团，其起草的金属挂锁标准为浙江省首个挂锁产品“浙江制造”品牌认证标准。2021年，全镇共有企业610家，其中规模以上企业15家。实现工业总产值62.1亿元，同比增长16.5%。规模以上工业总产值7.42亿元，同比增长6.31%。固定资产投资0.8亿元，同比下降47%。规模以上工业增加值1.57亿元，同比增长6%。

2021年，常态化开展疫情防控工作，完成疫苗接种45452人次；制定工作方案、突发事件实操指南，制定各村、园区封控方案，绘制疫情防控归集一张图，建立5本电子台账，摸清人口底数。

【社会治理】 组织各村和企业调解主任培训12批次，参加县组织的调解培训16人次。2021年，全镇共书面调处矛盾纠纷265件，镇人民调解委员会调解成功188件，村级人民调解委员会调解成功上报77件，共涉及金额523万元。调解复杂疑难纠纷9件

郑宅镇各行政村基本情况表

表13

村名	户数（户）	人口（人）	耕地面积（公顷）	山林面积（公顷）
麟溪村	901	2606	50.78	78.40
东明村	808	2479	37.78	160.72
玄鹿村	685	2034	40.68	79.93
孝门村	666	1865	61.54	132.88
寺后村	567	1634	41.65	314.87
青山村	511	1401	47.05	302.83
前店村	549	1542	40.27	38.93
龙源村	686	1884	49.17	569.83
广方村	534	1625	31.53	43.53
红光村	530	1543	46.04	171.27
安山村	573	1657	45.60	104.37
芦溪村	590	1698	35.45	91.53
三郑村	626	1884	65.04	27.87
深一村	405	1220	34.46	22.20
深二村	367	1056	32.84	0
合　计	8998	26128	659.88	2139.16

（亡人纠纷6件），化解国家级重复信访件3件，市级重复信访件5件。

【重大项目】 11月12日，郑宅镇举行四季度重大项目集中开工仪式，集中开工8个项目，分别为投资3亿元的浦江智诺科技有限公司产业项目、投资5.1亿元的九黎科技产业园项目、投资7000万元的前店村综合物业大楼项目、投资2600万元的三郑众鑫服务大楼项目、投资2000万元的麟溪村冷水老区块商业开发项目、投资600万元的芦溪村综合楼项目、投资300万元的深一村综合楼项目、投资300万元的孝门村民生实事项目，总投资约9.38亿元，涵盖工

业发展、集体消薄、民生实事、乡村振兴等多个领域，县政协副主席傅兴琰出席仪式并宣布项目开工。

【项目招引】 完成上郑科技产业园征迁，浦江九黎实业有限公司竞得该地块；浦江智诺科技有限公司项目落地，该项目占地2.71公顷，总投资3亿元，拟生产摄像机及配件等产品，并对应生产工序计划引进4家专业制造公司。

九黎工地施工航拍图 （郑宅镇提供）

智诺工地施工航拍图 （郑宅镇提供）

【集体经济发展】 谋划建设党建联盟共建项目16个，村级“造血”项目75个，镇集体公司资产1.3亿元。2021年，全镇集体经济收入2836万元，增长10%，其中经营性收入1695万元，增长72.4%，15个行政村经营性收入50万元以上全覆盖。

【燃气安全检查】 开展企业、餐饮行业、出租房等重点领域燃气安全排查整治工作，全镇完成排查餐饮用户197户、企业用户680户、出租房858户、企业事业单位19家、农户8606户。检查共发现问题414个，均完成整改。全镇餐饮店、出租屋、企业报警器安装率100%。

【永久性基本农田整改】 为加快推进永久性基本农田核实整改补足工作，郑宅镇通过召开一线党委会、现场考察等方式，推进永久性基本农田整改工作。2021年，共通过县级验收75.73公顷。

郑宅镇永久性基本农田现场会 （郑浏钰 摄）

【环境整治】 开展五水共治“找寻查挖”行动，自查问题40个，其中一般问题20个，重点问题20个，已全部整改到位并上报县治水办。乡镇互查阶段，梳理互帮互查阶段发现的11个问题，建立动态问题数据库和“四张清单”，全数整改到位，对新建商家隔油池予以现场指导，通过常态化式巡查，发放责改通知书15份，乱排污水立案处罚5起，罚款2500元。开展夜间巡查，严厉打击垃圾乱扔行为，2021年蹲点21次，查获垃圾乱扔违法行为113起，罚款33900元。

【文明创建活动】 执法人员采用步巡执法，常态化保持、规范引导景区及镇区市容秩序，暂扣物品40件，“门前五包”超店面经营立案33起，处罚8600元，流动摊贩无照经营立案43起，罚款25500元；乱张贴“牛皮癣”立案32起，清理563张，罚款6400元。

【民生保障】 实现城乡居民基本医疗保险、大病医疗保险基本全覆盖；实现居家养老照料中心一日三餐和送餐上门全覆盖；提升改造“残疾人之家”1家，通过三星级评定，完成低保户、低边户、残疾人家庭无障碍改造4户，投入约2.4万元。帮扶弱势群体、关心、爱护低收入农户260户，救助困难人员89人，发放各类临时救助金132万元。实现全镇农村饮用水安全巩固提升全覆盖：2021年，郑宅镇完成龙源村、青山村、孝门村、红光村、寺后村5个村及堂头中学、堂头小学的管网、水表改造，使城乡一体化自来水管网延伸至郑宅镇每一个行政村，完成3处单村供水站及1座联村并网水厂提标改造，全镇农村饮用水安全巩固提升全覆盖。累计投资约1180万元，受益人口9339人。

【“永远跟党走”主题活动】 7月3日，郑宅镇在“江南第一家”牌坊群广场举行万名党员“永远跟党走”主题活动，共同庆祝中国共产党成立100周年。县委书记俞佩芬、县政协副主席傅兴琰、县委组织部常务副部长黄先柏出席，郑宅镇全体干部职工、各行政村、“两新”党支部1100余名党员参加活动。

2021年7月3日，郑宅镇万名党员“永远跟党走”主题活动　（郑宅镇提供）

【人大换届选举】 12月24日，郑宅镇完成县镇两级人大代表换届选举工作。选举共分5个大选区和27个小选区，15名县级人大代表、67名镇级人大代表当选。

2021年12月23日，县政协主席郑文红以普通选民身份，在郑宅镇参加投票　（应　俊　摄）

（洪潇潇）

岩头镇

【概况】 岩头镇镇域总面积49.1平方千米，其中镇区面积0.98平方千米，辖20个行政村，总人口27600人。全镇共有耕地面积1309.64公顷，其中葡萄种植面积308公顷，培育推广葡萄、黄桃、火龙果、桃形李、猕猴桃、蜜梨、樱桃特色水果产业，因村制宜建立“一村一品”农业发展生态。2021年，岩头镇被评为“全国妇联先进集体”、浙江省文化礼堂示范乡镇、省示范慈善分会、省AAA级景区镇、省“五水共治”考核优秀乡镇、金华市红色旅游教育基地。

镇内共有工业企业133家，以绗缝加工、服装加工等产业为主，同时发展工具制造、食品等其他产业，产品远销国内外。全镇工业总产值6.54亿元，同比增长20.35%，工业销售产值6.51亿元，同比增长20.88%，其中规模以上企业1家，工业总产值0.25亿元，同比增长15.09%，规模以上工业销售产值0.25亿元，同比增长17.59%。镇政府财政总收入1.1亿元，同比增长18%，其中工商类地方税收777万元，完成税收基数的180%。完成个转企21家，技改投资（工业投资）3661万元。

深入挖掘传统、政策、人气三大资源要素，探索融合型开发、社区型安居、配套型服务三种农村共同富裕路径，形成“旅游带动，农旅融合发展，文化和三产服务业不断壮大”的产业发展新格局。2021年，20个村集体经济总收入2017万元，经营性收入1345万元，全部村总收入超30万元、经营性收入超15万元，10个村经营性收入超50万元。

新冠肺炎疫情防控期间，开展防疫宣传，落实“网格化”防控，推进疫苗接种工作，疫苗接种5.22万剂，第一针疫苗接种率99.8%，户籍人口接种率82.3%。

【重点项目】 2021年，岩头镇配合水晶小镇重点项目（水晶小微园）建设、经济开发区项目建设，分别完成土地征收6公顷、2公顷，与园区共同招引6个项目（其中签约框架协议项目5个，签投资意向书项目1个），包含投资1000万美元的纯外资项目1个，总投资6.2亿元，已供地或落实厂房5个项目。岩头镇投资1000万元的浦江县湾来村农业种养殖示范教育暨休闲度假基地项目签署框架协议。对全镇工业用地和建设用地情况进行梳理摸排，梳理闲置低效用地7.33公顷，其中王店红砖厂地块控制性详细规划完成编制和评审。配合杭温高铁（二期）建设完成土地征收14.46公顷，1600余平方米房屋征迁等政策处理工作。2021年5月，飞轮一区安置房集中交付，共安置372户、1156人。

杭温高铁（二期）建设　　（全明磊 摄）

【乡村旅游】 聚拢农村文旅资源，发展礼张旅游项目、山垄王店红色研学、张新锦烈士墓爱国主义教育基地，因地制宜打造“一村一品、一村一韵、一村一景”美丽乡村新格局。环境卫生示范村、美丽庭院、美丽田园基本实现全域化创建，完成星级村、村口景观创建任务，创建1个省AAA级景区镇、1个AAA级景区村、7个AA级景区村和5个A级景区村。

【生态宜居】 持续提升水利基础设施建设，完成群丰村丘高坞山塘治理工程、宏亮村倪山寺弄山塘整治工程、曲折源水库除险加固工程、龙溪村力源山塘治理工程、礼张村西坞山塘治理工程5个工程，投资总额1235万余元。完成和丰许村自然村至拥建仙水自然村段的通村公路工程建设及岩头陈村岩二自然村至宏亮村三雅典自然村路段路面沥青修复，并投资6万余元对全镇道路标志标线、交通设施进行完善。对辖区工地扬尘检查、秸秆焚烧巡查、建筑垃圾清运等形成“组合拳”，共计检查工地115

次，秸秆焚烧巡查330人次，夜间蹲点废土车运输29次，建筑垃圾清运检查159次。对公路沿线、村道巷道、垃圾投放点等重点区域进行集中清理。

蜈溪村洪家生态洗衣房　　（金明磊　摄）

【“最多跑一次”】　按照“一窗受理、集成服务”要求，打造“一站式”服务平台。围绕“简化办”“网上办”“就近办”的目标，推进“互联网+实体大厅”“线上服务+线下服务”结合，实现基层下放事项“全镇通办”。全镇20个行政村均设有便民服务中心，受理341项村级便民服务事项，实现乡镇常用民生类政务服务就近办100%覆盖。56名网格代办员遍布全镇20个行政村，织密代办服务网，走好服务群众的“最后一公里”。

2021年6月，网格代办员下村开展医保宣传活动　（虞江丽　摄）

【换届选举】　深化“六比六创”工作机制，开展建强党组织、壮大集体经济、提升宜居环境、“好家风”评价体系全覆盖、织密代办服务网各项行动。召开中国共产党岩头镇第十五次代表大会，选举产生新一届党委、纪委班子，票决产生岩头镇2022年度集成党建重点项目。完成县、乡两级人大代表换届选举工作，选出县人大代表15名、镇人大代表67名，并召开岩头镇第十七届人民代表大会一次会议，选举产生新一届镇人大主席和政府领导班子，审议通过民生实事报告、财政预算报告、环境保护报告各项报告，票决产生岩头镇2022年岩头镇民生实事项目。

2021年12月26日，中国共产党浦江县岩头镇第十五次代表大会　（全　航　摄）

2021年12月，岩头镇党委书记郑宏章参加县、乡两级人大代表换届选举现场投票　（陈笑俊　摄）

岩头镇各行政村基本情况表

表 14

村名	户数（户）	人口（人）	耕地面积（公顷）	林地面积（公顷）
岩头陈村	1060	2978	83.76	0
蜈溪村	562	1480	71.02	0
荷塘村	692	1993	112.11	5.66
宏伟村	474	1435	77.80	0
和丰村	406	1106	74.19	0
拥建村	502	1421	62.38	0
宏亮村	554	1465	55.75	1.43
车门村	308	857	37.01	246.61
王店村	358	1013	39.38	0
三红村	334	973	34.61	0.27
西黄村	406	1167	76.76	0
朝阳村	563	1646	66.54	3.09
飞轮村	655	1862	42.87	0.90
胜建村	605	1670	87.54	241.01
礼张村	580	1518	61.32	674.79
夏泉村	260	777	41.65	169.68
青锋村	375	1023	59.98	229.35
群丰村	279	794	71.05	120.33
龙溪村	539	1538	109.97	550.22
幸福新村	297	884	43.95	154.33
合　计	9809	27600	1309.64	2397.67

【综合治理】 深化“领导干部下访接访”制度，完善民情民访代办工作机制，推进综治中心规范化建设，强化矛盾纠纷化解。全年受理信访件459件，办理459件，办结率100%，满意度98.6%。抓好安全生产工作，完善各类突发事件应急预案，运用网格化管理模式，提高应急处理能力，定期开展风险隐患大排查行动。全年组织检查120组次，出动人员2500余人次，累计检查各类生产经营单位1000余家次，全年无重大安全事故发生。常态化开展“平安浦江”、“三无村”创建、扫黑除恶专项行动，加强社会治安管控，打击各类违法犯罪行为，全年无刑事和重大治安案件发生。开展“平安家庭”建设工作，2021年全县“平安家庭”建设现场推进会在岩头镇和丰村召开，岩头镇获评“平安家庭”示范户3户，和丰村成立金华市品牌“和姐”工作室。

（李　琪）

杭坪镇

【概况】 2021年，杭坪镇加快永久性基本农田整改工作，开垦土地90余公顷，通过县级验收56.73公顷，超额完成县下达指标任务35.97公顷的60%。入围第三批省级农村产业融合发展示范园创建名单，规划“一带、两心、三区”发展空间，推进31个建设项目实施。提质美丽经济，发展花卉产业，新增芍药、百合、绣球花种植基地，总面积17.33公顷，产值200余万元。引进“花点时间”“菏泽百艺”等花卉公司，签订首笔41万枝鲜花订单。

依托薛家生态园的旅游基础，进一步整合飞行、研学、民宿等项目，实现乡村旅游破势发展。打造“户外运动体验区”，推进“趣野吧”建设，团队全年接待人数同比增长103%，总收入同比增长75%。打造“山地休闲度假区”，营造“慢生活”空间，乌浆民宿与浙江时光旅行社合作，提升游客接待量。打造“历史文化研学区”，石西民故居完成陈列布展并对外开放，扩充西民军校与石西民故居研学活动价值。裸心谷集团完成杭坪镇坡地村镇项目设计。

坚持党建引领，加强队伍建设，打好"党建+"组合拳。开展党史学习教育，整合红色教育资源，开展"为民办实事"活动，组建5大党建联盟，完成15个共建项目和71个村级项目。2021年，杭坪镇实现集体经营性收入600余万元。深化"杭坪镇基层治理"信息平台，全年受理群众需求1960件。6月，举办金华市行政服务中心现场会，推广便民服务数字化建设经验。镇综合文化站被省文化和旅游厅评定为一级站，石西民故居被省文物局公布为浙江省第一批革命文物。

【浙江省农村产业融合发展示范园】 杭坪镇是浙江省果蔬特色农业强镇。推广应用自动化育苗、施肥、喷药等新技术，农业机械化水平较高；推广应用大棚种植，减少农药使用量，提高蔬果亩产、品质。农田水利、机耕道、农耕机械、设施大棚等设施齐全，农技体系较完善。2021年，创建杭坪镇农村产业融合发展示范园。示范园申报产业类型为拓展功能融合型，主要涉及杭坪、薛家、寺坪、乌浆4个行政村，总面积约11.5平方千米。示范园规划"一带、两心、三区"的空间结构，"一带"为农业功能拓展融合示范带，"两心"为农业服务中心、休闲旅游服务中心，"三区"为生态农业生产区、户外运动体验区、山地休闲度假区。通过"农业+休闲旅游"拓展融合模式、"农业+创意"拓展融合模式和"农业+直播"拓展融合模式，促进三产融合。产业融合发展与农业农村结合，建立"三分六统"农业产业化管理保障机制和订单制利益联结机制。

【浙江省民间文化艺术之乡通过复核】 8月，浙江省文化和旅游厅发文公布通过浙江省民间文化艺术之乡复核。杭坪镇现有市级以上非遗项目20余项，非遗团队30余支，各级非遗传承人25人。一年一度的"杭坪摆祭"习俗，是杭坪镇非遗项目展示传承的大平台和全县最大的民间习俗活动，2008年成为金华市十大民间传统节日，2009年被列入浙江省非物质文化遗产代表作名录。杭坪镇镇政府注重做好"杭坪摆祭"等非遗文化的创新发展和惠民服务工作，做到分级负责制度化、非遗展演正常化、古村落保护常态化和文旅结合全域化。杭坪村民间文艺团队有板凳龙、什锦班、腰鼓等非遗团队8支。杭坪村3支什锦班参加全县什锦班比赛，多次获金、银、铜奖。剪纸、米塑、拜斗等传统造型艺术也得到传承发展。杭坪摆祭民俗活动的全面开展，带动了杭坪镇特色非遗表演艺术的抢救保护和传承发展，促进了文旅融合，使当地手工面、高山蔬菜、香榧、茶叶等特产和众多美食的展示销售拓宽了渠道，实现更好的经济效益。

板凳龙表演　　（杭坪镇提供）

【非遗传承】 杭坪镇为浙江省非遗主题小镇，非遗项目、团队、传承人等数量都名列全县乡镇前茅。2021年，完成杭坪摆祭项目和省级传承人评估。镇中心小学舞龙队在2021年"龙舞桃乡"浙江省第八届龙狮锦标赛上获舞龙项目儿童组自选套路一等奖和规定套路一等奖。镇综合文化站获"诗画浦江·我家年味"短视频大赛乡镇唯一优秀组织奖，张万文《迎新春剪纸展》和张丽艳《年味冬令营》分别

杭坪镇各行政村基本情况表

表15

村名	户数（户）	人口（人）	耕地面积（公顷）	山林面积（公顷）
杭坪村	1424	3494	2277.35	16218
中村村	366	852	571.28	4572
寺坪村	303	899	654.31	8886
薛家村	560	1502	495.42	6142
乌浆村	757	1878	1136.32	7530
茶山村	243	266	347.19	4343
后阳村	225	659	399.59	2723
芦峰村	288	871	585.31	3173
壶源村	342	1108	432.82	6239
曹源村	161	463	455.89	4202
大塘村	242	584	420.80	11458
裕民村	620	1445	436.51	6892
登丰村	301	907	345.94	4192
程家村	436	1035	374.78	10286
东岭村	281	792	778.82	9815
石宅村	312	933	1165.52	13382
合　计	6861	17688	10877.85	120053

获二、三等奖。周兴光被评为省级非遗传承人（浦江迎会）。石宗光被评为市级优秀非遗传承人（浦江米塑），其米塑作品《消防战士》在长三角工艺美术精品展览暨时尚生活用品博览会上获工艺美术类银奖，米塑作品《老子出关》在金华市第六届工艺美术精品评审和中国（温州）工艺美术精品博览会上分别获金奖和工艺美术创新设计大奖赛三等奖；陈元宵的米塑作品《西游记》在中国（温州）工艺美术精品博览会上获工艺美术创新设计大奖赛二等奖。

【永久性基本农田整改】 2021年，杭坪镇落实县政府要求的永久性基本农田即可恢复地类核实整改补足工作，开垦土地90余公顷，通过县级验收56.73公顷，超出县下达指标任务35.97公顷的60%。各村落实后续管护工作，先后种植玉米、荞麦、油菜、水稻、小麦等农作物，确保及时翻耕续种不抛荒，发挥整改农田作用。

【打造"杭山菜"品牌】 优化提升全镇果蔬农业产业层次，创新果蔬种植销售模式，成立山地蔬菜产业农合联，申请杭坪山地蔬菜地区性标志"杭山菜"，建立线上线下销售平台，整合10个村集体和20余家蔬菜家庭农场，打造"杭山菜"品牌，本镇优质高山蔬菜除本地销售外，还销往杭州、金华、义乌等地，2021年累计销售额60余万元。

【鲜花产业】 2021年，杭坪镇与花意生活（北京）电子商务有限公司签订战略合作协议，打出"鲜花经济"牌，发展鲜花种植产业。2021年，乌浆、石宅、寺坪等村种植芍药、百合、牡丹、绣球花、向日葵5大类160余个品种共计15.33公顷，全镇种植面积35.33公顷。舞花者园艺通过抖音直播、线下花店零售等方式，销售牡丹、芍药、百合等鲜花到省内外，产值45万余元。

向日葵基地　　　　（杭坪镇提供）

【“云上草原”网红打卡地】 “云上草原”位于全县饮用水源保护区杭坪镇乌浆、薛家村边，是“趣野吧”二期项目滑翔伞的起飞点。自2021年8月起，吸引了众多游客每天早晨到此处观赏云海和日出，成为网红打卡地。8—12月，“云上草原”吸引游客15万人次，国庆期间游客2万余人次。“云上草原”连接“趣野吧”一期、二期项目，促进壶源江流域景区开发一体化，吸引更多游客。

“云上草原”网红打卡地　　（杭坪镇提供）

【石西民故居布展开放】 原上海市委书记、文化部副部长、国家出版局局长石西民（1912—1987年）为中国共产党在宣传文化工作方面的杰出组织者和

石西民故居　　（杭坪镇提供）

著名报刊活动家。石西民故居位于杭坪镇石宅村，建于民国18年（1929），坐西北朝东南，一进三开间二层楼屋。东西两边各有两层附房3间，一起纳入故居保护管理范围。投入资金近200万元，对故居进行全面修缮和周边环境整治，于2010年6月公布为县级文物保护单位。5—6月，杭坪镇对故居3间房屋的一楼和西边3间两层附房，按照石西民生平，以文字、图片、实物等形式，分进步青年、革命战士、报业先驱、上海十年、浦江赤子和百年诞辰6大部分内容进行布展，于6月30日对外开放。原人民日报社社长、总编辑邵华泽为石西民故居题字。

【杭坪镇成人文化技术学校投入使用】 杭坪镇成人文化技术学校于3月竣工投入使用。该校投资近1000万元，建筑面积约2000平方米，为浦江县第一所独立新建成人文化技术学校。学校功能齐全，有多功能厅、电脑室、图书阅览室、多媒体教室、特色工作室以及书画、茶艺、古琴、音乐、舞蹈、中餐等专用教室，承担着本镇、外来务工人员及全县各地成人教育和社区教育任务。开展什锦班、舞龙、古琴、茶艺、剪纸、米塑、书画、插花等培训。

（江益清）

檀溪镇

【概况】 檀溪镇总面积109平方千米，下辖13个行政村，57个自然村，总人口15255人。全镇共有耕地面积967.35公顷，茶园面积533公顷，耕地流转面积210公顷，农民合作社22个，家庭农场57个。森林面积10704公顷，公益林面积5258公顷。全年收支总计8522.65万元，财政总收入7833.91万元，财政拨款收入7189.55万元，上缴税收191万元。

檀溪镇全域土地综合整治与生态修复工程一、二期完成垦造耕地、旱改水92.5公顷，第三期正在有序推进中，在市级验收中被评为优秀，获2020年度乡村全域土地综合整治与生态修复省级精品工程荣誉。完成下宅村和赤岩村年度古建筑修缮工程、潘周家省级文物保护单位麟振堂和光裕堂修缮工程。中央广播电视台农业频道拍摄时长25分钟的大型专题片《乡情老味道》，展示檀溪镇镇寺前村"美丽乡村"建设成果。申报2022年度省级农村综合改革集成建设项目。推进永久性基本农田补划和"非粮化"工作，累计整治81.42公顷。

镇集体公司收入460.82万元，分配股东红利245万元。珍香茶业田园综合体项目成功打造"檀溪云雾"特色茶品牌，有效盘活荒废茶园133公顷，收取茶青5万千克，增加农民收入500余万元；潘周家水上乐园承办金华市第三届农民丰收节龙舟赛，带动周边民宿和农家乐等增收30余万元。

签约现代农业田园综合体、溪鱼养殖等8个农旅项目，总投资2.5亿元。罗家源旅游风景区开发项目完成投资额1亿元，其中九母岛温泉旅游度假区完成一期工程建设，温泉钻探深度达到2000余米，九母岛君澜温泉度假酒店于7月试营业。完成檀溪"上海村"文旅项目建设。全年旅游人数60.3万人次，旅游收入1458.64万元。

县西部山区唯一试点项目安居工程集聚区项目完成主体工程建设。签订安置协议124户137套，缴纳定金1527万元。完成一体化供水主管网工程建设，成为西部山区最快实现全面供水的乡镇。成立"向阳花"爱心驿站和公益早教中心，破解山区无早教难题。北乡农民革命纪念馆被评为金华市党史学习教育基地、红色旅游基地、市关心下一代教育基地，成为全县唯一金华市红色基地联盟成员。

新增低保12人，完成193户计289人低保年审工作，因生活好转取消低保66人，给予临时救助127户，救助金额22.55万元。完成困难老人家庭适老化改造12户，无障碍改造3户，辅具申请普通轮椅9辆。全年在册低收入农户173户，计253人。

镇疫情防控指挥部按照"三分四定"的要求细化责任区分，结合实际情况制定"三图三表一准备"。做好疫苗接种宣传工作，共计发放宣传资料760余份，60周岁和80周岁以上人群均完成82%和50%的基本任务。

梳理并公布便民服务中心可办民生事项356件，镇级高频民生事项40项。全面深化"群众办事不出村"目标，实施村级便民服务点建设，设立便民服务民生点位5个。全年受理群众办事事项4048件，其中镇"365"便民服务中心办理1299件，村级便民服务点办理345件，网上办理2404件。办理证明类事项107件，其中市内办件实现"网上核验、数据查询"率100%。"水电气网"公共服务事项进驻便民服务中心，办理公共服务事项52件。

集中开展平安检查6次，检查重点单位、寄递行业、民宿、农家乐等共计100余家次；集中开展平安建设宣传20次，发放平安宣传手册、电动安全宣传手册、网络诈骗手册及物品共计11000余份，涉及280余人次，开展防诈骗宣传20余次，各类安全排查及讲解10余次。"四个平台"共计流转有效事项1600余件。2021年，檀溪镇设立镇级代办机构1个，村级13个，代办员35名，累计代办事项370余起。每月开展一次矛盾纠纷大排查，共计调解纠纷200余起。调解各类矛盾纠纷40余次，处理网上信访、来信信访及电话信访200余次，网上办结率100%，群众满意度99%。禁毒办每月开展宣传活动，开展禁毒宣传活动50余次，发放宣传手册2000余份，举办禁毒大讲堂活动三场次。每季度开展一

檀溪镇各行政村基本情况表

表16

村名	户数（户）	人口（人）	耕地面积（公顷）	山林面积（公顷）
赤岩村	454	1256	95.62	879.47
九母岛村	274	745	47.56	638.40
罗家村	253	789	40.37	2403.13
平湖村	393	1147	99.48	704.27
城头村	201	677	26.22	262.33
洪山村	303	947	123.99	389.67
毛店村	191	609	25.85	254.07
潘周家村	667	2076	103.60	1194.13
大元村	180	555	78.20	827.00
寺前村	673	2175	89.49	643.93
廿七都村	624	1839	124.27	1275.00
下宅村	185	525	27.44	162.27
会龙村	621	1861	85.26	1070.33
合　计	5018	15255	967.35	10704.00

次反邪教“警钟”宣传图画张贴，组织专职网格员不定时开展反邪教、打击传销线索排摸。

1月，平湖村被评为浙江省文明村镇；3月，赤岩村被评为省级红色美丽村庄建设村，北乡革命纪念馆被评为第三批金华市红色旅游教育基地；6月，廿七都村被评为金华市森林村庄；9月，潘周家村被评为2020年金华“好村落”；10月，由檀溪镇龙舟队和金华市龙舟队组成的金华市代表队出战第四届浙江体育大会龙舟赛，并包揽所有女子龙舟赛项目金牌，市体育局特向檀溪镇发出赛事感谢信；11月，檀溪镇被评为金华市2021年“水美乡镇”；12月，檀溪镇被评为全省2021年度新时代美丽城镇建设省级样板镇，檀溪镇文化站被评为浙江省一级综合文化站，潘周家村被评为2021年度浙江省美丽乡村特色精品村和2021年浙江省“一村万树”示范村。

【浦江县开茶节暨“檀溪云雾”品牌发布会】 3月27日，檀溪镇举办2021年浦江县开茶节暨“檀溪云雾”品牌发布会。县委常委虞红梅、县人大常委会副主任戴忠泉、县政协副主席胡晓红、县农业农村局局长楼建超、县茶文化研究会会长严明潮、金华珍香茶业有限公司负责人陈永贵等60余人出席仪式，通过品茶、茶艺、文化、摄影等活动，宣传浦江县茶产业传统文化特色。

2021年3月27日，檀溪镇举办浦江县开茶节

（方晓东　摄）

【新时代美丽城镇建设省级样板镇验收】 9月17日，浙江省美丽城镇办专家带队到檀溪镇，对檀溪镇美丽城镇农业特色型省级样板镇创建工作进行考核验收。一行人通过观看宣传片、听取汇报、查看点位、查阅台账等方式，评估檀溪镇美丽城镇建设情况，对创建工作予以肯定。自启动创建工作以来，檀溪镇坚持“文化古镇、生态名镇、农业强镇”定位，围绕环境美、生活美、产业美、人文美、治理美的“五美”目标，因地制宜，各展其美，以绣花之功推进美丽城镇农业特色型省级样板镇建设。在座谈会

上，镇党委书记黄志余就美丽城镇省级样板镇创建工作作汇报。12月21日，全省新时代美丽城镇建设工作2021年度样板城镇和达标城镇考核验收结果公布，浦江县檀溪镇被评为“省级美丽城镇建设样板”镇。

2021年9月17日，檀溪镇新时代美丽城镇建设省级样板镇验收 （方晓东 摄）

【金华市第三届农民丰收节龙舟赛】 10月17日，金华市第三届农民丰收节龙舟赛暨2021浦江县农民丰收节在檀溪镇潘周家村举行，通过赛龙舟、割稻谷、特色农产品展示等方式庆祝丰收。金华市体育局副局长朱慧刚、特邀嘉宾奥运选手全运会男子

2021年10月17日，檀溪镇举行金华市第三届农民丰收节龙舟赛暨2021浦江县农民丰收节 （方晓东 摄）

1000米双人皮划艇冠军王丛康参加开幕仪式。金华市第三届农民丰收节龙舟比赛为12人龙舟直道赛，赛道总长400米，全程逆流而上，分预赛、决赛方式进行，吸引了来自金华本地、宁波、温州等全省各地的16支龙舟队伍参加。

【换届选举】 檀溪镇完成县级人大代表、镇级人大代表换届选举工作，选举产生县级人大代表9名，镇级人大代表60名，县级代表人选均以高票当选。

（谢 昶）

前吴乡

【概况】 前吴乡总面积63.97平方千米，有13个行政村，49个自然村，总人口数14424人，农村党员597人。2021年，前吴乡获年度山区片综合考核优秀、金华市第二批“四好”代表联络站、全省美丽乡村示范乡镇、金华市示范乡镇（街道）妇联、第十五批“金华市森林村庄”、省级高标准农村生活垃圾分类示范村、金华市水美乡镇、全省“新时代枫桥式退役军人服务中心（站）”等荣誉。

乡域内旅游资源丰富，有前吴环湖慢生活区、婚纱摄影基地、“中国第一彩色村、国家AAA级旅游景区”3D罗源村、民生花海景区、吴莱书院、马桥乐园、通济湖库尾湿地等，为浙江省休闲旅游胜地。辖区内有“浙中最美人造湖”通济湖、旧浦阳十景之一的“深袅江源”、宋代青瓷古窑遗址、国家级非物质文化遗产“寿溪人会”、历史知名人物吴莱、吴渭，现代著名画家吴茀之、吴山明等。

新冠肺炎疫情防控期间，前吴乡召开疫情防控工作部署会和调度会，传达上级疫情防控工作相关政策。通过建立有力工作机制，完成疫苗接种任务。

【乡村振兴】 开展乡村振兴示范乡创建，创建8个乡村振兴示范村。2021年，举行招商引资项目集中签约仪式，共签订总投资约1000万元的4个项目。设立浦义同城人力资源服务站，推进“家工厂”、“集散中心”来料加工项目，解决300余名闲散劳动力的就业问题，村民收入累计超800余万元。毛家村以“一根面条”壮大集体经济，首次尝试直播销售，销售额达14万余元；塨山村、前吴村利用婚纱摄影基地推出集装箱商铺获取租金收入；马桥村利用荒山荒地建设“望湖集装箱部落”“马桥乐园”，打造“箱宿”“箱味”，吸引游客5万余人。2021年，民生油菜花节期间游客量12万人次，总收入共计120余万元，景区门票和停车票收入共24万余元。

2021年1月5日，吴莱状元面直播首秀现场

（前吴乡提供）

【民生实事】 完成全乡13个行政村农村饮用水提标达标工程。救助困难户8700户、1618人，发放救助金额101万余元，做到临时救助全覆盖。建设前吴乡居家养老示范中心，解决8个村的老人就餐问题。改造危旧房268户，实行逐村销号机制，让47户无房户、缺房户住上新房。解决塘岭金村土地征用问题。

前吴乡各行政村基本情况表

表17

村名	户数（户）	人口（人）	耕地面积（公顷）	山林面积（公顷）
通济村	381	1267	260	6544
灵溪村	470	1389	775	9397
塘岭金村	548	1776	620	7712
前吴村	471	1359	594	10073
塨山村	167	529	75	1944
袅溪村	357	1080	415	9867
毛家村	299	864	378	2800
寿溪村	608	1692	912	10921
马桥村	226	664	109	3871
朱桥村	172	574	174	4559
桃源村	477	1460	704	12097
罗源村	234	980	903	5012
民生村	292	790	415	5065
合　计	4702	14424	6334	89862

【生态保护】 推进环境卫生综合整治工作，完善环境卫生评分细则、环境卫生验收申请书等相关制度。乡主要领导带领分管领导开展成果验收，乡执法中队对全乡垃圾分类及环境卫生情况开展常态化检查，建立前吴乡环境卫生工作群，每周公开上传存在问题并督促整改，共交办问题723个，垃圾分类简易处罚49起。灵溪村创建2021年度省级高标准农村生活垃圾分类示范村。

【基层治理】 开展党史学习教育，推进为民办实事活动，推出“四个一”为民办实事机制，前吴乡464名党员为民办实事698件，开展志愿活动118次，乡、村两级党员干部作风提升。持续推进安全生产工作，紧抓安全检查日工作制度，共计出动检查530余人次，发现并整改隐患290处。定期开展交通安全劝导，2021年劝导不戴头盔320余人；全乡国家反诈骗App下载安装率95%。3月，前吴乡“建设清廉村居 助力乡村振兴”做法在浙江卫视《反腐前线》栏目播出。

【党建联盟】 通过党建引领、集聚资源、利益联结，推动强村带弱村、大村带小村抱团发展，前吴乡所辖13个村组团建立民生花海、吴莱文化、康养乐园、前吴慢生活4个区域乡村振兴党建联盟，实行“四个一”标准：一份发展规划、一张项目清单、一套晒拼机制、一个工作专班，推动组织振兴和产业振兴深度耦合。“民生花海”联盟成员村合作收购散户菜籽，打造“油你真好”高山菜籽油联盟品牌，全年销售额150余万元。“前吴慢生活”党建联盟，构建以通济沿湖为纽带的观光旅游区，引进婚纱摄影基地项目，截至2021年，接待5000余对新人实地拍摄，营业额3000余万元。“吴莱文化”联盟推出“吴莱状元面”，引进品胜文化创意公司专业运营，从农副产品

县委书记俞佩芬（左一）到前吴乡毛家村考察区域党建联盟 （前吴乡提供）

转化为旅游产品，全年为村集体增收60余万元。产业振兴党建联盟做法在《人民日报》单篇报道。

（张心焱）

花桥乡

【概况】 2021年，花桥乡总面积45平方千米，下辖11个行政村，总人口9899人，总户数3895户，耕地面积229.06公顷，山林面积4160.73公顷。

花桥乡全景 （花桥乡提供）

利用荒山、坡地，推广“小农户+现代农业”模式的农业小微创业园，初步形成“菜、果、茶、蜜”特色产业带。精准服务山区闲散劳动力，成立“花桥工坊”，共享“员工+订单”，做大做强来料加工产业，做活山村特色。乡内建有县革命烈士主题公园、金萧（江东）英雄纪念馆、江东革命斗争史纪念馆、蒋明达旧居、廉政教育馆、陈周成居住地等一批红色文化教育场馆。

进行党史学习教育，构建“3+3”学习模式，开设党史学习教育专栏，举办党史知识竞赛，协办全县“红色记忆·薪火相传”新党员代表集中宣誓等活动，累计参加专题学习2200余人次，参与知识竞赛1000余人次，分享红色故事65次，党课宣讲60场

次。组建区域党建联盟,按照产业相近、项目连结、文化品牌原则,组建“红色研学”“甜蜜生活”和“农创体验”三个党建联盟;整合全乡所有资源,与县文旅集团构建“企+”党建联盟,创出一条强乡富企新路径。举办档案、党员发展、社会救助3期“周末学堂”。每月召开支部书记现场例会,解决6个村的7个难题,安排11名村支书到乡挂职轮岗两个星期。开展村干部履职指数比拼,制定乡、村干部绩效量化考核办法,以“基础+动态”模式考核,结合“桥上花开”App,实行“绿蓝黄红”四级预警机制。

建立“统一品种、统一管理、统一销售和共享成果”经济新模式。4月,20余名农民入驻农业小微创业园,实现每名增收3万余元;5月,500桶中蜂全部被认养,实现10余人当上蜂农;网红地江南“坎儿井”、“共享土灶”游客不断增多,日均游客2000余人,路边摊暑期收入8万余元。完成“初心之路”、廉政教育主题馆、江东食堂和金萧战斗纪念馆提升工程,打造红色旅游打卡地,6月,有5000余名党员到此地举办活动,为塘波村增收15万余元。搭建义乌南枣、共享土灶、桑葚基地、钢构大棚、香榧基地、中蜂养殖、清水养鱼、光伏发电等35个创新项目,增加集体经济收入。

开展“我为群众办实事”活动,推出乡村两级干部“每周一件事”,2021年共完成837件,其中群众诉求690件。在“桥上花开”App新增“心愿诉求”功能,群众可在平台寻求帮助,发布心愿219个,完成心愿100个,帮助152名群众。保障贫弱人员生活,新增来料加工点1个,就近解决500余名劳动力就业。完成发放低保救助金100.68万元,发放残疾人两项补贴341人共计110.93万元,发放临时救助约10万元。

实施危旧房整治行动,完成拆除10宗,修缮15宗。常态化开展交通安全检查,消除农村道路隐患3处,提醒违章235人次,查处违章23人次。完善乡村治理模式,落实民情民访代办制度,深化“乡贤评理堂”,实现“小事不出村、大事不出乡”,完成民情民访代办658件,排查矛盾42起,调解15起。

【“桥上花开”App上线】 4月,花桥乡启动“桥上花开”智慧执政App,平台上每日公布工作任务,实时动态更新,“线下+线上”同步建档、同步跟进,实现工作闭环管理。以数字化手段加快数据整合、信息共享,加强干部队伍管理,实现落实工作规范化、考核评价精准化、任免提拔体系化,推动干部队伍工作能力提升。干部考核评价系统进行数据分析应用,云、数、网、端的整合、共享、开放,赋能数字政府建设开启“互联网+”政务,让信息多跑路,百姓少跑腿。

【市、县领导走访调研】 8月11日,市委书记陈龙到花桥乡塘波村调研基层党建、社会治理、乡村振兴等相关工作,县委书记俞佩芬、县委副书记钱福安等领导陪同。8月26日,县委副书记、县长戴翀到花桥乡前坞村查看义乌大枣基地项目和研学基地项目情况。9月30日,县委书记俞佩芬到花桥乡调研基层党建、乡村振兴等工作。11月12日,县委

2021年8月11日,市委书记陈龙(右一)到塘波村调研基层党建、社会治理、乡村振兴等相关工作

(花桥乡提供)

副书记、县长戴翀，县委常委、副县长朱红卫到花桥乡人民政府调研当地财政收支、产业发展等情况。

【花桥乡第十五届人民代表大会第九次会议】 4月23日，花桥乡第十五届人民代表大会第九次会议召开。县委常委、副县长朱红卫，县人大常委会副主任黄瑞光以及全乡43名正式代表参加会议。会议听取和审议乡党委副书记、乡长吴伟钢代表花桥乡所作的工作报告和人大主席方镖所作的人大主席团工作报告。票决产生花桥乡2021年3项民生实事项目，分别为郭上线亮化工程、道路边坡治理工程和老旧房屋安全隐患整治工程。

【"光荣在党50年"纪念章颁发仪式】 6月29日，花桥乡举行"光荣在党50年"纪念章颁发仪式，乡领导班子成员、机关党员、第一书记、各村党支部书记和党龄超过50年的党员代表参加。组织委员周松梅宣读"光荣在党50年"老党员名单。乡党委书记金灵占与其他班子成员为老党员代表颁发、佩戴"光荣在党50年"纪念章，向50年来初心不改的老党员致敬。

2021年6月29日，花桥乡"光荣在党50年"纪念章颁发仪式 （花桥乡提供）

【主题党日活动】 7月3日，花桥乡为庆祝中国共产党成立100周年，在花桥乡中心小学举行万名党员"永远跟党走"主题活动，传达习近平总书记在庆祝中国共产党成立100周年大会上的重要讲话精神和省委十四届九次全会精神，要求全体党员要始终做到一颗红心跟党走、撸起袖子加油干、为民服务讲奉献和严守纪律树形象。全体乡干部、各村党员

花桥乡各行政村基本情况表

表18

村名	户数（户）	人口（人）	耕地面积（公顷）	山林面积（公顷）
里黄宅村	492	1326	40.02	443.07
外黄宅村	313	765	22.80	63.80
花桥村	275	688	15.92	194.07
前坞村	291	731	25.69	275.73
马宅村	227	557	18.52	305.67
光明村	582	1529	36.01	885.73
下宅溪村	535	1211	26.00	384.27
塘波村	200	533	13.32	188.93
长畈村	263	684	11.34	306.13
林坞口村	183	489	6.06	254.53
源头村	534	1386	13.38	858.80
合　计	3895	9899	229.06	4160.73

2021年7月3日，万名党员"永远跟党走"主题活动 （花桥乡提供）

共400余人参加。县委常委、副县长朱红卫，县人大常委会副主任黄瑞光参加此次活动。

【花桥乡第十六届人民代表大会第一次会议】 12月26日，花桥乡第十六届人民代表大会第一次会议召开。县人大常委会党组副书记、副主任黄瑞光以及来自全乡各行各业、各条战线的54名代表和11名列席代表参加会议。大会听取并审议乡长候选人吴伟钢作的政府工作报告和乡人大主席候选人黄兰蓉作的花桥乡人大主席团工作报告，审议并通过花桥乡2021年度财政预算执行情况和花桥乡生态环境状况综合报告，通报花桥乡第十五届第九次会议民生实事项目实施进度情况。

2021年12月26日，花桥乡第十六届人民代表大会第一次会议 （花桥乡提供）

（蒋晓倩）

虞宅乡

【概况】 虞宅乡面积56.95平方千米，下辖7个行政村，总户数3206户，人口8916人。2021年，全乡财政总收入3842.7万元，其中一般公共预算拨款收入2458.02万元，政府性基金预算财政拨款收入666.19万元；财政专户收入718.48万元。

打造"省级旅游风情小镇"，推进"农文旅体研"五位一体全方位发展。落实招商引资签约项目，总投资近2亿元的浦江海华·樾溪里酒店项目建筑设计方案通过评审。做好诒榖堂展陈等文旅项目，发展新光研学培训产业和前明特色体育+项目。提升鱼泡泡多彩田园营地基础设施，获评金华市中小学生研学实践教育营地，成为全县第一个"研学"主题的户外拓展基地。2021年，虞宅乡获评省级乡村旅游重点村镇；"乡创虞宅"夜游精品线路入选2021浙江省休闲农业和乡村旅游精品线路；乡村旅游创客基地——廿玖间里被认定为浙江省第四批省级创业孵化示范基地；廿玖间里众创空间获评2021年度省级备案众创空间；虞宅乡获评第五批金华市体育产业（运动休闲）基地。

完成乡村振兴示范乡镇及6个乡村振兴示范村创建目标。承办5期"乡村运营官"培训班，受益人数超3000人，为乡村发展培养了一批乡村运营人才；举办2021浦江共同富裕高峰论坛，相关经验在新华社刊出。做好5000万元创新强省农业科技项目建设。2021年，总投资约3700万元（中央、省级资金2600万元）的壶源江流域综合整治工程，其中虞宅段总投资2590万元，完成进度80%。打造民宿、农家乐集聚带，2021年新运营民宿、农家乐21家，新光村、前明村获评"浙江省农家乐集聚村"。打破仅仅依靠项目租金收入的保守观念，以"政府建设基础+企业签约运营"合作"鱼泡泡多彩田园营地项目"，为村集体增收。2021年，新光村获评首批金华市现代化和美乡村示范村。

召开建德市乾潭镇、桐庐县富春江镇、浦江县虞宅乡"三县市三乡镇"联合会议，推进三地合作的美女峰"天观佛手桥"项目；与义乌福田街道在"网红直播""农民带货"等社交电商方面达成合作。以横跨3年累计测算资金3.1亿元的美丽城镇项目为统领，全年有序推进虞廷故居复建等16个子项目建设，其中新光拓展基地建设完工并投入运营，投资450万元的初心图书馆建设完工。

虞宅—杭坪"诗画乡野"县域风貌区入选全省首批"城乡风貌样板区"试点建设名单；马岭村、智丰村、新光村及前明村"四村联合"入选省生态产品价值实现案例；浦江茜溪悠谷森林氧吧被评为2021年度"浙江森林氧吧"；前明村被评为"浙江美丽乡村生态健身基地"；虞宅乡获金华市2021年"水美乡镇"称号。虞宅乡通过"支部引领、党员带头、党群互动"模式，以碧水提升、净土守护、蓝天保卫三大行动为抓手，不断深化资源源头治理。持续巩固"五水共治"成果，全面落实河长制，茜溪水质常年保持Ⅱ类以上。

谋划"花榧茶"（花卉、香榧、有机茶）农业种植基地工程、精深加工工程、特色农业三产融合工程以及特色农业农旅综合项目4大类46个子项目，撬动社会投资2亿元。引进浙江道济农业科技发展有限公司，投资1600万元打造新光高科技农业园，公司"数字农业工厂关键技术及产业化应用"研究课题近期入选全省"尖兵""领雁"研发攻关计划项目。

完成医保缴纳工作，城乡基本医保参保7373人，大病医保参保6809人。发放临时救济款17.1万元，保障141户共计377名困难群众生活。建设农田水利，改善农村水利基础设施。修复全乡范围因"7·16"特大洪水灾害造成的水毁点；建成污水终端处理设施8个，日处理能力约515吨，创建污水零直排区；完成西北部山区农村供水工程，包括7千米主管网、9.8千米支管网、7个村村内管网建设及单村农村饮用水提升工程，保障农村饮用水安全。推进"无证明城市"改革，推出"一次都不用跑"便民服务，涵盖农业、林业、计生、民政等9大类内容，为百姓提供零距离上门代办服务，2021年累计代办各类民情民访事项298项。

2021年，虞宅乡被评为金华市法治建设示范乡镇。乡内组织普法宣传活动，深化领导干部下访接访，推行包村领导周二接访制、信访"三色"提醒制、矛盾纠纷"三个一"工作机制，确保事项分类快处、优质办结。深化本地村民与外来人口融合自治，与全乡335户出租房房东、38家农家乐、41家民宿签订安全生产责任书，分批次、分对象、分课程有针对性地组织开展居住出租房房东消防安全培训，构建"横向到边，纵向到底"的全员、全天候、全过程、全方位的出租房管理体系，保障人民群众的生命财产安全。新虞宅人参与基层社会治理，成立新虞宅人志愿服务队，参与全乡疫情防控等中心工作，2021年新虞宅人志愿服务队获评浦江县"最美新浦江人"。

【领导调研】 7月19日，县委副书记、县长戴翀携县相关单位部门负责人到前明村就山区片旅游高峰期交通拥堵，如何施行游客分流、保障旅游安全等问题开展调研。7月23日，县纪委常务副书记、县监委副主任魏然，县应急管理局副局长马海明到虞宅乡督查台风"烟花"防御工作落实情况。

【中国共产党虞宅乡第十六次代表大会】 12月18日，中国共产党虞宅乡第十六次代表大会召开，虞宅乡党委书记候选人毛悦向大会作工作报告，报告回顾过去五年的工作，指出今后五年的战略目标和工作举措。会议审议并通过乡党委和纪委工作报告的决议（草案），选举产生虞宅乡出席中共浦江县第十五次代表大会代表、新一届虞宅乡党委委员、纪委委员，票决产生虞宅乡2022年度基层党建重点项目。

虞宅乡各行政村基本情况表

表 19

村名	户数（户）	人口（人）	耕地面积（公顷）	山林面积（公顷）
马岭村	504	1418	47.73	1702.33
智丰村	410	1141	50.07	460.93
新光村	350	980	41.20	757.67
前明村	604	1759	76.20	1133.00
虞宅村	703	1958	62.80	464.20
高坑村	324	859	47.00	622.40
张　村	311	801	41.00	2098.07
合　计	3206	8916	366.00	7238.60

【浦江乡村振兴直播节暨首届网络文化节】 5月1日，浦江乡村振兴直播节暨首届网络文化节在虞宅乡新光村举行。县委副书记、县长戴翀出席活动。活动中浦江本地网红主播对乡里的农副产品、创客基地、非遗文化、旅游资源进行展示和推介。乡村振兴直播节期间共计吸引游客11.05万人次，营业收入881.6万元。

2021年5月1日，浦江乡村振兴直播节暨首届网络文化节　（虞宅乡提供）

【第四届"诗意茜溪 为爱毅行"活动】 5月22日，虞宅乡举办第四届"诗意茜溪 为爱毅行"暨"百年恰是风华正茂"红歌合唱比赛，共有7支队伍参加。比赛中，虞宅村获一等奖，马岭村、高坑村获二等奖，智丰村、张村、新光村、前明村获三等奖。

2021年5月22日，第四届"诗意茜溪 为爱毅行"活动　（张浩越 摄）

【护航建党100周年维稳安保攻坚行动推进会】 6月23日，在茜溪体育馆组织"护航建党100周年维稳安保攻坚行动推进会暨综合应急联动大队集训"，前明村应急联动中队中队长虞志明汇报前明中队参与的各项工作。集训得到浦江县公安局巡特警大队、平湖派出所，浦江县消防救援大队和鱼泡泡多彩田园营地的支持，集训内容分队列训练、安全保卫训练、消防业务培训及团建活动四部分。

【"光荣在党50年"纪念章颁发仪式】 6月28日，在虞宅乡中心小学报告厅举办"光荣在党50年"纪念章颁发仪式。颁发仪式结束后，县人大常委会副主任于新宣为全体党员上党史学习教育党课。会后，县人大常委会副主任于新宣走访前明村困难党员邱四苟，了解鱼泡泡营地运营情况，指导民宿消防安全工作，并查看村居家养老伙食情况，慰问县人大代表虞珍月。副县长周建丰慰问困难党员，与马岭村两委干部座谈，实地查看佛手桥等三地合作项目。

2021年6月28日，“光荣在党50年”纪念章颁发仪式　　（毛江彪 摄）

（陈麒安）

大畈乡

【概况】 2021年，大畈乡总户数3064户，总人口8494人。实现工农业总产值0.3亿元，与2020年持平。全乡财政总收入5336.2万元，其中一般公共预算财政拨款收入3303.9万元，政府性基金预算财政拨款收入404.9万元，其他收入1627.4万元。村集体经济总收入912.83万元，同比增长10.11%。

整治抛荒田5公顷，全乡种粮大户水稻种植面积46.67公顷。推广经济作物种植，种植葡萄6.67公顷，黄桃6.33公顷，猕猴桃4公顷，生姜2公顷，火龙果1.33公顷，甘蔗1.33公顷，山地西瓜1公顷。开展春、秋两季动物集中免疫行动，免疫生猪3500余头、家禽7500余只，免疫率均为100%，持续开展非洲猪瘟防控工作。开展松线虫病病死木清理及防治工作，全年清理病死木4640余吨。举办植树活动，在黄坛废土场植树300余棵，种植面积0.07公顷。

2021年，接待省内外游客总量超300万人次，单日最高客流量突破4万人次，旅游收入超3000万元。大畈乡山水大畈旅游休闲精品线路上榜2021年浙江省休闲农业和乡村旅游精品线路名单。大畈乡建明村、上河村被评为“浙江省善治村”。上河村入选第五批金华市非物质文化遗产旅游景区，被评定为市级民俗文化村。大畈乡人民政府被浙江省委、省政府评为扶贫开发工作成绩突出集体。

增加最低生活保障11户；办理临时救助106人，发放救助资金14.36万元。办理残疾人两项补贴49人次，清溪村“残疾人之家”通过一星级“残疾人之家”评定。持续进行新冠肺炎疫情防控，推进疫苗接种，大畈乡常住人口疫苗接种率92.73%。黄大线夏黄段崩塌隐患点完成治理。农村饮用水提升提标工程完成村内管网工程建设，铺设管网总长度18308米。

8月26日，浦江县委任命施俊帅为大畈乡党委委员、书记。9月15日，浦江县委任命张招芳、琚冠峰为大畈乡党委委员，黄豪为大畈乡党委委员、纪律检查委员会委员、书记。10月27日，中共大畈乡第十六次代表大会选举施俊帅、楼超武、周军、黄铿、张招芳、琚冠峰、黄豪为新一届党委、纪委领导班子。12月27日，大畈乡第十六届人民代表大会第一次会议选举楼超武为大畈乡人民政府乡长，骆军洋为大畈乡人大主席，吕曙光、方东阳为大畈乡人民政府副乡长。

【清溪村公安英模陈列馆、安防体验馆开馆】 1月8日，浦江公安英模陈列馆在大畈乡清溪村开馆，副县长、公安局局长严卫星致辞；县委副书记、政法委书记钱福安宣布开馆；县委副书记、政法委书记钱福安，县委常委、组织部部长蒋涛，副县长、公安局局长严卫星共同为公安英模陈列馆揭牌。3月25

日,县安防体验馆在大畈乡清溪村开馆,县委常委、常务副县长韦钟铺出席开馆仪式。浦江县安防体验馆是浦江县打造的一座集社会公共安全、网络安全、校园安全等多种安全防范教育模块于一体的安全防范教育体验基地,也是金华市内唯一一座综合性安防体验馆。6月1日,浙江省公安厅政治部主任一行到清溪村考察公安英模陈列馆。6月23日,省退役军人事务厅郭国松副厅长一行到大畈乡清溪村考察走访公安英模陈列馆。7月28日,河南省南阳市政法委一行考察大畈乡清溪村安防体验馆。

2021年6月1日,省公安厅政治部主任一行考察公安英模陈列馆　　（陈昭君 摄）

【上级领导考察调研】 1月27日,省水利厅党组成员、副厅长蒋如华一行走访清溪村,市水利局局长金时刚,副县长虞红梅,县水务局局长彭思灿陪同。3月30日,省水利厅国家水利风景区考评专家组到大畈乡上河村进行现场考察,省水利厅原疏浚工程处处长裘江海带队,县水务局党委书记、局长彭思灿,党委委员黄龙参加考评。4月1日,湖南省农业农村厅考察团带领各下辖市农业农村局负责人到大畈乡考察。4月9日,农业农村部考察团到大畈乡上河村调研。4月13日,农业农村部信息中心副总工程师韩福军、研究与规划处干部马晔、中国农业大学教师等调研课题组实地走访考察大畈乡上

大畈乡各行政村基本情况表

表20

村名	户数（户）	人口（人）	耕地面积（公顷）	山林面积（公顷）
清溪村	543	1506	129	660
建明村	420	1138	55	440
夏明村	438	1173	88	653
上河村	473	1335	63	733
湃桥村	436	1264	82	1226
大姑源村	307	826	37	1703
小姑源村	447	1252	66	1920
合　计	3064	8494	520	7335

河村,省农业农村厅大数据发展中心正处级专员陶忠良,市农业农村局党委委员、总农艺师陈加伟陪同走访。5月11日,中国社科院到大畈乡上河村调研。6月16日,海南省水务厅党组成员、副厅长冯云飞一行到大畈乡上河村调研,省治水办副主任周红卫,市治水办综合部部长王和元陪同调研。10月16日,青海省人大常委会副主任刘同德带队到大畈乡上河村考察,市人大常委会副主任楼东江陪同考察。

【金华市美术教师写生培训】 由金华教育学院主办,浦江县文学艺术界联合会、浦江县大畈乡人民政府承办的金华市美术教师写生培训在大畈乡上河写生基地举行。培训分两期进行,第一期是5月18日至5月21日,第二期是5月25日至5月28日,来自全市的110余名美术教师参加此次美术写生培训。

【“光荣在党50年”纪念章颁发仪式】 6月28日,为庆祝中国共产党成立100周年,大畈乡举行“光荣在党50年”纪念章颁发仪式,为党龄50周年以上的党

员颁发“光荣在党50年”纪念章，县人大常委会副主任朱晓飞到会指导。

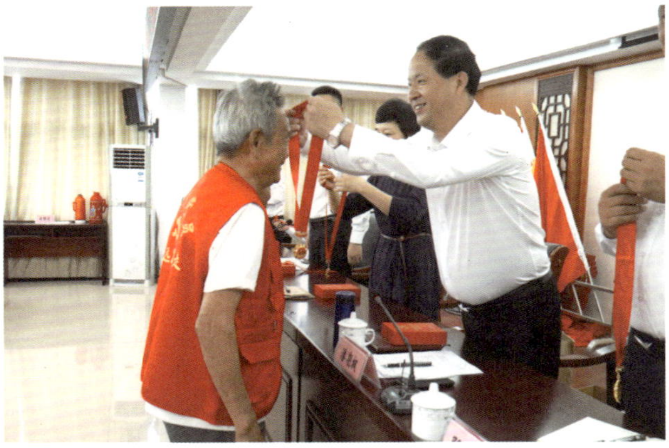

2021年6月28日，乡党委书记潘期枫为老党员颁发“光荣在党50年”纪念章　　（陈昭君　摄）

【省内首个无人机联勤警务站启用】　7月9日，在浦江县大畈乡上河村游客中心，省内首个无人机联勤警务站——浦江县公安局平湖派出所上河景区无人机联勤警务站正式启用，是集景区交通疏导、治安巡逻、应急安置工作于一体的联勤警务站。

【换届选举】　11月29日，大畈乡召开县、乡人大代表换届选举工作动员部署暨业务培训会，开启人大代表换届选举工作；12月22—23日，县、乡人大代表换届选举投票工作启动，7200余名选民参加投票。此次换届共选出6名县人大代表，54名乡人大代表。

（吴慧芳）

中余乡

【概况】　中余乡总面积43.66平方千米，下辖8个行政村，全乡4218户，人口12142人。坚持“农业一颗桃、工业一把锁、旅游一条线”的发展思路，提升经

中余乡全景　　（陈红光　摄）

济发展。耕地面积332.9公顷，山林面积3733.14公顷。主要经济作物有毛竹、黄桃、油茶、香榧等，其中中余黄桃产业被列入乡重点扶持项目。设有中心小学1所，幼儿园1所，邮政、信用社、卫生院、超市等配套设施齐全。

乡域拥有锁具集聚区1个，容纳企业34家。全年实现工业总产值7.67亿元，同比增长13.43%，出口交货值3.98亿元，同比增长19.08%。引进浙商回归项目，投资5000万元的农产品加工企业开工建设。

2021年，中余乡冷坞景区接待游客15.6万人，旅游收入累计123万元，其中“坪上云居”民宿共接待旅客5010余人次，同比增长43%，住宿收入61万元，同比增长41%。2021年，“坪上云居”有民宿15家，共计床位132个，新发展民宿3家，床位约20个，完成省级农家乐集聚村创建要求的工程，争创省级

冷坞“坪上云居”民宿　　（傅靓靓　摄）

农家乐集聚村，完成“冷坞花谷”AAA级旅游景区复评工作。

提升普丰村养元坑红色爱国主义教育基地基础设施，全年有30余批1200余人次参观教育基地。全年组织送戏下乡、电影下乡、讲座展览等活动10余场，创建普丰村省第二批青少年红色基因传承基地。利用中国共产党成立100周年契机，发挥养元坑红色革命基地作用，吸引来自学校、机关单位等多种类型的13支队伍参观学习。成立新时代文明实践志愿服务队，开展防疫、助力企业复工复产、校园复学、田园综合整治、无偿献血、新时代美丽乡村、关心关爱老人等志愿活动，共计150余次。联系浙江水利水电学院师生到中余乡开展支教活动，开展“春泥计划”100余次。

完成“百万亩造林工程”13.6公顷造林任务，完成冷坞和方家133.3公顷森林抚育，完成锁具园区绿化提升工程。创建锁具园区珍贵树种示范单位。全面完成松材线虫病病木的清理，对137.6公顷788个小班的松林进行春、秋松材线虫病和松毛的调查，没有发现松毛虫危害情况。核实森林卫片图斑，未发现违规情况。开展森林消防演练，无森林火灾发生。

7月3日，中余乡开展庆祝中国共产党成立100周年“永远跟党走”主题活动，县人大常委会副主任戴忠泉、副县长张明凯出席活动，全体乡干部、全体党员共600余人参加活动。2021年，全乡有机关党员29名，“两新”党员16名，农村党员511名。

新冠肺炎疫情防控期间，做好常态化疫情防控工作，组建疫情防控志愿服务队多方面开展防疫政策和知识宣传。

【市、县领导走访调研】 8月11日，市委书记陈龙到中余乡冷坞村调研基层党建、社会治理、乡村振兴等相关工作。5月31日，县委书记俞佩芬一行到中余乡普丰养元坑红色教育基地实地走访调研。11月14日，县委副书记、县长戴翀，县人大常委会副主任戴忠泉带队至中余乡查看蛋鸡养殖项目土地相关情况。

2021年8月11日，市委书记陈龙（前左三）到冷坞村调研工作 （薛荣生 摄）

【民生保障】 实现城乡居民基本医疗保险、大病医疗保险基本全覆盖；实现居家养老照料中心一日三餐和送餐上门全覆盖；完成“残疾人之家”建设，共有22名残疾人接受技能指导、托养、康复等服务，6月底获评二星级“残疾人之家”称号；完成西北部山区供水工程建设，全乡4个村、1个锁具集聚区1320户4951人率先实现供水；对29个单村供水点、1个供水厂统一公司化管理，全面开展水费收缴；完成12座山塘水库的修缮；总投资1200余万元的中余幼儿园迁建工程基本完工。帮扶弱势群体，累计开展关心、爱护困难户259户，救助低保户115户，发放各类补助金24.8万元。

【环境整治】 开展2021年度“五水共治”找短板、寻盲区、查漏洞、挖死角专项行动，完成自查互查问题整改31处。开展蓝天保卫行动，出动检查66人次，对中余乡餐饮油烟、工业废气等开展专项检查，其中督促餐饮业整改2家，处置秸秆焚烧65起。清理违规广告“牛皮癣”96处，拆除违章建筑6处，共计850平方米。行政处罚乱扔垃圾和垃圾未分类案件85起，处罚不文明养犬案件27起。

【数字赋能】 加速数字化改革，以五星村为试点，与浦江电信公司合作打造全县首个数字乡村云平台，探索山区农村数字赋能新路子。9月26日，举行中余乡五星村数字乡村平台启动暨授牌仪式。10月26日，在2021浙江数字乡村先锋榜暨“双十佳百优村”数字化改革金华最佳应用推介会议上，中余乡作典型发言。

2021年9月26日，浦江县中余乡五星村数字乡村平台启动暨授牌仪式现场　（张喆刚　摄）

【基层治理】 中余乡通过“34433”工作法推动信访积案动态清零。搭建以党委书记、联村领导、村支部书记为主要责任人的三级信访矛盾“包案化解”体系；推行“一事一方案、一案一领导、一周一研判、一月一汇总”的“四个一”工作法；坚持“预想、预测、预警、预案”四预在前；问题处置“速度、力度、韧度”三度到位；“主动性、敏锐性、协同性”三性并举，组织多方资源形成合力，抓实信访矛盾纠纷调处化解。2021年，累计排查、化解矛盾纠纷197件，办理完成初信初访37件。

中余乡各行政村基本情况表

表21

村名	户数（户）	人口（人）	耕地面积（公顷）	山林面积（公顷）
普丰村	437	1166	20.91	410.80
蒲阳村	666	1871	68.32	439.00
方家村	403	1230	45.14	678.80
中余村	898	2504	64.17	627.47
五星村	379	1138	34.70	224.40
高桥村	387	1272	27.27	228.80
雅湖畈村	787	2182	55.32	583.80
冷坞村	261	779	17.09	540.07
合　计	4218	12142	332.92	3733.14

【永久性基本农田整改】 建立两级组织体系，坚持“以实促效”总基调，采取“多元化选择”“田长制管理”“专项式督查”“定制式指导”“预报式提醒”等方式，实施耕地垦造项目，新增垦造耕地22.13公顷，扎实推进永久性基本农田整改工作。2021年，共整改37公顷耕地，比原定9.52公顷永久性基本农田整改任务，超额完成388.7%，成为全县首批通过验收乡镇。永久性基本农田整改工作获集体嘉奖。

【黄桃经济】 黄桃产业继续发展壮大，截至2021年，中余乡黄桃种植面积200余公顷，其中各村集体种植面积16.67公顷。做好黄桃提质增效文章，组织开展黄桃种植技术培训，并邀请专家上门为农户提供精准性服务。黄桃产业推动经济发展，村集体和村民总经济收入增加600余万元。正在申领“浦江中余黄桃”地理标志，打造品牌效应。

（傅靓靓　杨珊珊）

浦江县主要机构及负责人名单

（截至2021年12月31日）

中国共产党浦江县委员会

书　记　俞佩芬（女）

副书记　戴　翀

　　　　钱福安

常　委　张建顺（—2021年12月）

　　　　黄兴旺（—2021年03月）

　　　　韦钟铺（—2021年03月）

　　　　张昆仑（—2021年11月）

　　　　蒋　涛（—2021年01月）

　　　　徐利民

　　　　傅晓辉

　　　　朱红卫

　　　　虞红梅（女）（—2021年12月）

　　　　章胜辉（2021年01月—）

　　　　张　杰（2021年03月—）

　　　　应玉明（2021年11月—）

　　　　龚涛涛（2021年11月—）

　　　　郑燎原（2021年12月—）

　　　　陈鹏进（2021年12月—）

县委办公室

〔机要局（县密码管理局）、保密委员会办公室（县国家保密局）、县档案局、县政府外事办公室〕

主　任　方　渊

副主任　倪伟虹（女）

　　　　张伟文

　　　　徐军峰（—2021年12月）

　　　　楼江红

　　　　应　俊（—2021年09月）

　　　　杨远航

浦江县人民代表大会常务委员会

主　任　虞振贤

副主任　黄瑞光

　　　　戴忠泉

　　　　于文统

朱晓飞(女)
楼向阳
于新宣

办公室
主　任　赵　峰(—2021年12月)
黄金泉(2021年12月—)

法制与监察司法工作委员会
主　任　于建松

财政经济工作委员会
主　任　郑秉刚

城乡建设与环境保护工作委员会
主　任　金见映(—2021年12月)
徐红伟(2021年12月—)

科教文卫工作委员会
主　任　方自守(—2021年12月)
傅昌俊(2021年12月—)

代表与选任工作委员会
主　任　张晓宝(女)(—2021年12月)
吴洪源(2021年12月—)

农业农村工作委员会
主　任　张渊成(—2021年12月)
邵建定(2021年12月—)

社会建设工作委员会
主　任　王宏大

中国人民政治协商会议浦江县委员会

主　席　郑文红(女)
副主席　楼真安
张放远
傅兴琰
盛丹平
赵仕党
胡晓红(女)
秘书长　何明明
张晓鸣(2021年12月提名)

办公室
主　任　严龙顺

委员工作委员会
主　任　陈茜映(女)(—2021年12月)
傅国方(2021年12月—)

提案委员会
主　任　陈　超

教文卫体和文史资料委员会
主　任　张　明(—2021年12月)
何金海(2021年12月—)

经济科技委员会
主　任　薛儒家

资源环境与农业农村委员会
主　任　董海平

中国共产党浦江县纪律检查委员会、监察委员会

书　记　傅晓辉
副书记　魏　然(—2021年12月)
祝懋发
黄伟胜(2021年12月—)

组织部(新经济与新社会组织工作委员会、直属机关工作委员会、县公务员局)
部　长　蒋　涛(—2021年01月)
章胜辉(2021年01月—)
常务副部长　黄先柏

宣传部(县政府新闻办公室、县精神文明建设委员会办公室、县新闻出版局、县互联网信息办公室)
部　长　徐利民

常务副部长　方向阳

统一战线工作部（县民族宗教事务局、县政府侨务办公室）

部　长　张建顺

常务副部长　徐江进（—2021年12月）

吴红青（2021年12月—）

政法委员会

书　记　钱福安

常务副书记　沈福平（—2021年12月）

张若来（2021年12月—）

全面深化改革委员会办公室（县最多跑一次改革办公室、政策研究室）

主　任　吴双渊（—2021年12月）

杨淡风（女）（2021年12月—）

机构编制委员会办公室

主　任　张建新

巡察工作领导小组办公室

主　任　吴福余（—2021年12月）

董铁飞（2021年12月—）

县委第一巡察组

组　长　张方升

县委第二巡察组

组　长　石继权（—2021年09月）

张旭军（2021年09月—）

县委第三巡察组

组　长　孙程东（—2021年12月）

陈贤锋（2021年12月—）

县委第四巡察组

组　长　李遵炎

信访局

局　长　倪伟虹（女）

党　校

校　长　蒋　涛（—2021年01月）

章胜辉（2021年01月—）

常务副校长　李文戈

行政学校

校　长　韦钟铺（—2021年04月）

张昆仑（2021年04月—12月）

龚涛涛（2021年12月—）

常务副校长　李文戈

社会主义学校

校　长　张建顺

常务副校长　李文戈

党史研究室

主　任　徐军峰（—2021年12月）

档案局（馆）

局（馆）长　张伟文

融媒体中心

党委书记、主任　陈兴光（—2021年12月）

吴双渊（2021年12月—）

总编辑　潘文明

社会治理综合服务中心

党组书记　钱福安

主　任　于萌芽

新经济与新社会组织工作委员会

书　记　骆　安

社会科学界联合会

主　席　钟旭妙（女）

民族宗教事务局

局　长　傅昌俊（—2021年12月）

曹红雨（2021年12月—）

浦江县人民政府

县　长　戴　翀（2021年02月当选）

副县长　韦钟铺（—2021年04月）

张卫东(—2021年04月)
虞红梅(女)(—2021年01月)
朱红卫(挂职2020年04月—)
陈子华
楼新有
周建丰(—2021年12月)
严卫星(—2021年12月)
张昆仑(2021年04月—11月)
张明凯(2021年01月—)
汪祖龙(2021年12月—)
滕恩良(2021年12月—)
金方剑(2021年12月—)
贾　珊(女)(2021年12月—)

办公室(县政府金融工作办公室、大数据发展管理局)

主　任　张明凯(—2021年04月)
郑家坤(2021年04月—)
副主任　潘新辉(—2021年06月)
石长水
潘文戎
祝昌红
朱正军
周天云
黄　鹰
吴红青(2021年09月—12月)

发展和改革局

党委书记、局长　黄伟胜(—2021年12月)
沈福平(2021年12月—)

经济商务局(粮食和物资储备局)

党委书记、局长　孙明光(—2021年08月)
楼建超(2021年08月—)

教育局

党委书记　傅剑敏(—2021年08月)
张昆仑(2021年08月—2022年01月01日)
局　长　陈建浦

科学技术局

党组书记　钟金伟
局　长　钟金伟(—2021年09月)
于朝东(2021年09月—)

公安局

党委书记、局长　严卫星(—2021年12月)
金方剑(2021年12月—)
政　委　陈士范(—2021年01月)
洪　峰(2021年01月—)

民政局

党组书记　张晓鸣(—2021年12月)
吴福余(2021年12月—)
局　长　张晓鸣(—2021年12月)
孙婉贞(女)(2021年12月—)

司法局(行政复议局)

党组书记、局长　傅国方(—2021年12月)

财政局

党委书记、局长　陈志平

人力资源和社会保障局

党组书记、局长　楼志静

自然资源和规划局(林业局)

党委书记、局长　徐方镇

住房和城乡规划建设局

党委书记　陈　璠
局　长　石明胜

交通运输局

党委书记、局长　张　杰

水务局

党委书记、局长　彭思灿(—2021年08月)
潘期枫(2021年08月—)

农业农村局

党委书记、局长 楼建超(—2021年08月)
徐军峰(2021年12月—)

文化和广电旅游体育局

党委书记、局长 张国樟(—2021年06月)
张 华(2021年06月—)

卫生健康局

党委书记、局长 方守红

退役军人事务局

党组书记、局长 陈决星

应急管理局〔人民防空办公室(民防局)〕

党委书记、局长 张建庆(—2021年08月)
吴大勇(2021年08月—)

审计局

党组书记、局长 周占伟

国有资产监督管理办公室

党委书记 傅兴琰(—2021年08月)
张建新(2021年08月—)
主 任 张建新

市场监督管理局

党委书记、局长 贾国锋(—2021年08月)
黄 峰(2021年08月—)

统计局

党组书记、局长 黄英俊

医疗保障局

党组书记、局长 张朝阳

综合行政执法局(大队)(城市管理局)

党组书记、局长(大队长)
徐红伟(—2021年08月)
贾国锋(2021年08月—)

市生态环境局浦江分局

党组书记 黄 海
局 长 许淑芬(女)

浦江经济开发区管委会

党工委书记、主任 郑燎原

水晶产业园区管委会

党工委书记、主任 花 蕾

供销合作社联合社

党委书记、主任 张 华(—2021年06月)
潘新辉(2021年06月—)

行政服务中心

党组书记 韦钟铺(—2021年04月)
张昆仑(2021年04月—12月)
龚涛涛(2021年12月—)
主 任 杨淡风(女)(—2021年12月)
黄晓红(女)(2021年12月—)

投资促进中心

党组书记、主任 张 平(—2021年08月)
黄 韡(女)(2021年08月—)

机关事务保障中心

党组书记、主任 吴剑青

大数据发展中心

党组书记、主任 潘文戎(—2021年12月)
张坚兵(2021年12月—)

邮政管理局(2021年12月—)

党组书记、局长 于春城(2021年12月—)

浦江县人民武装部

部 长 黄兴旺(—2021年03月)
潘 宇(2021年03月—)
政 委 张 杰

浦江县人民法院

党组书记、院长

丁　胜(—2021年11月)

王思维(代院长2021年11月—)

浦江县人民检察院

党组书记、检察长　翁寒屏

群众团体

总工会

党组书记、主席

张再创(—2021年08月)

彭思灿(党组书记2021年08月—;2021年12月当选主席)

共青团浦江县委员会

书　记　黄鹏甫(—2021年08月)

妇女联合会

党组书记、主席

黄碧娟(女)(—2021年09月)

郑晓萍(女)(党组书记2021年09月—;2021年10月当选主席)

工商业联合会

党组书记　朱有许(—2021年12月)

孙程东(2021年12月—)

主　席　朱有许(—2021年09月)

张旭钢(候选人2021年09月—;2021年11月当选)

文学艺术界联合会

党组书记、主席　方　汶

残疾人联合会

党组书记、理事长　贾亦农

科学技术协会

党组书记　朱顺贤

主　席　孙婉贞(女)(—2021年12月)

沈淑琦(女)(2021年12月—)

红十字会

党组书记、专职副会长

黄晓红(女)(—2021年12月)

县属企业

国投集团

副董事长(副总经理)　王书平

国资集团

党组书记、董事长(总经理)　陈钦银

水务集团

董事长　陈兴光

总经理　虞航军

建设集团

党组书记、董事长(总经理)　张银洋

交通集团

党组书记、董事长(总经理)　潘兴虎

文旅集团

党组书记、董事长(总经理)　黄向东

垂直管理部门

国家税务总局浦江县税务局

党委书记、局长　程晓明(—2021年07月)

陈金法(2021年07月—)

供电公司

执行董事、总经理　施首健

气象局

党组书记、局长　钱华峰

公积金管理中心

主　任　江元昱(女)

金华检验检疫局浦江办

主　任　邬生力

中国电信浦江分公司

党委书记、总经理　曹　胜

浙江移动浦江分公司

党委书记、总经理　吕　中

中国联通浦江分公司

总经理　王翀鹏

邮政局(公司)

党委书记、总经理　吴洪义(—2021年03月)
盛剑文(2021年03月—)

烟草专卖局(分公司)

局　长(经理)　杨　诚

华数公司

总经理　楼水平

中国人民银行浦江县支行

行　长　金　涛

中国工商银行浦江支行

行　长　徐晶华(女)

中国农业银行浦江县支行

行　长　楼　丹(—2021年09月)
王胜锋(2021年09月—)

中国农村商业银行浦江支行

董事长　王　谨

中国建设银行浦江支行

行　长　李　英(女)

中国银行浦江县支行

行　长　吴淑妹(女)(—2021年12月)
陈国平(2021年12月—)

中国农业发展银行浦江县支行

行　长　温慧敏(女)

乡镇(街道)

浦阳街道

党工委书记　柳钢明(—2021年12月)
金家华(2021年12月—)

办事处主任　洪　伟

人大工委主任　陈文德(—2021年09月)
潘向军(2021年09月—)

仙华街道

党工委书记　黄　峰(—2021年08月)
张　平(2021年08月—)

办事处主任　严国荣

人大工委主任　张旭军(—2021年09月)
张林安(2021年09月—)

浦南街道

党工委书记　张若来(—2021年12月)
赵仕党(2021年12月—)

办事处主任　王军勇

人大工委主任　金剑星

黄宅镇

党委书记　郭旭生(—2021年08月)
孙明光(2021年08月—)

镇　长　吴大勇(—2021年08月)
张光辉(候选人2021年08月—;
2021年12月当选)

人大主席　邵建定(—2021年09月)
傅志远(候选人2021年09月—;
2021年1月2当选)

白马镇

党委书记　金家华(—2021年08月)
魏斌聪(2021年08月—)

镇　长　魏斌聪(2021年01月—08月)
方　镖(候选人2021年08月—;

2021年12月当选）

人大主席　黄旭曙

郑家坞镇

党委书记　石元城

镇　长　许海英（女）（候选人2021年08月—；2021年12月当选）

人大主席　曹红岩（—2021年09月）

吴杭军（候选人2021年09月—；2021年12月当选）

郑宅镇

党委书记　张昆仑（—2021年04月）

金灵占（2021年08月—）

镇　长　薛海平（—2021年08月）

周康杰（候选人2021年08月—；2021年12月当选）

人大主席　陈勇威（—2021年09月）

应　俊（候选人2021年09月—；2021年12月当选）

岩头镇

党委书记　吴红青（—2021年08月）

郑宏章（2021年08月—）

镇　长　黄群生

人大主席　沈光明（—2021年09月）

方延军（候选人2021年09月—；2021年12月当选）

杭坪镇

党委书记　郑家坤（—2021年04月）

陈青松（2021年08月—）

镇　长　陈青松（—2021年08月）

张丹东（候选人2021年08月—；2021年12月当选）

人大主席　潘向军（—2021年09月）

郑东东（候选人2021年09月—；2021年12月当选）

檀溪镇

党委书记　黄志远

镇　长　郑宏章（—2021年08月）

黄鹏甫（候选人2021年08月—；2021年12月当选）

人大主席　傅志远（—2021年09月）

蒋成果（候选人2021年09月—；2021年12月当选）

前吴乡

党委书记　朱承凯

乡　长　王东亮

人大主席　许海英（女）（—2021年08月）

金贤栋（候选人2021年09月—；2021年12月当选）

花桥乡

党委书记　金灵占（—2021年08月）

薛海平（2021年08月—）

乡　长　吴伟钢

人大主席　方　镖（—2021年08月）

黄兰蓉（女）（候选人2021年09月—；2022年01月02日当选）

虞宅乡

党委书记　陈鹏进（—2021年12月）

毛　悦（女）（2021年12月—）

乡　长　毛　悦（女）（—2021年12月）

陈　堂（2021年12月—）

人大主席　王国忠（—2021年09月）

陈小松（候选人2021年09月—；2021年12月当选）

大畈乡

党委书记　潘期枫（—2021年08月）

施俊帅（2021年08月—）

乡　长　楼超武

人大主席　骆军洋

中余乡

党委书记　于春城(—2021年08月)

项柏青(2021年08月—)

乡　长　项柏青(—2021年08月)

黄　凰(女)(候选人2021年08月—;2021年12月当选)

人大主席　黄心湖(—2021年09月)

楼正钢(候选人2021年09月—;2021年12月当选)

(县组织部提供)

2021年浦江县国民经济和社会发展统计公报

2021年,在浦江县委的领导下,团结和依靠全县干部群众,主动应对新发展阶段、新发展格局带来的新变化、新要求,敢于担当,扎实工作,踔厉奋发、笃行不怠,做好"六稳""六保"工作,全县国民经济和社会发展迈上新台阶。

一、综合

2021年,全县实现国内生产总值(GDP)262.30亿元,按可比价计算,比2020年增长8.1%。其中,第一产业增加值10.89亿元,增长2.1%;第二产业增加值116.93亿元,增长11.7%;第三产业增加值134.48亿元,增长5.8%。三次产业增加值结构为4.2:44.6:51.3。

按常住人口计算,全县常住人口人均地区生产总值56806元,比2020年增长7.9%。

二、农业

全年实现农林牧渔业增加值11.13亿元,同比增长2.2%。全县实现农林牧渔业总产值16.06亿元,同比增长2.9%。其中,农业产值12.1亿元,下降1.8%;林业产值0.35亿元,下降0.2%;牧业产值2.79亿元,增长17.5%;渔业产值0.45亿元,增长2.9%;农林牧渔专业及辅助性活动产值0.37亿元,增长4.2%。全县农作物播种面积13454公顷,同比减少7.4%,其中粮食播种面积4655公顷,总产量2.26万吨;蔬菜播种面积5033公顷,产量11.08万吨;药材播种面积49公顷,产量0.01万吨;果用瓜播种面积709公顷,产量1.31万吨。

全县肉类总产量0.87万吨,其中猪肉0.84万吨。全年生猪出栏9.15万头;家禽出栏10.86万只;水产品产量0.52万吨。

三、工业和建筑业

全县规模以上工业增加值46.37亿元,同比增长17.1%,销售产值245.90亿元,同比增长30.1%。规模以上工业企业完成出口交货值62.45亿元,占销售产值的比重为25.4%。

全县规模以上工业中高新技术产业、装备制造业、战略性新兴产业、数字经济核心产业制造业等新兴产业增加值分别增长18.3%、13.3%、25.4%、22.1%。规模以上工业企业研发费用支出7.98亿元,同比增长76.7%;完成新产品产值101.51亿元,同比增长66.5%,新产品产值率40.9%;全年实现利税16.51亿元,其中利润10.99亿元,利润占利税比重为66.6%。

规模以上工业中,高耗能行业增加值同比增长12.0%,占规模以上工业的43.8%。规模以上工业企业资产负债率为63.4%。全年规模以上工业企业每百元营业收入中的成本为85.44元。

全年建筑业增加值15.45亿元,占GDP比重

5.9%。全县45家资质以内建筑业法人单位完成建筑业总产值67.0亿元,同比增长4.3%;建筑房屋施工面积204.2万平方米,房屋竣工面积341.1万平方米。

四、固定资产投资和房地产业

全年固定资产投资同比增长16.9%。四大重点领域投资增速"一升三降",其中民间投资同比增长45.5%;交通运输投资同比下降79.3%;生态保护、城市更新和水利设施投资同比下降11.8%;高新技术产业投资同比下降11.7%。全年工业投资同比增长16.5%,其中制造业投资同比增长35.4%。从投资结构看,第一产业同比增长61.6%,第二产业投资同比增长16.5%,第三产业投资同比增长16.3%,三次产业投资结构为1.5:42.4:56.1。

全县房地产开发房屋施工面积176.2万平方米,比2020年增长33万平方米;竣工面积23.1万平方米,比2020年减少46.8万平方米。全年完成房地产开发投资28.1亿元,同比增长73%,房地产销售面积35.2万平方米,同比增长9.8%,其中住宅销售面积33.3万平方米,同比增长11.6%。

五、国内外贸易

全年社会消费品零售总额102.37亿元,同比增长5.1%。按城乡消费结构分,城镇社会消费品零售总额82.70亿元,同比增长4.8%;乡村社会消费品零售总额19.67亿元,同比增长6.6%。按消费类型分,餐饮收入21.97亿元,同比增长39.9%;商品零售80.40亿元,同比下降1.6%。

在限额以上批发零售企业商品零售额中,中西药品类、石油类、文化用品类商品消费增长较快,分别增长33.6%、33.3%、11.0%;服装鞋帽针纺织品类、汽车类、通信器材类分别下降19.9%、13.9%、6.8%。

全年实现网络零售额102.6亿元,同比下降9.9%。在重点监测第三方电子商务平台上共有各类活跃网络零售网店0.61万家,相当于注册零售网店总数的32.8%,活跃网络零售网店总数在金华市排名第3位,在全省排名第26位。直接解决就业岗位1.78万个,间接带动就业岗位4.68万个。电子商务创新发展,水晶跨境电商产业园、万家跨境电商产业园建成投用,浦江县被评为全国电子商务进农村综合示范县,入选全国直播电商区域发展指数百强县和省数字生活新服务样板县创建名单,连续三年被评为全国县域农业农村信息化发展先进县。

全年实现进出口总额88.93亿元,同比增长8.5%。其中,进口总额2.51亿元,同比增长241.7%;出口总额86.42亿元,同比增长6.4%。从出口行业看,绗缝业14.89亿元,同比增长13.2%;服装业15.65亿元,同比增长49.4%;水晶业5.20亿元,同比增长100.7%;锁业4.10亿元,同比增长20.1%。

六、财政和金融

全县实现财政总收入35.98亿元,同比增长21.5%。一般公共预算收入24.09亿元,同比增长20.3%,税收收入19.57亿元,增长22.1%,其中增值税增长13.2%,企业所得税增长32.4%,个人所得税增长82.8%。非税收入4.52亿元,同比增长12.9%。一般公共预算支出62.25亿元,同比增长56.6%。

年末全县金融机构存款余额497.07亿元,同比增长3.9%,其中住户存款350.99亿元,同比增长7.1%,企业存款81.08亿元,同比增长10.1%,政府存款64.44亿元,同比下降15.8%。金融机构贷款余额442.06亿元,同比增长13.6%,其中住户贷款215.10亿元,同比增长13.8%,企业及机关团体贷款225.56亿元,同比增长12.8%。月末贷款不良贷款余额3.33亿元,不良率0.75%,比年初减少0.01个百分点。

七、交通

助力推进杭温高铁二期浦江段工程全线开工,

完成年度投资9.59亿元，完成全年投资任务；谋划推进合温高速桐浦义段、浦义快速路、351国道联盟至兰溪界段等重大项目，取得实质性进展。巩固“四好农村路”建设成果，实施农村公路大中修44千米、农村公路安防17.16千米、危病桥梁改造12座，黄宅至吴大路、朝阳村至上山村、冯村至岳塘村、方横店至金竹园村等道路完工；完成省“农村客运数智与服务”数字化改革场景应用工作，城市城乡公交班线沿线主要站点新建智能电子站牌20个。推动形成“金义新区—义乌—浦江”高速免费通行圈。

八、教育和科技

年末全县共有各类学校122所（不含技工学校），在校生7.82万人，教职工0.63万人，其中小学27所，在校生3.32万人；初中14所，在校生1.62万人；普通高中6所，在校生0.62万人；职业高中1所，在校生0.76万人（含附设中职班学生）；特殊教育学校1所，在校生53人(不含附设中职班18人)；幼儿园73所，在校生1.50万人。

平安中心幼儿园、白林幼儿园、岩头初中等6所学校新改扩工程完工共并投入使用，空调进校园、教室灯光改造等项目100%完成。浦江县通过教育部组织的“全国学前教育普及普惠县”现场评估，公办幼儿园在园幼儿覆盖率52.35%。实验小学德育案例入选教育部第二批《中小学德育工作指南》典型案例。浦阳第一小学、岩头镇中心小学被评为浙江省现代化学校。

建立“省科技型中小企业—高成长科技型中小企业—高新技术企业”培育机制。2021年，国家高新技术企业申报认定38家，同比增加50%；省科技型中小企业认定125家。组织评审认定县级企业研究开发中心33家，市级研发机构17家，省级研发机构1家。实施“浦江英才”2.0计划，加快引聚“高精尖缺”人才和创新团队，引进高层次人才5名。全年对接科技园项目12个，入驻企业15家，培育省科技型中小企业1家。

九、环境和卫生

编制河湖健康评估评价体系技术指南；建设地表水水质自动监测站7座；上仙屋、大石堰坝2个国控断面水质以及县级以上集中式饮用水源地水质稳定达到目标要求，捧获“大禹鼎”金鼎。全面完成重点行业VOCs治理年度任务；环境空气质量稳定达到国家二级标准，创建为省级“清新空气示范区”。完成17家土壤重点监管单位土壤和地下水自行监测方案专家评审工作；一般工业固体废物与小微企业危险废物收运体系建设完工；工业固体废物安全处理率和危险废物利用处置率97%以上。

上线运行浦江县中小医疗机构智能化监管平台，数字赋能，助力“智慧卫生监督”。综合施策，提升医疗质量，基层就诊率65.04%、县域就诊率90.02%。推进开展医养结合和安宁疗护服务；启动县人民医院扩建工程，郑宅卫生院迁建工程完工。县“120”急救指挥中心成立运行。改造提升发热诊室16家，新增村卫生室4个，改造传染病院区1个，提前超额完成0~6岁儿童护眼民生工程，70周岁以上老年人免费接种流感疫苗1.2万人。破解难题，助推民营医院健康发展。连续三年获评健康浙江考核优秀县（市、区）；通过省级评估，成为2021年17个浙江省健康促进县之一；助推浦阳街道宣和社区被国家卫生健康委全国老龄办命名为2021年全国示范性老年友好社区。

2021年，抓住疫情防控窗口期，改造PCR实验室，充实24支卫生应急队伍，建立5个流调梯队15支小分队，规范化布局基层“哨点”，规范建设基层发热诊室16个，开设集中隔离场所，谋划健康驿站建设，通盘部署大规模核酸检测，设置村社采样点

336个，建立核酸采样队伍14支计1400人；推进新冠疫苗接种，累计接种105.04万余剂次。

十、人口和收入

年末户籍总人口39.94万人，其中男性20.72万人，女性19.21万人。年末常住总人口46.2万人，其中城镇人口29.06万人，城镇化率62.9%。全年出生人口2418人，出生率6.04‰；死亡人口2636人，死亡率6.59‰；自然增长率为-0.54‰。

据城乡住户抽样调查，2021年全县常住居民人均可支配收入44281元，比2020年增长11.1%。按城乡分类，城镇常住居民人均可支配收入55066元，增长10.3%；农村常住居民人均可支配收入28014元，增长12.3%。按全体居民收入来源分，人均工资性收入26135元，增长10.4%；人均经营性净收入9276元，增长15.9%；人均财产性净收入5831元，增长5.3%；人均转移性净收入3039元，增长16%。全体居民人均生活消费支出28285元，增长19.7%，其中城镇常住居民人均生活消费支出34561元，增长19.2%；农村常住居民人均生活消费支出18818元，增长19.5%。

年末每百户居民家庭拥有家用汽车41.2辆；拥有计算机55.2台，其中接入互联网的计算机52.0台；拥有移动电话180.4部，其中接入互联网的移动电话118.3部；拥有彩色电视机128.2台、电冰箱87.4台、洗衣机79.8台、空调94.1台、热水器55.3台。

（浦江县统计局）

说明：

1. 本公报所列各项数据为年度初步统计数据，部分数据因四舍五入的原因，存在与分项合计不等的情况。

2. 本公报所列地区生产总值、各产业增加值按现价计算，增长速度按可比价计算。

3. 自2013年开始，国家统计局实施城乡一体化住户调查改革，统一城乡居民收入名称、分类和统计标准。以此为背景，计算新口径浦江县全体居民人均可支配收入以及分城乡常住居民人均可支配收入。

4. 人口数为公安部门统计年报数，部分指标数据由相关单位提供。

荣誉浦江

2021年度浦江县荣获上级表彰的重要荣誉

1. 浦江县被评为2017—2020年度平安中国建设示范县

2. 浦江县被评为第三批国家农产品质量安全县

3. 浦江县被评为全国农业农村信息化发展先进县

4. 浦江县连续15年被评为省级平安县,荣获“一星平安金鼎”

5. 浦江县连续7年夺得“大禹鼎”,捧获“大禹鼎”金鼎

6. 浦江县被评为美丽浙江建设工作考核优秀单位

7. 浦江县被评为浙江省“四好农村路”省级示范县

8. 浦江县被评为浙江省“十三五”实行最严格水资源管理制度成绩突出集体

9. 浦江县被评为全省农村生活垃圾分类处理工作优胜县

10. 浦江县被评为全省深化“千万工程”建设新时代美丽乡村工作优胜县

11. 浦江县被评为全省第一批大花园示范县

12. 浦江县被评为第一批累计三年健康浙江建设考核优秀县

13. 浦江县被评为浙江省数字生活新服务标杆样板县

14. 浦江县被评为全省农业水价综合改革工作绩效评价优秀县

15. 浦江县被评为省清新空气示范区

16. 浦江县荣获第22届省水利“大禹杯”提名奖

17. 浦江县工商联被评为全国五好县级工商联

18. 浦江县退役军人服务中心被评为全国先进单位、省首批示范型退役军人服务中心

19. 浦江县供电公司电力调度中心获评全国“工人先锋号”

20. 上山遗址纳入大遗址保护利用“十四五”专项规划

21. “好家风”评价体系纳入“献礼建党百年”优秀案例

22. 浦江抽水蓄能项目纳入国家能源局“十四五”重点实事项目

23. 浦江县水晶产业园区被评为全省五星级小微企业园

24. 浦江县自然资源局被评为森林浙江建设工作突出贡献集体

25. 浦江县水务局被评为全省水旱灾害防御工作成绩突出集体

26. 浦江县市场监管局被评为省市场环境建设成绩突出集体

27. 浦江县红十字会被评为全省先进单位、成绩突出集体

28. 浦江县委政法委被评为全省反邪教工作成绩突出集体

29. 白马镇被评为全省粮食和生猪保供成绩突出集体

30. 白马镇被评为全省美丽乡村示范乡镇

31. 郑宅镇被评为省级信用乡镇

32. 岩头镇被评为省级文化礼堂建设示范镇

33. 杭坪镇入选省级农村产业融合发展示范园创建名单

34. 檀溪镇被评为新时代美丽城镇建设省级样板镇

35. 檀溪镇、大畈乡分别被评为全省扶贫开发成绩突出集体

36. 黄宅镇横山村被评为全国民主法治示范村

37. 虞宅乡新光村党总支被评为省先进基层党组织

2021年度纳税状元奖企业名单

表22

排名	企业名称	法定代表人
	（1家，11331万元）	
1	浙江圣奥浦诚房地产有限公司	陈珍玲

2021年度纳税十强企业名单

表23

排名	企业名称	法定代表人
	（9家，纳税额10126万元～4453万元）	
2	金华名宇建设有限公司	马欣欣
3	浙江玺欣资产管理有限公司	陈　玺
4	浦江县国有资产经营集团有限公司	陈钦银
5	金华新城亿佳房地产开发有限公司	林尾英
6	浦江县交通集团有限公司	潘兴虎
7	浙江万固房地产开发有限公司	钟红灿
8	浙江浦江农村商业银行股份有限公司	王　谨
9	浙江交投浦新矿业有限公司	曹根富
10	浙江赞宇新材有限公司	王宇亮

2021年度纳税三十强企业名单

表24

排名	企业名称	法定代表人
	（20家，纳税额3878万元～1300万元）	
11	浙江亚特新材料股份有限公司	刘劲松
12	浦江金坤房地产开发有限公司	刘柏艳
13	金华浦悦房地产开发有限公司	卢　友
14	金华市烟草公司浦江分公司	杨　诚
15	金华鼎茂房地产开发有限公司	刘柏艳

续表24

排名	企 业 名 称	法定代表人
16	浦江诚得实业有限公司	刘巧玲
17	国网浙江省电力有限公司浦江县供电公司	施首健
18	浦江瑞通房地产开发有限公司	于鑫铭
19	浦江县城市建设投资集团有限公司	张银洋
20	浦江绿谷置业有限公司	王进坚
21	恒昌集团有限公司	徐鸣鹤
22	金华万洋众创城开发有限公司	王宽全
23	浦江万固建筑材料有限公司	金建军
24	浙江丰安齿轮股份有限公司	黄健民
25	浦江荣建置业有限公司	吴　鑫
26	中国农业银行股份有限公司浦江县支行	王胜锋
27	浙江天晨胶业股份有限公司	周红伟
28	浦江来电正奇科技有限公司	韩　冰
29	浙江炫磊建材有限公司	张有展
30	浦江南园投资发展有限公司	潘玉跃

2021年度纳税五十强企业名单

表25

排名	企 业 名 称	法定代表人
	（20家，纳税额1281万元～759万元）	
31	浙江汉旗建设有限公司	童兴联
32	浙江顺字混凝土有限公司	于荷钗
33	中信证券股份有限公司浦江恒昌财富广场证券营业部	李　雯
34	浙江元耀建设有限公司	郑添祥
35	浦江联利置业有限公司	吕世良
36	金华坤腾建筑有限公司	刘法坤
37	浦江三思光电技术有限公司	陈必寿

续表25

排名	企 业 名 称	法定代表人
38	浙江浦江伯虎链条股份有限公司	郑小根
39	浙江浦江永在商品混凝土有限公司	张晟康
40	浦江鑫广置业有限公司	黄　杰
41	浙江众毅置业发展有限公司	黄国胜
42	浙江浦江腾辉建设工程有限公司	楼东辉
43	浦江金鑫塑业股份有限公司	李明阳
44	浦江丰收包装有限公司	周燕春
45	浦江金厚置业有限公司	周冠中
46	浦江富春紫光水务有限公司	马永强
47	浦江凯瑞生物科技股份有限公司	黄倩雯
48	核工业井巷建设集团有限公司浦江分公司	王雪林
49	浙江万赛汽车零部件股份有限公司	傅文锋
50	浙江杭温铁路有限公司	刘冠水

2021年度纳税百强企业名单

表26

排名	企 业 名 称	法定代表人
	（50家，纳税额744万元～333万元）	
51	浙江屹泰建设有限公司	赵革新
52	中国工商银行股份有限公司浦江支行	徐晶华
53	浦江县三阳工贸有限公司	周国昌
54	浙江广运建筑工程有限公司	罗丽军
55	浙江亚华工贸有限公司	郑风平
56	浙江一步鞋业有限公司	于柳英
57	浙江圣格袜业有限公司	王贤民
58	浙江浦江永进工贸有限公司	周勇进
59	浙江华天机械有限公司	高建成

续表26

排名	企 业 名 称	法定代表人
60	浙江省交通投资集团有限公司杭金衢分公司浦江管理处	施福勇
61	浦江亿通塑胶电子有限公司	毛丛敏
62	浙江翼邦智造针织内衣有限公司	叶巧群
63	浦江百丽工艺有限公司	张惠珍
64	浙江创鼎建设有限公司	江艳丽
65	浙江省浦江宏达有限公司	张必球
66	浙江川卓建设工程有限公司浦江分公司	刘巧珍
67	中国银行股份有限公司浦江县支行	吴淑妹
68	浦江求精五金工具有限公司	何德环
69	中国邮政储蓄银行股份有限公司浦江县支行	朱　斌
70	浙江省浦江天顺建筑工程有限公司	郑伟成
71	浙江浦江江合新型建筑材料有限公司	吴武娟
72	浙江鼎甲建设有限公司	黄燕珍
73	浦江丰之星汽车销售服务有限公司	叶卫强
74	中国建设银行股份有限公司浦江支行	李　英
75	浦江浙农农副产品市场开发有限公司	姚卫民
76	浙江兰塘纸业有限公司	严明甫
77	浙江省浦江高峰管道燃气有限公司	苏　莉
78	浦江宏盛工艺有限公司	楼柏城
79	浦江德工精密机械有限公司	张秀蓉
80	浙江隐轩置业有限公司	潘苏明
81	浦江盛宏纸业有限公司	王炉明
82	浙江多乐卫浴科技有限公司	黄少彦
83	浙商银行股份有限公司金华浦江支行	何恃俊
84	浙江锋华创芯微电子有限公司	FANG GANGFENG
85	浙江三和塑料有限公司	吴中心
86	浙江百川导体技术股份有限公司	张荣良
87	金华银行股份有限公司浦江支行	张东升

续表26

排名	企业名称	法定代表人
88	浙江五联纸业有限公司	林孟栋
89	浦江海工机械有限公司	程龙兵
90	浙江省三建建设集团有限公司	丁卫星
91	浦江光远电力建设有限公司	张照锋
92	浦江好瑞房地产开发有限公司	吴 鑫
93	浙江凯琳工艺饰品有限公司	楼宝娟
94	浙江宏峰建筑安装工程有限公司	洪海烺
95	浦江光远电力建设有限公司机电设备安装分公司	胡仲治
96	浙江富利华水晶科技有限公司	张风定
97	浙江靖和光电科技股份有限公司	吴熙亭
98	浦江县锶颖再生资源有限公司	楼小连
99	杭州滨江物业管理有限公司浦江分公司	吴亮丰
100	浦江万银小额贷款有限公司	张 潇

2021年度纳税优胜企业名单

表27

排名	企业名称	法定代表人
	（100家，纳税额326万元～171万元）	
1	浙商证券股份有限公司浦江和平南路证券营业部	胡 泊
2	浦江义门建设有限公司	郑贤庆
3	浦江长住华臻置业有限公司	刘 涛
4	浙江稠州商业银行股份有限公司浦江支行	蔡轶芳
5	交通银行股份有限公司金华浦江支行	潘小俊
6	浦江县创军水晶有限公司	王创军
7	浦江温馨家纺有限公司	陈春年
8	浦江英特药业有限公司	傅红照

续表27

排名	企 业 名 称	法定代表人
9	浦江万福染整有限公司	黄遵焕
10	浦江创嘉工艺有限公司	傅旭龙
11	浙江龙桥建设工程有限公司	陈丰生
12	浦江县共赢建筑垃圾处置利用有限公司	张朝勇
13	江苏达海国际建设工程有限公司	丁卫华
14	浦江成晟气体有限公司	龚益平
15	浦江恒捷服饰有限公司	陈建党
16	浙江浦江福禧建筑劳务有限公司	李海洋
17	浙江赛璞环保科技有限公司	周宏鸣
18	浦江宏城园林建设有限公司	吴旭东
19	浦江恒诚工贸有限公司	陈水宝
20	浙江浦江三建工具有限公司	傅建卫
21	浙江博开机电科技有限公司	吴建挺
22	浙江湖诚矿山设备有限公司	李祺铭
23	浦江丰恺包装有限公司	郑定权
24	浙江汇鸿工贸有限公司	傅章禄
25	浙江浦江梅花锁业集团有限公司	郑勇进
26	浦江县天钲置业有限公司	陈　涛
27	浙江浦江嘉银村镇银行股份有限公司	金益丹
28	浦江县双锦工艺品有限公司	金东胜
29	浙江旭德新材料有限公司	孙亚军
30	浦江碧桂园房地产开发有限公司	张远川
31	浦江盛博饰品有限公司	刘衍明
32	浦江海迪家纺有限公司	于红伟
33	浙江浦江靖恒电机有限公司	张胜利
34	中国建筑第二工程局有限公司	石　雨

续表27

排名	企 业 名 称	法定代表人
35	浦江三菱塑胶有限公司	张永隆
36	浙江千百卉家纺有限公司	潘　鸣
37	浙江海创建设有限公司	洪建荣
38	浦江天蝎服饰有限公司	张浩华
39	浙江浦江致诚建设有限公司	季桂伏
40	浙江浦江丰途工贸有限公司	张晋军
41	浦江无印良品家纺有限公司	周栋东
42	浙江亿程科技有限公司	舒克和
43	浦江经济开发区恒大染色厂	方秋仙
44	浙江弘富照明股份有限公司	金拥军
45	浙江金垒锁具制造有限公司	周玉兰
46	浦江县顺华水晶饰品有限公司	王伟林
47	浙江君屹建设有限公司	陈锡君
48	浙江浦江超瀛家纺有限公司	黄桔英
49	浦江仟腾服装有限公司	江　成
50	中国农业发展银行浦江县支行	胡婷婷
51	浦江恒远工贸有限公司	黄伟喜
52	浦江县天宏置业有限公司	陈　涛
53	浦江童辉鞋业有限公司	李吐根
54	浙江菲尔特过滤科技股份有限公司	何赞果
55	浙江省一建建设集团有限公司	丁民坚
56	浦江达力铁链有限公司	冯响鸣
57	浙江瑞原置业有限公司	刘家坤
58	浦江县永强绗缝工艺品厂	何燕鸯
59	浦江玮玮红制衣有限公司	楼东方
60	浙江邦德染整有限公司	黄红灯

续表27

排名	企 业 名 称	法定代表人
61	浙江浦江千色坊染整有限公司	黄水清
62	浦江壹品家居有限公司	王发霖
63	浙江浦江盛泰纺织有限公司	盛余仓
64	浦江县江南服装涂层砂洗厂	黄国周
65	金华市国力建设有限公司	于丽燕
66	浙江雷霆建筑劳务有限公司	陶　健
67	浙江奥星工贸有限公司	骆爱连
68	浙江创业建设工程有限公司	王青松
69	浦江中宝机械有限公司	张思聪
70	浦江县龙凯晟服装针织有限公司	黄春芳
71	浦江县宝华光学材料有限公司	栗权锋
72	杭州联华华商集团有限公司浦江浦阳连锁店	张慧勤
73	浙江竣达建设有限公司	吴书川
74	浦江县东洲水晶有限公司	王淑东
75	浦江县振伟建筑材料有限公司	金革卫
76	浙江饰然工贸有限公司	金乒震
77	浙江前方复合材料有限公司	朱献明
78	一百岁集团有限公司	郑文贵
79	浦江特种染整有限公司	刘荣林
80	浙江省浦江县万博有限公司	张　潇
81	烟台三环锁业集团浦江有限公司	郝大海
82	金华市八达供电服务有限公司浦江分公司	洪建峰
83	浦江鼎顺袜业有限公司	黄金龙
84	浙江天虹纺织有限公司	杨家保
85	浦江温莎服饰有限公司	廖玲红
86	浙江浦江百而森工贸有限公司	朱位钦
87	浙江浦江仙华水库投资有限公司	蒋文龙

续表27

排名	企 业 名 称	法定代表人
88	浙江浦江亿帆钻饰科技有限公司	徐玉山
89	浦江罗瑟服饰有限公司	王巧莲
90	浙江物产环能浦江热电有限公司	陆　宏
91	浦江县金成砂石有限公司	王国成
92	浙江宝田环境建设有限公司	吴添财
93	浦江县德瑞新材料有限公司	吴冬良
94	浦江县爱诺工贸有限公司	洪其炯
95	浙江浦江圣美纺织品有限公司	陈群珍
96	浙江浦江加百列生态科技有限公司	张　冲
97	浙江浦建建设有限公司	潘慧莲
98	浙江省浦江县畅达有限公司	张国梁
99	浙江省浦江县振洋工贸有限公司	姚荣福
100	浦江欣德纺织有限公司	李海英

2021年度争先移位奖企业名单

表28

排名	企 业 名 称	法定代表人
纳税额首次超亿元以上(1家)		
1	浙江玺欣资产管理有限公司	陈　玺
纳税额首次超5000万元以上(4家)		
1	浦江县国有资产经营集团有限公司	陈钦银
2	金华新城亿佳房地产开发有限公司	林尾英
3	浦江县交通集团有限公司	潘兴虎
4	浙江交投浦新矿业有限公司	曹根富
纳税额首次超3000万元以上(2家)		
1	浦江金坤房地产开发有限公司	刘柏艳

续表28

排名	企 业 名 称	法定代表人
2	金华浦悦房地产开发有限公司	卢　友
纳税额首次超2000万元以上（3家）		
1	浦江诚得实业有限公司	刘巧玲
2	浦江瑞通房地产开发有限公司	于鑫铭
3	浦江县城市建设投资集团有限公司	张银洋
纳税额首次超1000万元以上（12家）		
1	浙江天晨胶业股份有限公司	周红伟
2	浦江来电正奇科技有限公司	韩　冰
3	浦江荣建置业有限公司	吴　鑫
4	浙江炫磊建材有限公司	张有展
5	浦江南园投资发展有限公司	潘玉跃
6	浙江汉旗建设有限公司	童兴联
7	浙江元耀建设有限公司	郑添祥
8	浦江联利置业有限公司	吕世良
9	金华坤腾建筑有限公司	刘法坤
10	浙江浦江永在商品混凝土有限公司	张晟康
11	浦江鑫广置业有限公司	黄　杰
12	浙江浦江腾辉建设工程有限公司	楼东辉
纳税额首次超500万元以上（16家）		
1	浦江金鑫塑业股份有限公司	李明阳
2	浦江丰收包装有限公司	周燕春
3	浦江金厚置业有限公司	周冠中
4	核工业井巷建设集团有限公司浦江分公司	王雪林
5	浙江杭温铁路有限公司	刘冠水
6	浙江屹泰建设有限公司	赵革新
7	浙江广运建筑工程有限公司	罗丽军
8	浙江浦江永进工贸有限公司	周勇进
9	浙江翼邦智造针织内衣有限公司	叶巧群

续表28

排名	企 业 名 称	法定代表人
10	浙江创鼎建设有限公司	江艳丽
11	浙江川卓建设工程有限公司浦江分公司	刘巧珍
12	中国邮政储蓄银行股份有限公司浦江县支行	朱 斌
13	浙江浦江江合新型建筑材料有限公司	吴武娟
14	浙江鼎甲建设有限公司	黄燕珍
15	浦江丰之星汽车销售服务有限公司	叶卫强
16	浙江兰塘纸业有限公司	严明甫

2021年度亩均税收贡献奖企业名单

表29

排名	企 业 名 称	法定代表人
1	浦江三菱塑胶有限公司	张永隆
2	浦江万固建筑材料有限公司	金建军
3	浦江凯瑞生物科技股份有限公司	黄倩雯
4	浙江菲尔特过滤科技股份有限公司	何赞果
5	浦江百丽工艺有限公司	张惠珍
6	浙江天晨胶业股份有限公司	周红伟
7	浦江温莎服饰有限公司	廖玲红
8	浙江浦江圣力工贸有限公司	宣黎建
9	浦江宏盛工艺有限公司	楼柏城
10	浦江求精五金工具有限公司	何德环

2021年度地方税费大户奖企业名单

表30

排名	企 业 名 称	法定代表人
1	浙江圣奥浦诚房地产有限公司	陈珍玲
2	浦江县国有资产经营集团有限公司	陈钦银

续表30

排名	企业名称	法定代表人
3	浦江县交通集团有限公司	潘兴虎
4	金华名宇建设有限公司	马欣欣
5	浙江万固房地产开发有限公司	钟红灿
6	浙江玺欣资产管理有限公司	陈　玺
7	金华新城亿佳房地产开发有限公司	林尾英
8	浦江金坤房地产开发有限公司	刘柏艳
9	金华浦悦房地产开发有限公司	卢　友
10	浙江浦江农村商业银行股份有限公司	王　谨
11	浦江瑞通房地产开发有限公司	于鑫铭
12	浦江县城市建设投资集团有限公司	张银洋
13	国网浙江省电力有限公司浦江县供电公司	施首健
14	浙江亚特新材料股份有限公司	刘劲松
15	浙江赞宇新材有限公司	王宇亮
16	金华市烟草公司浦江分公司	杨　诚
17	浦江诚得实业有限公司	刘巧玲
18	金华鼎茂房地产开发有限公司	刘柏艳
19	恒昌集团有限公司	徐鸣鹤
20	浦江绿谷置业有限公司	王进坚
21	浙江丰安齿轮股份有限公司	黄健民
22	浦江联利置业有限公司	吕世良
23	浦江荣建置业有限公司	吴　鑫
24	浦江万固建筑材料有限公司	金建军
25	中国农业银行股份有限公司浦江县支行	王胜锋
26	浙江天晨胶业股份有限公司	周红伟
27	浦江金厚置业有限公司	周冠中
28	浦江鑫广置业有限公司	黄　杰
29	浙江浦江伯虎链条股份有限公司	郑小根
30	浦江三思光电技术有限公司	陈必寿

2021年度“浦江好人”名单

一季度“浦江好人”名单

一、敬业奉献类

张　宁(女)、马良根

二、诚实守信类

吴列先(女)

三、见义勇为类

董永富、张雷敏、严公对、张金有、李昌盛、曾贵忠、朱　静(女)、周美彤(女)

四、助人为乐类

浦江“帮忙老哥”工作室、李绍松、郑剑群(女)、蔡忠良、边平录、张水堂、石日莲(女)、洪亮明、陈加林

二季度“浦江好人”名单

一、助人为乐类

李洪林(女)、张金梁、张莲英(女)、张建法、周红灯、周根水、郑云华(女)、黄宏伟

二、见义勇为类

李崇斌、张放心

三、敬业奉献类

石向荣、张文明、邵维新、陈　意、胡荣耀

四、孝老爱亲类

周珍莉(女)、郑罗忠

三季度“浦江好人”名单

一、助人为乐类

郑秋甫、杨顺生、虞宅乡高坑村爱心团队

二、见义勇为类

吴新志

三、敬业奉献类

潘炜杰、陈兴旺、薛丽英(女)

四、孝老爱亲类

黄海龙

四季度“浦江好人”名单

一、助人为乐类

杨丹凤(女)、张仙仙(女)、傅兴德

二、敬业奉献类

黄祖海、吕　伟、黄玉柱、曹均坚、杨　秀(女)、张　冲

一、本索引采用主题分析方法编制，分数字索引、主题词索引、表格索引三部分。

二、数字索引按首位数字大小顺序排序。主题词索引以汉语拼音为排序依据，按索引条目首字汉语拼音（同音字按音调）顺序排列；首字相同，按第二字拼音排序，以下以此类推。表格索引按表格顺序排序。

三、索引词后的阿拉伯数字表示内容所在的页码。

四、本年鉴的彩图、特载、大事记、附录等内容不做索引。

数字索引

主题词索引

A

B

C

D

E

F

G

H

J

K

L

M

N

P

Q

R

S

T

W

X

Y

Z

表格索引